政治學

薩孟武 著

Political Science

三民書局

弁　言

　　薩孟武所著《政治學》自成書以來，歷經多次修改。至民國七十一年時，薩先生因年歲已高，在將本書做最後一次的大幅調整後，便將版權讓與敝局，並於民國七十二年出版。自出版以來，承蒙讀者愛戴，至今已印行多次，並獲得多位學者教授引為授課用書。

　　政治學是一門古老的學科，學者對於「政治」的定義也各有所執。薩先生著作本書，則是以「權力」為核心，採「國法學」的寫作方式，分五章探討國家、政體、機關、參政權、政黨。此途徑雖乏理想性，卻頗能冷靜真實地呈現政治現象的本質。例如於總結主權的性質時，薩先生指出：「力屬於誰人，主權便是屬於誰人。所以主權並沒有神秘的性質，而只是一種事實。」誠為洞見。再則，行文之間，每旁徵博引各家之言，並一針見血地點出其優劣，進而提出獨到的見解，因此讀其書者，多有豁然領悟而受益良深之感。這也是本書得以持續風行的原因。

　　適逢舊版售罄，為使讀者擁有更佳的閱讀品質，乃將本書重新編排出版，敬請讀者繼續支持並賜與指教。

三民書局編輯部　謹識

自 序

　　本書於抗戰前出版，書名先為政治學概要（世界），次為政治學與比較憲法（商務），三為政治學原理（重慶，自己出版），四為政治學新論（大東）。來臺之後，大大修改一次，定名為政治學，而於民國四十二年出版，前後曾修改四次，初版四刷。四十五年再版二刷，四十七年三版一刷，四十八年至六十六年四版共十七刷。每版必有修改，前後四版共二十四刷。茲應告知讀者的，本書之所謂版，必有修改，無修改者只稱為刷，因係自己出版，不能每版改排，只能於修改之處，增加頁行數。每頁本來是十八行，若有修正增補，則增加行數。六十七年，物價暴漲，本書停止印行。數年來，讀者不斷的或用電話，或用函信，詢問何處出版，何以不繼續印行。余知是書已絕跡於坊間，而需要之人頗多，乃於六十八年參考各書，開始修改，而於七十一年五月，將版權讓與三民書局。

　　本書是依德國 Staatslehre（國法學）的寫法，將政治學與比較憲法合併編著。本書增訂新版之能成功，得力於臺大法學院諸教授之鼓勵及協助者甚多，謹誌此鳴謝。

薩孟武

中華民國七十一年五月，時年八十六歲

政治學

目次

緒　論

　　一切知識皆濫觴於自然科學，而社會科學之發生則由政治學開始。

　　人類皆有生存慾望，人類要維持其生存，不能不取得生存資料。人類取得生存資料的方法與其他動物不同。其他動物須利用自己身上的器官，而器官的發達又須與身體保持均衡。故由生物學的法則看來，器官的發達是極慢的，數千年的光陰並不算長。反之，人類能夠利用器具，把外界的物當做身上的器官，所以不受生物學法則的束縛，而能急速的變更，急速的進步。

　　但是最初進步還是很慢的。原始時代，人類使用的器具不過石頭木幹而已。人類只能由自然界中，採取果實，撈取魚蝦，獵取鳥獸，以維持自己的生存。即人類須把全部精力貢獻於物質生產，不能從物質生產之中，解放一部分的精力，致力於精神文化。因此，這個時候人類的物質生活既然不能保障，而精神文化也無從產生。

　　到了農業經濟發生之後，情況就不同了。人類可從物質生產之中，解放一部分的精力，從事於別的工作。按農業經濟須完全倚靠自然，狂風烈日的侵襲，大旱洪水的摧殘，都可以剝奪農民的生存，而使農民設法應付，於是自然現象便成為他們研究的對象。但是農民須絕對依靠自然，他們天天受了自然威力的壓迫，寖假便承認自然威力的偉大，不能利用知識來控制自然，只能倚賴祈禱來討好自然。因此他們雖然研究自然，而研究所得的結果卻極幼稚，即用不可知的神靈來說明一切自然現象的發生。

　　農業經濟愈發達，便由農產物的交換，成立了市場，發生了都市。都市的住民與鄉間的農民不同。農業須絕對依靠自然，而體力又是生產的要素，

他們工作之後，身體已覺疲憊，他們要恢復其體力，須把剩餘時間消費於肉體娛樂。反之，都市的住民不必直接依靠自然，更不必為了恢復體力，而消費全部餘暇時間。所以最直接與自然接觸的，雖是鄉間的農民，而最能研究自然現象的，卻是都市的住民。

科學是一種抽象的知識，即用分析的方法，把事物由複雜變為簡單，使各種現象的原則能夠明瞭。換言之，科學須無視一切事物的個性，只惟注意其普遍的現象，即個體不視為個體，個人不視為個人，而把它們放在一定的部類種屬範疇之中，觀察其部類種屬範疇的普遍性。然而最有抽象 (abstract) 的能力的，又是都市的住民。何以故呢？農民跼蹐於一地之內，每天所見的是同一的環境，每天所做的是同一的工作；這種同一環境與同一工作可使他們發生一種心靈的限制。反之，都市的居民完全不同，人口集中，交通頻繁，他們每天看見了各種不同的變化，每天接觸了各種不同的事故。對這各種不同的變化和事故，自難個別的記憶，個別的對付。而只有在無數的偶然變化之中，求出一個必然的因素。在無數的特殊事故之中，求出一個普遍的因素。這樣，抽象的能力日漸增加，而科學亦有發生的可能。古代自然科學尤其是天文學的研究雖然是由農業上的需要，而研究自然科學尤其天文學的，不是鄉間的農民，而是都市的住民，其理由實在於此。

但是社會愈發展，又可使都市的住民與自然脫離關係，因而對於自然的研究失去興趣。何以故呢？交通的頻繁，人口的移動，一方打破了傳統制度，使傳統思想失去勢力，他方發生了各種社會問題，使人們不能不設法解決。這種現象不是自然現象，而是社會現象。其結果，遂使學者改變了研究的方向：由自然現象的研究轉而為社會現象的研究，尤其政治現象的研究——因為當時國家的權力極大，人們都想利用國家的權力，以解決一切社會問題。這樣，政治學便誕生了。

古代政治學研究的問題甚為廣泛。此蓋古代國家為城市國家，領土狹隘，人口寡少，人民與國家的關係甚見密切。國家不但管理軍事司法等各種行政，且又管理祈禱祭祀，而為宗教團體；管理人民的道德生活，而為教育團體。

而小國寡民，人們於經濟方面容易感覺彼此有協助之必要，而國家對於人民又常常要求提供勞務，所以國家又往往表現為一個經濟團體。舉凡人民的社會生活均得納入於國家生活之中。換言之，在古代，國家生活與社會生活是一致的，國家可以統制人民的一切社會生活。因此之故，古代政治學所討論的，包羅萬象，不限於政治問題，宗教問題道德問題教育問題經濟問題，甚至於婚姻問題，亦為政治學討論的對象。現代的政治學則與此殊。自從 Laissez-faire 的思想發生之後，法治國的觀念深入人心，人民的社會生活分為兩個部分，一是國家可以干涉的部分，二是國家不得干涉的部分。十八世紀以來，各國人民為了擴大第二部分的生活，不知做過了多少次的民權運動，其結果也，人民在國家生活之下，便得到了國家不能干涉的自由權。古代國家例如雅典斯巴達，其人民不是沒有自由。但古代的自由乃自由於參加國家權力的行使 (Teilnahme an der Staatsgewalt)，現代的自由則自由於不受國家權力的干涉 (Freiheit von der Staatsgewalt) ❶。在今日人類的社會生活之中，成為國家生活的不過少許部分，兼以學問上的分工受了經濟上分工的影響，甚見發達。經濟問題有經濟學討論，道德問題有倫理學討論，教育問題有教育學討論……於是政治學所討論的範圍遂與古代政治學不同。固然不同，而其研究的對象則均是政治現象。不過古代國家能夠統制的個人生活比較現代國家為廣，因之，古代政治學所研究的政治現象也比較現代政治學為雜。廣狹不同，繁簡有別，然而一種現象能夠成為政治學研究的對象，必其現象屬於政治現象，即屬於國家能夠統制的人類生活現象。

　　政治現象複雜異常，但吾人稍加分析之後，也可以知道占往今來，政治現象亦有一個共同的特質。這個特質便是「統治」，一方有命令的人，他方有服從的人，而對於命令的服從又是出於強制。所以「統治」，乃是命令與服從的強制關係。這種強制關係何以會發生呢？人類生存於社會之內，固然有連

---

❶ G. Jellinek, *Allgemeine Staatslehre*, 3 Aufl. 1929, S. 295. 這是 Benjamin Constant 之言，但 Jellinek 反對這種意見，所舉理由甚多，原文詳上揭書 S. 292–312。

帶關係，但是同時又互相對立。由於連帶關係，便發生了「眾人的事」；由於互相對立，又使人們對於「眾人的事」，發生了各種不同的意見。怎樣綜合各種不同的意見而統一之，乃是維持社會和平的前提。這種統一的意見就是國家的意見，而可以強制人民服從。固然統一的方法隨社會的勢力關係而不同：或由一人統一，而強制千萬人服從；或由少數人統一，強制多數人服從；或由多數人統一，而強制少數人服從。統一的人雖有多寡之別，而其對於異議的人，可用權力強制其服從，則為古今政治的共通性質。

由此可知政治是因為人民之中發生了分化與對立，而有各種不同的利害、各種不同的勢力、各種不同的意思，乃用國家的權力，強制的予以綜合，強制的予以統一，使社會和平能夠維持。所以社會之中，沒有分化，沒有對立，則自始就無須統一各人的意思，因之政治沒有必要。反之，社會上只有分化、只有對立，而缺乏統一各人意思的要件者，則只是無政府狀態，因之政治也不會存在。

政治學是研究政治現象的科學。科學是抽象的知識，即觀察某一部門的各種現象，分析之、綜合之，探討其因果關係，求出一定原理，再用這個原理，以作中心觀念，而說明各種現象，使散散漫漫的知識能夠編為體系整然的學問。我們研究古今中外的政治現象，分析之、綜合之，知道「政治是命令與服從的強制關係」，簡單言之，就是「統治關係」。而統治關係所需要的權力叫做統治權。本書即以統治權為中心觀念，展開了下列各種理論。

⑴社會為維持和平而行使統治權，必須組織一個團體，負行使之責。這個統治團體便是國家——本書第一章統治團體——國家論。

⑵國家行使統治權，有各種不同的形態，或為民主，或為獨裁，這個統治形態便是政體——本書第二章統治形態——政體論。

⑶國家行使統治權，須設置各種機關。各種機關之組織如何，權限如何，相互關係如何，皆是政治學所應討論的問題，這個統治機構便是機關——本書第三章統治機構——機關論。

⑷現代國民不但要受統治權之支配，而且還得參加統治權之行使。國民

參加統治權之行使，便是國民的參政權——本書第四章人民怎樣參加統治權的行使——參政權論。

(5)現代政治，不問其為民主政治或獨裁政治，皆不能離開政黨，政黨實是統治權活動的動力，所以本書最後又殿以政黨的說明——本書第五章統治權活動的動力——政黨論。

第1章　統治團體──國家論

第一節　國家的名稱

　　文字所以表示現象，現象時時變更，所以表示現象的文字也時時變更。中國自建國以來，國家的變更也依社會學的法則，分做數個時期。周以前，學說紛紜，莫衷一是。周為封建國家，秦漢以後才見統一。但是當時只認中國為國家，而目四鄰為蠻夷，所以當時的國家可以視為一種世界帝國。到了前清中葉，海禁開通之後，中國因受帝國主義者的壓迫，不能不承認外國為國家，與它們作平等的交際，自是以後中國遂進入國際社會之中，而成為近代國家。

　　封建制度把整個的中國分做許多封地，而在封地之內又有許多采邑。統治整個中國者叫做天子。統治封地者叫做諸侯。統治采邑者叫做卿大夫。天子統治的國家叫做天下。諸侯統治的國家叫做國。卿大夫統治的國家叫做家。如中庸，「子曰天下國家可均也」。孔穎達疏云：「天下謂天子，國謂諸侯，家謂卿大夫也」❶。「天下」與「國」是指統治區域，固無問題，「家」何以是指統治區域的采地呢？周禮，「家司馬各使其臣以正於公司長」，鄭玄注云：「家，卿大夫采地」❷。又大學，「百乘之家不畜聚斂之臣」，孔穎達疏云，「百乘謂大夫有采地者也」❸。孟子，「人有恆言，皆曰天下國家，天下之本在國，國之本在家」❹，也是用「天下」、「國」、「家」三種概念，表示三種

---

❶ 禮記注疏卷五十二中庸。
❷ 周禮注疏卷二十八夏官司馬。
❸ 禮記注疏卷六十大學。

不同的統治區域。三者各有專稱，至於總稱天子統治的天下，諸侯統治的國，卿大夫統治的家，則用「國家」二字，如大學，「長國家而務財用者，必自小人始矣」。中庸，「國家將興，必有禎祥，國家將亡，必有妖孽」。孟子，「國家閒暇，及是時，明其政刑，雖大國必畏之矣」❺。

　　秦漢之後，中國雖然成為統一的國家，但是當時環中國而居者均是蠻族的部落。中國與蠻族之間不會成立國際社會，因之，中國的國界遂遠及蠻荒不毛之地。兵力所及的地方，視為中國現在的領土，兵力所不及的地方，視為中國將來的領土。總而言之，當時中國有似於羅馬帝國，皇帝所統治的國家，非指特定的區域，乃指中國人所已發見的全世界。所以當時也用「天下」二字，以稱皇帝的統治領域。如秦始皇二十六年，滅六國而統一中華之時，「令丞相御史曰……寡人以眇眇之身，興兵誅暴亂，賴宗廟之靈，六王咸服其辜，天下大定，今名號不更，無以稱成功，傳後世，其議帝號」❻。有時雖然也用「國家」二字，以稱皇帝統治的區域，如漢高祖五年，大敗項羽於垓下，而統一中華之時，「諸侯及將相相與共請尊漢王為皇帝，……漢王三讓，不得已曰，諸君必以為便，便國家。甲午乃即皇帝位汜水之陽」❼。其實，漢高祖所稱的國家是與秦始皇所稱的天下同其意義。史記「孝文皇帝既益明習國家事，朝而問右丞相勃曰，天下一歲決獄幾何，勃謝不知。問天下一歲錢穀出入幾何，勃又謝不知，汗出沾背，愧不能對」❽。司馬遷為漢武帝時代的人，在同一文章之內，上文用「國家」，下文用「天下」，而其意義則同。由此可知吾國古代固以天下自稱其國。這種觀念一直到前清中葉海禁開通之後，才見變更。

---

❹ 孟子離婁上。

❺ 孟子公孫丑上。

❻ 史記卷六秦始皇本紀。

❼ 史記卷八高祖本紀。

❽ 史記卷五十六陳丞相世家。

　　到了前清中葉，歐洲各國利用廉價的商品，轟碎萬里長城，奪取中國的市場，而壓迫中國的主權。由是中國在世界上的地位，遂發生大變化，前此環中國而居者為蠻族的部落，現在與中國交際者為文明的國家。它們或與中國訂立條約，或與中國交換使節。中國已經不能目它們為蠻夷，而須承認它們為國家，與它們作平等的交際。中國既然進入國際社會之內，成為國際社會的分子，由是遂不能以天下自稱，而須以國家自稱，而其所謂國家，又與古代的意義不同，而為今日的意義。但是今日意義的國家，是指那一種國家呢？於此，我們尚須敘述「國家」這個文字在歐洲各國有怎樣的變更。

　　國家，英語為 state，法語為 Etat，德語為 Staat，均發生於文藝復興以後，而出於義大利語的 stato，而 stato 則為拉丁語 status（狀態、地位、身分、組織、秩序）之意，其後轉變而用以表示「國家」。在古代希臘，表示國家的文字用 polis，polis 之涵義為市民團體，而不包括市民所居住的土地。即希臘所謂國家只顧到人的要素，未曾注意地的要素。當時的人常用公民名稱的複數語 (der Plural des Bürgernamens) 以作該公民所屬國家的名稱，例如稱雅典國為 oi Athenaioi（雅典諸公民）、斯巴達國為 oi Lakedaimonioi（拉昆利亞諸公民，即斯巴達諸公民）、埃及國為 oi Aigyptoi（埃及諸公民）、波斯國為 oi Persai（波斯諸公民），由此可知當時的人尚不能認識領土為國家的要素之一❾。

　　古代羅馬表示國家的文字，最初是用 civitas，civitas 和 polis 一樣，為市民團體之意，但其所指的乃是有完全市民權的羅馬市民 (civis Romanus) 所組織的團體。羅馬勢力擴大，其所征服的地方雖然只是羅馬的屬地，但屬地的人若能加入市民團體之中，也有公民權。於是 civitas 一語又覺失之過狹，而採用 res publica 以代之。res publica 是指全國公民的團體。由此可知當時國家也以人的要素為主。到了羅馬改共和為帝政，一切人民均失去公民權，國家已經不能視為公民團體；而只可視為政府權力所能達到的地方，於是又用

❾ G. Jellinek, *Allgemeine Staatslehre*, 3 Aufl. 1929, S. 129, 310–311.

imperium 以作表示國家的文字。imperium 非以公民為要素，乃以國權為要素，所以此時國家的意義已經改變，即由人民團體 (res populi) 變為統治團體 (res imperantis)❿。

到了中世封建時代，社會上一切權力都以土地所有權為基礎，尤其統治權為然。國家的重心既然放在土地之上，於是表示國家的文字就用 Land, terre, terra 等。這些文字均注意土地的要素，可知當時國家的觀念又與古代不同，而視為地域團體。但是 Land, terre, terra 一方不能包括城市國家，他方又常用之以稱地方團體如郡縣之類，所以也不十分明瞭⓫。

最初要求一個文字能夠總稱一切國家者，乃是義大利人。義大利自羅馬帝國滅亡之後，分做許多小國，各國制度均不相同，因之 Imperio, terra 等各種文字不能用以總稱義大利半島的國家。而 Citta（城市）又不能表示威尼斯 (Venedig)、佛羅稜斯 (Florenz)、熱那亞 (Genua)、比薩 (Pisa) 各國的性質。於是遂發明了 lo stato 一語以總稱一切國家。即不論君主國或共和國，大國或小國，城市國家或地域國家均用 Stato 以稱之。馬凱維尼 (Machiavelli, 1469–1527) 在君主論 (*Il Principe*, 1544) 中，說道 "Tutti gli stati...sono o republiche o principati"（一切國家都是共和國或君主國），由此可知十六世紀之初 stato 一語在義大利已經很流行了⓬。

不久，這個文字又傳入法國英國與德國。在法國，布丹 (Jean Bodin, 1530–1596) 於其國家六論 (*Six Livres de la Republique*, 1576) 中，是用 republique 以表示國家，但同時又用 estat 以表示特定的國家形態，如 estat aristocratique（貴族國）、estat populaire（共和國）等是。但是三十二年之後，羅棱 (Charles Loyeau, 1566–1627) 在領土權論 (Traite des Seigneuries, 1608) 中，則如馬凱維尼之使用 stato 一樣，用 estat 以表示一切國家。到了後來，

❿ G. Jellinek, a. a. O. S. 129–130.

⓫ G. Jellinek, a. a. O. S. 131.

⓬ G. Jellinek, a. a. O. S. 131–132.

etat 又代替了 estat，而為一般人所使用。總而言之，法國表示國家的文字最初用 estat，其後用 etat。在英國，沙士比亞 (Shakespeare, 1564–1616) 於其《哈姆雷特》(*Hamlet*) 中，已有 something is rotten in the state of Denmark，所以英國用 state 以表示國家，可以說開始於十六世紀之末。德國於十七世紀初期，用 status reipublicae，以表示國家的一切狀態，而對於特定的國家形態則用 Staat，例如 Hofstaat（宮廷國家）、Kriegsstaat（軍事國家）、Kammerstaat（皇室國家）等是。其後雖用 status publicus，然意義不甚明確，且有用以表示君侯的宮室者。十八世紀之初，Staat 一語才漸次普及使用，其確定為「國家」之意者，則係十八世紀最後十年間的事❸。

　　到了現在，state, etat, Staat, stato 已經成為表示國家的文字。由此可知「國家」一語，最初是指市民團體 (polis, civitas) 或全國公民的團體 (res publica)，其次是指統治團體 (imperium)，又次是指地域團體 (Land, terre, terra)，最後才成為現在意義的國家 (state, etat, Staat, stato)。然而國家的要素由於上述文字，也可以知道。就是由於 polis, civitas, res publica，國家須有公民，而為人民團體；由於 imperium，國家須有統治權，而為統治團體，由於 Land, terre, terra，國家須有土地而為地域團體；而包括上述各種狀態 (status) 者則為今日意義的國家 (state, etat, Staat, stato)。

第二節　國家的發生

　　古人云「食色性也」。F. Oppenheimer 亦以「飢與愛」(Hunger und Liebe)

---

❸ G. Jellinek, a. a. O. S. 132–133.

　　英語的 state，德語的 Staat，除國家的意義之外，尚有用之以指地方團體者，如美國稱為 United States of America，就是整個的美國不稱為 state，國內各邦才稱為 state。在德國不但各邦稱為 Staat，並且邦內的地方團體也有稱為 Staat 的，如普魯士過去曾稱為 die Königlichen Preussischen Staaten，就是其例。

為人類進化的原動力❹。由於食即飢，人類需要貨財，由於色即愛，人類需要婚姻。這兩種需要乃是「人之大慾」，往往迫使人類要求解決。而在某種條件之下❺，常成為社會進化的原動力。

所謂食、所謂飢，就是人類的生存慾望。人類要維持其生存，必須選擇優良的環境以作自己棲息之地。凡氣候地勢水流土壤物產苟不利於人類的生存，人類必不願居住於其地。但是人類的生存慾望是相同的，因之人類所選擇的土地也是相同的。換句話說，環境苟有利於人類的生存，人類必願棲息於其地，所以人類自始就有群居的習慣。這種群居的人，社會學者稱之為「群」(horde, Horde)❻。

人類既然群居於同一地區之內，則彼此之間不免有往來交際之事。何以故呢？人類要維持其生存，就有兩件重大的事，第一件是覓食，第二件是自衛。當時人類是以狩獵為生，其所用的工具極其幼稚，或拾石頭以為錘，或取樹幹以當棍。技術如斯幼稚，所以人類只能由自然界中採取果實，撈取魚蝦，獵取鳥獸，以維持自己的生活。一切生存資料既取給於自然界，而毒蛇猛獸又復充斥於森林原野之中，所以覓食之時，同群的人必須合作。各群均有一定的狩獵區域，近鄰的群應互相尊重彼此的地區，未得對方同意，而乃侵入其地，該群的人必為自衛起見，協力抵抗❼。一方覓食既須合作，他方自衛又須協力，而在合作與協力之中，彼此之間須長短相補，有無相助。因此之故，人類不但自始就有群居的習慣，並且自始就有連帶的關係。這樣，人類為了維持各自的生存而發生一種連帶關係的時候，就構成了社會。

----

❹ F. Oppenheimer, *Der Staat*, 3 Aufl. 1929, S. 8.

❺ 例如人類所居之地，只有虎狼，而無牛羊一類的動物，則狩獵經濟無法進化為牧畜經濟。

❻ H. Cunow, *Die Marxsche Geschichts-, Gesellschafts- und Staatstheorie*, Bd. II, 4 Aufl. 1923, S. 86f.

❼ H. Cunow, a. a. O. S. 87.

　　人類不但有生存慾望，且又有生殖慾望。所謂「色」，所謂「愛」，就是生殖慾望。人類由於生殖慾望，就有男女的結合。最初人類的兩性生活是自由的，無秩序的，而為一種亂婚 (promiscuity, Promiskuität)❶❽。而既有婚姻之後，生男育女，同「群」的人必有同類意識。人類最初只因生活上的必要，群居於同一地區，現在則有血統觀念以作他們結合的基礎，於是「群」的關係更見密切。而進化為氏族社會 (gens, Sippe)。學者以同族婚姻 (Ehefamilie) 為「群」發生的原因，不能謂無理由❶❾。

　　氏族內婚 (endogamy, Endogamie) 不久之後變為外婚 (exogamy, Exogamie)。其改變的原因大率由於經驗，即近親結婚，所生兒女或懦弱，或愚痴；而人類關於兩性關係，也許自始就有嫌忌近親結婚的性癖❷⓿。同一氏族既然禁止結婚，則男女要滿足其生殖慾望，不能不求對象於別個氏族。每個氏族均有一種圖騰 (totem, Totem)，以表示其血統關係，用自然界的物，例如禽獸樹木之類，以作該氏族的標章❷❶。當時婚姻大率為團體婚姻 (group marriage, Gruppenehe)，這一群的姊妹與別一群的兄弟結婚，妻是兄弟所共有的，夫也是姊妹所共有的❷❷。人知有母，不知有父，父子之間沒有親族的聯繫，而哺乳關係又令兒女必須隸屬於母，於是母對其子女，便有一種權威，而使氏族呈現為母系形式 (matronymics, Matriarchat)❷❸。男人須入贅於女

---

❶❽ H. Cunow, a. a. O. S. 104, 113.

❶❾ 參閱 F. Oppenheimer, *System der Soziologie*, 2 Bd. Der Staat, 1926, S. 87.

❷⓿ H. Cunow, a. a. O. S. 117.

❷❶ H. Cunow, a. a. O. S. 120.

❷❷ 照 H. Cunow (a. a. O. S. 116) 說，當時人類的親族關係是依年齡，分為三個階層：(1)老年人。(2)壯年人。(3)兒童。第一層人對於第二層人，第二層人對於第三層人，稱之為諸兒。第三層人對於第二層人，第二層人對於第一層人，稱之為諸父諸母。第一層人對於第三層人，稱之為諸孫。第三層人對於第一層人，稱之為諸祖父諸祖母，而每層人彼此之間均是兄弟姊妹。

家❷。

　　到了狩獵經濟進化為牧畜經濟，或農耕經濟之時，情況就不同了。狩獵時代，一人一天的收穫只能維持一人一天的生活，既無貯蓄，自無財產，不論男女，均須自食其力。反之，牧畜可以飼養，五穀可以保存，既有貯蓄，便有財產，而牧畜與農耕又需要強壯的體力，從而男人因體力較強及其對於財產的貢獻較大，就成為財產的主人，母系氏族因之進化為父系氏族 (patronymics, Patriarchat)❷。最初男人入居女家，兒童隸屬於母系。現在男人已經富裕，能夠購買婦女，於是一反過去習慣，婦女入居男家，兒童隸屬於父系❷。同時氏族之內，亦因各人對於財產的貢獻不同，乃以私有財產為中心，分裂為許多家族 (family, Familie)。然而氏族本身並未被破壞，而且組織更見嚴密。何以故呢？牧民需要牧場，農民需要耕地，他們為了確保其牧場或耕地，更宜協力與合作。然而牧民逐水草而居，容易分散，農民散居於鄉村，不易團結，並且分家之後，難免發生爭端，故更需要組織結合他們，這個組織還是氏族。氏族以血統為基礎，而崇拜同一祖宗之靈，又為解決內部紛爭起見，乃於家長之中，選擇一位族長（大率是年老而經驗豐富的人）。族長一方為祭司而主祭，他方為士師而執法，祭政一致，這便是統治組織的原始形態。

　　人類的生存慾望與生殖慾望，簡單言之，「飢與愛」乃是人類進化的原動力。由於愛，增加了人口；由於飢，發生了經濟問題。在外婚時代，男婚女嫁不能不求對象於別個氏族。於是兩個以上的氏族就發生了交換行為，最初是婦女的交換，其次為貨物的交換❷。由於婦女的交換，便融合了他們的血

---

❷ L. Gumplowicz, *Grundriss der Soziologie* (Ludwig Gumplowicz, Ausgewählte Werke, Bd. II, 1926), S. 84.

❷ H. Cunow, a. a. O. S. 128.

❷ H. Cunow, a. a. O. S. 129.

❷ F. Oppenheimer, a. a. O. S. 388.

統，由於貨物的交換，又使他們在經濟上有互相倚賴的關係，從而氏族與氏族之間就發生了親睦感情，而結合為一個「氏族聯盟」(phratry, Phratrie)❷ 。這個時候，若因人口增加，而須向外發展，或遇外敵來侵，而須協力禦侮，則「氏族聯盟」必發展為一個部落 (tribe, Stamm)。萬一戰爭之際，尚感覺人力不足，也許又同別個「氏族聯盟」合組為一個部落。

　　部落最初只是軍事團體，目的是在侵略別個部落，或抵抗別個部落的侵略。兩個部落開始戰爭，勝利敗北完全是看團結能否鞏固，行動能否統一。要使團結能夠鞏固，行動能夠統一，必須選擇一位智勇之士指揮部落。戰爭愈長久，指揮愈必要，因之指揮者就變成部落的酋長。人們對於酋長必須絕對服從，而後指揮方能靈敏，不然，戰爭之際，失敗是無疑的。酋長及其左右既然致力於指揮，自難從事於覓食工作，於是人們為了希望部落的勝利，不能不保障酋長及其左右的生活；而為了保障酋長及其左右的生活，就須供給他們以生活資料。到了這個時候，部落之中就發生分工，一方有治人的（酋長及其左右），他方有治於人的（百姓）；治人者食於人，治於人者食人。統治形態又見進步，而國家組織亦在誕生的過程之中。茲宜附帶說明者，部落的組織是以氏族為基礎，氏族之間互通婚姻，所以部落仍不失為血統團體。這個時候，酋長所屬的氏族之神常高昇為部落的神。酋長平時為祭司而主祭，戰時為元帥而主軍，古人云：「國之大事唯祀與戎」，「祀」「戎」兩事，不但是部落時代而且還是原始國家的重要政治。

　　國家誕生的過程可分別為兩種：一種是一個部落征服別個部落而後組織起來的。這種建國過程在中外歷史上不乏其例❷ 。征服的原因也可以說是生

---

❷ F. Oppenheimer, a. a. O. S. 367.

❷ F. Oppenheimer, a. a. O. S. 387.

❷ L. Gumplowicz, *Rasse und Staat* (Ludwig Gumplowicz Ausgewählte Werke, Bd. III, Der Rassenkampf, Anhang A.), 1928, S. 355，他說：「國家之發生由於征服 (Eroberung)，即強的種族利用武力，征服弱的種族而後發生的。」隨著他就舉了中國黃帝征服苗族之

存上的必要❸。一個部落居於貧瘠之地，人口增加，食糧缺乏，勢必出來侵略。戰爭雖然是一種犧牲，但是戰勝之後，可以占領其土地，劫取其貨財，奴役其人民。幸而獲勝，戰勝者為了預防戰敗者的反抗，不能不監視戰敗者，又為了監視便利起見，不能不和戰敗者同住於一個地方，組織中央機關，藉以統治他們。歷時既久，兩個部落漸次同化，不但奉同一的宗教，用同一的語言，有同一的習慣，並且因為互相通婚，而發生共同的血統，又因為生活在同一環境之下，鑄成了同一的感情。於是部落偏見漸次消滅，代之而發生者則為同種的觀念，而國家形態也隨之漸次具備❸。

　　另一種國家是由一個部落受了敵人攻擊，乃集合近鄰許多部落，結為攻守同盟，而後組織起來的❸。漢時諸羌因受漢族壓迫，乃解仇盟詛而立國（前漢書趙充國傳，後漢書西羌傳），唐時回紇因受突厥壓迫，乃結合十五部落而立國（新唐書回紇傳）都是其例。部落的同盟是由軍事上的必要，因之同盟的職務也以軍事為主。各部落的酋長固然集合起來，組織一個會議，藉以處理同盟的事務。但是軍事上的指揮需要統一，所以同盟之中也產生了一個領袖。這個領袖最初只是戰時的元帥。不過戰事與政事不能絕對分開，戰爭既久，便變成平時的君長，不但管理軍事，且又管理政事。職務既然增加，則不能不設置中央機關，把從前部落獨立管理的許多政事，宣告為共同政事，

例，又舉了印度埃及希臘羅馬以及日耳曼民族之例。

H. Cunow 亦謂，羅馬雅典的建國，不是和 F. Engels 所說的那樣，由於內部的階級鬥爭；而是一個種族征服別個種族，而後才組織起來的。請閱他所著 *Die Marxsche Geschichts-, Gesellschafts- und Staatstheorie*, Bd. I, 4 Aufl. 1923, S. 290, 294f.

❸ L. Gumplowicz, *Grundriss der Soziologie* (L. Gumplowicz Ausgewählte Werke, Bd. II, 1926), S. 95.

❸ F. Oppenheimer, *Der Staat*, 3 Aufl. 1929, S. 31f., 41.

❸ L. Gumplowicz, *Grundriss der Soziologie* (L. Gumplowicz Ausgewählte Werke, Bd. II, 1926), S. 95. 他又以防禦 (Abwehr von Angriffen) 為國家誕生的一個原因。

而由中央機關管理之。到了這個時候，前此為了生存競爭暫時結合的同盟，便進化為永久組織的國家❸❸。

　　國家的發生固然有兩種形式，一種是由於征服，另一種是由於防衛，然而我們由此也可以知道國家是人類為了解決自己的生存，乃用合群的武力，造成的一種團體。所以人類不受生存的脅迫，不會產生國家；生存雖受脅迫，倘令人類不能把個別的武力改造為合群的武力，國家也不會產生。

　　由氏族而部落，由部落而國家，三者不同之點是什麼呢？我們以為氏族是血統團體，國家是地域團體，而部落則為氏族發展為國家的過渡形態，即由血統團體過渡為地域團體的中間形態。所以部落可說是地域的血統團體，也可以說是血統的地域團體。固然，氏族的形成需要一群人的聚居於同一地域；而氏族既已形成之後，亦必常常聚居於同一地域之內。但是他們的結合不是由於地域觀念，而是由於血統觀念，他們可以舉族遷徙，倏來倏去，沒有一定的居所。反之部落的成立，雖然是以血統觀念為基礎，而其最大的動機卻是因為生存競爭，不能不團結起來。這個團結必須地域鄰接，而後才得實現，所以一個部落必定占據一個地方（固然遇有水旱之災亦常遷徙）。但是部落的構成分子乃是氏族，一個部落常有許多氏族，同一氏族往往禁止內婚，而屬行外婚。所以同一部落之內，氏族彼此之間每由通婚關係，而發生親密的感情。因此之故，部落尚帶有血統團體的痕跡。

　　國家又和部落不同，完全是一種地域團體。國家之內常包括許多種族，而同一種族又可以建設許多國家，由此事實便可以證明國家結合的基礎不是血統觀念了。固然國家成立既久，人民的血統也可以混合起來。但是國家能夠統一，完全依靠武力的強制，沒有武力，不但血統不同的部落，便是血統相同的部落，也不能永久結合。要想利用武力，結合許多部落，組織一個國家，在交通工具幼稚的時代，必須利用土地的關係，因此之故，國家是地域

---

❸❸ 參閱 H. Cunow, *Die Marxsche Geschichts-, Gesellschafts- und Staatstheorie*, Bd. II, 4 Aufl. 1923, S. 98.

團體，不容懷疑。在部落時代，社會的構成分子乃是氏族，沒有氏族，也沒有部落，部落不能離開氏族而存在，所以部落雖是地域團體，而其構成分子卻是血統團體。反之國家成立之初，雖然也以氏族為其構成分子，歷時既久，社會組織的基礎便由血統移為地域。人口增加，則社會的範圍擴大，接觸頻繁，則種族的反感減少，其以地域為國家組織的基礎，是勢之必然的。何況國家對其人民，必有許多統制，所謂統制就是命令與服從的強制關係。同一的人不能同時服從雙方的命令，所以國家的統制一旦增加，氏族的統制必然減少，減少到氏族組織漸次崩潰，社會組織的基礎不是血統而是地域的時候，則部落也復消滅，代之而發生者則為國家。

第三節　國家的本質

一、國家的要素

　　國家是武力造成的團體。國家能夠存在，並不是單單依靠武力維持，而是因為這個武力得到了社會的承認。我們知道人類都有生存慾望，這個人類的共同慾望可以產生人類共同遵守的規範。破壞這個規範，便是破壞人類的生存。人類為了維持各自的生存，必須強制別人遵守規範。倘若別人不肯遵守，人們均將利用武力，加以制裁。這個各人均欲加以制裁的意識便是法律觀念的基礎，而各人均欲加以制裁的武力便是國家權力的淵源。換句話說，國家能夠利用武力，強制人民服從，乃是因為這個武力可以保障規範，得到了社會的承認。

　　社會不斷的進步，規範也不斷的變更，國家的武力能夠適合規範的需要，則這個武力可以永久維持下去。國家的武力不能適合規範的需要，則國內必將發生革命或暴動，而使國家的武力不能不改變另一個形式。由此可知國家雖然是武力造成的團體，而這個武力卻不是漫無限制的武力，而是合於社會規範的武力。

　　國家的武力合於社會規範，得到了社會的承認，則變為權力，而稱為統治權。行使統治權，必有一定對象，於是有國民；行使統治權，必在一定空間，於是有領土；行使統治權，必需一定機關，於是有統治組織。這三者學者稱之為國家的要素。現在試分別說明如次。

　　國家的第一要素是國民。國民與國家有特殊的關係，即有特殊的權利義務關係。古代國民與外國人之間，權利義務完全不同，現今兩者差別漸次減少，不過外國人沒有參政的權利，也沒有當兵的義務，而國家在必要時，尚得驅逐外國人出境。反之，國民有住居國內之權，當其逗留外國之時，又得享受母國外交官的保護，以此而有不同而已❸❹。國家對其國民，不問其住在國內或住在國外，均有統治的權。這個權稱為對人高權 (Personalhoheit, personal sovereignty)。不過對人高權常受國際法的限制，一方本國國民旅居外國之時，本國政府只得於不妨害該外國主權的範圍內，行使對人高權。他方本國國民住在本國領土之內，倘他們屬於少數民族，本國政府有時也須受國際條約的拘束，不得任意行使對人高權，而侵害他們的權利。固然人民的權利皆受憲法的保障，但是少數民族的權利除受憲法的保障之外，又受國際條約的保障。舉例言之，一九一九年六月二十八日聯盟國曾與波蘭訂立一個條約，其第一條云：「波蘭承認本條約第二條至第八條（皆規定少數民族的權利）為國家根本法之一，任何法律，任何命令，任何行政處分均不得牴觸這個條文，也不得推翻這個條文」。波蘭受了條約的拘束，遂有憲法（一九二一年憲法）第一一○條、第一一一條及第一一五條之規定（保障少數民族的言語習慣宗教等），而條約第十二條又云：「這種憲法條文非經國際聯盟理事會多數通過，不得變更」❸❺。即波蘭對其國內少數民族，不得行使對人高權，作違反國際條約的統治。

---

❸❹ H. Kelsen, *Allgemeine Staatslehre*, 1925, S. 159. 參閱 G. Meyer, *Lehrbuch des deutschen Staatsrechtes*, 6 Aufl. 1905, S. 214–215 及 S. 215, n. 2.

❸❺ B. Mirkine-Guetzevitch, *Droit constitutionnel international*, 1933, pp. 181–183.

國家的第二要素是領土。國家在其領土之內，一方可以積極的行使自己的統治權，他方又得消極的排除外國統治權的行使。換句話說，凡住在領土上面的人，不問他是本國人或外國人，都要服從國家的統治，所以領土的範圍就是國家的範圍，而國家對其領土所得行使的權，叫做領土高權 (Gebietshoheit, territorial sovereignty)。領土高權與對人高權不同，後者指統治本國人民的權，前者指統治住在本國領土的人的權。所以對人高權與領土高權的區別，非在於前者統治人民，後者統治土地。因為統治乃是人與人的關係，離開人類，沒有統治。對人高權是由國民的身分而發生，以本國人民為限界；領土高權則由土地而發生，以本國領土為限界。固然兩者均是統治人民，不過其一因為人民是本國人，故統治之，其他因為人民住在本國領土之上，故統治之，因而有別而已。但是領土高權亦常受國際法的限制，因為國家常由治外法權，不能統治逗遛於本國領土之內的外國元首外交官及軍隊。古者，外國人常受居留國的虐待，但是外國人雖然不是公民，而卻是人。所以法律應給他們以最低限度的保護。法國革命，依人類平等的觀念，一七九一年憲法（第六條），一七九三年憲法（第四條），共和三年憲法（第三三五條），共和八年憲法（第七六條），或多或少都有保障外國人的身體財產及信教的自由。自是而後，各國憲法明文承認外國人有一切私權的，為數不少，拉丁美洲諸國尤見其然❸❻。一九四八年國際人權宣言第二條云：「凡人均得享有本宣言所列之權利與自由，並不因種族膚色性別言語宗教政見或其他主張，國別或社會出身，財產門第或其他身分，而有所差別。此外亦不得因其人所屬國家或領土之政治地位、統轄地位、國際地位，而有所差別。不論其國家或領土為獨立者，或托管者，或非自主者，或主權之受何等限制者，均應一律看待」。即時至今日，各國均不得自由行使領土高權，以剝奪任何外國人的

---

❸❻ 例如 Argentina 一九四九年憲法第三一條，Haiti 一九四六年憲法第八條，Mexico 一九一七年憲法第三三條，Nicaragua 一九四八年憲法第二二條，Panama 一九四六年憲法第二一條，Paraguay 一九四〇年憲法第三六條，Peru 一九三三年憲法第三二條等。

權利。

國家雖有保護外國人私權的義務，但同時基於領土高權，又有驅逐外國人出國或拒絕外國人入國的權力。惟對於政治犯，則須盡保護之責。這種制度亦開始於法國革命時代。法國一七九三年憲法第一二〇條云：「外國人為爭取自由而為其本國所驅逐者，法國願供給他們以避難處所 (asile)。但殘害自由的人不得享受本項權利」。近來思想鬥爭日益激烈，一方第三國際鼓吹世界革命，准許共黨以蘇聯（編按：指一九二二年成立之「蘇維埃社會主義共和國聯盟」。蘇聯已於一九九一年解體。）為逋逃藪。蘇聯一九三六年憲法第一二九條云：「外國人因擁護勞工之利益，或因科學的活動 (scientific activities)、民族的解放鬥爭，而為其本國所通緝者，蘇聯願供給以避難處所」。他方聯合國為了保護民主與自由，於一九四八年十二月十日聯合國第三次大會亦發表了「國際人權宣言」，其第一四條云：「凡人均有權在別國境內覓取並享受避難處所，免遭迫害。但犯罪非由政治的原因，或其行為因違反聯合國的目的與原則而受處分者，不得享受本項權利。」今日民主國憲法規定人民有避難權 (right of asylum) 者亦有之。如法國第四共和憲法之弁言云：「凡為自由而奮鬥之人，苟遭迫害，得避難於法國領土之內」，義大利一九四七年憲法第一〇條云：「外國人在其本國不能行使義國憲法所保障之民主的自由者，得依法定條件，避難於義國領土。外國人因政治犯罪而避難於義國者，義國絕不引渡」，西德一九四九年憲法第一六條云：「政治上受迫害的人，得享有避難權」等是。

國家的第三要素是統治組織，所謂統治組織是指命令與服從的強制關係。任何國家均有機關，以發表國家的意思，而國家的意思則可強制國民服從。固然一切社團都有機關，以發表社團的意思，而社團的意思也可以拘束其社員。但是在普通社團，社團的意思惟於社員願意服從之時，才有拘束力，社員若不願意服從，則可退出社團之外。至於國家則與普通社團不同，國家的意思不問國民願意或不願意，均須絕對服從。國民不能因為不願意服從，自由退出國家之外。國家的意思不但可以拘束國民，且又可以拘束國民所組織

的其他團體。例如工會商會學會教會以及各級地方團體在一定程度之內，均
須服從國家的命令，而受國家的統制。因為國家最重要的任務乃是對外和對
內，保護人民的安全。國家為執行這種任務，當然可以統制國民的行動，而
在必要之時，尚得統制社團的行動，否則工會商會學會教會將各執己見，各
行其是，而致社會治安不能維持。國家為一種統治組織，所以國家乃是統治
團體。至於國家怎樣組織其機關，怎樣行使其權力，怎樣強制國民服從，固
然各國均不一樣，然而國家必有自由決定的權，則各國無不相同。這種權叫
做組織高權 (Organhoheit) 或自主組織權 (right of self-organization,
Selbstorganisationsrecht)。但是組織高權有時亦受國際法的限制，永久中立國
除維持國內治安之外，不得設置常備軍，就是其例。一八六三年七月十三日
倫敦條約（第三條）強迫希臘採用君主立憲政體❸❼。一八六四年智利國會以
墨西哥採用君主制度，認為有反於美洲共和主義的國際法，而拒絕承認其政
府❸❽。這和法國革命時代，用兵力強制別國建立民主政體，蘇聯革命之後，
用暴力強制別國採用蘇維埃制度者，相差無幾。由今日國際慣例：對於別國
的政治制度，應守絕對中立的態度看來，都是干涉別國的組織高權。一九二
三年二月七日中美五國代表在華盛頓開會，訂立一個條約，其第二條規定締
約國互不承認暴力所建立的革命政府，第五條規定締約國應於憲法之上，禁
止總統副總統之繼續連任❸❾，用國際條約以限制組織高權，固然不能與干涉
相比，然而本國的組織高權由此條約，須受到相當限制，則為明顯之事。

　　國家必有國民領土及統治組織三個要素，由於這三個要素，又產生了三
種高權，而總稱為統治權 (Herrschergewalt)。但統治權不是國家才有的，地方
團體尤其是聯邦國的邦也有統治權。不過國家的統治權尚有兩種性質，一是
對內是最高的 (supreme, höchste)，二是對外是獨立的 (independent,

---

❸❼ B. Mirkine-Guetzevitch, op. cit., pp. 40–41.

❸❽ B. Mirkine-Guetzevitch, op. cit., p. 63.

❸❾ B. Mirkine-Guetzevitch, op. cit., pp. 42–44.

unabhängig)，這種最高獨立的統治權特稱為主權。前曾說過，國家是武力造成的團體，這個武力變成權力之後，則為一種法律秩序 (Rechtssystem)。社會之內有許多法律秩序，或對立，或重複，規律人類的社會生活。在彼此對立與重複之間，若不設法調和，則社會和平不能維持。於是就需要有一種權力，解決其矛盾，調停其衝突。這種權力層層重複，最後達到最高階段者，則為國家的主權。然而我們須知今日國家主權，在國際法上，已經受了限制，未必是最高的了。

二、國　民

人類的社會生活並不能完全納入於國家生活之中。國家生活不過人類生活之一部分。那一部分的社會生活可以視為國家生活，則由國家用法律定之。國家用法律規定人類的社會生活，在這個生活範圍之內，人類對於國家若有一種永久的法律關係，換言之，不但住在領土之內，就是離開領土之時，也與國家發生法律關係，這種人稱為國民。國民有兩種性質，一方為統治主體，而得參加國家統治權之行使，他方為統治客體，而須服從國家統治權之支配❹，在這兩極之間，固然尚有許多權利，如自由權（例如言論出版之自由）、請求權（例如請求法院審判之權）之類，但這兩種權利都是以統治客體之資格而取得之，尤其是請求權不但民主時代有之，就是專制時代也有。所以國民能否成為統治主體，完全是看能否參加國家統治權之行使。

過去國民只有服從的義務，最多亦只有些許的請求權，即只是統治客體，不是統治主體。自法國革命，發布人權宣言 (Declaration des Droits de L'Homme et du Citoyen) 之後，民主思想遍布全球，各國憲法多特設一章，規

---

❹ G. Jellinek, *Allgemeine Staatslehre*, 3 Aufl. 1929, S. 406f. 盧梭亦謂各人均有兩種性質，一為 Citoyen，即公民 (aktiver Burger)，而得參加公意 (Gemeinwille) 之作成，二是 Sujet，即臣民 (Untertan)，而須服從公意。引自 G. Jellinek, a. a. O. S. 406. 參閱 H. Kelsen, *Allgemeine Staatslehre*, 1925, S. 160.

定人民的權利義務，其影響之大，似非美國的獨立宣言 (*Declaration of Independence*) 所能比擬。人權宣言是根據美國各邦憲法所規定的權利典章 (*Bill of Rights, Declaration of Rights*)，而美國各邦憲法所規定的權利典章又是根據英國許多法典，如一六八九年的 *Bill of Rights*，一六七九年的 *Habeas Corpus Act*，一六二七年的 *Petition of Rights*，以及一二一五年的 *Magna Charta* 等是❹。但是英美人民關於權利的觀念又有不同之點。在英國，人民

---

❹ 據 G. Jellinek 在其所著 *Die Erklärung der Menschen und Bürgerrechte* (4 Aufl. 1927) 所言，人權宣言不是根據盧梭的民約論，民約論所主張的只有一個條項，即個人一切權利均讓給社會。個人加入社會，必須拋棄一切權利，此後個人得享受那一個權利，則由公意 (volonté générale) 決定之。公意不受法律的拘束，縱是財產，亦惟於國家許可之時，才屬於個人。公意在必要時，尚得擴大或縮小個人權利的範圍 (S. 6)。反之，人權宣言則謂人類生來就有一種不可讓與的權利，這個權利是天賦的，不是主權給與的，縱是主權，亦須視之為神聖的權利，不得侵犯。即人權宣言欲於國家與個人之間劃定了一個永久的境界線，使立法者嚴守這個境界線，不能逾越，而受人類的天賦權利的拘束 (S. 8)。人權宣言也不是根據美國的獨立宣言，獨立宣言與人權宣言很少類似之點。人權宣言列舉了人民許多權利，獨立宣言有似於人權宣言者只有一個條項，而這個條項不過宣布主權在民的思想及人民革命的權利。此外雖曾提到某幾種權利受了英國侵害，然其目的所在，乃欲藉此以說明獨立之原因 (S. 10–11)。人權宣言更不是根據美國憲法。美國憲法未曾列舉人民的自由權利，其修正條文最初十條，於一七八九年九月二十五日才提出國會，二年之後，即一七九一年才得到諸邦四分之三同意，而發生效力。這當然不能視為一七八九年八月二十六日的人權宣言的範本 (S. 10)。然則人權宣言是根據那一種文獻呢？照 G. Jellinek 說，美國各邦憲法均分為兩部，第一部規定人民權利，第二部規定政府組織。其規定人民權利者，均用 Bill of Rights 或 Declaration of Rights 之形式為之，這個 Bill of Rights 或 Declaration of Rights 便是法國的人權宣言的範本 (S. 16)。而最初制定世界第一部成文憲法，且於憲法之上揭載 Declaration of Rights 者則為 Virginia (S. 12)。我們若把法國的人權宣言與美國各邦的權利典章一一對照，就可知道前者模倣後者，甚為顯明 (S. 20f.)。但是美國各邦的權利典章又根據什麼文獻呢？我們觀其名稱，又可知道它們是根據英國過去的許多

經過許多奮鬥，才能強迫國王承認他們的權利，所以他們視權利不是天賦的，而是由國家承認，且受法律保障的。反之，美國人民來自英國之時，地廣人稀，散居於大地之上，無異於自然世界。他們不必服從國家的權力，他們雖然訂了「殖民契約」(*Pflanzungsverträge*)，以作共同遵守的規範❷。但是他們稍不滿意，就可自由移住於別個地方，任誰都不得加以拘束。在這種環境之下，他們遂謂人類生來就是自由的，而有一種不可讓與、不可侵犯的權利，所以他們視權利是天賦的，不是國家給予的❸。

由這兩種觀念之不同，遂令各國憲法有了兩種典型。其傾向於美國主義者，常於憲法之上，先規定人民權利，次才規定政府組織。即先有創設國家的人民，而後才有人民創設的國家，所以創設國家的人民的權利規定在先，人民創設的國家的制度規定在後❹。其傾向於英國主義者，又於憲法之上，先規定政府組織，次才規定人民權利。即先有制定法律的政府，而後才有法律所承認的人民權利，所以制定法律的政府組織規定在先，法律所承認的人民權利規定在後。

不問規定之先後如何，人民的權利義務在法律上必聯為一體，成為一個體系。這個體系則由國民對於統治權有如何關係決定之。照 G. Jellinek 說，國民對於統治權，有四種不同的關係，而發生了四種不同的身分。

第一是被動的身分 (passiver Status)，國民須絕對服從國家的統治權。國民由這身分，就發生了國民的義務，即 G. Jellinek 所謂「對於國家而為給付」(Leistungen an den Staat)❺。其最重要的便是當兵義務與納稅義務。原來國民

法典，如一六八九年的 *Bill of Rights*，一六七九年的 *Habeas Corpus Act*，一六二七年的 *Petition of Rights*，以及一二一五年的 *Magna Charta* 等是 (S. 34)。

❷ G. Jellinek, a. a. O. S. 46–48.

❸ G. Jellinek, a. a. O. S. 49–50.

❹ G. Jellinek, a. a. O. S. 69.

❺ G. Jellinek, *System der subjektiven öffentlichen Rechte*, 2 Aufl. 1919, S. 86, 87.

對於國家而為給付者，乃是犧牲個人一部分的利益，以求有助於公共利益。何謂公共利益？是隨時代觀念與國家環境而不同。但是吾人必須知道，公共利益不是個人利益的總和，尤不是單單關於現在國民的利益，抑又關於子子孫孫未來國民的利益。因此之故，國家為了公共利益，對於個人要求給付之時，往往不利於提供給付的人，亦未必有利於當時的一般國民。那犧牲生命的當兵義務即其一例❹。

　　第二是消極的身分 (negativer Status)，現代國家常限定統治權行使的限界，在這限界之外，國民有獨立自主的權，無須服從國家的統治權。國民由這身分，就發生了國民的自由權，即 G. Jellinek 所謂「自由於國家之外」(Freiheit vom Staat)❹。自由權觀念所以發生，乃是因為過去此種行為曾受統治權的拘束，國民要脫離統治權的拘束，故乃要求自由。舉例言之，因有出版檢查，故有出版自由；因有信教強制，故有信教自由❹。故凡某種行為過去未受統治權之拘束者，國民對之絕不會要求自由，如散步自由睡眠自由等是。由此可知自由權不是積極的要求國家給與任何利益，而是消極的要求國家勿作違法的拘束。當然個人自由須在法律範圍之內。但是法律限制個人自由，必須這個限制有利於個人的其他自由。換言之，法律為共同生活而需要拘束個人自由之時，必須這個拘束能夠保障個人的其餘自由，而如 Beccaria (C. B. Marchese de Beccaria, 1738–1794) 所言，「人類在國家之內，所以犧牲一部分自由，乃欲其他部分的自由更能安全」❹。茲宜注意的，自由既是「自由於國家之外」，則自由就是個人的行為對於國家，法律上沒有任何關係之意❺。在今日法治政治之下，國家所不禁止者，個人皆得為之。反之，國家

---

❹ G. Jellinek, a. a. O. S. 68–69.

❹ G. Jellinek, a. a. O. S. 87, 94f.

❹ G. Jellinek, a. a. O. S. 95.

❹ G. Jellinek, a. a. O. S. 95.

❺ G. Jellinek, a. a. O. S. 104.

則唯於法律有明文規定之時，才得有所作為。所以國家要侵害個人自由，必須根據法律。從而國家對於個人的自由權，認做有利害關係的，不是該自由行為之有無，而是該自由行為有否逾越法律的限制❺。沒有逾越，而國家乃加以干涉，此際個人可利用請求權，如訴願權、訴訟權之類，要求撤銷。由此可知自由權只有消極的效果，禁止國家的不法干涉；同時又須依靠請求權，而後才成為法律上的權利❺。

　　第三是積極的身分 (positiver Status)，國家行使統治權都是要增進公共利益。公共利益固然未必和個人利益一致，倘若一致，國家常給予個人以一種要求國家活動，利用國家設備的權。國民依這身分，就發生了國民的請求權，即 Jellinek 所謂「對於國家而作請求」(Forderungen an den Staat)❺，如請求法院審判的訴訟權等是。人民提起訴訟，固然有助於個人利益，同時國家的法律秩序亦得因之維持，故亦有助於公共利益。請求權由個人觀之，是為自己利益而要求國家活動，由國家觀之，是為個人利益而作活動。故在個人方面，是一種法律所保護的能力 (die rechtlich geschutzte Fahigkeit)，在國家方面，是一種法律上應盡的義務 (die rechtliche Verpflichtung)❺。積極的身分一方與消極的身分不同，不是消極的自由於國家之外，而是積極的以國家的給付為內容。他方又與被動的身分成為對償的物，因為個人對於國家既然有所貢獻，則國家對於個人，自應提出反給付 (Gegenleistung)❺。

　　第四是主動的身分 (aktiver Status)，國家不能自己發表意思，須有自然人代為發表。這個自然人的意思每可改變國家的意思，而令國家的意思不能公

❺ G. Jellinek, a. a. O. S. 104–105. 參閱 H. Kelsen, *Allgemeine Staatslehre*, 1925, S. 150–151, 155.

❺ G. Jellinek, a. a. O. S. 105–106.

❺ G. Jellinek, a. a. O. S. 87, 114f.

❺ G. Jellinek, a. a. O. S. 121.

❺ G. Jellinek, *Allgemeine Staatslehre*, 3 Aufl. 1929, S. 421.

正。因此，現代國家又使國民參加國家意思的決定，即參加國家統治權的行使。國民依這身分，就發生了國民的參政權，即 Jellinek 所謂「為了國家而作給付」(Leistungen für den Staat)❺❻，如選舉權、複決權等是。主動的身分與消極的身分不同。個人依消極的身分，得自由於國家之外，依主動的身分，須為國家而作活動。其為國家而作活動，固然有似於被動的身分。但被動的身分是服從國家的意思，而主動的身分則參加國家意思的作成，所以兩者又有區別。主動的身分復與積極的身分不同，積極的身分是個人純粹為自己利益打算，而要求國家活動。主動的身分是個人由於國家的利益，成為國家機關之一部而作活動❺❼。一方為私益，他方為公益；一方是國家活動，他方是個人活動，兩者之有區別，是很顯明的❺❽。

　　上述四種身分是漸次發展的。最初個人須絕對服從國家的統治權，其次個人有相當範圍的自由，不受國家統治權之支配，更次個人可為自己之利益，要求國家行使統治權，最後個人復進一步，而得參加國家統治權之行使，其尤甚者，且認國家權力屬於國民❺❾。就其內容說，四種身分又互相聯繫。現代政治是民主政治，國家常於國家與個人之間，劃了一個境界線，在這境界

---

❺❻ G. Jellinek, *System der subjektiven öffentlichen Rechte*, 2 Aufl. 1919, S. 87, 136f.

❺❼ G. Jellinek, a. a. O. S. 139.

❺❽ 國民之有四種身分乃 G. Jellinek 所創，而為一般學者所贊成。H. Kelsen 只區別三種，照他說，人類的行狀 (Verhalt) 對於法律秩序 (Rechtsordnung) 有三種關係 (Beziehung)，一是服從規範 (Norm)；二是創造規範，即用某一種方法參加規範的制定；三是自由於規範之外，即與規範沒有任何關係。人類的關係在第一場合，稱為受動的關係 (die Beziehung der Passivität)，在第二場合，稱為主動的關係 (die Beziehung der Aktivität)，在第三場合，稱為消極的關係 (die Beziehung der Negativität)，即省去一個積極的關係 (H. Kelsen, *Allgemeine Staatslehre*, 1925, S. 150)。因為 H. Kelsen 以為參政權與請求權都是要求國家的活動，也都是參加國家的活動；同時兩者都是為公益，也都是為私益，故不宜加以區別 (H. Kelsen, a. a. O. S. 153–154)。

❺❾ G. Jellinek, a. a. O. S. 87–88.

線之外，承認個人有活動的自由。個人既有自由權，則為保護自由權起見，國家不能不給與個人以一種能力，使個人積極的請求國家活動，以實現他們個人的利益。然而只有請求權，又認為無濟於事，於是國家在某種範圍之內，又准許個人參加國家意思的決定，依他們的意思，決定國家作為與不作為，使個人的利益得以實現❻。國民在國家生活之下，既有許多權利，當然須負義務，以作對償之物。在歷史上，義務發生在先，權利發生在後；在各國憲法條文之上，又往往權利規定在先，義務規定在後，其理由實在於此。

　　國民在國家生活之下，由於各種身分，既負義務，又有權利，既如上所言矣。國民的義務是拘束國民的，國民的權利是拘束國家的。但是國民的各種身分既由法律規定，成為法律關係，則國民的權利和義務又必互相反射，使拘束國民的同時亦拘束國家，拘束國家的同時亦拘束國民。例如國民有納稅的義務，國家當然有徵稅的權利。但是國家徵稅之時，卻負有一種「依法律」之義務，因之國民就取得了一種「超出法律範圍之外，不必納稅」的權利。又如國民有言論的自由，國家當然負不得干涉的義務。但是國民言論苟干法禁，則國家亦有取締的權利，因之國民的言論自由就負了一種不得違反法律的義務。由此可知憲法規定國民的權利義務，乃有兩種目的：就義務言，一是宣布國民的義務，二是創設國家的義務。用前例言之，憲法固然宣布國民有納稅的義務，但是同時國家也負了徵稅不得超過法律規定的義務。就權利言，一是承認國民的權利，二是保留國家的權利。用前例言之，憲法固然保障國民有言論的自由，但是同時國家又保留言論如干法禁，可以取締的權利。

　　由此可知今日人類的國家生活，或積極的，或消極的，由於法律規定，已變成法律秩序。在法律秩序之下，人類才有各種身分，而有各種權利和義務。所謂國民就是人類進入於法律秩序之中，而得到了各種身分，國民依其被動的、積極的、消極的身分，成為被治者，而與國家對立之時，稱為屬民

❻ G. Jellinek, a. a. O. S. 85–86.

(Staatsangehörige)。國民依其主動的身分，成為治者，而參加國家意思的決定之時，則稱為公民 (Staatsbürger)。即今日國民一方是治者，他方又是被治者。一方治人，他方治於人，這是今日民主國的特色。

三、領　土

國家必須建立於一定範圍的土地之上。國家的權力在這一定範圍的土地，能夠做出特殊的活動，即統治的活動，這種性質的土地稱為領土。領土在法律方面，表示兩種意義：消極方面，凡非得到該國同意，別國不得行使權力；積極方面，凡居住於領土之上的人民均須服從該國的統治。前者是消極的排除別國統治權之行使，後者是積極的行使本國的統治權。

但是領土這個概念不是自有國家以來，就有了的。古代學者均以國家為市民團體 (Bürgergemeinde)，而所謂市民團體又未必就與市民的居住場所 (Wohnsitz) 一致，所以當時國家學說均未曾提到領土❻❶。由中世至十九世紀之初，學者受了古代思想的影響，其討論國家，亦只注意人的要素，很少談到領土。其或談到領土，也不以領土為國家的要素，只以領土為君主的所有物。君主與領土的關係完全和私法上所有人與所有物之關係相同❻❷。最初主

---

❻❶ G. Jellinek, *Allgemeine Staatslehre*, 3 Aufl. 1929, S. 395.

❻❷ G. Jellinek 又謂，由於古代思想的影響，此後學者之研究國家，只注意人的要素，自十六世紀而至十九世紀，學者很少說到領土 (a. a. O. S. 395)。自然法學派以國家為人的結合，從 Bodin 至 Kant，學者之定義國家，均未曾提及領土。間或談到領土之法律關係，也只用封建時代的最高所有權 (Obereigentum) 之觀念以說明之，或用遺產國家 (Patrimonialstaat) 之理論以解釋之 (S. 404)。

按封建國家是以土地所有權為基礎而組織的。君主對於全國土地，有最高所有權。但其所有權乃是私法上的所有權。君主之統治臣民，只是土地所有權之作用。即統治不視為對人的統治，而視為對於附屬於土地之上的人的統治。換言之，君主不是直接統治人民，而是因為支配了土地，故乃當然的支配了土地之上的人民。到了統一國家成立，專制政治發生之時，一般學者仍把國家的基礎放在所有權的觀念之上。他們以國

張領土為國家的要素的，據 G. Jellinek 說，乃是 J. L. Klüber，他於一八一七年發表的《德意志公法》(Oeffentliches Recht des teutschen Bundes) 一書，把國家定義為市民團體「而有一定的土地範圍」 (mit einem bestimmten Landbezirk)❻❸。

　　自是而後，學者討論國家，無不說到領土。但關於領土──領土高權的性質，仍有各種不同的見解，辯駁至今，尚無定論。茲擇其中最普遍的數種，說明如次：

　　㈠**統治客體說**　統治客體說以領土為國家行使統治權的對象。主張這學說的有 K. F. v. Gerber (1823–1891), P. Laband (1838–1919) 等輩❻❹。他們以為國家行使統治權有兩個對象，一是人的對象，就是國民，二是物的對象，就是領土。國家之於領土，猶如個人之於所有物，得自由使用收益處分，並排除他人之干涉。 即他們以領土高權為公法上的物權 (ein staatsrechtliches Sachenrecht) 與私法上土地所有權同其性質。客體說既以領土為統治客體，而不知「統治」 (imperium) 與「所有」 (dominium) 不同，「所有」 是對物的，

家為君主的所有物，君主是站在國家之上。而所謂國家則為土地和人民所構成的物體，由君主代代繼承之，而為君主的世襲財產 (Patrimonium)。這種遺產國家一方是公法上統治權的主體，同時又是私法上所有權的客體。 這叫做遺產國家說 (Patrimonialtheorie)。

❻❸ J. L. Klüber, *Oeffentliches Recht des teutschen Bundes*, I Aufl. 1817, §1. 引自 G. Jellinek, a. a. O. S. 395.

❻❹ K. F. v. Gerber, *Grundzüge eines Systems des deutschen Staatsrechts*, 1865. 參看 H. Preuss, *Gemeinde, Staat, Reich als Gebietskörperschaften*, 1889, S. 266.

P. Laband, *Das Staatsrecht des deutschen Reiches*, Bd. I, 5 Aufl. 1911, S. 192–193. 照 Laband 說，我們不能不承認國家對其領土，有某種權利。國家對於領土的權利與其對於臣民的權利，性質不同，而可以稱為公法上的物權。國家為要實行其任務，不但可把臣民，且又可把領土，放在它的權力之下。縱是無人之地，領土高權亦得存在於其上。由此可知領土不宜單視為統治權行使的空間，而宜視為國家的權利的客體。

「統治」是對人的。何以說呢？統治是命令與服從的強制關係，這種關係只能成立於國家與人民之間，不能成立於國家與領土之間。國家能夠命令人民，不能命令領土。即如 G. Jellinek 所說，國家沒有臣民，以作媒介，不能直接統治領土。凡物要放在國家統治之下，必須國家的權力對人下了命令，而影響到物❻。最能表示領土之有這個性質者，莫如德語之 Gebiet，Gebiet 為領土之意，其語出自 gebieten，而 gebieten 則為「命令」(befehlen) 與「統治」(herrschen) 之意。客體說把「統治」與「所有」混為一談，所以它的根本觀念還是和遺產國家說一樣，不能認識統治權與所有權之區別。所不同者，前者以領土為國家統治的對象，後者以領土為君主的世襲財產，因而有別而已。但是國家對於領土，果真沒有一點直接的物權，而必透過人民，才得行使統治權，何以無人之地又受國家的支配呢？關於這個問題，統治空間說已有解釋，待後述之。不過領土果是物權的客體，何以外國人居留國內，而須服從居留國的統治呢？外國人所以服從統治，絕不是因為領土為統治客體，而是因為領土為統治空間，外國人既來這個空間之內，自應服從居留國的統治。

　　(二)**統治主體說**　統治主體說以領土為國家的構成要素，即為國家人格 (Staatspersönlichkeit) 之一部，主張這個學說的有 C. F. Fricker 及 J. Hatschek 等輩❻。他們以為國家與領土的關係猶如吾人與身體的關係，不是「所有」(Haben) 的關係，而是「存在」(Sein) 的關係。身體存在，吾人的生命亦存

---

❻ G. Jellinek, a. a. O. S. 398–399.

❻ C. F. Fricker, *Gebiet und Gebietshoheit*, 1901. 在此以前，已有一本 *Vom Staatsgebiet*, 1867。參看 H. Preuss, a. a. O. S. 267ff.

　J. Hatschek, *Deutsches und preussisches Staatsrecht*, Bd. I, 2 Aufl. 1930, S. 176，他說：「領土不是統治客體，而是國家籍以構成的標記 (ein konstituierendes Merkmal)，也就是國家主體之概念的部分 (ein begrifflicher Teil)。依此主體說，所謂領土高權不是物上的統治權 (Sachherrschaft)，當國家權力行使於領土之上，領土高權就是國家權力本身」。

在，領土消滅，國家的生命亦消滅。所以國家得要求別國勿侵犯領土，這與所有主禁止別人侵害土地者不同。所有主對於土地的禁止權 (Verbietungsrecht)，乃是所有權的作用；國家對於領土的要求權 (Anspruch)，則為人格權之作用。故凡侵犯領土的，不是侵害國家的某種權益，而是和傷害吾人的身體一樣，為國家人格之毀傷❻。即他們以領土高權為國家的人格權。但是領土既是國家人格的要素，則領土的變更理應可以引起國家人格的變更。而按之實際情況，甲國割其領土以予乙國，甲乙兩國的人格並未曾發生變化，而和領土未變更以前，為同一的國家，有同一的人格，這又如何解釋呢？他們以為領土之有變更猶人口之有增減，是和吾人身體之有肥瘠，完全一樣。身體之肥瘠無害於自然人之同一性 (Identität)，領土之得喪又何害於國家人格的同一性。按身體的侵害固是吾人人格的侵害，但吾人身體受了侵害而致毀傷一部之時，吾人的人格並不因之失去同一性。領土的侵害也是國家人格的侵害，但國家領土受了侵害而致喪失一部之時，國家的人格也不至因之失去同一性。二者道理完全相同。不過領土完全喪失，國家人格自歸消滅，這猶如自然人的身體一旦死亡，自然人之人格亦歸消滅者一樣❻。

　　㈢**統治空間說**　統治空間說不以領土為統治權的主體，也不以領土為統治權之客體，而以領土為國家行使統治權之空間 (Raum)。主張這個學說的有 H. Rosin 及 G. Meyer 等輩❻。前已說過，國家是統治團體，所謂統治乃是命

----

❻ 參看 G. Jellinek, a. a. O. S. 397–398. H. Preuss (*Gemeinde, Staat, Reich als Gebietskörperschaften*, S. 394) 說，「侵害國家的領土就是直接侵害國家，不單是侵害國家所占有的物體。故其性質殆與身體的侵害相同，不宜視為所有權上的犯罪」。

❻ K. Th. v. Inama-Sternegg, "Die Rechtsverhältnisse des Staatsgebiet," in *Zeitschrift für der gesamte Staatswissenschaft*, 1870, Bd. XXVI, S. 333.

❻ H. Rosin, *Das Recht der öffentlichen Genossenschaft*, 1886, S. 46.
　G. Meyer, *Lehrbuch des deutschen Staatsrechts*, 6 Aufl. 1905, S. 212–213. 他說，「統治客體只有人民及人民所組織的團體。而人民所組織的團體，不但包括社團，且又包括下

令與服從的強制關係。對於同一的人，不能同時加以兩種不同的強制力，所以統治含有排他的性質。因之國家必須劃定一個空間，以作行使統治權的範圍。這個空間的範圍稱為領土，而在領土之上所行使的統治權，稱為領土高權。所以領土高權不是公法上的物權，它的性質，G. Jellinek 稱之為「對人統治的反射」(ein Reflex der Personalherrschaft)，即所謂反射權 (Reflexrecht) ❼ ，Radnitzky 稱之為國家權力之場所的權限 (die örtliche Kompetenz der Staatsgewalt)，即決定人民應隸屬於那一國而服從那一國統治的權限 ❼ 。不論那一種解釋，領土——領土高權的性質總不能脫離對人高權而存在。這樣，無人居住之地，國家對之應該沒有領土高權了。關此 G. Jellinek 以為：無人居住之地尚是國權活動之「可能的空間」(möglicher Raum für die Betätigung der Staatsgewalt) ❼ 。H. Kelsen 亦謂，統治權行使的空間不是指統治權業已活動的範圍 (Wirkungsbereich)，而是指統治權可以適用的空間 (Geltungs-Raum) ❼ 。統治權業已活動的範圍與統治權可以適用的空間，大

級地方團體。領土不是統治客體，而是國家統治之空間的範圍 (räumlichen Umfang)……所謂領土高權不是指國家之具體的權限之實質 (Inbegriff bestimmter materieller Befugnisse)，而是指國家在其領土之內能夠行使各種高權 (Hoheitsrechte) 的權利」。

❼ G. Jellinek, a. a. O. S. 401. 但他謂領土在法律上有兩種特質，一是國家主體的要素 (ein Moment des Staates als Subjektes)(S. 395)，二是國家對於境內人民而作統治活動之空間的基礎 (räumliche Grundlage der Herrschaftsentfaltung über sämtliche in dem Staate weilende Menschen)(S. 398)，即他的意見是調和主體說與空間說的。

❼ 引自 G. Jellinek, a. a. O. S. 401, n. 1. Radnitzky 之著作為 Die rechtliche Natur des Staatsgebietes (Archiv für öffentliches Recht, Bd. XX, 1906, S. 340)。學者關於領土——領土高權之觀念與 Radnitzky 相似的有 W. Henrich (Theorie des Staatsgebiets, 1922) 及 A. Verdross (Verfassung der Volkerrechtsgemeinschaft, 1926) 等。

❼ G. Jellinek, a. a. O. S. 401.

❼ H. Kelsen, Allgemeine Staatslehre, 1925, S. 138.

體上是一致的，其不一致者亦有之。邊境孤島無人居住，現在沒有統治權行使的對象，所以該地只是統治權可以適用的空間，不是統治權業已活動的範圍。倘若將來有了住民，那便是統治權有了對象，而可以活動。國家為要確保將來統治權之活動，所以現在也不許外國統治權侵犯該地。更有進者，一個領土之內固然只能存在一個統治權。但是吾人既以領土為統治空間，倘統治權之排他性質能夠設法調和，例如依事項之種類而分配權限，每個國家各對自己管轄的事項，行使自己的權限，則同一領土之上，雖存在兩個統治權，似亦不至發生衝突。所謂共同占領地即其一例。

　　自古以來，國家未有不劃定一個空間，以作行使統治權的範圍。古代遊牧民族所組織的「行國」，不是沒有領土，而是沒有城廓。他們也要在一定空間之內，逐水草而居，倘若他們侵入別個民族所占領的空間，或別個民族侵入他們所占領的空間，勢必引起戰爭。由此可知國家必有領土，所謂「無領土的國家」，事實上是沒有的。所謂領土的割讓，不是地上物權的讓與，而是說本國統治權離開那個空間，而讓別國統治權行使於其上。故凡一國只喪失一部分領土者（縱是極大部分），國家人格在國際法方面還是保持同一性，不會發生變化。只惟喪失全部領土，而致統治權完全失去行使的空間之時，國家才見滅亡。吾人觀念是和 G. Jellinek 一樣，一方贊成統治空間說，同時亦不反對統治主體說，以領土為國家的要素之一，職此之故。

四、統治組織

　　許多的人住在一塊土地之上，固不能稱之為國家。因為國家是人類組織的團體，人類的心意 (Seele) 有互相交流的作用 (Wechselwirkung)，一方自己的心意作用於別人的心意之上，同時別人的心意又作用於自己的心意之上。但是人類的心意可分兩種：一是親愛協助，這種心意可使人類發生結合 (Verbinding) 的作用；二是嫌惡、鬥爭，這種心意可使人類發生分離 (Trennung) 的作用。人類組織團體，必須結合的作用大過分離的作用。倘或分離的作用大過結合的作用，團體必至分裂而至於消滅。在各種團體之中，

國家的基礎最見鞏固。但是同國的人比之異國的人，卻未必更有親愛、協助的心意。其最顯明的，宗教不同，同國的人每有仇視之心；宗教相同，異國的人反有親密之感，這種情況歷史上不乏其例❼。既是這樣，則欲結合許多的人，組織一個國家，捨心意的交流作用之外，尚需要一種膠漆，這個膠漆便是統治組織。

　　統治組織是由兩個概念結合而成，一是統治，二是組織。茲先就統治言之，前曾說過，統治乃是命令與服從的強制關係，即一方有命令的人，他方有服從的人，命令的人（例如專制國為帝王，民主國為議會）依其自己的意思，強制服從的人作為或不作為，倘有反抗，就用武力 (Gewalt) 鎮壓之❼。由此可知統治是以武力為基礎，而成立於命令者與服從者之間的關係。人類之有服從心，可以說是一種習慣，子之於父，生徒之於師傅，均有服從之心，然其服從並不是基於武力的強制。反之統治必以武力為基礎。固然服從者願意服從，各有各的動機，各有各的理由。但是他們一旦發見命令者的命令與他們的動機，甚至與他們的利益相反，他們必將起來反抗。怎樣強制他們服從，這唯有恃於武力。

　　次就組織言之，武力的強制只能奏效於一時，不能繼續存在。統治關係是繼續的，不是一時的。阿拉伯酋長盤據於沙漠之上，對於過路的隊商，強制他們繳納貢金，這種強制是一時的，固不宜稱之為統治❼。反之，酋長對

------

❼ H. Kelsen, *Allgemeine Staatslehre*, 1925, S. 7–9.

❼ E. A. Ross 在其所著 *Principles of Sociology* (1920) 中，說道：「所謂統治 (domination) 不但是一個社會群 (social group) 要把別個社會群放在自己的權力之下；而在同一社會群之中，每個要素 (each element within the group) 也想使別個要素服從自己的意思」(p. 121)。「統治的動機在於 exploitation，即利用別人以作自己目的的手段」(p. 135)。 Max Weber 在其 *Grundriss der Sozial konomik*, III, Abt. *Wirtschaft und Gesellschaft*, 2 Aufl. 1925 中亦說：「所謂統治 (Herrschaft) 乃是關於有一定內容的命令，能夠得到某些人服從的可能性 (Chance)」(S. 28)。

其屬民，強制他們平時牧畜，有事作戰，這種強制是繼續的，才可以稱為統治。怎樣使強制成為繼續的呢？這惟有恃於組織。所謂組織就是法制。命令者利用法律 (Recht)，統一服從者的行動。固然任何法律均不能統一服從者的感情思想和利益，但在一定目標之下，由於一個機關的鞭策，卻不難把服從者結合起來，統一他們的行動，以便完成一定的任務❼❼。積時既久，人們就發生了屬於同一國家的觀念，又培養了服從國家特有的統治關係之習慣，且以遵守法律的意識，互相接觸，而有密切的關係❼❽。這種結合就是統治組織。因為組織成為一種法制，故學者又稱之為「法的秩序」(Rechtsordnung)❼❾。

事實上的強制關係變為法制上的統治組織，即變成「法的秩序」之後，不但服從者要受法律的拘束，便是命令者也要受法律的拘束。命令的人本來可依自己的意欲，能 (können) 為其所欲為，現在須受法律的限制，惟依法律之規定，得 (dürfen) 為其所能為。換言之，不是力不足，不能為 (Nichtkönnen)，而是法限制，不得為 (Nichtdürfen)❽⓪。這樣，命令的人本來只有權利，現在便負一種依法行使權利的義務。服從的人本來只負義務，現

---

❼❻ 參閱 Max Weber, a. a. O. S. 29，他以阿拉伯酋長強制過路的隊商為統治。對此 F. Oppenheimer 則謂，統治是繼續的關係 (Dauerbeziehung)。遊牧首長強制過路的隊商，這只是強制那些常常變更而不特定的人，故不能稱為統治。統治乃社會階級之間的關係。即法律上不平等的人：一方有上層治者階級，他方有下層被治者階級，而在他們兩者之間，成立了一種繼續的關係。(F. Oppenheimer, *System der Soziologie*, Bd. II, Der Staat, 1926, S. 234–235.)

❼❼ H. Heller 在其 *Staatslehre*, 1934, S. 233 中，說道：「任何組織固不能使一切構成員同一化，其所以能夠統一者，乃是因為構成員的行動，由於一個機關的指揮，而得統一的實現之」。

❼❽ 參看 Max Weber, a. a. O. S. 6.

❼❾ 例如 H. Kelsen, *Allgemeine Staatslehre*, 1925, S. 8–9, 16ff.

❽⓪ 關於「能為」與「得為」的區別，可閱 G. Jellinek, *System der subjektiven öffentlichen Rechte*, 2 Aufl. 1919, S. 46ff.，尤其是 S. 48。

在也有一種無須服從違法的命令的權利。武力放在法制之中，變為權力 (Macht)，即變為法力 (Rechtsmacht)。從而個人之服從權力，遂由權力的發動局限於法律所允許，而變成服從法律❽。法律為命令者及服從者共同遵守的規範，於是事實上命令者與服從者的對立便見揚棄，漸次發生了 R. Smend 所謂的統一 (Integration)❽。

　　任何法律都有強制力，所以事實上的強制關係變為法制上的統治組織之時，仍然保有強制的性質。按法律的形式不外兩種，一是禁止 (Verbot)，禁止某種行為之作為，二是命令 (Gebot)，命令某種行為依一定方針而為之 ❽。吾國憲法第七〇條 「立法院對於行政院所提出預算，不得為增加支出之提議」，屬於前者之例；第六二條「立法院為國家最高立法機關，由人民選舉之立法委員組織之，代表人民行使立法權」，屬於後者之例。凡行為違反禁止規定或命令規定的，均為違法。這種強制單單由於法律規定而即發生麼？今試以吾國刑法為例。第一〇四條，叛國者處死刑；第二七一條，殺人者處死刑；第三二〇條，竊取他人之物者處有期徒刑。這種法律條文都是假言判斷 (hypothetical judgment)，均各有一個斷言判斷 (categorical judgment) 為前提。第一〇四條以「勿背叛祖國」為前提，第二七一條以「勿傷害他人生命」為前提，第三二〇條以「勿竊取他人之物」為前提。這種判斷都沒有強制的性質，因而不能稱為法律。反之刑法條文則假定前提判斷有其社會的價值，而以違反前提判斷的行為為法律要件 (juristischer Tatbestand)，而附以刑罰的法律效果 (juristischer Folge)。刑法條文為國家機關所制定的法律，前提判斷乃是一般社會所承認的規範。由此可知人類所以服從法律，固然由於強制，其實因為法律合於社會規範。而所謂社會規範，其實就是習慣或道德。「勿背叛祖國」忠也，「勿傷害他人生命」仁也，「勿竊取他人之物」廉也。沒有這種

---

❽ G. Jellinek, a. a. O. S. 194f.，尤其是 S. 197。

❽ R. Smend, *Verfassung und Verfassungsrecht*, 1928, S. 18ff.

❽ G. Jellinek, a. a. O. S. 96.

道德觀念，刑法雖有強制力，也未必就為世人所遵守。

　　社會規範是缺乏強制力的。其所以改為法律者，不但要用以拘束國民，且要用以拘束國家的活動。國家的活動，事實上只是某些人的活動。活動的人之行為不能就視為國家的行為，只惟其人以國家機關的資格而作行為，然後該項行為才可以視為國家的行為。為了預防他們濫用權力，遂依社會規範，制定法律，一方拘束他們的行為無越出法律範圍之外，他方保障國民的權利不受違法的侵害。按今日各國成文法規 (Rechtssatz) 由其效力觀之，常有高低之別，憲法最高，法律（單指議會制定的）次之，命令及判決又次之，這叫做法規的位階性 (Stufenbau des Rechts) ❽❹。因為法規有上下位階之分，所以消極方面，下位法規不得牴觸上位法規；積極方面，下位法規須以上位法規為根據。據此而言，國內一切法規最後都是以憲法為根據，且受憲法的拘束了。所以一種法規（例如命令）苟有反於上位法規（例如法律），而因為時代的變遷，又認其有存在的價值者，勢只有對於憲法，作擴大的解釋，主張上位法規有反於憲法的精神，藉以證明下位法規的合法性。但尚有一個問題，憲法本身也是法規，它是否純粹也以社會規範為根據呢？

　　固然近來有許多學者，例如 C. Schmitt 等以為：普通所謂憲法 (Verfassung)，其實可以分為兩種：一是憲章 (Verfassung im positiven Sinne)，二是憲律 (Verfassungsgesetz)。憲章決定憲法的根本精神，國體為共和或為帝政，政體為民主或為專制，這是憲章所決定的。憲律則以憲章為前提，依憲章的根本精神，規定各種制度。例如威瑪憲法第一條「德國為共和國」，這是決定共和國體的。「國權出自國民」，這是決定民主政體的。其餘條文例如聯邦制、代議制、內閣制、選舉原則、權力分立、人民的基本權利，則為憲律❽❺。憲律根據憲章，可依憲法第七六條之規定以修改之。憲章不以任何規

---

❽❹ 關於法規的位階性，可參閱 H. Kelsen, *Allgemeine Staatslehre*, 1925, S. 248ff. A. Verdross, *Die Verfassung der Völkerrechtsgemeinschaft*, 1926, S. 42ff.

❽❺ C. Schmitt, *Verfassungslehre*, 1928, S. 20–24.

範為根據，縱依第七六條的程序，也不得加以變更❽❻。憲章所根據者乃是政治上的力 (politische Macht oder Autörität)，力未變更，要修改，也不能修改；力已變更，不許修改，也要修改。這個力，C. Schmitt 稱之為憲法制定權 (Verfassunggebende Gewalt)。它是國家一切法制的根源，而其本身則不受任何規範的拘束❽❼。至於力屬誰人，當然要看社會情況如何，或屬於一人，或屬於少數人，或屬於國民。這便是國家形態有君主國貴族國共和國之別的理由❽❽。

　　這種主張固不能謂其毫無根據，但 C. Schmitt 所謂憲章，其實也是一種法規。決定這種法規的固然依靠於力，但是力不以社會規範為基礎，最多只能發揮暫時的作用，必不能成為長期的制度。威瑪憲法第一條不是單靠於力，而是法國革命以來「主權在民」的思想的表現。換言之，也是以社會規範為基礎。不過社會規範每隨時代而變更——在這個意義之下，社會規範可以視為時代精神的結晶——憲法一經制定，往往不易修改。憲法與社會規範發生衝突，這個時候是維持舊憲法而反抗新的社會規範麼？抑修改舊憲法以適應新的社會規範，則要看「力」在社會上如何分配，而後才能決定。社會規範沒有「力」為後盾，只是道德，不能成為法律，而缺乏強制力。「力」不以社會規範為基礎，只是強盜式的暴力，不能長期存在。法依力而得實行，力依法而能合理化，法與力的結合可以說是統治組織的本質。

第四節　國家的目的

　　關於國家的目的 (purpose, Zweck)，可以發生三種問題。

　　⑴國家自己有目的 (Selbstzweck) 乎，抑國家沒有目的 (Zwecklosigkeit)，

---

❽❻ C. Schmitt, a. a. O. S. 25f.

❽❼ C. Schmitt, a. a. O. S. 75f.

❽❽ C. Schmitt, a. a. O. S. 77f.

而只是協助個人達成其人生目的 (Lebenszweck) 的手段 (Mittel) 乎❽。

⑵國家的目的是絕對的 (absoluten)，即不問何時何地都是一樣乎，抑是相對的 (relativen)，即依時代而不同，依國情而不同乎❾。

⑶國家的目的是廣大無涯 (expansiven) 乎，抑有一定限界 (limitierenden) 乎❾。

對這三個問題，我們以為人生目的本來是多方面的，人類要達成各種目的，就組織各種團體。團體離開團體員，沒有其固有的目的。團體的目的只是團體員所欲實現的目的。國家亦然。國家是人民組織的團體，人民的目的千差萬別，固不能一一以為國家的目的。所以國家的目的不是無限，而是有限的。然則在千差萬別的目的之中，那一種目的可以作為國家的目的呢？這固然是依時代精神與國家環境而不同。但一種人生目的而可作為國家目的者，必其目的係多數人所欲實現，而其實現的方法又須假手於國家的統治權。由此可知國家的目的乃有兩種條件，一是多數人所欲實現，二是實現的方法有恃於國家統治權之行使。一二人之所欲固不能以作國家的目的，所欲之實現無須借助於統治權，也不能以作國家的目的。決定國家的目的同時即決定國家行政的方針。不過我們須知決定國家的目的之時，「政治上的力」屬於誰人，乃有很大的關係。誰有力，誰便得決定國家的目的。這是事實問題，不是是非善惡的問題。專制國的君主，獨裁國的統治者每憑一己之意，決定國家的目的，史實俱在，無須我們引證。但是「力」之構成不單是物質的實力，尚須適合於當時當地的社會規範。若單憑一人或一團體之實力，擅自決定國家的目的，依歷史所示，縱可成功於一時，終久亦必失敗。茲將近代以來，國家目的的變遷分別說明如次。

---

❽ G. Jellinek, *Allgemeine Staatslehre*, 3 Aufl. 1929, S. 241. J. C. Bluntschli, *Allgemeine Staatslehre*, 6 Aufl. 1886, S. 346ff.

❾ G. Jellinek, a. a. O. S. 242, 249f.

❾ G. Jellinek, a. a. O. S. 242, 246f.

　　㈠**警察國 (Polizeistaat) 時代**　封建社會是多元主義的，教會與國家的對立，領主與君主的對立，城市與政府的對立，當此之時國家的權力極其微弱，國家的目的也很有限。歷來災禍與戰爭常常可以引起中央集權的現象，洪水為災，使堯舜組織了中央政府；討伐匈奴，使秦漢完成了郡縣制度。其在歐洲，百年戰爭（一三三七年至一四五三年）也增加了各國君主的權力。君主為了籌畫行政費及軍事費，不能不設法增加國庫的收入，於是遂獎勵商工業，尤其對於出口商銀行家等，給予以許多保護，其代價則為金錢的捐輸。這樣在法國就發生了 Colbertism，在英國發生了 Mercantilism，在普魯士發生了 Cameralism，總而稱之，均得叫做重商主義 (mercantilism, Merkantilismus)。隨著重商主義而發生的則為商業資本與商人階級。商人以封建領主之割據各地及城市基爾特之獨占市場足為商業發展的障礙，而有反抗之心；這種反抗是和各國君主的利害一致的。一方商人要開拓市場，他方國君要統一全國，他們兩者就結合起來，打垮了封建領主的割據，摧毀了城市基爾特的特權，終而集權於君主一身的政治便見成立。這種政治便是所謂開明專制 (enlightened despotism)❾❷，破壞了中世多元的國家形態，而代以近代一元的統一國家。國家的目的在謀人民的一般福利 (gemeine Wohlfahrt)，即以福利主義 (eudaemonism, Eudämonismus) 為國家行政的最大目標。但是「福利」(Wohlfahrt) 一語，意義多端而不確定，且又依各人之主觀的見解而不同，於是政府遂借口一般福利，干涉人民生活，因之國家的活動乃擴張到沒有限制，從而個人自由就受了極大拘束❾❸。而既欲增加人民的一般福利，警察 (Polizei)❾❹便成為重要的手段。即政府為了增加人民的一般福利，得用警察命

---

❾❷ O. F. v. Gierke (1841–1921) 在其所著 *Das deutsche Genossenschaftsrecht*, Bd. I, S. 642 以開明專制為警察國的統治形態。

❾❸ G. Jellinek, a. a. O. S. 243.

❾❹ 按 Polizei 一語是由希臘語 Politeia（拉丁語為 politia）轉化而成，本係「國家制度」之意，其後傳入法國，而為 police，再傳入德國，而為 polizei，係「良好的秩序」之

令，對於人民的私生活，由生產而至消費，積極的加以干涉。舉例言之，要增加糧食之生產也，怎樣耕種田畝，怎樣使用土地，如何開墾，如何播種，如何收穫，如何販賣，無不以命令定之，且又禁止人民將田畝改種葡萄，將五穀釀為旨酒❾❺。恐風俗之趨於放僻也，又限制人民販賣咖啡，以防止女性受到不良的刺激❾❻，恐生活之流於奢侈也，復於「奢侈警察」(Luxuspolizei) 的名義之下，限制人民所穿衣服的材料，所戴寶石的粒數，所坐乘輿的形式，所食物品的種類；甚至於音樂戲劇之內容如何，胥隸之制服如何，都由國家以法令定之❾❼。不管工商與農業，不管價格與工資，不管學徒制度與生產技術，政府均得加以統制。因為政府利用警察之力以實現國家的目的，故稱為警察國，又因為目的在謀人民的福利，故又稱為福利國 (Wohlfahrtsstaat)。當然，人民的福利不過一種名義，真正的目的是要保護本國產業的發達，並防止黃金流出外國，俾能增加國庫的收入。固然如此，卻甚有助於統一國家的建立。主張警察國之思想的，學者之中有烏爾夫 (C. Wolff, 1679–1754) 及查斯底 (J. H. G. von Justi, 1720–1771)❾❽等人。但是我們須知福利主義——警察

意。當其使用之時，是指國家的整個政策，固不限於警察方面，只因當時國家干涉人民的生活過甚，而干涉又假手於警察，由是遂變成「警察」之意。參閱 K. Wolzendorff, *Der Polizeigedanke des modernen Staats*, 1918, S. 9f.

❾❺ K. Wolzendorff, a. a. O. S. 16.

❾❻ K. Wolzendorff, a. a. O. S. 21. 他引 J. J. Moser (1701–1785) 之言：「咖啡時髦病 (Caffeeseuche) 可使大量黃金流出外國」。

❾❼ K. Wolzendorff, a. a. O. S. 22.

❾❽ C. Wolff 著有 *Vernünftige Gedanken von dem gesellschaftlichen Leben der Menschen und insonderheit dem gemeinen Beförderung der Glückseligkeit des menschlichen Geschlechtes (Politik.)*, 1721 等書。他以一般福利及一般安全為國家的目的。並謂個人於公共福利所要求的範圍內，應限制自己的自由。參閱 J. K. Bluntschli, *Geschichte der neueren Staatswissenschaft, allgemeines Staatsrecht und Politik*, 3 Aufl. 1881, S. 255. G. Jellinek, a. a. O. S. 243.

國主義不但存在於專制國家，共和國而實行獨裁政治的亦常用之。法國大革命時代雅各賓黨 (Jakobiner) 固曾宣布一般福利為國家的最高目的❾。現代共產主義者 G. Babeuf (1760–1797) 及其門徒也借口於一般福利 (bonheurcommun)，以辯護其把整個社會變為監獄的計劃❿。納粹 (Nazi) 時代的德國以「公益先於私益」(Gemeinnutz vor Eigennutz) 為標榜。鐵幕內的共產國家也借辭於勞動大眾的利益。其實際情形如何，眾所共知，固無須吾人喋喋也。

㈡**法治國 (Rechtsstaat) 時代**　警察國時代社會安定，無封建時代戰亂之擾。各種產業由於國家保護，逐漸發達，終而發生工業資本與工業資本家。他們採購原料，雇用工人，販賣商品，需要自由活動，而國家沒有法令限制人民的消費自由，亦甚重要。到了這個時期，重商主義時代的保護和干涉又成為產業發展的障礙。於是 laissez-faire（自由放任）的思想遂代替福利主義而出現。法國的重農學派 (physiocrats)，英國的功利主義 (utilitarianism)，德國的啟蒙哲學例如康德 (I. Kant, 1724–1804) 之輩，對於國家的目的均欲加以限制。他們以國家為「必要的害物」(necessary evil)，以為國家限制個人自由，只可限於治安所必要的範圍內。換言之，國家的任務只可限於夜間巡查 (Nachtwächter) 所做的事，所以當時國家被後人取綽號為夜間巡查國 (Nachtwächterstaat)。此時也，工業資本家是以議會為根據，而與從來為特權階級所盤據的政府抗爭。因此之故，他們又欲提高議會的權力，以為國家發號施令，必須根據法律，而法律則由議會制定。康德曾謂「最良的政府不是受人統治，而是受法統治」⓫。國家不是別的東西，只是許多人於法律之下

J. H. G. v. Justi 著有 *Grundsätze der Polizeiwissenschaft*, 1756 等書。

❾ G. Jellinek, a. a. O. S. 243f. 同書 S. 244, Anm. 1. 曾引一七九三年六月二十四日雅各賓憲法第一條：Le but de la société est la bonheur commun.

❿ G. Jellinek, a. a. O. S. 244.

⓫ I. Kant, *Grundlegung zur Metaphysik der Sitten*, 5 Aufl. 1920, S. 186. 關於康德的政治思

結合的團體；法律沒有別的功用，而只保障人類的共同生活。所以國家的目的只在於實施法律，至於保護人民的福利這種觀念必須放棄。在這個思想之下，國家的活動當然要減少到最低限度❿。這樣，法治國時代便繼著警察國時代而出現了。由此可知當時所謂法治國有兩種意義，一指行政的形式，即行政須受法律的拘束，行政不但要合法 (rechtmässig)，而且須合法律 (gesetzmässig)。當然這個觀念尚有一個前提：即承認立法權的優越——議會的優越，而如 A. V. Dicey 所說：法治主義的成立乃與議會的優越，互為因果❿。二指行政的實質，即行政只宜局限於最小範圍之內，而如亞當斯密 (Adam Smith, 1723–1790) 所言：主權者的任務只有三種，一是國防，二是司法，三是個人所不能經營的公共事業❿，如學校公路郵電之類。又如邊沁 (J. Bentham, 1748–1832) 所言：「政府的政策當限於最小範圍之內。」安全 (security) 及自由 (freedom) 是一切產業所要求於政府的，猶如 Diogenes 對亞歷山大大王 (Alexander) 所說：「退去，勿遮蔽我的日光」(Stand out of my sunshine) 一樣，是很慎重，而又很合理的。「我們不要求政府給與恩惠——我們只希望政府給與我們以安全而開放的路」❿。總之，法治國時代，國家的目的在於維持治安 (Sicherheit) 自由 (Freiheit) 及法令 (Recht)，而國家干涉自由，惟於自由妨害治安之時才得為之，又須局限於法令所容許的範圍內。形式意義的法治到了現在還是一切民主國共通的制度。實質意義的法治則為

想，可參閱 J. K. Bluntschli, Geschichte der neueren Staatswissenschaft, *allgemeines Staatsrecht und Politik*, 3 Aufl. 1881, S. 372–394.

❿ G. Jellinek, a. a. O. S. 248.

❿ A. V. Dicey, *The Laws of the Constitution*, 2 ed. 1886, p. 340，因此 H. J. Laski 在其所著 *Democracy in Crisis*, 1933, p. 91 亦謂：議會所以失去權威，乃是因為法律失去權威。

❿ 見 H. Finer, *The Theory and Practice of Modern Government*, Vol. I, 1932, p. 79 所引 Wealth of Nations 之原文。

❿ 見 J. Bowring 編纂的 *The Works of Jeremy Bentham*, Vol. III, p. 35.

十九世紀中葉以前的「法治國」的特質。當時人們都欲限制國家的活動，以為國家的目的不在於積極的增加人民的福利，而在於消極的排除人民福利的障礙。因為人民的福利，人民自能追求，國家不必越俎代庖。這樣，利用法律限制國家的活動，一方縮小政府權力到最小限度，同時伸張個人自由到最大限度，可以說是法治國時代的特色。

㈢**文化國 (Kulturstaat) 及經濟國 (Wirtchaftsstaat) 時代**　法治國時代國民經濟由於自由放任政策，迅速發達，當其發達之初，不問國之內外，均有廣大的地區，供給資本自由活動，資本家固可取得豐裕的利潤，勞動者也可得到優厚的工資。即在當時，產業的發達對於勞資雙方，都是有利益的。所以當時國家關於一切社會生活，均採取中立主義 (Neutralismus)，不問經濟，不問文化，不問信仰，均以不干涉為原則。但是發達過了一定程度，在國內與國際兩方面，又皆發生弊端，而令法治國的思想不能不有所改變。就國內說，法治主義本來是以保護個人的自由權為目的，而在個人的自由權之中，包含有私有財產制度及契約自由。產業發達之後，資本家的財富增加，其統制力加強，從而「契約自由」由勞動者方面看來，不過有名無實之物，而發生了許多勞資衝突。就國際說，自由競爭須以廣大的市場為條件，十九世紀中葉以前，不但國內，就是國外也有無數未開發的地區，以供資本自由活動。及至十九世紀中葉以後，地球上任何區域都給列強瓜分，而原料地與市場之分配又不平均，於是各國遂由產業競爭引起了民族鬥爭。國內外的形勢既已改變，國家的目的自應變更。國家不但要消極的保護個人的生命財產和自由的安全，且宜發展國富，給予人民以各種肉體上及精神上的福利。於是十九世紀初期以前的法治國思想，在限制國家活動之時，固然適當；一旦國家的活動範圍擴大，又感覺其不合時宜了。十九世紀初期以前的思想只注意人民既得的權利如何保護，環境改變了，此後的思想又注意人民未得的福利如何使其獲得，並注意人民獲得福利之後，應盡那一種義務[106]。屬於這種思想的，

---

[106] 參閱 A. Headlam-Morley, *The New Democratic Constitutions of Europe*, 1929, pp. 35–36.

可以分為兩派。

　　⑴一派著眼於民族鬥爭，而提倡文化國的思想，為其先驅者則為黑格爾 (G. W. F. Hegel, 1770–1831)。其後新黑格爾學派，例如 A. Lasson (1832–1917), J. Kohler (1849–1919), J. Binder (1870–?) 等輩❼又從而附和之。他們把文化與民族結合起來，以為民族必有其特殊精神，這種民族精神發揚光大之後，就形成為民族文化。一個民族倘若喪失其民族精神，則其民族文化必見衰萎，終而民族本身亦至滅亡。故凡欲謀民族之發展者，必須發揚民族精神，以求民族文化之進步。但是民族精神唯在國家的統制之下，才會統一；民族文化亦唯在國家的指導之下，才會進步。所謂民族精神，照他們說，就是民族的道德觀念。而實現民族的道德觀念者則有恃於國家。國家為「道德觀念的實現」(die Wirklichkeit der sittlichen Idee)❽，也就是「道德的最高形態」(die höchste Form der objektiven Sittlichkeit)❾。個人唯生活於國家之內，服從國家的命令，才會完成其道德生活。國家必須利用各種施設，於宗教方面，於教育方面，甚至於娛樂方面，培養民族的道德觀念。由此可知他們已經放棄法治國的「自由」，提出「道德」一語以作國家的目的。茲宜注意者，他們所謂道德是指國民道德，即以國家為本位的道德；至於國際道德，他們根本反對。即他們所謂道德不是世界的人道主義，而只是發揚民族的特質、增進國家的尊嚴，而為一種愛國主義的道德。他們完全站在民族─國家的地位說話，所以又謂國際關係不是決定於「法」，而是決定於「力」，各國之間無所謂法律關係❿。最強的國家是品格最優文化最高的民族所組織的國家。這種

---

❼ G. W. F. Hegel, *Grundlinien der Philosophie des Rechts*, 1821. 關於 Hegel 國家學說，請閱 J. K. Bluntschli, Geschichte der neueren Staatswissenschaft, *allgemeines Staatsrecht und Politik*, 3 Aufl. 1881, S. 602–621. A. Lasson, *System der Rechtsphilosophie*, 1882. J. Kohler, *Lehrbuch der Rechtsphilosophie*, 1909. J. Binder, *Philosophie des Rechts*, 1925.

❽ 引自 G. Jellinek, a. a. O. S. 219.

❾ 引自 G. Jellinek, a. a. O. S. 245.

國家有所要求，只要有「力」能夠實現其要求，其要求就是合理的⑩。文化國不以人民福利為目的，而以民族勃興為目的，故與警察國不同；不以個人自由為目的，而以文化的統制，民族精神的統一為目的，故又與法治國不同。

(2)另一派著眼於勞資衝突，而提倡經濟國的思想。法治國時代，法律於經濟方面，充分保障私有財產制度。憲法以私有財產為神聖不可侵犯的權利⑫，刑法以強盜與殺人同罪，竊盜與傷人同罪⑬。民法方面，「債權」「物權」固不必說，「繼承」規定遺產，「親族」也有不少關於私有財產的條文⑭。這種私有財產是由個人依自由競爭的原則而取得之。在產業革命初期，生產者在自由競爭的市場，為自己利益而作的努力，同時又發生「價廉物美」的現象，而有利於一般消費者。當時一切經濟活動是依供需關係——價格法則的調節作用而能圓滑進行。但是自由競爭的結果，各種企業不斷的改良技術，以減低其生產費，因之固定資本遂見增加。固定資本的增加又使資本的移轉發生困難，終而阻礙了價格法則的調節作用。於是各種企業遂用 Cartel, Trust, Konzern 等，限制生產，協定價格，分配市場。到了這個時期，自由經濟便發生了許多流弊，不但各派社會主義，就是極右的法西斯主義⑮也想解

---

⑩ A. Lasson, a. a. O. S. 392.

⑪ A. Lasson, *Prinzip und Zukunft des Völkerrechts*, 1871, S. 67, 741.

⑫ 人權宣言第一七條云：「所有權為神聖不可侵犯的權利，非依法律，且係公共利益所要求，並給與以相當賠償，不得侵害之」。

⑬ 參閱 Anton Menger, *Neue Staatslehre*, 4 Aufl. 1930, S. 149. 他說，例如德國刑法，凡使人受輕傷者，惟於告訴之時（刑法第二三二條），才處以三年以下有期徒刑（刑法第二二三條），反之普通竊盜罪，可依職權，處以五年以下有期徒刑（刑法第二四二條）。使人受重傷者，處以五年以下一年以上有期徒刑（刑法第二二四條），反之，重大竊盜罪處十年以下三月以上有期徒刑（刑法第二四三條）。而且強盜所受的刑罰又與故意殺人即故殺，幾乎相同（刑法第二四九條第二一二條）。

⑭ 例如「夫妻財產制」之條文。

⑮ 例如義大利法西斯政府於一九二七年四月二十二日所發布的「勞動憲章」(Carto del

決這個弊端。這樣，就產生了經濟國的思想，即欲限制私有財產，並干涉個人的經濟活動，使私人資本不至妨害國民生計。法治國對於私有財產，保護其不受別人的侵害，經濟國對於私有財產，則防止其不侵害社會的安全。換言之，法治國是由治安方面處理經濟；經濟國則由正義方面處理經濟❶❶❻。前者是謀產業的發達，後者則欲保障人民生計的均足。這種特質也是警察國時代所沒有的。

　　國家的目的固然隨時代而不同，但今日國家的目的乃接受法治國、文化國、經濟國的思想，而加以改良和補充。即由於法治國的觀念，國家的第一目的是保護人民安全，即所謂安全目的。由於文化國的觀念，國家的第二目的是促進社會文化，即所謂文化目的。由於經濟國的觀念，國家的第三目的是保障人民生活，即所謂經濟目的。茲試詳論之。

　　㈠**安全目的** (Sicherheitszweck)　人類有各種目的，因之就組織各種團體，倘令國家的目的與其他團體相同，換言之，國家的目的可由其他團體實行，則人類組織國家就沒有必要了。所以國家雖有各種目的，而在各種目的之中，必有一種為國家所特有，而非其他團體所能實行。W. v. Humboldt 曾限制國家的活動範圍，以為「對外患與內亂，保障安全」，乃是國家的目的❶❶❼。這個安全目的便是國家所特有，而非其他團體所能勝任的。何以故呢？國家是地域團體。人類不能離開土地而存在，人類呱呱落地，就與國家發生關係，不問願意與不願意。所以在一定地域之內，全體的人必為該地域之上的國家的構成分子。其他團體與國家不同，乃混雜存在於同一地域之內。它們發號施令，只能拘束自己團體的人，不能拘束別個團體的人。別個團體的人出來擾亂，它們必莫如之何。反之，國家既以一定地域之內的全體的人為

Lavoro)。

❶❻ 例如德國威瑪憲法第一五一條：「經濟制度應合於正義的原則，使各人均能得到人類價值的生存 (menschenwürdige Dasein)」。

❶❼ 引自 J. C. Bluntschli, *Allgemeine Staatslehre*, 6 Aufl. 1886, S. 355.

其構成分子,則國家的法令對於該地域之內的全體的人,自有普遍的拘束力。換句話說, 就是國家的法令可以拘束該地域之內的其他團體的人。 R. M. Maciver 雖把國家與一般團體同視, 同時又謂國家有調和各種團體的作用 (co-ordinating agency)⑩,理由實在於此。因此之故,一旦發生內亂或外患,而將害及全體安全之時,其他團體只能號召自己團體的人。此際苟有動員全體人民之必要者,捨國家外,其他團體必將束手無策。由於這個理由,治安目的遂為國家所特有。國家既有治安目的,故在必要之時,可以命令國內的人作為或不作為。但是現代國家乃是法治國家,所以人民對於國家也有一種要求,即要求國家發號施令,須依法律為之。例如國家需要財力,須依法律令人民納稅(例如吾國憲法第一九條),國家需要兵力,須依法律令人民當兵(例如吾國憲法第二〇條),國家要限制人民自由,須有法律上的根據(例如吾國憲法第二三條,即暗示國家在必要時,得依法律限制人民的自由),否則當局應負刑事及民事責任,而被害人民尚可請求國家賠償(例如吾國憲法第二四條)。是則今日所謂安全目的已與警察國時代以前的不同,不但對於內亂與外患,且又對於國權的濫用,保護人民的安全。

　　㈡**文化目的 (Kulturzweck)**　　文化是人類精神活動的產物,國家雖然能夠強制人類的外部行為,而卻不能強制人類的精神活動。所以國家對於文化,可以說是不能積極的予以指導或控制,縱欲指導或控制亦必無補於事。國家關於文化能夠做到的,只有兩件事:一是積極的協助,即改善文化環境,使個人的精神活動能夠自由發展,如創辦學校、設立圖書館、獎勵美術品著作品發明品等。二是消極的取締,即凡文化之有害社會安全者,例如邪僻的音樂、誨淫誨盜的圖書,國家皆得取締之。倘若越出安全目的之外,干涉腳本的內容,指導雕刻的作風,不但無益,而且有害。現今民主國無不承認研究學術的自由,只惟法西斯主義的國家與共產主義的國家才有控制文化之事。豈但法西斯主義與共產主義如此,急進的民主主義有時也犯了這種錯誤。據

⑩ R. M. Maciver, *Community*, 2 ed. 1920, p. 46.

C. Schmitt 說，民主主義者每因人民知識幼稚，不能表示自己的意思，欲用教化 (Erziehung) 之法，訓練人民，使人民能夠正確認識 (richtig erkennt)、正確作成 (richtig bildet)、正確發表 (richtig aussert) 自己固有的意思。其實，所謂教化不過授訓人欲令受訓人接受自己的主張而已。推授訓人之意，固以自己的主張盡美盡善，最能代表人民的意思。這種教化政策理論上雖未放棄民主主義，事實上已為將來的民主，暫時停止目前的民主⑲。他們欲用「教化」之法，把全國人民鑄成同一的格式，雖可收效於一時，然必自食惡果於將來。社會的進步由於文化的發達，文化的發達又由於思想自由。各種學說互相切磋，而後才能漸次進步。歐洲自紀元三百二十五年君士坦丁大帝承認基督教為國教之後，基督教支配歐洲文化，約有一千餘年，而在此一千餘年之中，竟然表現為「黑暗時代」(dark ages)。到了文藝復興，歐洲文化脫離基督教的羈絆，而後學術才見發達，終而有今日燦爛的文明。由此可知國家控制文化，乃是一種得不償失的舉措。國家對於文化只可採取保護態度，不宜採干涉政策，否則文化將因束縛而衰萎，而社會亦因文化衰萎而退化。

　　㈢**經濟目的 (Wirtschaftszweck)**　國家管理經濟不是始自今日，例如水利、公路、防災、救貧自古即視為政府的事。惟在今日，國家的經濟活動的範圍乃極廣泛，竟令學者以為現今政治是以行政為形式，經濟為內容。此蓋社會由於自由競爭，發生了許多問題，人民生計已經不能視為個人的私事，而須視為國家的公事。其結果也，過去保障人民的自由權，現在則保障人民的工作權與生存權⑳。過去所有權視為神聖不可侵犯，現在則許國家加以限制㉑。過去主張契約自由，現在則用各種方法保護勞動力㉒。過去不許國家

---

⑲ C. Schmitt, *Die geistesgeschichtliche Lage des heutigen Parlamentarismus*, 2 Aufl. 1926, S. 37.

⑳ 例如德國威瑪憲法第一六三條第二項之規定。

㉑ 例如德國威瑪憲法第一五三條尤其是同條第三項之規定。

㉒ 例如德國威瑪憲法第一五七條之規定。

干涉個人的經濟活動，現在國家對於各種企業卻得消極的監督，積極的統制，其甚者且得將私營改為公營 ❷ 。不過我們以為這種社會主義的作風只可實行於一定限度以內，超過一定限度，則經濟上的社會主義必將破壞政治上的民主主義。何以說呢？民權運動可以說是社會與國家的鬥爭，經濟與政治的鬥爭。社會戰勝國家，經濟控制政治，那便表現為民主政治。國家戰勝社會，政治控制經濟，那又表現為集權政治，甚者且表現為獨裁政治。在法治國時代，國家的目的在於維持法律秩序，使人民的生命財產和自由能夠安全，至於人民的經濟生活，則放任個人自己解決，國家不加干涉。這個時候，國家與社會是對立的，政府代表國家，議會代表社會，而代表社會的議會卻有監督代表國家的政府之力。政府有各種權力，社會有金錢之力，議會利用金錢控制政府，便是經濟控制了政治，這是民主政治成立的條件。倘令一切經濟均許國家經營，則國家與社會的立場必將發生變化。過去社會用金錢供給國家，現在國家用麵包養飼社會。在前者，社會可用金錢之力監督國家，在後者，國家可用麵包之力控制社會。倘若產業全部收歸國營，則情形更嚴重了，國家是雇主，人民是傭工，傭工的人民那敢反抗雇主的國家 ❸ 。何況雇主只有一位，與今日勞工尚有選擇資本家之自由者完全不同。國家解雇工人，無異於宣告工人的死刑。這樣，經濟平等必致破壞了政治自由。H. Heller 有言：「最近獨裁政治又有一種任務，欲在經濟上控制大眾。沒有這種控制，獨裁

---

❷ 例如德國威瑪憲法第一五六條之規定。第一次大戰之後，各國新憲法多基於社會主義的原則，規定經濟制度，而以威瑪憲法為嚆矢，故各註只舉威瑪憲法為例。參閱 A. Headlam-Morley, *The New Democratic Constitutions of Europe*, 1929, Part VI (p. 264ff.).

❸ 豈但如是，Anton Menger 是主張「經濟國」的學者。照他說，在今日社會之下，勞工必須覓求雇主，這個權利常表現為居住遷徙的自由。而在社會主義時代，人民要由甲地移住乙地，不能不受限制。何以故呢？某人由甲地遷居乙地，就甲地而言，須免除該人的勞動義務，就乙地言，須給予該人以生存權利，故非取得兩地同意不可 (*Neue Staatslehre*, 4 Aufl. 1930, S. 197)。這樣，便是人民連遷徙自由都沒有了。

不會成功。何以故呢？一般人民淪為傭工，經濟上隸屬於獨裁者，則在政治上便不能不服從獨裁者的命令」❿。這種見解確有真理，蘇聯固不必說，德國的納粹主義 (Nazism)、義國的法西斯主義所主張的經濟政策可為註腳。

在上述三種目的之中，安全目的，即對於外患與內亂，保護人民的安全，乃是國家特有的目的。自古以來，國家必有這種目的。至於文化目的及經濟目的則非一切國家所共有；其有這兩種目的的，也多出於「安全」之意。恐人民精神上不能滿足，而引起社會之不安，故有文化目的。恐人民經濟上不能滿足，而引起社會之紛亂，故有經濟目的。所以這兩種目的事實上皆為安全目的而附帶發生的。茲宜特別注意者，國家目的雖有三種，然這三種目的必須保持統一。文化絕對統制，而經濟自由；或經濟絕對統制，而政治民主，都可由互相衝突，而至於徒勞無功。十八世紀之末，英國經濟上有亞當斯密的自由放任，政治上有布拉克斯頓 (W. Blackstone, 1723–1780) 的民主思想，哲學上則有休謨 (D. Hume, 1711–1778) 的功利主義。十九世紀時代，德國經濟上有李士特 (F. List, 1789–1846) 的保護政策，政治上有黑格爾 (G. W. F. Hegel, 1770–1831) 的絕對主義國家論，哲學上由於菲希特 (J. G. Fichte, 1762–1814) 與黑格爾的觀念主義，終而產生了尼采 (F. Nietzsche, 1844–1900) 的超人主義。這種統一不是依一二人之意思而為之，而是由於時代與國情的要求，不期然而然的統一起來。這個國家目的的統一稱為「國家目的的調和」(Harmonie der Staatszwecke) ❿。

第五節 主權問題

古代希臘羅馬沒有主權 (sovereignty, Souveränität, souverainete) 這個觀念❿。中世紀雖有 plenitudo potestatis（最大權力）或 suprema potestas（最高

---

❿ H. Heller, *Rechtsstaat oder Diktatur?*, 1930, S. 22.

❿ J. C. Bluntschli, *Allgemeine Staatslehre*, 6 Aufl. 1886, S. 359.

權力）之語，而皆用以表示神聖羅馬帝國皇帝的權力。即當時學者為對抗教會，乃謂帝權對於其他俗世的權力是居於優越的地位❽。這種主張也許可以視為主權觀念的萌芽。但是近代的主權觀念卻不是產生於皇帝與教皇鬥爭之時，而是產生於神聖羅馬帝國瓦解之後。吾人須求其原因於法國國王與教會的關係之中❾。按「主權」一語係出於中世紀法語 sovrain，而 sovrain 之語原則為中世紀拉丁語的 u peranus，本來只有「較高」(höher) 之意，不但國王，就是陪臣 (Baron) 對其部下也可以稱為 sovrain。近代國家由於不間斷的鬥爭，於外脫離了皇帝與教皇的支配，於內克服了封建領主與自由城市的反抗，卒使國王得到最高的權力，於是國王遂單獨稱為 sovrain，而 sovrain 亦由比較級的權力 (höhere Gewalt) 變成最高級的權力 (höchste Gewalt)❿。所以主權一語實如 G. Jellinek 所說：「它是一種鬥爭的概念 (ein polemischer Begriff)，最初是防守的 (defensive)，其後則有進攻的性質 (offensiver Natur)」❶。換言之，最初用以維護自己應有的權力，其後用以奪取別人所有的權力。茲將主權問題分項說明如次：

一、主權的歸屬

主權的觀念乃產生於國家與國家機關 (Staatsorgan) 的君主尚無區別之時，所以學者之間，關於主權一語，解釋未能一致，或用以表示國家的性質，或用以表示一國之內法律上誰人的地位最高❷。而如 G. Jellinek 所說：「主權

---

❷ G. Jellinek, *Allgemeine Staatslehre*, 3 Aufl. 1929, S. 436ff.

❽ G. Meyer, *Lehrbuch des Deutschen Staatsrechts*, 6 Aufl. 1905, S. 19.

❾ G. Jellinek, a. a. O. S. 441. 對此，H. Kelsen 則謂，希臘時代所謂 Autarkie，羅馬時代所謂 majestas populi Romani，中世紀關於 imperium Romanum 的學說，均已含有「主觀」的觀念，見他所著 *Allgemeine Staatslehre*, 1925, S. 114.

❿ G. Meyer, a. a. O. S. 20.

❶ G. Jellinek, a. a. O. S. 441.

一語事實上乃表示兩重關係，一方表示國家對於其他權利主體的關係，他方又表示國內某種人的地位。由於第一意義，就有國家主權之語；由於第二意義，又有君主主權及國民主權之語」❸。要之，關於主權的歸屬問題，學者之間雖有三種不同的主張，其實只有兩種，所謂國家主權是對外而言的，所謂君主主權或國民主權是對內而言的。我們假定國家實有主權，但是國家須由機關發表其意思。一方國家的機關多至無限，他方國家的意思必須統一，由是在無數機關之中，須有一個最高機關，而最高機關的意思則可拘束其他機關。所以在事實上，最高機關的意思就是國家的意思，最高機關的行為就是國家的行為，因之國家的主權也可以說是寄託於最高機關。但是最高機關也是由自然人組織的，所以君主若有最大的權力，國家的主權實寄託於君主，國民若有最大的權力，國家的主權實寄託於國民。這種觀察是對國內而言的，若對外國而言，國際社會乃以國家為主體，最高機關的意思，由外國觀之，只認為國家的意思，最高機關的行為，由外國觀之，只認為國家的行為，所以主權在事實上雖然必須寄託於最高機關，而由國家與國家的關係看來，則屬於國家。

　　㈠**君主主權說**　中世紀國家與近代國家不同，於外於內都有反抗國家的權力。一是羅馬教會，教皇為上帝的代表，不但於「靈」的方面有控制全歐洲的權，而且於「肉」的方面其權力亦足以壓迫國家。二是神聖羅馬帝國，皇帝自命為古代羅馬帝國的繼承人，而有統一基督教國家之權，各國君主須受皇帝的冊封，才得君臨其國。三是封建領主及自由城市，它們在國家之內無異於一個小國家，國王的權力不能直接行使於封建領地及自由城市之內❹。

------

❷ G. Meyer, a. a. O. S. 21.

❸ G. Jellinek, *Lehre von der Staatenverbindungen*, S. 24. 引自 G. Meyer, a. a. O. S. 21, n. 7.

❹ G. Jellinek, *Allgemeine Staatslehre*, 3 Aufl. 1929, S. 440. 按中世的人皆謂神聖羅馬帝國皇帝為羅馬帝國皇帝的直接繼承人，全世界的人民和國王均須服從皇帝，參閱 O. Gierke, *Political Theories of the Middle Age* (trans. by F. W. Maitland, 1927), p. 19 及 p.

中世紀末期，由於重商主義的結果，市民階級要開拓國內市場，須剷除封建領主及自由城市的割據，而建設統一的民族國家；要發展國外貿易，須脫離羅馬教會及神聖羅馬帝國的控制，而建設獨立的民族國家，遂由民族的統一運動與獨立運動，不惜提高君權，協助君主完成中央集權的大業。而最先實現這個目的者厥為法國。自 Hohenstaufen 皇朝崩潰（一二五四年）之後，法國已經不受神聖羅馬帝國的支配❸，而從十四世紀（一三〇九至一三七六年）把羅馬教皇監禁於 Avignon 之後，羅馬教會不但不能干涉法國的內政，而且成為法國國王的工具。同時法國國王自十二世紀至十五世紀，最初由於城市的協助，漸次沒收封建領地；權力既大，又剝奪城市的特權❸。總而言之，法國國王以俗界統治者之資格，與教皇鬥爭；以國家君主之資格，與封建領主及自由城市鬥爭❸。到了十六世紀，法國已經成為中央集權的國家。這個時候，國王的權力對內是最高的，對外是獨立的。新的國家形態既已誕生，就需要新的國家學說以說明新的國家形態之合理。由是就產生了布丹的主權論。他所著國家論一書發表於一五七六年，以為「主權是最高的權力，不受法律限制」❸。於是主權便由比較級 (Komparativ) 變為最高級 (Superlativ)，即由優越權 (superioritas) 變為最高權 (suprema potestas)❸。照布丹說，主權

127, n. 56。

❸ 當時法律學者，例如 Bartolus (1314–1357) 曾謂，「皇帝不是元首；領土之上的君主才是真正的元首」。Baldus (1327–1400) 亦謂，「君主在其領土之上，就是皇帝」。引自 G. Jellinek, a. a. O. S. 442, 444.

❸ G. Jellinek, a. a. O. S. 442ff.

❸ G. Jellinek, a. a. O. S. 455.

❸ 引自 G. Meyer, a. a. O. S. 20. 參看 G. Jellinek, a. a. O. S. 453. 關於布丹的學說，請閱 F. W. Coker, Readings in Political Philosophy, 1938, p. 370ff. J. K. Bluntschli, *Geschichte der neueren Staatswissenschaft, Allgemeines Staatsrecht und Politik*, 3 Aufl. 1881, S. 26ff.

❸ G. Jellinek, a. a. O. S. 453.

不是屬於國家，而是屬於統治者，即依國體的形態，或屬於國民，或屬於特種階級，或屬於君主一人。而最理想的制度則為君主獨攬主權❹。君主只對上帝負責，不對國民及國民的代表負責；道德上雖宜遵守自己制定的法律，但亦限於此項法律對於國家的安全沒有衝突之時。除此之外，不但不遵守自己公布的法律，便是不遵守教皇制定的法律，也無須負責❹。總之，君主的權力是最高的，不受限制。不過布丹又謂君主的權力並不是絕對的不受任何限制，而須受神法 (göttliche Recht) 自然法 (natürliche Recht) 的拘束，例如個人的自由權及財產權都是根據自然法而設置的，所以非經法官判決，不得加人以刑，非經人民同意，不得徵收租稅❹。但是君主何以有這種主權，而國民又何以須服從君主的命令呢？在國家需要統一之時，固然人們不會發生疑問，一旦專制政治達到高峰，而反抗暴君之說 (Monarchomachos) 又已抬頭之時，不能不找出理由，加以說明，由是復產生了王權神授說 (divine right theory)。英國的 R. Filmer (1604–1647)，法國的 J. B. Bossuet (1627–1704) 可以視為代表。他們以為君主的權力不是受之於人民，而是受之於上帝。君主乃上帝派在地上的代表，上帝藉君主以統治人民。君主的意思便是上帝的意思，所以君主的意思又是國家的最高意思，而為法律的淵源。即他們用不可知的神以證明主權在君❹。

----

❹ G. Meyer, a. a. O. S. 20. J. Matten, *Concepts of State, Sovereignty and International Law*, 1928, p. 3.

❹ H. Cunow, *Die Marxsche Geschichts-, Gesellschafts- und Staatstheorie*, 4 Aufl. Bd. I, S. 64.

❹ H. Cunow, a. a. O. S. 64. J. K. Bluntschli, a. a. O. S. 33, 36–37.

❹ R. Filmer 的 *Patriarcha or the Natural Power of the Kings* 於其死後一六八〇年發表。他謂亞當為人類的王，各國君主則為亞當的後裔，亞當將其父權傳給各國君主，令其統治屬民。參閱 G. Jellinek, a. a. O. S. 198. H. Cunow, a. a. O. S. 85.

J. B. Bossuet 的 *Politique tiree des propres paroles de l'Ecriture Sainte*，於其死後一七〇

㈡**人民主權說** 重商主義的社會環境產生了專制政治,而有君主主權之說。但是專制政治之於重商主義只是一種手段,並不是它的本質。何以說呢?重商主義要開拓國內外的市場,所以不惜抬高君權,以抵抗教會、皇帝的壓迫,以制止領主、城市的反抗。到了貿易隆盛,工業進步,則君權不但失去效用,有時尚可成為產業自由發展的障礙。並且商業與專制政治本來不甚調和。專制政治以權力與盲從為基礎,而商業最初破壞了基爾特組織,次又破壞了農奴制度,最後更打倒了羅馬教會。在基爾特組織中,在農奴制度中,在羅馬教會中,都有個人絕對服從長上的習慣,這個習慣當然可以妨害個性的發展。商業則打破這個習慣,而促成個性的解放。由此可知重商主義發展到一定程度,勢必發生變化,由擁護君權變為反抗暴君。所謂暴君反抗論(Monarchomachos) 就是應這要求而發生的。他們以為人類由上帝的啟示,組織國家,而將統治權委託於君主,並與君主訂立統治契約(Herrschaftsvertrag)。君主能夠遵守神法 (jus divinum),保護人民的利益,人民固當服從;否則人民可以反抗,甚至審判之而處以死刑❿。人民既然有反抗暴君的權,則主權便不能謂為屬於君主,而須謂為屬於人民。但是暴君反

九年發表。照他說,專制政治乃上帝所創設,而為最良而又最合神意的國體。國王為上帝的代表,君權便是上帝的權。參閱 G. Jellinek, a. a. O. S. 190. H. Cunow, a. a. O. S. 66. J. K. Bluntschli, a. a. O. S. 193f.

❿ H. Cunow, a. a. O. S. 61ff.

一五七六年有人用 S. J. Brutus 假名,發表 「論反抗暴君」 (*Vindiciae Contra Tyrannos*),這便是「暴君反抗論」名稱的來源。是書有人以為是法國人 H. Languet (1518–1581) 所著。關於其內容,可參閱 F. W. Coker, op. cit., p. 351ff. 屬於此派的學者以下列各人為最有名:

F. Hotmanus (1524–1590), Franco-Gallia, 1573.

G. Buchanan (1506–1582), Du jure regni apud Scotos, 1579.

J. Althusius (1557–1638), Politica methodice digesta et exemplis sacris et profanis illustrata, 1603.

抗論尚未脫掉中世紀的神權思想，而只可視為民主主義的萌芽。到了自然法學說 (Naturrechtslehre) 發達之後，才由反抗暴君而限制君權，再由限制君權而主張民權。此派學者固然主張不盡相同，而皆以社會契約 (Gesellschaftsvertrag) 為國家成立的原因。格老秀斯 (H. Grotius, 1583–1645) 還是和布丹一樣，擁護君權，欲依自然法以限制君主的權力**⑭⑤**。但是自然法不是成文的法律，而其內容又隨各人的見解而異。即如霍布斯 (T. Hobbes, 1588–1679) 所說，自然法不是法律，而只可視為道德上及良心上的義務**⑭⑥**。希望君主遵守自然法無異於希望君主遵守道德；其難實現，事之至明。而斯賓挪莎 (B. de Spinoza, 1632–1677) 且謂，自然法絕非法律，大魚吞小魚，群獸相食，只要有力，就得自由行使權利，這才是自然法**⑭⑦**，即自然法只是弱肉強食的法則。自然法不足以拘束君主，所以一方有霍布斯主張君主專制政

---

⑭⑤ 格老秀斯為首倡國際法的人，著有 *De jure belli ac pacis* (1625)。關於他的學說，請閱 F. W. Coker, op. cit., p. 403ff. J. K. Bluntschli, a. a. O. S. 88ff. 格老秀斯說：「主權屬於何人呢？例如視力，以廣義言，屬於身體，以狹義言，屬於眼睛。主權亦然，就廣義言，屬於國家，就狹義言，依各國的法律和習慣，或屬一人，或屬多數人」(Coker, op. cit., p. 413–414. J. K. Bluntschli, a. a. O. S. 96)。由此可知格老秀斯已有國家主權的觀念。他又說，「自然法不但拘束人類的心意，且又拘束人類的慾望及行為的結果。例如私有財產制度是人類所擁護的，所以財產發生之後，倘若違反所有人之意思而侵害之，那便是不正不義。這是自然法告訴我們的」(H. Cunow, a. a. O. S. 76)。歐洲學者對於人民的私有財產均視為神聖不可侵犯，這就是歐洲各國產業能夠發達的一個原因。格老秀斯如何主張君權，只看他說：「個人得依自己的行為，賣身投靠，而為別人的奴隸；何以人民全體不能依自己的行為，將權力委託於一人或數人呢」(Coker, op. cit., p. 414)。「當締結夫妻關係之時，妻與其夫固然是自由訂立契約。但契約成立之後，妻就須永久服從其夫，人民之於君主也是一樣」(Coker, op. cit., p. 415)，就可知道。

⑭⑥ H. Cunow, a. a. O. S. 77.

⑭⑦ H. Cunow, a. a. O. S. 78. J. K. Bluntschli, a. a. O. S. 130.

治。以為君主的權力是絕對的，不受任何限制⑭。他方又有斯賓挪莎⑭及蒲芬道夫 (S. F. v. Pufendorf, 1632–1694)⑮等輩，以為君主沒有無限的權力，君主的權力應受代議機關的牽制，即在這個時代，民主思想已經進步，即不是依靠抽象的自然法，而是依靠具體的人為制度。所以不久之後，又由限制君權而產生了真正的民主主義，而主張主權屬於人民，為其代表的有英國的洛克 (J. Locke, 1632–1704) 及法國的盧梭 (J. J. Rousseau, 1712–1778)。洛克以為人民組織國家，目的在求自己的生命自由和財產有充分的保障。而實現這個目的，須採用分權制度，使立法權與執行權分開，委託國家機關即議會與政府行使。國家機關惟在人民所委託的範圍內，於保護人民利益的目的之下，方得行使權力。兩權之中，立法權最高，但議會的立法權又不是無限的高，最後決定權還是屬於人民。議會的行為苟有反於人民的信託，人民可收回立法權或更換代表的人選。執行權隸屬於立法權之下，只得依照法律規定，執行法律。倘或違反法律，議會可褫奪政府的權力，並懲罰政府的人員。總之，洛克以主權屬於人民，用立法權監督執行權，同時人民又親自監督立法機關，

---

⑭ 霍布斯著有 *Leviathan* (1651) 等書，關於他的學說，請閱 F. W. Coker, op. cit., p. 446ff. J. K. Bluntschli, a. a. O. S. 119. 他把國家與秉權的人混為一談，而在君主國，則以君主視為國家。法國路易十四所謂「朕即國家」，霍布斯早有這個思想 (Bluntschli, a. a. O. S. 127)。他謂君主的最大義務在謀人民的福利，而什麼是人民的福利，則由君主單獨決定之 (Bluntschli, a. a. O. S. 128)。

⑭ 斯賓挪莎著有 *Tractaus Theologics Politlcus* (1670)，關於他的政治思想，請閱 J. K. Bluntschli, a. a. O. S. 129ff. 他希望設置一個代議機關 (Ratsversammlung)，沒有它的建白，君主不能有所決定。賢明的君主應依代議機關多數人的意見，行使權力 (Bluntschli, a. a. O. S. 134)。

⑮ 蒲芬道夫著有 *De jure naturae et gentium* (1672)，關於他的政治思想，請閱 J. K. Bluntschli, a. a. O. S. 136ff. 他說，「君主也是一個人，何能保其沒有錯誤，所以君主雖有絕對的權力，而其行使權力，須受限制。尤其君主制定法律，應與代議士 (Stände) 協同為之」(Bluntschli, a. a. O. S. 156)。

由此以確保人民的生命自由和財產的安全❶。盧梭亦謂人類組織國家，目的在於保護個人的自由。國家成立之後，個人須拋棄一切權利，將其轉讓於社會。此後個人得享受那一種權利，則由公意 (volonté générale) 決定之。公意不受任何拘束，個人須絕對服從。這個公意怎樣產生呢？照盧梭說，意思不能代表，令人民選舉議員，使議員代表人民的意思，乃是不合理的事。所以公意必由人民自己決定之，即由全體人民依多數決的原則決定之。公意既由人民自己決定，於是各人在國家生活之下，均有兩重資格：一為公民 (citoyen)，得參加公意之作成；二是屬民 (sujet)，而須服從公意。所謂主權只是公意的表現。公意由人民決定，所以主權常屬於人民，不可讓與，也不可分割。人民雖然設置政府，但政府只是人民的雇員，人民可限制其權力，在必要時，尚得推翻政府，而收回其權力❷。綜上所言，吾人可知主權在民的思想乃一步一步的進化。其表現於實際運動之上者，有一六四七年的英國人民協約 (*Agreement of the people*)，一七七六年的美國獨立宣言 (*Declaration of Independence*)，一七八九年的法國人權宣言 (*Declaration des Droits de L'Homme et du Citoyen*)，無不主張主權屬於人民。由是人民主權說不只是一種思想，而且成為事實。

　　㈢**國家主權說**　在英法兩國，君主主權說發展為人民主權說之時，德國不免也受到影響。但是德國的社會環境畢竟和英法不同。工業革命最先發生於英國，其次發生於法國。德國遲至一八五〇年才開始第一工業革命（紡織工業），一八七〇年才開始第二工業革命（鋼鐵工業）。這個時代，英法兩國已經控制了全世界的市場，德國要想發展其工業，不能不抵抗英法商品的壓迫，於是就產生了 F. List (1789–1846) 的經濟學說。德國工業的發達非依

---

❶ 洛克著有 *Two Treatises of Government* (1689)，關於他的政治思想，請閱 F. W. Coker, op. cit., p. 529ff. J. K. Bluntschli, a. a. O. S. 198ff.

❷ 盧梭著有 *Contrat social* (1762) 等書，關於他的政治思想，請閱 F. W. Coker, op. cit., p. 336f. J. K. Bluntschli, a. a. O. S. 334ff.

Laissez-faire 而依國家的保護，所以德國資本主義並不是自然的生長出來，而是因為受了英法經濟的壓迫，要想抵抗其壓迫，不能不改變生產方法，乃用人為之力，助其長成。德國的資本主義自始就與國家有密切的關係，所以德國學者不論 I. Kant (1724–1804)，不論 J. G. Fichte (1762–1814)，多少都帶有國家主義的色彩。但是強有力的保護政策需要強有力的政府來實行，而強有力的政府又需要強有力的君主來撐持。當時德國尚未完成統一之業，剛好普魯士自裴特烈大王 (Friedrich der Grosse) 以來，不乏明君賢相，勵精圖治。就世界環境說，人民主權的思想已經澎湃，就德國環境說，布丹的理論還有效用，於是德國學者遂創造了國家主權之說。但是要把主權歸屬於國家，須認國家為法律上的權利主體，而賦予以人格性，所以主張國家主權說的大率主張國家法人說或國家有機體說。例如黑格爾 (G. W. F. Hegel, 1770–1831) 以國家為最高道德團體，賦予一種人格，以為主權應屬於國家。但他又謂君主代表國家，而宜掌握主權❸。又如布倫士利 (J. K. Bluntschli, 1808–1881) 以國家為一種有機體而有主權，同時又說，主權在國家之內應有所歸屬，即應歸屬於君主❹。所以黑格爾及布倫士利的國家主權說還是君主主權說。真正的國家主權說乃創始於拉班德 (P. Laband, 1838–1919) 及邪陵勒克 (G. Jellinek, 1851–1911)。拉班德以國家為公法上的法人，謂主權的主體便是國家本身❺。他又謂主權的主體與主權的持有人 (Träger) 應有區別。主權的主體雖是國家，而主權的持有人，在當時德國，則為聯邦的構成分子，即各邦君主 (Fürsten) 及自由市的元老院 (Senate)❻。所謂主權不是積極的表示國家有那一種權力，

---

❸ 關於黑格爾的國家學說，請閱 J. K. Bluntschli, a. a. O. S. 602–621. 此處是引自原田鋼，《歐美二於ケル主權概念ノ歷史及再構成》，昭和九年，三九四頁。

❹ J. K. Bluntschli, Lehre vom modernen Staat, Bd. I, *Allgemeine Staatslehre*, 6 Aufl. 1886, S. 18ff., 572, 575f.

❺ P. Laband, *Das Staatsrecht des Deutschen Reiches*, Bd. I, 5 Aufl. 1911, S. 94.

❻ P. Laband, a. a. O. S. 97，比較本書五九頁❺格老秀斯之言。

而只消極的表示國家之上沒有任何更高的權力能夠發號施令以拘束國家❶❺❼。邪陵勒克亦謂國家有人格，得為權利主體，有權利能力，而為法人❶❺❽。主權屬於國家，所以國家的權力是獨立的、最高的❶❺❾。他反對拉班德之言，而謂主權的持有人也是國家，不是任何人❶❻⓪。主權是國家對於自己的活動，得自己決定 (Selbstbestimmung)，又得自己限制 (Selbstbeschränkung) 的能力❶❻❶。申言之，主權在消極方面是表示國家之外，沒有其他權力能夠違反國家的意思，而拘束國家。積極方面又表示國家有一種能力，能夠對於國家的統治作用，給予以一定方針，依此而決定整個法律秩序❶❻❷。拉班德只說明主權之消極的意義，邪陵勒克又說明主權之積極的意義。固然兩人所說不同，而其實質則一。因為兩人均不說明主權是那一種權力，而只說明主權為一種優越的權力。

二、主權的性質

所謂主權是那一種權力呢？我們以為「主權不是國家的權力，而只是國家權力的特質」❶❻❸。申言之，國家有三個要素（國民領土及統治組織），因之就發生三種高權（對人高權領土高權及組織高權），而總稱為統治權。統治權不是國家才有的，地方團體尤其是聯邦國的邦亦常有之。不過國家的統治權比之地方團體的統治權，尚有許多特質。統治權而有這特質的稱為主權。所以主權乃如邪陵勒克 (G. Jellinek) 所說：只是「一個法律上的補助概念」(ein

---

❶❺❼ P. Laband, a. a. O. S. 72–73.

❶❺❽ G. Jellinek, *System der subjektiven öffentlichen Rechte*, 2 Aufl. 1919, S. 28. 參看他所著 *Allgemeine Staatslehre*, 3 Aufl. 1929, S. 182f.

❶❺❾ G. Jellinek, *Allgemeine Staatslehre*, 3 Aufl. 1929, S. 475f.

❶❻⓪ G. Jellinek, a. a. O. S. 552f.

❶❻❶ G. Jellinek, a. a. O. S. 481.

❶❻❷ G. Jellinek, a. a. O. S. 481–482.

❶❻❸ F. Giese, *Deutsches Staatsrecht*, 1930, S. 9.

juristischer Hilfsbegriff) ❻。又如 F. Fleiner 所說：「主權沒有積極的內容，只是一個比較概念」(ein Verhältnisbegriff) ❻。或如 J. Hatschek 所說：「主權不過邏輯上的關係概念 (ein logischer Relationsbegriff)，如上，如下，如右，如左之類」❻。然則主權的特質是什麼呢？

依一般學者所說，主權有兩種特質。

⑴在國內是最高的 (supreme, höchste)

⑵對國外是獨立的 (independent, unabhängig)

所謂「最高」是謂主權在一國之內為 suprema potestas （最高權力），即國家的權力比之國內任何公權力 (Öffentliche Gewalt) 都居於優越的地位。所謂「獨立」是謂主權之於國外，絕不隸屬於任何權力之下，即國家的權力乃獨立於世上別個國家權力之外 ❻。邪陵勒克說，「主權是獨立的，最高的權力。第一特質（獨立的）是對外的，而表現於國家與別個國家的交際之時；第二特質（最高的）是對內的，用以比較國家與國內各種團體的關係」❻。學者由於主權之有兩種特質，遂謂主權有內外兩方面，主權不受別個國家的統治，這是表示主權之對外性質，而稱為對外主權 (äussere Souveränität) 或國際法上的主權 (völkerrechtliche Souveränität)。主權站在國內任何人和任何團體之上，這是表示主權之對內性質，而稱為對內主權 (innere Souveränität) 或國法上的主權 (staatsrechtliche Souveränität) ❻。固然有人以為「最高」與「獨立」乃互相結合而不可分離 ❼。最高之外，又有獨立，這不過用另外一種的

❻ G. Jellinek, *Allgemeine Staatslehre*, 3 Aufl. 1929, S. 482.

❻ F. Fleiner, *Schweizerisches Bundesstaatsrecht*, 1923, S. 52.

❻ J. Hatschek, *Deutsches und preussisches Staatsrecht*, Bd. I, 2 Aufl. 1930, S. 24.

❻ F. Giese, a. a. O. S. 9.

❻ G. Jellinek, a. a. O. S. 475.

❻ G. Meyer, a. a. O. S. 22.

❼ G. Jellinek, a. a. O. S. 475.

話來表示「最高」特質的一半內容。何以言之，國家組織既係最高，那末，國家對於別個組織當然是獨立的。倘若再說，國家不但最高，且又沒有一個更高的組織站在其上，而妨害其獨立，這種說明何異於畫蛇添足❶。不過國家固然是站在屬民之上，而卻不能站在別個國家之上，而只能與它們居於平等的地位。所以國家是最高的，不過表示國家比其屬民為高，並不表示國家比其同列的國家也高。國家對其同列的國家，只能說是獨立的，不能說是最高的。國家在一方面是最高的，在另一方面雖然不是最高，而卻可以平等，這就是所謂「獨立」❷。所以「最高」與「獨立」並不重複，而可以表示國家對內對外的兩種特質。

學者由於上述主權兩種特質，又演繹出許多屬性，其中常常引起討論的為下列兩個問題。

㈠**主權是否不可分割**　主權不可分割 (indivisible, unteilbar) 是由主權的「最高」特質而來的。倘若主權可以分割，則一國之內將同時而有兩個以上的主權。兩個主權同時存在於一國之內，何能同時皆為最高。對此主張，學者之間尚有不同的意見。

⑴**三權分立**　十七、八世紀自然法學者因為主權不可分割，大率反對三權分立之制。盧梭❸即其一例。法國革命，一七九一年憲法第三篇「公權力」(*Des pouvoirs publics*) 第一條云：「主權是唯一分 (une)，不可分割的 (indivisible)，不可讓與的 (inalienable)，不受時效的 (imprescriptible)，而屬於國民」。同時又把人權宣言載於憲法條文之前，視為憲法的一部分。人權宣言第一六條云：「一個社會沒有保護人民權利，沒有採用分權制度，便是沒有憲法」，基於這個原則，該憲法第三篇「公權力」第三、四、五條將國家權力分為立法權、行政權及司法權三種，而分屬於議會 (Assemblée Nationale) 國王

---

❶ H. Kelsen, *Das Problem der Souveränität und die Theorie des Völkerrechts*, 1928, S. 38.

❷ H. Kelsen, a. a. O. S. 38–39.

❸ 參閱本書一七七頁之❷。

(Roi) 及法官 (juges)。這樣，主權不可分割與權力分立的原理又如何能調和呢？關於此，阿伯邪士 (Abbe Sieyes, 1748–1836) 以為國家權力可分兩種，一是制定憲法的權力 (pouvoir constituant)，二是憲法所設置的權力 (pouvoir constitue)。制定憲法的權力就是憲法制定權 (verfassunggebende Gewalt)❼，而必屬於國民。憲法所設置的權力就是立法行政司法各權，可由國民委任於議會及其他機關。兩種權力的位階不同，前者不受任何拘束，而得自由決定國家的根本組織，所以可視為主權。因之主權還是未曾分割而屬於國民❼。至於立法行政司法三權只可視為主權的作用 (Funktion)，即不是權力 (Gewalt)，而是權限 (Zuständigkeit)。權限的分配與主權的分割不同❼。猶如行政權之作用有內政外交財政國防等等，而可分配於各部會管理。各部會分別管理內政外交財政國防，苟能適合於施政方針，固無害行政權之統一。同樣議會政府法院分別管理立法行政司法，苟能保持其調和與統一，也無害於主權之為唯一而不可分割的性質。在行政權，統一各種作用者為總統（總統

---

❼憲法制定權的觀念乃起源於英格蘭及蘇格蘭的長老教會制度 (Presbyteral-Kirchensystem)。克倫威爾的 Agreement of the People 也有這種見解。美國獨立之際，各邦依此見解以制定憲法的為數頗多，如 Connecticut 及 Rhode Island 等是。法國人士參加美國獨立戰爭的，例如 Lameth, Lafayette, de Noailles 等輩又將這個觀念傳入法國，而發揚光大之者則為阿伯邪士。但阿伯邪士並不能貫徹他的主張，他以為憲法制定權不但可由人民自己行使，又可由人民特別選舉的代表，即所謂「憲法會議」(Assemblée de Revision) 行使。憲法會議既由人民的代表組織，則與議會無大差別。這與憲法制定權必須屬於人民之說，就有矛盾了。參閱 J. Hatschek, allgemeines Staatsrecht, II, *Das Recht der modernen Demokratie*, 1909, S. 26ff., 33. R. Redslob, *Die Staatstheorien der Französischen Nationalversammlung von 1789*, 1912, S. 153.

❼ Abbe Sieyes 著有《何謂第三階級》(*Quest-ce que le tiers etats?*) 一書，這是一本關於政治思想的重要文獻，各國均有譯本。關於他的憲法制定權的思想，可參閱 J. Hatschek, a. a. O. S. 29ff.

❼ G. Jellinek, a. a. O. S. 501.

制）或內閣（內閣制）。在主權，統一各種作用者為國民。權力的分立須待權力的調和，而後才能存在。三權之間沒有一種組織用以保持其調和，則三權分立之後，勢將破壞國家本身，猶如行政各部會之間沒有一個中樞機關，謀其調和，則一國行政將互相衝突，而破壞行政權。在主權方面，調和而統一三權的，就是國民。所以權力分立與主權之不可分割並不衝突。

　　⑵**聯邦制度**　美國獨立，採用聯邦制度。在聯邦國，聯邦或各邦的權限常列舉於憲法之上，雙方應嚴守自己的畛域，不得侵害他方的權限。於是主權可否分割就成為問題。麥迪遜 (J. Madison, 1751–1836) 說：「主權可分割於各邦與聯邦之間，所以整個主權 (the whole sovereignty) 是由部分主權 (partial sovereignty) 結合而成的」 **⑰** 。一七九三年美國最高法院對於 Chisholm v. Georgia (2 Dallas 419) 的案件，曾判決云：「聯邦關於各邦所讓與的權力，是有主權的；同時各邦關於其所保留的權力，也是有主權的」**⑱**。就是在美國，不但私人學說，而且公家解釋，均認主權可以分割。繼美國而組織聯邦的為瑞士，瑞士憲法（第三條）明文規定：「各邦在其主權未受聯邦憲法限制的範圍內，是主權國」。因之，歐洲學者例如法國的 A. de Tocqueville，德國的 G. Waitz 遂謂主權可分割於聯邦與各邦之間**⑲** 。但是各邦的領土同樣就是聯邦的領土（例如德國威瑪憲法第二條之規定），在同一領土之上，對於同一的人民，若有兩個主權，試問這兩個權力是平等乎，抑或其中一個居於優越的地位乎。倘若其中一個居於優越的地位，則這個優越的權力才配稱為主權**⑳** 。

---

⑰ 引自 J. W. Garner, *Introduction to Political Science*, 1910, p. 259, n. 2. 原文見 Federalist, Nos. 32 and 39.

⑱ J. W. Garner, op. cit., p. 259, n. 3.

⑲ de Tocqueville 著有 *De la democratie en Amerique* (1835)，關於他的學說，可參閱 S. Brie, Der Bundesstaat, 1874, S. 92ff.

　　G. Waitz 著有 *Grundzüge der Politik* (1862)，關於他的學說，可參閱 S. Brie, a. a. O. S. 105ff. H. Nawiasky, *Der Bundesstaat als Rechtsbegriff*, 1920, S. 197ff.

今據各國制度，聯邦隨時均得依其一己的意思，即由於修改憲法，以擴張自己的權限，或令各邦負擔新的義務。而聯邦法與各邦法衝突之時，「聯邦法可以推翻各邦法」(Reichsrecht bricht Landrecht)，是則聯邦實居於優越的地位。何況各邦之間或各邦與聯邦之間發生爭議，裁決的權又屬於聯邦，而聯邦認為必要之時，復得利用兵力，強制各邦履行義務。既是這樣，主權當然是在聯邦，不在各邦。換句話說，在聯邦國，主權還是唯一的，並未曾分割於聯邦與各邦之間。

　　㈡**主權是否不受限制**　主權不受限制 (illimitable, unbeschränkbar)，就對內言，是由主權的最高特質而來，就對外言，是由主權的獨立特質而來。因為主權若受限制，這個限制的權力若在國內，則主權不能謂為最高，若在國外，則主權不能謂為獨立。過去學者，布丹、霍布斯固不必說，只就盧梭而言，他以主權為公意 (volonté générale) 的表現，同時又謂公意不受法律的拘束，個人須絕對服從，縱是財產，亦惟於國家准許之時，才屬於個人所有[181]。由此可知主權萬能之說乃是十七、十八世紀自然法學者所共同主張的。惟自法治國思想發生之後，人們對於萬能的主權又生反感。布倫士利說：「世上絕沒有絕對的主權，主權也沒有絕對的獨立……國家不是全能 (Allmacht)，它在國外常受別國權利的限制，其在國內又受個人權利的限制」[182]。一方依主權的性質看來，主權不受限制，他方由法治思想看來，主權又應受限制，於是德國學者遂倡國家「自己限制」(Selbstbeschränkung) 之說。首創斯說的為 R. v. Jhering (1818–1892)[183]，其後邪陵勒克又從而發揚光大之。照邪陵勒克說：國家發布法律，不但拘束個人，且又拘束國家的活動。人們依法律成為

---

[180] 參閱 F. Fleiner, a. a. O. S. 51–52.

[181] 引自 G. Jellinek, *Die Erklärung der Menschen- und Bürgerrechte*, 4 Aufl. 1927, S. 6.

[182] J. C. Bluntschli, *Lehre vom Modernen Staat*, Bd. I, *Allgemeine Staatslehre*, 6 Aufl. 1886, S. 564–565.

[183] 參閱 G. Jellinek, *Allgemeine Staatslehre*, 3 Aufl. 1929, S. 478.

國家的機關，並依法律作成機關的意思。機關的意思就是國家的意思，所以限制機關的意思就是限制國家的意思，這種限制不是道德上的限制，而是法律上的限制。國家制定的法律可以限制國家的活動，這便是國家由其自己的意思，限制自己，故稱為國家自己限制❿。國家之自己限制不限於國內，即對國外，也是一樣。布倫士利已經說過，「主權的獨立性只是相對的，不是絕對的。國際法拘束國家於一定的法律秩序之內，猶如憲法限制國權活動於其領土之內，皆無害於主權之存在」❺。今日國家生息於國際社會之內，須受國際法的拘束，國家服從國際法，乃由於國家承認國際法。德國威瑪憲法第四條云：「一般承認的國際法為國法之一部，而有國法的效力」。這可以視為憲法──憲法制定權──主權承認國際法之一例。英國法院主張：「國際法的原理非經議會通過法律，正式納入國法之中，在法院內沒有強制力」❻。這可以視為國際法須經國家承認之例。其承認，照邪陵勒克說，或由於慣例 (Übung)，或出於明示 (ausdrücklich)。所謂「慣例」是指各國之間未經協議，而就採用某種規範；或各國之間由條約規定，不斷的遵從某種規範，遂令該項規範成為國際法。所謂「明示」是指各國共同承認某種規範可為國家行為的準則，終則該項規範就有了國際法的效力❼。但是「慣例」也好，「明示」也好，都是由於國家願意遵守，是則國際法之能拘束國家，也是基於國家的意思，而為國家自己限制。這種解釋辯固辯矣，然由吾人觀之，尚有漏洞。何以言之，國家既然可由自己的意思限制自己，則國家不難再由自己的意思擺脫限制❽。自己願意限制，就受限制，自己不願限制，就不受限制，受限制與不受限制完全自由，則國法不過對於人民才有拘束力，對於國家，將如

❿ G. Jellinek, a. a. O. S. 478.

❺ J. C. Bluntschli, a. a. O. S. 565.

❻ 引自 J. W. Garner, op. cit., p. 254, n. 2.

❼ G. Jellinek, *System der subjektiven öffentlichen*, Rechte, 2 Aufl. 1919, S. 313.

❽ 參閱 H. Kelsen, *Allgemeine Staatslehre*, 1925, S. 74.

J. Austin 所說 "Supreme power limited by positive law is a flat contradiction terms" ⑱，又如 G. C. Lewis 所說 "The sovereign power is absolutely unlimited, the sovereign has complete disposal of the life, rights and duties of every member of the community...there is no law which it has not power to alter, repeal, or enact" ⑲。至於國際法，國家將更能夠自由擺脫拘束了。沒有拘束力的國際法便不得稱為法律，而只可視為國際道德。倘若國際法另有一種拘束力，則拘束力的淵源必不在於國家的意思，而在於國際道德或國際制裁的壓力，這樣，邪陵勒克由國家的意思而主張「國家自己限制」之說又不能成立了。

各種解釋都有問題，然則主權是什麼呢？一般人皆謂主權對內是最高的，對外是獨立的。所謂最高是謂國家對於國內一切的人及一切團體，皆居於上位 (übergeordnet) 之意。但對於國外，尤其對於別個國家，則不能居於上位，只能消極的不居下位 (nicht untergeordnet)，即居於同位 (gleichgeordnet)，這便是「獨立」之意。這種主張由法學的觀點言之，乃含有一種不能解決的矛盾。茲有兩個國家於此，甲國的權力不得干涉乙國，乙國的權力亦不得干涉甲國，這種互不干涉的現象，由兩國的對外主權看來，可以說是當然的結論。但是這個結論須有一個前提：即兩國的權力是平等的。從來學說關於對外主權，只注意消極的意義，兩國互不侵犯；未曾注意積極的意義，兩國的權力平等。兩國的權力法律上既然平等，則兩國必生存於同一法律秩序之下。因此之故，除了兩國自己的法律秩序之外，必有一個更高的法律秩序。這個更高的法律秩序就是國際法。國家權力之外，既然尚有一個更高的國際法，則國家權力已經不是「最高」，而只是「較高」了。即比較國內各種團體的位階，而謂國家權力居於它們的上位，若把國際組織合為一談，則國家權力應退處於第二位，從而主權也須受國際法的限制 ⑲。國際法是以條約為其最重

---

⑱ 引自 J. W. Garner, op. cit., p. 255.

⑲ G. C. Lewis, *Remarks on the Use and Abuse of Some Political Terms*, 1853, p. 41.

⑲ H. Kelsen, a. a. O. S. 106. 參閱 A. v. Verdross, *Die Verfassung der*

要的淵源。條約可以限制主權❶❾❷，或令國家制定某一種憲法（君主制或共和制），或令國家發布某一種法律（例如信教自由奴隸販賣之禁止等）。各國有遵守條約的義務，其遵守不是單單由於國家的意思，而是由於國際社會的意思，就是 pacta sunt servanda（契約必須遵守）表現於國際法之上，迫使國家不敢破壞國際法❶❾❸。今日各國由於國際關係，如何限制其主權，可以各國憲法條文為證據。法國第四共和憲法之弁言云：「於互惠主義的條件之下，法國願為和平的組織與保衛，而限制其主權」。義國一九四七年憲法第一一條云：「於平等的條件之下，義國願為國際和平與正義，而限制其主權」。西德一九四九年憲法第二四條第一項云：「德國願依立法程序，將主權讓給國際組織」；第二項云：「德國為維護世界和平，願意參加集體安全的組織，並限制自己主權，以便建立並保障永久和平於歐洲及世界上一切民族之間」。觀此條文，可知今日主權觀念固與布丹、盧梭、黑格爾以及 J. Austin 的時代不同。

　　不過國家也和個人一樣，權力一大，就欲擺脫限制，由同位改為上位，由平等變為優越。因此之故，國家權力不可過弱，也不可過強。過弱，將與自己的主權不相容；過強，又與別國的主權不相容。侏儒國 (Zwergstaat) 及世界國 (Weltstaat) 均與主權的本質不能兩立。主權學說只能存在於均勢主義 (Gleichgewichtsprinzip) 之下❶❾❹。由此可知主權對外，最後還是以「力」為基礎。同時主權對內既如前述，常寄託於最高機關，而最高機關又由自然人組織之。自然人行使權力，在法治主義之下，固然須根據法律。但法律只規定常態 (Normalfälle)，未曾規定變態 (Ausnahmefälle)，所以遇到變態發生之時，法律就無法解決，而需要非常手段，作最後的決定 (Dezision)。所謂主權就是對於變態而能作最後決定的權❶❾❺。但是變態發生之際，那規定常態的法律是

Völkerrechtsgemeinschaft, 1926, S. 38f.

❶❾❷ 參閱本書一一頁以下「國家的要素」及三五五頁以下締結條約、三六〇頁以下宣戰。

❶❾❸ H. Kelsen, a. a. O. S. 112–113.

❶❾❹ H. Kelsen, a. a. O. S. 114.

否確實不能適用；不能適用之時，到底須採取那一種非常手段，又須有人裁定。這個裁定的人必係具體的人，而非抽象的人格。因為裁定的問題是具體的，裁定的人須有具體的意思，而為具體的人類，所以國家的主權者必為人類，而非抽象的法人。吾人前曾說過，國家主權是對外而言的，至於對內，則表現為君主主權或國民主權，就是這個理由。這種性質的主權也就是憲法制定權，即決定國家的根本組織的權。國內一切法律秩序均以憲法為根據，而憲法本身則由政治上的力 (politische Macht) 決定之。力屬於誰人，便是主權屬於誰人 ❶❾❻。所以主權並沒有神秘的性質，而只是一種事實。

---

❶❾❺ C. Schmitt, *Die geistesgeschichtliche Lage des heutigen Parlamentarismus*, 2 Aufl. 1926, S. 54. 他說：「對於一般適用的法律，倘有『例外』(Ausnahme) 的必要，凡能決定例外的，就是主權者」。

❶❾❻ 參閱 C. Schmitt, Verfassungslehre, 1928, S. 23f., 75ff. Anton Menger 在其所著 *Neue Staatslehre* (4 Aufl. 1930) 中說道：「主權是國內的最高實力 (die höchste tatsächliche Macht)。誰是一國的主權者？這要觀察該國的政治狀態與歷史過程：單單研究成文法，是不足為憑的 (S. 164)……主權者的實權已經轉移。單看成文法，是不可的。一七八九年七月十四日法國暴民襲擊巴士底 (Bastille) 監獄之後，主權已由國王移於人民，然而遲至一七九一年憲法才規定為文字。一七九九年十一月九日（共和八年霧月十八日）拿破崙得到法國的最高權力，而執政官憲法 (Konsularverfassung) 到了一七九九年十二月十三日（共和八年霜月二十二日），才見發布 (S. 165)。一國的最高實力屬於誰人，倘若發生疑問，我們可以設定一個最適當的標準：凡能依自己的判斷 (Ermessen)，決定活動範圍的限界者，這個人或這個團體就有主權 (S. 165)。……吾人要決定誰有最高的實力，不是看他能否行使法律上的權限，而須看他在必要時能否違反法律，強迫國家接受自己的意思。所以在君主國，元首與國民誰有主權，必須觀察該國的勢力關係。元首在必要時能作違憲 (Staatsstreich) 之事，則元首有主權。國民能夠革命而成功，則國民有主權 (S. 166)」。

三、多元的國家論

國家對內有否優越的權力，是一個問題；這個國家權力是否絕對的，不受任何限制，又是另一個問題。後來學者往往混為一談。他們均以國家為一個法人或有機體，謂其有獨立的意思，並有獨立的人格，國內一切人及一切團體均得包攝於國家之中。國家的命令對於人民有道德上的最大權威。人民應該犧牲個人的意思，而服從國家的意思；應該拋棄個人的人格，而擁護國家的人格。總而言之，國家的行為無所不正，無所不善，人民只有服從，而沒有反抗的權利。這種絕對主義的主權學說，到了十九世紀末期，已經引起人們反感，於是就有邪陵勒克的「國家自己限制」之說。及入二十世紀之初，一方因為國家的職權太過膨大，竟然侵入於個人的經濟生活之中，而引起了自由主義者的反感；他方因為國家關於經濟問題社會問題，又暴露其無力解決之狀，而引起社會主義者的攻擊，於是又發生了多元的國家論 (Pluralistic theory of state, pluralistische Staatstheorie)，否認國家之有人格，反對國家之有主權，甚者且欲拉下國家，以與國內其他社團同伍。代表這種思想的有下述三種學說。

㈠**法律主權說**　主張主權不在國家而在法律的，可以荷蘭的 H. Krabbe [197]為代表。照他說，現代國家是法治國家，法律不但可以拘束人民，抑亦可以拘束國家的活動。這個法律不是人力 (personliche Gewalt) 所能創造，而是由人類的精神力 (geistige Macht) 產生出來[198]。所謂精神力是由人類的法律感情

----

[197] H. Krabbe 著有 *Die Lehre der Rechtssouveränität*, 1906. *Die moderne Staats-Idee*, 2 Aufl. 1919. *Kritische Darstellung der Staatslehre*, 1930. 本段所述是根據 *Die moderne Staats-Idee*，是書於一九一五年用荷蘭文刊行，其第二版於一九一九年用德文出版，一九二二年由德文譯為英文 (*The modern idea of the State*, translated by G. I. Sabine and W. J. Shepard, 1922)。

[198] H. Krabbe, *Die moderne Staats-Idee*, 2 Aufl. 1919, S. 9.

(Rechtsgefühl)——低級的稱為法律本能 (Rechtsinstinkt) ， 高級的稱為法律意識 (Rechtsbewusstsein)❶❾❾——不斷的作用於人類的精神之上，成為一個力量。這就是權力 (Gewalt)——統制社會生活的權力——之基礎 ， 也就是統治 (Herrschaft)——國家觀念所含有的統治——之基礎❷⓿⓿。是則法律的拘束力，不是發生於吾人之外，而是發生於吾人的精神之內，即不是由權威者的意思而發生，而是由吾人的法律感情和法律意識而發生❷⓿❶。一切法律不問其為實定法，習慣法或不成文法，皆以人類的法律感情和法律意識為基礎。一個法規不以法律感情和法律意識為基礎者，不是法律；縱令強制人民遵守，也不能給予該項法規以法律的價值 (Geltung)❷⓿❷。法律之有拘束力，既然由於人類的精神力之作用，不是由於國家的強制，而國家本身又受法律的拘束，是則國家不是最高的，法律才是最高的，即不是國家有主權，而是法律有主權。

這種性格的法律如何而能產生呢？照 H. Krabbe 說，立法工作乃人民表示其法律意識的機會，而應歸屬於國民代表會 (Volksvertretung)。國民代表會若能代表國民的法律意識，則法律的威嚴不難樹立起來❷⓿❸。不過個人每因閱歷之不同，利益之互異，其法律意識往往不盡相同❷⓿❹。對這不同的意見又如何而得統一呢？關此，H. Krabbe 贊成多數決之制，以為各人的法律意識對於一種規範，見解固然互異。倘其見解在質的方面，優劣相同，此際可依多數決的方法，凡多數人所贊成的，比之其他規範，可以視為有更大的價值❷⓿❺。但是一切法律若都由中央制定，又將因為立法者不明各種情況，而致法律不

---

❶❾❾ a. a. O. S. 48–49.

❷⓿⓿ a. a. O. S. 9–10.

❷⓿❶ a. a. O. S. 44.

❷⓿❷ a. a. O. S. 50f.

❷⓿❸ a. a. O. S. 35f.

❷⓿❹ a. a. O. S. 55.

❷⓿❺ a. a. O. S. 83f.

能表現人民的法律意識。於是 H. Krabbe 又進而主張分權之制。以為立法工作不應集中於中央機關，各人可對自己所最瞭解的問題，參加法律之制定。一是地方分權，各地人民均有立法機關，對於該地的公共利益，有立法的權[206]。二是職業自治，各種職業團體對其特殊的公共利益，有自治的權[207]。H. Krabbe 以主權屬於法律，同時又將立法權分散於各地區及各職業團體，所以可視為多元論者。

　　(二)**團體主權說**　主張主權不是國家才有，一切團體都有主權的，可以英國的 H. J. Laski[208]為代表。他說，人類有種種需要，因之就有種種活動。但一人之力有限，於是人和人之間就結合起來，組織各種團體，以滿足自己的各種需要。所以團體是由人類的需要而發生，非由國家的承認而得存在。國家不過團體的一種，其他團體的意思可以影響於國家，而使國家屈服。勞動時間的限制，最低工資的決定，最初不過工會的主張，不久竟變成國家的法律。其他社團的目的又往往大過國家的目的，天主教徒在政治上雖然服從各國政府，而其衷心所嚮往的則為羅馬教會。工會會員雖然未必都否認國家的存在，然其最後目標卻是越過國界的各種國際。由此可知國家的意思並不是最高的，國家的目的也不是最大的。國家不過團體之中的一種團體。國家的主權與教會或工會所行使的權力沒有什麼差別。換言之，一切團體在其職掌的範圍內，對其管轄的事項，均有主權，所以主權不是國家才有的。更進一

---

[206] a. a. O. S. 187ff.

[207] a. a. O. S. 191.

[208] H. J. Laski 著有 *Studies in the problem of sovereignty*, 1917. *Authority in the modern state*, 1919. *Foundations of sovereignty*, 1921. *Grammar of politics*, 1925. 關於他的主權學說，拙著《西洋政治思想史》第二冊（民國二十二年新生書局出版）二九七頁至三〇二頁「拉斯基的政治思想」有簡單之介紹，本項所述不過修改舊著而潤色之。舊著似係根據 *Grammar of politics*（張士林譯政治典範）一書。當時未曾一一注出原書頁數。茲欲檢查原書，費時頗多，故亦從略。《西洋政治思想史》已由三民書局出版。

步觀之，國家與個人不同，國家要作活動，須有自然人代勞。如果國家真有主權，則主權必須付託於自然人。因之，國家的目的只是這些自然人的目的，國家的意思亦不過這些自然人所下的判斷。然而他們認為正當的，和全社會認為正當的，常不免於衝突；甚者他們認為正當的或有悖於事理。所以國家果有最高的權力，勢只有把權力供少數自然人恣肆妄為而已。其結果如何，十七世紀英國的內亂和革命，一七八九年的法國，一九一七年的俄國，都是主權問題的極好註腳。由此可知國家權力的行使須有一定的規矩；人民所以服從政府，就是因為政府能夠循守這個規矩。一國的權力不但其行使方法應受限制，即其所欲達的目的也應該有所選擇。所以國家並沒有無限制的主權。

國家沒有主權，以及國家不宜有主權，既如上所言矣，依 H. J. Laski 之意，國家不過社團之一種，國家的主權與教會工會等所行使的權力沒有多大區別。不過國家的地位比之其他社團又稍有不同之點。何以故呢？各人的職業固然只有一個，然而人們既然生存於社會之內，則人與人之間──各種職業之間必有連帶關係。比方李某是工廠工人，而旅行必乘鐵道，教子必令入學校，鐵道安適如何，學校功課如何，對於李某都有利害關係。國家對此理應善為配置，使人們均得享受人生之樂。職業與社會的利害愈密切，如教育是人民知識所繫，煤炭是人民衣食所賴，則國家的監督亦愈嚴。國家的地位既然比之各種社團稍高，則國家機關的政府必有較大的權力。但是組織政府的人常是少數人，這些少數人的決議往往成為法律，而可以拘束人民。因此之故，人民對於國家的行為必須加意警防，使國家成為負責的國家。其法有二：第一是監督政府的行為。因為國家的行為便是政府的行為，所以要令國家成為負責的國家，須使政府成為負責的政府。即政府的行為不必因為其出自政府，乃有是而無非，凡行為合於道德的都是是，不合於道德的都是非，不必因為國家之故而有所顧忌。如果吾人分析國家的行為，在倫理上認為不當，尚可以起來顛覆國家。然則怎樣才能使政府成為負責的政府呢？簡單說，人民都有參政的機會，站在最後審判者的地位，利用議會及輿論，監督政府的施政。政府的行為合於民意，固可以安居其位，否則就須辭職下野。第二

是縮小國家的權限，其方法為分權制度，一是職業的分權，每個職業均有社團，社團之事由社團自治，國家不得干涉。二是地方的分權，全國分為若干單位，而將今日集中於中央政府的事權，分別授之地方團體。這兩種分權的目的都在使感受權力效果最密切的人變成管理權力的人。國家對於職業團體及地方團體不得視為下級機關，濫發命令；必須它們自覺權限分配有改良之必要，因而勸告國家著手改良或提出改良方案之時，國家意思才得發動。這樣，國家的權力當然可以大大減少，從而組織政府的少數人便無從恣肆妄為，操縱國事了。

　　㈢**主權否認說**　否認國家之有主權的可以法國的 L. Duguit ⑳為代表。他先說明國家的本質，以為社會進化到了一定階段，就有強者與弱者的區別。倘若強者利用武力控制弱者，則強者變為治者 (gouvernants)，弱者變為被治者 (gouvernés)。社會之內既有治者與被治者之別，那末，不問形態如何，都可以稱為國家。所以國家沒有什麼神秘的人格，而只是治者與被治者的統治關係。所謂主權亦不過為治者加在被治者身上的力。即由 L. Duguit 看來，主權只是事實上的力，絕不是法律上的權利。然在國家之外，也可以說是在國家之上，尚另有一個法律，可以拘束國家的活動。現在試問這種法律如何發生呢？人類生存於社會之內，每因才力有限，不能滿足各種需要，而感覺生活上的苦痛。為了減少苦痛，就有分工，使各人之間能夠長短相補，有無相助，以滿足各種需要。於是人類在社會之內，就發生互相依賴的關係，這種關係稱為社會連帶關係 (la solidarité sociale)。人類由於社會連帶關係，必須互相服務，而為了維持互相服務的關係，就產生了社會規範，由社會給予以

---

⑳ 關於 L. Duguit 的主權學說，拙著《西洋政治思想史》三民版二七三頁以下「狄驥的政治思想」有簡單之介紹。按 L. Duguit 最後大著為 *Traite de droit Constitutionnel* (2 ed. 1921–1925) 一書，其中第二卷 La théorie générale de L'Etat (1923) 關於國家主權，有詳細的分析。余不諳法文，舊著似係參考日文，至於那一本書或那一篇論文，已經忘記，故未註出參考書之頁數。

一種制裁力。這便是法律的基礎，所以人類有了社會連帶關係，可以說是就有了法律。及至社會分化而有治者與被治者的區別之時，治者又根據社會規範，制定法律，應用刑罰，一切人民不問強與弱，富與貧，智與愚，皆須遵守，縱是治者也不能有所例外。人類本來沒有命令或強制別人的權利。人民所以必須服從治者所制定的法律，不是因為法律由於國家制定，而是因為法律合於社會規範。治者只惟根據社會規範，才得命令別人或強制別人。由此可知國家之發生固然由於事實上的力，而使國家能夠合理化的，則為法律。法律不但對於人民，即對於治者，也常常命令其所當為，禁止其所不當為。治者只有遵從法律，而後他的行為才是正當。

國家只是治者與被治者的統治關係，國家，更切實言之，治者，有循守法律的義務。既然法律是根據社會規範而制定，社會規範又以實現社會連帶關係為目的，而社會連帶關係又使人們互相服務，那末，國家的功用可以說是在於「公共服務」(la service public)。國家發號施令能夠實現公共服務，人民固應服從，否則人民沒有服從的義務。由此可知國家沒有絕對的權力，因之，國家的特質不在其有主權，而在其能為公共服務。這個公共服務就是吾人承認國家有存在價值的理由。

總之，國家的發生本來是由於強者對於弱者的強制，到了後來，因為分工之發達，連帶關係之密切，漸次變為公共服務。治者要令公共服務能夠在其指導之下，充分實現，不能不有一種組織，國家就是在治者的指導之下，為要完成公共服務而組織的團體。連帶關係愈密切，公共服務的事項愈增加。就今日言，國家所應作的公共服務共有四種事項：第一為軍事的服務，第二為警察的服務，第三為審判的服務，此三者乃是任何時代的國家所共有的。而現今尚加上第四之文化的服務。例如鐵道之建築，郵電之創辦，學校的設置等是。國家活動範圍日益擴大，國家的權力當然隨之增加，其結果不會引起國權的專恣麼？照 L. Duguit 說，公共服務的事項固然增多，而分權的傾向亦日益顯明，二者相輔而行，必能減少弊端。所謂分權共有三種，一是地方分權，二是公共事業的自治，三是各種職團的分權，三者均能自治，則中央

集權之弊可以減少。L. Duguit 也是欲把國家權力分屬於各種團體，同時又不承認國家的權力是最高的，故其學說也可以視為多元論。

綜上所言，可知多元論者固然立論不同，而皆有共同的誤謬。他們以為一元論都是主張主權不受限制，其實，一元論者之中除盧梭、黑格爾外，不但 J. K. Bluntschli, G. Jellinek，就是布丹也謂主權應受自然法的限制。國家對於人民的自由權和財產權，不得隨意侵害。H. Grotius 亦然。若謂他們認為可以限制主權的，不是實定法，只是自然法，然而我們須知布丹等輩固以自然法為實定法的淵源，其與 H. Krabbe 以法律感情為實定法之根據者，實在相去無幾。中世紀的神法，十七、十八世紀的自然法，以及此後的「理性」、「本能」、「感情」等等，都是用不可知之物來證明現存事物，是否合於科學，都有問題。更進一步觀之，多元論者為要減少國權的專肆，無不主張分權之制，以為國家權力可分割而歸屬於各種社團。社團的地位與國家平等。國家對於它們沒有最高的權力。但是這種主張事實上卻有不能實行之處。何以故呢？在同一領土之內，而有許多地位平等的社團，倘若這些社團發生衝突，而沒有一個機關為之解決，則社會秩序將至混亂。多元論者對這問題或避而不談，其提及的均不能不承認國家有特殊的地位。例如 J. N. Figgis 以國家為社團所組織的社團 (society of societies)，而賦予以一種調整的作用 (agency of coordination and adjustment)，E. Barker 亦謂國家有一種協調的力量 (adjusting force)，足以調整各社團的關係。H. J. Laski 也說，國家為滿足共同需要，須有一種優越的職權 (function)，用以監督各種社團。其他多元論者如 E. Durkheim, J. Paul-Boncour 等輩亦有同樣的主張[210]。是則多元論者雖然拉下國家的地位，而談到實際問題之時，又不能不承認國家地位之優越。換言之，國家比之國內其他社團還是居於上位，而不是居於同位。這種地位用「主權」一語形容之，似無不可之理。

---

[210] 關於多元論者承認國家有特殊地位的，可參看 F. W. Coker, *Recent Political Thought*, 1934, p. 512ff.

第六節　國家與社會的區別

國家以領土為其要素之一，人類不能離開土地而生存，則人類當然不能與國家脫離關係。換言之，一塊土地既然屬於國家，則這塊土地之上的人，甚至人們所組織的團體自亦屬於國家。何以說呢？人民既係國家的分子，而受國家的統制，一切團體又為人民所組織，則人民所組織的團體當然也是國家的分子，而可包攝於國家之中。不但此也，任何團體一旦成立之後，對其分子必加以若干統制。但別種團體的統制作用只能施行於其分子之上，且又以該團體有關的事項為限。學會只能統制學會的會員，倘令有人一方是學會的會員，同時又是教會的信徒，則學會對於該人所得統制者，必以學術為限，至於該人的信仰問題，學會不得干涉。反之，國家不但可以統制人民，且又可以統制各種團體。學術問題、宗教問題、經濟問題，國家在必要時，都有干涉或保護的權。既是這樣，則國家不是可以包括人類的一切生活，而國家的範圍也可以說是和社會一致麼？

但是依吾人的經驗，把一切團體包攝於國家之中，似又有不甚妥善之處。今日國際團體日益加多，往往一個團體包括兩國以上的人民。這種團體自難視為屬於甲國或乙國，而包攝於甲國或乙國之中。而且國家與團體之間，就團結的強弱說，就機能的多寡說，又往往成為相尅的物。團體的團結愈鞏固，國家的團結常隨之而鬆懈，團體的機能愈增加，國家的機能常隨之而減少。中世歐洲的教會及基爾特 (guild) 與國家的關係，即其明證。各種團體果可包攝於國家之中，而為國家的部分，則部分強大之時，全體亦應強大，何至反至衰微不振。由此可知各種團體乃獨立於國家之外，不是國家的部分；換言之，國家雖可包括人民，而卻不能包括人民所組織的團體，猶如學會不能包括教會，教會不能包括學會者焉[211]。

------

[211] 高田保馬，《社會與國家》，昭和二年第四刷，一二三頁以下。

　　既然這樣，問題更複雜了。我們以為要解決這個問題，一宜說明社會與團體的區別；二宜研究國家於社會與團體之中，本質上屬於那一種；三宜檢討國家若是團體，其與普通團體不同之點何在？

　　先就第一問題：即社會與團體的區別言之。一八八七年 F. Tönnies 發表 *Gemeinschaft und Gesellschaft* 一書，說明 Gemeinschaft（社會）與 Gesellschaft（團體）之不同，自是而後，學者研究這個問題的，日益增加。一九一七年 R. M. Maciver 發表 *Community*，對於 community（社會）與 association（團體），亦加以區別。今據社會學者之言，社會是包括的 (integral)，團體是部分的 (partial)，社會之內不但有許多團體，且有許多互相衝突的團體 ❷⒓。社會與團體不同之點有四。

　　⑴**團體有一定的特殊目的，社會則否**　人類有各種目的，因之就組織各種團體。團體是人類為要實現一定的特殊目的而組織的，所謂「一定」是明顯而確定之意，所謂「特殊」是限於一方面一種類之意。比方學會有學會的目的，教會有教會的目的，吾國民法（第四七條）以「目的」為社團章程必應記載的事項之一，即其明證。反之社會不是基於某種目的而組織，而是人類因為生存上發生連帶關係而自然結合起來。人類的生存目的是不確定的，是多種類的，不限於物質方面，也不限於精神方面，社會沒有一定的特殊目的，是誰都能認識的。

　　⑵**團體有組織，社會則否**　團體為要實現其一定的特殊目的，不能不有組織。有了組織，而後對其團體員，才能給予以一種紀律，使團體員於一定的特殊目的之下，結為一體而活動。吾國民法關於社團，規定有總會董事等各種組織（第四七條以下），即其明證。反之社會既然沒有一定的特殊目的，而又是自然的發生出來，其不能有所組織，乃是自明之理。因為社會沒有組織，所以社會在另一方面又表現了鬥爭的狀況。

　　⑶**團體的成立基於同意，社會則否**　團體有一定的特殊目的，人們加入

---

❷⒓ R. M. Maciver, *Community*, 3 ed. 1924, p. 24.

團體是由於贊成這個目的，其不贊成的，當然不會加入。既加入了，一旦發見團體的目的與自己的目的不合，尚可退出團體之外。吾國民法規定「社員得隨時退社」（第五四條），而社團隨時又得以社員絕對多數之同意，解散之（第五七條），即其明證。反之，社會的構成不是基於某種目的，而是人們彼此之間有了連帶關係，自然的結合起來。「只要人們生存於世界之上，必不能脫離社會關係。我們從各方面，依各種本能及各種需要，進入社會，而與我們的夥伴發生關係。這種關係必須接受，否則生活是不可能的」❷❸。那些巖穴之士所食的米，所穿的衣，也是社會的產物，儘管他們怎樣厭世，而亦不能逃出社會之外。社會是自然生長的，不是基於人們同意而組織，觀此可以明瞭。

⑷**團體有一定限界，社會則否**　凡加入團體的必係贊成該團體的人；而既已加入之後，對於團體有一定的權利，負一定的義務，所以團體員與非團體員之間有極顯明的區別。吾國民法以社員資格之取得及喪失為社團章程所應記載事項之一（第四七條），即其明證。反之，人類生存於社會之內，由於連帶關係，不能不為社會之一分子，所以社會的限界是不明顯的，是不確定的。苟有連帶關係，它可以超越國境；沒有連帶關係，縱是同一國家，也可以分裂為許多社會❷❹。

----

❷❸ R. M. Maciver, op. cit., p. 32.

❷❹ 參閱中島重，《多元的國家論》，大正十一年，三九頁至四二頁。但他舉了五種不同之點，即除上述四點之外，尚加以「有沒有一定的機能」一點。堀真琴，《國家論》，昭和五年，三八頁至三九頁，二五〇頁至二五一頁，他所舉四點與本書所述者相同。據 R. M. Maciver, *Community* (3 ed. 1924) 所言："By a community I mean any area of common life (p. 22). An association is an organization of social beings for the pursuit of some common interest or interests (p.23). A community is...the common living of social being; an association is an organization of social life, definitely established for the pursuit of one or more common interests (p. 24). Each member of the association has a definite

次就第二問題，國家於社會與團體之中，本質上屬於那一種言之。

⑴**國家有沒有一定的特殊目的**　前曾說過，安全目的即對於外患與內亂，保護人民的安全，乃是國家特有的目的。安全目的之外，固然尚有文化目的及經濟目的，然此兩者亦皆出於「安全」之意。文化目的乃所以滿足人民精神上的需要，經濟目的則所以滿足人民肉體上的需要，使社會不致因為人民需要不能滿足，延而引起不安的現象，由此可知國家固有一定的特殊目的，其他目的不過為安全目的而附帶發生耳。固然國家未曾同團體一樣，將其目的明白記載於章程之上，但據 G. Jellinek 之言，聯邦國的憲法明文規定國家的目的者，為例不少❹。瑞士憲法第二條云：「聯邦之目的，對外為保障國家的獨立，對內為維持安寧與秩序，並保護各邦的自由和權利，以增進共同福利」，即其一例。

⑵**國家有沒有一定的組織**　國家既有一定的特殊目的，則為實現這個目的起見，當然非有組織不可。國家的組織常用法律定之。國家由於法律，對於人民給予以一種眾應遵守的規範，以統一人民的行動，使人民結合起來，成為一體。而各種機關又整然成為體系，各在自己權限範圍內，行使自己的職權，以實現國家的目的。國家之有組織，是誰都瞭解的。

⑶**國家的結合是否基於人民的同意**　這個問題可說是最難判斷的問題。人們加入某種社團而為其社員，多由於明示的同意。國民呢？或依血統主義（jus sanguinis），由父母的國籍決定子女的國籍（例如吾國），或依土地主義（jus soli），由出生地決定其人的國籍（例如美國）。此二者均有強制之意。未

---

point of contact with every other. It is because each member has a certain individuality that he is a member. If he were different in a certain important way, he would not be a member (p. 26). The laws of other associations bind their members, but if you don't like the laws you can leave the association (p. 31). No man can wholly cut himself off from social relations while he remains in the world of men (p. 32)." 分析之，亦與上述四點相似。

❹ G. Jellinek, *Allgemeine Staatslehre*, 3 Aufl. 1929, S. 237.

成年人沒有行為能力，其不能自由選擇國籍，固屬理之當然。到了成年之後，雖然可以歸化於外國，但一方須經本國政府許可，而後才喪失其本國國籍（例如吾國國籍法第一一條），他方須有一定條件，經外國政府同意，而後才取得外國國籍（例如吾國國籍法第三條），而這種歸化人在公權上又與一般國民不同。例如吾國禁止歸化人任國籍法第九條所列舉的各種公職。在美國，歸化人未滿七年以上，不得當選為第一院議員（美國憲法第一條第二項第二目），未滿九年以上，不得當選為第二院議員（第一條第三項第三目），更不許歸化人當選為總統副總統（第二條第一項第五目）。由這權利的限制，又可知道國民資格實與社員資格不同，寓有強制之意。其實，這種強制在社團亦有之。例如律師非加入律師公會（吾國律師法第九條），會計師非加入會計師公會（吾國會計師法第二四條），不得執行業務，即其一例。是則強制性質並不限於國家之於國民了。若據 Max Weber 之言，國家能夠強制人民，也是出於人民的同意。世上一切統治由其性質觀之，不外三種，一是合理的性質 (rationalen Charakters)，就是人民深信國家命令之合理，而願意服從。二是傳統的性質 (traditionalen Charakters)，就是人民深信國家有傳統的權威，而願意服從。三是宗教的性質 (charismatischen Charakters)，就是人民深信統治者人格的尊嚴，而願意服從❷❶❻。總而言之，人民服從國家，固然不是基於契約，而卻有暗默的承認，所以國家的結合不能不認為基於人民的同意。

⑷**國家有沒有一定的限界** 國家有兩種限界，一是人的限界，即國民與非國民的區別，二是地的限界，即領土與非領土的區別。Maciver 說："The State, unlike community, is exclusive and determinate. Where one State ends, another begins; where one begins, another ends. No man can without contradiction owe allegiance to two states, any more than he can serve two masters, but he can enter into the life of as many communities as his sympathies and opportunities will allow."❷❶❼國家之有地的和人的限界，是不待說明，即可

---

❷❶❻ M. Weber, *Witschaft und Gesellschaft*, 2 Aufl. 1925, S. 124.

瞭解的❷❶❽。

　　由於上述各種事實，國家不是社會，而是團體，固甚明瞭。但是國家果是普通團體麼？何以國家在必要時，又能夠控制一切其他團體呢？於此，我們尚須討論第三問題。

　　三就國家與普通團體不同之點言之。

　　⑴**國家有領土而為地域團體**　普通團體皆錯綜存在於同一地域之內，只惟國家有截然的境界，而如 R. M. Maciver 所言，一個國家的境界終止了，別個國家的境界便見開始。一個國家的境界開始了，別個國家的境界又復終止❷❶❾。國家之為地域團體，事之至明。這種特質乃與國家的目的有密切關係。何以言之，國家的主要目的是對外患與內亂，保障人民的安全。國家要實現這個目的，必須其構成分子即所謂「國民」住在同一領土之內。倘若國民散居於世界各地，國家雖欲保護他們，亦必莫能為力。國家之為地域團體可以說是安全目的之必然的結果。

　　⑵**國家有統治權而為統治團體**　所謂「統治」是謂國家的意思可以強制國民服從，而其強制力又比社團對其社員的強制力為大❷❷❶。國家不但可以強制其國民，且得強制其國民所組織的團體。因此之故，世人遂誤認國家為包括一切團體的社會，所謂「全體國家」(totaler State, Gesamtstaat)，就是以國家

-----

❷❶❼ R. M. Maciver, op. cit., p. 29.

❷❶❽ 參閱中島重，前揭書，四六頁以下。堀真琴，前揭書，四〇頁，二五一頁至二五三頁。R. M. Maciver, op. cit., p. 28ff.

❷❶❾ R. M. Maciver, op. cit., p. 29.

❷❷❶ 茲應注意者，國家固然能夠強制其國民，其實國家所得強制的，常限於外部行為，而不及於精神活動。國家可強制人民蒞臨教會，而不能強制人民崇拜上帝 (R. M. Maciver, op. cit., p. 33f.)，而在許多場合，國家所能做到的，又大率屬於消極的禁止，即只能阻止那妨害社會安全之事。國家能夠預防或處罰人之惡行，而卻無法保證人之善行 (R. M. Maciver, op. cit., p. 35)。

與社會同視。其實，國家有此性質，也是由安全目的而來。個人一方既為社團的社員，他方又為國家的國民。國家須外禦敵人，內保治安，這個安全目的乃是各種社團能夠存在的前提。國家為實現這個目的，自應強制其國民服從國家的意思。在必要時，且得於安全目的之範圍內，強制其國民所組織的社團服從國家的意思❷。所以國家為統治團體，也是安全目的之必然的結果。

(3)**國家對於國內其他團體居於優越的地位而有主權** 社會之內存在著許多團體，它們之間不免有所交涉，甚至有衝突。倘若沒有一個機關對於它們的交涉有所調解，對於它們的衝突有所解決，則社會治安必難維持。國家既有安全目的，自應負起這種責任，而在今日，負起這種責任的，實際也是國家，所以國家有統制國內其他團體的任務，而使國家對於其他團體有一種優越的權力。這種優越的權力若可稱為主權，則國家主權之說實在很難反對。多元論者雖然反對主權之說，而談到國家與其他團體的關係之時，也不能不承認國家有特殊的地位，給予以調整的權力，而稱國家為 the organization of organizations ❷, the society of societies ❷等等。這也是國家雖是團體之一，而又與普通團體不同之點❷。

國家只是團體的一種，而不能視為社會，既如上所言矣。所以國家生活與社會生活絕不一致，國家生活不過社會生活的一部分。就是國家把一部分

---

❷ 也可以說，國家不是直接統制社團，而是因為社團的社員就是國家的國民，國家為了統制其國民，便間接的使社團也受國家的統制。

❷ R. M. Maciver, op. cit., p. 138. 他說：“The State would still appear the co-ordinating agency of the whole array of associations, though itself but one of them (p. 46). All associations are organs of community, but the State becomes the co-ordinating organ of them all (p. 133). While all associations are organs of community, one of them, the State, stands out as co-ordinating them all (p. 138).”

❷ F. W. Coker, *Recent Political Thought*, 1934, p. 513.

❷ 參閱中島重，前揭書，五六頁以下。堀真琴，前揭書，五四頁以下，二五三頁以下。

的社會生活定為法制，而後才成為國家生活。社會生活是國家生活的基礎，國家不能創造社會生活，反而社會生活卻能夠改變國家的法制。舉例言之，不是民法有租賃之條文，而後租人之物，才出租金；而是社會生活上已經有了租金之事，而後國家才用法律規定租賃物及租金償還的方法，以保護出租人及承租人雙方。倘若社會進步，人類的社會生活無須租賃，也許民法關於租賃的規定成為廢文。但是國家生活與社會生活之不一致，並不是自古已然。例如部落固然是一種社會形態，但它在防禦戰爭或侵略戰爭之時，乃成為一個戰鬥團體，而為維持內部的安寧起見，又有審判制度，故由安全目的看來，已有似於國家。同時，同一部落常崇拜同一的神，共同禱告，共同歡祝，故由信仰方面看來，又有似於宗教團體。且也，同一部落常隨水草牧畜而轉移，故由生活方面看來，復有似於經濟團體。而部落之內，每個氏族互通婚姻，彼此有甥舅之誼，故由血統方面看來，又有似於親屬團體。這種狀態縱在希臘羅馬組織城市國家之後，尚未完全絕跡。降至中世紀，國家與教會亦未分化，古人不能認識社會與國家之有區別，職此之故。最初認識社會與國家之有區別者乃是黑格爾 (G. W. F. Hegel, 1770–1831)。照他說，社會是基於人類之經濟的慾望而結合的，國家是基於人類之合理的意志而組織的。社會常表現鬥爭的狀況，國家則為道德觀念的實現❷❷❺。其後斯泰因 (L. von Stein, 1815–1890) 亦謂國家與社會本質上有明顯的區別。社會因利益而集合，國家則以自由與和平為目的。這種矛盾常成為國家目的實現的障礙。詳言之，社會之內每有階級的對立，優勝階級控制劣敗階級之事。這種階級關係反映於政治之上，又使優勝階級壟斷了國家權力。其結果也，國家的目的──自由與和平便因之不能實現。國家目的不能實現，國家已失去存在的意義，而回歸為社會，即回歸為只有社會而無國家的狀態。國家一旦回歸為社會，人們又感覺國家的必要，終而發生了國家的更生運動。然此更生運動也是發生於階級

---

❷❷❺ H. Cunow, *Die Marxsche Geschichts-, Gesellschafts- und Staatstheorie*, Bd. I, 4 Aufl. S. 239ff.

對立的矛盾之中。國家的更生運動愈發展，隨著就發生了階級轉變的現象，即一方壓迫階級的防衛力減少，他方被壓迫階級的反抗力增強，遂由民眾的暴動、內亂、革命，引起政治上勢力關係的變化，從而發生了國家權力關係的新形態。社會上已經成熟的勢力關係，由新興的統治階級規定為法律關係，這是政治革命的原因㉖。

　　總而言之，斯泰因也謂國家與社會不同，社會由人類的經濟差別，不斷的發生鬥爭。國家應立於社會之上，調和各種鬥爭，成為一個統一體，保障自由與和平。這種見解還是繼承黑格爾的思想，其能區別國家與社會，不能謂無創見。十九世紀後期以後，國民經濟發展為世界經濟，各種航線的密布縮小了世界地圖，使五洲人民發生鄰里的感情，而國際的分工更可驅使各種民族感覺彼此生活上有互相倚賴的關係。英國的紗廠消費印度的棉花，織成洋布之後賣給中國人。俄國的木材輸入波羅的海沿岸各國，製成船舶之後，航行世界各地。日本各都市走著福特公司的汽車，中國各村落點著美孚洋行的煤油。由此可知現今世界已由經濟的連鎖，結合為一個統一體了。而各種社團又日益增加，就分子言，往往包括許多國民，就活動範圍言，又常常突破國境。有了這種國際社會的現象，學者更能認識國家與社會的區別。德國的 F. Tönnies 於一八八七年發表 *Gemeinschaft und Gesellschaft*，英國的 R. M. Maciver 於一九一七年發表 *Community*，兩書都是用科學的方法說明國家與社會的區別。

第七節　聯邦制度

一、聯邦國與單一國的區別

　　自有歷史以來，所謂國家大率都是採取單一國 (unitary state,

㉖ L. v. Stein, System der Staatswissenschaft, II, *Gesellschaftslehre*, S. 22–34, 204–212.

Einheitsstaat) 的形式，其組織比較鬆懈者，只可視為邦聯。美國發布憲法之後，才有聯邦國 (federal state, Bundesstaat) 的組織，其後瑞士亦從而採用之。所以我們要知道聯邦國是什麼，須把聯邦國與單一國作一比較。

　　過去法學者均以主權為國家的要素，他們對於主權之可否分割，有各種不同的見解，因之他們對於聯邦國的性質，也有各種不同的主張：⑴其主張主權可以分割的，則謂聯邦國及分子國 (several state, Gliedstaat) 都有主權，所以聯邦國是國家，分子國也是國家❷❷❼。其主張主權不可分割的，⑵或謂主權屬於分子國，不屬於聯邦國。所以聯邦國不是國家，分子國才是國家❷❷❽。⑶或謂主權只屬於聯邦國，不屬於分子國，所以分子國不是國家，聯邦國才是國家❷❷❾。總之，他們皆以主權為國家的要素，同時對於主權的性質，見解又不相同，所以聯邦國是什麼，就有各種不同的主張❷❸⓪。

----

❷❷❼ 主張主權可以分割，而謂聯邦國與分子國都是國家的，有法國的 A. C. H. C. de Tocqueville (*De la democratie en Amerique*, 1835) 及德國的 G. Waitz (*Grundzüge der Politik*, 1862)。參閱 S. Brie, *Der Bundesstaat*, 1874, S. 93ff., 105ff. H. Nawiasky, *Der Bundesstaat als Rechtsbegriff*, 1920, S. 197ff.

❷❷❽ 主張分子國是國家，聯邦國不是國家的，以美國的 J. C. Calhoun (*Discourse on the Constitution and Government of the United States*, 1848) 最為激烈。他謂各分子國有宣告聯邦國法律無效的權 (right of nullification)，又有自由退出聯邦國之外的權 (right of secession)。在德國，屬於此派的學者，有 M. V. Seydel ("Der Bundesstaatsbegriff" in *der Zeitschrift für die gesamte Staatswissenschaft*, Bd. 28, Jahrg, 1872) 等。參閱 H. Nawiasky, a. a. O. S. 199ff. H. Preuss, *Gemeinde, Staat, Reich als Gebietskörperschaften*, 1889, S. 28ff. C. Schmitt, *Verfassungslehre*, 1928, S. 373ff.

❷❷❾ 主張聯邦國是國家，分子國不是國家的，有 Ph. Zorn (Das Staatsrecht des Deutschen Reiches, Bd. I, 1880) 等。參閱 H. Nawiasky, a. a. O. S. 213ff. H. Preuss, a. a. O. S. 49f.

❷❸⓪ 舉例言之，Seydel 以為主權只屬於分子國之一方，Waitz 以為主權可以分割於聯邦國與分子國雙方。此蓋他們兩人對於主權的觀念，見解不盡相同，而如 G. Meyer 所言，Waitz 所謂主權是指其「獨立自主的性質」(Unabhängigkeit)，主權既係獨立自主，則

於是學者又從別的標準，說明聯邦國與單一國的區別，換言之，由說明聯邦國的邦與單一國的地方團體的區別，依此以間接說明聯邦國的特質。

(1)**固有權 (eigene Recht) 之有無**　何謂「固有」(eigen)？其意義不甚明顯。照字義說，應該是指取得統治權的形式，即「原有的」(ursprünglich)，不是由別人「賦與的」(abgeleitet) 之意。按美國、瑞士、德國乃是聯邦國的三大典型。它們三國都是先有邦，而後有國。在其未曾組織聯邦以前，諸邦事實上均可視為獨立的國家，而有各種統治權。到了國家成立之後，諸邦保留一部分統治權，而將另一部分統治權交給國家，所以諸邦的統治權是諸邦本來就有了的，德國學者稱之為「原有的統治權」(ursprüngliche Herrschergewalt)。反之普通地方團體則為國家所設置，它們本來沒有統治權，其後它們所以享有統治權乃是國家賦與之，德國學者稱之為「賦與的統治權」(abgeleitete Herrschergewalt)。凡地方團體有其「原有的統治權」者稱為邦，從而它們的國家叫做聯邦國；反之，地方團體只有「賦與的統治權」者不是邦，從而它們的國家叫做單一國。但是這個學說雖可說明美瑞德三國，而尚不能說明其餘聯邦國。例如巴西、墨西哥等本來都是單一國，其後才改為聯邦國。這樣，便是它們的邦沒有「原有的統治權」而只有「賦與的統治權」。所以學者例如 Laband 遂謂固有的統治權 (eigene Herrschaftsrecht) 是指統治權之取得不是由於國家委任。地方團體對其自己的統治事項，不為國家的機關，而為獨立的權利主體，得依自己的意思，發號施令，強制人民服從。地方團體之有「固有的統治權」者稱為邦，從而它們的國家稱為聯邦國。地方團體沒有「固有的統治權」者不是邦，從而它們的國家稱為單一國㉛。但是

對於上級權力，限定一個活動範圍，在這活動範圍之內，保有獨立自主的權，似非不可能的事。反之，Seydel 所謂主權則指其「不受限制的性質」(Unbeschränktheit)，主權既然不受限制，則聯邦國與分子國各在一定範圍之內，各有限制的主權 (beschränkte Souveränität)，乃是一種矛盾的觀念，所以主權只能屬於一方 (G. Meyer, *Lehrbuch des Deutschen Staatsrechtes*, 6 Aufl. 1905, S. 48f., n. 16)。

這個主張也有問題。因為地方自治團體在其自治權之內，也得用自己的名義，依自己的意思，發布條例，強制人民服從，並不是完全受了國家的委任，作為國家的機關，用國家的名義，行使國家的統治權。由此可知用「固有的統治權」以區別邦與非邦，未必合於實際情況。

⑵**獨立權 (selbstä ndige Recht) 之有無**　據 G. Meyer 之言，邦與地方自治團體的區別在於兩種獨立權之有無，有之則為邦，無之則為地方自治團體。所謂兩種獨立權是：

　　①依自己的法律，獨立施行一定政務的權。

　　②依自己的法律，獨立決定自己組織的權❷❸❷。

　　第一種獨立權，據 G. Meyer 說，是謂諸邦在其權利範圍之內，法律上不但不受聯邦權力的指揮，而且不受聯邦權力的監督和強制❷❸❸，是則第一種獨立權實與 Laband 所謂「固有權」相去無幾。其實，地方自治團體何嘗沒有這種獨立權，H. Preuss 曾反駁 G. Meyer 之說，而謂「地方自治團體在一定程度之內，也得獨立發布條例，這不是依自己的法律而何？而所謂自治，除獨立施行一定政務之外，尚有什麼內容？」 ❷❸❹。這話是沒有錯的。

　　第二種獨立權是獨立決定自己組織的權。 此即所謂 「自主組織權」(Selbstorganisationsrecht) ， 也可以說是 「憲法制定權」 (verfassunggebende

----

❷❸❶ P. Laband, *Das Staatsrecht des Deutschen Reiches*, Bd. I, 5 Aufl. 1911, S. 105. 參閱 H. Nawiasky, a. a. O. S. 201ff.

G. Jellinek 在其所著 *System der subjektiven öffentlichen Rechte*, 2 Aufl. 1919, S. 297 中亦說：「各邦可由自己決定，制定法規，可用自己固有的，非由別個權力賦與的統治權 (mit eigenem, nicht abgeleitetem Imperium) 而為行政……這與地方團體的統治權之由賦與，非屬固有者不同」。參閱 H. Nawiasky, a. a. O. S. 231ff.

❷❸❷ G. Meyer, *Lehrbuch des Deutschen Staatsrechts*, 6 Aufl. 1905, S. 8–9.

❷❸❸ G. Meyer, a. a. O. S. 9, n. 20.

❷❸❹ H. Preuss, *Gemeinde, Staat, Reich als Gebietskörperschaften*, 1889, S. 74.

Gewalt)。按德國在帝政時代，雖然採用聯邦制度，上戴德意志皇帝以為聯邦長 (das Präsidium des Bundes)（德國一八七一年憲法第一一條），即其國體是屬於君主國的範疇。但是諸邦本來都是獨立的國家，其國體如何，政體如何，諸邦都有自由決定的權。到了組織聯邦之後，諸邦尚保留此種權限，諸邦的制度極不一致，或採用君主制，或採用貴族制，或採用共和制。德國學者有鑒於此，遂以地方團體有沒有自主組織權，以作邦與非邦區別的標準。有之則為邦，從而它們的國家稱為聯邦國，無之則非邦，從而它們的國家稱為單一國。這個見解頗值得注意。固然有人反對這種看法，以為今日聯邦國，例如美國（憲法第四條第四項）、瑞士（憲法第六條第二款）也曾限制諸邦的自主組織權，即諸邦必採用共和政體。但是這種限制不過確立各邦憲法的一般性質，至於諸邦的組織，例如設置那幾種機關，機關之權限如何，相互關係如何，均由諸邦自己定之。這與地方團體的組織必由國家法律規定者，當然大異其趣❷❸❺。

各種主張都有問題，所以近來又有一派學者，例如 H. Kelsen 以為國家與地方團體，尤其是邦與地方團體，本質上沒有區別。所不同者，不過地方分權 (Dezentralisation) 的程度，反過來說，中央集權 (Zentalisation) 的程度有所差別而已。邦不外地方團體之一種，所以聯邦國與單一國除了地方分權的程度有大小之別之外，其他性質並無不同之點。不但此也，鄉鎮——縣——省——邦——單一國——聯邦國——邦聯——世界國，由一個形態推移為別一個形態，在這連貫的系列之中，除因分權程度不同而有差別之外，那裡能夠求出一個差別的法則。我們在這系列之中，指稱那一個部分為國家，都無不可❷❸❻。但是既云程度之差，那末，到底分權在什麼程度以上稱為聯邦國，在什麼程度以下稱為單一國，似宜有一定標準，所以 H. Kelsen 之說，吾人不敢贊同，而須再求其他標準。

---

❷❸❺ G. Meyer, a. a. O. S. 9–10, n. 20. 參閱 H. Preuss, a. a. O. S. 74–75.
❷❸❻ H. Kelsen, *Allgemeine Staatslehre*, 1925, S. 194–195.

我們還是採用 G. Jellinek 之說，以研究聯邦制度的本質。照 G. Jellinek 說，諸邦在國家之內，猶如個人一樣，有四種不同的身分。

⑴**被動的身分** ❷❸❼　諸邦依這身分，就發生了服從國家權力的義務。其服從與國內地方團體服從國家權力毫無區別。國家權力之活動在這方面，可以分為兩種：一是聯邦自己行使統治權，這個時候，諸邦只是國家活動的地區，無異於省縣之類，例如美國瑞士的郵務行政是也。二是聯邦不自行使統治權，而委任諸邦為之。這個時候諸邦成為聯邦的機關，換言之，聯邦利用諸邦的機關，猶如利用地方團體的機關一樣；諸邦在法律上有供其利用的義務。其所負義務有各種不同的形式，諸邦或只負執行聯邦法律的義務，或於聯邦所定的法律大綱之內，制定施行細則而執行之。總之，諸邦依被動的身分而負的義務和地方自治團體完全相同。

⑵**消極的身分** ❷❸❽　諸邦依這身分，在一定限度之內有自由活動的權。其自由活動可以分為兩種：一是自由制定自己的法規而執行之，二是自由選擇自己的組織而設置之。第一種自由乃地方自治團體所共有，固不限於聯邦國的邦。第二種自由即所謂「自主組織權」，則為諸邦所特有。今日各國雖然承認地方團體有自治的權，但不問自治權如何的大，其根本組織法（地方自治法規）必由中央制定。反之聯邦國的邦也許自治權還不及地方自治團體那樣大，但其根本組織法（各邦憲法）必由各邦自己制定。這是聯邦國共通的制

---

❷❸❼ G. Jellinek, *System der subjektiven öffentlichen Rechte*, 2 Aufl. 1919, S. 295–296. P. Laband 在其所著 *Das Staatsrecht des Deutschen Reiches*, Bd. I, 5 Aufl. 1911, S. 107 以為諸邦與國家權力的關係，有三種形態：⑴諸邦只是一個地區 (geographische Distrikte)。國家在這地區之上，躬自行使權力。⑵諸邦成為自治團體 (Selbstverwaltungkörper)，依國家制定的規範，在國家的監督之下，執行國家法律。⑶諸邦成為自治國 (autonome Staaten)，但非主權國。按⑴、⑵兩種就是上述被動的身分所發生的義務，⑶種則為下述消極的身分所發生的自治權。

❷❸❽ G. Jellinek, *System der subjektiven öffentlichen Rechte*, 2 Aufl. 1919, S. 297–298.

度 ❷❸❾。在這個觀念之下，我們可以知道邦與地方自治團體的第一區別：在邦，其根本組織法（邦憲法）由邦自己制定；在地方自治團體，其根本組織法（地方自治法規）由中央政府制定。換言之，凡國家承認地方團體有權制定根本組織法者，這種國家可以說是有了聯邦國的一個要件。反之，國家不許地方團體制定根本組織法者，縱令地方團體有廣汎的自治權，也只可視為單一國。

聯邦國的邦固然都有自主組織權，但是邦的自主組織權在各聯邦國並不一樣。帝政時代的德國，邦有很大的自主組織權，邦政府怎樣組織，各邦可以自由選擇，既有拜恩 (Bayern) 的君主制度，又有梅克倫堡 (Mecklenburg) 的貴族制度，復有漢堡 (Hamburg) 的共和制度。至於其他聯邦國，邦的自主組織權常受許多限制。其限制最輕者為美國，只要求各邦採用共和政體（美國憲法第四條第四項）。其次為瑞士，除要求各邦採用共和政體之外，尚要求各邦人民對於各該邦憲法，有創制權與複決權（瑞士憲法第六條）。更次為威瑪憲法時代的德國，不但要求各邦採用共和政體，且又要求各邦採用內閣制，而對於邦議會的選舉亦規定了原則，即須用普通平等直接秘密之選舉法並依比例代表之原則，由一切男女公民選舉之（德國威瑪憲法第一七條）。其限制最嚴的莫如蘇聯，不但對於邦的權力機關，詳細規定其組織如何，權限如何，甚至於邦內各級地方團體的權力機關之組織如何，權限如何，相互關係如何，也詳細代為規定（蘇俄一九三六年憲法第四章、第六章、第七章、第八章）。所以一個國家加入蘇聯之後，實際上已經失去自主組織權，而變成蘇聯的地方團體。

(3)**積極的身分** ❷❹❾　諸邦依這身分，對於聯邦就發生了許多請求權，而可以大別為兩種：一是請求聯邦給付，例如諸邦遇到財政困難，得請求聯邦作金錢上的補助（例如瑞士憲法第二七條之二第一項，第三二條之二第四項，

---

❷❸❾ 參閱 G. Jellinek, *Allgemeine Staatslehre*, 3 Aufl. 1929, S. 490f.

❷❹❾ G. Jellinek, *System der subjektiven öffentlichen Rechte*, 2 Aufl. S. 298–330. 參閱 H. Nawiasky, *Der Bundesstaat als Rechtsbegriff*, 1920, S. 93–95.

第三九條第三項等是），而發生外患或內亂之時，又得請求聯邦作軍事上之保護（例如美國憲法第四條第四項）。二是請求聯邦行使職權，例如聯邦違法強制諸邦服從之時，諸邦得請求聯邦撤銷違法的強制，這與個人利用訴訟權，性質相同。聯邦所作的違法強制可以分為兩種：一是出於行政方面，這種違法強制不問那一個聯邦國，諸邦都得請求聯邦法院救濟（例如瑞士憲法第一一三條第一項第一款）。二是出於立法方面，對於這種違法強制，唯在法院有審查法律違憲之權的國家，諸邦才得請求聯邦法院救濟（例如美國）。要是法院沒有審查法律違憲之權，法院亦不能為力（例如瑞士，請參閱其憲法第一一三條第三項）。

⑷**主動的身分**❷   諸邦依這身分就發生了諸邦的參政權，這個時候諸邦成為聯邦的機關，而得參加國家意思的作成。固然諸邦依其被動的身分，亦得成為聯邦的機關，但在前者，諸邦是參加國家意思之作成，在後者，諸邦是服從國家的意思，所以兩者有明顯的區別。邦有參政權，這是邦與地方自治團體不同之點。G. Jellinek 說：「諸邦的最高機關（君主，自由市的元老院，民主國的國民或立法院）或自己成為聯邦的最高權力機關，或則創設之。這是聯邦國與單一國區別之處」❷   。由此可知聯邦的參政權可分兩種，一是諸邦成為聯邦的立法機關，直接參加聯邦的立法，例如美國修改憲法，須得諸邦議會四分之三的同意（美國憲法第五條），墨西哥諸邦議會得向聯邦議會提出法案（墨西哥一九一七年憲法第七一條第一項第三款），而瑞士諸邦除批准聯邦憲法的修改（瑞士憲法第一二三條），提出法案於聯邦議會（第九三條第二項）之外，尚得要求聯邦政府召集聯邦議會臨時會（第八六條第二項），這與人民之有創制複決兩權者相同。二是諸邦成為聯邦的選任機關，用邦之名義，選任代表，組織一個代表諸邦的議院──德國學者總稱之為列邦院 (Staatenhaus)，而與各地國民，以國民之資格，選舉代表組織的議院，即德國

---

❷ G. Jellinek, *System der subjektiven öffentlichen Rechte*, 2 Aufl. S. 300–303.
❷ G. Jellinek, *Allgemeine Staatslehre*, 3 Aufl. 1929. S. 773.

學者總稱為國民院 (Volkshaus) 者不同——來參加聯邦立法，例如美國的
Senate，瑞士的 Standerat 等是。在這個觀念之下，我們又可以知道邦與地方
自治團體的另一個區別：地方自治團體只有消極的身分所發生的自治權，邦
除自治權之外，尚有主動的身分所發生的參政權。

　　總之，一個國家是否為聯邦國，是由兩個標準決定之。凡地方團體一方
有自主組織權，可以制定根本組織法，同時又有參政權，尤其是選任代表，
組織一個議院，來參加中央政府行使立法權者，則這種國家便是聯邦國。兩
種要件之中欠缺其一，都不是聯邦國，而只可視為單一國。

　　聯邦在其領土之內有最高統治權，能夠強制諸邦服從聯邦的命令，這種
性質的統治權若可稱為主權，則在聯邦國之內，主權實屬於聯邦，不屬於諸
邦。固然有人說，國家權力不是絕對的不受限制，國家權力的行使一方須局
限於一定空間之內，這樣就發生了國家的領土觀念。同時又可局限於一定事
項之內，聯邦國就是把事項分做兩種：一是聯邦專管的事項，二是諸邦專管
的事項，聯邦和諸邦對於自己專管的事項，各得獨立行使其權力❷❸。但是在
同一領土之內，對於同一的人民，若因事項之不同，而併存兩個以上平等的
權力，勢必發生衝突，無法解決，而陷入無政府狀態之中了。倘使解決的權
屬於聯邦，則聯邦的權力實比諸邦為高。反之解決的權屬於諸邦，則諸邦的
權力又比聯邦為高。換言之，在聯邦與諸邦之中必有一方權力能夠強制別方
服從，雙方權力平等，乃是不可能的事。照今日聯邦國的實例看來，聯邦固
有監督諸邦的權❷❹；消極方面，防止諸邦侵犯聯邦的權限，如在美國，不但
邦法律不得牴觸聯邦法律，便是邦憲法也不得牴觸聯邦法律，倘雙方關於有
無牴觸，發生爭議，最後裁決權又屬於聯邦最高法院（美國憲法第六條第二
項，參閱第三條第二項）。積極方面，督促諸邦忠實執行聯邦的法令，如在德

---

❷❸ J. Hausmann, Das Deutsche Reich als Bundesstaat (in *Archiv des öffentlichen Rechts*, Bd.
　　33, 1914, S. 82ff.)，引自 H. Nawiasky, *Der Bundesstaat als Rechtsbegriff*, 1920, S. 242.

❷❹ 關於聯邦的監督權，可參閱 H. Nawiasky, a. a. O. S. 71–76.

國，聯邦法令委託諸邦執行之時，聯邦得發布訓令，派員監督，必要之時尚得要求糾正（威瑪憲法第一五條）。而諸邦不肯履行憲法上或法律上的義務之時，又得利用兵力強制之（第四八條第一項）。由此可知聯邦對於諸邦有一種強制權，所以最高權力實屬於聯邦，從而聯邦才是國家，諸邦不過地方團體之一種。

二、聯邦國的權限分配

諸邦的人民就是聯邦的人民。諸邦的領土就是聯邦的領土。即聯邦的統治權和諸邦的統治權，就行使的對象說，就行使的空間說，是相同的。因此，聯邦對那幾種事項，有那幾種權限；諸邦對那幾種事項，有那幾種權限，就成為重要的問題。這叫做權限分配問題。

關於權限如何分配於聯邦及各邦之間，依 P. Laband 的見解，可以分為下列三種：

　　1.由聯邦立法，並由聯邦執行，

　　2.由聯邦立法交由諸邦執行，

　　3.由諸邦立法，並由諸邦執行[245]。

------

[245] 引自 H. Nawiasky, a. a. O. S. 51. 據原註這是根據 P. Laband, *Das Staatsrecht des Deutschen Reiches*, Bd. I。第四版九六頁以下，即本書所引用的第五版一〇二頁以下。對於 Laband 的分類，Nawiasky 以為尚有第四種：由諸邦立法而由聯邦執行，例如聯邦領事對於在外僑民，執行諸邦法律；聯邦法院根據諸邦法律而作審判是也 (a. a. O. S. 51–52, 55ff.)。

按第一種（由聯邦立法並由聯邦執行）就是 G. Jellinek 所謂諸邦依其被動的身分，成為國家活動的地區 (G. Jellinek, *System der subjektiven öffentlichen Rechte*, 2 Aufl. 1919, S. 295)，第二種（由聯邦立法交由各邦執行）就是 G. Jellinek 所謂諸邦依其被動的身分負有執行聯邦職務的義務 (a. a. O. S. 296)。第三種（由諸邦立法並由諸邦執行）就是 G. Jellinek 所謂諸邦依其消極的身分而有自由活動的權 (a. a. O. S. 297)。

H. Kelsen 根據奧國一九二〇年憲法第一〇條第一一條及第一二條之規定，關於權限

依此分類，我們似宜研究兩種問題：

⑴既然有些事項由聯邦立法，有些事項由諸邦立法，則聯邦所得立法的是那幾種事項，諸邦所得立法的是那幾種事項。照原則說，凡事項的性質關係全國者，由聯邦立法，關係地方者，由諸邦立法。但什麼事項關係全國，什麼事項關係地方，不但因國而殊，而在一國之內，也不易定下一個標準。因此之故，各國均用列舉之法，將聯邦或諸邦的立法權列舉於憲法之上。其列舉的形式可分三種：

第一種是列舉聯邦的立法事項，而把未列舉的事項，視為屬於諸邦，如美國、瑞士、德國、蘇聯等都是其例。第二種是列舉諸邦的立法事項，而把未列舉的事項，視為屬於聯邦，如南非聯邦（一九〇九年制定的現行憲法第五九條、第八五條）是。在第一種列舉形式，凡遇未列舉的事項發生時，均由諸邦立法。在第二種列舉形式，凡遇未列舉的事項發生時，則由聯邦立法。所以第一形式是限制聯邦而保護諸邦，第二形式是限制諸邦而保護聯邦。第三種是列舉雙方的立法事項，如有未列舉事項發生時，其性質關係全國者屬於聯邦，關係地方者屬於諸邦，加拿大的制度有類於此（一八六七年制定的現行憲法第九一條、第九二條）。在三種列舉方法之中，以第一種為最多。因為在許多聯邦國，諸邦本是獨立的國家，故除諸邦明白宣布放棄立法權之外，理應視為由諸邦保留。茲宜特別注意者：一方聯邦對其有權立法的事項，不一定皆詳為規定，其只規定大綱，而讓諸邦規定施行細則者，亦常有之（例如德國威瑪憲法第一〇條）。他方諸邦對其有權立法的事項，本來在不違反聯邦憲法或聯邦法律之內，有自由立法的權，聯邦不得干涉，但又未必皆然。例如蘇聯舊制（一九二四年憲法第二〇條、第三一條、第三三條，參看其第一條第二三款），諸邦的權力機關（諸邦的蘇維埃大會，中央執行委員會，均

的分配分為四種：⑴由聯邦立法，並由聯邦執行；⑵由聯邦立法，交諸邦執行；⑶由聯邦作大綱的立法，交諸邦規定細則並執行之；⑷由諸邦立法，並由諸邦執行。見 H. Kelsen, *Österreichisches Staatsrecht*, 1923, S. 169–171.

得行使立法機關的職權）所作的決議（不限於法律）縱不違反聯邦憲法或聯邦法律，聯邦的權力機關（聯邦的中央執行委員會及其常務委員會）亦得取消或停止之❷⁴⁶。奧國一九二〇年憲法（第九八條、第一〇〇條）規定：邦議會通過的法律，在邦長未公布以前，須送呈聯邦政府的主管部，主管部若認該項法律有害聯邦的利益，可以要求覆議，覆議時，邦議會非有過半數議員的出席，更作同一的決議，該項法律不能成立；而聯邦總統，依聯邦政府的申請，經第二院同意之後，尚得解散邦議會。一九三四年憲法（第一一一條、第一一三條）亦有同樣的規定，即邦議會通過的法案須待聯邦國務總理同意之後，才得公布之。而聯邦總統經參政委員會及各邦委員會審查之後，尚得解散邦議會。就是在蘇聯及奧國，不論諸邦法律有沒有違反聯邦憲法或法律，中央苟不滿意，都有停止或取消的權。諸邦對其有權立法的事項，沒有獨立的立法權，觀此可以知道。

⑵聯邦立法的事項既然不是全由聯邦執行，而可委託諸邦執行，則聯邦及諸邦所有的立法權與執行權的範圍當然未必一致。在多數聯邦國，常有一種現象，就是關於某種事項的立法權雖然屬於聯邦，而關於這種事項的行政權及司法權乃屬於諸邦。只惟美國與眾不同，聯邦若有管轄某種事項的權，則關於這種事項的一切權力如立法權行政權司法權等亦均屬於聯邦。現在試分別就行政權與司法權，說明各國之制度如次。

先就行政權說，行政權的分配有三種方式，第一是聯邦對於某種事項若有立法權，則其行政權亦在聯邦。比方美國，凡由聯邦立法的事項，概由聯邦政府及其設置於諸邦的中央機關執行之。第二是聯邦對於某種事項雖有立法權，而其行政權乃委託於諸邦。例如德國，除了外交、軍備、殖民、郵電、關稅及消費稅的徵收必由聯邦直接執行之外，其他事項均委託諸邦執行，不過聯邦對此有監督權而已（威瑪憲法第一四條、第一五條）。第三是有些事項

---

❷⁴⁶ 蘇聯一九三六年憲法第二〇條已經改為「諸邦法律與聯邦法律衝突時，以聯邦法律為有效」。

由聯邦立法並由聯邦執行，有些事項由聯邦立法，交諸邦執行。奧國曾採用這個制度（一九二〇年憲法第一〇條、第一一條、第一二條，一九三四年憲法第三四條、第三六條及第三七條）。由此可知聯邦國的行政權有兩種行使方式：一是關於某種事項的立法權與行政權均屬於聯邦，這叫做聯邦的直接行政 (unmittelbare Verwaltung)。二是關於某種事項的立法權屬於聯邦，而其行政權則屬於諸邦，這叫做聯邦的間接行政 (mittelbare Verwaltung)。至於諸邦的行政亦有兩種，一是聯邦的間接行政，二是諸邦的自治行政。諸邦對其自治行政，有獨立的行政權，只要不違反聯邦法律，聯邦不得干涉，這也是聯邦國共通的制度。只惟蘇聯與眾不同，依舊制，諸邦的行政機關（諸邦的人民委員會）所發布的命令縱不違反聯邦法律，而聯邦的權力機關（聯邦的中央執行委員會）也有停止及取消的權（一九二四年憲法第三一條），而諸邦的預算又成為聯邦預算的一部，須經聯邦核准（同上憲法第一條第一一款）。新制雖然撤銷了聯邦自由干涉諸邦行政之權[247]，但仍保留聯邦監督諸邦財政之制，即聯邦有核准諸邦預算上各種稅收的權（一九三六年憲法第一四條第一一款）。諸邦沒有獨立的財政權，因之諸邦的自治行政便無形中要受了聯邦的許多干涉。

次就司法權說，在聯邦國，司法制度極不一致，若大別之，可以分做三種。一是聯邦主義，例如美國，聯邦的法院分做最高法院 (Supreme Court) 高等法院 (Circuit Court of Appeals) 地方法院 (District Court) 三級，執行聯邦的司法權。關於聯邦法律，自第一審至最終審，均由聯邦的法院管轄。各邦有各邦的法院，組織極不一致，名稱亦不相同，大多數的邦亦分為三級，執行各邦的司法權，關於各邦法律，自第一審至最終審均由各邦的法院管轄[248]。

----

[247] 一九三六年憲法第四九條第五款云：「各邦人民委員會所發布的命令若與聯邦法律相抵觸，聯邦最高蘇維埃大會主席團得撤銷之」。

[248] F. A. Ogg and P. O. Ray, *Introduction to American Government*, 8 ed. 1945, pp. 459, 460ff.

二是統一主義,例如奧國,其司法制度與單一國相同,司法權屬於聯邦,法律由聯邦制定,法官由聯邦任命,法院由聯邦設置,判決亦用聯邦的名義宣告,絕對不許各邦設置法院❷❹❾。三是折衷主義,例如德國威瑪憲法時代,聯邦只得設置最高法院 (Reichsgericht),各邦只得設立中下級法院,分做高等法院 (Oberlandesgericht)、中等法院 (Landesgericht)、初等法院 (Amtsgericht) 三級,但須依照聯邦法律組織之,而民法、刑法、訴訟法亦由聯邦制定。不過其法官由邦政府任命,判決用邦政府的名義宣告,所以可以視為介在聯邦主義與統一主義之間,而為一種折衷主義❷❺❶。

　　聯邦有聯邦的權限,諸邦也有諸邦的權限,雙方應嚴守其畛域,不得侵犯他方的權限,固不待言。但是聯邦得依立法程序,修改憲法,以擴張自己的權限,甚至於剝奪諸邦的一切權限,把聯邦國改造為單一國,法理上似無不可❷❺❶。這種權力,德國學者稱之為「權限的權限」(Kompetenz-Kompetenz)或「權限高權」(Zustandigkeitshoheit),即自己決定自己權限的權❷❺❷。因此,各邦的權限有沒有保障,要看聯邦憲法修改的難易。其保障各邦權限最完備者,莫如美國。因為聯邦憲法修正案經聯邦議會兩院通過之後,尚須提交諸

----

❷❹❾ H. Kelsen, *Österreichisches Staatsrecht*, 1923, S. 197.

❷❺❶ O. Meissner, *Das Staatsrecht des Reichs und seiner Länder*, 2 Aufl. 1923, S. 232f.

❷❺❶ G. Jellinek, *Allgemeine Staatslehre*, 3 Aufl. 1929, S. 783.

❷❺❷ 例如 G. Meyer (*Lehrbuch des Deutschen Staatsrechts*, 6 Aufl. 1905, S. 23) 說:「何種政務由國家自己行之,何種政務委託地方團體行之,國家有決定的權。凡國家有分配權限於各種團體之權,稱為權限的權限」。C. Schmitt (*Verfassungslehre*, 1928, S. 386–387) 對於權限的權限,解釋云:「利用修改憲法之法,以便擴張聯邦的權限,馴致諸邦喪失一切重要的權限,政治上不能生存,而把聯邦國改造為單一國」。J. Hatschek (*Deutsches und Preussisches Staatsrecht*, Bd. I, 2 Aufl. 1930, S. 98) 則謂:「所謂權限的權限是指一種能力 (Fähigkeit),即在一定前提之下,勿須修改憲法,而得隨時擴張憲法上所規定的聯邦權限」。C. Schmitt 以修改憲法、擴張權限為「權限的權限」,J. Hatschek 又以無須修改憲法而得擴張權限為「權限的權限」。

邦議會複決，非經諸邦議會全部四分之三以上之同意，不能發生效力。而各邦在第二院的平等參政權（每邦兩人）非得各該邦同意，不得變更之（憲法第五條）。其保障諸邦權限最不完全者則為威瑪憲法時代的德國，修改憲法的權完全屬於代表國民的第一院 (Reichstag)，代表各邦的第二院 (Reichsrat) 只能提出抗議，要求提交公民複決（威瑪憲法第七六條）。至於大多數國家例如巴西（一九四六年憲法第二一七條）蘇聯（一九三六年憲法第一四六條）等，皆介在美德之間，它們修改憲法，若能得到聯邦議會兩院同意，即除國民院同意之外，若能得到列邦院同意，就可發生效力。

　　各邦的權限有否保障，除憲法修改程序的難易之外，還要看法院有沒有審查法律違憲的權。因為「國法推翻邦法」(Reichsrecht bricht Landesrecht) 乃是聯邦國的共通制度（例如美國憲法第六條第二項，瑞士憲法第一一三條第三項，德國威瑪憲法第一三條）。萬一聯邦議會通過一種法律，不問內容有否違憲，皆為有效，則聯邦毋須修改憲法，便得擴張自己的權限，從而憲法上所明認或默認為諸邦的權限，將得不到憲法的保障❷❺❸。關於這一點，美國的保障甚為完備。因為在美國，邦法若和國法衝突，邦法未必就失去效力，尚須審查那一個法律違反聯邦憲法，而撤銷那個違憲的法律。聯邦及各邦的普通法院均得審查，惟最後決定權乃屬於聯邦最高法院❷❺❹。奧國另置憲法法院 (Verfassungsgerichtshof) 以審查法律與命令有否違憲或違法。即聯邦政府若以各邦法律違反聯邦憲法，或以各邦命令違反聯邦法律，得請求憲法法院審查之；各邦政府若以聯邦法律違反聯邦憲法，或以聯邦命令違反聯邦法律，得請求憲法法院審查之。審查的結果若認為違憲或違法，得取消該項法律或命

---

❷❺❸ H. Kelsen (*Allgemeine Staatslehre*, 1925, S. 221) 說：「所謂國法推翻邦法是謂，國法與邦法發生衝突，不問制定時間之先後如何，邦法必歸無效，國法必為有效……縱令國法有越權 (kompetenzwidrig) 之事，亦為有效。這樣，聯邦憲法的修改雖然困難，而聯邦尚得利用聯邦法律以擴張聯邦的權限，並縮小諸邦的權限了」。

❷❺❹ 參看本書四七二頁。

令（一九二〇年憲法第一三九條第一四〇條）❷❺❺。瑞士、德國（威瑪憲法時代）與美國殊，聯邦法律一經公布，不問其有無牴觸聯邦憲法，均有絕對的效力，任何法院皆不得審查之。所以聯邦法律違反聯邦憲法，而侵害諸邦的權限，諸邦實莫如之何❷❺❻。惟在瑞士，各邦尚可聯合八邦，要求將該項法律提交公民複決（瑞士憲法第八九條第二項）。德國只有由代表諸邦的第二院提出抗議，將該項法律退還第一院覆議，而後再由總統提交公民複決而已（威瑪憲法第七四條）。

三、聯邦國的中央機關

聯邦國的中央機關，例如總統、內閣、法院，由其組織觀之，由其活動觀之，均沒有「邦」的要素，而只有「國」的要素，即其性質是屬於單一國主義的。反之議會則不然。聯邦國的議會必置兩院，一院代表國民，一院代表諸邦。其代表國民的與單一國的第一院沒有什麼區別。其代表諸邦的，例如美國的 Senate，瑞士的 Ständerat，德國的 Reichsrat（威瑪憲法時代）或 Bundesrat（帝政時代及西德），以及蘇聯的民族院 (Soviet of Nationalities) 等──吾人總稱之為列邦院──就其組織言，就其活動言，均以諸邦為基礎，而充分表現其有聯邦主義的性質❷❺❼。茲試提出數個問題，比較各國制度如次。

㈠諸邦的代表人數是平等乎抑是不平等乎　G. Jellinek 說：「民主的聯邦國，在議會兩院之中，必有一院行使列邦院的職權。每邦代表人數相等，此種諸邦平等的代表權可以表示列邦院是代表諸邦的」❷❺❽。依此見解，列邦院

---

❷❺❺ 參看本書四七六頁以下。

❷❺❻ 參閱 F. Fleiner, *Schweizerisches Bundesstaatsrecht*, 1923, S. 421ff. J. Hatschek, *Deutsches und Preussisches Staatsrecht*, Bd. I, 2 Aufl. 1930, S. 40ff. 總之，在瑞德兩國，邦法牴觸國法，邦法即歸無效，不問國法有否違反聯邦憲法。但今日西德，聯邦及各邦均設有憲法法院，審查聯邦法及各邦法。

❷❺❼ 參閱 F. Giese, *Deutsches Staatsrecht*, 1930, S. 152.

的組織應依兩個原則：第一、諸邦才有代表權，但不是邦而有代表權的亦有之。如蘇聯各邦之內的自治國自治省及民族區（一九三六年憲法第三五條），墨西哥（一九一七年憲法第五六條第一項）巴西（一九四六年憲法第六〇條第一款）阿根廷（一九四九年憲法第四七條）的首都，雖然不是邦，而乃皆有代表權，就是其例。第二、各邦代表的人數應該平等，但是不平等的也有之。美國（憲法第一條第三項第一目）、墨西哥（憲法第五六條第一項）、阿根廷（憲法第四七條）每邦二人，巴西每邦三人（憲法第六〇條第三款），澳洲聯邦每邦六人（一九〇〇年憲法第七條第一項），瑞士每邦也是二人，但是半邦 (Halbkanton) 只得選舉一人 （憲法第八〇條），以上都可以視為平等的例。至於不平等的例可以蘇聯及德國為代表。在蘇聯，每邦代表固然也是平等二十五名，但是邦內若有自治國自治省或民族區者，則除各邦選派二十五名之外，每自治國尚可選派十一名，每自治省亦可選派五人，每民族區又得選派一人（蘇聯一九三六年憲法第三五條）。因此，蘇俄遂把自己的領土分為許多自治國、自治省、及民族區，而使自己的代表在民族院內控制了大多數的議席，用以操縱聯邦的立法權。所以蘇聯各邦在立法方面不是平等的，須聽受蘇俄的號令❷❺❾。帝政時代德國各邦的代表權亦不平等，且其人數又固定

---

❷❺❽ G. Jellinek, *Allgemeine Staatslehre*, 3 Aufl. 1929, S. 771.

❷❺❾ 然則別邦何不也分為自治國自治省及民族區呢？我們必須知道，蘇聯不但把各邦名稱規定於蘇聯憲法之上（一九三六年憲法第一三條），且又把邦內自治國、自治省、及民族區的名稱規定於蘇聯憲法之上（第二二條至第二九條）；不是修改蘇聯憲法，各邦不能自由設置自治國、自治省、及民族區。而修改蘇聯憲法的權又屬於聯邦最高蘇維埃（第一四六條）。聯邦最高蘇維埃 (The Supreme Soviet of USSR) 也同其他聯邦國的議會一樣，分做兩院，一院叫做聯邦院 (Soviet of Union)，代表人民，一院叫做民族院 (Soviet of Nationalities)，代表各邦。一切議案須經兩院一致通過，才為有效。因此，控制民族院多數議席的蘇俄遂得制止各邦提議修改蘇聯憲法，使各邦不得自由設置自治國自治省及民族區，藉此，以便它自己永久控制民族院的多數議席。所以蘇聯內部，各邦並不平等，各邦與蘇俄的關係，無異於附庸國與宗主國的關係。宗主國有

於憲法之上，不依各邦人口的變動而修正（一八七一年憲法第六條第一項）。威瑪憲法時代則以各邦人口為標準，人口每七十萬可以派遣代表一人，但每邦至少必有一名代表，最多不得超過代表總數的五分之二以上（威瑪憲法第六一條第一項）。西德制度也不平等，每邦代表至少三名，人口在二百萬以上者四名，超過六百萬者五名（西德一九四九年憲法第五一條第二項）。這種不平等的代表權實如 H. Kelsen 所說，「近時憲法常依諸邦人口多寡，使諸邦選任代表於列邦院。這個原則完全實行，則國民院與列邦院將無區別，從而列邦院就要失去其本來的意義」❷⑥⓪。「列邦院內諸邦的代表權既然不能平等，則一邦或數邦在決定聯邦意思之際，若佔優勢，就將發生一邦對於他邦掌握霸權 (Hegemonie) 的現象」❷⑥①。

　　㈡諸邦的代表是由選舉乎抑由任命乎　列邦院議員的產生方法有兩種：一是由各邦人民直接或間接選舉，其由人民直接選舉的，有美國（憲法修正條文第一七條第一項）、墨西哥（憲法第五六條第一項）、阿根廷（憲法第四七條）、澳洲聯邦（憲法第七條第一項）等國。其由人民間接選舉，即由邦議會選舉的，可以一九一三年以前的美國（憲法第一條第三項第一目）為例。今日聯邦國採用這種制度，恐怕沒有。二是由邦政府任命，如帝政時代（一八七一年憲法第六條第二項）、威瑪憲法時代（威瑪憲法第六三條第一項）的德國以及西德（憲法第五一條第一項）是。但在威瑪憲法時代，普魯士的代表，半數由邦內各州參議會 (Provinzialausschuss) 及柏林市參議會 (Magistrat) 選舉之（威瑪憲法第六三條第一項）。瑞士列邦院議員的產生方法，由各邦自己決定（憲法第八〇條未曾規定其選舉方法），聯邦不加限制，所以有的由人民直接選舉，有的由邦議會選舉，各邦不能一致❷⑥②。最可視為異例者則為加

決定一切問題的權，附庸國只有俯首受命而已。

❷⑥⓪ H. Kelsen, *Allgemeine Staatslehre*, 1925, S. 218.

❷⑥① H. Kelsen, a. a. O. S. 219.

❷⑥② F. Fleiner, *Schweizerisches Bundesstaatsrecht*, 1923, S. 156, n. 8.

拿大。加拿大共分九邦，而其遴選列邦院議員之時又把九邦合為四區 (Devision)，聯邦總督 (Governor General) 對於四區各任命議員二十四名，令其代表各區（憲法第二二條第二四條）❷❻❸。這四區是否可以代表各邦，不能不令人發生疑問，所以學者多懷疑加拿大的聯邦性質。

　　㈢**代表是自由投票乎抑是要受訓令的拘束乎**　列邦院既然代表各邦，在理他們應該要受各該邦訓令的拘束，不能自由投票。但依各國法制，議員之由人民直接或間接選舉的，均有自由投票的權，所以同一邦的議員可站在反對的立場，而作反對的表決。G. Jellinek 說：「民主的聯邦國有一個議院，由各院的代表組織之。代表不受各該邦訓令的拘束，因之這種國家的聯邦性質就不甚顯明」❷❻❹。反之，議員之由邦政府任命的，自應受邦政府訓令的拘束，因之同一邦的議員對於同一問題，須作一致的表決。帝政時代德國憲法曾用明文規定，同一邦議員的表決應歸一致（一八七一年憲法第六條第二項）。威瑪憲法沒有這樣的條文，但是列邦院的議員既由邦政府任命，則在事實上他們便是各邦的全權代表 (Bevollmächtigte)❷❻❺，自應受邦政府訓令的拘束，而作一致的投票。只惟普魯士邦內州參議會及柏林市參議會所選舉的議員可以自由投票❷❻❻。西德憲法也有明文規定，每邦的投票須歸一致（一九四九年憲法第五一條第三項）。

　　㈣**列邦院的職權是限於立法乎抑尚得參與行政乎**　各國制度關於此點不

---

❷❻❸ 參閱 A. J. Peaslee, *Constitutions of Nations*, Vol. I, 1950, p. 324, n. 1. 按加拿大憲法為一八六七年英王頒布的 The British North America Act，時至今日，條文修改者不少。

❷❻❹ G. Jellinek, a. a. O. S. 587.

❷❻❺ 威瑪憲法第六三條明文規定，各邦於列邦院內，以各該邦政府的構成員 (Mitglieder der Regierung) 為代表，所以各邦政府常任命政務委員、司長、參事等為之。憲法用「代表」 (Vertreter)，列邦院議事規則 (Geschaftsordnung §6) 則用全權代表 (Bevollmächtigte)。參閱 F. Giese, a. a. O. S. 154.

❷❻❻ F. Giese, a. a. O. S. 155, 156.

盡相同，而可以大別為三種：

(1)列邦院的職權限於立法方面，例如澳洲聯邦，其議會分為兩院，代表各邦的稱為參議院 (Senate)，代表國民的稱為代議院 (House of Representatives)，合這兩者，總稱為國會 (Parliament)（一九〇〇年憲法第一條）。在立法方面，除財政法案須先提出於代議院，參議院不得修改，而只得否決（第五三條第一項、第二項、第三項）之外，對於其他法案，兩院有平等的權，非經兩院一致通過，不能成為法律（第五三條第五項）。兩院的表決不能一致，總督 (Governor-General) 得同時解散兩院（第五七條第一項）。新選舉的兩院若仍不能一致，總督得召集兩院聯席會議 (joint sitting)，使兩院議員合同投票，凡能得到兩院全體議員絕對多數之同意者，法案便視為已獲國會通過（第五七條第二項、第三項）。由此可知澳洲聯邦的列邦院（參議院）和單一國的第二院一樣，其任務在於牽制國民院（代議院）。德國學者稱這種性質的列邦院為 Staatenhaussystem [267]。

(2)列邦院的職權於立法方面甚見微弱，於行政方面頗有參與的權。例如德國在威瑪憲法時代，其代表各邦的 Reichsrat（試譯為參政院），事實上乃獨立於代表國民的 Reichstag（試譯為代議院）之外。參政院沒有直接提出法案的權，只能經由內閣提出法案於代議院（威瑪憲法第六九條第二項、第七六條第一項）。沒有議決法案的權，只得對於內閣提出的法案，表示異議，由內閣將其意見告知代議院（第六九條第一項）；又只得對於代議院通過的法案，提出抗議，由總統將原案退回代議院覆議（第七四條第七六條第二項）。覆議時，代議院若仍維持原案，此際，關於法律，由總統決定公布或提請公民複決（第七四條第三項、第七六條第二項、第八五條第四項、第五項），關於憲法，參政院得請求總統提請公民複決（第七六條第二項）。由此可知參政院於立法方面無甚權力。反之，在行政方面，則頗有參與的權。凡內閣為執行法律而發布行政法規 (allgemeine Verwaltungsvorschift) 之時，倘這法規是委

---

[267] 參閱 [269]。

託各邦執行（即所謂聯邦的間接行政），則行政法規之公布，須徵求參政院同意（第七七條）。這個同意有絕對的效力，參政院不予同意，內閣便不得發布❷⁶⁸。由此可知德國的列邦院（參政院）和單一國的第二院不同，其主要的任務不在於牽制國民院（代議院），而在於參與內閣的行政。德國學者稱這種性質的列邦院為 Bundesratssystem❷⁶⁹。

　　⑶美國之制則兼有 Staatenhaussystem 與 Bundesratssystem 兩種性質。美國的聯邦議會分為兩院，代表各邦的稱為參議院 (Senate)，代表國民的稱為眾議院 (House of Representatives)，合這兩者稱為國會 (Congress of U.S.)（憲法第一條第一項）。兩院的權限於立法方面完全平等，任何法案須經兩院一致通過，才得成為法律（第一條第七項第二目、第五條）。固然財政法案須先提出於眾議院，但是參議院仍有否決權與修正案（第一條第七項第一目），縱令修改為一種新的法案，亦無不可，所以實際上又無異於參議院也有提出財政法案的權。由此可知參議院於立法方面，其權力不小於單一國的第二院。同時參議院於行政方面，尚有兩種權限而為眾議院所無者，一是條約之批准，

---

❷⁶⁸ 此外，內閣關於郵電設備之使用規則及規費而欲發布命令（第八八條第三項），關於鐵路之建築經營及火車來往而欲發布命令（第九一條），亦須徵求參政院同意。這個同意也有絕對的效力。

❷⁶⁹ 關於列邦院之兩種性質，照 F. Giese 說，兩者的區別是依下列三個標準：⑴代表是政黨的代表（選舉）乎，抑是政府的代表（任命）乎。⑵代表得自由投票乎，抑須受訓令的拘束乎。⑶代表是參與立法乎，抑尚參與行政乎。若係前者，則為 Staatenhaussystem，若係後者，則為 Bundesratssystem (F. Giese, a. a. O. S. 152–153)。 J. Hatschek 關於列邦院之兩種性質，亦提出三個標準：⑴投票是否受訓令的拘束。⑵各邦的表決是否須歸一致。⑶每邦的代表人數是否不問人口眾寡，領土大小，完全平等。肯定的為 Staatenhaussystem，否定的為 Bundesratssystem (J. Hatschek, *Deutsches und Preussisches Staatsrecht*, Bd. 1, 2 Aufl. 1930, S. 786–787)。

依 J. Hatschek 的標準，德國有 1, 2 而無 3，澳洲聯邦有 3 而無 1, 2，所以吾人贊成 F. Giese 所舉的標準。

二是某幾種官吏任命之同意（第二條第二項第二目），即總統要締結條約及任命某幾種官吏，必須徵求參議院同意。由此可知參議院於行政方面又有參與的權。吾人謂美國制度兼有兩種性質，職此之故。

四、聯邦國與國家聯合的區別

兩個以上的國家由於某種原因，發生聯合關係 (Bundesverhältnis)，而於其上又未設置任何統治權的，稱為國家聯合 (Staatenverbindung)[270]。國家聯合可大別為兩種：一是各分子國有平等的權利，負平等的義務，如邦聯及同君關係是。二是各分子國的權利義務不平等，如保護關係及宗庸關係是[271]。茲試分別述其特質，以與聯邦國比較。

㈠邦　聯

邦聯 (confederation of states, Staatenbund) 是許多國家對外要保護領土的安全，對內要維持各國的和平，而設立的一種聯合[272]，如一七七八年至一七八七年的美國，一八一五年至一八四八年的瑞士，一八一五年至一八六六年的德國就是其例[273]。其與聯邦不同的，照 P. Laband 等之言，邦聯以條約為基礎，聯邦以憲法為基礎。前者僅有國際法上的性質，後者則有國法上的性質[274]。申言之，在邦聯，各分子國未曾組織一個上位國家 (Oberstaat)，他們

---

[270] G. Jellinek, *System der Subjektiven öffentlichen Rechte*, 2 Aufl. 1919, S. 306.

[271] H. Kelsen, *Allgemeine Staatslehre*, 1925, S. 204. F. Giese, *Deutsches Staatsrecht*, 1930, S. 13.

[272] G. Jellinek, *Allgemeine Staatslehre*, 3 Aufl. 1929, S. 762.

[273] F. Giese, a. a. O. S. 14.

[274] P. Laband, *Das Staatsrecht des Deutschen Reiches*, 5 Aufl. 1911, S. 56.

H. Kelsen (*Allgemeine Staatslehre*, 1925) 說：「一般學者均謂邦聯與聯邦的區別，在於分子國的聯合是由於條約乎，抑由於憲法乎。邦聯只是國際法上的聯合，聯邦則為國

之間不過由於條約而發生了國際關係❷。在聯邦、諸邦由於憲法，組織一個
上位國家，而使上位國家與諸邦之間發生了統治關係。就是諸邦須以下位國
家 (Uuterstaat) 的資格，服從上位國家的命令❷。在這個根本區別之下，又發
生了三種現象。

　⑴邦聯以條約為基礎，由各分子國組織之，即其構成分子為分子國，而
非分子國的人民，所以雖置中央機關，而中央機關的權力只能行於分子國，
不能直接行於分子國的人民。中央機關要對分子國的人民，行使命令權，須
以分子國的權力為媒介，即唯分子國再用自己的名義，布告人民之後，對於
人民才有拘束力。反之，聯邦以憲法為基礎，一方為諸邦所組織的國家，同
時又為國民所組織的國家❷。所以中央政府的權力不但能夠拘束各邦，且又
能夠直接拘束各邦的人民。而對於一定事項，中央政府尚得躬自行使權力，
無須假手於各邦❷。但是這個原則亦有例外，美國南北戰爭時代，南部各邦

法上的聯合」(S. 195)。又說：「一般學說均以國家聯合是以條約為基礎乎，是以憲法
為基礎乎，以作邦聯與聯邦區別的標準」(S. 198)。

C. Schmitt (*Verfassungslehre*, 1928) 亦說，自 Laband 以來，學者均謂：「邦聯是國際法
上的關係，聯邦是國法上的主體。前者以國際條約為基礎，後者以國內憲法為基礎，
前者只是一種法律關係 (Rechtsverhältnis)，後者則為一個權利主體 (Rechtssubjekt)」
(S. 366)。

❷ 據 G. Jellinek (*System der subjektiven öffentlichen Rechte*, 3 Aufl. 1919, S. 306) 之言，各
分子國有遵守條約的義務，這個義務是和國際法上的義務相同，不是各分子國服從上
級權力的命令，而是各分子國均受條約的拘束，不得不限制自己的權力。所以其遵守
條約不是以服從的身分 (status subjectionis) 為之，而是以限制的身分 (status
restrictionis) 為之。

❷ G. Jellinek, *Allgemeine Staatslehre*, 3 Aufl. 1929, S. 743. H. Nawiasky, *Der Bundesstaat
als Rechtsbegriff*, 1920, S. 35. F. Giese, a. a. O. S. 14, 15.

❷ 所以一方有列邦院以代表諸邦，同時又有國民院以代表國民。

❷ G. Meyer, *Lehrbuch des Deutschen Staatsrechtes*, 6 Aufl. 1905, S. 39ff., 43ff. 他且以此為

所組織的 Confederate States of America，學者均視之為邦聯，然其中央機關
對於各分子國的人民，乃得直接行使權力❷❼❾。

　　⑵邦聯的組織基於條約。條約之變更，依國際法的原則，須經當事國一
致承認。因之，邦聯要修改憲章，也須得到分子國全體同意。詳言之，邦聯
在其現有權限的範圍內，固然可依多數決的方法，決定問題。而要變更組織，
尤其是擴大權限，或對於分子國的利害有特別影響的事項，而欲有所決定，
則非得到全體同意不可❷❽⓪。反之，聯邦的組織基於憲法。聯邦憲法之修改，
固然各國難易不同，而皆和單一國的憲法一樣，可依多數決之法為之，無須
諸邦全體贊成。但是這個原則也有例外，上述美國南部各邦所組織的
Confederate States of America 之修改憲章，只要得到中央議會兩院過半數的
同意及諸邦議會三分之二的批准，就可發生效力，可以視為一例❷❽❶。

　　⑶邦聯之成立基於條約，而為國際法上的聯合，所以邦聯若有違憲或違
法的行為之時，各分子國可以宣告無效，而拒絕服從，這稱為取消權
(Nullifikationsrecht)。其尤甚者，邦聯的行為倘若有害分子國的生存，分子國
尚得退出邦聯之外，這稱為脫離權 (Sezessionsrecht)。反之聯邦之成立基於憲
法，而為國法上的聯合。國法的效力在邦法之上──「國法推翻邦法」乃是
聯邦國的共同原則，所以聯邦縱有違憲或違法的行為，各邦亦不得自由宣告
無效，最多只得起訴於法院，要求法院裁決，更不得自由退出聯邦之外❷❽❷。
邦聯與聯邦有這種區別，所以有些學者竟謂蘇聯是邦聯，不是聯邦。因為蘇
聯憲法不但承認諸邦有主權（一九二四年憲法第三條、一九三六年憲法第一

邦聯與聯邦區別的唯一標準。此外，可參閱 G. Jellinek, *Allgemeine Staatslehre*, 3 Aufl.
　　1929, S. 765. H. Nawiasky, a. a. O. S. 35. H. Kelsen, a. a. O. S. 210.

❷❼❾ G. Jellinek, a. a. O. S. 766.

❷❽⓪ G. Jellinek, a. a. O. S. 765. H. Kelsen, a. a. O. S. 217.

❷❽❶ G. Jellinek, a. a. O. S. 766.

❷❽❷ 參閱 H. Kelsen, a. a. O. S. 220ff. G. Jellinek, a. a. O. S. 98f.

五條）且又承認諸邦有自由退出聯邦之外的權（一九二四年憲法第四條一九三六年憲法第一七條）。但據舊憲法規定，聯邦權力機關對於各邦權力機關所作的決議有隨時停止或取消的權（一九二四年憲法第二○條第二一條第三二條），則各邦雖然決議了脫離，而聯邦尚可停止或取消它們的決議，使各邦的脫離權變為有名無實。新憲法雖然沒有這個條文，但是各邦的名稱乃一一載在聯邦憲法之上，成為聯邦憲法的一部（一九三六年憲法第一三條），而蘇聯憲法又是剛性憲法（一九三六年憲法第一四六條），那末，各邦的脫離權無形之中當然須受相當的限制，因之蘇聯也不失為一個聯邦。

㈡同君關係

同君關係 (Monarchic union, monarchische Unionen) 是由兩個以上的獨立國，奉戴同一的君主而發生，所以只能存在於君主國。同君關係有下述兩種。

⑴**人合國** (personal union, Personalunion)　兩個國家本來沒有關係，只因某人的資格偶然與兩國的君位繼承法的規定相合，一方繼承甲國的君位，同時又繼承乙國的君位——此蓋歐洲各國皇室每因通婚而有親族關係之故——由於該個人之兼為兩國君主，遂使兩國暫時聯合起來。一旦該人崩殂，或君位繼承法變更，兩國聯合即歸消滅。君主的共同不過偶然的、暫時的，所以不問內政或外交，兩國無不獨立處理。過去英國與漢諾威 (Hannover)、荷蘭與盧森堡 (Luxemburg) 的關係，就是其例[283]。這種同君關係——人合國，實如 H. Kelsen 所言，只可視為一種例外的事，不可視為國家聯合[284]，猶如兩個獨立的公司以同一人為經理，何能因此而謂兩個公司已經聯合。

⑵**物合國** (real union, Realunion)　君主的共同由於條約的約束，即兩個國家用條約約束永久奉戴同一的君主，不得任意變更。但是君主——立憲君主國亦然——對外代表國家，而又統率全國軍隊，因此之故，君主之共同

---

[283] G. Jellinek, a. a. O. S. 751ff. F. Giese, a. a. O. S. 14.
[284] H. Kelsen, a. a. O. S. 205.

又令外交軍事成為兩國的共同事務。不過在立憲君主國，君主的行為須有大臣副署。兩國既然各有各的大臣，則外交軍事亦只能分別處理；苟欲共同處理，必須規定於共同憲法 (Unionsverfassung) 之上。至於共同憲法為條約或為法律，均無不可 ❷❽❺。這種同君關係──物合國可以一八六七年至一九一八年奧大利與匈牙利的關係為例。詳細言之，兩國由於協商結果，依法律之規定，奉哈布斯堡 (Habsburg) 皇族為元首。兩國各有議會、內閣及法院以行使各該國的立法行政司法等權。但對於外交軍事及其經費又視為共同事務 (pragmatischen Angelegenheit)，由雙方的代表會 (Delegationen) 立法，交共同內閣 (gemeinsame Ministerium) 執行。雙方的代表會，人數各六十名，由奧匈兩國的議會兩院選舉之，各在維也納 (Wien) 及布達佩斯 (Budapest) 開會。經三次文書往還，而不能決定，則開聯席會議 (gemeinschaftliche Plenarsitzung beider Delegationen)，共同討論，作最後的決定，交共同內閣執行 ❷❽❻。在聯邦國，諸邦結合起來，組織一個上位國家，而受其統治。在物合國，兩國未曾結合起來，組織上位國家，彼此服從其命令，所以兩者有明白的區別。

㈢保護關係與宗庸關係

保護關係 (protectorate, Protektoratsverhältnis) 是謂甲乙兩國由於條約，一方甲國對於乙國須保護其不受第三國的侵略，他方乙國的外交事務應委託甲國辦理。即乙國因為受了甲國的保護，不能不拋棄其外交上的獨立權。甲國稱為保護國 (protecting state, protegierte Staat)，乙國稱為被保護國 (protected state, protegierende Staat) ❷❽❼。保護關係乃是殖民政策的變相，即強國對於弱國，或文化進步的國家對於文化落後的國家，本欲侵略之以作殖民地，因受列強脅制，不敢暢所欲為，乃強迫弱國或文化落後的國家簽訂條約，建立保

---

❷❽❺ H. Kelsen, a. a. O. S. 205f. 參閱 G. Jellinek, a. a. O. S. 754ff.

❷❽❻ H. Kelsen, *österreichisches Staatsrecht*, 1923, S. 69ff.

❷❽❼ H. Kelsen, a. a. O. S. 204f. G. Jellinek, a. a. O. S. 745ff.

護關係。所以保護關係不是平等的關係，而是隸屬的關係。過去日本戰勝俄國之後，先以朝鮮為被保護國，次又併吞朝鮮以為殖民地，即其一例。

宗庸關係 (suzerain and vassal-states, Oberstaat mit Unterstaaten) 是謂甲乙兩國由於法律，甲國有統治乙國的權，不但管理乙國的外交事務，而對於乙國的內政，亦得加以監視。不過甲國的權力只能行於乙國，不能直接行於乙國的國民，統治乙國國民的乃是乙國本身。乙國在甲國的監視之下，對內尚可保持相當的獨立，對外則須受許多限制，往往也和被保護國一樣，其外交事務由甲國代為辦理。此外，對於甲國尚有軍事協助與納貢的義務。甲國稱為宗主國 (suzerain state, Oberstaat)，乙國稱為附庸國 (vassal state, Unterstaat)❷❽❾，如過去吾國與朝鮮、琉球、暹羅、安南之關係，土耳其與羅馬尼亞 (Romania)、塞爾維亞 (Servia)、門的內哥羅 (Montenegaria)、布加利亞 (Bulgaria)、埃及的關係是。宗庸關係乃古代東洋國家統治屬國的一種方式，而在二十世紀初期，列強亦有採用之者，第一次大戰以前英國與印度的關係就是其例。此蓋宗主國一方懼屬國背叛，同時自己的國力又已式微，故只有忍痛採用比較溫和的政策，以羈縻屬國。所以附庸國的獨立自主，名義上雖然不如被保護國，其實，往往不久之後，就見分離，而成為獨立的國家，與被保護國之終被吞併，變為屬地者不同。

總之，保護關係與宗庸關係有兩點不同，其一，就法律的觀點言，保護關係為國際法上的關係，保護國對於被保護國的內政，干涉較少；宗庸關係為國法上的關係，宗主國對於附庸國的內政，干涉較多。其二，就政治的觀點言，保護關係常為吞併的第一步，即被保護國本係獨立的國家，保護國先與其建立保護關係，次則吞併以為屬地。宗庸關係常為分離的第一步，即附庸國本係宗主國的屬地，其後漸次有獨立自主的權，先取得附庸國的地位，次又脫離宗主國而獨立。

但是保護關係與宗庸關係均與聯邦國不同。因為保護國與被保護國，宗

---

❷❽❾ 參閱 G. Jellinek, a. a. O. S. 748ff. H. Kelsen, a. a. O. S. 205.

主國與附庸國未曾結合起來，組織一個上位國家，雙方的關係完全是命令與服從的關係。被保護國或附庸國雖有相當的自治權，而皆不能選派代表，參加保護國或宗主國行使統治權。反之，在聯邦國，諸邦乃結合起來，組織一個上位國家，諸邦的關係完全平等，諸邦不但有自治權，且可選派代表，參加中央政府行使統治權。但是這個區別並不是絕對的真實。因為在聯邦國，各邦常因強弱之不同，而變成保護關係或宗庸關係。比方帝政時代的德意志聯邦，普魯士國王同時就是德意志皇帝，普魯士宰相同時就是德意志的國務總理，而普魯士派遣於德意志的列邦院的代表，亦比較其他各邦為多，由此普魯士就握了德意志的霸權。又如蘇聯，蘇聯的最高蘇維埃大會的代議士大部分是蘇俄的人，主席團、人民委員會等各種機關無一不是蘇俄人占多數，蘇俄由此也握了蘇聯的霸權。雖然這樣，而諸邦均得選派代表，參加中央政府行使統治權，則為被保護國或附庸國所沒有，所以兩者又有區別。

五、聯邦制度與民族問題

㈠民族的本質

民族 (nationality, Nation) 是什麼？一般人都以為民族就是種族 (race, Rasse)，所謂種族，就其起源說，是以共同血統為基礎。到了後來，由於人口的移動，婦女的劫掠，奴隸的買賣，血統漸次混合。而在今日，一個民族常由幾個種族構成，而一個種族又常分散為幾個民族。例如義大利民族是由 Etruskern, Römern, Kelten, Griechen, Germanen, Sarazenen 同化而成。法蘭西民族是由 Römern, Galliern, Briten, Germanen 同化而成。同時 Römern 或為義大利民族，或為法蘭西民族，或為西班牙民族，所以上述觀念不甚正確[289]。

又有人以為民族就是國民 (people, Volk)，但是國民是指統治於同一政府的人，而統治於同一政府的不一定就是一個民族，而一個民族又不一定都由

---

[289] G. Jellinek, *Allgemeine Staatslehre*, 3 Aufl. 1929, S. 118. S. Herbert, *Nationality and its Problems*, 1920, p. 7ff.

同一政府統治。例如瑞士政府所統治的有德意志民族、法蘭西民族、義大利民族，而德意志民族除受德國政府的統治之外，其住在奧大利的，則受奧國政府的統治，住在瑞士的，又受瑞士政府的統治❷⁹⁰。

　　民族更不是宗教團體。宗教團體乃人們為了共同禱告，互相啟迪而組織的。今日同一民族每有屬於各種不同的宗教團體之事。例如漢族之中，信仰佛教的有之，信仰回教的有之，信仰天主教基督教的亦有之。同時，同一宗教又常為許多民族所信仰，例如信仰佛教的有漢族、和族、韓族、泰族等，信仰天主教的有義大利民族、法蘭西民族、西班牙民族等。故在今日，以宗教為民族的要素未必與事實相符❷⁹¹。

　　然則民族是什麼呢？構成民族的要素很複雜，如果單拿一個要素來說明民族的本質，一定不能得到正確的觀念。我們以為同一民族必有同一的言語。言語相同可以發生親密的感情。不過同一民族雖然使用同一的言語，而使用同一言語的，又未必就是同一民族。例如挪威人的言語是和丹麥人的言語相同，美國人的言語是和英國人的言語相同，葡萄牙人的言語是和巴西人的言語相同。然挪威人和丹麥人，美國人和英國人，葡萄牙人與巴西人，並不能視為同一民族❷⁹²。

　　何以使用同一言語的美國人和英國人不是同一民族呢？因為他們的風俗習慣不同。原來人類須作長期的共同生活，而後才有共同的風俗習慣，而要作長期的共同生活，似非住在同一土地之上不可❷⁹³。美國人和英國人本是住

---

❷⁹⁰ 參閱 G. Jellinek, a. a. O. S. 117, 191. S. Herbert, op. cit., p. 15ff. J. C. Bluntschli, *Lehre vom modernen Staat*, Bd. I, *Allgemeine Staatslehre*, 6 Aufl. 1886, S. 92.

❷⁹¹ 參看 G. Jellinek, a. a. O. S. 118. S. Herbert, op. cit., p. 16ff. J. C. Bluntschli, a. a. O. S. 93.

❷⁹² 參看 G. Jellinek, a. a. O. S. 118. S. Herbert, op. cit., p. 46. J. C. Bluntschli, a. a. O. S. 94.

❷⁹³ 關於土地與民族的關係，請閱 S. Herbert, op. cit., p. 20ff. 照他說，西葡半島 (the Peninsula) 之上有大河貫通其間，遂令西班牙人與葡萄牙人成為兩種不同的民族 (p. 22)。北歐半島 (the Scandinavian Peninsula) 之上有高山峻嶺，劃為界線，又令瑞典人

在同一土地之上，其後一部分的英國人由英國移住美洲，受了新環境的影響，乃變成北美民族。不過單是土地的共同又未必就能發生同一的風俗習慣，此外尚須經濟上有連帶關係。如果美國各邦不是因為交通的便利和國民經濟的發達，引起了各地的分工，而聯結為一個經濟的有機體，則美國人民的風俗習慣必難統一，南北戰爭即其明徵。

但是民族所以各有各的特徵，不但因為它們的風俗習慣不同，抑亦因為它們的感情思想有別。同一的感情思想是由長期的共同生活鑄造而成。換句話說，各種民族因為生活於不同的環境之下，故乃鑄出不同的感情思想。這個不同的感情思想雖然隨著生活環境而改變，但在一定期間之內，常使民族表現了其民族的特徵。一方自己人民之間有同類之感，他方對於別個人民，又感覺其為異類 ❷❾❹。 這種感覺便是民族意識 (national consciousness, Nationalbewusstsein)，也就是民族感情 (national sentiment, Nationalgefühl)。

由此可知民族乃是言語相同、風俗習慣相同、感情思想相同的一群人的集團 ❷❾❺。

與挪威人成為兩種不同的民族 (p. 23f.)。俄國與芬蘭之間有大湖及森林為阻，復令俄國人與芬蘭人的種族和語言不能同化 (p. 24)。

❷❾❹ S. Herbert (op. cit., p. 21) 以為這種感覺由於土地共同而發生 。 J. C. Bluntschli (a. a. O. S. 96) 則謂這種感覺由於文化共同而發生，他說，民族是由言語習慣，而有共同精神、共同感情、共同種族觀念的一群人。他們由於共同文化，一方對於自己人民感覺其須結合，他方對於別個人民，又感覺其有區別。

❷❾❺ 這是多數社會學者的見解 。 但除言語……等外 ， 尚有加以其他要素者 ， 例如 F. Oppenheimer (System der Soziologie, Bd. II, Der Staat, 1926, S. 331f.) 以為民族是一個高度組織的一群人 (hochorganisierte Grupp)，他們有同一的言語，有同一的宗教，而又自負有光榮的傳統，換言之，民族是一個肉體上和精神上的混合物。O. Bauer（引自 H. Cunow, *Die Marxsche Geschichts-, Gesellschafts und Staatstheorie*, 4 Aufl. Bd. II, 1923, S. 13) 以民族為天然力造成的團體 (Naturgemeinschaft)，就是同一血統的人，住在一定土地之上 ， 由同一的生活條件 (Lebensbedingung) 和同一的運命關係

這種民族集團不是偶然發生的，乃是長期歷史發展的產物。人類是社會的動物，人類要維持其生存而抵抗自然界的壓迫，自始就要作集團生活。人類的集團生活是隨經濟的發展而擴大其範圍。在狩獵經濟時代，人類逐水草而居，集團生活只限於共同血統的人。以血統之共同而結合的集團就是氏族。他們要保全自己狩獵活動的地域，對於別的氏族常視為敵人，而作激烈的鬥爭。所以各氏族之間常採閉關主義，不相往來，而人類社會也沒有擴大的可能。到了牧畜和農業經濟時代，人類需要長期的定住，而其經濟又比較狩獵經濟具有和平的性質。於是定住於一地的氏族遂和鄰近各氏族開始和平交通。和平的交通關係既已發生，就由往來交際，發生了共同的語言；互通婚姻，發生了共同的血統；更由於在同樣的環境之下，作同樣的生活，有同樣的運命，而發生了同樣的風俗習慣和文化，由是種族遂見成立。不過農業經濟尚帶有地域經濟的性質。換句話說，農業經濟的活動範圍只限於一個地域之內，不論怎樣發達，總不能突破地域的界限。所以社會上的種族組織，政治上又表現為封建制度。封建制度是把整個的國家分裂為無數小國家，各設森嚴的障壁以離隔別的領域。但是分工愈發達，交易愈頻繁，則封建制度又將令人感覺不便。這個時候若再發生了商工業，則由通商的需要，必先要求全國法制和貨幣的統一，次又感覺各地方言之不便，而欲採用同一的語言，最後復因運輸之不便，乃敷設無數的鐵道以交通陸路，製造無數的輪船以交通水路。由是每個種族又由經濟的連鎖，結合為一個民族。所以民族是近代國民經濟的產物，國民經濟發展的路程就是民族發展的路程。

㈡民族運動之發展

現代民族運動可以分做三期，第一期為民族統一運動，第二期為民族發展運動，第三期為民族自決運動。

(Schicksalsverhältnis)，漸次發展為一種運命團體及文化團體 (Schicksals- und Kulturgemeinschaft)。

先就第一期的民族統一運動言之，如前所言，國民經濟尚未發達之時，社會是封建社會，每個領地各有各的法制，各有各的貨幣，各有各的權度，又各設關稅的障壁，以隔離別個領地。這個現象當然是商工業發展的障礙。一般人民為要發展商工業，當然希望國內各種不同的法制，各種不同的貨幣，各種不同的權度，都改造為單一的法制，單一的貨幣，單一的權度，並設單一的關稅境界，藉以開拓國內的市場。所以這個時候民族運動常表現為民族統一運動。人民願意協助中央政府，向封建領土進攻，破壞了各領地間參差不齊的法律制度，撤廢了各領地間互相隔離的關稅障壁，而建設中央集權的民族國家。只看德國吧！先則有法律統一運動❷❾❻，次又有一八二八年的關稅同盟。而聯邦國家成立之後，復有「德意志國語運動」(Die Deutsche Sprachbewegung)❷❾❼。觀德國統一之歷史也可以推知其他國家的民族統一運動

------

❷❾❻ 法律統一運動發生於一八一四年以後。一八一四年 A. F. J. Thibaut (1772–1840) 發表「論德意志有編纂其共同民法之必要」(*Uber die Notwendigkeit eines allgemeinen burgerlichen Rechts fur Deutschland*)，意謂民族的統一 (Volkseinheit) 有恃於法律的統一 (Rechtseinheit) 者甚大。故為德意志的復興計，須先制定一部通行於德意志各邦的法典，使全體民族棲息於同一法律之下，而享受同一之權利。此論一出，世人翕然從之。最初統一的是匯兌法，其次統一的是商法，其後才著手於統一的民法的編纂。這個事實可以證明法律的統一與商業有密切的關係（穗積陳重：法律進化論第二冊，大正十四年三版，三七四頁，三七八頁以下）。

❷❾❼ 國語運動發生於一八七五年左右，由 B. Windscheid (1817–1892) 發動，意謂國語乃民族精神的表現，而為民族團結的紐帶。但是德國國語本已統一，所以他們所主張的不是國語的統一，而是國語的純化 (Sprachreinigung)，即基於民族自覺，遠欲脫離希臘羅馬文化的羈絆，近欲脫離法蘭西文化的壓制，而建立德意志自己的文化。凡德國語的語源若是出於希臘語拉丁語或其他外國語者，一概排斥，而製造純粹的德國語代替之，例如用 Sendanstalt 以代替 Post（郵政），用 Gewaltei 以代替 Polizei（警察），猶可說也。至用 Menschenleibbeschaffenheitslehre 以代替 Physiologie（生理學），用 Recht der Schuldverhältnisse 以代替 Obligation（債權債務），未免過甚了。國語運動發

的步驟。

　　次就第二期的民族發展運動言之，商工業愈發達，人們又感覺到國內市場的狹隘，於是為了販賣其商品，採購其原料，輸出其資本，又為了解決其過剩人口，便須向外發展。民族統一運動到了這個時候，已經轉變為民族發展運動。其形式，在經濟先進國，常表現為殖民地的爭奪，歐洲列強之瓜分非洲及東南亞，即其證據。在經濟後進國，又表現為領土恢復運動，例如義大利統一之後，便以 Fiume 等地為 Italia Irredenta（未恢復的義大利），而欲盡把義大利人所居住的地方收歸義國政府統治。這個時候，國際關係之上，無所謂信誼，無所謂道德，國家有如尼采 (F. Nietzsche) 所說，是個「組織的不道德的物」(die organisierte Unmoralitat)❷❾❽，對外表現為戰爭意志，征服意志，復讎意志，從而達爾文主義 (Darwinism) 便流行於國際政治之上。凡民族能夠征服別人的，都是優種，而為別人所征服的都是劣種。優種民族統治劣種民族乃是天演的公理。英人 W. Bagehot 在其所著 *Physics and Politics* 中，說道：「世界上最強的國家可以統治其他國家。在某種觀點上，最強的便是最優的」。「好戰的精神由任何情況觀之，都是可嘉的。面對敵人作不間斷的戰爭，可以磨鍊最良的性格而保存之。這種性格是初期文明所必需的」❷❾❾。德

生於普法戰爭之後，其動機出於民族的自尊心，其結果也，德國人遂高唱：

Deutschland, Deutschland über Alles,（德意志，德意志超越一切，）

Über alles in der Welt!（超越全世界的一切！）

（穗積陳重，《法律進化論》，第二冊，大正十四年三版，三九三頁，三九六頁，三九七頁，四〇六頁，四〇八頁，四一三頁。）

❷❾❽ 引自神川彥松，《民族主義ノ考察》（小野塚教授在職廿五年紀念，政治學研究，第一卷，昭和二年出版），四八四頁。這句話大率是引自 Also sprach Zarathustra。原書尚引有尼采另外所說：「凡人未得權力以前，皆要求自由；既得權力之後，又要求優越權；得不到優越權，則要求正義，即要求平等的權力」。民族運動的發展情況也是如此。

❷❾❾ W. Bagehot, *Physics and Politics*, p. 79–80.

人 H. Treitschke 在其所著 *Die Politik* 中亦說：「文明較優的民族應當握有統治的大權」，「武力征服或同化政策雖然殘酷，但對人類卻是有益。優秀民族吞併低劣民族，於人類實有莫大的利益」❸❶❶。這種擴張勢力的企圖可以說是沒有一定的限界，一方受制於自己的國力，他方受制於別國的抵抗力，苟無別國的抵抗力，則勢力將無限的擴張下去。但是要擴張勢力的不只一國，於是又由權力的鬥爭，而發生帝國主義的現象。

　　三就第三期的民族自決運動言之，關此，似有追述十八世紀末期之事。民族主義與民主主義有密切的關係。民主主義促成個人的自覺，而要求個人的自由平等。其應用於國際方面，便成為民族主義，促成民族的自覺，而要求民族的自由平等。這個思想發生於法國革命時代。法國革命不但主張人民對內有自決權，且又主張民族對外有自決權。個人由其天賦人權，得依自己的意志，決定自己的運命，所以他們有選擇國家的權，從其所欲，脫離一個國家，而歸屬於別一個國家。同樣，一地人民或全國人民亦得從其所欲，脫離一個國家，而組織另一個國家。那創辦法國革命軍的卡羅特 (L. N. M. Carnot, 1753–1823) 說過，「政治上民族與民族的關係猶如社會上個人與個人的關係。每個民族均有民族的權利。自然法希望吾人尊重這個權利。每個民族得從其所欲，或單獨組織國家，或與別個民族合同組織國家。我們的主義不是征服，而是博愛」❸❶。法國基於這種思想，所以革命之時，要沒收國內教皇領地，要收復德領亞爾薩斯 (Alsace)，均令該地居民先舉行居民投票 (plebiscite)，而後才合併之❸❷。此外，法國又煽動各國人民起來革命，且用法國軍隊之力，協助其解放。一七九二年十二月國民議會 (Assemblée nationale) 曾作一種宣言，大意謂：「凡反對自由平等而擁護王侯及特權階級的，法蘭西國民均視之為敵人。法國革命軍所到之地，非待該地人民確保了主權和獨立，

---

❸❶❶ J. W. Garner 著，孫寒冰譯，政治科學與政府，第一冊，三五四頁。

❸❶ 引自神川彥松，《民族主義ノ考察》，四二三頁。

❸❷ 同上，四二四頁。

且依平等原則，組織自由民主的政府以後，法蘭西國民決不與其訂立條約，亦決不肯放下武器」❸❶❸。這種民族自決當然與現代的民族主義不同，既不是反抗異民族的統治而建立民族國家，而是反抗同民族的政府而組織民主國家。革命愈進展，軍事愈勝利，革命理論又復變質，解放變為征服，自由變為壓制，平等變為優勝。然而各國受了拿破崙鐵蹄的壓迫，又受了法國民主思想的洗禮，竟然發生了民族自覺，而主張民族獨立。一八〇八年德國菲希特 (J. G. Fichte) 之「告德意志國民書」(*Reden an die deutsche Nation*)，可以視為一例。其結果也，歐洲各地，民族自決運動便如火如荼，不可嚮邇，終而成立了不少的民族國家。然在世界其他各地，列強還是照舊的侵略，經濟落後的國家無不淪落為殖民地或半殖民地，而受帝國主義者的壓迫。民主主義為現代文化的精神，而以自由平等為口號。但是自由平等只實行於同民族之間，對於異民族仍然不與其作自由平等的交際。斯密特 (C. Schmitt) 說：

> 現實的民主主義不但指平等者待之以平等，且又指不平等者不以平等待之。即民主主義的本質有二：一是愛護同質 (Homogenität)，二是排斥異質 (Heterogenität)……古代雅典實行民主政治，而其內部乃有無數奴隸。現代英國號為民主國的模範，而在四億領民之中竟有三億以上不是英國的公民……現代帝國主義者在其本國實行民主政治，而在殖民地，則把異質的民族不視為國民，而排斥於本國之外。所以殖民地在國法是外國，在國際法又是本國 (die Kolonien sind staatsrechtlich Ausland, völkerrechtlich Inland) ❸❶❹。

但是這種狀況卻不能永久維持下去，殖民地的人民本來沒有民族意識，因之他們對於列強的侵略也沒有反抗的意志。前曾說過，列強奪取殖民地的目的是要以之為市場，是要採購其原料，最後且欲輸出資本，以解決國內資

---

❸❶❸ 同上，四二四頁至四二五頁。

❸❶❹ C. Schmitt, *Die geistesgeschichtliche Lage des heutigen Parlamentarismus*, 2 Aufl. 1926, S. 13–15.

本過剩的危機。然而推銷商品之時，不能不設法增加殖民地人民的購買力。採購原料之時，不能不設法增加殖民地人民的農業生產力；而輸出資本之時，更可以提高殖民地人民的工業生產力。這種情況皆有助於殖民地人民生活的改善。前此，殖民地人民天天受了生活的壓迫，須把全部精力貢獻於物質生產，不能解放一部分的精力致力於精神修養，因此，殖民地人民的知識本來低劣。現在呢？他們的生活改變了，他們的知識提高了。知識既然提高，當然感覺到外國的壓迫，而思有所反抗。於是殖民地人民便和過去歐洲民族之作民族解放運動一樣，出來要求民族自決。印尼的獨立可以視為一例。

所謂民族自決，就其理想言之，固然是要「每個民族都有一個國家」(Jede Nation ein Staat)，「每個國家都只有一個民族」(Jeder Staat ein nationales Wesen) ⑤。但是這個理想卻難實現。在歷史上，一個民族有分別組織數個國家者，又有一個國家包容數個民族者。在前者，各國家之間或相鬥爭，或相合併。在後者，各民族之間或各自分立，或則一個優勝的民族吸收劣敗的民族而同化之⑥。事實如此，而況今日各國，尤其巴爾幹半島各國又常有許多不同的民族，雜居一地，地理上沒有截然的分界，更何能使一個民族組織一個國家。對這複雜而又嚴重的民族問題，各國如何處理，茲試分類說明如次。

㈢聯邦制度與民族自治

同民族所組織的聯邦國，常由民族的向心力，傾向於單一國；異民族所組織的單一國，常由民族的離心力，傾向於聯邦國，甚至於瓦解為數個國家。民族與國家雖有密切關係，而各國解決民族問題的方法，又隨環境之不同，各有各的方式。若大別之，可以分為三種。

⑴國內各種民族，就血統言，就言語言，就宗教言，皆不相同。他們的文化程度與經濟情況相差不遠，又各居一地而有完整的領土權者，本來可以

---

⑤ J. C. Bluntschli, a. a. O. S. 107.

⑥ 參閱 J. C. Bluntschli, a. a. O. S. 108ff.

各自獨立，分為許多國家。倘或人口過少，領土太狹，在今日國際社會，不能保障各自的自由權利，則他們可以結合起來，組織一個聯邦國，瑞士就是其例。這種聯邦國成立的目的，實如瑞士憲法（第二條）所說，「組織聯邦之目的，在於確保國家的獨立，維持國內的安寧，保護各邦的自由權利，並增進各邦的共同利益」。它們的結合頗見鞏固，而各民族的地位則一律平等。所以在其憲法之上，採用了兩種制度：一是各邦的參政權完全平等，各邦於列邦院 (Standerat) 內均有代表二名（第八〇條）。二是各邦均有充分的自治權，尤其是自主組織權 （第三條第五條第六條）。各邦——各民族的地位既然平等，所以瑞士沒有唯一的國語；法國語、德國語、義大利語，都是聯邦的國語（瑞士憲法第一一六條）。

　　(2)國內若有少數民族，其言語，其風俗習慣，其感情思想與本國民族完全兩樣，一方他們聚居一地，而有完整的領土權，他方他們因為人口太寡，而又受本國的脅制，不能分離而建設獨立的國家者，在今日民族主義盛行的時代，各國對於他們的政策，可大別為兩種：

　　①本國民族與少數民族共同組織聯邦國。其實，政權常為「多數民族」所把持。因為多數民族在聯邦議會之內，必因議員人數眾寡懸殊，而致少數民族沒有發言的機會，蘇聯就是其例。前已說過，蘇聯以聯邦最高蘇維埃為中央立法機關，其中一院叫做民族院，雖然代表各邦，而蘇俄在民族院內卻壟斷了大多數的議席。所以由民族方面觀之，蘇聯不是民族平等的聯邦，而是以蘇俄為盟主的聯邦。

　　②本國民族不與少數民族共同組織聯邦國，而只許少數民族自治，例如第一次大戰之後，捷克與羅塞尼亞的關係。一九一九年九月十日聯盟國與捷克訂立條約，許其合併羅塞尼亞，但須給予羅塞尼亞以最大自治權。捷克憲法依此條約，承認羅塞尼亞為自治團體，羅塞尼亞有其自己的議會，對於言語教育宗教及地方行政各種問題，均有立法權，其所議決的法律須經捷克總統及羅塞尼亞省長 (Governor) 批准。省長由捷克內閣提請總統任命之，但他乃對羅塞尼亞議會負責。羅塞尼亞不但有自治權而已，尚得依捷克議會兩院

議員選舉法,選舉代表,參加中央立法權之行使(一九二○年捷克憲法施行法第三條)。憲法規定如斯,實際情形如何?羅塞尼亞的議會未曾召集過一次,權力歸於中央任命的副省長(Vice-governor,捷克人),其所選舉的中央議會議員,因為人數過少,也不能發揮作用。總之,在這種國家,少數民族必處於不利的地位❸❼。

　　③倘若少數民族雜居各地,沒有完整的領土權,則不但不能組織聯邦,即民族自治亦難實現,而只有特別保障他們的自由。例如波蘭(一九二一年憲法第一○九條第一一○條第一一五條)、捷克(一九二○年憲法第一二八條第一三○條第一三一條第一三二條)、南斯拉夫(一九二一年憲法第一六條)、立陶宛(一九二二年憲法第七三條第七四條)、愛沙尼亞(一九二○年憲法第六條第一二條第二一條第二二條)、拉脫維亞❸❽均於憲法之上,保障國內少數民族有平等的自由權利,有宣揚自己宗教,保存自己習慣,使用自己言語以教育兒童的權。此外尚許他們設立各種自治機構 (Autonomous institutions) 以增進他們自己的文化與福利,並向國家領取補助金,以辦理他們自己的學校和慈善事業❸❾。但是察之實際情況,憲法上的保護往往只是具文。固然少數民族也有參政權,可以選舉議員,參加中央議會,以代表他們的利益。但是議會乃依多數決的方法,決定一切。他們人數不多,提出任何議案,都沒有通過的可能。這便是他們諸國雖然保護少數民族的利益,而少數民族猶不滿意,因之,民族糾紛也不能根本消滅的原因。

　　國內民族之分布有三種形態,因之,各國解決民族問題,也有三種方式。我們必須知道:一切問題對於各民族有重大關係者,往往不是解決於地方,而是解決於中央。在中央解決問題之際,少數民族應和多數民族有平等發言

---

❸❼ A. Headlam-Morley, *The New Democratic Constitutions of Europe*, 1929, pp. 71–73.

❸❽ 拉脫維亞憲法與其他各國憲法不同,條文簡潔,其如何保護少數民族,是用法律定之,見 A. Headlam-Morley, op. cit., p. 70, n. 4.

❸❾ A. Headlam-Morley, op. cit., pp. 70–71.

的機會。他們人數過少，其所選舉的代表在濟濟多士的議會之內，若只依多數決之原理，實難發揮政治上的作用。邪陵勒克說，多數決的思想是根據自然法的觀念，各人都有同一的價值。在同一價值的人民之間，除依「數」決定之外，實在沒有更妥善的方法。議會議員是人民的代表。在代表之間，當然不能付以差異的價值。人類判斷政治問題，常以自己的環境為標準，而環境又依人而殊，因之，政見之不同乃是人類社會之必然的現象。但是政黨是常常變動的，今天保守黨的人明天可變為自由黨，今天自由黨的人明天可變為急進黨。換句話說，今天少數黨，明天也許變為多數黨。因此之故，一國人民苟只有政見之差異，所謂多數決主義原可不必反對，最多亦只可對於重要問題，提高出席人數及同意人數，以抑制多數者之專橫，並保護少數者的利益而已。在這種政制之下，少數者只有一種權利，即自己努力，以備後來變成多數者❿。但政黨勢力的消長只能存在於統一的民族之間。民族不同，少數民族必永是少數民族，多數民族必永是多數民族，因之多數決主義就失去存在的價值。舉例言之，宗教不同，何能以多數人信仰之宗教，以推翻少數人之宗教，德國在三十年戰爭之後，其議會 (Reichstag)，關於宗教問題，放棄多數決主義，即不用討論方式，而用協商 (Amicibilis Compositio) 之法。縱令不關宗教之事，倘兩派之中，有一派焉，宣佈以之為協商事項，議會亦分做舊教派 (Corpus Catholicorum) 與新教派 (Corpus Evangelicorum) 兩個團體，一切決議以兩個團體之同意為之。所以兩方的票數雖然相差甚巨，而乃有同一的價值⓫。民族亦和宗教一樣，今日之日耳曼黨，明日必不能變為斯拉夫黨。這個時候，若依多數決主義，決定一切，則少數民族必視之為暴虐無道。瑞士雖有許多民族，然其政黨乃依政見而分立，非以民族為標準。反之，奧國則不然了，政黨分做日耳曼黨 (Corpus Germanorum) 與斯拉夫黨 (Corpus Slavorum)。奧國憲法 （一八六七年關於人民權利的憲法第一九條）

---

❿ G. Jellinek, *Das Recht der Minoritäten*, 1898, S. 27–28.

⓫ G. Jellinek, a. a. O. S. 28–29.

固然保障國內一切民族有同等的權利，但問題之與民族有重要關係者，不是解決於地方議會，而是解決於中央議會。而在中央議會之內，斯拉夫黨往往恃其多數憑陵日耳曼黨，兩相鬥爭，永無終息之日。於是人們遂提議在中央議會，應予日耳曼黨以多數決所不能剝奪的權利，而如美國各邦在第二院內之平等投票權，非得各該邦同意，不能修改（美國憲法第五條）者一樣**312**。總之，多數決主義乃以人類絕對平等為前提，絕對平等可以適用的原理本來不能適用於絕對不平等，這便是過去波蘭諸國雖然保障少數民族的利益，而仍不能解決民族糾紛的原因。

第八節 關於國家的各種學說

自希臘而至現在，學者之討論國家也，有各種不同的學說。國家學說不能確定，由我們看來，乃是當然的事。因為社會不斷的發展，國家則隨著社會的發展，而變更其現象。單單觀察現象，自古迄今，國家時時都在進化的過程之中，所以某時代的國家學說雖然能夠說明該時代的國家現象，然而社會發展了之後，國家現象隨之變更，於是舊的國家學說，失去效用，而另外發生了一個新的國家學說，說明新的國家現象。所以我們用過去的國家學說，以觀察現在的國家現象，固然不對，同樣我們由現在的國家現象，以批評過去的國家學說，也是不對。

國家學說可以分做兩種：一是關於國家起源的學說，其中最重要者為父權說、神權說、契約說、武力說四種。二是關於國家本質的學說，其中最重要者為遺產說、倫理說、有機體說、法人說四種，現在試以社會發展為標準，簡單說明各種學說如次。

---

312 G. Jellinek, a. a. O. S. 29–32.

(一)遺產說 (the patrimonial theory, Patrimonialtheorie)

日耳曼民族本來住在森林之中，而以農耕或畜牧為業。農耕需要田園，畜牧需要牧場，經濟制度如斯，他們重視土地，不能不說是環境使然。由於這種關係，日耳曼法律便把權力與土地結合起來，以為權力是由土地而發生，是以土地為基礎。到了日耳曼民族侵入羅馬領土，而建設國家之時，其最大的法蘭克王國分國為縣 (Gau, Gratschaft)，置總督 (Graf) 以治之，縣分為區 (Centen, Hundertschaft)，置區長 (Centenarius) 以治之，各有職田 (Amtsgüter)。這種官吏最初由國王任命，其後改為世襲，而各地區的統治亦漸次由公法上的性質變為私法上的性質，即由公法上的統治權變為私法上的所有權❸。在這環境之下，人們以政治上的權力放在經濟基礎的土地之上，而謂土地的私有乃是國家發生的原因，且為君主權力的基礎，不能謂無理由。此時也，統治不視為對人的統治，而視為對於土地之上的人的統治。換言之，上自國君，下至陪臣，都不是直接統治人民。而是因為支配了土地，故又支配了土地之上的人民。及至統一國家成立，專制政治發生之時，有些學者尚把國家的基礎放在土地所有權之上，以為國家只是君主的所有物，由君主代代繼承之，而為君主的世襲財產。這種學說稱為遺產國家說。其代表者則為 L. v. Haller (1766–1854)❹。照他說，君主的統治不是由於人民的信託，而是基於自己固有的權利。君主不是國家的第一公僕，也不是國民的最高官吏。他有獨立的人格，為獨立的主人 (unabhängige Herren)，而處理自己的事 (ihre eigene Sache regieren)。一切職權都是起源於自己固有的權利，即起源於特權與財產 (Freiheit und Eigentum)。君主統治人民，是他的權利，不是他的義務。一切國家現象都可以視為君主的私人關係，不但領土與人民為君主的私有財產，甚至於戰爭也只是君主實行其防衛權。一般官吏不過是君主的家臣 (Diener)，

---

❸ H. Preuss, *Gemeinde, Staat, Reich als Gebietskörperschaften*, 1889, S. 333ff.

❹ L. v. Haller 著有 *Handbuch der allgemeinen Staatenkunde* (1808) 及 *Restauration der Staatswissenschaft* (1816–1834) 兩書。

辦理君主的業務 (Geschäft)，他們雙方的關係是由雇傭契約 (Dienstvertrag) 而發生 ❸❶❺。這種言論乃是封建時代的國家觀念，所謂「遺產國家」(Patrimonialstaat) 一語則遲至十九世紀之初，才由 Haller 提出。然而我們須知 Haller 乃是沒落的封建貴族，對於法國革命，抱有反感，故乃作此反動的主張。

㈡父權說 (the patriarchal theory, Patriarchaltheorie)

人類社會最初是以共同血統為基礎，而組織氏族團體。到了國家誕生之後，血統社會 (sanguinal society) 變為地域社會 (territorial society)，而血統社會的遺跡尚未完全脫掉。例如雅典人、羅馬人組織國家之際，他們的社會還是集合許多家族成為一個氏族，集合許多氏族成為一個氏族聯盟，集合許多氏族聯盟成為一個部落，集合許多部落成為一個城市國家 ❸❶❻。情形如斯，學者以國家為家族的擴大，以統治權為父權的擴大，乃是當然的事。這個父權說首創於亞里斯多德 (Aristotle, 384–322 B.C.)。照他說，人類組織團體不外兩種目的，一是為了保存種族而有男女的結合，二是為了維持生活而有主奴的結合。由於男女的結合及主奴的結合，就有了家族的組織，家族是為供給人類的日常需要而產生的。數個家族若再結合起來，則除供給日常需要之外，必尚有其他目的，於是又產生了鄉村。數個鄉村若再結合起來，而成為一個自給自足的社會，那就產生了國家。家族不過供給人類的日常需要，國家則以良善生活為目的。然而國家是集合家族而成，而為家族的擴大，則不容吾

---

❸❶❺ J. K. Bluntschli, *Geschichte der neueren Staatswissenschaft, allgemeines Staatsrecht und Politik*, 3 Aufl. 1881, S. 553ff.

❸❶❻ 據 H. Cunow, *Die Marxsche Geschichts-, Gesellschafts und Staatstheorie*, Bd. I, 4 Aufl. 1923，雅典建國之時，分為四個部落 (Stämme)，每個部落各有三個氏族聯盟 (Phratrien) 及九十個氏族 (Gentes)(S. 292)；羅馬建國之際，分為三個部落 (Stämme)，每個部落有十個氏族聯盟 (Kurien, Phratrien)，每個氏族聯盟有十個氏族 (Gentes) (S. 288)。

人懷疑。任何家族無不受家長的支配，到了集合家族而為國家之後，最初也依過去習慣，實行君主政治，可以說是自然之理❸。及入近世，布丹 (J. Bodin, 1530–1596) 亦謂，國家的要素不是個人，而是家族。家族沒有國家，也得存在。國家沒有家族，便不能組織成功。在國家尚未建立以前，家長對其妻子，有生殺予奪之權。其後家族之間或為增殖財產，或為報復仇恨，不惜合縱連橫，以力相爭。其結果也，優勝的人對其自己家族的支配權便見擴大，而得統治敵人和盟友。盟友享受自由，敵人淪為奴隸，這是國家產生的原因。由此可知國家的起源由於家族，家族的組織則為國家組織的模型❸。到了現代，英人 H. Maine (1822–1888) 在其所著 *Ancient Law* 中，又根據各民族的歷史，予以科學的說明。照他說，原始社會不是集合個人而成，而是集合家族而成。即古代社會的單位 (unit) 為家族，近代社會的單位為個人。在古代，一家的人均須服從大宗的男子。這個大宗的男子便是家長，而有最高的權力。到了一個家族分化為數個家族之時，每個家族常於大宗的家長的權力和保護之下，結合起來。這樣，家族就集合成為氏族，氏族又集合成為種族，種族更集合成為國家了。政治觀念乃開始於血統為社會的唯一基礎之時，原始國家又成立於人們深信自己是出於同一祖先之時。所以家族乃是國家的淵源，國家乃是家族的擴大。一家的人須受家長的支配，同樣由家族而氏族，由氏族而種族，由種族而形成為國家的時候，家長的支配權就漸次變成國家的統治權❸。總之，父權說均以國家為家族的擴大，以政權為父權的擴大❸。

---

❸ F. W. Coker, *Reading in Political Philosophy*, 1938, pp. 55–56.

❸ F. W. Coker, op. cit., pp. 371–372. J. K. Bluntschli, a. a. O. S. 31.

❸ H. Maine, *Ancient Law* (Everyman's Library), pp. 75–76. 此處是根據安西文夫譯：古代法，昭和二十三年出版，一〇〇頁，一〇二頁，一〇五頁。

❸ 當 H. Maine 發表 *Ancient Law* 之時，同年（一八六一年）瑞士人 J. J. Bachofen 亦發表 *Das Mutterrecht* 一書，他固然也謂國家的起源由於家族，但他以為在父權社會之前，尚有一個母權社會。所以原始社會若有政治，必不是父權政治 (Patriarchat)，而是母

(三)神權說 (the divine theory, religiös-theologische Theorie)

　　人類的生活一方須依賴自然，同時又受自然的壓迫。在人類知識幼稚的時代，雖然承認自然的偉大，而卻沒有方法抵抗自然，戰勝自然。狂風暴雨的侵襲，大旱洪水的摧殘，這些現象既不是人力所能左右，就不能不推想到人力以外的原因。於是在人類的幼稚心理之中，遂以為冥冥之中必有一個主宰的上帝，支配一切。各種現象不但自然現象，就是社會現象也是上帝創造的物，這樣，就產生了神權說。神權說以為國家乃上帝所創造，任誰都要遵守上帝的命令，而服從上帝所創立的律法㉑。這個神權說固然散見於各種民族的傳說歷史及古訓之中，而在國家論之上能夠成為一個獨立的學說者，則在歐洲中世封建時代。中世歐洲關於國家與教會的關係，已經有了三種不同的學說㉒。一是主張國家在教會之下，首倡於奧古斯丁 (A. Augustinus, 354–430)，經羅馬教皇的附和，而大成於阿奎那 (T. Aquinas, 1225–1275)，十三世紀又有兩劍之說 (Theory of two swords, Zweischwertertheorie)㉓。二是主張國

權政治 (Matriarchat)。一八六四年法人 F. de Coulanges 發表 *La Cité antique*，他雖主張原始政治為父權政治，但同時又謂家族的權力固屬於父，而父之上尚有竈神。父在一家之中，既掌祭祀，又掌審判，復掌行政，這是政治的起源。一八七○年英人 J. Lubbock 研究圖騰制度，而發表 *The origin of civilization, and the primitive condition of man*，一八七七年美人 L. H. Morgan 發表 *Ancient society*，承認父權社會前尚有母權社會。一八八四年德人 F. Engels 根據 Morgan 之研究，發表 *Der Ursprung der Familie, des Privateigentums und des Staats*，此數人對於國家的起源，均有特殊的見解。

㉑ G. Jellinek, *Allgemeine Staatslehre*, 3 Aufl. 1929, S. 186.

㉒ G. Jellinek, a. a. O. S. 441. 他說，在中世，國家與教會鬥爭之時，發生三種意見，即國家在教會之下，國家與教會平等，國家在教會之上。

㉓ O. Gierke, *Political Theories of the Middle Age* (translated by F. W. Maitland), 1927, p. 11ff. G. Jellinek, a. a. O. S. 189. 按兩劍說乃根據路加福音書第二十二章第三十八節，以為上帝把兩把劍：一把統治精神，一把統治肉體，授給耶穌，由耶穌傳給聖彼得，

家與教會平等，丹第 (Dante Alighieri, 1265–1321) 的帝政論 (*De Monarchia*) 是其代表的著作❸❷❹。三是主張國家在教會之上，馬西僚 (Marsiglio da Podova, 1270–1340) 的「論和平的擁護人」(*Defensor pacis*) 實開其端❸❷❺。然這三種學說❸❷❻皆基於中世紀的世界帝國（神聖羅馬帝國）的觀念，說明帝權與教權的關係。近代的神權說乃開始於封建社會已經瓦解、民族國家已經成立、中央集權已經完成、專制政治達到爛熟之時。君權萬能引起民權的反抗運動，於是遂需要一個學說來辯護君權，因而產生了君權神授之說。所以近代的神權說與中世紀的神權說不同，不是說明皇帝（神聖羅馬帝國皇帝）與教會的關係，而是說明君主（各國君主）與人民的關係，即不是主張俗權 (temporal power) 對於教權 (spiritual power) 之應獨立，而是主張君權對於民權之為萬能❸❷❼。對這君權神授說，發生了反抗的理論，即所謂暴君反抗論 (Monarchomachen) 是。暴君反抗論固然尚未完全脫丟中世神權觀念，還是以神意為立論的前提，但其宗旨則為擁護民權而欲限制君主的權力❸❷❽，有下述

再由聖彼得傳給羅馬教會。其後羅馬教會只保留統治精神的劍，而將統治肉體的劍委託皇帝行使。即如教皇 Bonifacius VIII 所說：「一把劍由教會用之，另一把劍則為教會而用之」，總之兩劍說以為政教兩權本來都是屬於教會，其後皇帝雖有政權，然其政權是由羅馬教會委託的，所以教權應在政權之上。

❸❷❹ O. Gierke, op. cit., pp. 16–17. H. Kelsen, *Die Staatslehre des Dante Alighieri*, 1905, S. 92ff.

❸❷❺ O. Gierke, op. cit., p. 16. G. Jellinek, a. a. O. S. 442.

❸❷❻ 三種主張皆以聖經為立論的根據。主張國家在教會之下的，引用哥林多前書第二章第十五節：「屬靈的人能夠審判萬事，他自己並不被人審判」。主張國家與教會平等的，引用馬太福音書第二十二章第二十一節：「凱撒的物當歸給凱撒，上帝的物當歸給上帝」。主張國家在教會之上的，則引用羅馬書第十三章第一節至第二節：「在上有權柄的，人人當順服他，因為沒有權柄不是出於上帝的。凡掌權的都是上帝所命的，所以抗拒掌權的，就是抗拒上帝的命。抗拒的必自取刑罰」。

❸❷❼ 參閱 G. Jellinek, a. a. O. S. 441.

兩派。

(1)**君權派** 他們以為上帝不是先把統治權授給羅馬教會，也不是先把統治權授給人民，而後再由人民或羅馬教會委託於各國君主，而是就把統治權直接委任於君主。君主的權力既然直接授自上帝，所以君主惟對上帝負責，而人民對於君主，必須絕對服從，縱遇暴虐之君，也不得反抗。這個學說萌芽於文藝復興時代，中經宗教改革時代路德 (M. Luther, 1483–1546) 一派的鼓吹，而大成於英法德各國學者。到了十七世紀尚有英國的 R. Filmer (1604–1655)，法國的 J. B. Bossuet (1627–1704)，德國的 V. L. von Seckendorf (1626–1692)，十九世紀猶有德國的 F. J. Stahl (1802–1861) 的提倡❸❷❾。

(2)**民權派** 他們以為上帝先把統治權授給人民，而後再由人民委託於君主，而人民委託統治權於君主之時，曾與君主訂立了一個契約，君主必須服從法律，公平施政，而後人民才有服從的義務，倘令君主施行虐政，人民可以起來反抗。這個學說發端於加爾文 (J. Calvin, 1509–1564)，而大成於法國的 H. Languet (1518–1581)、英國的 G. Buchanan (1506–1582)、德國的 J. Althusius (1557–1638) 等暴君反抗論 (Monarchomachos) 一派之人❸❸❶。

總之他們兩派均以國家為上帝所創造，統治權為上帝所賦與，不過上帝先把統治權給予誰人，因兩派見解之不同，所以結論亦不一致。

(四)**契約說** (the contract theory, Vertragstheorie)

在中世紀，一方國家的君主常和貴族訂立契約，規定雙方的權利義務關係（例如英國的 Magna Carta），他方城市的基爾特也訂立章程，約束會員。

---

❸❷❽ 參閱下述(四)契約說。

❸❷❾ 關於 Luther，請參看 G. H. Sabine, *A History of Political Theory*, 1937, p. 361. J. K. Bluntschli, a. a. O. S. 58ff. 關於 Filmer 及 Bossuet，請閱四六頁之❶❹❸。

關於 Seckendorf 及 Stahl，請參看 J. K. Bluntschli, a. a. O. S. 163ff., 694ff.

❸❸❶ 關於 Languet, Buchanan, Althusius，請閱下述(四)契約說。

人們觀察了這種現象，就由前者產生了政府契約說 (Governmental contract theory, Herrschaftsvertrag)，由於後者亦有社會契約說 (Social contract theory, Gesellschaftsvertrag)，但是不管那種契約說都有一個前提，因為倘使有人反問人民何以用契約組織國家，而國家成立之後人民何以必須絕對服從，則將無辭以對。因此前者就以神意為前提，即以聖經為根據，後者則以自然法為前提。政府契約說的前提雖為神意，而其結論，則主張反抗暴君，所以世人稱之為暴君反抗論，而以 H. Languet (1518–1581), G. Buchanan (1506–1582), J. Althusius (1557–1638) 為代表。他們以為在自然世界，人類的生活不能充分保障，於是就依兩種契約，把國家組織起來，一是人神契約 (Gottesvertrag)，即人民約束服從神意，遵守法律，而後上帝才把統治權授給人民。二是統治契約 (Herrschaftsvertrag)，即人民選擇一位君主，與其訂立契約，於君主施行仁政的條件之下，把統治權委託於君主而約束服從，君主違反契約，虐待人民，人民可以放逐暴君而迎立仁君❸❸❶。社會契約說以自然法為前提，所以世人稱之自然法學派，創始於格老秀斯 (H. Grotius, 1583–1645)，中經霍布斯 (T. Hobbes, 1588–1679) 斯賓挪莎 (B. de Spinoza, 1632–1677) 蒲芬道夫 (S. F. v. Pufendorf, 1632–1694)，而大成於洛克 (J. Locke, 1632–1704) 與盧梭 (J. J. Rousseau, 1712–1778)❸❸❷。他們以為人類在自然世界之下，都有自由，都是平等。但是各人的權利都不能確實保障，常常給別人侵害。所以他們就由自然法的命令，利用契約，把國家組織起來，把政府建立起來，用政府的權力，以保護各人的權利。但是萬一政府不能保護人民的權利，人民要怎樣對付呢？關此，社會契約說可以分做兩派：其一、如霍布斯者，以為君主不是契約的當事人，不受契約的拘束，而有無限的權力，所以縱令君主施行虐政，人民

---

❸❶ H. Cunow, a. a. O. S. 61f.

❸❷ 關於 Grotius，請閱四七頁之❶❹❺。關於 Hobbes，請閱四七頁之❶❹❽。關於 Spinoza 及 Pufendorf，請閱四八頁之❶❹❾及❶❺⓿。關於 Locke，請閱四八頁之❶❺❶。關於 Rousseau，請閱四九頁之❶❺❷。

也不得反抗。其二、如洛克、盧梭者，以為人民組織政府的目的在於保護人民的權利，所以君主施行虐政而侵害人民的權利之時，人民可出來革命，而變更政體。由此可知政府契約說與社會契約說有四點不同。第一是前提不同，政府契約說以神意為前提，社會契約說以自然法為前提。第二是契約當事人不同，政府契約說以為人民與君主訂立契約，社會契約說則謂人民訂立契約之後，才產生了統治者，統治者不是契約的當事人。第三是人民的反抗權不同，政府契約說主張放逐暴君，社會契約說或主張人民須絕對服從君主，或主張人民可出來革命，而變更政體。第四是理想的政體不同，政府契約說主張君主政治，社會契約說或主張專制政治（例如霍布斯），或主張君主立憲政治（例如洛克），或主張共和民主政治（例如盧梭）。

　　政府契約說產生於中央集權的專制國成熟之時；社會契約說產生於中央集權的專制國要轉變為立憲民主國之際。時代不同，故其內容亦異。但是中央集權的專制國乃是立憲民主國要產生時必經的路程。因之，政府契約說與社會契約說雖然不同，而又不是絕對相反，兩者都努力於改變專制政治為民主政治。大勢所趨，學說不過時代意識的表現而已。

㈤**武力說** (the force theory, Machttheorie)

　　我們研究古代社會，國家或因征服而產生，或因防禦而組織，而國家既已誕生之後，為要外禦敵人，內保安寧，又有軍隊警察與司法等各種制度，學者由於這種現象，而主張國家為武力造成的團體，即強者支配弱者的霸道團體，固不能批評其無根據。武力說為希臘的詭辯派 (Sophists) 所首創，他們以為國家只是強者壓迫弱者的工具，但是有時弱者也能夠團結起來，組織國家，以抵抗強者的壓迫。不管怎樣，國家的基礎總是放在武力之上❸❸❸。然自 Academic 學派之倫理的國家論與 Scholastic 學派之宗教的國家論發生之後，武力說就一蹶不振。十四世紀雖有一位阿拉伯學者，長住於西班牙，叫

---

❸❸❸ G. Jellinek, a. a. O. S. 193. G. H. Sabine, op. cit., p. 31.

做 Ibn Khaldun (1332–1406) 的，以征服 (Eroberung) 為國家發生的原因❸❸❹。但這種論調對於當時歐洲學界，並沒有什麼影響。十八世紀之後，學者主張武力說的漸次增加。D. Hume (1711–1776) 已經以武力為國家產生的原因，且又以武力為統治的基礎了❸❸❺。 亞當斯密 (Adam Smith, 1723–1790) 之言更見明顯，他的經濟學說雖和馬克思相反，而其國家學說卻與馬克思同出一轍，以財產制度為階級發生的原因，復以階級差別為國家發生的原因。他說，「在私有財產制度尚未發生以前，沒有國家，也沒有政治。政治的目的在於保護財產，即相對於貧人而保護富豪。如在牧畜時代，某人有五百匹的羊，別人沒有一羊，則前者非有政府保護，絕對不能保存其羊。財產不平等可以發生貧富的差別，而造成富豪支配貧人的關係。因為富豪既把野獸占據為私有物，則貧人當然不能再用狩獵的方法，維持生存，所以只有隸屬於富人，取得生活資料。於是富豪對於貧人就有一種強烈的支配力，並為了預防貧人的反抗，便需要政府了」❸❸❻。同時，A. Ferguson (1724–1816) 亦謂，蠻荒時代沒有貧富的差別，沒有階級的對立，因之沒有政治，也沒有國家。國家的產生由於戰爭。戰爭之時，一方在同群之中，發生了酋長武士與平民的對立，酋長武士可以多得掠奪品，因之又發生了貧富不均之狀。他方對於戰敗的群，可以虜掠其人民以為奴隸，於是又發生了征服者與被征服者的對立。酋長武士為了禁止同群人的競爭，為了抑制被征服者的反抗，遂感覺有設置統治組織的必要，於是國家就誕生了❸❸❼。自是而後，武力說日益發達，終而有社會主義者的階級鬥爭說和社會學者的種族鬥爭說，茲試簡單述之如次。

(1)**階級鬥爭說**　主張這個學說的有 K. Marx (1818–1888), F. Engels (1820–1895) 等輩。他們以為一切國家均由階級鬥爭 (Klassenkampf) 而發生，

---

❸❸❹ F. Oppenheimer, *System der Soziologie*, 2 Bd. Der Staat, 1926, S. 174.

❸❸❺ H. Cunow, a. a. O. S. 101.

❸❸❻ H. Cunow, a. a. O. S. 102.

❸❸❼ H. Cunow, a. a. O. S. 113.

即社會發展到一定程度之後，由於經濟的發達，而發生了剝削和被剝削兩個階級，做出各種明爭暗鬥。這種階級鬥爭若不設法阻止，則社會必由紛亂而至於崩潰。到了社會崩潰的時候，剝削階級就不能剝削別人。所以剝削階級要永久維持自己的地位，須用武力維持社會的秩序，而壓迫被剝削階級的反抗。應這必要而產生的則為國家。國家既已成立，剝削階級就成為統治階級，被剝削階級就成為被統治階級，所以國家乃是階級支配的工具。古代國家為奴主壓迫奴隸的國家，中世國家為領主壓迫農奴的國家，現代國家為資本家壓迫勞動者的國家。國家既是階級支配的工具，則階級消滅之時，國家亦歸枯萎，而代以各人均得自由發展的社會[338]。

　　(2)**種族鬥爭說**　主張這個學說的有 L. Gumplowicz (1838–1909), G. Ratzenhofer (1842–1904), F. Oppenheimer (1864–1943) 等輩。他們以為一切國家均由種族鬥爭 (Rassenkampf) 而發生，即強的種族利用武力征服弱的種族而發生，其征服的原因，則為經濟的剝削。詳言之，強的種族要把弱的種族當做奴隸，使他們勞動，而收其生產物為己有，乃用武力征服弱的種族。征服之後，強的種族成為統治階級，弱的種族成為被統治階級，統治階級為了確保自己的權利，乃制定法律，又為了執行法律，而設置政治組織，這樣，便成立了國家。國家成立之後，統治階級對外則擴張領土，以改良自己的生活條件，對內則剝削被統治階級，以增加自己的剩餘價值。國家的一切活動無不以此為其根本原因。由此可知國家的發生由於征服，國家的目的在於剝削，而統治與被統治的區別則由於人種的不同，其後能夠融和為一個種族，只是歷史發展的產物而已[339]。

----

[338] F. Engels, *Der Ursprung der Familie, des Privateigentums und des Staats* (1884)，參閱 G. Jellinek, a. a. O. S. 194.

[339] L. Gumplowicz, *Der Rassenkampf* (1883); *Grundriss der Soziologie* (1895). G. Ratzenhofer, *Wesen und Zweck der Politik* (1893); *Die soziologische Erkenntnis* (1896); F. Oppenheimer, *System der Soziologie*, 3 Bd. (1922–1927).

茲試根據 F. Oppenheimer 所著的小冊子 Der Staat, 3 Aufl. 1929，說明國家發生之過程
如次。照他說，人類都有生存慾望，人類要維持其生活，必須取得生存資料。人類取
得生存資料的方法，可分兩種，一是勞動 (Arbeit)，二是搶劫 (Raub)，前者叫做經濟
手段 (ökonomische Mittel)，後者叫做政治手段 (politische Mittel) (S. 10)。國家便是政
治手段的組織，所以在一個人利用經濟手段而只能創造一個人的生存資料之時，國家
不會發生。因為這個時候沒有剩餘生產物供人搶劫，因之政治手段沒有用處 (S. 11)。
在原始社會，人類的經濟生活不外狩獵農耕和遊牧三種。狩獵民不會組織國家，因為
他們的生產力非常幼稚。 倘令他們在鄰近之地發見了一個更進化的經濟組織而征服
之，也可以組織國家，但事實上狩獵民皆生存於無政府狀態之下 (S. 11)。淺耕農民也
不能組織國家，因為他們彼此孤立，各有田舍，而散居於鄉村各地。他們不易團結，
當然不能組織為戰鬥團體，攻擊別人 (S. 12)。而當時耕地過剩，任誰都可以得到土
地，而各人所占領的土地又必以各人所需要者為限。占地太廣，穀物無法貯藏，只有
聽其腐爛，所以搶劫別人的土地而耕墾之，乃是浪費精力。在這種情況之下，政治手
段當然沒有用處，因之國家不會成立 (S. 13)。反之，遊牧民則有組織國家的能力，他
們常用武力，征服農民，農民屈服，而向征服者納稅，那便發生了國家 (S. 14)。由遊
牧民開始侵略農民而至於國家的成立，其間可分做六個階段。第一階段是邊境戰爭的
搶劫和屠殺，最初遊牧民雖然敗北，但是他們必捲土重來，報復仇恨。反之，農民安
土重遷，不能進軍直擣遊牧民的巢穴。而戰爭不已，田園荒廢，對於農民也是不利。
所以遊牧民同農民開戰，最後勝利必在遊牧民 (S. 25f.)。第二階段是遊牧民漸知道砍
倒果樹，便不能結實，屠殺農民，便不能耕耘，乃於可能的範圍內，任果樹植立，任
農民生存。即遊牧民不再屠殺農民，惟搶劫農民的剩餘生產物，至於農民的住宅農具
以及維持生活的餘糧，則仍留給農民 (S. 29f.)。第三階段是遊牧民的搶劫漸變為農民
的貢賦。遊牧民已經知道利用和平方法，來奪取農民的剩餘生產物，由是一方農民解
放於姦淫虜掠之外，同時遊牧民亦有時間和能力去征服別的農民 (S. 32)。第四階段是
遊牧民為了自己利益，一方必須保護農民，而預防別個敵人搶劫，他方又須監視農
民，使其不敢勾結外敵而反叛，乃與農民同住一個地方，於是領土觀念遂見發生，而
兩個集團也由國際關係變為國內關係 (S. 32f.)。第五階段是同一領土之內，倘若村落
與村落發生械鬥，則農民的生產力必將因之破壞。於是遊牧民又設置法庭，管理審

㈥倫理說 (the ethical theory, ethische Theorie)

　　古代國家為城市國家，幅員狹隘，人口有限，國家常用權力干涉人民的生活，而人類的生活，又甚簡單，一切社會生活均可吸收於國家生活之內。因此之故，學者遂由人類的社會生活須 (sollen) 合於道德，而謂國家是 (sein) 最高道德的團體，人類惟在國家統治之下，才能完成其道德生活。例如柏拉圖 (Plato, 427–347 B.C.) 雖以人類之經濟的需要為國家發生的原因，亞里斯多德雖以家族為國家的起源，然而他們兩人均謂國家的目的在使人類能夠得到良善生活。中世國家受了宗教的支配，宗教的目的在於引導人類進入天國，而能進入天國的又限於道德深高的人，所以當時學者均謂國家的目的在使人類完成道德生活，俾死後能夠進入天國。到了中世末期，外交內政日益複雜，政治家不是臨機應變，不能維持國家的安全，於是就有馬凱維尼 (N. Machiavelli, 1469–1527) 主張權謀策術。一方使政治與倫理分離，他方使政治與宗教分離，只認國家為外禦敵人、內保治安的團體。他說：「君主不必真有道德，但宜裝做有道德之狀。因為有道德的君主實行道德，是最危險的事。沒有道德，裝做有道德，在必要時，又能做出不道德的行為，這是君主最需要的性格」❿。他又說：「解決爭議，有兩種方法，一依法律，一用武力。法律只惟人類才用，武力則為野獸的武器。但是人類只用第一方法，有時不免於窮，於是就須訴於武力。一國之君須能知道什麼時候用法律，什麼時候用武力。用其一而忘其他，國家未有不亡。君主須有獅子之猛，同時又兼狐狸之狡。獅子雖猛，而不能發見陷阱，狐狸雖狡，而不能抵禦豺狼，所以君主

判，統治組織於此益見完備 (S. 35f.)。第六階段是兩個集團的同化，最初他們雖然同住一地，但是彼此之間仍有種族觀念。到了這個時候，便犬牙相錯，融合為一，不但奉同一宗教，用同一言語，有同一習慣，且因生活於同一環境之下，鑄成了同一的感情，又因統治階級常從被統治階級之中，選擇美女，以作妃妾，而發生了共同的血統。於是國內愈見統一，而國家亦臻於完成之域 (S. 37, 40f.)。

❿ F. W. Coker, *Readings in Political Philosophy*, 1938, p. 285.

須有狐狸之狡，以發見陷阱，兼有獅子之猛，以威脅豺狼」 **❸** 。這種主張當然與古代 Academic，中世紀 Scholastic 大不相同。及入十九世紀，資本主義日益發達，各國經濟的競爭引起了各國民族的鬥爭，經濟先進國為了開拓其市場，不能不以國旗為先鋒，經濟後進國為了發展其產業，不能不求國家的保護。總而言之，這個時候不問經濟先進國或經濟後進國，只要它們想發展本國的產業，必須依靠國家的援助，於是人們就設法提高國家的權威，來限制個人的自由，來抑止階級的活動，使個人和階級絕對服從國家的命令，以便利用國民整個的合力，與外國抗爭。這樣，就先在德國，產生了黑格爾 (G. W. F. Hegel, 1770–1831) 的絕對的國家論 (absolute theory of state)。他是最先區別國家與社會不同的人，照他說，國家決不是社會本身，也不是社會發展到一定階段變化而成。國家與社會是兩種不同的物，同時併存，而又互相影響 **❷** 。社會是人類要滿足各種慾望而結合的，各人的慾望無限，各人要滿足無限的慾望，就有分工的必要。因為有了分工，各人的財產 (Vermögen) 和技能 (Geschicklichkeit) 就不能平等，而發生階級 (Stände) 的區別，所以社會乃是人們為了私利而互相鬥爭的場所 (Kampfplatz des individuellen Privatinteresses aller gegen alle)。國家與社會不同，國家是由人類同意而組成。但是只有同意，尚未可也；其同意須出於合理的意志 (vernünftige Wille)。所謂合理就是合於理性，即合於倫理觀念 (rittliche Idee)，所以國家的組成乃所以實現倫理觀念。照黑格爾說，倫理是指道德與法律合一之謂。在家庭，孝順 (Pietät) 為貴，法律的作用少，而道德的作用多，用黑格爾的辯證法來說，可稱之為正。在社會，惟私利是視，法律的作用多，而道德的作用少，用黑格爾的辯證法來說，可稱之為反。惟在國家，一方使各人能夠實踐其道德生活；同時由於法律，又使各人的道德生活能與共同利益一致。即道德與法律合一而實現，用黑格爾的辯證法來說，可稱之為合。所以國家乃是最高倫理

---

❸ F. W. Coker, op. cit., pp. 284–285.

❷ H. Cunow, a. a. O. S. 240.

的實現❸❹❸。此種國家觀念，學者稱之為絕對的國家論。

　　絕對的國家論是以國家為最高倫理的實現，其目的是成為一個發展到盡善盡美的人。它有真實的人格，又有真實的意志，復有真實的目的。因為國家有真實的人格，所以個人惟有做國家之一分子，才得完成其人格。因為國家有真實的意志，所以國家的命令無不合理，個人必須絕對服從。因為國家有真實的目的，所以個人的目的若和國家的目的衝突，個人必須捐棄自己的目的，而去擁護國家的目的。個人是構成國家這個全體的部分，國家是以個人為其構成部分的全體。凡人能夠揚棄全體與部分的矛盾，把部分融化於全體之中，那便是揚棄小我以與大我同化，這樣，便達到了絕對自由的境地。國家既是一個人格者，有自己的目的，能做自己獨立的行為，所以對內有最高性，對外有自主性，「除其自己意志之外，絕對不受任何拘束」。而「個人的道德亦不能適用於國家間的關係」。黑格爾由這前提，其主張遂變成極端的國家主義。照他說，國際條約只有暫時的效力，環境變更，條約無妨廢棄。戰爭可以保存國家的生命，而為國家不可避免的行動。戰爭不是毫無效用，永久的和平常引起國內的腐化，勝利的戰爭能壓服國內的擾亂，而伸張國家的權力。一個勇敢善戰而肯為國家犧牲的公民是國家所宜寵愛的。即黑格爾由其國家主義又趨向於軍國主義。黑格爾的國家學說，到後來，在德國，得到了不少的人信奉，其最著名的有 H. von Treitschke (1833–1896)、F. von Bernhardi (1849–1903) 等人❸❹❹。他們竭力頌揚國家，奉國家若神聖，甚且高唱戰爭的必要和戰爭的高貴，以為國際法規不能拘束國家，國家在必要時，無妨毀棄條約。而在英國，由於國際環境的變更，也有了 T. H. Green (1836–1882) 及 B. Bosanquet (1848–1923) 等輩❸❹❺之附和，但其影響所及，不如德國

---

❸❹❸ H. Cunow, a. a. O. S. 241f.

❸❹❹ H. v. Treitschke, *Politik*, 2 Bde. 1897–1898. F. v. Bernhardi, *Deutschland und der nächste Krieg*, 1913.

❸❹❺ 工業革命開始於英國，而英國的工業革命可分為前後兩期，第一期以輕工業為中心，

那樣的大。

(七)有機體說 (the organic theory, Organische Theorie)

自十九世紀以來，各國由於資本主義的發達，不但在政治上完成了中央集權的民族國家，並且因為分工的發達，交通的便利，全國人民在經濟上也有了連帶關係而結為一體。交通線的密布無異於血管的流通，各地方及各職業的分工無異於各種官能之有專司，中央機關統制全國無異於中樞神經指揮全軀。當此之時，學者把國家比擬為一個有機體，實是當然的事。固然各時代的學者均有這種比擬，然而能夠發揚光大，使其成為一個有系統的學說的，則在十九世紀自然科學發達以後。但是同是有機體說，其中又可以分做許多派別，茲擇其最重要的三派，分別說明如次。

(1)**生物有機體說** (biological organism)　主張此說的可以 J. K. Bluntschli (1808–1881) 為代表。照他說，國家有生命而為一種有機體。國家為人類所創造，固然不是自然的有機體，但其有機的現象則以自然的有機體為模範。第一、一切有機體都是靈魂 (Seele) 與肉體 (Leib) 的結合，國家也是國家精神 (Staatsgeist) 與國家軀幹 (Staatskorper)，即國家意志 (Staatswille) 與

開始於一七三〇年左右，第二期以重工業為中心，開始於一八五〇年左右。英國輕工業集中於 Manchester，重工業集中於 Birmingham。英國在輕工業時代，因為各國工業都很幼稚，而英國的海運又甚發達，英國事實上已經獨占全世界的市場，所以主張自由貿易，而令曼徹斯特學派 (Manchester School) 反對侵略政策，甚者且主張殖民地的解放。一八五〇年以後，輕工業發展為重工業，而列國又已開始其工業革命的過程，使英國商品不能到處暢銷。於是前此英國國旗隨商品而飄揚於各地者，現在商品不能不以國旗為先鋒了。由是曼徹斯特學派失去勢力，代此而興的則為國家主義的學說。

T. H. Green, *Principles of Political Obligation*, 1879–1880.

B. Bosanquet, *The Philosophical Theory of the State*, 1899.

國家機關 (Staatsorgane) 的結合。第二、一切有機體都是集合部分而成全體，每個部分均有其特殊的本能 (Trieb) 和能力 (Fähigkeit)，以滿足全體的需要。國家也有各種機關，而各種機關也有其自己的機能 (Funktion)，以滿足國家的需要。第三、一切有機體都能夠自內發展，而向外生長，國家也能夠發展和生長，而可分為幼年中年與老年時代。不過國家的發展非由於自然法則，乃由於人民的努力❸❹❻。總之，Bluntschli 以國家比擬為生物，故其學說稱為生物有機體說。

⑵**社會有機體說** (social organism)　主張此說的可以 H. Spencer (1820–1903) 為代表，他一方以國家為社會的機關，同時又以社會為一種有機體。社會與有機體相似者有五點：第一、兩者依時間之經過，都能夠繼續生長發達。第二、其生長發達均由於器官的分化。第三、各種器官均有分工，而有互相依賴的關係。第四、全體的生命以細胞的生命為基礎。第五、不是剝奪細胞的生命，不能剝奪全體的生命；但細胞的生命雖然滅亡，而全體的生命尚可由新細胞的補充，而繼續生存。社會既為一種有機體，而國家則為社會在進化過程之中，為要達成一種特殊目的而發生的器官。社會的器官可分類為三種系統：一是資養系統 (sustaining system)，在資養系統之下，社會的產業組織可與個人的營養系統 (alimentary system) 比擬。二是分配系統 (distributing system)，在分配系統之下，社會的運輸組織可與個人的循環系統 (vascular, circulatory system) 比擬。三是統制系統 (regulatory system)，在統制系統之下，社會的政治組織可與個人的神經系統 (nervo-motor system) 比擬。而在政治組織之中，立法議會又無異於人的大腦，即議會與大腦的作用均在於接受報告，發布命令，交給別的器官去執行❸❹❼。總之，Spencer 以社會比擬為有機體，而認國家為社會的器官，故其學說稱為社會有機體說。

---

❸❹❻ J. K. Bluntschli, *Allgemeine Staatslehre*, 6 Aufl. 1886, S. 18ff.

❸❹❼ H. Spencer 著有 *Principles of Sociology* (1878–1880) 等書，本段所述乃根據 F. W. Coker, *Organismic Theories of the State*, 1910, p. 125ff.

(3)**心理有機體說** (psychical organism)　主張此說的可以 O. F. von Gierke (1841–1921) 為代表。照他說，凡人都有兩重資格，一是個人的資格，二是團體分子的資格。人類不能離開團體而生存。團體有團體的意志，對於個人意志不斷的給與影響，故在每人的個別精神 (individual-spirit)、個別意欲 (individual-will)、個別感覺 (individual-consciousness) 之上尚有普遍精神 (common-spirit)、普遍意欲 (common-will)、普遍感覺 (common-consciousness)。個人必須拋棄一部分的個體 (individuality)，把它融化於一個新的、獨立的全體 (a new and independent whole) 之中。這種團體關係不斷的影響於人類的意志之上，使個人決定意志之時，不能不顧慮別人的意志，而欲有所限制。這個受了別人意志限制而決定的意志常構成為一般意志 (general will) 的部分。國內各種團體皆有一般意志，但國家的意志乃是最高的一般意志 (sovereign general will)，沒有一個更高的意志能夠限制國家。國家乃最高的權力團體 (the highest Machtverband)，利用權力，以實行一般意志。它是 "a human social organism with a unified collective life (einheitlichen Gesammtleben) distinct from the life of its members"，所以國家可視為高度發達的有機體❸❹❽。Gierke 以人類的意思作用說明國家之為有機體，故其學說稱為心理有機體說。

(八)**法人說** (the juristic person theory, juristische Persönlichkeitstheorie)

近代國家不但在國際上，可用國家的名義，與外國締結條約，並且在國內，也可用國家的名義，與人民訂立契約。就是近代國家不但在國際法上可以成為權利主體，並且在國法上，也可成為權利主體。因此之故，德國許多學者如 K. F. W. von Gerber (1823–1891), P. Laband (1838–1919), G. Jellinek

---

❸❹❽ O. F. v. Gierke, Die Grundbegriffe des Staatsrechts und die neuesten Staatsrechtstheorie, in *Zeitschrift für die gesammte Staatswissenschaft*, Bd. XXX, 1874. 本段所述乃根據 F. W. Coker, op. cit., p. 77ff.

(1851–1911) 等輩❸遂用法學上的 「法人」 (Juristische Person, juristic person) 觀念，來說明國家的本質。按法律上所認的人格乃限於權利主體，權利主體有自己獨立的目的，又有自己獨立的意思。法律不但對於個人，即對於團體，也常承認其人格，而認為權利主體。換句話說，法律不認其為權利主體，形式雖是人，在法律上也沒有人格，法律承認其為權利主體，形式雖非人，在法律上也有人格。所以法律上的人格除自然人之外，尚有團體，而團體之有人格者稱為法人。固然團體的意思必須假藉於自然人的腦髓，但是該自然人之發表意思，不是欲達成個人自己的目的，乃是欲達成團體的目的。所以該意思雖為個人腦髓的作用，而在法律上，則須視為團體的意思。換句話說，團體雖然沒有腦髓，但是團體若有獨立的目的，而為了達到目的，又有自然人代其發表意思，則該意思可認為該團體的意思，該團體可視為該意思的主體，所以法律就承認該團體有人格。任何國家都有自己獨立的目的，而又有實行目的的意思，更有許多機關代表國家發表意思，所以國家也可以成為權利主體，而為一種法人。至於國家須以何人的意思為自己的意思，必須國法預先規定。只惟國法所規定的人，對其所規定的事項，從其所規定的程序，發表意思之時，才可以視為國家的意思，所以國家的意思是從國法規定而發生。

---

❸ K. F. W. v. Gerber, *Grundzuge eines Systems des deutschen Staatsrecht*, 3 Aufl. 1880, S. 226. 參閱 F. W. Coker, op. cit., p. 81. P. Laband, *Das Staatsrecht des deutschen Reiches*, Bd. I, 5 Aufl. 1911, S. 94ff. G. Jellinek, *System der subjektiven öffentlichen Rechte*, 2 Aufl. 1919, S. 21ff., 28ff. derselbe, *Allgemeine Staatslehre*, 3 Aufl. 1929, S. 183.

第 2 章　統治形態──政體論

第一節　政體與國體的區別

　　離開學理，而只用常識判斷，英國與義國（墨索里尼秉政時代）都是君主國 (monarchy)，但英國的政治是民主政治 (democracy)，義國的政治則為獨裁政治 (dictatorship)。美國與俄國都是共和國 (republic)，但美國的政治是民主政治，俄國的政治則為獨裁政治。就是由常識看來，國家有君主與共和兩種形態，政治有民主與獨裁兩種形態。國家的形態稱為國體 (form of state)，政治的形態稱為政體 (form of government)❶。

　　然則國體與政體的區別是以什麼為標準呢？在古代，國體與政體沒有區別，國體若是某一種形態，政體的形態必與國體相吻合。君主國不會有民主政治，共和國不會有獨裁政治。所以當時學者常把國體與政體混為一談，以統治者人數多寡為國體或政體分類的標準。即統治者一人之時，稱為君主國 (monarchy)；統治者少數人之時，稱為貴族國 (aristocracy)；統治者多數人之時，稱為民主國 (democracy)。這個國體或政體的三分法為希羅托圖斯 (Herodotus, 484–426 B.C.) 所創❷。其後柏拉圖 (Plato, 427–347 B.C.) 改為五分法：即一人依法統治的，稱為君主國 (royalty)，否則稱為暴君國 (tyranny)。

---

❶ 此而不加區別，則將如 V. R. de Mirabeau 所言：「在某種意義之下，共和國可以成為君主國主義的；君主國可以成為共和國主義的」。引自 J. C. Bluntschli, *Allgemeine Staatslehre*, 6 Aufl. 1866, S. 373. H. Rehm 亦說：「歷史上常有這種國家，國體共和而政體君主，或國體君主而政體共和」，見他所著 *Allgemeine Staatslehre*, 1899, S. 181.

❷ W. A. Dunning, *A History of Political Theories, Ancient and Mediaeval*, 1923, p. 36.

少數人依法統治的稱為貴族國 (aristocracy)，否則稱為寡頭國 (oligarchy)。多數人依法統治與不依法統治的，均稱為貧民國 (democracy)❸。亞里斯多德 (Aristotle, 384–322 B.C.) 又改為六分法，凡政治以共同利益為目的者都是純正的形態 (pure form)。在純正的形態之中，統治者一人，稱為君主國 (royalty)；統治者少數人，稱為貴族國 (aristocracy)；統治者多數人，稱為立憲的民主國 (constitutional democracy)。反之，政治若以統治者私人利益為目的，則為腐敗的形態 (corrupt form)。在腐敗的形態之中，統治者一人，稱為暴君國 (tyranny)；統治者少數人，稱為寡頭國 (oligarchy)；統治者多數人，稱為無法的民主國 (extreme democracy)❹。降至羅馬時代，鮑里貝士 (Polybius, 204–122 B.C.) 又採用七分法：一人由人民擁戴，為政講道理，不講威力的，稱為君主國 (monarchy)，否則只可稱為暴君國 (tyranny)。少數人因才智道德出眾，為人民推舉而得到政權的，稱為貴族國 (aristocracy)，否則只可稱為寡頭國 (oligarchy)。多數人能夠崇神尊親敬老守法，而一切決議又以多數人之意見為標準的，稱為民主國 (democracy)，否則只可稱為暴民國 (ochlocracy)。但是最良的政治組織須把君主、貴族、民主三種制度，融和配合起來，而成為混合政體 (mixed government)❺。到了中世紀末期，馬凱維尼 (N. B. Machiavelli, 1469–1527) 又採用二分法，先把國體或政體分為君主 (monarchy) 及共和 (republic)，次再把共和分為貴族 (aristocracy) 與民主 (democracy)。然其分類也是以統治者人數多寡為標準。君主國敗壞下去，可變成暴君國 (tyranny)；貴族國敗壞下去，可變成寡頭國 (oligarchy)；民主國敗壞下去，可變成無政府狀態 (anarchy)❻。由此可知馬凱維尼的二分法實與

❸ W. A. Dunning, op. cit., p. 36.

❹ W. A. Dunning, op. cit., p. 72. J. C. Bluntschli, a. a. O. S. 371.

❺ W. A. Dunning, op. cit., p. 115f. F. W. Coker, *Readings in Political Philosophy*, 1938, p. 116.

❻ J. Hatschek, *Deutsches und Preussisches Staatsrecht*, 2 Aufl. 1930, S. 58. J. C. Bluntschli,

六分法無甚差異。總之，除希羅托圖斯之外，他們的分類均有兩個標準，一以統治者人數多寡為標準，二以統治形式為標準。前者是靜的考察國家形態，後者是動的考察國家形態，所以前者可以說是國體的分類，後者可以說是政體的分類。

最初能夠認識國體與政體之有區別者，乃是布丹 (J. Bodin, 1530–1596)。照他說，國體 (form of state, Staatsform) 與政體 (form of government, Regierungsform) 不同。國體的形式是由主權的歸屬而異，主權在一人的，稱為君主國 (monarchy)；主權在少數人的，稱為貴族國 (aristocracy)；主權在多數人的，稱為民主國 (democracy)。至於政體的形式則依主權行使的方法而不同，比方人民若能服從其君主的法律，而君主亦能遵守自然法，並保護人民的自由和財產，則這種君主國稱為合法的君主國 (legitimate monarchy)。反之君主蔑視自然法，視其民如奴隸，任意侵害其財產，則這種君主國稱為暴君國 (tyranny)❼。但是布丹既以主權者人數多寡為國體分類的標準，則由現代各國政治制度看來，似亦不甚合理。因為自民主思想發生以後，君主的權限常受議會的牽制，而今日君主國又採用責任內閣制，君主徒擁虛位，實權屬於內閣。我們若用從前學者的方法，以主權者（或統治者）人數多寡，來分類國體（或政體），一定不能明瞭實際的情況。

常識還能夠說明現象的真相。我們一方須從布丹之言，把國體與政體分開，否則不但英國與義國，美國與俄國沒有區別，並且英國與美國，義國與俄國也將無從區別了。英國與美國，義國與俄國的區別在於國體不同，英國與義國，美國與俄國的區別在於政體不同。換句話說，英國與義國都是君主國體，美國與俄國都是共和國體，英國與美國都是民主政體，義國與俄國都是獨裁政體。這是它們四國的根本區別。同時他方又須修改布丹之說，由別

Geschichte der neueren Staatswissenschaft, *Allgemeines Staatsrecht und Politik*, 3 Aufl. 1881, S. 21.

❼ J. K. Bluntschli, a. a. O. S. 39.

的觀點，求出國體及政體分類的標準。

　　然則國體分類的標準是什麼呢？我們若用常識判斷，凡國家有君主者稱為君主國，國家沒有君主而置總統或主席者稱為共和國。但是君主與總統的區別又復何在？我們知道君主與總統均是國家的機關，君主一方有國家機關的大權，他方又有君主身分的特權。君主以國家機關所有的大權，為統帥軍隊，任免官吏，公布法律，發布命令，辦理外交，宣告赦免等類。這種權限不但君主有之，就是總統也有，並且總統所有的權限有時尚比較君主所有者為大。比方英國是君主國，但是英國君主行使權限之時，須有國務員副署，而國務員的任免又須以議會的信任為標準，一切政策均由內閣決定，而內閣決定的政策，自維多利亞女王以來，君主未曾反對過一次。反之美國是共和國，但是美國總統可以自由任免國務員，可以自由行使權限，而對於議會制定的法律，又可以退還覆議，使其不能發生效力。由此可知美國總統所有的權限實比較英國君主所有的權限為大。

　　君主以君主身分而有的特權乃為總統所沒有。內分五種：(1)君位繼承權，就是君主的地位常傳給同一血統的人，而為一種世襲制。在歷史上，君主由於選舉者固然也有其例，如中世神聖羅馬帝國是。然在當時有選舉權的只惟幾個諸侯，而有被選舉權的亦限於同一血統的人，所以名義上雖是選舉，而事實上也含有世襲的要素❽。(2)榮譽權，就是君主有特別的稱號，英王的稱號例如伊莉莎伯第二稱為 Elizabeth the Second, by the Grace of God of the United Kingdom of Great Britain and Northern Island and of her other Realms and Territories Queen, Head of the Commonwealth, Defender of the Faith，日本君主的稱號為天皇，自稱為朕，別人稱之為陛下，君主踐祚之時，就有元號，君主崩殂之時，又有謚號❾。(3)神聖不可侵權，神聖 (Heiligkeit) 於法律上沒

---

❽ Affolter (Allgemeine Staatsrecht, S. 43) 說，「最高行政機關依繼承的原則，由一定家族之中推舉者，為君主國；有一定任期而由選舉者，為共和國」。引自 G. Meyer, *Lehrbuch des deutschen Staatsrechtes*, 6 Aufl. 1905, S. 30, Anm. 2.

有任何意義，不可侵 (Unverletzlichkeit) 之意義有二，一是君主的身體刑法上受特別的保護，二是國內沒有任何權力能夠向君主問責，所以第二意義實與不負責 (Unverantwortlichkeit) 之意義相同❿。⑷不負責權，分為兩種：一是君主的私人行為。但其不負責只關於刑事方面，不關於民事方面。君主對其行為雖然不受刑罰，而關於財產上的訴訟，則須服從法院的判決。不過訴訟均不對君主，而對國庫 (Fiskus) 或君主的民事代理人 (Zivilliste) 為之。二是君主的政治行為。凡君主行使政治上的權限之時，不論是非得失，均不負責。君主不負責，當然可以釀成君主的專制，所以現代君主國均設置一種副署制度，君主的行為必經國務員一人副署，才生效力，而該國務員由於副署，則負責任⓫。⑸皇室費請求權，就是君主家族的生活費由國家供給。固然總統也有薪俸，而總統的薪俸也可以維持一家的生活，但是總統只能領受自己個人的薪俸，絕對不能因為自己是總統，而使自己的家族也向國家領受一定的生活費。反之，君主則不然。君主個人已有薪俸，而君主的一家，如皇太后、皇后、皇子以及未出嫁的公主等，都可用各自的名義，向國家領取一定的薪俸⓬。

由此可知總統與君主的區別不在於權限的大小，而在於特權的有無。國家元首有上述五種特權者叫做君主，沒有上述五種特權者叫做總統。而國家以君主為元首的，叫做君主國；以總統為元首的，叫做共和國。這便是國體區別的標準。

什麼叫做政體呢？政體的區別乃以行政的形式為標準，凡行政一方須關顧人民的意思，同時又須服從法律的規定，一旦蔑視民意或違犯法律，又須

---

❾ G. Meyer, a. a. O. S. 246. 他說：「榮譽權 (Ehrenrecht) 乃是君主表示其特權地位於外部的權利」。

❿ G. Meyer, a. a. O. S. 247.

⓫ G. Meyer, a. a. O. S. 247f.

⓬ 參閱 G. Meyer, a. a. O. S. 294f.

負責的，則這種政體叫做民主政體。反之，行政既不受民意的拘束，又不受法律的束縛，而蔑視民意或違犯法律之時，也不須負責的，叫做獨裁政體。君主國有民主政體和獨裁政體，共和國也有民主政體和獨裁政體。就是民主政體或獨裁政體可與任何國體結合。

第二節　近代政制之史的發展

　　每個時代必有其特殊的社會環境，由這特殊的社會環境，就產生了其特殊的政治制度。凡政治制度能夠適合社會環境的需要者，都可以促進社會的進步；政治制度不能適合社會環境的需要者，不但政治制度不能發生效用，而社會尚可因之退化，甚至於毀滅。政治制度沒有絕對的好，也沒有絕對的壞，其好壞乃視社會環境如何而定。現今各國政體均採取民主政治的形式。民主政治產生於歐洲。我們要知道歐洲社會何以會產生民主政治，不能不說明歐洲社會的發展。歐洲自文藝復興以後，到了現在，社會的發展可以分做三個階段。第一階段是重商主義時代，政治的目的在求國家的統一，而其形式則為專制；第二階段是工業革命時代，政治的目的在保護人民的自由，而其形式則為民主；第三階段是帝國主義時代，政治的目的在於干涉與統制，而其形式則為集權。民主與集權如何結合起來，成為一種特殊制度，值得我們研究。現在試簡單說明近代政治的發展如次。

㈠重商主義與專制政治

　　現代國家是由封建國家發展而成，封建國家建築於莊園經濟的基礎之上。每個莊園均能自給自足，彼此之間沒有交換行為，因之彼此之間也沒有連帶關係，各有各的方言，各有各的習慣，形成為一個單位。經濟上的割據引起了政治上的割據，莊園的領主便是諸侯。他們在其莊園之內，既有其土地，又有其人民，又有其甲兵，又有其財賦，儼然成為獨立的國家。君主名義上雖有領率諸侯的權，其實諸侯乃各自獨立，不相統一，所以國家組織頗見鬆

懈，而君主的權力亦甚薄弱。君主只是最大的領主，然其權力尚不能壓倒一切領主，多數領主若能聯合起來，反可以壓服君主。所以君主只可稱為諸侯之中的大諸侯，不能視為超越於諸侯之上的元首。

但是莊園經濟乃是農業經濟，農民很忙，春耕夏耘秋收冬藏，須將全部勞力集中於農事，無遑顧到別的業務。所以農業發展之後，必有分工，而產生了許多手工業。手工業愈進步，又促成交易的發生，於是又產生了商人。最初商人是以行商之法，往來交易，以後遂於一定日期，集合於一定場所。商人既於一定日期，在一定場所，集合為大規模的交易，由是市場因之發生。人口愈增加，交易愈隆盛，市場又進化為都市。

商人與農民不同，不願跼蹐於一地之內。他們要發售其商品，必須開闢廣大的市場。他們常往來於邊疆異域，謀商品的暢銷，其結果，遂使歐洲發生了一個發見時代：一四八八年地亞士 (B. Dias, 1450–1500) 發見好望角，一四九二年哥倫布 (C. Columbus, 1446–1506) 發見美洲，一四九八年達伽馬 (V. da Gama, 1469–1524) 發見印度新航路，其動機均在於此。新世界既已發見，商業愈益發達，於是一方由於國內貿易，而要求國家的統一，他方由於世界貿易，而要求國家的獨立，終則中世的封建國家便進化為近代的統一國家。

其理由是很簡單的，商業每集中於最適當的地方，即集中於交易的通路，外國商品先運到這個地方，而後再散布於全國，國內商品也集合於這個地方，而後再輸出於外國。由於這個關係，遂使全國以該地為中心，成為一個經濟的有機體。生產愈發達，交易愈頻繁，各地對於這個地方的附屬性，也愈益顯明。國內各處人民由於經濟上的必要，常常往來於這個地方。這個中心地愈發達，便成為一國的大都市，不但可以支配全國的經濟生活，且又可以集中全國的精神生活。於是該地的語言遂成為商人及學者的用語，最初驅逐拉丁語，其次驅逐各地方言，而使國語因之成立。國家的行政亦適應於經濟的組織，漸次集中起來。中央政權由於時勢的要求，遂以經濟生活的中心地為政府的所在地。這樣一來，這個中心點便成為一國的首都，不但經濟上可以支配全國，而且政治上也可以支配全國。近代國家有統一的國語，集中的權

力，唯一的首都，就是這樣成立起來的。

　　國內貿易可使從來緩鬆的國家組織緊縮起來，世界貿易則可使人們發生國家觀念，而要求國家的獨立。何以呢？中世紀自給自足的莊園經濟，在同一國家之內，雖然彼此對立，不能統一，而其對於外國，只要外國沒有擾亂莊園的和平，他們向來是不關心的。反之大商巨賈則不能不顧慮自己的國家在外國有了怎樣的作用。商業利潤的發生，乃在於廉買而貴賣。買者與賣者的勢力關係如何，對於利潤，乃有極大的影響。他們最喜歡的乃是不出一點賠償，由物品所有主，奪取了物品。不然，亦希望能夠用最低的價格，購買自己需要的物品；用最高的價格，販賣自己生產的物品。這個行為，是需要國家的援助的。不但此也，買者與買者之間，或賣者與賣者之間，亦常常發生競爭；這個競爭，在外國市場，則變成國民的競爭。在巴爾幹半島，德國商人與英國商人的利害衝突，乃是一個國民的競爭。德國對於巴爾幹半島若能增加勢力，則德國商人一定可以得到通商的特權。祖國愈強大，自己利潤愈增加，於是他們遂發生了國家的觀念，而要求國家的獨立。

　　這個發展過程，對於國王的權力當然是有利益的。何以呢？國王的利益最初是與商人的利益一致。國王為了自己的利益，對內須統一政權，對外須擴張勢力；而商人也為開拓國內市場起見，為擁護對外貿易起見，希望有一個君主，集中一切權力，對內壓倒封建諸侯而維持行政的統一，對外擴張軍備而發揚國家的權威，所以當君主與封建領主鬥爭之時，城市商人無不援助君主。這樣，集中一切政權與軍權於君主一身的專制政治遂見成立。

㈡工業革命與民主政治

　　重商主義時代的貿易政策造成了國家的統一與獨立，而發生君主專制政治。但是商業發達之後，工業隨之進步，而使商工業者蓄積了巨大的財富。他們最初為要開闢國內外的市場，不能不援助國王。到了統一的民族國家成立之後，他們又感覺君權的苛斂誅求束縛壓迫，而欲限制國王的權力。及至工業革命發生之時，他們已經成為經濟上的最高階級，於是遂出來要求政治

上的權利，俾能保護財產的安全及活動的自由。經種種鬥爭之後，他們在政治上亦成為最高階級。但是近代的資本家又與古代的貴族不同，他們並不是有閒階級 (Leisure class)。現在的產業界是很複雜的，職工要雇用多少，工資要發給多少，貨物要生產多少，價格要決定多少，販路要如何開拓，公司要如何擴張，技術要如何改良，原料要如何供給……這些一切，都可以奪取資本家的有閒時間；而自由競爭的現象，更可驅使資本家時時刻刻埋首於產業的經營。資本家對於產業，若不留心，產業一定失敗，而自己亦歸於破滅。資本家既然忙於產業，自然沒有時間，兼顧到政治。同時，在政治方面，亦受了經濟技術革命的影響，而變更各種行政的技術，並發達各種行政的分工，研究財政的人，未必知道作戰如何計劃，研究軍事的人，未必知道犯人如何審判，研究法律的人，未必知道公債如何整理，而在經濟、軍事、法律之中，又有無數小分工。在這樣情形之下，資本家自然沒有能力，兼顧到政治。

　　資本家一方面因為自己忙於產業，沒有時間兼顧政治，同時因為政治發生分化，沒有能力參與政治，由是遂把政權委託於專門人才——官僚，使他們處理政治上的事務。但是一切政權若均委託於官僚，是最危險不過的。資本家在經濟方面，已經有了許多經驗，自然知道把全權交給別人，每可釀成「喧賓奪主」的現象，所以他們於官僚組織之外更要求三個制度。第一是立憲制度，即制定一部憲法，將人民的基本權利尤其是財產權與自由權規定於憲法之中，受了憲法的保障。此後議會制定法律，不得與憲法條文相牴觸，而政府的行政又須局限於法律範圍之內。第二是代議制度，即設置議會，以作代表民意的機關，議會的地位站在政府之上，國家一切重要問題均由議會詳細審議，而後才交給政府執行。這樣，資本家當然可以議會為工具，干涉政府的行政。第三是分權制度，即把國家權力分做立法行政司法三種，分屬於三個機關，使其互相牽制，以預防專制政治的發生。總之，他們奪取政權的目的，不在於仰藉國家的保護，而在於限制國家之干涉，所以一方縮小國家權力到最小限度，他方伸張個人自由到最大限度，俾他們在社會上有各種活動的自由，以發展他們的營業。

　　民主政治與專制政治不同，專制政治只要社會環境有利於君主，可以依靠君主個人的努力，而民主政治則須依靠政黨的活動。但是一國人民能夠組織強有力的政黨，又須該國人民有了共同一致的目標，以作他們團結的基礎。在民主政治剛剛發生之際，歐洲各國人民是有同一目標的。當時階級差別尚未顯明，不問工人或農民，不問資本家或勞動者，也不問大資本家或小資本家，他們受了專制政治的壓迫，均欲限制君主的權力，乃於自由主義的目標之下，團結為一個政黨，用合群之力，以與君主相鬥爭。鬥爭得到勝利，又以議會為堡壘，利用立法權尤其是財政同意權，監督政府的行政。這個政黨可以說是民主政治的動力。由此可知民主政治能夠成立，須有兩種前提，其一全國人民有共同一致的目標，能夠組織一個強有力的政黨。其二這個大政黨能夠代表強有力的人民，利用財政同意權，監督政府的行政。

　　民主政治成立之初，固然是資產階級的政治。其實這只是民主政治的形式，不是民主政治的本質。資本主義愈發達，勞動階級也復覺悟，出來做勞動運動。勞動運動的目的在於改造經濟生活，而其手段則為取得政權。經過種種鬥爭之後，各國無不廢除限制選舉而施行普通選舉。普通選舉既已施行，全國人民在政治上一律平等，均有參政之權，於是民主政治遂達完成之域。

㈢帝國主義與集權政治

　　重商主義時代的貿易引起了國內工業的進步，而國內工業的進步又造成新的國際關係，即所謂帝國主義便是。我們要知道帝國主義何以發生，必須考察關稅政策。關稅政策是各國政府用海關作武器，來預防外國商品的輸入，而保護本國產業的發達。因此之故，在關稅政策之下，產業發達的程度乃視關稅領域的大小而定。因為關稅領域愈大，市場也愈大，從而產業可以充分發達。反之，關稅領域愈小，市場也愈小，從而產業就沒有發達的機會，所以各國為著發達自己的產業起見，常努力擴充關稅領域。但是關稅領域是和國家領土一致。因此，各國就不能不設法侵略別國的領土，而發生了帝國主義的現象。

在帝國主義時代，政治會發生怎樣變化呢？民主政治是二元主義的政治，把社會與國家分開。議會代表社會，政府代表國家。社會是經濟的團體，國家是政治的團體。最初經濟方面需要自由，人們不希望國家保護，只要求國家不來干涉，於是遂為擴張個人自由到最大限度，不能不縮小國家權力到最小限度。而為縮小國家權力，乃使代表社會的議會出來監督代表國家的政府，結果，行政緩慢，效率減低。但是到了帝國主義時代，形勢又變更了。經濟後進國因受經濟先進國商品的壓迫，必須利用保護政策，以國家的權力，促進產業的發達，而後才能保全自己的生存。經濟先進國因為經濟後進國已經開始產業革命的過程，自己商品不能暢銷，所以前此國旗隨商品飄揚於各地者，現在商品則須以國旗為先鋒，利用國家的權力，幫助市場的開拓。總而言之，這個時候，不問經濟後進國或經濟先進國，凡要發展其本國的產業，均須依靠國家援助。這樣，國家權力當然不能同從前一樣縮小到最小限度，而須擴張到最大限度了。何況國際關係日益險惡，社會問題日益複雜，天天須制定無數新法律，天天須決定無數新政策。民主政治既使權力分散而不集中，又使行政緩慢而不敏速，當然不能應付時勢的要求。惟一的方法只有把一切權力集中於少數人，使他們自由發揮手腕，自由決定政策，從種種危機之中，殺出一條康莊大路，以維持國家的安全。這樣，民主政治又變為集權政治，集權到了極端，則為獨裁。

民主政治轉變為獨裁政治，不但因為受了社會環境的影響，同時民主政治本身也發生了破綻。何以言之，民主政治能夠圓滑進行，必須國內只有兩個大政黨，而大政黨之能成立，又須國內多數人民在正反雙方，有了共同一致的目標。在十九世紀上半期以前，一方進步分子以自由主義為口號，組織自由黨，他方保守分子則以反自由相號召，組織保守黨。到了十九世紀後半期，情況就不同了。一方有資產階級，他方有勞動階級，而勞資雙方並不同馬克思所說的一樣，成為兩個對立的營壘，而是分裂為許多小集團。在資本家與勞動者之間，又有無數中間階級。這中間階級因為沒有共同的利害關係，不能發生共同的階級意識，各自分立，自相排擠。階級的分裂可以破壞國民

的統一，階級意識的發生可以破壞國民意思的統一，其結果，遂影響於政治之上，而使政黨之數日益加多。任何政黨在議會內既然不能得到絕對多數的議席，而每個政黨又各有各的主義，各有各的政綱，不能聯合起來，控制議會。每次發生問題之際，議會意見參差，不能隨時決定政策以應付時局的要求。議會失去立法之力，立法權遂由議會歸屬於政府。政府在時局緊急之際，常常發布緊急命令，以代替議會制定的法律。人民司空見慣，寖假便承認之為正當的立法手續。代議機關失去權力，分權制度發生動搖，於是民主政治便失去存在的基礎。這便是德義兩國所以發生獨裁政治的一個原因。

民主與集權各有其優點，也各有其劣點。民主的優點是政治以民意為基礎，而其劣點則為行政效率減低。集權的優點是行政效率提高，而其劣點則為政治未必合於民意。大凡政治要關顧民意者，行動不免遲緩，因之效率減低，可以說是必然的結果。由此可知在民主國，人民固然有「權」，而政府又往往無「能」。反之，要提高行政效率者，其政府不免獨斷獨行，因之，政治不能顧到民意，又可以說是當然的趨勢。由此可知在集權國，政府固然有「能」，而人民乃往往無「權」。民主麼？人民有權而政府無能。集權麼？政府有能而人民無權。怎樣把兩者結合起來，成為一種特殊制度，值得吾人研究。現在試引盧梭之言以供讀者參考。他說：「政權若為一人所掌握，則個人意志 (particular will) 與團體意志 (Corporate will)（即政府意志）能夠一致。於是團體意志（政府意志）便更見集中了。力之大小乃依意志集中之強弱而不同，所以政府的權力縱是一樣，而一人所組織的政府比之其他政府，必更有能。反之，主權者的人民若均是君主，一切公民若均是秉權的人，則團體意志（政府意志）將與公意 (general will) 混淆。公意的活動不甚靈敏，因之個人意志便代之發生作用。這種政府縱有同一權力，而在活動方面最為無能……。」我們這裏乃說明政府能力之大小，而與政府是否公正，沒有關係。何以說呢？由另一方面看來，秉權的人愈多，則團體意志（政府意志）愈與公意接近。秉權的人少到只有一人，則團體意志（政府意志）不過個人意志而已。各有利弊，各有得失，為政者必須知道：要增進國家的最大利益，應

於如何程度之下，使政府的意志與政府的能力能夠調和❸。

第三節　民主政治

一、民主政治的本質

　　民主政治 (democracy) 遠在希臘羅馬時代已經有了。現代的民主政治乃發祥於英國，美國獨立，傳至美洲，法國革命，傳至歐洲，日本維新，傳至亞洲。固然民主政治的形式，各國未必相同，但是我們若研究各國民主政治的現象，求其共通的本質，亦可知道民主政治必含有下列三種要素。

㈠公意政治

　　民主政治以自由平等為基礎，由於自由觀念，人們便不願意服從別人的強制，由於平等觀念，人們不但不願意服從別人的強制，且又承認自己沒有強制別人服從的權利。所以自由平等在政治上本來只有消極的意義。但是人類既已組織社會，則為維持社會秩序，又不能不強制各人服從規範，這樣，便發生了統治。統治既已發生，一方依自由主義自己不願意服從別人的強制，同時依平等主義，自己又不宜強制別人服從，這個矛盾如何解決呢？統治既有必要，最好是我們自己統治我們自己。換言之，維持社會秩序，倘有強制服從的必要，那只有自己服從自己的意思。要令人們自己服從自己的意思，必須各人均得參加國家意思的作成。但是國家意思雖由各人作成，而各人又唯於自己所表示的意思能夠成為國家意思之時，才會發生效力。於是怎樣使各人表示其意思，怎樣使多數人的意思不與國家意思矛盾，便成為民主政治的中心問題❹。

---

❸ F. W. Coker, *Readings in Political Philosophy*, rev. ed. 1938, p. 655f., 656f.

❹ 參閱 H. Kelsen, *Vom Wesen und Wert der Demokratie*, 2 Aufl. 1929, S. 3ff.

　　各人均得參加國家意思的作成，就是國家意思不由少數人決定，而由多數人決定。這種政治稱為公意政治。固然不問古今中外，政治的目的都是要謀人民的福利。但是「什麼是人民的福利」，「如何增進人民的福利」，這個問題若不由人民決定，而由政府決定，那末，這種政治只可以稱為開明專制 (enlightened absolutism)。反之，「什麼是人民的福利」，「如何增進人民的福利」，這個問題若不由政府決定，而由人民決定，那末，這種政治才可以稱為民主政治。由此可知開明專制與民主政治的區別，不在於政治是否謀人民的福利，而在於政治是否依人民的意思而為之。所謂「凡事謀人民的福利，凡事不由人民自己決定」(Alles für das Volk, Nichts durch das Volk)，可以說是開明專制的特徵。民主政治呢？則如林肯 (A. Lincoln, 1809–1865) 所說：“Democracy means government of the people, for the people, by the people”。這個 by the people 實是公意政治的特徵，而與開明專制之只有 for the people (für das Volk)，沒有 by the people (durch das Volk) 者不同。

　　然則人民怎樣表示其意思呢？古代民主國均是城市國家，領土狹而人口寡，寡則全國自由民能夠聚會於一個地方，狹則自由民到會場開會，不致過度費力，所以沒有代表制度，均置民會，例如雅典的 Ekklesia，羅馬的 comitia centuriata，日耳曼民族的 Landesgemeinde，以作最高立法機關，由全國自由民組織之。在希臘，人口與領土超過一定限度，國家便見分裂，而創設新的城市國家 ❺。羅馬與希臘不同，人口雖然增加，領土雖然擴大，而國家依然保存統一的形式。但國家過度膨脹，技術上無法實行民主政治，於是羅馬對於市民便分為等級，而發生「沒有投票權的市民」(civis sine suffragio) ❻，終則放棄城市國家的形態，而成立一個世界帝國，任何市民都

---

❺ 希臘的城市國家組織城市聯盟 (Städtebund) 之際，固曾派遣「代表」，參加聯盟會議 (Bundesversammlung)。然其代表並不能決定問題，一切均由城市國家的自由民決定之。見 G. Jellinek, *Allgemeine Staatslehre*, 3 Aufl. 1929, S. 568.

❻ G. Jellinek, a. a. O. S. 315.

沒有參政權❼。中世紀的學說固然對於皇帝及教皇均給予以代表的性質，即如 O. Gierke 所說："The Pope is not the Universal Church, but merely represents it by virtue of his rank. ......the Emperor was not the Empire, but only, by virtue of his rank, represented the Empire and the Community that was subject to him"❽。但是這種代表觀念實與現代的代議士不同。當時自由城市雖然保存民主政體，設置市會，以作立法機關，而地小民寡，有似於古代的城市國家，且為其單位者又不是個個市民，而是各種基爾特。其可視為現代代議制度的濫觴者乃是中世紀的三級會議。但是各階級的代表須受原選舉人訓令的拘束，這就是所謂「命令的委任」(imperatives Mandat)，而與今日代議士依自己的判斷，獨立投票，不受任何拘束，即所謂「自由的委任」(freies Mandat) 者當然不同❾。話雖這樣說，而人民的權利得由代表行使，不能不說是中世紀的創舉，而非古代學者所能知道⓴。 尤其是馬西僚 (Marsiglio da Podova, 1270–1340) 主張民選代表之制，不遺餘力，以為立法權乃是一種不可讓與的權利，必須由全民大會行使之，或由人民所選舉的代表行使之㉑。這樣，代表觀念漸次普及。 皇帝由 Electors 選舉， 教皇由 Cardinals 選舉， 對此， Leopold von Babenberg 曾謂：「權利屬於人民，而其行使則由代表」㉒。其實，這種代表

----

❼ 羅馬本是共和國，其改為帝國之後，乃以皇帝為國民的代表。 見 J. Hatschek, *Deutsches und preussisches Staatsrecht*, Bd. I, 2 Aufl. 1930, S. 355. 然此代表觀念實與現代的代議士不同。

❽ O. Gierke, *Political Theories of the Middle Age* (translated by F. W. Maitland), 1927, p. 62.

❾ G. Jellinek, a. a. O. S. 571. G. Leibholz, *Das Wesen der Repräsentation*, 1929, S. 82. J. Hatschek, a. a. O. S. 363.

⓴ O. Gierke, op. cit., p. 64. 對此， J. D. Lewis 在其所著 Representative Government in Evolution (in the *American Political Science Review*, Vol. 26, No. 2, April 1932, p. 229) 則謂希臘與羅馬均有朦朧的代表觀念。

㉑ O. Gierke, op. cit., p. 46f., 66.

也與今日的代議士不同。今日的代議制度還是濫觴於三級會議❷。

　　所謂「代表」是謂某一人用別人的名義，發表意思，而在法律上，前者的意思可直接視為後者的意思，而有效力❷。這種代表關係分為兩種：一是「命令的委任」，二是「自由的委任」。在封建時代的三級會議，原選舉人得以訓令的形式，將其所希冀的事，委任於其所選出的代議士，令其於會議內提出之。受命的代議士在會議內所作的言論及表決應遵從原選舉人的訓令，否則原選舉人得罷免之。閉會之後，又須將開會時一切情況報告於原選舉人。即在當時，代議士是代表選舉區的選舉人，而代議士與選舉人的關係則為命令的委任。現代議會與三級會議不同，原選舉人對於代議士不能給與訓令，代議士在議會內所為之言論及表決，一依自己判斷，不受任何拘束。縱令代議士違反原選舉人的意旨，原選舉人也不得罷免之。閉會之後，代議士對於原選舉人亦沒有報告任何情況的義務。即在現代，代議士乃視為代表整個國民，而代議士與選舉人的關係則為自由的委任。按代議士是代表整個國民乎，是代表選舉區的選舉人乎，乃與「自由的委任」或「命令的委任」頗有關係。因為現代各國選舉無不採用分區之制。既已分區選舉，而代議士又復代表整個國民，則選舉該代議士的選舉區當然不得給與訓令。反之，每個選舉區對其所選的代議士，若得給與訓令，則代議士當然不是代表整個國民而是代表每個選舉區。此乃理之至明，無須詳細說明。

　　研究各國憲政歷史，可以知道「自由的委任」之制乃開端於英國。在十六世紀之末，即一五八三年，Thomas Smith 已經有了議會代表整個國民的思

---

❷ O. Gierke, op. cit., p. 66.

❷ 所謂三級會議是由教士貴族市民三個階級的代表組織之，例如英國的 Magnum Concilium（十三世紀以後，改稱為 Parliament），法國的 Etats Generaux，西班牙的 Cortes，德意志帝國的 Reichstag 及其各邦的 Landstande 等是，關於現代代議制度是由三級會議發展而成，只看英國憲政史，就可知道。

❷ G. Jellinek, a. a. O. S. 566.

想❷。至於確實說出代議士之為「自由的委任」者則在十八世紀以後。一七
四五年 Walter Yonge 在眾議院內揚言：代議士為國民全體的代表，不受選舉
區訓令的拘束 ❷ ，　隨著一七六五年 W. Blackstone (1723–1780) 在其所著
*Commentaries on the Laws of England*❷，一七七四年 E. Burke (1729–1797) 在
Bristol 演講 ❷，皆作同一的主張。自是而後，封建時代的「命令的委任」在
英國便漸見消滅 ❷。其於歐洲大陸，自法國革命，由其國民會議 (Assemblée
nationale) 於一七八九年七月七、八兩日，舉行討論，而於八日宣布取消

----

❷ G. Leibholz, *Das Wesen der Repräsentation*, 1929, S. 55, Anm. 3. G. Jellinek, a. a. O. S.
572.

❷ Walter Yonge 說：“Every one knows that, by our Constitution, after a gentleman is
chosen, he is the representative, or if you please the attorney, of the whole people of
England, and as such is at full freedom to act as he thinks best, for the people of England.
He may receive, he may ask, he may ever follow the advice of his constituents; but he is
not obliged, nor ought he to follow their advice, if he thinks it inconsistent with the general
interest of his country.” 引自 J. Hatschek, Englisches Staatsrecht, Bd. I, 1905, S. 273.

❷ William Blackstone 說：“Every member, though chosen by one particular district, when
elected and returned, serves for the whole realm. For the end of his coming thither is not
particular, but general; not barely to advantage his constituents, but the common wealth.
And therefore he is not bound to consult with, or take the advice of his constituents upon
any particular point, unless he himself thinks it proper or prudent to do so.” 引自 G.
Jellinek, a. a. O. S. 574, Anm. 1.

❷ Edmund Burke 說：“Parliament is not a congress of ambassadors from different and hostile
interests; but Parliament is a deliberative assembly of one nation, with one interest, that of
the whole. You choose a member indeed; but when you have chosen him, he is not a
member of Bristol, but he is a member of Parliament.” 引自 J. Hatschek, a. a. O. S. 273,
Anm. 1.

❷ 據 J. Hatschek (a. a. O. S. 272) 研究，其完全廢止乃在一八三二年修改選舉法之後。

mandat imperatif（命令的委任）之後❸，一七八九年十二月二十二日的法律廢止選舉人罷免代表之制❸。一七九一年憲法又明文規定代議士不是選舉區的代表，而是國民全體的代表，不受委任的拘束❸。此後各國憲法，遠者如比利時一八三一年憲法第三二條，義大利一八四八年憲法第四一條，普魯士一八五〇年憲法第八三條，德意志一八七一年憲法第二九條，瑞士一八七四年憲法第九一條，第一次大戰之後，德國威瑪憲法第二一條，奧國一九二〇年憲法第五六條，皆明白反對命令的委任之制，而宣布議員代表全體國民，不受任何訓令的拘束。

　　法國革命，發布人權宣言，第三條規定主權屬於國民，第六條規定「法律為公意 (volonté générale) 的表現，一切市民有由自己，或由代表，參加制定法律的權利」，即除代表制度之外，尚承認國民的直接立法。但是第一部憲法即一七九一年九月三日憲法竟然規定「一切權力出自國民，但國民只得利用委任 (délégation) 之法，行使權力——法國政體採代表制，國民的代表為議員及國王」（第三篇序文第二條），又規定「各郡 (département) 所選舉的議員不是各該郡的代表，而是全體國民的代表，不受委任 (mandat) 的拘束」（第三篇第一章第三節第七條）。此種矛盾的觀念如何解釋？照 Abbe Sieyes (1748–1836) 說，議員多由村落選舉，一個小小村落的選舉人何可令其議員依照少數人的意思，以反抗全體國民的意思。因此之故，各區選舉人對其代表便不得給與訓令，而議員只有依自己的見解，決定意思，以作國民的意思❸。

---

❸ R. Redslob, *Die Staatstheorien der französischen Nationalversammlung von 1789*, 1912, S. 120.

❸ R. Redslob, a. a. O. S. 121. O. G. Fischbach, *Allgemeines Staatsrecht*, I, 1923, S. 27. G. Jellinek, a. a. O. S. 576.

❸ R. Redslob, a. a. O. S. 121. O. G. Fischbach, a. a. O. S. 27. G. Jellinek, a. a. O. S. 576.

❸ J. Hatschek, *Deutsches und preussisches Staatsrecht*, Bd. I, 2 Aufl. 1930, S. 358. 關於法國革命時代的代表觀念，請閱 R. Redslob, a. a. O. S. 105ff.

其實，Abbe Sieyes 等輩有此思想，也是環境使然。當時指導革命的乃是市民階級。因為 ancien regime 尚未清算，他們須以議會為根據，並使議會獨立於國民之外，不受選舉人的干涉，藉此以鞏固議會的基礎，加強議會的權力，俾能與政府作劇烈的鬥爭。環境如斯，所以他們雖然主張主權屬於國民，而又不許國民直接參政；雖然主張議會代表國民，而又不許國民干涉議員之言論。即排斥命令的委任，而採用自由的委任。其結果，國民便如盧梭所言，「他們唯於選舉議員之時，才有自由，議員選出之後，他們又變成了奴隸」❸❹。現今民主國必有議會，由人民選舉議員組織之。但人民的意思只能於選舉之際，直接表示一下；選舉一了，人民的意思就由議會代表之。

　　但是不論民會制度或代表制度，一種問題要想得到全場一致的贊成或反對，事實上是不可能的。然則怎麼辦呢？在今日，誰都知道，凡事經過大眾討論之後，便須舉行表決，依多數人之意見決定取捨，這叫做多數決 (decision by majority of votes)。多數決這種制度怎樣產生出來？照曾克斯 (E. Jenks) 說，原始社會不知多數決之法，凡事不能得到滿場一致，就須訴諸腕力，舉行決鬥，以決定那一方意見得到勝利。所以滿場一致與決鬥乃是原始社會解決問題的方法。既而人們漸漸感覺決鬥對於勝負雙方都有害處，於是就發生了種種代替決鬥的方法。一是吶喊 (shout)，雙方發出喊聲，誰壓倒對方，誰便得到勝利。二是分列 (divide)，倘雙方喊聲不分大小，則雙方列隊比較長短，誰隊伍長，誰的意見便見通過❸❺。這樣，頭數多少便代替了腕力大

---

❸❹ J. K. Bluntschli, *Geschichte der neueren Staatswissenschaft, Allgemeines Staatsrecht und Politik*, 3 Aufl. 1881, S. 355.

❸❺ 斯巴達選舉 gerontes，皆在 Apella 內，開自由民大會，而令候選人依抽籤方法順序走過會眾之前，誰受歡呼之聲最大，誰便當選。判斷呼聲大小的人則關在鄰近室內。他們得聞人民之聲，而不見人民之集會，這是吶喊之例。Sthenlaidas 為 Ephor 之時，某次曾令自由民大會表決雅典有否破壞條約的議案。當然表決之法是用吶喊，非用投票。Sthenlaidas 以雙方呼聲大小，不易辨別，乃令人民分列兩組，贊成雅典為有罪者

小，即 「計算人頭代替了打碎人頭」 (Counting heads instead of breaking them)，這便是多數決的起源❸。希臘時代已有多數決之制。斯巴達選舉五位執政官 (Ephors)，就是以得票較多者為當選。雅典的各種會議或用舉手，或用投票，依多數人之意見決定一切。而關於貝殼流放 (ostracism)，尚以六千人參加投票為其法定人數；投票不及六千人者無效❸。降至羅馬，法諺云：「多數所表示者得適用於全體」 (Refertur ad universos quod publice fit per majorem partem)，「民會多數所為者視為全體所為」 (Quod major pars curiae effecit pro eo habetur ac si omnes egerint)❸。只看元老院表決議案皆以多數人的意見為標準❸，就可知道當時多數決已經成為法律上的制度。日耳曼民族的思想與多數決主義未必符合。他們不甚相信兩人的意見比之一人的意見更有價值。戰場之上，一人勇士可以打敗五人，何以論壇之上，須以多數人之意見為標準。中世的三級會議有「凡事須由賢人 (pars sanior) 決定，不宜由多數人 (pars maior) 決定」，「投票須權 (wägen) 其輕重，不宜數 (zählen) 其多寡」之言。他們最初舉行表決尤其選舉，皆以滿場一致的形式為之，用喝彩以代投票，縱有少數人提出異議，亦為喝彩之聲所掩蔽❹，所謂「滿場一致是必需的，但少數應該讓步，且亦不能不讓步」 (quia quisque ad synodum pergens iudicio maioris partis se submittere tenetur...synodus finaliter ex concordia

---

集合一邊，反對雅典為有罪者另集合一邊。自由民起立分列，贊成者居多，這是分列之例。 見 J. G. Heinberg, History of the Majority Principle, in the *American Political Science Review*, Vol. 20, No. I, Feb. 1926, pp. 54–55.

❸ E. Jenks, *The State and the Nation*, 1928, pp. 193–195.

❸ J. G. Heinberg, op. cit., pp. 55–56.

❸ J. G. Heinberg, Theories of Majority of Rule, in the *American Political Science Review*, Vol. 26, No. 3, June 1932, p. 455.

❸ J. G. Heinberg, *History of the Majority Principle*, pp. 56–57.

❹ G. Jellinek, *Das Recht der Minoritäten*, 1898, S. 2.

omnium definit)❹，可以說是古代日耳曼民族的思想。至其採用多數決之制，乃是傳自教會，而教會又是受了羅馬法的影響。教會選舉教皇，以得到大主教 (Kardinal) 三分之二之投票為當選；選舉主教 (Bischof)，以得到管長會議 (Domcapitel) 過半數投票為當選❹ 。 最初義大利北部村落先用多數決之法，以選舉村長 ❹ 。 其後歐洲各地漸次成立了 「少數服從多數」 (minor pars sequator majorem) 的慣例。其實， 最初所謂多數不但指投票在數的方面是優越的，同時還指在質的方面也是優越的。多數同時包括數多而又質良，就是多數之外，尚加以 「賢明」 的要素，這稱為 「多數而又賢明」 的原理 (the doctrine of the major et sanior pars)。因此之故，一個少數苟在質的方面是優越的，換句話說，是賢明的，尚可戰勝那僅在數的方面佔優勢的多數。不過「賢明」並沒有一個公認的方法來證明，所以不久之後，這個原理又被另一個原理修改了。就是數的方面苟佔絕對優勢，例如三分之二的人數，那末「賢明」如何，可以不談。後來， 連這個絕對優勢的多數都不顧了，縱在選舉之時，也只要求一個大多數 (a greater number)❹ 。看吧！一二一五年英王約翰所發布的大憲章（第六一條）規定：國內男爵 (Barons) 互選二十五名為代表，代表會議之決議以出席人過半數之同意行之。一三五六年神聖羅馬帝國皇帝卡

---

❹ O. Gierke, *Political Theories of the Middle Age* (translated by F. W. Maitland), 1927, p. 166, n. 228.

❹ G. Jellinek, a. a. O. S. 3f. J. Hatschek 在其 *Allgemeines Staatslehre*, II, Teil, *Das Recht der modernen Demokratie*, 1909, S. 58 亦謂多數決是先由教會採用之 ， 以決定選舉 。 「多數能夠支配少數」 這個原則，自馬西僚發表 Defensor pacis 之後，在十四世紀，時人已經知道其為民主國的學說了。

❹ J. G. Heinberg, *History of the Majority Principle*, pp. 57–58. 例如 Genoa 固須滿場一致，而 Brescia 及 Ivrea 則需要三分之二 ， Bologna 需要四十分之二十七，或二十分之十三，其他各市需要七分之四，總之均比普通多數為多。

❹ J. G. Heinberg, op. cit., pp. 59–60.

爾第四 (Karl IV, 1346–1378) 所發布的敕令 (goldene Bulle) 規定 ： 選舉侯 (Kurfürst) 選舉皇帝之時，以得票較多者為當選❹。這樣，多數決主義到了十四世紀，歐洲各國就漸次用之以作議決及選舉的方法，終隨英國憲政❹而傳播於全世界。

這種多數決並不是能夠存在於任何社會。一個社會能夠採用多數決之制，必須社會的人一方有同一性，他方有個別性。換句話說，必須各人均有獨立自主的見解，同時又有共同一致的思想。就邏輯說，凡有多數，必有少數；而既分化為多數與少數，那又必有全體。只有全體（同一性），而無分化（個別性），則各人的見解自始就已統一，何至發生多數與少數的對立。在這種社會，往往是長老之輩或巫祝之流決定一切。反之，只有分化（個別性），而無

---

❹ J. G. Heinberg, op. cit., pp. 61–63.

❹ 據 W. Starosolskyj, *Das Majoritätsprinzip*, 1916, S. 3，在英國，一四二九年的法律才明確採用多數決於選舉。遲至十七世紀中葉，議會表決議案，才承認多數人的意思有決定力。又據 J. Hatschek, *Englisches Staatsrecht*, Bd. I, 1905, S. 406, Anm. 1. 在瑪利女王 (Mary I, 1553–1558) 時代（一五五三年）曾發生 Buckley v. R. Thomas 的訴訟案件，關此，Plowden 在其 *Commentaries* (ed. 1816), p. 125f. 中說：「由我看來，原告沒有報告選舉人人數之必要。因為他之當選也許由於口頭投票 (Voices)，也許由於舉手投票 (Hands)，這個時候他必無法知悉人數多寡，只能憑著眼看或耳聽，推測誰得多數。但是選舉 Abbot 及 Bishop 之時，選舉人人數很容易知道。因為 Monks 之選舉 Abbot，Chapter 之選舉 Bishop，是一個一個的計算。又者，在貴族院，口頭投票也很容易知道贊成那一方居多，因為議員須一個一個的發言，而由院內書記計算之。在眾議院，情形則不同了。贊成的呼聲同時大喊，呼聲喊出之時，Parly 大抵皆宣告多數」。Edward Coke (1552–1632) 在十七世紀之初，曾說：「眾議院議員之表決議案，用 yea 或 no，關於人數問題，發生疑問，或雙方各執一詞，則指定兩人計算。一人計算 yea，一人計算 no，說 yea 者走出院外，說 no 者留在院內，而報告其數目於議院。在委員會或全院委員會，說 yea 者走到一邊，說 no 者走到另一邊。這樣，那一方多數當然容易知道」。

全體 (同一性)，則各人的見解始終不能統一，何能形成為多數人的意思，更何能以多數人的意思強制少數人服從。這種社會只有孤立的個人，往往瓦解為無政府狀態。只惟社會的人一方因有個別性而分化，他方由於同一性而結合為全體，而後多數決之制才會存在。不過多數決能夠發生效用，又須以自由平等兩個觀念為基礎。各人沒有發表意見的自由，換言之，各人沒有討論和投票的自由，試問何必准許各人參加表決。各人的意見沒有平等的價值，那又何能以數之多寡決定一切。中世紀義大利北部鄉村採用多數決之時，據 A. M. Wolfson 說，往往是少數人武裝起來，脅迫大眾，使大眾不敢反抗❹。後來各國雖然也採用多數決之制，但如前所言，最初所謂「多數」乃包括兩個要素，一是數多，二是質良，因此少數人往往自稱為「賢明」，而欲取消多數人的決議❹。這種不自由不平等的狀態當然有反於多數決的原理。

但是多數人的意見為什麼可以決定問題呢？依康德 (I. Kant, 1724–1804) 之言，真理客觀上有普遍的妥善性。一個意見客觀上有普遍的妥善性，多數人雖然反對，也不失為真理；一個意見客觀上沒有普遍的妥善性，多數人雖然贊成，也不能為真理。試看地動之說，哥白尼 (N. Copernicus, 1473–1543) 主張地動，竟遭世人反對。就是地動之說在當時不為多數人所贊成。多數人儘管反對，而地動之說仍不失為一個真理。由此可知真理能否成立，不是多數決所能決定的。既是這樣，何以政治問題可以用多數決來決定呢？我們以為政治問題不是真理問題，只是生活問題；而生活問題又是日常的利益問題。各人的生活環境不同，因之，各人的生活利益也不同。現在竟用多數決之法，由個別利益之中，求出一個公同利益，自有其理由存焉。希臘以來，關於多數決的原理，固然有不少人討論，其值得吾人介紹者有下列三種學說。

一是盧梭 (J. J. Rousseau, 1712–1778)，他以公意 (volonté générale) 說明多數決之理由。照盧梭說，公意是以增加公益為目的之意思。但是人們未必都

---

❹ J. G. Heinberg, *History of the Majority Principle*, p. 58.

❹ J. G. Heinberg, op. cit., pp. 59–60.

能知道什麼是公益，因之也未必都能知道什麼是公意。因此之故，眾人由其特殊利害偶然一致的意思，即所謂「眾意」(volonté de tous) 乃與公意不同。這樣，盧梭所謂公意將無法決定了。於是盧梭不能不退一步，主張公意可由人民決定，又退一步，主張公意可由多數人決定。一方主張公意與眾意不同，他方又復主張公意可由多數人決定，對這矛盾的主張，盧梭是用詭辯的方法，而作不合理的解釋。他說，一種意見提交人民表決，目的不在於探問各人是否贊成這個意見，而在於探問這個意見是否與各人所認為的公意相一致。各人應用投票的方法，表示自己的意見，則由票數之計算，可以決定公意是什麼。這個時候，倘有人發見自己的意見與多數人的意見相反，這不過證明自己意見的錯誤。即自己認為公意的，其實不是公意❹。

　　二是邊沁 (J. Bentham, 1748–1832)，用功利主義 (utilitarianism) 說明多數決之原理。功利主義揭櫫「最大多數的最大幸福」(the greatest happiness of the greatest number)。而何謂「最大幸福」，並無方法決定，因之留下來的只有「多數」及「多數幸福」了。依功利主義者之意，任何國家均須考慮多數人的幸福。當多數人幸福與少數人幸福不能併存之時，國家應把少數人幸福放在次位。但是人類都是利己的，只惟自己的利益是視，其判斷政治問題，常以自己的利害為標準。換句話說，各人對於政治問題怎樣判斷，其實只是各人要求這個問題怎樣解決，而後才有利於自己。在中世及近代，國家固曾以人民幸福為行政的目標，然權力之運用皆只謀少數人的幸福。因此之故，什麼是一般人的幸福，似非由一切利害關係人決定不可；而作成公意之際，亦須令一切人參加。換言之，即須應用多數決原理。這樣，一樁政策多數人認為妥善者，必定有利於多數人；既然有利於多數人，則其實行之後，當然可以達到「多數幸福」的目的❺。

---

❹ H. Cunow, *Die Marxsche Geschichts-, Gesellschafts- und Staatstheorie*, Bd. I, 4 Aufl. 1923, S. 132ff. 參閱 W. Starosolskyj, a. a. O. S. 80ff.

❺ 參閱 W. Starosolskyj, a. a. O. S. 46f.

　　三是馬歧佛 (R. M. Maciver)，以實際上之必要 (practical necessity) 說明多數決的價值。照他說，多數人的言論及多數人的決議每為少數人所反對。而反對的乃同贊成的一樣服從。這不是單單因為多數人有更大的力量。人類的最後目的縱能一致，而欲增加公共利益。但關於達到目的之手段，因為各人的知識不同，經驗不同，品性不同，境遇不同，各人之意見未必相同。於是就自然的發生了多數與少數的對立。一種問題提交大眾表決，解決的方法不出兩種，一是多數決，二是滿場一致。倘用滿場一致之法，勢必變成少數控制。何以說呢？只要有一人反對，其餘全部人的意見都被推翻。為了探求公意，而竟受到少數意思的控制，這便是多數決能夠存在的理由。所以多數決固然不能創造 right 或 wise，而由於實際上的必要，卻能預防少數人的專制 (tyranny of minorities)。這個時候，少數人只有不斷的批評與說明，用行動，用言論，不斷的感動全體人心，使少數意見日後可以變成多數意見[51]。

　　在上述三種學說之中，我們以為馬歧佛之言比較接近事實。多數決之產生本來用以代替流血之慘，而今竟成為民主政治的制度者，是欲用之以防止少數人的專制。多數未必比較少數為正當 (right)，也未必比較少數為賢明 (wise)，更不能用以創造真理 (truth)，只因實際上的必要，在解決問題沒有辦法之中，不失為一個良好的辦法，故有存在的價值。若謂多數決只是多數人強制少數人，則滿場一致也可以說是一人強制多數人。所不同的，前者是積極的強制通過議案，後者是消極的強制否決議案。強制若宜反對，則一人的

------

[51] R. M. Maciver, *Community*, 1924, p. 139ff. J. Bryce 亦謂，縱令最熱心的民主主義者亦不敢主張「多數人都是正當的」，即不敢主張「投票所作的決定都是賢明的」。民主政治是令少數人得用說服之法，變更多數人之行為，或自己努力成為多數人，而變更過去多數人所作的決議。世上最不尊重多數人之意見的，莫如革命主義者。一旦他們利用革命方法，而能得到赫赫的效果，便認為一般民眾贊成自己的行動，甚至於民選議會所作的決議，他們亦欲利用暴力以推翻之。見他著 *Modern Democracies*, II, new ed. 1931, p. 390.

強制更宜反對。何況真正的多數決，多數與少數並不是完全對立，雙方的意思每能互相影響，互相感化，互相交流，所以最後成立的意思往往不是任何一方的意思，而是雙方意思的混合❺。這比之以一人的意思強制多數人接受，當然合理。過去波蘭國會實行一種自由否決 (liberum veto) 的制度，任何議案非經滿場一致，不能通過，一事無成，國會等於虛設。一七九一年五月三日的憲法固然撤廢了自由否決，而代以多數決之制❺，然而國務停頓已久，卒不能挽救波蘭於滅亡。

　　但是多數決並不是漫無限制的可以應用。要用多數決之法以解決政治問題，須有兩個條件。一是參加投票的人，正反雙方在「質」的方面，須有同一性。例如宗教不同，若令兩種教徒對於信教問題舉行投票，而以多數人信仰之宗教，推翻少數人之宗教，則這不是民主，而只可視為橫暴。二是參加投票的人，正反雙方在「量」的方面，須有變動性。即多數與少數須是變動的，不是固定的，今日之多數，明日可以變成少數，今日之少數，明日可以變成多數。倘令多數與少數自始就已固定，永不變動，則多數決制度將失去存在的價值。例如民族不同，少數民族不管怎樣努力，亦無法變成多數民族。這個時候，若依多數決之法，決定民族上一切問題，少數民族必斥之為暴虐

---

❺ H. Kelsen 說，多數決並不是多數對於少數的獨裁，而是多數與少數雙方互相影響，互相衝突，依此而決定一種政見。換言之，雙方由於辯論與反駁，而得到妥協。妥協即調和之意。見他所著 *Vom Wesen und Wert der Demokratie*, 2 Aufl. 1929, S. 56f.

❺ G. Jellinek, *Allgemeine Staatslehre*, 3 Aufl. 1929, S. 514. W. Starosolskyj, a. a. O. S. 5. J. G. Heinberg, History of the Majority Principle (in the *American Political Science Review*, Vol. 20, No. I, Feb. 1926, pp. 65–67)，引 W. Konopczynski 之言 (in Essay in *Legal History*, ed. by N. Vinogradoff, 1913)，說明波蘭採用自由否決的原因。其最可引起吾人注意者，乃是波蘭各省 (palatinat) 的議會 (dietine) 甚為跋扈，中央議會無異於各省議會的代表所組織的團體，凡有決議，均由各省代表報告於各該省議會，得其批准之後，才發生效力。即各省代表採用了「命令的委任」之制，而致中央議會無異於國際會議。

無道❺❹。茲宜特別注意者,今日民主政治不但服從多數人的意思,且又尊重少數人的意思。C. Schmitt 說:「在立法,意見不同,黨派對立,也許可以妨害正當的決議。但是同時少數人的主張往往可以預防多數人的專橫。因此之故,不同的意見也是有用的,也是必要的」❺❺。何況一切進步思想後來雖然能夠驚動世界,而最初無不受人反對。A. de Tocqueville (1805–1859) 早已說過,今日民主國的輿論常常壓迫反對的意見。反抗輿論比之反抗帝王的命令,尤需要更大的勇氣❺❻。並且歷史上一切革新最初皆由少數人提倡。倘令個人在團體之內必須服從多數,則社會將永遠不能進步。事業之創造無不由於個人的自由活動。任何強制,縱令多數人的強制,也只能用以維持社會秩序,必不能創造一個事業❺❼。所以民主主義者固宜服從多數,而對於少數人的自由尤其是言論、出版、講學的自由,萬不能加以壓制。

㈡法治政治

民主政治為公意政治,而在現代,代表公意的則為議會,所以現代民主政治可以說是代議政治。代議政治是由代表以表示人民的意思,但是代表的意思是否與人民的意思一致,不無問題。於是現代國家又用法律尤其憲法以

---

❺❹ G. Jellinek, *Das Recht der Minoritäten*, 1898, S. 27–30. 據 O. v. Gierke (*Political Theories of the Middle Age*, p. 166, n. 228) 說,中世的教會法 (canon law),凡是有關於宗教者,不用多數決之法決定之。H. Kelsen 亦說:「多數決原理的應用乃有一種限界:即多數與少數雙方意思須能交流,而互相融和。但是要謀雙方意見的交流,又須有一個前提,即他們文化相同,尤其言語相同」。見他所著 *Vom Wesen und Wert der Demokratie*, 2 Aufl. 1929, S. 65f.

❺❺ C. Schmitt, *Die geistesgeschichtliche Lage des heutigen Parlamentarismus*, 2 Aufl. 1926, S. 56f.

❺❻ 引自 G. Jellinek, a. a. O. S. 41.

❺❼ G. Jellinek, a. a. O. S. 42.

拘束議會的活動。即議會固然是民意機關，而其代表民意，行使職權之時，卻須受法的拘束。議會的活動不得違反憲法固不必說；法律雖由議會制定，而在該項法律尚未廢除以前，議會本身也要受其拘束。立法者束縛於法律之內，立法權不是專制獨裁的工具，這種用「法」以限制國家機關的活動，稱為法治政治。

法治政治誠如 C. Schmitt 所言：「國家一切活動均是法律的適用，行政尤見其然。以三段論法言之，法律為大前提，事實為小前提，結論不過法律的適用」❺❽。法律乃法治政治的基礎，管子所說：「不淫意於法之外，不為惠於法之內」❺❾，即此之謂。固然法治思想早已存在於吾國古代，廷尉張釋之對漢文帝說：「法者天子所與天下公共也」❻⓪，即上自天子，下至庶民，皆須守法。但是這種法治實與今日民主國所謂法治不同。古代制定法律者為天子，而執行法律者也是天子。天子若以前法為不便，就可制定後法以改變之。廷尉杜周說：「三尺安出哉，前主所是著為律，後主所是疏為令，當時為是，何古之法乎」❻❶。古人所謂法律乃如 C. Schmitt 所言，「只是帝王的意思」❻❷。因之古人所謂法治，充其量，不過謂帝王既已制定法律之後，在法律尚未改變以前，帝王本身也須遵守。反之，今日民主國所謂法治則與此殊。行政權之發動不但要依法律，而且所謂法律又有特殊的意義。就是制定法律的是一個機關，執行法律的又是另一個機關。執行機關雖以舊法為不便，苟制定機關不肯制定新法，執行機關亦須遵從舊法，不得隨意變更。

這樣，今人所謂法治當然尚有一個前提，那便是權力分立，而其目的則

---

❺❽ C. Schmitt, *Die geistesgeschichtliche Lage des heutigen Parlamentarismus*, 2 Aufl. 1926, S. 55.

❺❾ 管子卷四十六明法。

❻⓪ 漢書卷五十張釋之傳。

❻❶ 漢書卷六十杜周傳。

❻❷ C. Schmitt, *Verfassungslehre*, 1928, S. 138.

為保護個人自由。基此原則，就發生了兩種原理：一是劃分原理 (Verteilungsprinzip)，即劃分個人自由的範圍與國家活動的範圍，國家的活動原則上不得侵犯個人自由的範圍。二是組織原理 (Organizationsprinzip)，即分別國家權力為三種（立法行政司法），三種權力各有各的活動範圍。由於前者，就發生了人民的基本權利；由於後者，就發生了國家權力的分立。基本權利之保護與分權制度之創立可以說是法治政治的本質 ❻❸。法國人權宣言第一六條說：「一個國家沒有保障基本權利，沒有確立分權制度，那簡直是沒有憲法」。今人所謂法治所以與古人所謂法治不同，就是因為後者沒有利用分權制度以保障人民的基本權利。

　　分權之說固然濫觴甚古 ❻❹ ，而大成之者則為孟德斯鳩 (C. L. de Montesquieu, 1689–1755)。按主張分權的人均有不信任人性之意，而對於秉權的人，尤有戒心。孟氏說：「依吾人日常經驗，凡有權力的人往往濫用其權力。要防止權力的濫用，只有用權力以制止權力」 ❻❺。而其方法則為三權分立。孟氏說：「人民之政治的自由 (liberte politique) 是謂各人都相信自己安全，而得到一種心理上的安謐之意。要得到這種心理上的安謐，必其政治組織能夠使國內一切的人都沒有恐怖別人之心而後可。比方一個人或一個團體兼握立法行政二權，則自由不會存在。因為君主或議會將制定暴虐的法律而用暴虐的方法執行之。又如司法權苟不獨立於立法權與行政權之外，人民也沒有自由。因為司法權若和立法權結合，則司法官同時就是立法者，人民的生命和自由將受武斷的判決所蹂躪。司法權若和行政權結合，則司法官同時就是行政官，更容易利用暴力，壓迫人民。要是一個人或一個團體兼握三種權力，則自由更掃地無存。不問握權的人是出身於貴族或是出身於平民」 ❻❻。

---

❻❸ C. Schmitt, a. a. O. S. 126f.

❻❹ 參閱本書二二九頁以下。

❻❺ F. W. Coker, *Readings in Political Philosophy*, 1938, p. 618.

❻❻ F. W. Coker, op. cit., p. 619.

孟氏主張分權，目的是在保護人民的自由，觀此可以知道。在英國，建立孟德斯鳩的理論者乃是布拉克斯頓 (W. Blackstone, 1723–1780)。他說：「制定法律與執行法律的權若屬於同一人或同一團體，政治的自由不會存在。行政長官將制定暴虐的法律，並用暴虐的方法以執行之。因為他既有立法的權，自可制定法律，使自己握有全權。司法權若和立法權結合，人民的生命自由和財產必為武斷的法官所操縱。此際法官的定讞將依其個人的見解，而不根據法律的根本原理。但是法律固然可由立法者修改，而法官卻非遵從不可。司法權若與行政權結合，則其對於立法權，又將失去均衡」 ❻❼。美國制定憲法之時，受了孟布二氏思想的影響，分權主義成為當時政治家的信條。他們也同孟氏一樣，對於人性均有不信任之心。舉一例言，麥迪遜 (J. Madison, 1751–1836) 說：「人類若是天使，不需要政府。天使若統治人類，沒有控制政府的必要。組織政府是令人類統治人類，一方需要政府能夠統治人民，他方需要政府能夠控制自己，困難就在這裏。政府隸屬於國民，這是控制政府的初步方法。但經驗告訴吾人，除此之外，尚有再加警戒的必要。吾人分配權力之時，須使各種機關互相牽制」 ❻❽。他又說：「立法行政司法三權集中於一人之手，這簡直可以定義為暴政 (tyranny)，固不問權力集中於一人，集中於少數人，或集中於多數人；也不問其人取得權力，是由於世襲，由於任命，或由於選舉」 ❻❾。Virginia 一七七六年六月十二日的權利宣言 (Declaration of Rights) 第五條說：「三種權力必須分離而分屬於三個機關，任何權力均不得行使別個權力的職務，任誰均不得同時行使一個權力以上的權力」，這個規定又成為同年六月二十九日憲法條文的一部❼⓿。Massachusetts 一七八〇年六月十六日憲法第一篇「權利宣言」第三〇條云：「本國政府乃法治政府，不是人

❻❼ 引自 J. W. Garner, *Introduction to Political Science*, 1910, p. 414.

❻❽ *The Federalist* (Modern Library, 1937), No. 51, p. 337.

❻❾ Ibid. No. 47, p. 313.

❼⓿ 引自 C. Schmitt, a. a. O. S. 127. 並見於 *The Federalist*, No. 47, p. 319.

治政府 (a government of laws and not of men)，故立法機關不得行使行政權與司法權或二者之一；行政機關不得行使立法權與司法權或二者之一；司法機關不得行使立法權與行政權或二者之一」❼❶。美國聯邦憲法也本此宗旨，採用三權分立之制，立法權屬於國會（憲法第一條第一項），行政權屬於總統（第二條第一項第一目），司法權屬於法院（第三條第一項）。

　　其在法國，盧梭主張主權不可分割，因而反對權力分立之制❼❷。但當國民會議 (Assemblée Nationale) 即制憲會議 (Assemblée Constituante) 制定法國第一部憲法（即一七九一年九月三日憲法）之時，關於政府的組織，又採用了孟德斯鳩的學說。即如 H. Finer 所言，「鼓動法國人民起來革命的雖是盧梭，而控制初期憲法之制定的則為孟德斯鳩」❼❸。其實，一七九一年憲法乃是同時採用盧梭與孟德斯鳩兩人的思想。該憲法第三篇序言第一條：「主權是唯一的，不可分割的，不可讓與的，不受時效的，屬於國民」。同時又依孟德斯鳩之說，將公權力 (pouvoirs publics) 分為三種：立法權屬於議會，行政權屬於國王，司法權屬於法院（第三篇序言第三條第四條第五條）。對這不可分

----

❼❶ 引自 H. Finer, *The Theory and Practice of Modern Government*, Vol. I, 1932, p. 162, n. 1.

❼❷ 盧梭說："But our publicists, being unable to divide sovereignty in its principle, divide it in its object. They divide it into force and will, into legislative power and executive power; into rights of taxation, of justice, and of war; into internal administration and power of treating with foreigners—sometimes confounding all these departments, and sometimes separating them. They make the sovereign a fantastic being, formed of connected parts; it is as if they composed a man of several bodies, one with eyes, another with arms, another with feet, and nothing else. The Japanese conjurers, it is said, cut up a child before the eyes of the spectators; then, throwing all its limbs into the air, they make the child come down again alive and whole. Such almost are the jugglers' tricks of our publicists; after dismembering the social body by a deception worthy of the fair, they recombine its parts, nobody knows how." (F. W. Coker, op. cit., p. 643)

❼❸ H. Finer, op. cit., p. 166.

割的主權與可以分割的公權力，當時制憲的人如何解釋呢？關此，Abbe Sieyes (1748–1836) 提出憲法制定權的觀念，以作說明的根據。照他說，權力可分兩種，一是制定憲法的權力 (pouvoir constituant)，二是憲法所設置的權力 (pouvoir constitue)。前者屬於國民，後者可分為立法行政司法三種，而分屬於三個機關❼❹。誰有憲法制定權，誰便有主權。憲法制定權屬於國民，所以主權還是不可分的。立法行政司法三權不是主權，而只是憲法所設置的權力。其所以必須分立，目的即在於保護主權者的國民。

　　但是只有分權之制，尚不敢保證人民權利之必有保障，所以法治政治又要求三種制度。

　　㈠國家要限制個人的自由，必須依法律為之。這裏所謂法律，依三權分立之意，當然是指形式意義的法律，不是指實質意義的法律。質言之，是指議會制定的法律，不是指政府公布的命令而其內容之屬於法規者❼❺。所謂「依法律」乃如 O. Mayer 所言，有「法律的保留」(Vorbehalt des Gesetzes) 與「法律的優越」(Vorrang des Gesetzes) 兩種意義❼❻。法律的保留是謂行政須以法律為根據，法律所未規定者，行政權不得有所活動。這個原則於司法方面尤其刑事審判，甚見顯明。所謂 nulla poena sine lege（沒有法律，也沒有刑罰，這是法國革命時代司法方面的標語）就是指此而言。吾國刑法第一條：「行為之處罰以行為時之法律有明文規定者為限」，也是表示斯旨。其於行政方面，固不如司法那樣硬性，但國家要侵害人民的權利或增加人民的義務，依各國憲法規定，皆必以法律有明文者為限，如云，「人民有言論出版之自由，非依法制，不得限制之」，「人民有依法律納稅之義務」等是。這種條文有什麼意義呢？是說只惟法律才得限制人民的權利，只惟法律才得增加人民的義務。

--------------------------------◆--------------------------------

❼❹ G. Jellinek, *Allgemeine Staatslehre*, 3 Aufl. 1929, S. 522. C. Schmitt, a. a. O. S. 78ff.

❼❺ 參閱本書二八八頁以下。

❼❻ C. Schmitt, a. a. O. S. 130. 參閱 O. Mayer, *Deutsches Verwaltungsrecht*, Bd. I, 3 Aufl. 1924, S. 65ff.

行政呢？絕對不得用命令限制人民的權利或增加人民的義務❼❼。所謂法律的優越是謂法律的效力在命令之上，命令不得牴觸法律。詳細說，行政權的活動，只要不牴觸法律，縱令法律上沒有根據，亦為有效。這是與上述「法律的保留」不同之點。於茲，就發生了裁量的問題。司法方面，例如刑法第三二二條，「以犯竊盜罪為常業者處一年以上七年以下有期徒刑」❼❽，法官適用本條之際，固有裁量的餘地，但裁量仍有一定範圍。何謂常業，應依民國三十年上字第三二八號判例解釋❼❾，常業「指以竊盜為職業者而言」。不以行為次數為標準。故凡遇便行竊，非以行竊為謀生之職業，縱有多次行竊，仍難以常業竊盜論擬。對這常業竊盜罪，宣告徒刑不得比一年少，亦不得比七年多。這是法官裁量之例。此種裁量稱為羈束裁量 (gebundenes Ermessen)。行政方面如何呢？行政法規之中常有「伸縮性概念」(dehnbare Begriff)，例如土地法第一九三條：「因……調劑社會經濟狀況，得由財政部……就關係區內之土地，於災難或調劑期中，免稅或減稅」。又有「概括條款」(Generalklauseln)，例如各種法規中常有「必要時」等語，以作行政行為的要件。此際行政官署可依自己判斷而作「有無必要」的裁量，但裁量亦有一定原則。即行政機關所作處分必須有助於公共福利。不過「公共福利」一語，

----

❼❼ 然則政府可用命令設定人民的權利，免除人民的義務麼？就權利言，政府給與人民以權利，對於人民是有利的，這固然可聽政府自由裁量，但亦須消極的無反於法律的規定。要是政府只把權利給與特定的人，則更須積極的於法律上有所根據。因為這是創設特權，有背於法律平等的原則。就義務言，政府免除人民的義務，對於人民也是有利的，但是法律對於人民既然設定了義務，政府實負執行之責，故除法律准許政府免除人民的義務之外，政府沒有法律上的根據，而即免除之者，實無異於拒絕執行法律。何況政府免除人民的義務乃等於政府拋棄國家的權利。私人相互之間，私人原則上可以自由拋棄自己的權利。國家與人民之間，國家要拋棄自己的權利，必須以法律之形式為之，絕對不許政府自由裁量。這也是法治政治所要求的。

❼❽ 此法條現已刪除。

❼❾ 此法條現已廢棄不再援用。

意義多端而不確定，且依各人之主觀的見解而不同。所以現代法治國又進一步，凡行政機關欲侵害人民的權利或增加人民的義務，必須根據法令。即凡行政機關欲作此種行為之時，必須具有法規所規定的要件，至於要件是否具備，則由行政機關裁量之。這種裁量也是羈束裁量 (gebundenes Ermessen)。反之，行政機關欲增進人民的福利，或其所作行為與人民的權利義務沒有直接關係者，除法律有特別規定外，行政機關可依自己判斷而作自由裁量 (freies Ermessen)。由此可知自由裁量只能積極的增加人民的福利，不能消極的禁止人民的作為❽。總之，司法官必以法律為根據，對於具體的案件，解釋法律而適用之。行政官若為增加人民的福利，只要不牴觸法律，縱令於法無據，亦得便宜行事。即在司法方面全是羈束裁量，行政方面自由裁量的成分甚多。

　　㈡行政權的活動有一定的範圍，而其範圍大小又是確定於法律之上。古代專制君主可以隨意行使權力，權力大小沒有一定範圍。人民戰戰兢兢，日夜處在恐怖之中，而何種恐怖來臨，又不能預先忖度，講求應付之法。孟德斯鳩所謂「心理上的安謐」(tranquillity of mind)❽便不存在。反之，在民主國家，行政權的活動必須根據預先制定的法律，因之權力大小如何，活動範圍如何，預先能夠測知。權力不是無限，便易於控制❽。但是對於行政權活動

----

❽ H. Kelsen 說：適用法律之時，官署要受法律如何拘束，對此，有兩種不同的意見，一是要求強烈的拘束，二是主張高度的自由。人性若果善良，一切由官署決定，固無不可之理。否則適用法律之時，實有限制自由裁量之必要。法規自下而上，有一定的位階，下位法規乃以上位法規為前提。準此而言，一切法規必有其根本原則，這個根本原則常規定於憲法之上，而受憲法的保障。裁量不宜離開根本原則，所以世上絕沒有完全不受羈束的裁量。見他所著 *Allgemeine Staatslehre*, 1925, S. 242–244，只述大意，非照原文翻譯。

❽ 參閱本書一七四頁。

❽ 參閱 C. Schmitt, a. a. O. S. 131.

的範圍，要予以合理的限界，又是不容易的事。綜觀過去歷史，行政權之活動乃隨時代的變遷而異其範圍。在警察國時代，一切不許人民自由活動，而須受國家的干涉。自十八世紀之末而至十九世紀之初，一般學說又欲限制國家的權力，以為國家的任務只可限於「夜間巡查」(Nachtwächter) 之事，至於個人的生活問題，個人自能解決，國家不必干涉；縱令干涉出於善意，亦可妨害個人和民族的發展。這個時候，行政權活動的範圍當然小得可憐。各國基於這種觀念，於制度上就採用了二元主義 (Dualismus)，即社會與國家的對立，議會代表社會，政府代表國家，兩個機關互相牽制，而維持權力的均衡。總而言之，一切人民生活方面，皆取「中立」(Neutralität) 或「不干涉」(Nicht-Intervention) 的態度。所謂憲法就是人民與政府訂立契約，限制行政權活動的範圍。但是政府的行政既須根據法律，而法律又由議會制定，所以不久之後均衡狀態又隨議會的發展，變為議會的優越，而發生立法國家 (Gesetzgebungsstaat)[83]。十九世紀中葉以後，形勢又復改變，一半由於近代生活的複雜，一半由於社會主義思想的勃興，國家的活動已經不宜消極的保護人民的生命財產和自由的安全，而須積極的發展國家的富源，給予人民以肉體上和精神上的福利。到了這個時候，國家行政須一一坐待議會立法的制度，即所謂「立法國家」已經不能適應時代的需要。而在「例外狀態」(Ausnahmezustand) 發生之時，行政有臨機應變的義務，其用緊急命令之法，採取一切必要的措置，甚至停止人民的基本權利，可以說是環境所迫，不得不然。然而因此，行政遂漸漸站在立法之上，而使立法國家轉變為「行政國家」(Regierungsstaat)[84]。固然如斯，而行政上的臨機應變仍需要憲法上有所根據[85]，所以法治政治並不能謂為完全消滅。

　　㈢綜上所言，我們可以知道，在法治政治之下，行政權的活動乃有一定

---

[83] C. Schmitt, *Der Hüter der Verfassung*, 1931, S. 73–75.

[84] C. Schmitt, a. a. O. S. 75f.

[85] 例如吾國憲法第四三條，參閱本書三七八頁之⑵「緊急命令」。

的範圍，而其活動又須「依法律」為之。倘若行政權的活動超出一定範圍之外，或活動不依法律為之，又將如何？於是法治政治又要求一種制度，即法官的獨立。

民主政治將國家的兩大權力──立法與行政分配於議會與政府，本來希望它們兩者互相牽制，使國家權力不致過度侵害個人的自由❽。但徵之實際情況，實如 H. Kelsen 所言，「當民主政治發生之初，議會分為兩院，各代表不同的階級，由於兩者互相牽制，立法權已經不易侵害人民的自由了。而當時議會又是代表自由主義的思想，人民參加立法，不過藉以限制政府的權力。所以政府雖欲拘束人民的自由，而議會亦必不肯同意。但是我們須知國家所以有立法的必要，本來就是要用以限制人民的自由。縱令人民自己成為立法機關，對於個人的行動，也不能不加以規制。何況今日國家除美國外，又認議會的意思為國家的最高意思，所以民主政治一旦發展到有利於議會之時，議會就由消極的限制政府的權力，進而積極的限制人民的自由。這個時候立法與行政雖然分開，而議會亦得任意制定法律，使憲法所保障的人民自由變成具文」❼。到了政府的權力增大，議會居於下風之時，政府又難免利用議會，做出妨害人民自由之事。情況如斯，所以需要一個第三機關，獨立於議會及政府之外，以作憲法的看守人 (Hüter)。這個看守人就是法官。

今日民主憲法無不明文規定，法官依據法律，獨立審判，不受任何干涉。這個條文不消說是欲保障法官審判民刑案件的獨立，但除此之外，尚有一個更重要的目的，即監督行政官吏。在法治國家，行政權的活動有一定之範圍，倘若行政機關越權，而致發生爭議，解決之權常屬於法院。不問爭議是發生於最高官署之間，發生於官署與個人之間，發生於中央與地方之間，發生於

---

❽ H. Kelsen, *Allgemeine Staatslehre*, 1925, S. 256. 他說：「分權之制本欲政治不流於極端專制，也不流於極端民主，而能得到中庸之道。權力集中於一個機關，可以妨害人民的自由，故將國家權力剖為數個，分屬於數個機關，使它們互相牽制」。

❼ H. Kelsen, a. a. O. S. 256f. 譯意，非照原文直譯，且前後倒置。

地方相互之間，法官都不必顧慮爭議的種類及爭議的當事人，而只依法定程序，據法律規定，予以裁決。法官須絕對服從法律；只惟服從法律，而後他的裁決才有法律上的效力。所以法官的獨立不是謂法官不受任何拘束，而是謂法官成為中立的仲裁人 (neutrale Schiedsrichter oder Schlichter)，不必顧慮政治上的結果，單憑客觀的法律而作客觀的裁決。美國確已做到了這一點，故可稱為司法國家 (Justizstaat)❽❽。

　　C. Schmitt 曾言，政治之發生源於人類有友敵之別 (Unterscheidung von Freund und Feind)，倘令世上沒有友敵之別，那末世上也必沒有政治❽❾。這種見解我們固然不敢無條件的贊成。但是今日民主政治必是政黨政治，議會為政黨所盤踞，政府由政黨組織之。除社會上有健全的輿論之外，立法行政兩部所作的立法行為與行政行為對於一般人民，很難希望其能公平無私。在這中間，由於地位的安定（例如美國憲法第三條第一項之規定），能夠不「友」不「敵」，擁護憲法而保護人民的權利者則為法官。所以法官的獨立乃是保障法官不受任何牽制，任何拘束，超然於政治之外，不為政治的工具❾〇。吾國憲法第八〇條所謂「法官須超出黨派以外」，就是表明斯旨。漢密爾頓 (A. Hamilton, 1757–1804) 曾言：三權之中，司法權由其性質觀之，對於人民的自由是最沒有危險的。行政權不但授與榮譽 (honors)，且又掌握兵力 (sword)。立法權不但控制財政 (purse)，且又制定律令 (rules) 以釐定人民的義務和權利。司法權呢？對於兵力與財政，既不能給與影響，更不能加以管制。它在三權之中，可以說是最弱的權力。但是我卻相信司法權不獨立於立法行政兩權之外，人民將沒有自由。我又深信單單司法權固然不能壓迫自由，而司法權苟與立法行政兩權之一結合，自由又將受到可怖的影響。法院的獨立乃是

---

❽❽ C. Schmitt, a. a. O. S. 75f.

❽❾ C. Schmitt, Der Begriff des Politischen (in *Archiv für Sozialwissenschaft und Sozialpolitik*, Bd. 58, 1927), S. 4, 7.

❾〇 C. Schmitt, *Verfassungslehre*, 1928, S. 274.

立憲政體的特質。有了法院，而後議會才不敢制定剝奪人權的法律 (bill of attainder)，才不敢制定溯及既往的法律 (ex-post-facto laws) ❾❶。凡行為之違反憲法者，法院得宣告其無效，這是法院的義務。沒有這種義務，人民的權利均將成為空言 ❾❷。法官獨立與法治政治的關係，觀此數語，可以瞭解。

㈢責任政治

民主政治一方是公意政治，同時又是法治政治。倘令國家機關違反公意，觸犯法律，而沒有方法使其負責，則公意政治與法治政治都是具文。因此之故，民主政治又要求責任政治。

H. Heller 說：「人類的權力倘若不受拘束，必將變為專恣，而至於毀滅。所以議會雖係決定一切國家活動的最高機關，亦須對人民負責」❾❸。議會由人民選舉，有一定的任期，其討論法案，依各國憲法規定，必須公開為之❾❹。公開就是要令人民知道議會的活動。議會不能代表公意，人民在下屆選舉，可以改選別人。議員恐下屆落選，只有遵從公意。何況今日各國又有人民的直接立法與罷免議員之制❾❺。人民對於議會之違反公意，固有許多方法問其責任。J. Bryce 說：「眾議院對誰負責呢？對選舉人負責。而強制眾議院負責的，則在總選舉之時，但是不可能每次舉行總選舉，這是一個缺點。其挽救方法則為瑞士的人民投票及美國各邦的罷免議員之制」❾❻。至於議會所作決議倘若觸犯憲法，例如憲法所禁止者，議會乃通過之；憲法所命令者，議會乃違反之❾❼，又復如何對付？關此，古代雅典有一種制度。雅典沒有成文憲

---

❾❶ 按這兩種法律都是美國憲法第一條第九項第三目禁止國會制定的。

❾❷ *The Federalist* (Modern Library, 1937), No. 78, pp. 504–505. 譯意，非照原文直譯。

❾❸ H. Heller, *Rechtsstaat oder Diktatur?*, 1930, S. 6.

❾❹ 參閱本書三五一頁以下㈠「議會的議事公開」。

❾❺ 參閱本書五四七頁以下及五六四頁以下。

❾❻ J. Bryce, *Modern Democracies*, II, new ed. 1931, p. 493.

法，其民會又由全體自由民組織之。它非代議機關，當然沒有限制其權力之必要。然而雅典對於法律 (Law) 與命令 (Decree) 卻曾加以區別。法律為普遍性的規範，而有永久的效力，它由民會依特別的程序制定，依特別的程序修改。命令不過是在特定場合，對特定目的而作的決議，雖然亦由民會制定，但其程序比較簡單。命令不得違反法律。凡民會欲用命令以廢止法律者，提案人須受刑法上的制裁；而民會若依簡單程序，通過一項議案，蹂躪法律者，亦許自由民告發提案人❾❽。今日議會制定違憲的法律，固然議員不受處罰，而法院對於該項法律卻可以宣告無效❾❾。即今日民主國雖然設置議會，代表公意，以作立法機關，而又不許議會自由活動，故於公意方面，法治方面，均令議會負責。

責任政治最重要的，還是行政權的活動，對其是非得失，應負責任。關此，吾人試區別為三種問題，加以說明。

⑴**對什麼行為負責**　行政權活動之時所負責任可以分為兩種：一是對違反公意的行為負責，二是對牴觸法律的行為負責。學者稱前者為政治上的責任 (politische Verantwortlichkeit)，後者為法律上的責任 (rechtliche Verantwortlichkeit)❿。所謂政治上的責任就是行政機關所作行為必須合理 (zweckmässig)。至其責任範圍，一方是監督下級官廳的行政能夠適合於施政方針；同時又注意自己所決定的施政方針能為公意所接受，其形式常表現為提出法案，而向議會說明法案之合理。所謂法律上的責任就是行政機關所作行為必須合法 (verfassungsmässig oder gesetzmässig)，換言之，行政當局必須注意自己行為或其所副署的元首行為均合於法律規定。這種責任只關於行政上的各種行為，至協助立法而作的行為則無須負責。例如公布法律，公布是

---

❾❼ 參閱本書三三頁。

❾❽ J. Bryce, op. cit., p. 391. 參閱 I. p. 174.

❾❾ 參閱本書四五七頁以下。

❿ 參閱 J. Hatschek, *Deutsches und Preussisches Staatsrecht*, Bd. I, 2 Aufl. 1930, S. 720ff.

否依法，固然是由行政機關負責，至於法律內容有否違憲，則不由行政機關負責，而由立法機關負之⑩。

　　⑵**對誰負責**　政府當局關於政治問題與法律問題，對誰負責？先就政治上的責任言之，行政是否合理，法律上沒有任何標準，而在今日民主國，則唯公意是視。公意認為「是」者就是「是」，公意認為「非」者就是「非」。而表示公意的，直接為人民（選舉人），間接為議會。所以政府關於政治問題苟須負責，那就要對人民或議會負責。換言之，行政是否合理，是由人民或議會判斷的。次就法律上的責任言之，行政是否合法，法律上有一定標準，而在今日民主國，判斷的權常屬於法院。法院或為第二院（例如美國憲法第一條第三項第六目），或為最高法院（例如比利時憲法第九〇條），或為特別設置的法院（例如義國共和憲法第一三四條第四項），其實一也⑩。政治責任由人民尤其議會判斷，法律責任由法院判斷，所以學者稱前者為對議會的責任 (parlamentarische Verantwortlichkeit)，後者為司法上的責任 (gerichtliche Verantwortlichkeit)⑩。

　　⑶**如何使政府當局負責**　要實現責任政治，不能徒託空言，必須見諸法制。今日民主國為使政府當局對政治問題負責，所以議會有質詢、審查、預算議決、不信任投票各種制度。其中最直接的雖是不信任投票，而最有效力的厥為預算議決。凡議會以政府的行政，即政府所定政策有反於公意之時，得通過不信任案，要求政府當局辭職。政府當局不肯辭職，又將如何？這個時候國家政治已經越出憲政軌道而將變成革命問題。但是議會尚有一個工具足以控制政府。這就是預算議決。議會不肯通過預算，政府財源斷絕，何能戀棧。一八七七年法國的五月事變 (Seize Mai)，第一院就是利用預算議決權，強迫總統 MacMahon (de MacMahon) 接受第一院的意見⑩。一八九六年法國

---

⑩ O. G. Fischbach, *Allgemeines Staatsrecht*, II, 1923, S. 71f.

⑩ J. Hatschek, a. a. O. S. 720.

⑩ J. Hatschek, a. a. O. S. 720.

第二院反對 L. Bourgeois 內閣，而能成功也是因為展期表決 Madagascar 遠征軍的經費，迫使 Bourgeois 勢非辭職不可 ⑩⑤。至如美國之制，政府關於政治問題──政策問題，不對議會負責，而對人民──選舉人負責，則責任政治又如何而得實現呢？我們知道美國總統每四年必由人民改選一次，改選就是探求公意。問人民贊成不贊成總統的政策。人民不贊成總統的政策，可以改選別人，選出大多數人民所擁護的人，令其實行大多數人民所歡迎的政策。所以總統及其政黨要想再握政權，絕對不敢故意反抗公意。何況總統要實行其政策，須有實行的經費，而規定行政經費的預算案，又須提出於議會，要求同意。議會通過政府的預算案，無異於承認政府的政策，議會不承認政府的政策，可以拒絕通過預算案。在這個意義之下，總統對於政策雖然不對議會負責，其實總統的政策乃是預先得到了議會的承認。

其次，今日民主國為使政府當局對法律問題負責，所以議會又有彈劾制度。政府當局有違法行為之時，議會（第一院）得提出彈劾案，移送法院審判。法院認為有罪，得解除其職位，並科以刑罰。前曾說過，判斷法律問題的權屬於法院，而提議判斷的權所以屬於議會者，不是因為議會是民意機關，而是因為議會有許多權力足以控制政府，使政府帖服。議會彈劾政府當局，政府若置之不理，議會可拒絕表決政府提出的重要議案尤其是預算案 ⑩⑥，使政府財政上無法應付，行政上一籌莫展。不過今日政治已經進步，由事後矯正變為事前預防，而司法制度又甚健全，所以彈劾雖有其制，而無其事。英國自一八〇五年議會彈劾 Lord Melville，其後一百餘年，未曾彈劾過一人 ⑩⑦。美國自一七八七年發布憲法以來，議會彈劾的只有十三人，而審判認為有罪的不過四人 ⑩⑧。法國在第三共和時代，議會惟於一九一八年以內政部長 L. J.

⑩④ 參閱 J. Hatschek, a. a. O. S. 722.

⑩⑤ E. M. Sait, *Government and Politics of France*, 1920, p. 275.

⑩⑥ E. M. Sait, op. cit., p. 82f.

⑩⑦ F. W. Maitland, *The Constitutional History of England*, 1926, p. 477.

Malvy 有通敵嫌疑而彈劾之。一九三一年以卸任財政部部長 M. R. Peret 對於 Oustric 銀行破產負有責任而彈劾之 ❿。這些實例都足以證明彈劾制度幾成為告朔之餼羊。固然這樣,但一種制度的效用往往不在於實際運用,而在於制度所造成的威脅。複決權的效用不在於人民否決多少法律,而在於議會畏懼人民否決,而不敢制定人民反對的法律。司法權的效用不在於法院拘殺多少犯人,在於人民畏懼法院拘殺,而不敢作犯法干禁的行為。同樣,彈劾權的效用不在於議會每年彈劾多少官吏,而在於官吏畏懼議會彈劾,而不敢違反法律。所以各國雖然沒有實行彈劾,而仍不肯廢除彈劾制度。

　　政治責任是連帶的,即政府當局成為一體,而對議會負責。所謂連帶負責是謂行政失敗,政府當局應全體辭職。此蓋自政黨政治發達之後,政府當局常屬於同一政黨。而如 F. W. Maitland 所說:「議會將他們視為一體,或支持之,或攻擊之。議會之視他們,乃政黨的代表,所以一人失敗,就成為整個政黨的失敗」 ❿。反之,法律責任是個別的,即政府當局之中,一人違法,並不影響於別人。而如 F. W. Maitland 所說:「政府當局 B 君執行職權之時,苟有犯罪行為,不能因 A 君亦係政府當局之一員,而謂其亦有罪」 ⓫。

　　法律責任雖然是個別的,然而一方長官有指揮監督屬僚的權。屬僚執行職權,苟有違法情事,這可以說是長官未盡指揮監督之責,所以長官不能辭其咎。巴西憲法(一八九一年憲法第八二條)云:「官吏執行職務,若有違法或過失,應負其責。對其部下的行為若未盡監督之責,亦應負責任」,即此意也。 他方屬僚明知長官的命令違法,而尚奉行唯謹,亦應負責⓬。 W. E. Hearn 有言:「在英國,法律不許人們藉口於命令而作不法的事。任誰都沒有

❿ W. Anderson, *American Government*, 3 ed. 1947, p. 544.

❿ W. R. Sharp, *The Government of the French Republic*, 1939, p. 296, n. 15.

❿ F. W. Maitland, op. cit., p. 396.

⓫ F. W. Maitland, op. cit., p. 404.

⓬ 參閱吾國刑法第二一條第二項之規定。

服從不法命令的義務。所以一個士兵依將帥的命令，向無辜群眾開槍，而致引起死傷者，該士兵實犯了殺人的罪。總之，凡依別人命令而作不法之事，皆不能以之為辯解的理由，縱令受命的人有服從發令的人的義務」 **⓬** 。G. Meyer 亦說：「官吏對於違憲或違法的處分，可以拒絕服從。所謂違憲或違法的處分，一是上級官廳權限以外的處分，二是不屬於屬僚的權限而竟令其執行的處分，三是違反法定形式的處分，四是牴觸法律條文的處分」 **⓭** 。命令有這四者之一，官吏都不須服從，倘若服從，就應負法律上的責任。

綜上所言，我們對於民主政治可以下一定義：民主政治是以公意為根據，以法律為準繩，苟有違反公意或法律，政府當局應負責任的政治。

二、民主政治的種類㈠

孟德斯鳩固然主張三權分立，但他又謂："Of the three powers above mentioned, the judiciary is next to nothing" **⓮** 。所以在三權之中，最重要的乃是立法行政兩權。立法權的性質屬於討論，行政權的性質屬於執行。討論之時需要博採眾議，所以立法權得由大眾行使，不必委託於少數人。執行之時，職權需要統一，行動需要敏捷，所以行政權只能委託於少數人，不能由大眾行使。孟德斯鳩曾言，「行政貴迅速，與其委託於多數人，不如委託於一人。立法必須熟思遠慮，與其委託於一人，不如委託於多數人，尤為得策」 **⓯** 。漢密爾頓 (A. Hamilton) 亦言，「執行需要精力 (energy)，最好委託於一人。立法是審議，無妨委託於一個大會。執行之時，決定要快，行動要速，又須保守秘密，故宜委託於一人。倘若委託於多數人，則人數愈多，效能必愈減少」 **⓰** 。總之，三權之中，只惟立法權得由多數人行使。立法權由一般公民

⓬ W. E. Hearn, *The Government of England*, p. 99.

⓭ G. Meyer, *Lehrbuch des deutschen Staatsrechts*, 6 Aufl. 1905, S. 514.

⓮ 引自 *The Federalist* (Modern Library, 1937), No. 78, p. 504, note.

⓯ F. W. Coker, *Readings in Political Philosophy*, 1938, p. 623.

行使者稱為直接民主制 (direct democracy)，委託少數代表行使者，稱為間接民主制 (indirect democracy) 或代議民主制 (representative democracy)。反之，立法權在原則上雖然委託於少數代表行使，而一般公民在一定範圍之內，又可用投票的方法，來參加立法權的行使者，稱為公民投票制 (referendum)。

㈠直接民主制

　　世上有不少的人都以為直接民主制是公民親自行使國家權力，間接民主制是公民選舉代表，由代表行使國家權力。其實這種觀念不甚正確。例如古代雅典的政治，學者均稱之為直接民主制，固然它有一個民會 (Ekklesia)，由國內一切自由民組織之，於行政方面，立法方面，司法方面，握有最高權力，然其性質皆屬於審議，如議決宣戰案、媾和案、條約案、預算案、選舉軍隊司令官以及審判官吏犯罪等是。但行政權乃委託於執政官 (Archon)，人數九名，每年於公民中，用抽籤方法推舉之。司法權委託於法院 (Heliaea)，法官五千名，每年由各村落 (Demes) 於公民中，用抽籤方法推舉之，分為十組 (Dikastries) 辦事。而且民會之外，尚有一個元老院 (Boule)，每年由公民用抽籤方法，推舉五百人組織之，故又稱為五百人會議 (the Senate of the Five Hundred)。其職權限於召集民會、籌備提出於民會表決的議案，並監督民會通過的法律之執行⓲。又如現今瑞士有一邦及四半院，即格拉路斯 (Glarus)、

⓱ *The Federalist*, No. 70, p. 455. 此處是引自 C. Schmitt, *Die geistesgeschichtliche Lage des heutigen Parlamentarismus*, 2 Aufl. 1926, S. 56，與原文略有出入。Schmitt 又說，「立法是審議 (deliberare)，執行是行動 (agere)，兩者之有區別自古已然。法國共和三年憲法第二七五條規定，軍事團體不得作任何討論 (nul corps arme ne peut deliberer)，這個條文可以說是意義深長」(S. 56)。

⓲ J. Bryce, *Modern Democracies*, Vol. I (new ed.), 1931, p. 171ff. W. A. Dunning, *A History of Political Theories, Ancient and Mediaeval*, 1923, p. 12ff. 關於法官人數，Dunning 謂為五千人 (p. 15)，Bryce 則謂六千人，又謂每組大率五百人，實際上只有

上華登 (Obwalden)、下華登 (Nidwalden)、外阿本塞爾 (Appenzell-Ausserrhoden)、內阿本塞爾 (Appenzell-Innerrhoden) 所行的政治，學者亦稱之為直接民主制，然其行政權乃屬於行政委員會 (Regieruugsrat)，司法權則屬於各級法院 (Gericht)，只惟立法權才由公民構成的民會 (Kantonsgemeinde) 行使。民會每年開會一次，有選舉邦長、副邦長、行政委員會委員、各級法院法官、國會兩院議員、邦內一切官吏，並議決法律案預算案及重要事項的權。民會之外另設一個參議會 (Kantonsrat, Landrat, Grosser Rat)，由公民選舉代表組織之，其職權則為準備議案以便提出於民會討論，並代表民會監督行政機關與司法機關，緊急之時，又得發布命令以代替法律⑲。由此可知不論古今，行政權及司法權未有由公民直接行使的。所以直接民主制與間接民主制的區別只得以立法權的行使形式為標準。

　　古代民主國均採用直接民主制，公民達到法定年齡之時，均得出席民會討論政事，如雅典的 Ekklesia，羅馬的 Comitia centuriata，日耳曼民族的 Concilium, Ding, Landesgemeinde 都是公民直接組織的。比方雅典，一年分為十期 (Prytany)，每期三十五天，每期開常會四次，一年共四十次。自由民年滿二十歲以上均得出席 Ekklesia，這種有出席權的自由民，人數在三萬以上，三萬五千以下。國家為了鼓勵出席，對於出席的人，曾給予出席費，然出席人數很少超過五千，惟關於重要法案，則規定有法定人數，非有六千人出席，不得開會⑳。據 K. Kautsky 說，原始時代，不但男人，便是婦女也有出席民會的資格。及至男女分工，舉凡耕種牧畜紡織建築等一切雜務均由婦女執行，婦女就不能離開家庭，出席民會。反之，男子仍以戰爭及狩獵為職業，其得遠離家庭，自不待言。到了奴隸制度成立，生產業務多由奴隸負擔，男子對於家庭益無用處，所以更有餘暇出席民會㉑。但是文化愈進步，農業成為主

　　二百五十人或二百人 (p. 177)。

⑲ 參看 J. Bryce, op. cit., p. 336ff.

⑳ J. Bryce, op. cit., p. 175f.

要的產業之時，勞動力單單依靠婦女與奴隸，尚覺不夠，於是男子亦須留在家庭。這個時候，狩獵已經不是職業，而只視為一種娛樂，戰爭已經不能奪取貨財，而只是一種犧牲了。何以說呢？農業既然發達，在農事方忙之時，人民當然不願捐棄耕地，而去奪取荒地。文化既然進步，對於落後的部落，當然不想劫掠其粗笨的貨財，而一旦發生戰爭，犧牲又大。何況在狩獵時代，獵具就是武器，在農耕時代，農具不能供為武器之用。農耕民族愛好和平，是勢之必然的。但是自己雖然不想奪取別人的貨財，而別人卻欲奪取自己的貨財，於是他們一方把兵役委託於職業的軍人，同時又把政權委託於武士階段，閉門耕田，不問國事。到了這個時候，直接民主政治已經破壞，而民會制度亦歸消滅 ❷。

　　直接民主制的破壞，其原因不但只此而已。古代國家乃是城市國家，領土狹而人口寡。人寡則全國公民能夠聚會於一堂。至於人數多少，方能實行直接民主制，依亞里斯多德所言，是以各人均能聽到演說者的聲音為標準 ❸。地狹則公民到會場開會，不致過度費力。美國的 Massachusetts 最初曾令各區人民開區民大會，討論法案，卒因土地寬廣，選舉人散居各地，而不能不採用代議制度。一六三四年以後 Boston 的區民總會 (General Assembly) 改為代表會議，即其例也 ❹。而且古代國家尚有奴隸制度，一切生產工作均由奴隸負擔，所以自由民更有餘閒出席民會。反之，現代國家，領土大而人口眾，要令全國人民聚會於一堂，以解決國家大事，技術上是辦不到的。而人人都要自食其力，更不能放棄生產，而致力於政治工作。C. Schmitt 說，「在今日，由於各種原因，要令一切的人同時集合於一個場所，不是可能的事。對於每個問題欲與一切的人商量，也不是可能的事。於是委託人民可以信任的

❶ K. Kautsky, *Parlamentarismus und Demokratie*, 1922, S. 23ff.

❷ K. Kautsky, a. a. O. S. 26ff.

❸ A. D. Lindsay, *The Essentials of Democracy*, 1930, p. 24.

❹ A. D. Lindsay, op. cit., p. 24.

人，組織委員會，決定國家大事，可以說是賢明之舉」[125]。據著者所知，今日採用直接民主制的只有瑞士五邦[126]。烏利 (Uri) 本來也採用直接民主制，卒因領土稍大，公民不易出席，而於一九二八年改為間接民主制。現在試把瑞士五邦在一九二〇年時的人口和面積列表如次。

邦名	人口（千人）	公民人數（千人）	面積（平方公里）
外阿本塞爾	52	13.3	242
內阿本塞爾	14	3.5	172
格拉路斯	30	9.5	691
上華登	13	3.7	190
下華登	17	4.0	470
（烏利）	22	5.9	1076

（本表見 Delpech et Laferriere, Les Constitutions modernes 1929, Europe, II, p. 583. 這裏是引自河村又介，前揭書，一三三頁）

然則這種直接民主制的實際價值如何？據 W. Hasbach 說，在瑞士五邦，其情況乃與貴族政治無甚差別。何以故呢？選舉不過形式，邦長一職數百年來，均選自一個豪富之家，且有一人連續當選二十五次的。它們都是小邦，財政頗見困難，任何公務員所得薪俸往往不能維持一家生計，故家不富裕，縱令當選，亦必不敢就職，其敢就職者遂限於豪門富戶了。且一年開會一次，人數既多，無法討論，出席的人非依自己的判斷，乃受群眾心理的支配，任

---

[125] C. Schmitt, a. a. O. S. 42.

[126] W. Hasbach 在其所著 Die moderne Demokratie, 2 Aufl. 1921, S. 136–137 中，曾描寫瑞士民會開會的情況如下：開會之時，儀式甚見尊嚴，有祈禱，有宣誓。全邦公民不問平民與官吏皆得出席，集合為一個圓形。邦長為主席，坐在最高之處。圓形之外，婦女兒童亦得佇立旁聽，任何公民均得單獨提出議案，只惟憲法修正案的提出稍有限制，但最多的亦不過四百人 (Nidwalden)，民會人數過多，所以在 Appenzell，不許討論，只許對印刷的議案，表示贊成或反對。表決用舉手之法，但又不能一一數之，只能估計舉手者為多數或為少數，以決定通過或否決。

意對於議案表示贊成或反對❿。由這兩點可以知道直接民主制縱在小邦，也不是一個理想的制度。

㈡間接民主制

直接民主制既然不能實行於現代，所以現代國家無不採用間接民主制，由公民選舉議員，組織議會，以行使立法權。議會是代表人民的，所以現今議會，最少其中一院常稱為代議院 (House of Representatives, Volksvertretung, Chambre des deputes)，現今議員最少一院議員常稱為代議士 (representative, Abgeordneter, depute)。固然盧梭以為「意思不能令人代表」，但是我們所認為重要的，不是「意思能不能令人代表」，而是「議會能不能代表人民的意思」。要令議會能夠代表人民的意思，必須議會的議員與議會所代表的人民是「同質」的。在民主政治初期，人民未必都有選舉代議士的權，其有選舉權的限於納稅的人，而被選舉權更需要納稅條件。比方法國革命之時，人權宣言固然宣布「主權屬於國民」（第三條），「法律為公意 (volonté générale) 的表現，一切公民有由自己或用代表，參加制定法律的權」（第六條）。但一七八九年的選舉法不但採用間接選舉，且又採用極嚴酷的限制選舉，即被選舉權所需要的納稅條件，乃比較選舉權所需要的納稅條件為苛。詳細言之，(1)第一級選舉人須年滿二十五歲以上，住在選舉區一年以上，年納普通一天工資三倍以上的直接稅，且又未曾受雇於私人者；(2)第二級選舉人除上述條件之外，須年納普通一天工資十倍以上的直接稅，且有一定價格的土地或房屋者；(3)當選為議員的人須有不動產，且年納白銀一馬克 (eine Mark=245 Gramm) 以上的直接稅❿。一八三〇年七月革命之後，翌年（一八三一年）的選舉法雖

---

❿ W. Hasbach, a. a. O. S. 138f.

❿ H. Cunow, *Die Marxsche Geschichts-, Gesellschafts- und Staatstheorie*, 4 Aufl. 1923, Bd. I, S. 141. 參閱 R. Redslob, *Die Staatstheorien der französischen Nationalversammlung von 1789*, 1912, S. 141f. K. Braunias, *Das parlamentarische Wahlrecht*, Bd. I, 1932, S.

然改間接選舉為直接選舉，但限制選舉仍未改變，有選舉權的限於年滿二十五歲，每年繳納直接稅二百法郎以上的人，而有被選舉權的限於年滿三十歲，每年繳納直接稅五百法郎以上的人❶㉙。同年比利時修改選舉法，選舉人雖然必須納稅，而被選舉權則不以納稅為條件❶㉚。一八四八年法國發生二月革命，也撤廢被選舉權的納稅條件。自是而後，各國才漸次模倣比利時之制。最遲的為瑞典，一八六六年方對於被選舉權，撤廢納稅條件，只惟葡萄牙一八八四年的選舉法與眾不同，選舉權雖然接近於普通選舉，而被選舉權還是以每年有一定收入為條件❶㉛。在這時期之內，議會與國民是「異質」的，而議會與選舉人則為「同質」。選舉人是納稅的人，議員是納稅更多的人，代表與被代表既然「同質」，則對於某些問題，當然有共同利害，而有同一的主張。這個時期，議會雖然不能代表國民，而卻能代表選舉人。議會之能代表選舉人，又是因為議員的意思與選舉人的意思，在某種立場上，是相同的，所以議員的意思可以視為選舉人的意思。

　　一八四八年法國發生二月革命，施行普通選舉，自是而後，各國陸續撤廢納稅條件。舉其要者，比利時於一八九三年，義大利於一九一二年，英國德國於一九一八年，均採用普通選舉。一切人民均成為公民而有選舉權了，其結果如何？人民之中有資本家，有勞動者，有大學教授，有商店夥計，而議員乃是出身於知識階級的政客。議員與選舉人沒有共同的利害，當然沒有同一的主張。議員與選舉人是「異質」的，議會與國民不會發生「同質」。議會不但不能代表國民，且又不能代表選舉人。固然人民選舉議員之際，有投票的自由，各人雖然不能選擇一位意見件件與自己相同的人而選舉之，亦得選擇一位關於現實政治問題意見約略與自己相同的人而選舉之。但是現今政

154.

❶㉙ K. Braunias, a. a. O. S. 160.

❶㉚ 森口繁治，《選舉制度論》，昭和六年，一六〇頁。

❶㉛ 森口繁治，《選舉制度論》，昭和六年，一六〇頁。

治複雜異常，而又時時變化，所以選舉議員之時，議員的意見縱和選舉人的意見一致。然而歷時稍久，往往發生選舉當時所不能預料的事件，致選舉人的意見與議員的意見日益背馳。雙方意見固然背馳，而今日議會制度又缺乏一種方法，使選舉人能夠控制其所選舉的議員。何以說呢？今日議會與封建時代的階級會議 (Etats generaux) 不同，議員是全體國民的代表，不是每個選舉區的代表，惟憑良心所命，不受任何委任的拘束（例如比利時憲法第三二條，德國威瑪憲法第二一條，其他各國憲法亦有類似的條文）。所以每個選舉區對其所選出的議員，不得給予訓令，而在議員任期未滿以前，也不得罷免他們。議員與選舉人的關係，不是強制的委任 (imperatives Mandat)，有拘束力的委任；而是自由的委任 (freies Mandat)，無拘束力的委任，那末，議會不能代表民意，當然是意料中的事了。

議會不能代表民意，其理由不但只此而已。自政黨政治發達之後，議會與人民之間乃隔以政黨。每次議會改選之時，均由政黨推薦議員候選人，人民只得選擇政黨所推薦的議員候選人，對之投票；不能自由選舉政黨所不提名的人為議員。選舉是人民對於政治問題表示意思的唯一機會。現在這個機會乃為政黨所壟斷，從而改選議會不是使人民選舉人民的代表，而是使人民承認政黨的代表。這種代表關係在過去曾一度成為國家的法制，例如德國符騰堡 (Wurtemberg) 一九二四年的選舉法（第七條第六項）明文規定：議員當選之際若屬於某政黨，一旦脫離該黨，便喪失議員的資格❸。這種制度很明顯的表示議員不是代表人民，而是代表政黨。議員選出之後，情況更嚴重了。議會 (Parlament) 本來是 「會而議之」 (parlamentieren) 之意❸，而以討論 (Diskussion) 和公開 (Öffentlichkeit) 為其本質❸。討論是交換意見，各用合理

---

❸ H. Triepel, *Die Staatsverfassung und die politischen Parteien*, 1928, S. 33.

❸ C. Schmitt, *Die geistesgeschichtliche Lage des heutigen Parlamentarismus*, 2 Aufl. 1926, S. 54.

❸ C. Schmitt, a. a. O. S. 5.

之言，一面使對方相信自己意見之誠實 (Wahrkeit) 與正確 (Richtigkeit)，他面又使自己相信對方意見之誠實與正確。即彼此均能說服別人，而又願意為別人所說服，不受黨派的拘束，不為個人利害所束縛，這是討論的要件 ❸。但是人類在政治領域之內，不是抽象的人，而是政治上利害不同、決策不同的人 ❸。各有各的環境，各有各的主張，分黨立派，勢所必然。而黨派既已產生，所謂討論便成陳跡。為什麼呢？討論是交換意見，政黨的成見甚深，又常用其成見控制同黨議員。一種議案提出議會之時，贊成者早已贊成，反對者早已反對，不能互相說服，由正反意見之中，產生一種公正的意見。這樣，議會內一切討論便沒有必要了。至於「公開」也有問題，固然各國憲法均曾規定「議會之議事公開之」，其實重要問題並非決定於全院會議，而是決定於院內委員會。更正確說，與其謂為決定於院內委員會，不如謂為決定於院外委員會，即決定於政黨領袖的秘密會議，尤為適當 ❸。這樣，所謂「公開」也沒有了。「討論」與「公開」均成陳跡，議會制度便隨之減少價值，而間接民主制就受到世人的許多批評。

(三)公民投票制

現代國家既然不能實行直接民主制，而間接民主制又難達到民主政治的理想，所以近來各國又折衷兩種制度，而採用公民投票制 (referendum)。雖然設置議會以作立法機關，而公民對於國家的重要問題，尚保留一部分的立法權，可用投票的方法，表示自己的意見。公民投票制一方與間接民主制不同，在間接民主制，立法權完全屬於議會，公民除選舉議員之外，對於國事，不得過問；在公民投票制，立法權雖然屬於議會，而公民對於國家的重要問題，尚得表示自己的意見。他方又與直接民主制不同，在直接民主制，立法權完

----

❸ C. Schmitt, a. a. O. S. 9. M. J. Bonn, *The Crisis of European Democracy*, 1925, p. 7.

❸ C. Schmitt, a. a. O. S. 17.

❸ C. Schmitt, a. a. O. S. 28.

全屬於公民，而公民又須集合起來，組織一個民會，以行使立法權。在公民投票制，公民只保留一部分立法權，而公民不須聚會一堂，可在各地，用投票的方法，表示贊成或反對。所以一方既可挽救間接民主制的弊端，同時又可減少直接民主制的缺點。

公民投票制的形式最初只有強制的公民表決 (obligatory referendum)，即議會通過的法律，在其未發生效力以前，尚須提交公民投票決定之。這種制度發祥於瑞士，經美國改造，由法國再傳入瑞士，而分化為強制的公民表決，任意的公民表決 (facultative referendum)，公民創制 (popular initiative) 及公民罷免 (popular recall) 四種。自德國威瑪憲法採用之後，遂傳播於各國。現在先從瑞士說起。

前已說過，瑞士各邦自古就有採用民會制度的。其領土較大，人口較多者，因為公民不能聚會於一堂，就發生了另一種不同的制度，為其嚆矢者則為 Wallis 及 Graubunden 兩邦。它們都是集合許多自治區 (Zehnten) 而成，有似於聯邦制。自治區為了處理共同事務，乃派遣使者 (Boten) 組織會議 (Generalversammlung)，每年開會數次。但關於重要問題，使者無決定的權，必須報告本區人民，由本區人民開會表決之。這種方法稱為 adreferendum，即 that Which is referred back 之意，其與現代之 referendum 不同的有兩點：一是各區須開區民大會表決議案，二是議案能否通過，不以贊成人多寡為標準，而以贊成區多寡為標準❸。其改造為今日的形式，一不必召集公民開會，二不以贊成區多寡為標準，乃由美國各邦開始。

美國各邦何以會產生這種制度，據布萊斯 (J. Bryce) 說，美國在獨立革命以前，每個殖民地均向英王領取特許狀 (Charter)，特許狀准許殖民地組織政府，設置議會，無異於殖民地的憲法。但修改之權不屬於殖民地的議會，而屬於英王及英國議會。到了美國獨立，各邦修改特許狀以為憲法者為數不少，

---

❸ J. Hatschek, *Allgemeines Staatsrecht*, II. Teil, *Das Recht der modernen Demokratie*, 1909, S. 83–84. 河村又介，《直接民主政治》，昭和九年，一二頁至一三頁。

遂依過去習慣，不許議會修改，而主權者的人民則代替了主權者的英王與英國議會，享有修改的權❸。至於人民表示意思的方法，最初是很幼稚的，而可以分為兩種：一是賓邦 (Pennsylvania) 之制，派員逐家訪問各人的意思。一七七七年賓邦議會探問人民可否召集制憲會議 (Convention)。其探問方法是由各區選出吏員，攜箱帶袋，訪問區內各家，將各人的意見（贊成或反對）寫在紙上，投入箱中或袋內，彙集而計算之❹。二是麻邦 (Massachusetts) 之制，每鄉開鄉民大會 (town-meeting)，徵求各人的意見。一七七九年麻邦制憲會議起草憲法之後，令各鄉開鄉民大會批准憲草，得到了各鄉出席公民總數三分之二以上的同意，就於一七八〇年十月發生效力❹。由此可知賓、麻兩邦的公民投票雖然都以贊成人多寡為標準，但賓邦的方法太過幼稚，麻邦尚保留公民集合開會的形式。其可以視為現代化的公民投票制者乃開始於維邦 (Virginia)。最初維邦關於政治問題而欲探問民意之時，也同賓邦一樣，派員逐家訪問，蒐集投票。一七七八年關於召集制憲會議，徵求民意的方法比較進步，令公民親到投票場，領取投票紙，寫明贊成或反對，投入投票箱之中。其不必逐家訪問，也無需集合開會，當然不失為一種進步的制度。所可惜者未曾分區投票，遂令人民濫費許多時間與金錢❹。其後幾經改良，遂成為現代化的形式，而各邦亦相率採用之。但是我們須知此際美國各邦所採用的公民投票制只對憲法草案，而為強制的公民表決，至其發展為任意的公民表決、公民創制及公民罷免，則皆傳自瑞士。

法國革命甚受盧梭思想的影響。盧梭以為主權屬於國民，「國民除行使立法權之外，沒有別的權力，所以制定法律乃是國民行使主權的唯一方法」，「主權是公意的表現，意思不可令人代表，所以議員不是國民的代表，也不

---

❸ J. Bryce, *The American Commonwealth* (new ed.), Vol. I, 1926, p. 429.

❹ 河村又介，前揭書，一九頁。

❹ 河村又介，前揭書，二一頁至二二頁。

❹ 河村又介，前揭書，一九頁至二〇頁。

能是國民的代表。他們對於任何事件都沒有最後決定權，凡法律非經國民自己批准者無效，這不是法律」❸。但以法國領土之大，人口之多，一切法律均由國民制定，事實上是辦不到的。於是 Abbe Sieyes 之說就風行了一時。照他說，權力可區別為兩種，一種叫做 pouvoir constituant，即制定憲法的權力，另一種叫做 pouvoir constitue，即憲法所創設的權力。立法行政司法三權是憲法所創設的權力，國民是制定憲法的權力，所以制憲權必屬於國民，立法權可依憲法規定，委託議會行使。但是國民怎樣行使制憲權呢？ Abbe Sieyes 說：「國民自己不能行使的權力，而又不得委託別人行使，這是錯誤的思想。某甲要寄信到波爾多，不許他委託郵局代遞，而謂函件必親身送去，而後始能保障自由，這果是真理麼？」❹在這種觀念之下，國民會議 (Assemblée Nationale) 亦即制憲會議 (Assemblée Constituante) 所制定的一七九一年九月三日憲法，便把立法權委託於議會行使（第三篇序言第三條）；制憲權不委託於議會，遇有必要時，另外召集改憲會議 (Assemblée de Revision) 行使之（第七篇第一條）。即在此時，世人皆贊成代議制度（間接民主制），而人民的直接立法 (direct popular legislation) 則不為時人所注意。在制憲會議之內，尚有 A. N. Condorcet (1743–1794) 的提議：凡公民欲撤廢舊法律或制定新法律，而為一定人數的公民所贊成者，可向議會提出議案，議會附以意見，再提交公民表決之❺。此即任意的公民表決及公民創制的先聲。革命愈進展，直接立法的思想忽然抬頭。因之，一七九三年六月二十四日憲法即所謂雅各賓憲法 (Constitution Jocobine)，一七九五年八月二十二日憲法即所謂共和三年果月五日憲法 (Constitution de la Republique Francaise du 5 Fructidor an III)，一七九九年十二月十三日憲法即所謂共和八年霜月二十二日憲法 (Constitution de la Republique Francaise du 22 Frimaire an VIII)，甚至於一八〇

❸ F. W. Coker, *Readings in Political Philosophy*, 1938, pp. 658, 661.

❹ 引自河村又介，前揭書，三九五頁至三九六頁。

❺ J. Hatschek, a. a. O. S. 84. 河村又介，前揭書，三二頁。

二年拿破崙第一欲為終身的執政官 (Konsulat)，一八〇四年欲為世襲的皇帝，無不提交公民投票決定之❿。由此可知法國革命時代所實行的公民表決，不限於憲法。而一七九三年六月二十四日憲法且許國民對於法律，提出抗議，凡法律公布後四十日內，在過半數的郡 (departement)，若有選舉會 (assemblées primaires) 十分之一提出抗議，法律當提交公民表決之；無人抗議，視為同意❿。此即今日 popular veto（公民否決，即任意的公民表決）之濫觴。

一七八九年，法國革命軍隊侵入瑞士，建設赫爾維特共和國 (Republique Helvetique)，頒布憲法 (Constitution Helvetique)，採用代議制度，瑞士原有的公民投票制一時中斷，一八〇二年五月二十日，憲法提交公民表決，凡棄權者視為贊成。投票的結果如次。

贊成	72,453 票
反對	92,423 票
棄權	167,172 票

（T. Curti, *Le Referendum*, 1905, pp. 109, 322. 此處是引自河村又介，前揭書，六一頁）

---

❿ C. Schmitt, *Verfassungslehre*, 1928, S. 280. 載有法國革命時代所舉行的各種公民表決，如下表。

種類	贊成	反對
一七九三年雅各賓憲法	1,801,918	11,610
共和三年果月五日憲法	916,334	41,892
共和八年霜月二十二日憲法	3,009,445	1,562
一八〇二年拿破崙欲為終身執政官	3,568,885	8,365
一八〇四年拿破崙欲為皇帝	3,574,898	2,569
一八一五年拿破崙修改憲法	1,532,327	4,802
一八五一年路易拿破崙修改憲法	7,439,216	640,757
一八五二年路易拿破崙欲為皇帝	7,424,189	153,145

❿ J. Hatschek, a. a. O. S. 84f. 河村又介，前揭書，三三頁。J. Bryce, *The American Commonwealth*, Vol. I, (new ed.) 1926, p. 466.

只因棄權視為贊成，遂宣布為「大多數選舉民所批准的國家根本法」。這是瑞士的 referendum 不以贊成區而以贊成人多寡為標準的濫觴。瑞士人民對於憲法深致不滿，到處發生騷亂。一八〇三年調停法 (Acte de mediation, Mediationsakte) 及一八一五年的聯盟約章 (Bundesvertrag) 又把瑞士解放出來，恢復到一七八九年的狀態，公民投票制漸次更生，且改裝為現代化的形式。一八三〇年法國發生七月革命，瑞士受其影響，民權運動日漸澎湃。自一八三〇年至一八三四年，各邦無不修改憲法，而除 Freiburg 之外，又無不提交公民投票表決之❸。一八三一年 St. Gallen 採用公民否決之制 (popular veto)，凡法律公布後四十五日內，一定人數的公民得提出抗議，而提交公民投票表決之❹。一八四五年 Waadt 又採用公民創制之制 (popular initiative)，一定人數的公民得提出議案，而交付公民投票表決之❺。一八五二年 Aargau 及 Schaffhausen 採用公民罷免之制 (popular recall)，一定人數的公民得提議解散議會或罷免政府的政務委員，而提交公民投票決定之❻。自是而後，四種制度漸次傳播各邦，而成為瑞士大多數的邦的共同制度。一八四八年的瑞士聯邦憲法也採用了強制的公民表決，任意的公民表決及公民創制三種制度。

瑞士制度不久傳入美國，美國各邦的公民投票制本來只有關於憲法的 referendum；關於法律的 referendum 憲法沒有概括的規定，只惟對於個別問題，准許提請公民表決，Rhode Island 一八四二年憲法規定，除內亂外患外，議會未得國民同意，不得發行五萬美金以上的公債❼，可以視為一例。凡憲法沒有明文規定，而乃提請公民表決者（例如一八四九年紐約議會所通過的 Free School Law），法院均認為違憲。法院以為主權屬於國民，國民批准代議

---

❸ 河村又介，前揭書，六一頁至六二頁。

❹ 河村又介，前揭書，六二頁。

❺ 河村又介，前揭書，六三頁。

❻ 河村又介，前揭書，六五頁。

❼ A. N. Holcombe, *State Government in the United States*, 2nd ed. 1926, p. 136.

制度的憲法，而將立法權委託於議會了，倘憲法沒有明文規定國民尚保留直接立法的權，在理一切立法權應該視為都屬於議會。這個時候議會再把立法權委託於國民，這是違憲的事。由於這種解釋，各邦議會就陸續修改憲法，規定人民保有直接立法之權❸。但法律經議會通過，若一一均須提交公民表決，又何必設置議會。因此之故，關於法律的 referendum 便有了一個限制，即議會通過的法律惟待公民有抗議時，才得提交公民表決，這便是任意的公民表決，亦即所謂公民否決 (popular veto)。但公民對於法律若僅有否決的權，亦只能撤銷議會通過的法律，使其不會發生效力而已，至於議會所不提出的法律，亦將莫如之何，於是又採用了公民創制 (popular initiative)。這兩種直接立法，由 South Dakota 於一八九八年開始應用於普通法律。一九〇二年 Oregon 又應用公民創制於憲法的修改。到了現在，各邦採用之者為數不少❹。一九〇八年 Oregon 又採用公民罷免 (popular recall) 之制，一定人數的公民對於議會的議員與政府的官吏，均得提出罷免案，提交公民投票決定之❺。此種制度亦為各邦所模倣。這樣，美國各邦遂和瑞士一樣，其公民投票制有強制的公民表決、任意的公民表決、公民創制及公民罷免四種。

公民投票制固然盛行於瑞士及美國各邦，但是最初世人皆謂其只能在小地區內施行。自從德國威瑪憲法採用之後，又傳播於大國之間。斯制本來是用以救濟代議制度之弊。議會制定的法律不為人民所歡迎，人民可用複決權以廢除之。人民需要的法律，議會不肯通過，人民可用創制權以制定之。及至人民有了罷免權之後，一旦遇到官員的行為有不符民意之處，又得利用罷免權以驅逐之。並且一種制度的價值往往不在於制度本身，而在於制度所造成的一種威脅。罷免權的作用不在於罷免官員，而在於官員畏懼罷免，不能不謹慎其行為。創制權的作用不在於創制法律，乃在於議會畏懼人民創制，

----

❸ A. N. Holcombe, op. cit., pp. 137–138. J. Hatschek, a. a. O. S. 90.

❹ A. N. Holcombe, op. cit., p. 139.

❺ A. N. Holcombe, op. cit., p. 140.

而即制定人民需要的法律。複決權的作用不在於廢除法律，乃在於議會畏懼人民複決，不敢制定人民反對的法律。由此可知公民投票制有兩種作用，一種是矯正的作用，一種是預防的作用。

此外公民投票制尚有下列各種作用。

一是解決國家機關的衝突。議會兩院之間或政府與議會之間發生衝突，事實上是免不了的。有了公民投票制，就可把衝突問題直接探問民意，由人民決定何捨何從。德國在威瑪憲法時代所以採用公民投票制，目的便是欲用之以解決各種機關的衝突：例如總統與第一院 (Reichstag)，第一院與第二院（Reichsrat，代表各邦）關於議案，意見不能一致之時，均得提請公民表決之❶❺❻。

二是防遏政黨的專橫。現今議會議員常是政黨的黨員，因之民主政治便變成政黨政治。一個政黨在議會內若有過半數的議席，則它可以不顧民意，自由決定一切。但是人民不是政黨的傭兵，未曾把決定一切問題的權委託於一個政黨。人民對於政治問題，意見是忽此忽彼的，不但今天所贊成者明天可以反對，今天所反對者明天可以贊成，且又常常關於第一問題，贊成甲黨的主張，關於第二問題，贊成乙黨的主張，關於第三問題，贊成丙黨的主張。公民投票制是令人民對現實問題，直接表示意見，人民當然將依其自己的見解，不受黨派觀念的拘束，判斷問題❶❺❼。J. Bryce 曾說：「人民自己考慮法案的價值，不受提出法案的政黨的影響，不受通過法案的議會的政黨的影響，政黨的勢力當然隨之減少」❶❺❽。考茨基 (K. Kautsky) 亦云，政黨的分立乃由

---

❶❺❻ 參閱 C. Schmitt, *Volksentscheid und Volksbegehren*, 1927, S. 47ff. J. Bryce, *Modern Democracies*, Vol. II (new ed.), 1931, p. 418.

❶❺❼ A. Headlam-Morley, *The New Democratic Constitutions of Europe*, 1929, p. 146. 他說：「公民投票的價值在公民不依黨派的觀點，而依自己獨立的見解，考慮問題，但事實上這個目的並未達到」。

❶❺❽ J. Bryce, *Modern Democracies*, Vol. I, new ed. 1931, p. 394f.

於主義之不同，非基於現實政策之有別。直接立法與選舉不同，可使人民離開抽象的原理，而注意於每個具體問題之解決。所以實行之後，不但政黨由於現實政策之一致，而能互相結合，減少了它們的仇恨心理；同時人民因為是判斷具體問題，也必離合無常，而使政黨無法在民間發展。因此，考茨基又謂，公民投票制若能代替議會制度，政黨將完全瓦解❾。

三是增加政府的權力。現代民主政治是令人民選舉議會，由議會監督政府。政府受了議會的控制，議會受了人民的控制。然究其實，議會雖能控制政府，而人民在議會任期未滿以前，卻無法控制議會。弄到結果，議會跋扈，政府的地位不能安定。公民投票制是把政府獨立於議會之外，直接隸屬於人民。凡政府與議會關於議案，意見不能一致之時，政府所反對者，議會通過之，政府所提出者，議會否決之，這個時候若許政府提請人民複決，試問議會那敢蔑視政府，掣肘政府。

四是緩和議會政治的過激作風。照考茨基說，在代議制度之下，立法權屬於議會，議會設於首都。首都的空氣是急進的，不但革命時代首都可以支配議會，便是平時，議員也不免受了首都空氣的影響，流於急進。反之農民的生活方式是孤立的，他們的思想比較保守。公民投票制是把政治的勢力由首都移到農村，這是有利保守主義的。法國革命時代，吉倫丁黨 (Girondins) 深信公民投票制可以摧毀首都的勢力，使革命不再進行，並欲用之以救路易十六之死。而極力反對這個主張的又是激烈派的雅各賓黨 (Jacobins)❿。瑞士的農民是很進步的，然而一切急進的法案均被公民否決。只唯緩進的、改良的議案才獲通過⓫。在英國，主張公民投票制者是保守黨的人，而反對公民

---

❾ K. Kautsky, *Parlamentarismus und Demokraties*, 1922, S. 133–134.

❿ K. Kautsky, a. a. O. S. 129–130.

⓫ C. Schmitt, *Verfassungslehre*, 1928, S. 280. A. Menger ，在其所著 *Neue Staatslehre*, 4 Aufl. 1930, S. 181, Anm. 1 中，說道：「十九世紀的歷史家及政治學者均以公民投票制為一種空想的制度，徒供煽動家誘惑民眾之用。然自瑞士採用之後，數十年來已可證

投票制者則為自由黨與工黨❶❷。公民投票制不但不危險，而且接近於保守主義，這便是拿破崙得利用之以登帝位，希特勒 (A. Hitler) 得利用之以取得獨裁權的理由。

三、民主政治的種類㈡

民主政治尚有別的分類，一是內閣制，二是總統制，三是委員制。三者的區別有兩個標準，第一為行政權的歸屬及其組織，第二為行政權與立法權的關係。就是：

㈠**在內閣制**　⑴行政權屬於內閣，內閣乃獨立於元首之外，由國務總理及國務員組織之。⑵行政權一方與立法權結合，他方又與立法權互相對抗。

㈡**在總統制**　⑴行政權屬於元首，各部首長只是元首的屬官，⑵行政權一方與立法權分離，他方又與立法權互相牽制。

㈢**在委員制**　⑴行政權屬於委員會，委員會由地位平等、職權相同的委員組織之，⑵行政權一方與總統制不同，不與立法權分離；他方又與內閣制不同，不能與立法權對抗。

現在試分別說明如次。

㈠內閣制

內閣制肇始於英國，到了今日，民主國家大率均採用內閣制。固然各國內閣制之形式未必件件相同，我們若捨小異而取大同，亦可舉其特徵如次。

先就行政權的歸屬及其組織言之，行政權法律上屬於元首，事實上屬於內閣 (cabinet)。內閣為決定政策的機關，而負執行政策之責者則為隸屬於內

明此制與其謂為有利於急進派，不如謂為有利於保守派」。J. Bryce (op. cit., p. 400) 亦說：「在瑞士，保守主義及羅馬加特力的反對黨，每認人民投票為推翻急進的法案之有力工具。」

❶❷ 河村又介，前揭書，三三〇頁至三三一頁。

閣之下的各部。要使內閣能夠自由決定政策，必須內閣有獨立的地位，不為元首的傀儡而後可。為達到這個目的，就有下列三種制度。而吾人要知道一個國家是否採用內閣制，也可依下列三點定之。

(1)**國務員之任命方式如何？**　內閣由國務員組織之，其領袖特稱為國務總理。國務總理由元首任命，但須其人能夠得到議會的信任，即元首的任命權乃以議會的信任為條件。凡能得到議會信任的人，元首必須任命之為國務總理，國務總理失去議會的信任，元首又須使之去職。所以任免國務總理的權，名義上屬於元首，事實上屬於議會。國務總理任命之後，再由國務總理推薦政見相同的人，提請元首任命之為國務員，即元首的任命權乃以國務總理的推薦為條件。國務總理所推薦者，元首不得拒絕，國務總理所不推薦者，元首不得任命，所以任免國務員的權，名義上在元首，事實上在國務總理❶❻❸。國務總理依議會的信任而任命，所以他不是元首的幕僚，其進退不以元首個

──────────────────────────────

❶❻❸ 法國採用內閣制，而第三共和憲法只云：「總統任命文武官吏」（一八七五年二月二十五日憲法第三條第四項），至於國務總理及國務員之任命方式如何，憲法並無一言提到。只因憲法規定，「國務員關於一般政策，連帶對議會負責」（同上第六條第一項），所以總統任命國務總理及國務員，也須受上述兩種條件的拘束。一八七七年五月總統馬克馬洪 (M. de MacMahon) 罷免國務總理西門 (J. F. Simon) 之職，而令王黨布羅格利 (Duc de Broglie) 組織內閣。當時第一院多數議員均擁護西門，而反對布羅格利。七月總統經第二院同意之後，下令解散第一院。選舉的結果，反對派仍占多數，布羅格利辭職，總統令軍人 de Rochebouet 組織內閣。第一院為擁護憲政，就拒絕通過預算案，Rochebouet 內閣又復崩潰，終則總統不能不任命反對黨的狄福爾 (J. Dufaure) 為國務總理。由這事實，法國總統就須選擇第一院所信任的人，委以組閣的事。狄福爾受命組閣之時，總統又欲任命自己親信的人為陸軍海軍外交三部部長，狄福爾抗不奉命，且以辭職相脅，總統只得收回成命。自是以後，就成立了國務總理自由選擇國務員的慣例。參閱 E. M. Sait, *Government and Politics of France*, 1920, p. 50ff.（編按：一九五八年第五共和憲法第八條規定，總統任免總理，並依總理提議任免其他政府部長。）

人之愛憎為標準。國務員依國務總理的推薦而任命，所以他們也不是元首的幕僚，反而受國務總理的控制，而使國務總理成為行政上的領袖。

⑵**各種政策由誰決定？** 各種政策由內閣會議決定。內閣會議由國務總理及國務員組織之。開會之時，以國務總理為主席，元首無出席參加討論的權。法律上固然是萬機決之多數，事實上國務總理常以行政領袖的資格，控制其他國務員，使他們接受自己的主張❶❻❹。但是行政權法律上既然屬於元首，則內閣對外執行政策之時，不能不假借元首的名義，例如內閣要發布命令，須以元首之名義為之，要作各種處分，亦須以元首之名義為之。這樣，元首不會擅自發布命令或作各種處分麼？為預防這種弊端，又發生副署制度。凡元首行使行政權之時，須有國務總理及國務員一人之副署。但是一切政策既由內閣會議決定，則所謂「副署」也者並不是元首所欲實行的要求內閣副署，而是內閣所欲實行的請求元首簽署❶❻❺。副署有什麼意義呢？是證明這個行為是副署人的行為，即內閣的行為。民主政治是責任政治，行為既是內閣的行為，不是元首的行為，則內閣對這行為自應負責。所以副署乃表示負責之意。

⑶**內閣對誰負責？** 國務員不對元首負責，而對議會尤其是第一院負責。議會督促內閣負責的方法有質詢、審查、預算表決、信任投票等各種制度。議會贊成內閣的政策，元首雖反對之，內閣亦得實行；議會反對內閣的政策，元首雖支持之，內閣亦不能安居其位。政策之取捨、內閣之去留一唯議會的意見是視，那末內閣當然不必迎合元首之意，而元首也不能壓迫內閣，令其

---

❶❻❹ H. Finer, *The Theory and Practice of Modern Government*, Vol. II, 1932, pp. 973–974. 他說：國務總理對其同僚，有極大的權力。他們須對國務總理負責，而使內閣成為國務總理的內閣。在必要時，國務總理可以推翻內閣會議的多數反對票，因為他一旦發見自己是少數，"he may threaten resignation which will extinguish the adverse majority by extinguishing the Cabinet."

❶❻❺ W. R. Anson 說：「從前是君主依國務員而作統治，現在是國務員依君主而作統治」，引自 C. Schmitt, *Verfassungslehre*, 1928, S. 321.

副署，而隨意實行自己認為妥善的政策。何以議會（尤其是第一院）有此權力？因為議會為人民所選舉，而代表人民的公意。民主政治為公意政治，民意機關既然反對內閣，內閣何能戀棧 ❻❻。

　　總之，信任制度、副署制度、負責制度，三位一體而為內閣制的特徵。

　　次就行政權與立法權的關係言之。內閣制一方使行政權與立法權結合，其結合依下列三種制度為之。

　　⑴國務總理及國務員常由議員兼任之。因為內閣要得議會的信任，須有多數議員為後盾；要令多數議員擁護內閣，只有選舉強有力的議員而能左右議會之決議者，託以組閣之事。這樣，內閣制便變成議會內閣制 (parliamentary cabinet)。但是現今議會的議員都是政黨的黨員，而能左右議會之決議者又是政黨的領袖，所以議會內閣制又變成政黨內閣制 (party cabinet)。

　　⑵國務總理及國務員固然常由議員兼任，其不由議員兼任者亦有之。不問他們是否兼任議員，而在議會開會之時，他們均得出席議會，報告情況，說明政策，於必要時，且得參加討論，使內閣與議會雙方意見能夠融通。

　　⑶議會開會之時，內閣得提出各種議案。因為內閣有決定政策的權，政策怎樣實施，不能徒託空言，必須編制為具體的議案，這種議案若不由內閣提出，而由議會提出，則南轅北轍，內容也許與內閣之意見相左。何況起草議案者不負執行之責，難免好高騖遠，而執行者因為議案不是自己起草，又將陽奉陰違，敷衍了事。所以今日各國，重要的議案未有不由政府提出的。

　　內閣制他方又與立法權互相對抗，其對抗依下列兩種方法為之。

　　⑴議會方面有不信任投票權，凡議會反對內閣的政策，以為政策有反於民意之時，可作不信任決議，要求內閣辭職。縱令議會單單對某一個國務員，表示不信任，內閣亦須連帶負責 ❻❼。何以故呢？在今日，政務屬於一部所管

---

❻❻ W. R. Anson 有言：「推翻內閣的權，由元首移屬於第一院，由第一院移屬於國民，即移屬於選舉人」。引自 C. Schmitt, a. a. O. S. 321.

者，亦必提交內閣會議議決。內閣對這政務既有議決的權，則這個政務發生問題之時，整個內閣自應共同負責。

⑵內閣方面有解散權，議會所以能用不信任投票，勸告內閣辭職，乃是因為議會是代表民意的機關，它的意思可以視為人民的意思。但是「代表」不過代表而已，議會的意思是否真是人民的意思，尚有問題。萬一議會的意思不是人民的意思，而人民的意思乃贊成內閣決定的政策者，內閣不能沒有抵抗之法，其法就是解散。凡議會通過不信任議案之時，內閣若不敢保證人民之能贊成自己的政策，固當引咎辭職，使議會內反對派出來組織內閣。反之，內閣若有自信力，深信人民之能贊成自己的政策，而以議會的決議不能代表民意，則可請求元首解散議會，而舉行新選舉。不過新議會若仍不信任內閣，內閣必須辭職。

　　* 關於內閣制的特質，J. Hatschek, *Deutsches und preussisches Staatsrecht*, Bd.
　　 I, 2 Aufl. 1930, S. 67f. 簡單提出四點。
　⑴行政機關，即國務員甚至元首均由立法機關選任。國務員只是議會多數派
　　 的委員會。
　⑵國務員得出席議會，常由議員兼之。
　⑶國務員對議會負責，議會得用不信任投票，強迫他們辭職。
　⑷議會不能代表民意，元首得解散議會，「訴於國民」(Appell an das Volk)，
　　 以探求真正的民意。
　　關於內閣制的特質，J. Bryce 的書中 (*Modern Democracies* (new ed.), Vol. II,

---

⑯ H. Finer, op. cit., p. 974. 他說："the Cabinet is responsible in two senses: that every Minister is responsible individually for the work of his department, and that Ministers are responsible as a body for each Department and for general policy." 同頁註二又引 W. R. Anson 之言，"We can insist that the action of the Cabinet is the action of each member, and that for the action of each member the Cabinet is responsible as a whole."

1931, p. 462) 亦簡單舉出下列三點：

(1)元首或由選舉，或由世襲，而均不對議會負責，議會也不能罷免之。

(2)一群國務員由議會選任並罷免之，他們對議會負責。這一群人組織行政機
　　關，而稱為內閣。他們或由習慣，或依法律規定，必兼為議會的議員。

(3)議會中一院或兩院由人民選舉，但元首得解散之。

總之，內閣制可以說是含有下列三個原則。

第一、元首不負政治上的責任　行政權法律上屬於元首，因之行政權之
行使法律上都是元首的行為。元首對這行為不負責任。按今日行政機關所負
的責任可以分為兩種，一是關於違法行為而負法律上的責任，二是關於政策
問題而負政治上的責任。君主國的元首不但對於政策問題，就是對於違法行
為，也不負責任。英諺所謂 The King can do no wrong 就是指此而言。反之，
共和國的元首關於政策問題固然不負責任，而關於違法行為，經議會彈劾之
後，也要受國法的制裁。

第二、元首行使行政權由內閣對議會負責　元首對於政策問題既然不負
責任，所以為要實現公意政治，不能不令內閣代替元首負責。而令內閣代替
元首負責的方法則為議會的不信任投票。前曾說過，任命國務總理及國務員
的權固然屬於元首，但是他們須得議會的信任，議會表示不信任之時，元首
必須使之去職。這樣一來，便是內閣的進退非以元首個人的愛憎為標準，乃
以議會的信任與不信任為標準，因之，議會若以政府所定的政策有反於公意，
就可以表示不信任，強迫內閣辭職。

第三、元首行使行政權須有國務總理及國務員副署　元首不負責任，責
任由內閣負之，所以元首行使行政權之時，須有國務總理及國務員一人副署。
沒有他們副署，元首不得行使行政權。英諺所謂 The King cannot act alone 就
是指此而言。因為他們不是代元首負責，乃是對自己副署的行為負責。副署
不但表示同意，且又證明這個行為是自己決定的行為。行為不由自己決定而
又未經自己同意者，本來沒有副署的義務。所以一切行為都須國務員一人副

署，便是一切行為都經內閣同意且由內閣決定，一切行為既為內閣所決定，則內閣對這行為，當然要負責任。

　　內閣制的精神是使立法權與行政權互相結合❶，其結合的形式可以分為前後兩期。前期是立法權控制行政權。此時也，封建的殘餘勢力尚盤踞於內閣之內，而新興的市民階級則以議會為根據，與其對抗。因此之故，行政權與立法權雖然都是國家權力的作用，而兩種權力乃互相鬥爭而不合作。鬥爭的結果，新興階級就把行政權的活動局限於法律之內。法律既為行政權活動的準繩，因之，制定法律的議會對於內閣，便取得了控制的權力，而發生立法權優越的現象。行政權沒有獨立的地位，不過適用法律，藉以解決具體的事件❶。行政行為之合法性由議會決定，行政行為之合理性亦由議會決定。議會為國家最高機關，內閣不過奉行議會的決議。這種立法權控制行政權，可以說是前期內閣制的特徵。時勢進展，新興階級不但占據立法機關，而牽制行政權之活動；且又奪取行政機關的地位，而使議會與內閣結為一體。然而因此，兩種權力機關的關係又顛倒起來了。一方固然是議會的勢力侵入內閣，他方又可以說是行政權於議會之中，拉來了一位領袖，由此以控制議會。此時也，議會的立法已經不是限制行政，而只是保護行政，證明行政行為之合法而已。何以故呢？議會的議員都是政黨的黨員，而國務總理則為政黨的領袖，能以領袖的資格統治同黨議員，所以名義上是內閣服從議會的意見，事實上是議會聽受內閣的指導。內閣已經不單是行政機關，且又是立法機關，許多重要法案均由內閣提出，法案之通過或否決，亦唯內閣的意見是聽。

---

❶ 孟德斯鳩依三權分立之原理，而反對內閣制。他說：「倘由立法機關之中，選舉若干人士以掌行政，則自由必歸消滅。因為立法行政兩個權力將結合起來，而歸屬於同一的人，於是專制政治便發生了」。F. W. Coker, *Readings in Political Philosophy*, 1938, p. 623.

❶ 例如法國一七九一年憲法雖然准許政府發布執行命令，而一七九三年憲法則禁止政府發布普遍性的命令，而謂行政機關只得執行議會所制定的法律。

Sidney Low 說：「法律由議會制定，只是一種法律上的程式 (legal formula)，
而為欺人之語，制定法律之權實屬於內閣。不過在第一院中有多數議員贊成
與少數議員反對而已。除了坐在議長左邊前面的二十餘位議員（國務員）之
外，其他議員在立法上的權限固與一介平民毫無差別。他們雖然能夠批評，
能夠反對，能夠忠告，但其結果乃與一般文人用其筆舌勸告國民者，毫無以
異，並不會發生較大的效力……要之今日制定法律的權已歸屬於內閣的少數
領袖」 ❿ 。從前議會可用立法權以牽制內閣，現在內閣事實上既然取得了立
法權，則議會已經不是牽制內閣的機關，反而是內閣支配的機關了。因之，
國民選舉議員，其意義也和過去不同，不是選舉議員，託其行使立法權，乃
是選舉內閣，託其行使行政權和立法權，這是後期內閣制的特質。議會本來
是牽制內閣的機關，現在乃變為內閣支配的機關。立法權本來屬於議會，現
在乃變為內閣行使的權限。這種制度是否合於民主？我們知道議會的黨派是
會變動的，今日多數黨，明日可以變為少數黨；今日少數黨，明日也可以變
為多數黨。當多數與少數改變之際，內閣就會改組，而改變多數與少數的原
動力則在於人民。一方內閣不必時時刻刻受了議會的牽制，同時內閣又不是
永久不受民意的制裁。 A. Zimmern 說 ： 最近民主政治已經不若林肯 (A.
Lincoln) 所言，"government of the people, for the people, by the people"，而若
林肯另外所言 ， "government of all the people some of the time and of some of
the people all the time" ⓱ 。後期內閣制剛剛與此相同。

　　現在試來批評內閣制的優點與劣點。在內閣制之下，行政機關與立法機
關互相結合，打成一片。組織內閣的人常是議會的議員，所以內閣事實上成
為議會的行政委員會。內閣與議會能夠和諧，則內閣提出的法案，容易通過
於議會，而行政也順利進行。內閣與議會不能和諧，也有一種解決方法，不
是內閣自己辭職，便是內閣解散議會。所以行政機關與立法機關，不會因為

----

❿ Sidney Low, *The Governance of England*, 1904, p. 56f.

⓱ A. Zimmern, *Prospects of Democracy*, 1929, p. 368.

意見衝突，而致弄成僵局。但是現今各國，政黨組織極其發達，議會的議員常是政黨的黨員，倘使議會之內，只有兩個政黨，則絕對多數黨組織內閣之時，內閣與議會當然能夠和諧。反之，議會之內，若是小黨分立，則內閣只能成立於數黨妥協之下，各政黨的政見本來不同，而其利害又不一致，往往翻雲覆雨，離合無常。所以這個時候，內閣常常更迭，而致政府的地位不能安定，政府的政策不能一貫。在這國際問題社會問題日益複雜的現代，很難應付時勢的要求，這便是義德兩國產生獨裁政治的原因。

㈡總統制

總統制肇始於美國，美洲各國多採用之，今試說明其特徵如次。

先就行政權的組織言之，行政權不但法律上，而且事實上屬於總統。總統決定政策，而負執行政策之責者則為各部首長 (head of department)。怎樣使總統能夠名副其實的成為行政上的領袖，自由決定政策？於是就有下列三種制度。而吾人要知道一個國家是否採用總統制，也同內閣制一樣，依下列三點定之。

⑴**國務員之任命方式如何？** 國務員由總統自由任免之，凡總統認為賢能的，即可任命之為國務員，總統認為庸凡的，又可令其辭職。他們乃各別輔佐總統，管其專管的事，而又各別的受總統的指揮和監督，所以他們未曾聯合起來，組織內閣（美國雖然也稱國務員全體為 Cabinet，但其意義與內閣制之 Cabinet 不同）。他們既不聯合組織內閣，所以沒有國務總理。他們之中雖有一位首席部長（例如美國以 Secretary of State 為首席部長，吾國譯之為國務卿），但其在法律上的地位並不比其他國務員為高。其他國務員也直接受總統的支配，所以首席部長絕對不能視為國務總理❼❷。

---

❼❷ W. B. Munro, *The Government of the United States*, 5 ed. 1946, pp. 215, 202，他說：國務卿絕不是國務總理。當總統因故不能視事之時，國務卿無權召集國務會議。過去國務卿 R. Lansing 固曾做過此事，但總統威爾遜 (T. W. Wilson) 謂其越權，而免其職。

⑵**各種政策由誰決定？** 一切政策均由總統個人決定。固然總統可以召集國務員開國務會議，討論各種議案。但是政策既由總統個人決定，則其國務會議當然不甚重要，只備總統的諮詢，或對總統貢獻意見，最多不過解決各部之間的衝突與誤會 **⑱**。國務員絕對不能依自己的見解，而作任何獨立的決議；縱令有此決議，也沒有拘束總統的效力，其採用與否，總統得自由決定之。總統既然單獨決定政策，不須徵求國務員之同意，則國務員關於總統之行使行政權，當然不須代其負責，因之也不必副署。縱有副署，其意義也與內閣制的副署不同，它不過表示這一樁事件由那一位承辦，並不是表示這一樁事件由那一位決定，並由那一位負責。

⑶**內閣對誰負責？** 國務員不對議會負責，而對總統負責。換句話說，他們能否在職，非依議會信任之有無，而依總統眷顧之厚薄。他們工作不能與總統完全協調 **⑭**，總統要他走，議會雖擁護之，也不能不讓其走。反是，總統要他留，議會攻擊之，也不能不許其留，去留之權操於總統，所以他們完全隸屬於總統，而與內閣制的國務員不同。

總之，國務員由總統任免，政策由總統決定，國務員對總統負責，這三者可以說是總統制的特徵。

次就行政權與立法權的關係言之。總統制一方依權力分立的原則，使行政權與立法權互相分離。請看下列各點。

⑴總統固不必說，國務員亦不得兼任國會兩院議員，這與英國國務員必須於兩院中一院有議席者完全不同 **⑮**。此蓋欲預防行政權滲透於議會之內，

---

⑱ 例如美國，每週開常會一次，總統於必要時，尚可召集臨時會。開會時，總統坐在長方桌的上端，國務卿坐其右，財政部部長坐其左，其他國務員也順序坐在左右兩側。副總統若有出席，則坐下端，與總統對向。開會的主要任務在於解決部與部間的衝突與誤會，使行政機關能夠成為一體而活動。請閱 W. B. Munro, op. cit., pp. 208–209.

⑭ W. B. Munro, op. cit., p. 201.

⑮ W. B. Munro, op. cit., p. 203.

而妨害立法權的獨立。或立法權滲透於政府之內,而妨害行政權的獨立。

(2)國務員不得列席國會任何一院,報告政務,陳述意見,這與法國國務員之得列席兩院各種會議(一八七五年七月十六日憲法第六條第四共和憲法第五三條)者不同⑰。此蓋欲預防議員受了政府意見的影響,而致不能獨立完成其立法工作。

(3)總統不得提出議案於議會。固然總統隨時可將國家情況報告議會,而總統認為必要而有益的計劃亦得向議會建議。這種報告和建議稱為總統的咨文 (messages)⑰。咨文對於議會的立法雖有重要的作用,然而議會卻沒有採納的義務,所以提案權可以說是完全屬於議會。因為議會乃行使立法權的機關,提案權為立法權之一形式,故不宜令總統有之。

總統制他方又怕政府與議會各行其是,不能協調,所以又令行政權與立法權互相牽制。其牽制的方法,可看下列兩點:

(1)議會對於總統及各部首長固然不能因為政策問題而作不信任投票,但政府的一切行政須依照法律規定,而政府每年預算又須獲得議會通過,則議會當然可以利用立法權尤其是預算議決權,牽制政府。

(2)總統固然沒有解散議會的權,但是議會通過的法案須送請總統署名公布,總統若不贊成該項法案,可申明理由,退還議會覆議。議會兩院非各以出席議員三分之二以上,維持原案,原案不能成為法律。所以總統可以利用這個否決權 (veto power) 以牽制議會。

　*關於總統制的特質,J. Hatschek, a. a. O. S. 65f. 簡單舉出四點:

---

⑯ 如在美國,固然憲法只禁止官吏兼任議員(第一條第六項第二目),因之,官吏列席議會發言,固不能謂為違憲。華盛頓時代,A. Hamilton 為財政部部長,固曾列席議會矣,議會不許其參加討論,而許其提出報告。自是以後,國務員不列席議會,就成為習慣 (H. Finer, *The Theory and Practice of Modern Government*, Vol. II, 1932, p. 1046)。

⑰ 關於咨文,可參閱 W. B. Munro, op. cit., p. 171ff.

(1)元首不由立法機關選任。

(2)國務員不對議會負責，他們只是元首的內閣。

(3)議會開會之時，國務員不但不能出席投票，且亦不能參加討論。

(4)元首沒有解散議會的權。

J. Bryce, op. cit., p. 462f. 關於總統制的特質，簡單舉出下列三點：

(1)元首由人民選舉，有一定的任期，除受彈劾而免職之外，不對議會負責。
   他得任免各部首長，而關於外交內政，均有指揮的權。

(2)一群國務員亦常稱為內閣，由元首任命並罷免之。他們依元首的命令而工
   作，並對元首負責，而不對議會負責。他們不得兼任議員。

(3)議會由人民選舉，有一定的任期，元首不得解散之。議會通過的議案，元
   首對之有限制的否決權。

J. Hatschek 在其 *Allgemeines Staatsrecht*, II, Teil, *Das Recht der Modernen Demokratie*, 1909, S. 21ff. 對於總統制與內閣制，曾作比較如次：

(1)**根本原則之不同** 總統制基於權力分立的原則，政府與議會不相隸屬，其內閣不是議會的委員會，不受議會的監督和指揮，因此也不對議會負責，它是隸屬於總統之下。反之，內閣制未曾徹底實行分權主義，政府與議會由於議會的多數派，依藉內閣的機構而結合起來 (S. 21)。

(2)**各種制度之不同** ①在總統制，國務員由總統任命，不得兼任議員，因此，也不得出席議會發言。在內閣制，國務員常由議員兼之，他可出席議會，陳述意見。②在總統制，議會對於國務員沒有不信任投票權。在內閣制，議會對於國務員個人或整個內閣，得作信任或不信任投票。③在總統制，總統可用否決權，以作對抗議會的武器。在內閣制，元首雖有此權，但未曾行使。④在總統制，總統不得解散議會。在內閣制，元首對於議會有解散權 (S. 23–24)。

總之，總統制可以說是含有下列三個原則。

第一、元首為實際上的行政領袖 政策由元首決定，國務員由元首任免，

行政權集中於元首一人，元首當然不是名義上的行政領袖，而是實際上的行政領袖，所以這種制度只可存在於共和國，不宜存在於君主國。因為共和國的元首由於選舉，而有一定的任期，君主國的元首由於世襲，而為終身職。總統每數年改選一次，當然不致流於專制。君主地位永久，一旦發生專制，將無從挽救。

第二、元首行使行政權無須國務員副署　國務員只是元首的屬官，而奉行元首所決定的政策，所以元首行使行政權之時，不須國務員副署。因為副署有兩種意義，一是表示同意，二是表示負責。政策既由元首決定，不須徵求國務員同意，則國務員對於政策，當然不負責任。國務員對於政策既然不負責任，則元首行使行政權之時，國務員當然不必副署。要是強令國務員副署負責，則元首反可以卸責於國務員，任意施行蔑視公意的政治。

第三、元首不對議會負政治上的責任　一切政策既由元首決定，若令元首負責，元首的地位必將受到議會的脅制，而致中樞不能安定。因此之故，元首關於政策問題，遂不對議會負責。換句話說，議會不得因為政策問題，對元首作不信任投票。國務員沒有決定政策的權，議會對於他們當然更沒有不信任投票權。不過共和國的總統又不是完全不負政治上之責任的。他須對人民負責。人民可依選舉，使總統決定政策之時，不能不顧慮人民的意思。所以總統關於政策問題，雖然不對議會負責，而公意政治也不會因之破壞。茲宜注意者，總統或國務員若有違法行為，議會亦得彈劾，使其負法律上的責任。

總統制的精神是使立法權與行政權完全分立。但是今日行政必須假藉立法之力，倘令擔任行政的人與議決法律的人各自分立，不相連絡，則行政機關不能施行自己認為妥當的政策，而有負行政之名，立法機關得為不負責任的決議，而不舉立法之實。所以縱在美國，也利用各種方法以濟其窮，使立法行政兩個機關能夠聯繫起來。

⑴提案權本來屬於議會，總統固然可用咨文 (message) 向議會建議各種方案，而議會卻沒有接受的義務。但國家需要何種法律，只惟擔任行政的人

方能知道，現在美國不許政府提出法案，那末國家政務必將無法進行。僥倖美國政黨組織頗見發達，總統與國會議員均是政黨的黨員，所以政府若因行政上的必要，希望國會通過某種法律之時，可由總統起草法案，囑託同黨議員提出。

(2)尤其是編制預算的權最初也是屬於議會，但是預算名義上是記載政府行政的經費，事實上是記載政府行政的內容。國家每年要舉辦那幾種事，需要多少錢，只惟擔任行政的人才會知道。所以美國又於一九二一年六月十日由議會通過預算及會計法 (Budget and Accounting Act)，將預算編制權讓給總統，置預算局 (Bureau of the Budget)，使其編制國家每年的預算。

(3)各部首長不得兼任議員，又不得列席議會，陳述意見。但是議決法律者雖是議會，而執行法律者則為政府。政府與議會不相連絡，則法律的內容將和實際情況扞格。因此，美國遂假藉國會的各種委員會，以連絡國會與政府雙方。在美國，法案通過第一讀會之後，均交委員會審查，法案能否通過，完全以委員會的審查意見為標準，而委員會在必要時，則得邀請國務員列席報告政府的意見。於是議會與政府的關係，就由各種委員會，得到相當的調和。

由此三點，可以知道立法與行政完全分立，事實上是行不通的。

現在試來批評總統制的優點與劣點。在總統制之下，行政機關與立法機關互相分離，一切政策均由元首決定，元首決定的政策，縱令議會不肯同意，議會也不能作不信任投票，強迫元首辭職。元首的地位比較鞏固，而又有行使行政權的自由，則行政效率當然可以增加。然而同時卻難保證元首不流於專制。不過由我們看來，這種缺點不會存在於共和國，因為共和國的總統並不是完全不負責的，他有違法行為之時，議會可以彈劾；並且數年就由人民改選一次，人民不贊成現任總統的政策，可以改選別人。因此之故，現任總統要想下屆當選為總統，必不敢反抗民意，施行人民所反對的政策。但是總統制亦有一種缺點，因為議決法案（尤其是預算案）的權既然屬於議會，倘使總統屬於某一黨，而議會大多數的議員屬於另一黨，則總統與議會衝突之

時，一方總統不能解散議會，他方議會不能強迫總統辭職，勢必陷入僵局，致國家政務無法進行。

㈢委員制

委員制雖然肇始於古代國家，但行之最久，成績最良者莫如瑞士。今試說明委員制的特徵如次。

先就行政權的歸屬及其組織言之，行政權不像總統制那樣，屬於總統，也不像內閣制那樣，操於內閣總理，而是屬於許多委員共同組織的行政委員會。委員制的目的本來是欲防止專制政治的發生，故儘量不使權力集中於一人之手。為達到這個目的，就有下列三種制度，而吾人要知道一個國家是否採用委員制，也可依下列三點定之。

(1)**行政機關如何組織**　行政委員會由議會選舉委員組織之，其任期大率與議會的任期相同，即議會每次改選之後，行政委員會亦必改選❿。各委員地位平等，權限相同。他們之中固然也有一位總統（或稱主席），對內為行政委員會會議的主席，對外代表行政委員會履行各種儀式。但其權限不比別的委員大，也常常不比別的委員小，他可以同別的委員一樣的討論，一樣的投票，甚者且同別的委員一樣的兼為一部首長，管其專管的事。

(2)**各種政策如何決定**　行政委員會以合議制行使行政權，雖置各部，分掌事務，而以委員兼部長之職。但各部事務皆由行政委員會開會決定，且以行政委員會之名義行之。而重要問題又多由議會議決，行政委員會雖然決定一個政策，議會又得推翻或變更之，所以行政委員會確是議會的委員會，它不是決定政策的機關，只是執行政策的機關❿。

---

❿ 例如瑞士行政委員會的任期固然定為四年，其實，每次第一院改選之後──縱是任期未滿，因解散而改選──新成立的第一院在第一次開會之時，就和第二院開聯席會議，選舉行政委員會委員（瑞士憲法第九六條第二項），參看 F. Fleiner, *Schweizerisches Bundesstaatsrecht*, 1923, S. 184.

⑶**行政機關如何負責**　各委員於政治上不負任何責任，惟有違法行為之時，才對議會負責，所以他們一經選出，議會就不能同內閣制那樣，用不信任投票，令其去職。縱令行政委員會提出一種重要的議案，而為議會所否決，行政委員會也不必辭職，而議會亦不能強迫其辭職❿。

次就行政權與立法權的關係而言，委員制一方與總統制不同，行政機關不能離開立法機關而獨立。因為行政委員會的委員固然不得兼任議會的議員，但是⑴他們仍由議會選舉，⑵重要的法案亦由行政委員會提出，⑶各委員又得列席議會，報告政務，條陳意見，凡此數點都是總統制所禁止的。他方委員制又與內閣制不同，行政機關不得與立法機關對抗。因為⑴議會通過的法律，行政委員會必須執行，議會決定的政策，行政委員會必須遵從，不得以議會的意見與自己不合，而解散議會。⑵同時議會對於行政委員會，除掉委員任期屆滿或自動辭職之外，也不能作不信任投票，罷免他們。凡此數點又是內閣制所沒有的。

一方議會有控制行政委員會的權，同時議會又不能罷免行政委員會，這種制度乍看之下，頗似矛盾，其實不然。因為行政委員會既由議會選舉，重要問題又由議會決定，行政委員會雖然定下了一個政策，議會又得推翻或變更之，則行政委員會事實上只可視為議會的雇員。它不是決定政策的機關，只是執行事務的機關，既然如此，議會又何必強迫其辭職。

*J. Hatschek, *Deutsches und preussisches Staatsrecht*, Bd. I, 2 Aufl. 1930, S. 69f.

關於瑞士制的特質，簡單舉出四點：

⑴政府與議會未曾分權，政府只是議會的委員會。

⑵政府的委員由議會選舉之，元首與國務員在權限上及地位上沒有區別。

---

❿最顯明的可以蘇聯為例，其人民委員會雖係行政機關，但決定政策的權力乃屬於法高蘇維埃尤其是最高蘇維埃主席團（一九三六年憲法第四九條）。

❿ J. Hatschek, *Deutsches und preussisches Staatsrecht*, Bd. I, 2 Aufl. 1930, S. 70, 610.

⑶各委員除因違法行為而負責任之外，不對議會負政治上的責任。

⑷政黨的勢力甚見薄弱，一切機關之內皆同時包括有多數黨與少數黨。

J. Bryce, Modern Democracies (new ed.), Vol. II, 1931, p. 463. 關於瑞士制的特質，亦舉出三點如次：

⑴行政委員會由議會選舉，受議會的指揮，委員不得兼任議員，但得出席議會發言。

⑵議會不得解散。

⑶國民有創制權及複決權。

Hatschek 說到政黨，Bryce 說到公民投票，這與委員制的本質都沒有直接的關係。但是吾人須知一般學者均把民主政治分類為 A.權力分立制，B.議會民主制，C.直接民主制。其實，權力分立制與議會民主制均可以採用公民投票制，美德二國就是其例。 參閱 J. Hatschek, a. a. O. S. 65ff. derselbe, *Allgemeines Staatsrecht*, II, Teil, *Das Recht der Modernen Demokratie*, 1909, S. 20ff. J. Bryce, op. cit., p. 462ff.

總之，委員制可以說是含有下列三種原則。

第一、行政機關以地位平等職權相同的委員組織之　委員制不但和總統制不同，沒有一個獨攬行政權的元首，且又和內閣制不同，沒有一個徒擁虛位的元首及一個權力較大的內閣總理。固然委員制也有總統，但是總統法律上沒有任何特權，所以總統不能視為國家的元首，而只可視為行政委員會會議的主席。因此之故，一切命令遂不用總統的名義公布，而用行政委員會的名義公布。

第二、行政委員會以合議制行使行政權　各委員的職權既然平等，誰都不能指揮誰，則意見分歧之時，政務實難進行。為了調和各委員的意見並保持行政的統一，所以事無巨細，均交全體委員討論，用多數決的方法，決定取捨，使各委員退無閒言。

第三、行政委員會須絕對聽受議會的命令　當各委員意見分歧之時，只

用多數決的方法，有時將令他們胸有芥蒂，不能合作，而有害於行政權的統一。但是比較重要之事若由議會決定，不由行政委員會決定，則行政委員會不過一個執行事務的機關，各委員的意見如何，不甚重要。因此之故，議會遂成為最高權力機關，其一切決議，行政委員會須絕對接受❽。

　　現在試來批評委員制的優點與劣點。委員制一方與總統制不同，行政權不與立法權分離，他方又與內閣制不同，行政權不得對抗立法權，而在行政機關之內，又有許多地位平等職權相同的委員，公決一切國務。凡此數點均所以預防政府的專制。但其結果，又有許多流弊，因為一切國務既由合議機關決定，則在非常事變發生之時，行政機關當然不能臨機採取一切必要的措置。兼以各委員的職權完全平等，責任已無專歸，意見又難期一致，有事則互相推諉，有禍則互相卸責，行政效率必因之而降低，這與總統制的元首，內閣制的內閣總理站在行政機關的首衝，而得支配其他國務員者，當然不同。

　　更進一步觀之，國家的權力不論如何劃分，而由權力的性質看來，不外討論與執行。討論貴乎詳盡，而須博採眾議，故宜採用合議制；執行貴乎敏捷，而須責任專一，故宜採用首長制。所以今日各國關於行政機關的組織，大約都是採用長官制，只惟國家發生變亂，各方意見不能一致，而國內又缺乏唯一的領袖人才，才不得已而採用委員制。在委員制，委員的地位完全平等，委員的職權完全相同，他們之中，法律上沒有一位統轄者，因之，強有力的人常常壓迫同僚，而變成事實上的獨裁者。所以委員制表面上似能預防

---

❽ 其實，在瑞士，實如 J. Bryce 所說，制定法律的權已由議會移屬於人民。人民乃是真正的立法機關，其代表不過起草法律案，並與行政委員會協力處理日常國務而已。因此之故，行政委員會也好，議會也好，縱令提出的法案為人民所否決，他們亦得繼續在位。人民否決法案，猶如股東不採用經理所貢獻的營業政策。此時也，股東無須解雇經理，同樣，人民否決法律案，亦不必罷免議會。執行法律的權屬於同一套的官吏——只要他們的操行與能力未曾失去信用——國務便容易圓滑進行。見他所著 *Modern Democracies*, I, new ed. 1931, p. 399.

行政機關的跋扈，其實，往往成為專制或獨裁的過渡形態。羅馬共和時代，曾實行兩次三頭政治 (Triumvirate)，第一次變成凱撒 (Gaius Julius Caesar) 的獨裁，第二次變成屋大維 (Gaius Julius Caesar Octavianus) 的專制。法國於一七九三年，置公安委員會 (Comite de salut public)，由十一名委員組織之，司掌一切行政，結果發生恐怖時代。恐怖時代告終，行政權歸屬於五人執政官 (Directeur)，結果又發生拿破崙帝制。蘇聯革命之後，上自中央機關，下至地方政府，無不採用委員制。其實，蘇聯形式上雖是委員制，事實上乃是獨裁制。列寧與史達林都是獨攬國家統治權的人。

第四節　獨裁政治

一、獨裁政治的本質

獨裁政治，英語為 dictatorship，德語為 Diktatur，法語為 dictature，其語原皆出於拉丁文的 dictatura，而 dictatura 又由 dicere, dictare（指揮之意）轉變而來❶❷。最初沒有特殊意義，到了羅馬共和時代，每因時局的需要，臨時設置 dictator （獨裁官），於是遂解釋為獨裁官 （英語為 dictator，德語為 Diktator，法語為 dictateur）的政治之意。

然則獨裁官政治是那一種政治呢？ 羅馬在共和時代，平時置執政官 (Consul) 兩人，掌行政，兩人權力相等，彼此可以牽制；又有民會 (Comitia centuriata)、元老院 (Senatus)、護民官 (Tribune) 等，行使立法審判監察等權。各種權力互相制衡，固然可以防止專制政治的發生，然乃不能應付非常時局的需要。 所以羅馬法律另有一種規定，凡遇危機發生之時，即外戰 (rei gerendae) 或內亂 (seditionis sedandae) 發生之時，就由元老院授權執政官，令其任命獨裁官 (Dictator)❶❸，以恢復或維持國家的秩序。獨裁官不受法律的拘

---

❶❷ C. Schmitt, *Die Diktatur*, 2 Aufl. 1928, S. 4, Anm. 2.

束，得自由行使最高的權力。他不對元老院負責，而得發布命令，以拘束一切官吏，縱是執政官也不例外。凡獨裁官認為對於國家安全有必要時，得採取一切措置，縱是護民官也不得加以掣肘。但是獨裁官也受一種限制，其任期不得超過六個月 ❿。責任已了，或六個月的任期已滿，他須自動的辭職，倘不辭職，護民官可強迫其辭職 ⓫。由此可知羅馬古代的獨裁政治有兩個特質。

　　1.獨裁官依法律規定，用合法的方法，取得獨裁權。

　　2.獨裁的目的在於恢復或維持舊的國家秩序，即不是破壞舊憲法，而是要維護舊憲法。

　　有了古代羅馬的獨裁官，後世學者對於獨裁制度便下以一種界說。例如馬凱維尼 (N. B. Machiavelli)，他謂獨裁官不受別個機關決議的拘束，而得採取一切必要的措置，又得行使法律上的刑罰權，但不得變更現行法律或制定新的法律 ⓬。又如布丹 (J. Bodin)，他由主權觀念出發，以為獨裁官沒有主權，不過受了委任，而處理委任事務，如指揮作戰、削平叛亂、改革國政、設置新的官署等是。任務完成，他的權力便見消滅 ⓭。即據馬、布二氏之意，羅馬獨裁官乃是憲法上的國家機關，他雖有很大的權力，但其權力是暫時的，不是永續的 ⓮。而權力的行使又有一定限界，固不得用以改變原有制度。

----

❸ 任命為獨裁官的多係當時的執政官（或過去曾做過執政官的人）。執政官兩人，他們之間怎樣任命一人為獨裁官呢？關此，頗有問題，參閱 G. Ferrero, *Dictatorship in Ancient Rome* (in O. F. de Battaglia, *Dictatorship on its Trial*, 1930), p. 20.

❹ 外戰之時，軍事上的獨裁官不宜常常更易，所以第二次 Punic War 之時，於紀元前二一七年及二一六年乃任命同一人為獨裁官。參閱 C. Schmitt, a. a. O. S. 3, Anm. 1.

❺ 關於古代羅馬的獨裁制度，請參閱 C. Schmitt, a. a. O. S. 1f. C. Ferrero, op. cit., p. 20ff.

❻ C. Schmitt, a. a. O. S. 7.

❼ C. Schmitt, a. a. O. S. 27.

❽ 所謂永續的 (dauernd)，照 C. Schmitt (a. a. O. S. 34) 說，例如執政官任期一年，其人固

紀元前五〇一年 T. Larcius 任命為第一任獨裁官 **❶** 。自此時始，設置獨裁官之事，不絕於史。紀元前二〇二年以後，獨裁官的設置忽然停止。直至紀元前八二年，L. C. Sulla 削平 G. Marius 餘黨，又選任為獨裁官。其任務不在於指揮作戰及削平叛亂，而在於修改憲法。Sulla 之為獨裁官前後有三年之久，紀元前七九年才見退休 **❶** 。Sulla 的獨裁比之過去獨裁官有兩點不同，就任務言，Sulla 修改憲法，過去獨裁官不過維持原有秩序。就任期言，Sulla 前後就職三年，過去獨裁官不得超過六個月。因此之故，布丹遂謂 Sulla 不是獨裁官，而只是一位 Tyrant **❶** 。凡人以武力為後盾，得為其所欲為，對誰都不負責，而又不受憲法上或法律上的拘束者，都可以視為 Tyrant **❶** 。但是 Sulla 的獨裁並不單為自己的利益。他於三年後辭職，又可以表示他所行使的權力是暫時的 (temporary)，是例外的 (exceptional) **❶** ，固有似於獨裁官。

其實，Sulla 的獨裁固然和古代羅馬的獨裁官不盡相同，而卻有似於近代的獨裁政治。近代的獨裁政治可以英國的克倫威爾 (O. Cromwell, 1599–1658) 及法國的雅各賓黨 (Jacobins) 為例。茲試分別說明如次。

一六四二年英國發生革命，克倫威爾投身於國會黨 (Roundheads) 的軍隊之中，擊破勤王黨 (Cavalier)，累立戰功，遂握革命軍的統帥權。一六四八年

然常常更迭，但執政官的職務乃有永續性，唯依法律，才得廢止之。獨裁官與執政官不同，業務完成之日，其職務便歸消滅。

❶ C. Schmitt, a. a. O. S. 2, Anm. 1. 但他又謂第一任獨裁官或係紀元前五〇五年的 Valerius。

❶ G. Ferrero, op. cit., p. 22f.

❶ C. Schmitt, a. a. O. S. 27.

❶ G. Ferrero, op. cit., p. 24.

❶ G. Ferrero, op. cit., p. 24. 紀元前四六年凱撒 (G. J. Caesar) 任命為最後獨裁官，任期本定一年，其後延長為十年，紀元前四四年二月又強迫元老院及民會選任他為終身獨裁官，三月元老院內反對派以其居心巨測，而刺殺之。參閱 G. Ferrero, op. cit., p. 27f.

他依軍隊之力，控制全部英國，於是驅逐國會（這個國會便是那有名的 Long Parliament）內反對派（即所謂 Presbyterian Party），使殘餘議員繼續開會，世人稱之為蘭布國會 (Rump Parliament，實即 Long Parliament 的一部)。一六四九年蘭布國會改國體為共和，而推舉克倫威爾為總督 (Lord General)，授以大權，是則克倫威爾之秉持朝政還是由國會委任的。按當時革命黨人（清教徒）均抱有民主思想，以為國民乃是一切權力的淵源。克倫威爾也不例外，他固以為國會只隸屬於國民，即國民的代表只隸屬於選舉他們的國民。代表的權力對於其他機關，例如國王，固然是無限的，而其隸屬於被代表的國民，也可以說是無限的❿。基此觀念，克倫威爾雖依軍隊擁護而登大位，而卻不能不假託民意。一六五三年克倫威爾解散蘭布國會，使其將校組織貝爾逢國會 (Barebone's Parliament)。貝爾逢國會成立之後，舉克倫威爾為護國官 (Lord Protector)，而自行宣告解散。這樣，克倫威爾更有了絕對的權力。在他統治之下，商工業大見興隆，每個國民均有信教的自由，造成了此後民主政治之物質的和精神的基礎。其對外也，又發布航海條例 (Navigation Act)，打垮荷蘭及西班牙的艦隊，造成此後稱霸世界的基礎❿。

---

❿ C. Schmitt, a. a. O. S. 131.

❿ 參閱 G. Mehlis, *Dictatorship in the Middle Ages and in Modern Times* (in O. F. de Battaglia, *Dictatorship on its Trial*, 1930), p. 60ff. 尤其是 pp. 61–62. F. W. Maitland, *The Constitutional History of England*, 1926, p. 294f.

G. Mehlis 以為克倫威爾之能取得全權，是依民選國會的支持 (op. cit., p. 61)。按克倫威爾解散蘭布國會之後，曾召集國會三次。第一次是一六五三年七月四日所召集的貝爾逢國會，而於十二月十二日解散之。這個國會非由人民選舉，而是由將校會議 (council of officers) 任命。第二次是一六五四年九月三日所召集的國會，而於一六五五年一月二十二日解散之。此國會是根據一六五〇年 Long Parliament 制定的選舉法，由人民選舉之。第三次是一六五六年九月十七日所召集的國會，而於一六五八年一月四日解散之。這個國會曾奉國王之號於克倫威爾，克倫威爾拒絕不受。同年（一六五八年）九月三日克倫威爾逝世，其子 Richard 繼任為護國官。一六五九年恢復蘭布國

　　一七八九年法國政府因鑒財政困難，形勢危殆，而於五月五日召集三級會議 (Etats Generaux)，共商國是。開會之時，第三階級與特權階級便發生了激烈的鬥爭。六月十七日第三階級自行組織國民會議 (Assemblée Nationale)。七月十四日暴徒襲擊巴士底 (Bastille) 的監獄。八月二十六日國民會議發表人權宣言，並著手制定憲法。一七九一年九月三日國民會議通過憲法，而自行宣告解散。十月人民依憲法規定，選舉議員，組織議會 (Assemblée Nationale Legislative)。一七九二年八月暴徒襲王宮，捕國王拘之獄中，國家秩序因之大亂。議會乃組織臨時政府（Conseil executif provisoire，繼續至一七九四年四月十九日），授以行政大權，並召集制憲會議 (Convention Nationale)，令其修改憲法，而自行宣告解散。九月制憲會議開會，宣布廢除王政，改建共和。一七九三年一月，處國王以死刑。六月二十四日通過憲法草案，提交人民複決，於七月二十四日公布，但並未施行。因此之故，臨時政府仍繼續行使政府的職權，而制憲會議亦繼續行使議會的職權。此時也，外有列強的壓迫，內有王黨的復辟運動，而革命黨人又分為雅各賓 (Jacobins) 與吉倫丁 (Girondins) 兩派，鬥爭不已。政治局勢已經危險，而社會混亂，更不易收拾。且看 G. Mehlis 之言。

Directly after the Revolution the Girondists tried to impose an organized constitutional regime upon the French people. But the dark motive forces and the savage passions that had been let loose could not be dammed so quickly, and with menacing violence opposed any attempt at being directed into orderly channels. Gloomy and confused instincts of a bestial nature conjured up the chaos of unbridled desires and lusts in which the people of France no longer constituted a united, clear-sighted, and law-abiding nation, but were only an inchoate mass.

會，一六六〇年三月十六日，蘭布國會即 Long Parliament 通過一個法案，宣告解散 (Maitland, op. cit., p. 294f.)。

And this people as a mass, this "sovereign people," proceeded to be incited and whipped up, cajoled and flattered by leaders sprung from their own loins. Scions of the populace, they acquired for a brief spell the power of leaders, only to be annihilated by the very forces which had raised them to the heights. The Revolution swallowed up its own children, and the nation remained in a state of revolt as long as there stood at its head men who were no more than revolutionaries─that is to say, able to excite passion and rule by violence and terror, but incapable of constructing a system and a new order of society. They were certainly able to destroy the old, but unable to put anything new in its place. While religious belief, the power of morality and convention, marriage and the family, were dissolved, and destroyed, the new ideas of human rights, democratic citizenship, the sovereignty of the people, liberty and equality and the rule of reason, proved incapable of building up a new social order. Possibly Danton's rule made an appeal to the nobler instincts of the people and his belief in freedom and reason was not lacking in a certain lofty idealism. But he was unable to win the favour of the masses to the same extent as Marat, whose wild and robust sensuality was more in harmony with the primitive instincts of the mob. (G. Mehlis, op. cit., p. 56)

　　情況如斯，社會秩序已經破壞。在這危急存亡之秋，非有恐怖的鞭策，似難納上社會於正軌。一七九三年四月六日制憲會議選舉委員九名（不久即增加為十二名），組織公安委員會 (Comite de salut public)，並依兩個機構，以實行恐怖政治 (Regne de la Terreur)。一是特務委員會 (Comite de surete generale)，掌政治犯的偵察，二是革命法院 (Tribunal revolutionaire)，掌政治犯的審判。十月十日制憲會議曾有一個決議：「法國政府在和平克復以前應為革命政府」，時局危急，選舉不易，憲法暫緩施行 ⑲⑥，十二月四日又有一個決議：「一切機關及一切官吏均直接受公安委員會的監督」 ⑲⑦。這樣，公安委員

會就成為最高行政機關,而臨時政府反成為其附屬機關了。固然公安委員會沒有立法權,而仍對制憲會議負責,其所能為的不過監督行政與指揮行政❿。但按之實際情況,制憲會議受了恐怖政治的壓迫,已經不敢有所作為,不過聽聆公安委員會的報告,並對公安委員會的提議給與同意❿。其狀與蘇聯的聯邦最高蘇維埃 (The Supreme Soviet of USSR) 並無二致。總之,公安委員會取得獨裁權,實和克倫威爾一樣,名義上由議會委任,事實上是用恐怖的暴力得之;而且委任之後,不受任何拘束,得為其所欲為。

公安委員會以雅各賓一派為中心,由一七九三年六月二日吉倫丁一派沒落至一七九四年七月二十七日羅伯斯庇爾 (M. M. I. de Robespierre, 1758–1794) 被殺,十三個月之間,掌握了國家的全權。他們一方領導法國民眾與外國作戰,他方屠殺反對派,用暴力以實行恐怖政治,依恐怖政治以維持社會秩序,並頒布學制,編纂法典,統一度量衡,改建郡縣之制,使法國脫離 ancien regime,而建立現代化的國家,其功似亦不可抹殺。由一七九三年四月十七日至一七九四年六月十日,十四個月之內,在巴黎一區,送上斷頭臺的有二六〇七人。自一七九四年六月十一日至七月二十七日,四十六日之中,巴黎一區送上斷頭臺的有一三五一人❷。在國家危急存亡之際,「以暴止暴」也許是一種不得已的「開刀」治療。據歷史家言,他們皆潔身自愛,無一利用地位,聚斂財富,而又忠於主義,在拿破崙稱帝之時,無一賣身投靠❷。由此可知他們暴則暴矣,而皆有一種理想,即以救國救民為己責。不過在社

---

❶ C. Schmitt, a. a. O. S. 148. P. Kropotkin, *The Great French Revolution* (translated by N. F. Dryhurst), Vol. II, 1927, pp. 476–477.

❶ C. Schmitt, a. a. O. S. 167.

❶ 參閱 C. Schmitt, a. a. O. S. 151.

❶ 算作元八,《フランス大革命史》,後篇,大正十四年六版,二四七頁。

❷ P. Kropotkin, op. cit., p. 560.

❷ 算作元八,前揭書,二八八頁。

會秩序崩潰之際，他們又復誤信，要實行自己的主張，須有鞏固的政權，以維持社會的治安，而要維持社會的治安，只有依靠恐怖。果然，有了恐怖政治之後，行政效率反而增加，前此政府屈伏於議會之下，議會空談理想，大臣更迭無常，卒至國事蜩螗，莫能挽救。現在政府雖須服從公安委員會的命令，而地位反見安定，成績且甚優良❷。

按英法兩國在革命以前，都是君主專制的國家，而社會變遷，又將過渡為民主國家。在這政治的轉變期之中，一方舊的已經破壞，他方新的尚未成立，社會免不了發生混亂。於是遂用獨裁之法，用暴力以維持社會的安寧，使專制政治得過渡為民主政治。所以英法兩國的獨裁乃與古代羅馬的獨裁不同，有其特殊的性質。就是：

　1.獨裁者用武力，即革命的方法，奪取獨裁權。

　2.獨裁的目的在於推翻舊的國家秩序而建立新的國家秩序，即破壞舊憲法而創造新憲法。

上述兩種獨裁，即羅馬古代的獨裁與英法兩國的獨裁實有顯明的區別。就取得獨裁權的方法言之，前者是依法定程序，後者是依暴力革命。凡獨裁以取得獨裁權的方法為其區別的標準者，實如 F. Wieser 所說，有合法的獨裁 (Ordnungsdiktatur) 和革命的獨裁 (Revolutionsdiktatur) 兩種。

⑴合法的獨裁是依憲法規定而產生。社會發生變亂之時，即依憲法規定，授權某一個機關，令其採取一切必要的措置，而暫時停止人民的權利。該機關之地位如何，權限如何，皆預先規定於憲法之上，成為一個特殊的法律狀態❸。現今各國的戒嚴及緊急命令有類於此。

⑵革命的獨裁是依革命方法而產生。一個社會要轉變為另一個社會之時，民眾不肯利用和平方法，漸次建設新的制度，而乃盲從革命家的言論，出來

---

❷ 算作元八，前揭書，二五一頁至二五二頁，二八九頁。

❸ F. Wieser, Die modernen Diktaturen, in *Der Staat, das Recht und die Wirtschaft des Bolschewismus*, 1925, S. 84, 85.

破壞憲法。革命既已發生，社會漸次紛亂，遂需要一位獨裁者代替他們收拾殘局，建設一個新社會❷❶❹。

就行使獨裁權的目的言之，又如 C. Schmitt 所說，有委任的獨裁 (kommisarische Diktatur) 和主權的獨裁 (souverrane Diktatur) 兩種。

⑴委任的獨裁是為了維持現行憲法，乃暫時停止憲法的施行。何以故呢？現行憲法受了威脅，若不暫時停止施行，憲法將至消滅，所以不得不採取一種緊急處分。由此可知委任的獨裁不是廢棄現行憲法，而是停止現行憲法，即為了擁護現行憲法而暫時採用的一種手段❷❶❺。

⑵主權的獨裁不是因為要排除一種狀態 (Zustand) 而停止現行憲法，而是要創造一種狀態，以便施行新的憲法。所以主權的獨裁不是根據現行憲法，而是一方廢除現行憲法，同時創造新的憲法❷❶❻。

上述古代羅馬的獨裁，是合法的獨裁、委任的獨裁；近代英法兩國的獨裁是革命的獨裁、主權的獨裁。獨裁的形式雖有兩種，但其中亦有共同之點。

⑴古代羅馬的獨裁是於國家發生危難之際，把權力交付一人，令其設法恢復舊的秩序，使舊的憲法可以施行。近代英法的獨裁是於社會發生變亂之時，突然有一集團攫取權力，設法創造新的環境，使新的憲法可以實行。因此之故，獨裁政治可以說是有一定目的。不過為要實現目的，不能不利用權力，排除障礙而已。

⑵古代羅馬的獨裁既謀恢復舊的秩序，則舊的秩序恢復了之後，獨裁已無必要。近代英法的獨裁既欲創造新的環境，則新的環境造成了之後，獨裁亦無必要。因此之故，獨裁政治又可以視為過渡的制度。

綜上所言，我們對於獨裁政治，欲定義如次：

獨裁政治是一人或一個集團為要排除障礙以實現一定目的，乃暫時獨攬

國家的權力，而不受任何拘束的統治形態。

二、獨裁政治與民主政治的區別

獨裁政治的本質既如上所言矣，其與民主政治的區別何在？關於民主政治，我在本書之中已經詳細討論，現試綜合各項所言，摘其要點，以與獨裁政治比較。

㈠**公意政治與反公意政治**　⑴民主政治是謂多數人民得成為國家機關或經由國家機關，參加國家意思的作成。國家意思由人民自己作成，便是人民自己統治自己，這種政治稱為公意政治。⑵但是人民的意思很難一致。所謂公意絕不是全體人民一致的意思，而只是多數人民一致的意思。換句話說，全體人民參加國家意思的作成，其為多數人民所同意的，就視為國家的意思，所以公意政治便是多數決政治。⑶既令全體人民表示意思，而以多數人的意思為標準，則人民須有表示意思的自由，即言論的自由；又須有決定那一個意思為國家意思的自由，即投票的自由。而各人所發表的意思和他們所作的投票，絕不能因身分財產之不同，有所差別，而宜有平等的價值。在這個意義之下，所謂自由是謂自由於參加國家意思的作成；所謂平等是謂各人在政治上發表的意思均有同樣的價值。⑷各人既得自由發表意思，而其意思又有平等的價值，則在作成國家意思的過程之中，彼此意見必將互相影響而互相妥協。即一方說服別人，使別人承認自己的意見，同時又能承認別人的意見，願為別人所說服。所以公意政治又可以說是妥協政治。⑸但是妥協亦只有一定限度。各人關於政治問題既然各有各的見解，而國家的意思又由多數人決定，則意見相同的人當然團結起來，各用合群之力，使自己的意見能夠得到多數人贊成，而變為國家的意思。這樣，就產生了政黨。現今民主國無不承認人民有結社的自由，允許人民組織政黨。每個政黨皆揭櫫政見，提請人民判斷，由人民決定那一個政見可以作為國家的意思。所以民主國的政黨政治必是多黨政治。但小黨分立，又容易發生紛亂，而使政治不能納上正軌。

反之，獨裁政治關於上述各點，一方與民主政治不同，他方又與專制政

治相似。就是：(1)一般人民不得成為國家機關，或經由國家機關，參加國家意思的作成。國家意思常由一人或一個集團決定，即如 O. F. de Battaglia 所言：「獨裁政治與民主政治相反，民主政治承認每個公民有參政的機會。獨裁政治只許一人或少數人有統治的特權。多數人民喪失參政權利，而須聽受獨裁者的指揮」[207]。這樣，公意政治當然不會存在。(2)政治既不以公意為基礎，多數決政治便因之不能成立。固然「多數」乃如 C. Schmitt 所言，有四種場合：一是實際參加投票的人的多數，二是公民 (Aktivburger) 的多數，三是國民 (Staatsangehörige) 的多數，四是住民 (Bevölkerung) 的多數[208]。在今日民主國，所謂「多數決政治」必須多數國民有投票的權。他們是否實際參加投票，固可不問，而國家意思則由實際參加投票的人的多數決定之。因此之故，投票權若只歸屬於一個集團，縱令國之大事由該集團多數人決定，亦只可稱為黨內民主，其於國內仍是獨裁[209]。(3)一般人民不能參加國家意思的作成，因之言論自由就不免受了限制。凡反對政府的固不必說，甚至批評朝政的，也必加以壓迫。按公意政治乃如 A. L. Lowell 所說：「公意有一種特質，就是少數人得用光明而和平的方法，來宣傳自己的見解。少數人沒有說服別人的自由，他們將謂政府的政策未必與多數人的希望一致」[210]。A. D. Lindsay 有言：「民主政治是令各種不同的意見都有發表的機會，所以平等不是指意見相同

---

[207] O. F. de Battaglia, The Nature of Dictatorship (in O. F. de Battaglia, *Dictatorship on its Trial*, 1930), p. 360.

[208] C. Schmitt, *Verfassungslehre*, 1928, S. 224.

[209] 例如世人均以羅伯斯庇爾 (M. M. I. de Robespierre) 為法國恐怖時代的獨裁者，而據 P. Kropotkin (*The Great French Revolution*, Vol. II, 1927, p. 550) 所言，Cambon 於財政方面，Carnot 於軍政方面，均有極大的權力，不受羅氏的干涉。而在公安委員會之中，反對羅氏的，亦大有人在，固不許羅氏個人獨裁。羅氏個人雖未獨裁，而雅各賓黨一派獨裁，則無疑義。

[210] A. L. Lowell, *Public Opinion and Popular Government*, new ed. 1926, pp. 36–37.

的人之間的平等，而是指意見不同的人之間的平等」 ⑪ 。 即平等乃若 C.
Schmitt 所說，是指「一切的人皆平等的有自由」⑫ 。H. Kelsen 有云：「要令
一切的人能夠平等的有自由，必須一切的人皆以平等的資格，參加國家意思
的作成」⑬ 。現在言論自由完全歸屬於獨裁者或獨裁集團，多數人只有服從
命令，不能吐露意見，於是政治上的平等主義也不存在。⑷獨裁者或獨裁集
團既然不許人民有言論的自由，那末，意見鬥爭之事當然不會發生。民主國
的 「法令是由意見鬥爭之中， 創造出來」 ⑭ ，「意見的鬥爭可以發現真
理」⑮ 。現在獨裁勢力控制一切，每發一令，每定一法，只許謳歌，不許評
論，社會上沒有別的勢力與其抗爭，當然無須妥協，而得獨斷獨行。這種不
妥協的作風固然徹底，而未必合於社會多數人的要求。人類的心理本來矛盾，
由這矛盾心理往往採取中庸之道。徹底固然可以痛快於一時，然而很難持久，
終必引起世人反對。弄到結果，便如司馬光所說：「潛遣邏卒，聽市道之人，
謗議者執而刑之，又出牓立賞，篡人告捕誹謗朝政者」⑯ ，於是民主時代的
妥協政治又變為獨裁時代的壓制政治。但是一國處在內憂外患緊急之中，此
種壓制雖有背於民主，卻有益於社會的治安，此又吾人要知道的。⑸其結果，
除獨裁者集團之外，社會上沒有其他政黨。克倫威爾之驅逐 Presbyterian，雅
各賓黨之殘殺吉倫丁黨，蘇聯只有共產黨，義國只有法西斯黨，德國只有國
社黨，都是其例。在民主國家，一個政黨的政策能夠得到人民擁護，它便可
以出來組織政府；時過境遷，人民反對政府的政策，而擁護在野黨的主張，

---

⑪ A. D. Lindsay, *The Essentials of Democracy*, 1930, p. 35.

⑫ C. Schmitt, a. a. O. S. 225.

⑬ H. Kelsen, *Vom Wesen und Wert der Demokratie*, 2 Aufl. 1929, S. 93.

⑭ C. Schmitt, *Die geistesgeschichtliche Lage des heutigen Parlamentarismus*, 2 Aufl. 1926,
S. 9.

⑮ C. Schmitt, a. a. O. S. 45–46.

⑯ 司馬光，應詔言朝政闕失狀。

則在野黨上臺，政府黨下野。上臺者負實行政策之責，下野者負監督政府之責。這是民主國的政黨政治的特質。獨裁國家則與此殊，或實行一國一黨主義，或實行黨國合一主義。前者是一國之內只有一個政黨，一國既然只有一個政黨，則以有組織的政黨放於無組織的民眾之間，當然可以操縱一切，而獨攬政權了。後者是一國之內不但只許一個政黨存在，而且政黨的最高機關便是國家的最高機關，黨與國家合為一體。這種制度當然更明顯的表示一黨獨裁 ㉗。它們對於異黨異派均無寬容之心。C. Schmitt 所謂：政治上只有友

㉗ 蘇聯一九三六年憲法固然承認人民有言論出版集會遊行的自由（第一二五條），而對於結社自由，則只許人民組織非政治的團體，如職業團體、合作團體、青年團體、體育團體、防衛團體、文化團體、技藝團體、科學團體等是（第一二六條）。同時在同條之中，又特別提出「共產黨」這個名稱，這樣，共產黨便成為憲法唯一公認的政治團體了。一國之內既然只有一個共產黨，則蘇聯實行一國一黨主義，事之至明。固然蘇聯自始未曾實行黨國合一主義，黨的機關與國家機關完全分開。但黨部遍布於全國各地，而又與各級國家機關平行設置，如鄉，如市，如區，如縣，如省，如邦，均有黨部，由此而至於聯邦最高黨部，其權力自下而上，漸次集中，最後則集中於政治部 (Polit-Bureau)。而各工廠，各機關之內，亦有黨部。一方不許人民組織政治團體，他方共產黨的黨部乃設置於全國，那末，當然可以利用黨部之力，控制國家機關，而徹底施行一黨獨裁的政治了。何況議會政治乃是多數決政治，任誰在議會內，苟不能預先聯絡多數，縱有良好意見，亦必無法通過。這種預先聯絡多數的方法則為政黨的組織。現在蘇聯除共產黨外，既然不許人民組織任何政治團體，則人民除參加共產黨外，必將無法聯絡。因之，各級蘇維埃之內，縱有不屬於共產黨黨員的代表，而他們彼此之間，既然毫無組織，則與組織嚴密的共產黨共處一堂，討論國家大事，勢只有俯首聽命共產黨之指揮。總之，蘇聯雖置民意機關，而民意機關之能發揮效力，須以結社自由為前提，結社不能自由，民意機關不過伴食機關而已。

義大利與蘇聯不同，漸次由一國一黨變為黨國合一。最初依一九二六年十一月二十五日法律（法律第二〇〇八號）解散一切政黨，不許其再行組織，惟認法西斯黨為義大利唯一合法的政黨，而實現了一國一黨主義。次依一九二八年十二月九日法律（法律第二六九三號），使法西斯黨大會議 (Gran Consiglio del Fascismo) 在法律上取得國家

敵的區別。不是友人，便是敵人，沒有中立 (Neutralität)⓲，於茲完全實現。

機關的資格，以作黨與國的聯繫機關，而實現了黨國合一主義。法西斯黨大會議，就其組織言，一方包括國家官吏，他方包括黨部職員。就其職權言，一方管理國務，他方管理黨務，而為政府與黨的連鎖機關。所以墨索里尼說：「這樣，法西斯黨就與國家合一，而成為國家制度了……這樣，法西斯黨就由私的結合進化為公法上的制度了……自是而後，法西斯黨已與民族合一，已與國家合一，換句話說，法西斯黨大會議已經成為民族與國家的大會議了。」

德國和義國一樣，漸次由一國一黨變為黨國合一。當一九三三年希特勒受命組閣之時，國會之內尚有許多政黨。國社黨怎樣壓迫它們，可列表如次：

國社黨壓迫其他政黨表（一九三三年）

二月二十八日	藉口於二七日國會議事廳焚毀，逮捕共產黨前屆議員一百名。
三月三十一日	解散共產黨。
五月二日	解散社會民主黨所領導的各種工會。
六月二十一日	解散國權黨的鋼盔團。
六月二十二日	解散社會民主黨及其他社會主義的政黨。
六月二十七日	國權黨不能忍受國社黨之壓迫，自行宣告解散。
七月四日	德國人民黨及擺恩人民黨不能忍受國社黨之壓迫，自行宣告解散。
七月五日	中央黨不能忍受國社黨之壓迫，自行宣告解散。

一切重要的政黨因受國社黨的壓迫，均已消滅，一九三三年七月十四日希特勒政府又制定法律 (Gesetz gegen die Neubildung von Parteien)，禁止人民組織新黨，其條文如次。

第一條　國社黨為德國唯一合法的政黨。

第二條　凡設法維持別的政黨或組織新的政黨者，除法律另有規定更嚴重的刑罰之外，須禁錮於反省院三年，或禁錮於監獄六個月至三年。

這樣一來，國社黨遂成為德國唯一合法的政黨了，與此關聯者則為國會議員的黨籍問題與選舉方法。當此之時，國會內左派政黨（共產黨及社會民主黨）的議員均已喪失議員資格，其他政黨的議員或加入國社黨，或為無黨籍的人。此後，每逢國會改選，均由國社黨單獨提出議員候選人名單。於是希特勒又進一步於一九三三年十二月二日公佈一種法律 (Gesetz zur Sicherung der Einheit von Partei und Staat)，承認國社黨為公

㈡**法治政治與反法治政治** ⑴在民主國，政治須依法律之規定而為之。人民固然要受法律的拘束，國家機關也不例外，而須受法律的拘束。質言之，國家機關如何組織，有那幾種權限，怎樣行使其權限，皆規定於法律之中。國家機關不依法組織；或依法組織了，而乃有越權之事，或其行使權限不依法定程序，皆視為違法，人民沒有服從的義務。⑵法治政治的目的在於保護人民的自由權利。要令人民的自由權利得到法律的保護，必須制定法律與執行法律的權不屬於同一機關。否則行政官同時就是立法者，他們將隨心所欲，制定暴虐的法律，以侵害人民的自由權利。基於這個觀念，現代民主國就採用分權之制，將國家權力分為立法行政司法三種，而分屬於三個機關，每個機關只得行使其固有的權限。而如美國 Massachusetts 一七八〇年憲法第三〇條所云：「立法機關不得行使行政權與司法權或二者之一；行政機關不得行使立法權與司法權或二者之一 ；司法機關不得行使立法權與行政權或二者之一」。三個機關一方嚴守自己的畛域，他方彼此互相制衡，人民的自由權利當然不會受到侵害。⑶權力雖然分屬於三種機關，倘令立法機關由於行政機關任命，則行政機關不難以立法機關為傀儡，令其制定暴虐的法律，以限制人民的自由權利。因此之故，在法治國家，立法機關必由人民（民會制度）或

法上的團體，指導德國的政治思想，與國家有不可分離的關係（第一條）。內閣總理必係國社黨的領袖 (Führer) 兼挺進隊 (Sturm Arteilung) 的司令官（第八條），而國社黨的副領袖必為內閣的一員（第二條）。凡黨員違反黨紀，挺進隊隊員違反隊的紀律，除普通懲戒外，得逮捕拘禁之，此際國家官署應予以協助（第三條至第七條）。這樣，不但黨國之間有了人的聯繫，而黨紀與國法又混為一談了。一九三四年八月以後，總統興登堡 (P. von Hindenburg) 逝世，希特勒又依一九三四年八月一日的法律 (Gesetz über das Staatsoberhaupt des Deutschen Reichs)，以內閣總理而兼總統之職，改稱為國家領袖 (Reichsführer)，於是黨的領袖與國的領袖合併為一，一國一黨主義完全發展為黨國合一主義。

218 C. Schmitt, Der Begriff des Politischen (in *Archiv für Sozialwissenschaft und Sozialpolitik*, Bd. 58, 1927), S. 1–33，特別是 S. 7。

人民的代表（議會制度）組織之。依今日各國制度，國家要限制人民的自由，須依法律為之。法律由誰制定？由議會制定。議會由誰選任？由人民選舉。所以人民的自由非依法律，不得限制，就是人民的自由非得人民代表的同意，不得限制。換句話說，國家要限制人民的自由須得人民自己同意。這便是立法機關必係民選的原因。(4)但是政治既依法律之規定而為之，則立法權在國家權力之中，立法機關──議會在國家機關之中，必居於優越的地位。在今日民主國，立法權屬於議會，政府須在法律範圍內，發布命令或作各種處分，而法院又須根據法律，審判民刑案件。洛克 (J. Locke) 有言：「凡對別人而給與以法律者，比之服從法律的人，必定地位較高」❷❶。這種制度乃是議會主義的基礎。

　　反之，獨裁政治關於上述各點，也是一方與民主政治不同，他方與專制政治相似。就是(1)獨裁國家不是沒有法律，當獨裁者或獨裁集團得到政權之後，也曾發布律令，以維持社會的秩序。但法律只能拘束人民，而不能拘束獨裁者或獨裁集團。而如 H. Kantorowicz 所說，「他們無異於專制君主，其專制的權力往往不受法律的限制」❷❷。因此之故，「他們沒有確定的權力 (Ermächtigung)。他們權力的範圍 (Umfang) 與內容 (Inhalt) 常由獨裁者自己決定。法治政治所謂權限 (Zustandigkeit) 固不存在於獨裁國家」❷❶。(2)獨裁者握有全權，分權制度隨之破壞。「依普通觀念，獨裁必廢止分權之制」❷❷。此蓋獨裁政治常發生於社會混亂之時，需要急速處分，而三權分立互相牽制，又可以減低行政效率，故乃集中權力於一個機關，最後又集中權力於一個人。至於此人擔任那一個機關的職務，原可不問。希特勒 (A. Hitler) 以國家元首而獨裁，墨索里尼 (B. Mussolini) 以國務總理而獨裁，其尤甚者史達林 (J.

---

❷❶ F. W. Coker, *Readings in Political Philosophy*, 1938, p. 568.

❷❷ H. Kantorowicz, *Dictatorship*, 1935, p. 3.

❷❶ C. Schmitt, *Verfassungslehre*, 1928, S. 237.

❷❷ C. Schmitt, *Die Diktatur*, 2 Aufl. 1928, S. 151.

Stalin) 在最初數年且以共產黨秘書長 (Secretary-General) 之資格而獨裁，這都是因為政治只受「事實」的支配，不受「法規」的拘束，法治破壞，權責不明，誰有強力，誰便得操縱一切，而變為事實上的專制君主。(3)但不論古今，獨裁者皆不肯廢除民意機關。Sulla 及 Julius Caesar 時代元老院依然存在。克倫威爾不斷召集國會。雅各賓黨未曾解散制憲會議。洎至現代，希特勒及墨索里尼皆不取消國會。而蘇聯亦有一個最高蘇維埃會議。故在形式上，現代獨裁無一不是得到民眾的承認❷❷。然究其實，所謂民意機關──議會不過有名無實。他們或剝奪議會的立法權，使議會變為伴食機關❷❷；或採用特別的

------

❷❷ 參閱 H. Kantorowicz, op. cit., p. 2f.

❷❷ 今試以義德二國為例言之。

　　墨索里尼於一九二二年十月三十一日組織內閣，經許多奮鬥之後，才由一九二五年十二月二十五日法律（法律第二二六三號），確實的取得了獨裁權，依該法律規定，國皇仍以內閣行使大權。內閣由內閣總理 (Il capo del governo) 及內閣大臣組織之。內閣總理有決定政策，指揮內閣大臣，統一諸般政務，裁決各部爭議的權。所以內閣總理不但事實上而且法律上，是政府的首長 (chef du gouvernement)。其與內閣大臣的關係，有似於美國總統與各部部長的關係。內閣總理由國皇任命，對國皇負責，內閣大臣依內閣總理推薦，由國皇任命，對國皇及內閣總理負責。這種制度很明顯的與英國的內閣不同。因為英國的內閣須對議會負責。而義大利的內閣則對國皇負責。這樣，議會當然不能表示不信任，強迫內閣辭職了。所以此種內閣可以稱為國皇的政府 (gouvernement du roi)。內閣既對國皇負責，國皇能夠自由任免他們嗎？不，國皇須有現任內閣總理的副署，才得任命繼任內閣總理；須有繼任內閣總理的副署，才得罷免現任內閣總理。倘使現任內閣總理不願辭職，而不肯副署國皇任命繼任內閣總理的勅令，國皇必將無法對付。由此可知義大利內閣的地位是很穩固的。

　　內閣不對議會負責，議會當然不能作不信任投票，強迫內閣辭職。但是議會既有立法權，它尚可以否決內閣提出的重要法案或通過內閣反對的重要法案，迫使內閣自動辭職。因此一九二五年十二月二十五日法律又有一種規定，法案要列入國會兩院的議事日程之上者，須預先得到國務總理同意。這樣，國會對於法案雖有表決權，但法案之

提出既須預先徵求內閣總理同意，則內閣總理所同意的也許會否決於國會，內閣總理所不同意的絕對不會通過於國會。換言之，在立法權之中，國會所有者不過否決權，國會只能消極的要求內閣不作為，不能積極的要求內閣作為。不寧唯是，一九二六年一月三十一日法律（法律第一○○號）復許內閣發布緊急命令以代替法律。但須於發布命令後三會期內，提請國會追認，國會不同意時，該項緊急命令失去效力。這個規定是說什麼呢？是說，緊急命令不必立即提請國會追認，也不必於下屆會期中提請國會追認，苟令未曾經過三會期，可於二年之間不向國會提出，而待二年期間經過之後，聽其失去效力。簡單言之，內閣發布緊急命令，須在二年之後，才為失效。這樣，不但內閣總理所不同意的法案不會通過於國會，並且內閣總理提出的法案縱令否決於國會，內閣總理還可用緊急命令之法，使其實施。到了這個時候，國會連否決權都沒有了。

德國的希特勒組織內閣之後，提出一種授權法 (Gesetz Zur Behebung der Not von Volk und Reich)，以修改憲法的手續，於三月二十三日通過於國會，而於三月二十四日由總統公布。這便是國社黨獨裁的基本法律，條文如次。

第一條　國家法律除了依照憲法所規定的手續之外，可由政府制定之。憲法第八五條第二項（預算案）及第八七條（募債案）所規定的法律，政府亦得制定之。

第二條　政府制定的法律若不涉及國會兩院的存廢問題，無妨與憲法條文抵觸，但不得侵害總統的權限。

第三條　政府的法律由內閣制定之，而公布於公報之上，這種法律除另有特別規定外，自公布之翌日始，發生效力。憲法第六八條至第七七條的規定（立法手續）不適用於政府制定的法律。

第四條　條約縱和立法事項有關，亦不必徵求國會同意。政府得制定施行條約所必要的一切法規。

第五條　本法律自公布之日始，發生效力。於一九三七年四月一日無效。但現內閣變更時，亦無效。

由這授權法看來，國會在四年內已經沒有立法權了。本授權法有四種特質：(1)政府有很大的立法權，不但普通法律，便是財政法律，政府也可以制定。(2)立法手續極簡單，凡法律經內閣議決而公布於政府公報之上，就可發生效力。即法律不但不須議會

選舉法，使議會變為御用機關㉕。而一國之內只有一個政黨，以組織嚴密的

議決，並且不須總統署名。人們稱這法律為內閣法律 (Regierungsgesetz)。⑶法律無妨
牴觸憲法條文，但有兩個限制，第一不得撤廢國會兩院（第二院代表各邦，一九三四
年一月三十日由國會以修改憲法的手續，制定法律，把聯邦國改造為單一國，因之第
二院就由同年十二月十四日內閣制定的法律而被撤廢）。第二不得變更總統的權限。
第一限制不甚重要，因為國會既然失去立法權，則雖未被撤廢，也只是伴食機關而
已。第二限制在形式上頗為重要，因為據威瑪憲法規定，總統有任免內閣總理的權，
所以總統隨時均得利用任免權，改組內閣，而使本授權法失去效力。但是由政治上的
勢力關係看來，當時總統要罷免希特勒內閣，卻是不可能的事，所以這個限制不過對
於當時總統，表示一種敬意而已。⑷本授權法有人和時兩種限制，即國會只把立法權
讓給一九三七年四月一日以前的希特勒政府，所以在一九三七年四月一日以前，希特
勒政府如果被推翻，本授權法當然失去效力。到了一九三七年四月一日以後，希特勒
政府雖未被推翻，本授權法也失去效力。一九三七年一月三十日及一九三九年一月三
十日本授權法由國會各予延長一次。一九四三年五月十日又由政府命令，再予延長。
所以授權法一直到一九四五年希特勒政府崩潰時止，繼續有效。希特勒政府的獨裁始
終是根據本授權法，未曾另外制定一個憲法。

㉕今試以蘇義二國為例言之。

蘇聯一九三六年憲法雖然採用普通平等直接秘密的選舉法　（第一三四條至第一四〇
條），而承認人民有言論出版集會遊行的自由（第一二五條）。但一國一黨主義尚未放
棄。在選舉時，共產黨可同職業團體、合作團體、青年團體、文化團體等提出議員候
選人名單（第一四一條）。在同一社會之內，只許共產黨存在，則共產黨當然可以控
制選舉使其黨員當選為各級蘇維埃的代表。

義國一九二八年五月十七日（法律第一〇一九號）修改第一院議員的選舉法，據該選
舉法規定，全國成為一個單一選舉區，第一院議員四百人。每次舉行選舉之時，由各
種職業團體之全國聯合會推薦議員候選人八百人，再由各種文化團體之全國聯合會推
薦議員候選人二百人，均交法西斯黨大會議 (Gran Consiglio del Fascismo) 審定。法西
斯黨大會議可從名單之中，自由圈定四百名，又可以選擇名單中所未列舉的人為議員
候選人，湊成四百人之數，登在官報之上，而使選舉人用投票方法，表示贊否。投票

政黨處於無組織的民眾之間，則在選舉之時，當然可以操縱一切，使議會之內沒有一人的反對派，所以它們三國雖有民選議會，而與沒有議會者毫無區別。(4)議會不能控制政府，於是獨裁政治又表現為行政權的優越，立法權與司法權退處於附屬的地位。立法依行政的需要而制定法律，猶可說也，「司法配合行政」，則「法官獨立審判」已成具文。按獨裁政治乃與法治政治相反。法治政治用法律以拘束行政，而法律必由人民直接或間接制定。但是現今國家經濟上有合理化的要求，法治國時代所謂「最低限度的政治干涉」已成陳跡。而議會本身又復腐化，不能隨時隨地制定法律，以應付時局的需要。於是行政權之受法律拘束者日益減少，由於政府之自由裁量者日益增加❷❷。行政權是重視法律，而聽國家破滅乎，抑重視國家，不惜侵害法律乎，遂成為一個問題。這樣，法治政治便見消滅，代之而發生的則為獨裁政治❷❷。固然

的結果，若有過半數同意，則該四百名候選人就全部當選；不得過半數同意，則該名單作廢，而舉行第二次選舉。在第二次選舉，凡經政府正式承認的團體若有會員五千人以上，均得提出議員候選人名單。但是每個名單的候選人人數不得超過議員總數四分之三。各團體提出的名單均交選舉人投票，得票最多的名單，其所列舉的候選人全部當選，其餘名單則照得票多寡，依配分比例之法，各選出一定人數的議員。在第一次選舉，法西斯黨有審查候選人資格的權。在第二次選舉，不但法西斯黨也同其他團體一樣，可以提出議員候選人名單，而其他團體既須經政府「正式承認」，那末，凡反對法西斯黨的團體當然無法存在。所以在這種選舉法之下，第一院議員名義上由人民選舉，事實上由法西斯黨一手包辦，而成為御用機關。

❷❷ 例如德國在希特勒尚未上臺以前，因為國會內小黨分立，不能適應社會的需要，制定適當的法律，政府乃根據威瑪憲法第四八條之規定，發布緊急命令，以代替法律，茲將一九三○年至一九三二年法律與緊急命令之數目，列表比較如次。

緊急命令與法律比較表（一九三○年至一九三二年）

年代	緊急命令	法律
一九三○年	五	九五
一九三一年	四二	三五
一九三二年	五九	五

今日民主國一因社會問題的複雜，二因國際形勢的險惡，而面臨著許多危機；為要克復危機，行政權也日益強大起來。不久以前，英國有一位政治家說道：「美國今日乃在於獨裁政治之下，民主政治已經崩潰」。這種見解所以發生，實因他們以為民主政治與強有力的行政不能相容。但是這個觀念是錯誤的。"President Roosevelt could not govern without the consent of the governed, but the men we propose to call dictators are autocrats; and Roosevelt does not forbid discussion, criticism and information, but the men we propose to call dictators govern through dictation"[228]。總之，單單行政權的強化並不能謂為獨裁，強化而又不以民意為基礎，法律為根據，才可以視為獨裁。

　　(三)**責任政治與非責任政治**　(1)在民主國，國家機關須對人民或人民代表——議會負責。此蓋民主政治以人類平等為基礎，任誰對於別人都沒有絕對的權威。固然民主政治也有領導的人。但這領導者是從被領導者之中選舉出來，不斷的更迭流動。任誰都有被選為領導者的資格，而一旦被選之後，其行使權限，須受民間批評，而對人民負責。即他們只是受任人，不是主權者。所謂負責是避位讓賢之意。為達到這種目的，所以總統與議會均有一定的任期，任期屆滿，人民若不滿意，可以改選別人。內閣須得議會的信任，議會表示不信任，內閣便須辭職。(2)要令政府對人民或人民的代表負責，必須人民或人民的代表明瞭政府的施政。因此之故，責任政治必以政治公開為前提。在今日民主國，國家政策有須議會通過法律才得執行者，又有需要議會通過預算才得執行者，而議會對於政府的施政復有質詢的權。現代民主憲法無不明文規定：「議會的議事須公開之」。故在議會討論法律或預算之時，及向政府當局提出質詢之時，一切情況無不公開於社會。人民或人民的代表由這公開，當然可以明瞭國家施政的實際情形。(3)凡事公開，是非曲直自易判斷。固然「民不可與慮始，而可與樂成」，良好的政策有時也不為民眾所接

---

[227] 參閱 H. Heller, *Rechtsstaat oder Diktatur?*, 1930, S. 4ff., 13, 14ff.

[228] H. Kantorowicz, op. cit., p. 2.

受。但時過境遷，民眾漸次瞭解，而政策就得見諸實行。G. Jellinek 說：「少數派應該自己努力為多數派，這是少數派的權利。一切新黨無不創始於少數人。他們用論議，用說服，用批評，以激勵輿論，終而得到權力。少數人有這權利，而後多數黨便不能永為多數黨。因為多數黨沒有方法能夠永久壓制少數黨」❷❷❾。少數的變為多數，多數的變為少數，流動不已，更迭不已，這是責任政治的結果。政府當局有所警惕，政治亦因之不致腐化。但是我們必須知道這種流動與更迭在成敗雙方都是依民主方法，而非利用殘暴的非常手段。

反之，獨裁政治關於上述各點，又是一方與民主政治不同，他方與專制政治相似。就是(1)在獨裁國家，議會失去權力，獨裁者對之當然無須負責，而政府行政既然不許民間批評，則人民對於政府當然也不敢問其責任。即獨裁者不是受任人，而是主權者。他們超越於人民之上，另成為特權階級，獨占國家的權力，而無更迭流動之事。H. Kantorowicz 說：「德語的 Führer（領袖，指導者）不能譯為英語的 leader。Führer 的特質在於他不對低級的人，而只對上級的人負責。順此而上，到了最高的 Führer，便不對誰負責了。固然他們往往宣言，他們對歷史、國家、良心、上帝或其他失去監督權與強制力的代表負責」❷❸❾。這種大言不慚實無異於主張對空氣負責。(2)但是今日人民受了民主思想的洗禮，對於政治並不能漠不關心。獨裁者為了避免人民評論，凡事皆欲隱秘，於是民主時代的公開政治又變為獨裁時代的秘密政治了。固然現代的獨裁政治與過去的專制政治不同，也曾公告政府的施政。但是他們所公告的只是一種宣傳 (propaganda)，而與民主國家所作的報導 (information) 完全兩樣。報導是公告實際情況，而求人民判斷是非曲直。宣傳則報告虛偽消息，顛倒是非，混亂真偽。倘若有人提出異議，則朝發一言，夕貶西比利亞矣。(3)這種作風只可於國家緊急危難之際暫時採用，行之過甚，

----

❷❷❾ G. Jellinek, *Das Recht der Minoritäten*, 1898, S. 28.

❷❸❾ H. Kantorowicz, op. cit., p. 11f.

在今日民主時代，必受人民反對。所以獨裁者要維持其政權，不能不依靠武力。列寧 (N. Lenin) 曾坦白的承認，「獨裁政治乃是不受法律拘束，而直接以武力為基礎的政治」**㉛**。武力不足以維持政權，就須利用恐怖，誠如 O. Bauer 所言，「它是一種恐怖政治。凡反抗國家權力或獨裁制度者，格殺勿論。一七九三年的斷頭臺，一九一七年的集體槍斃，就是其例」**㉜**。由此可知武力與恐怖**㉝**雖非獨裁政治的本質，而卻是獨裁政治之必然的結果。

三、獨裁政治與專制政治的區別

獨裁政治與專制政治相似，而與民主政治不同，既如上所言矣。然則獨裁政治與專制政治又有什麼區別呢？

前曾說過獨裁政治或於國家發生危難之際，設法恢復舊的秩序，使舊的制度得以維持，或於社會發生變亂之時，設法創造新的環境，使新的制度可以實行。而一旦舊的秩序已經恢復，或新的環境已經創造，獨裁便無必要。由此可知獨裁政治是要達成一定目的，而乃遇到障礙，為了排除障礙，暫時採用的辦法。茲試分析如次，以與專制政治比較。

⑴獨裁政治是要排除障礙，以便達成一定目的。這個目的是具體的，而其障礙又是直接的。古代羅馬的獨裁是要排除外患或內亂，使舊的憲法能夠繼續實行。Sulla 的獨裁則發生於貧富鬥爭之際，他驅逐貧民黨的 G. Marius 之後，修改憲法，承認富人有優越的地位，而限制護民官的權力。近代英法二國的獨裁皆欲掃除 ancien regime，使社會能夠作更進一步的發展。此數者皆有具體的目的，而皆欲利用武力以排除直接的障礙，事之至明。故凡政治沒有具體的目的，而又未曾發生直接的障礙，而乃由一個人或一個集團獨攬大權者，均不能視為獨裁。C. Schmitt 說，「獨裁的本質在於獨裁者要達成一

㉛ 引自 O. F. de Battaglia, op. cit., p. 359.

㉜ O. Bauer, *Bolschewismus oder Sozialdemokratie*, S. 113–114.

㉝ 孟德斯鳩曾以「恐怖」為專制政治的原則，見 F. W. Coker, op. cit., p. 615.

個目的，而乃遇到障礙。這個障礙必須明顯的有害於目的之達成」。因此之故，「獨裁者的活動常有正確的內容，即其所遭障礙須為具體的對象，而以排除障礙為其活動的目標」，「像警察國那樣，漠然以人民福利為目的，固非吾人所謂獨裁」 ㉞。總之，獨裁必有一定目的，而又遇到具體的障礙，為了排除障礙，故才有獨裁的必要。

⑵獨裁是要排除障礙，而暫時採用的辦法。障礙既已排除，獨裁就無必要，而須恢復正常狀態。所以獨裁只是過渡的統治形態。我們綜觀歷史，Sulla 以後的獨裁都是舊的政體將要轉變為新的政體。在這政治過渡期之內，一方舊的政體失去意義，他方舊的統治階級尚有勢力，而與新的統治階級抗爭，致政治發展遇到了障礙，獨裁就是為要排除障礙而暫時採用的統治方法。K. Kautsky 說：「獨裁不是永續的制度，只是過渡的手段，即不是政體 (Regierungsform)，而是一種狀態 (Zustand)，故與專制政治有別」 ㉟。C. Schmitt 亦言，「獨裁只是過渡 (Übergang)」，「獨裁是要實現一定目的而採用的手段 (Mittel)」，「獨裁不過一種例外狀態 (Ausnahmezustand)」 ㊱。其本身在於排除障礙，障礙排除之後，就應恢復常態 (Normalzustand)。「故凡獨裁沒有預定一個具體的結果，由結果之發生，而令獨裁本身歸於消滅者，只可視為專制」 ㊲。de Battaglia 亦說：「獨裁的主要目的在於制定新法制，以代替舊法制。因為要進入新法制的時代，於是遂用獨裁以作橋樑」 ㊳。總之，獨裁既以排除障礙為其當前的目標，則障礙排除之後，獨裁應該停止，所以獨

㉞ C. Schmitt, *Die Diktatur*, 2 Aufl. 1928, S. 135.

㉟ K. Kautsky, *Diktatur des Proletariats*, 1918, S. 20, derselbe, *Demokratie oder Diktatur*, 1920, S. 29f.

㊱ C. Schmitt, a. a. O. S. VI.

㊲ C. Schmitt, a. a. O. S. VIII.

㊳ O. F. de Battaglia, The Nature of Dictatorship (in his *Dictatorship on its Trial*), 1930, p. 360.

裁乃是過渡的辦法，不可視為永久的制度。

　　獨裁有具體的目的，而又係過渡的辦法，既如上所言矣。反之專制政治則與此殊。專制政治沒有目的，如其有之，也只謀君主個人的利益。不過有時為了君主的利益，不能不顧到人民的福利。牧羊人要從羊群身上剪取羊毛，不能不關心羊群的肥瘠，君主要從人民身上徵收租稅，不能不關心人民的福利。比方警察國時代，固以福利主義為國家行政的最大目標，其實，人民福利不過是一種名義，真正的目的是要增加國庫的收入，故乃保護產業，並防止黃金流入外國。何況「人民福利」一語缺乏正確的內容，永久不能完全實現。而在當時，既無直接的障礙，政府也不以排除障礙為其當前的目標。故依 C. Schmitt 所言，這只是專制，不是獨裁❷❸❾。專制沒有一定目的，君主獨斷獨行，除人民革命之外，可延長數百年之久，其非過渡，事之至明。

　　但是獨裁很難嚴守這個限界，往往因目的未曾具體的確定，遂變過渡而為永久，變例外而為常態。德國的希特勒最初於一九三三年三月二十四日，由國會制定授權法 （Ermachtigungsgesetz， 全名為 Gesetz zur Behebung der Not von Volk und Reich）而取得獨裁權。依授權法的名稱，是要於危難之際，救出國民與國家的，其獨裁期間規定為四年（授權法第五條，即於一九三七年四月一日失效）。到了一九三七年一月三十日由國會議決延長一次，一九三九年一月三十日復由國會議決延長一次，一九四三年五月十日再由政府的命令，宣布延長一次，一直到一九四五年五月希特勒政府崩潰時止，繼續有效。不斷的「限期」延長，固然跡近欺騙，然亦可以表示獨裁之有一定期間，而為過渡的制度。蘇聯共產黨的獨裁，雖云："The dictatorship of the proletariat will end in a society without class distinctions"❷❹❶。但是這種目的何能實現。獨裁至今將近七十年矣，其初也，欲撲滅國內資產階級而獨裁；國內資產階級既已消滅，又欲實行世界革命，而繼續獨裁。七十年之光陰何能視為過渡階

---

❷❸❾ C. Schmitt, a. a. O. S. 135.

❷❹❶ O. F. de Battaglia, op. cit., p. 362.

段,而為其國民者,自呱呱落地而至於埋骨黃土,竟然成為過渡階段的犧牲品,終身受了壓制,屈伏於暴力之下,而其所用暴力又復超過必要的範圍外。F. V. Wieser 說:「現代獨裁是一種過渡的強制組織,使社會能夠進入於較高的法律秩序之中,其所用權力只限於非常狀態 (Ausnahmszustand) 所必要」❷。所以蘇聯的作風早已失去獨裁的本質,只可視為專制。其與過去專制不同者,過去為一姓專制,蘇聯為一黨專制,過去為世襲王政,蘇聯為選舉王政,稍有區別而已。

四、獨裁政治與民主政治的關係

民主政治是法治政治,而法律則由人民直接或間接制定之。盧梭主張民主,以為主權屬於國民。主權乃公意 (volonté générale) 的表現。公意不受任何拘束,必由國民決定。但國民除行使立法權外,沒有別的權力,所以制定法律乃是國民行使主權的唯一方法。說到這裏,就發生了一個問題。公意由國民決定,而公意又不受任何拘束,既是這樣,則公意假定一個非常時代,預先制定一種法律,於緊急危難發生之時,將最高權力委託於一人或少數人行使,似亦未必有反於民主主義。盧梭就是基於這個觀念,一方主張民主,他方又讚許羅馬的獨裁政治。且看他說:

> 法律的剛性往往不能適應社會環境的需要,而致引起危機。在國家危急存亡之秋,更可使國家陷入滅亡之境。凡事太過拘泥形式者,縱令環境不許吾人躊躇,而吾人亦常浪費時日。世上常常發生立法者所不能預想的事,所以預先想像不能預想的事,實屬必要⋯⋯遵從法律而竟成為防止危險的障礙者,似可停止法律之施行。即暫時停止主權的活動,把最高權力委託於一人⋯⋯這便是羅馬於兩人執政官之中,任命一人為獨裁官的理由。(民約論第四章第

---

❷ F. V. Wieser, Die modernen Diktaturen (in *Der Staat, das Recht und die Wirtschaft des Bolschewismus*), 1925, S. 85–86.

六節獨裁官）

盧梭所讚許的獨裁乃是「合法的獨裁」，即「委任的獨裁」。按世上常有例外之事，足以破壞社會秩序或妨害社會的發展。這個時候，國家為緊急避難起見，為正當防衛起見，依多數國民的意思，選任一人，令其行使例外的權力，用以排除障礙，事實上是必要的。所以不論那一種民主國家，無不預先想像例外狀態，許政府行使例外的權力。舉其要者約有三種：

1. 緊急命令
2. 緊急財政處分
3. 戒嚴

這三種國家緊急權 (Staatsnotrecht) 都是有鑒於時局危急，而暫時停止權力分立與制衡原理。倘若社會發展，遇到障礙，而乃不需要例外的權力，那末，必其本來權力已經絕對集中，而為專制政體。所以上述三種緊急權只存在於民主國家。民主國家利用上述三種緊急權，而尚不能挽救時局的危急，整個社會陷入棼亂之中，那便發生了獨裁政治。義德兩國是其最顯明的例子❷❷。

- -

❷❷ 法西斯主義 (Fascism) 發祥於義大利，數年之間蔓延於各國。義大利何以會發生法西斯主義？要理解其中原因，不能不說明義大利的環境。義大利工業是很幼稚的，到了二十世紀，尚是農業的封建國家。義大利的工業何以不能發展？因為義大利缺乏工業原料，煤鐵固然沒有，而除了蠶絲羊毛之外，其他纖維工業的原料也很缺乏。原料的缺乏就是義大利在第一次大戰以前，工業不能發達的原因。義大利固然缺乏原料，然而卻有過剩的勞動力。勞動力的過剩一方因為人口的增加，他方因為土地的集中，然其結果，可以降低勞動力的價值。這對於義大利的工業的發展，當然有利，所以在第一次大戰時代，北部的工業竟然迅速發展起來。不過國內生產力固然提高，而國內消費力又因為農村的破壞，大眾的貧窮，漸次減低，終則工業的發展又受到了障礙。由於國內原料的缺乏與市場的狹隘，義大利已經不能發展其國民經濟，而政局的紛亂又使義大利無法改革政治，從而無法振興產業。義大利本來採用責任內閣制，責任內

閣制只能實行於兩黨對立的國家，要是國內有三個以上的政黨，而任何政黨都不能在議會內得到過半數的議席，則內閣只能成立於數黨妥協之下，由是政府的基礎不能穩固，政府的運命不能持久，政府的政策不能一貫，內閣無時不在於風雨飄搖之中。不幸義大利卻是小黨分立的國家，而自一九一九年施行比例代表法之後，議會內的政黨更見複雜。義大利的政黨與別國不同，非由政見不同，乃由個人利害關係，互相排擠。政治離開人民的生活問題，人民對於政治不感興趣，選舉之時棄權者人數往往超過選舉人之半，賄賂恫嚇，無惡不作。每次選舉，政府黨必獲勝利。而議員不領薪俸，他們為了生活問題，不能不營私舞弊。他們的向背完全以個人利害為標準，所以右派政黨可與左派政黨提攜，以推翻右派內閣，左派政黨也可與右派政黨勾結，以攻擊左派內閣。內閣的運命決定於各黨的合縱連橫，而各黨的合縱連橫又惟領袖個人的利害是視。政黨翻雲覆雨，離合無常，鞏固的政權不能樹立，政府的威權非常薄弱，在這種政情之下，保國已經不易，安能向外發展？

第一次世界大戰，義大利所以背棄盟友的德奧，而與英法聯合，目的是在於擴張領土。但其結果，一切希望都成泡影，人民失望之極，痛恨政府之軟弱無能。加以財政破產，通貨膨脹，物價一天一天的騰貴，失業工人一天一天的增加，這個時候，政黨又埋頭於政爭，不能籌畫妥善的政策，以挽救民族的危機。政府失去威嚴，社會秩序因之破壞。到了一九二○年，同盟罷工層出不窮，南部則佃戶驅逐地主，占領田地，中部及北部則工人驅逐經理，占領工廠，革命危機迫在眉睫，於是法西斯主義就迅速的抓住了人心。

一九一九年三月二十三日，墨索里尼 (B. Mussolini) 在米蘭諾 (Milano) 組織法西斯戰鬥團 (Fasci di Combattimento)，目的在於攻擊共產黨，而謀義大利民族的復興。最初參加的人不過四十五名，其後，勢力增加，一九二一年國會改選，法西斯戰鬥團選出議員三十五名。十一月在羅馬開會，改名為法西斯黨 (Partito Nazionale Fascista)，墨氏為其領袖。墨氏深知義國情形與英美不同，政黨單用議會政策，不會成功，乃訓練黨員，使其成為精悍的隊伍。入黨者日益增加，儼然有左右全國之慨。一九二二年十月二十六日墨氏對全國法西斯黨員下了動員令，開始進攻羅馬，二十八日占領羅馬，三十一日義國國王任命墨氏為國務總理，使其組織內閣。

當墨氏受命組閣之時，第一院議員五百三十五名，法西斯黨只有三十六名，法西斯黨

為少數黨,所以只能聯合右翼政黨,組織聯合內閣,黨派軋轢,不能施行強有力的政治。墨氏知道:欲使政局安定,須有一個政黨在國會內控制過半數的議席,乃於一九二三年起草一種選舉法,費了許多精力,強迫國會兩院通過。該選舉法分全國為十五個選舉區,任何政黨在選舉時,均得提出候選人名單,選舉人只能對各名單投票,不能對個人投票。其計算票數之法,不是一區一區的計算,而是綜合全國計算。某個政黨在全國得票最多,而其所得的票又佔投票總數百分之二十五以上者,不管其在每個選舉區得票多少,在一切選舉區均得選出該區議員名額三分之二,其餘三分之一則依各政黨得票多寡,依配分比例之法分配。一九二四年四月,在這個選舉法之下,舉行第一次選舉,法西斯黨在投票七百餘萬之中,得到四百八十萬,遂於議員總數五百三十五名之中,選出三百五十七名議員。

法西斯黨既然控制了議會,就由議會制定法律,實行獨裁。義大利的法西斯主義,在德國更發揚光大,而稱為納粹主義 (Nazism)。德國所以能夠產生納粹主義者,實因德國的經濟環境,與義大利大體相同。德國自第一次大戰失敗之後,失去了許多殖民地,失去了許多煤礦與鐵礦。市場的喪失與原料的缺乏,均使德國的國民經濟的發展遇到了一個障礙。但是德國是個內閣制的國家,又是個小黨分立的國家,議會之內沒有一個政黨能得到過半數的議席,所以只能成立聯合內閣。內閣時時推翻,自一九一九年二月成立臨時政府而至於一九三三年一月希特勒 (Adolf Hitler) 出來組閣,十四年之間,內閣更易二十二次,平均壽命不過八個月。政府的權威非常薄弱,兼以經濟恐慌,財政支絀,有心之士無不感覺德國的危機,於是遂使納粹主義在德國迅速的發展。

近代國家的職務已由政治傾向於經濟,政府在經濟方面往往統制人民的自由。但是自由是有統一性的,經濟上不許自由,精神上和政治上也不宜有自由。換句話說,如果單把經濟放在政府的統制之下,而許人民政治上和精神上有自由,人民必將利用自由權,反對政府的政策。資產者利用自由權,反對統制。共產黨利用自由權,發表激烈的言詞。國家主義者也穿了制服,帶了武器,開會遊行,而作示威運動。政府在數面夾攻之下,只有限制人民自由。自由主義既然破碎,民主政治便失去存在的基礎。何況國家既然干涉人民的生活,人民與政府的關係便與過去不同。人民過去只有當兵與納稅,現在呢?政治與經濟打成一片,政治問題變成人民的生活問題。政府代表資本

家，則人民對於資本家的反感必移向於政府。政府保護勞動者，人民對於勞動者的反感，也必移向於政府。換句話說，政府已經不能嚴守中立。但是近代國家一方固然施行社會政策，以救濟貧民，他方對於資本家，又給予許多產業補助金。這種矛盾的政策，雙方均不滿意，其結果，任何方面無不要求改造政府。

政府在各方面夾攻之下，無以應付，而各黨均有武裝組織，國社黨有挺進隊 (Sturm Arteilung)，國民黨 (Deutschnationle Volkspartei) 有鋼盔團 (Stahlhelm)，共產黨 (Kommuniste Partei) 有赤色先鋒隊 (Roter Frontkampfers Bund)，民主黨 (Deutsche Demokratische Partei)，中央黨 (Zentrum)，社會民主黨 (Sozialdemokratische Partei) 也有國旗軍 (Reichsbanner)。黨的武力妨害了國權的統一，而國會又因為小黨分立，不能適應社會的需要，制定妥當的法律，於是政府常常根據威瑪憲法第四八條之規定，發佈緊急命令，以代替法律。茲將一九三〇年至一九三二年法律與緊急命令之數目，列表比較如次。

緊急命令與法律比較表（一九三〇年至一九三二年）

年代	緊急命令（條）	法律（條）
一九三〇年	五	九五
一九三一年	四二	三五
一九三二年	五九	五

國情如斯混亂，納粹主義便迅速的發展，一九一九年希特勒組織國社黨，一九二三年一月在閔行 (Munchen) 開全國第一次黨員大會，十一月八日進軍閔行，組織國民政府，未幾就被中央政府推翻，武力革命既不成功，國社黨就致力於議會政策，自一九二四年至一九三二年，國社黨在議會內的議席，可列表如次：

國社黨議席增加表

年代	議席（席）
一九二四年五月	三二
一九二四年十二月	一四
一九二八年五月	一二
一九三〇年九月	一〇七
一九三二年七月	二三〇
一九三二年十一月	一九六

一九三三年一月三十日希特勒奉命組閣，二月一日解散國會，二十七日國會議事廳焚

　　民主政治為法治政治，法治政治以分權為基礎，而分權之說則基於人性不可信任❷❸。而人類判斷政治問題，又如功利主義者所言，每以自己利害為標準，這樣，採用多數決之制，固有相當的理由❷❹。反之，人性若可信任，則民主政治固可實行，而在國家緊急危難之際，採用獨裁政治，亦無流弊。盧梭主張民主，同時又不反對羅馬的獨裁官制度，可視為一例❷❺。C. Schmitt 說：「在今日，由於各種原因，要令一切的人同時集合於一個場所，不是可能的事。對於每個問題，欲與一切的人商量，也是不可能的事。於是委託人民所信任的人，組織委員會，決定國家大事，可以說是賢明之舉」，「既由實際上和技術上之必要，不能不承認人民可以信任的少數人有代替人民決定問題的權，何以不許人民可以信任的唯一的人代替人民決定一切」❷❻。即依性善之說，人民所選舉的少數人若可信任，則人民所選舉的一人也可信任。反之，依性惡之說，人民所選舉的一人固然不可信任，人民所選舉的少數人也不可信任。因為人性之不可信任，故用三權分立之制，以限制他們的權力，並使每個權力互相牽制。

　　在民主主義者之中，因要實行民主而竟主張獨裁的為數不少，尤以急進的民主主義者為甚。在英國清教徒革命時代，Levellers 最為急進，其領袖

毀，國社黨遂藉口於共產黨放火，而於二十八日逮捕共產黨前屆國會議員一百名。同時又發布緊急命令 (Verordnung zum Schutz von Volk und Staat)，停止人民的自由權。三月五日舉行選舉，國社黨得到二八八席；遂於友黨援助之下，提出授權法，以修改憲法的程序，於三月二十三日通過於國會，而於三月二十四日由總統公布。這就是國社黨獨裁的基本法律，其如何獨裁，請閱二〇八頁以下及二一二頁以下。

❷❸ 參閱一五六頁及一五七頁所引孟德斯鳩、麥迪遜、及二三五頁所引漢密爾頓 (A. Hamilton)、佛蘭克林 (B. Franklin)、傑佛遜 (T. Jefferson) 等之言。

❷❹ 參閱一四九頁所述邊沁的主張。

❷❺ 參閱二二〇頁所引盧梭之言。

❷❻ C. Schmitt, *Die geistesgeschichtliche Lage des heutigen Parlamentarismus*, 2 Aufl. 1926, S. 42.

John Lilburne 在其所著 *Legal Fundamental Liberties of the People of England* (1649) 中，竟然主張：「賢智之士 (well-affected) 才宜有選舉權。立法工作應完全歸屬於賢智之士所選舉的代表。憲法乃是賢智之士簽名的契約」❷❹❼。即他們為要實行民主，不惜停止民主，而只把選舉權給與他們所認為賢智之士。這種作風無非由「性善」之說出發。人性本善，普通人民因受物慾的蒙蔽，而致失去良知良能。其能善養浩然之氣者必有人在。這種善養浩然之氣的人應該領導人民，教訓人民，按步進入民主之路。這個見解固然言之成理，而實行之後，必有許多困難。試問賢智之士由誰決定，用那一種方法決定。在民主國家，由人民投票決定，誰能得到多數投票，誰便是賢智之士。方法簡單，不致引起爭端。倘如 J. Lilburne 所言，人民不能決定，則決定賢智之士的須為「超人」。然而這個「超人」又由誰決定呢？我說我是超人，他說他是超人，到底那一位是超人，難免發生爭執，弄到結果，將如丹第 (Dante Alighieri) 所說：“The people which triumphed over all the other peoples that contended for the empire of the world, triumphed by the judgment of God. For the ordeal by battle is the final test of justice. What is acquired by duel is acquired by right”❷❹❽。誰武力強，誰便是超人了❷❹❾。激進的民主主義者往往由民主而主張

---

❷❹❼ C. Schmitt, a. a. O. S. 36.

❷❹❽ W. A. Dunning, A History of Political Theories, *Ancient and Mediaeval*, 1923, p. 232.

❷❹❾ 豈但 J. Lilburne 如此，吾國先哲所主張的「民本」主義也可以得到這種結論。孟子倡言「民為貴」，以為「天視自我民視，天聽自我民聽」。同時又依性善之說，以為世上必有賢聖之人，因之，他又說：左右皆曰賢，未可也。諸大夫皆曰賢，未可也。國人皆曰賢，然後察之；見賢焉，然後用之。左右皆曰不可，勿聽。諸大夫皆曰不可，勿聽。國人皆曰不可，然後察之；見不可焉，然後去之。左右皆曰賢，而即用之，皆曰不可，而即去之，這是宮廷政治。諸大夫皆曰賢，而即用之，皆曰不可，而即去之，這是官僚政治。國人皆曰賢，而即用之，皆曰不可，而即去之，這是民主政治。但孟子並不願以國人的意見為「用之」與「去之」的標準；而必再加訪察，見其果然是賢，然後用之，見其果然是不可，然後去之。於是便發生了一個問題，誰「察」、誰

獨裁，再由獨裁而主張暴力主義，邏輯上是必然的。

　　賢人政治必轉變為獨裁政治，而獨裁政治又常以賢人政治為根據，其難實行，已述於上。所以現代學者另有一番理論。他們以為獨裁政治乃是一種例外狀態 (Ausnahmezustand)。例外狀態是對法治而言。今人所謂法治是謂政治應依議會制定的法律而為之。H. Triepel 有言：「神聖的不是法律 (Gesetz)，而是法 (Recht)，法律應在法之下」❷⁵⁰，其所謂「法」就是社會規範 (Norm)。民主主義者既將「法」與「法律」同視，其結果也，議會遂居於優越的地位，政府隸屬於議會，議會隸屬於人民。議會是人民的委員會，政府為議會的委員會。但第一委員會的議會成立之後，就離開人民而獨立，不受人民的拘束。而第二委員會的政府卻始終要受第一委員會的干涉❷⁵¹。議會內幕如何，姑捨而不談，議會制定的法律乃有萬能之力。所以今人所謂「法治國」(Rechtsstaat)，其實乃是「法律國」(Gesetzesstaat)。這種法律國是依分權之制，以保護人民的自由。然而我們須知權力分立與民主主義未必相符。權力分立是把立法與行政分屬於兩個機關，兩種權力互相制衡。民主主義則希望人民自己統治自己，要令人民自己統治自己，必須最高權力集中於人民或代表人民的議會❷⁵²。而自由主義與民主主義亦不相同，自由主義是謂「個人自由於國家的統治之外」(Freiseins des Individuums von staatlicher Herrschaft)，

「見」其人果然是賢或果然是不可？推孟子之意，這種權限大率不宜委之於人主，而宜委之於賢人。但是誰是賢人又由誰決定呢？

❷⁵⁰ 引自 C. Schmitt, *Verfassungslehre*, 1928, S. 142.

❷⁵¹ C. Schmitt, *Die geistesgeschichtliche Lage des heutigen Parlamentarismus*, 2 Aufl. 1926, S. 42–43.

❷⁵² H. Kelsen, *Vom Wesen und Wert der Demokratie*, 2 Aufl. 1929, S. 81. 盧梭主張主權在民，人民所表示的意思即為公意。公意不受法律的拘束，而得任意決定個人權利的範圍。公意既有最高權力，所以他又反對分權之說。參閱本書五五頁，五六頁，一七五頁及一七七頁之❼²。

民主主義是謂 「個人參加國家的統治」 (Beteiligung des Individuums an der staatlichen Herrschaft)。前者離開國家之外，後者是進入國家之內，兩者的本質根本不同❷❺❸。民主主義是將國民的意思放在最高的地位，國民的意思與其委託議會表示，不如由國民自己表示，尤為得策。所以他們反對代議制度而主張公民投票；反對議會主義而要求一個萬能政府直接由人民選擇，直接依國民的意思，執行強有力的政策。反之，自由主義則以保護人民自由為政治的第一目標；而為保護人民的自由起見，故又主張分權之制，使任何權力都不得侵害個人的自由。獨裁政治固然有反於自由主義及法治主義，而卻未必有反於民主主義。獨裁政治有時且與民主主義相結合。國家於緊急危難之際，依多數國民的意思，把權力交給一人，令其自由行使，不受任何拘束，這種制度何嘗有反於民主主義❷❺❹。且看英國吧！自一八六七年修改選舉法、擴大選舉權之後，政治的中樞已經不是議會，而是政府。每次大選形式上是選舉議員，事實上是選舉政府。人民贊成政府的施政方針，政府在五年之內，就可以為所欲為。所以民主政治雖如林肯 (A. Lincoln) 所言："government of the people, for the people, by the people"，而獨裁政治亦如林肯所言：

----

❷❺❸ 參閱 H. Kelsen, a. a. O. S. 10. B. Constant 以為古代的自由與現代的自由不同。古代的自由乃參加國家權力的行使，現代的自由則為不受國家權力的干涉。他說：「在古代，個人對於國事，雖是主權者；而於私生活方面則為奴隸。個人為公民時，雖得決定國之和戰，而為臣民時，一切行動須受支配，須受監督，須受拘束……在現代，個人關於私人生活雖得獨立自主，然在最自由的國家，所謂主權者亦僅有其名而已」。R. v. Mohl 亦說：「在古代，個人服勞國事，由於國家的隆盛，個人亦間接達到目的。在今日，國家乃為個人而存在，由於個人的福利，而使國家得到榮譽。古代的自由在於參加國家的統治。現代的自由在於減少國家的統治。在古代，人民為國家服務，乃所以完成自己的人格；而在現代，則為自己人格的限制」（引自 G. Jellinek, *Allgemeine Staatslehre*, 3 Aufl. 1929, S. 296f.）。即古代希臘雖然採用民主政治，而人民卻無自由。

❷❺❹ 例如 C. Schmitt 所著的 *Die Diktatur*, 2 Aufl. 1928，及其 *Die geistesgeschichtliche Lage des heutigen Parlamentarismus*, 2 Aufl. 1926 之中，隨處均有這種思想。

"government of all the people some of the time and of some of the people all the time" [255]。

　　英國還是民主國家，德國在希特勒獨裁時代，固然剝奪了國會的立法權，而對於公民投票，不但未曾廢棄，且又積極的利用。據一九三三年七月十四日的公民投票法 (Gesetz über Volksabstimmung) 規定，政府可將政策或法律提交公民投票 (第一條)。公民投票以有效投票過半數決定之，修改憲法亦然 (第二條)。公民投票的結果，若贊成政府的提案，政府須將該案公布於政府公報之上，而於翌日發生效力 (第三條)。這個公民投票法與威瑪憲法的公民投票制比較一下，有三點不同。第一、在威瑪憲法，只惟法律草案才得提交公民投票；在本法，政策 (Massnahme) 亦得提交公民投票。第二、在威瑪憲法，法律草案須先向國會提出，經國會表決之後，再提交公民投票；在本法，一切議案均得直接提交公民投票，無須經過國會表決。第三、在威瑪憲法，總統、公民、第二院 (代表各邦) 均得提議公民投票；在本法，只惟政府才有提議的權。這種制度可使政府獨立於國會之外，不受國會的控制，而惟受國民的直接監督。所以德國學者多謂獨裁政治未必有反於民主主義。

---

[255] 引自 A. Zimmern, *Prospects of Democracy*, 1929, p. 368.

第 3 章　統治機構——機關論

第一節　統治機關組織的原理

現代民主國的統治機構均依三權分立的原理，把國家的權力分為立法行政司法三種，分屬於三個機關，使它們互相制衡 (checks and balances)，以保護人民的自由權利。所以三權分立有三個意義，一是把國家的權力分為立法行政司法三種，這叫做權力的區別 (Unterscheidung der Gewalten)；二是把三種權力分屬於三個機關，這叫做權力的分離 (Trennung der Gewalten)；三是使三個機關互相牽制，它們勢均力敵，誰都不能壓迫他方，這叫做權力的均衡 (Balancierung der Gewalten)❶。由此可知三權分立不但使各權力互相分離，且又使各權力互相牽制，而保持均衡。

分權之說創自亞里斯多德 (Aristotle, 384–322 B.C.)，他分權力為討論 (deliberative element) 管理 (magisterial element) 與司法 (judicial element) 三要素❷。但亞氏所注意的只是權力的分離，而未曾說到權力的制衡。最初提倡制衡之說者則為鮑里貝士 (Polybius, 204–122 B.C.)。照他說，政體雖有君主貴族民主三種，但三種政體都會敗壞。最好的政體是把三種政體融和配合起來，使它們互相制衡。羅馬的政治制度可以視為其例。羅馬有三種機關代表三種政體，執政官 (Consul) 代表君主政體，元老院 (senatus) 代表貴族政體，民會 (comitia centuriata) 代表民主政體。但各種機關又互相牽制，一個機關不得別個機關的同意，任何行為都不能發生效力❸。這個見解可以說是制衡學

---

❶ C. Schmitt, *Verfassungslehre*, 1928, S. 186.

❷ 參閱 W. A. Dunning, *A History of Political Theories, Ancient and Mediaeval*, 1923, p. 76.

說的嚆矢。

　　降至近代，主張分權之說者又有洛克 (J. Locke, 1632–1704) 與孟德斯鳩 (C. L. de S. Montesquieu, 1689–1755)。洛氏分國家權力為立法 (legislative power) 執行 (executive power) 與外交 (federative power) 三種。執行權與外交權可委託於同一機關，即委託於政府。立法權非分立不可，即宜委託於獨立於政府之外的議會。因為立法權與執行權若歸屬於一人，則他將為自己的利益，任意制定法律，於是人民的自由權利便不能保障了。由此可知洛氏雖然主張三權，其實只是兩權。兩權的關係不是平等的，而是從屬的。質言之，立法權居於優越的地位，執行權則立於立法權之下，它須在法律範圍內，執行法律，不能越出法律之外，自由行動。但立法權尚不是無限的高，最高的權力應屬於國民。議會的行為倘有違反人民的信託 (trust)，人民得廢除之或變易之❹。總之，洛氏是把人民放在最高的地位，議會附屬於人民，政府附屬於議會。由這人民——議會——政府三個機關的從屬關係，可以知道洛氏所注意的，只是權力的分離，不是權力的制衡❺。

　　孟氏一方注意權力的分離，他分權力為立法 (pouvoir legislatif) 行政

---

❸ 參閱 W. A. Dunning, op. cit., p. 116f.

❹ F. W. Coker, *Readings in Political Philosophy*, 1938, p. 565ff. J. K. Bluntschli, *Geschichte der neueren Staatswissenschaft, allgemeines Staatsrecht und Politik*, 3 Aufl. 1881, S. 207ff.

❺ 在英國，最初主張均衡之說的乃是波林布克 (H. S. J. Bolingbroke, 1678–1751)，孟德斯鳩大率受了波林布克的影響。照波氏說，各種權力應互相牽制，互相監督，互相拘束。英國政體不是單一政體 (simple government)，而是混合政體 (mixed government)。國王代表君主的要素，第二院代表貴族的要素，第一院代表民主的要素。政體單一而不混合，必將流於專橫，而不受任何控制。於是君主變為專制，民主變為無政府。三個機關：國王、第二院、第一院保持均衡之勢，即國王與國會之間，立法與行政之間，國王的特權與國民的自由之間，保持均勢，那就發生了自由的政府。見 C. Schmitt, *Verfassungslehre*, 1928, S. 184, 203.

(pouvoir executif) 司法 (pouvoir judiciaire) 三種，立法權屬於議會，行政權屬於政府，司法權屬於法院。三種權力必須分離，而不集中於一人，然後人民的自由才有保障。何以說呢？「人民之政治的自由 (liberte politique) 是謂各人都相信自己安全，而得到一種心理上的安諡之意。要得到這種心理上的安諡，必其政治組織能夠使國內一切的人都沒有恐怖別人之心而後可。比方有一個人或一個團體兼握行政立法二權，則自由不會存在。因為君主或議會得制定暴虐的法律，而用暴虐的方法執行之。又如司法權苟不獨立於立法權與行政權之外，人民也沒有自由。因為司法權若和立法權結合，則司法官同時就是立法者，人民的生命和自由將給武斷的法律所蹂躪。司法權若和行政權結合，則司法官同時就是行政官，更容易利用暴力，壓迫人民。要是一個人或一個團體兼握三種權力，則自由更掃地無存，不論握這權力的人是出身於貴族或是出身於平民」。同時他又注意權力的制衡，即三種權力須均有牽制別個權力的作用，使權力之間能夠保持均衡。照孟氏說，"of the three powers above mentioned, the judiciary is in some measure next to nothing"❻，所以關於司法權，所謂權力均衡不能成為問題。成為問題的只有立法權與行政權。立法權制定法律，行政權執行法律，性質上行政權往往隸屬於立法權，而使立法權居於優越的地位。所以要保持權力的均衡，必須抑制立法權，其法則為議會分為兩院，一院代表貴族，一院代表平民，兩院互相牽制，以減少議會的專橫。但是只此又未必能夠保障立法權與行政權的均衡，必須行政權有牽制立法權之力，政府若以議會所制定的法律有不妥之點，可以不予批准而拒絕執行。同時議會也得檢查政府怎樣執行法律，倘若發見其有違法之處，可由第一院彈劾，第二院審判❼。總之，孟氏以為「議會設置兩院，各以否決權牽制別院。同時兩院又受政府的牽制，政府也受兩院的牽制」❽，由它們互相

❻ F. W. Coker, op. cit., p. 622.

❼ F. W. Coker, op. cit., p. 618ff. J. K. Bluntschli, a. a. O. S. 306ff.

❽ F. W. Coker, op. cit., p. 626.

牽制，便沒有一個機關獨攬大政，而人民之政治的自由就得到了保障。

洛孟二人的分權學說有兩點不同：

一是洛氏主張兩權分立，孟氏主張三權分立，此蓋英法兩國的政治組織有所不同。洛氏之書 (*Two Treatises on Government*) 發表於一六九〇年，英國於一七〇一年發布王位繼承法 (Act of Settlement) 之時，才保障司法官地位的獨立（第三條第七款）。在此以前，司法與行政無甚差別，立法權以制定司法方面的法律尤其是刑法為主，執行權大率屬於適用刑法而作判決之類。即在當時，行政作用尚未發達，洛氏所謂「執行」乃包括今日的行政與司法，而司法尤占最大部分，因之洛氏遂不能認識司法之應獨立 ❾。到了十八世紀中葉以後，布拉克斯頓 (W. Blackstone, 1723–1780) 之書 (*Commentaries on the Laws of England*, 1765) 出版，才分權力為立法 (legislative) 行政 (administrative or executive) 司法 (judicial) 三種 ❿。反之，孟氏之書 (*De*

---

❾ 清宮四郎，《權力分立制ノ研究》，昭和二十七年初版二刷，二三頁。據 H. Cunow (*Die Marxsche Geschichts-*, Gesellschafts-und Staatstheorie, Bd. I, 4 Aufl. 1923, S. 95) 說，「英國議會不但有完全的立法權，而對於法律又有解釋權，法院不過依議會的見解，把法律適用於人民的法律生活之上」。即法院也是執行法律，所以洛氏不能認識司法之應獨立。

❿ W. Blackstone 說，「制定法律與執行法律的權若屬於同一人或同一團體，政治的自由不會存在。行政長官將制定暴虐的法律，並用暴虐的方法以執行之。因為他既有立法的權，自可制定法律，使自己握有全權。司法權若和立法權結合，人民的生命自由和財產必為武斷的法官所操縱。此際法官的定讞將依其個人的見解，而不根據法律的根本原理。但是法律固然可由立法者修改，而法官卻非遵從不可。司法權若與行政權結合，則其對於立法權，又將失去均衡」。引自 J. W. Garner, *Introduction to Political Science*, 1910, p. 414. 但據 R. Redslob (*Die Staatstheorien der französischen Nationalversammlung von 1789*, 1912, S. 385–386) 之言，布氏亦不認識獨立的司法權。布氏分國家權力為立法與行政。立法權由 Parliament，即 King, Lords and Commons 行使之，行政權由 King 單獨行使之 （參閱 Blackstone, *Commentaries*, Book I, Chapter

L'esprit des lois) 發表於一七四八年。當時法國的行政與司法已有區別，固然法國自中央集權的國家成立以來，一切權力均集中於君主一身，封建時代的三級會議 (Etats Generaux) 自一六一四年始，就停止開會。但是法國卻有一種特別的司法制度，就是巴黎法院 (Parlement de paris) 不但管理審判，且有特別的權限，凡君主發布的法令有否與現行國法牴觸，巴黎法院有審查的權。審查的結果，認為沒有牴觸，又須在巴黎法院登記，而後才發生效力。倘使巴黎法院以政府發布的法令有反於現行國法，可提出抗議，而拒絕登記 ❶。孟氏受了英法兩國制度的暗示，遂提倡三權分立的原理，而為此後立憲國的圭臬。

　　二是洛氏主張立法權的優越，孟氏主張權力均衡。此蓋英法兩國的社會情況有所不同。英國本來是個統一的國家，其封建制度是威廉第一（William I，在位 1066–1087）征服英國之時，於中央集權之下，模倣大陸各國，建立起來的。封建貴族不能成為國家統一的障礙，反而常受君權專制的壓迫。一二一五年英王約翰（John，在位 1199–1216）發布大憲章 (Magna Carta)，就是貴族與國王鬥爭所得的結果。中經薔薇戰爭 (War of Roses, 1455–1485)，三十年的火併，減少了貴族人數，而使貴族的領地變為無主的土地。英王又把無主的土地賜給新的貴族。這批新的貴族比之舊的貴族，更沒有封建貴族的氣質，而有近代市民階級的色彩。所以此後能夠和市民階級站在同一戰線，以國會為根據，與君權作不斷的鬥爭。光榮革命 (Glorious Revolution, 1688) 之後，國會戰勝了政府，威廉第三（William III，在位 1689–1702）及其后瑪麗（Mary II，在位 1689–1694）就是於全國一致之下，由國會迎立而即王位的（兩人同即王位，而為 joint sovereigns）。洛氏之書發表於光榮革命之後，

II)。法律的執行乃 King 獨佔的權限，司法亦然（參閱 *Commentaries*, Book I, Chapter IX）。

❶ H. Cunow, a. a. O. S. 94f. H. Finer, *The Theory and Practice of Modern Government*, Vol. I, 1932, p. 158.

市民階級由於清教徒革命，早已掃除 ancien regime，其勢力且由國會及於政府。洛氏為了說明英國政制之合理，為了辯護威廉第三即位之合法，故謂國會有優越的地位，立法權為優越的權力。反之，法國的封建制度是於羅馬帝國的廢墟之上建立起來的。封建領主割據各地，國王只可視為最大的封建領主，而不能視為超越於封建領主之上的君王。封建領主一方反抗國王，他方壓迫平民，所以最初是平民協助國王，而與封建領主鬥爭。到了國王得到勝利，而建設中央集權的國家之後，封建領主雖然變為宮廷貴族，不能割地稱雄。但是國王為了奪取他們之政治的權利，又允許他們保留土地，而承認其有封建的特權。他們常常利用這種特權，壓迫平民。同時國王又是最大的地主（全國土地約有五分之一屬於國王），國王站在元首的地位，當然要保護一般平民，而站在地主的地位，又因貴族利益與自己一致，遂和貴族聯合起來，反對一切革新運動。孟氏之書發表於法國大革命以前，所謂 ancien regime 仍然存在。一般平民最多只能以國會為堡壘，與國王及貴族所組織的政府抗爭，苟能妥協下去，社會可不經流血之慘，而能漸次進化。孟氏看到了法國社會的實際情況，又有鑒於英國清教徒革命時代國會的專擅，故乃主張制衡之說。行政權代表國王，第二院代表貴族，第一院代表平民，三者互相牽制，以保障人民的自由權利❷。

---

❷ 照 C. Schmitt 說，最初主張均衡之說的，乃是英人 H. S. J. Bolingbroke (1678–1751)。見 C. Schmitt, *Verfassungslehre*, 1928, S. 184.

　　C. Schmitt 又說：「十六世紀以來，均衡學說乃支配人類的整個精神生活。例如國民經濟的貿易均衡、歐洲外交政策的勢力均衡、向心與離心的宇宙均衡、Malebranche 及 Shaftesbury 的情慾均衡說、J. J. Moser 的營養的均衡說皆是。其於國家論方面，主張權力均衡的，有 Harrington, Locke, Bolingbroke, Montesquieu, Mably, de Lolme，以及美國的 Federalist、法國一七八九年的國民會議等……議會不但為權力均衡一要素，同時議會內部亦保持均衡，即議會不是一個統一體，其內部分為兩院，依其內部的作用，而發生均衡狀態。而在一院之內，亦依兩黨對立，使各種主張各種意見保持均

　　總之，洛孟兩氏因社會環境之不同，其根本觀念也復有別。洛氏由民主主義出發，以為主權在民，議會是代表人民的機關，因之議會應有優越的地位，立法權應為優越的權力。權力之間既有高低之別，則在邏輯上制衡作用不能存在。換句話說，政治制度若以民主主義為其根本原則，制衡作用在某程度內必須犧牲。孟氏由自由主義出發，以為要保護人民的自由，必須限制國家的權力，而要限制國家的權力，須使國家權力互相牽制，而保持均衡。權力既然均衡，則議會不能有優越的地位。議會是代表人民的，議會的地位既與政府相等，則在邏輯上主權在民的觀念似宜修正。何以故呢？主權在民，則一切權力應統一於國民或代表國民的議會而後可。這是和制衡原理牴觸的。由此可知政治制度若以自由主義為其根本原則，主權在民的思想必不能徹底實現。

　　現今分權制度均採孟氏之說。一七八〇年美國麻邦 (Massachusetts) 憲法第三〇條云：「在本共和國的政府，立法機關不得行使行政權與司法權或二者之一；行政部決不行使立法權與司法權或二者之一；司法機關不得行使立法權與行政權或二者之一」。一七八九年法國人權宣言第一六條云：「凡社會沒有權利之保障，又沒有權力之分立者，可以說沒有憲法」。自是而後，列國憲法常分為兩部，一部規定權利法典 (Bill of Rights)，一部規定統治機構 (Frame of Government)。而統治機構均依孟氏之言，國家權力不集中於一人之手，而是互相分離，互相制衡，使它們不能妨害個人的自由權利。所以分權制度的目的不在於增加政治的效率，而在於防止權力的濫用。即如美國最高法院推事 Louis D. Brandeis 所言，分權不是避免摩擦；權力分屬於三個機關，摩擦是不可避免的。由這摩擦，才能夠救出人民於專制政治 (autocracy) 之外 ❸。原來分權之說是對於任何個人或任何團體都不信任，即不以人性為

衡……權力均衡說所以發生，大率有鑒於一六四〇年英國長期會議集中權力之弊」。見 Schmitt, *Die geistesgeschichtliche Lage des heutigen Parlamentarismus*, 2 Aufl. 1926, S. 50–52.

善，而以人性為惡。漢密爾頓 (A. Hamilton) 說：「最大的錯誤在於吾人深信人類是公正的 。 其實我們人類最強烈的感情乃是野心 (ambition) 與利害 (interest)。然而這兩種感情每可刺激吾人活動，所以賢明的政府應利用這兩種感情，求其有助於公共福利」 ❹ 。佛蘭克林 (B. Franklin, 1707–1790) 說：「對於人事最能給予影響者有兩個感情，即野心 (ambition) 與貪婪 (avarice)，換言之，就是愛權力與愛金錢。它們各有偉大的力量，促使人類活動。兩者集中於同一目的，每可發生強烈的效果。如果我們安排得法，使人們能夠為名 (honor) 而努力，同時又是為利 (profit) 而努力，那末，人們為了取得名利，必將做出驚天動地的事」 ❺ 。傑佛遜 (T. Jefferson, 1743–1826) 說：「信任我們的代表，忘記了我們權利的安全問題，這是危險的事。信任 (confidence) 是專制之母。自由政府不是建設於信任之上，而是建設於猜疑 (jealousy) 之上。我們用限制政體 (limited constitution) 以拘束我們託其行使權力的人，這不是由於信任，而是由於猜疑。我們憲法不過確定我們信任的限界。是故關於權力之行使，我們對人不要表示信任。我們須用憲法之鎖，拘束人們，使其不能作違法的事」 ❻ 。他們不信人性之善，所以對於人們之行使國家權力，也不信任，而主張分權制度。

　　分權主義創於法國的 ancien regime 尚未清算以前，議會主義創於英國的 ancien regime 已經清算之後。就政治發展之歷史言之，分權主義在先，議會主義在後。西歐各國自十九世紀中葉以後，ancien regime 大率都已清算，所以大多數國家均採用議會主義。只惟美國因習慣關係，尚墨守分權主義。但是分權主義是用第二院以牽制第一院，又承認政府有否決權，以牽制議會的決議。美國發布憲法（一七八七年）之後，不及十數年，就發見了國會兩院

---

❸ 引自 B. F. Wright, *The Growth of American Constitutional Law*, 1942, p. 143.

❹ J. Elliot, *The Debates*, Vol. I, 1937, p. 439.

❺ J. Elliot, *The Debates*, Vol. V, 1937, p. 145.

❻ 引自 B. F. Wright, *A Source Book of American Political Theory*, 1929, p. 227.

由於政黨關係，聯為一氣，而政府要阻止國會的專橫，又覺無能為力。於是一八〇三年以後，為了對抗國會的專橫，而保護人民的自由權利，就承認法院為憲法的看守人，而給予以法律違憲的審查權。這樣一來，美國就發生了一種「司法權的優越」(judicial supremacy) 的制度。孟氏以為法院沒有政治關係，不會流於專制。現在呢？它也染上了政治的色彩，而欲脫離分權主義的拘束。法治政治變成「政治的法治」，法院難免濫用權力，於是乎「誰看守看守人」(Who will oversee the overseers?)，就發生了問題。

　　更進一步觀之，分權主義是謀權力之均衡，其實，真正的權力均衡，事實上是辦不到的，各種權力之間不免發生軒輊。或如英國那樣，由於一黨內閣的關係，內閣常能控制議會，而致形成了行政權的優越，而發生行政國 (Verwaltungsstaat) 之現象。或如法國那樣，由於小黨分立，內閣不能控制議會，反而議會則不斷的推翻內閣，而致形成了立法權的優越，而發生立法國 (Gesetzgebungsstaat) 之現象。或如美國那樣，議會與政府尚能互相牽制，而法院宣告法律違憲，便莫如之何。除最高法院因法官死亡而改組之外，縱是主權者的人民也沒有方法把違憲的改為合憲，而致形成了司法權的優越，而發生司法國 (Jurisdiktionsstaat) 之現象❼。惟在最近，一方政府關於立法方面，漸次增加其作用。制定法律的權固然屬於議會，而議會通過的法案，十中八九均由政府提出，而重要的法案尤無一不是由政府提出的。政府除提出法案之外，尚有制定法規之權。拉斯基 (H. J. Laski) 說，英國議會每年議決法律約八十件，而政府制定的法規則有三十倍之多❽。他方政府關於行政方面，又日漸強化起來，縱在美國，自羅斯福 (F. D. Roosevelt) 實行經濟復興的政策之後，總統權力之大竟然曠古未有。其所以如斯者，蓋有很重要的兩種原因。一因今日國家的職務已越出政治，侵入經濟領域，產業由國家管理，物價由

------

❼ 參閱 C. Schmitt, *Der Hüter der Verfassung*, 1931, S. 73ff. derselbe, *Legalität und Legitimität*, 1932, S. 7ff.

❽ H. J. Laski, *A Grammar of Politics*, 1925, p. 389.

國家統制，而勞動問題、失業問題、貧窮問題又無一不由國家解決。於是分權主義議會主義在限制政府活動之時，固然適當，一旦管理經濟問題社會問題，而需要權力集中者，又感覺不合時宜了。國家目的既由消極變為積極，首先受到影響者，則為統治組織。積極的政策需要強有力的政府來實行，這便是今日行政權優越的一個原因。二因國際關係日益險惡，社會問題日益複雜，不問國之內外，處處均發生了許多危機，當然不能築室道謀，而須臨機應變，需要政治活動的敏速。立法作用本來緩慢（例如三讀會手續），其所希望者是法律的固定性。行政作用是流動的，而須應付流動的事變。兩種作用之性質既不相同，其結果也，對於流動的內外形勢，當然須加強流動的行政權。換句話說，在種種危機之中，與其加強討論機關（議會）之權力，不如加強行動機關（政府）之權力。這便是行政權優越的另一個原因。

第二節　立法機關──議會

一、議會的性質──代表的性質

關於議會的性質，可以發生三種問題：⑴議會果是代表人民的機關乎？⑵若是代表人民的機關，其代表之性質如何？議員是代表整個國民乎，或只代表每個選舉區的選舉人？⑶議員與選舉人的關係是命令的委任 (imperatives Mandat) 乎，或是自由的委任 (freies Mandat)。這三個問題乃有連帶關係，故不能分開說明，而只能綜合的研究。

今日各國議會大率採用分區選舉之制，全國分為若干選舉區，每區選出議員若干名。但議員一經選出，他們又不是代表每個選舉區，而是代表整個國民。因為代表整個國民，所以議員不受選舉區訓令的拘束，而得自由投票❶❾。這種代表制度，前已說過，開始於英國。法國革命，亦於一七九一年

---

❶❾ G. Meyer, *Lehrbuch des deutschen Staatsrechts*, 6 Aufl. 1905, S. 335, Anm. 3.「議員倘受

九月三日憲法之上， 明文規定自由的委任之制 （第三篇第一章第三節第七條） ❷⓿ 。自是而後，議會是整個國民的代表，不受選舉區訓令的拘束，便成為各國的共通制度。其實，法國一七九一年憲法所謂「代表」(representants)，本來只有政治的意義，其第三篇總論第二條云：「法國憲法採代表制，國民的代表是議會和國王」。議會由於選舉，議員與選舉人之間尚有選舉的關係，國王是世襲的，其與國民法律上沒有任何關係，而乃亦稱為國民的代表。此蓋當時的人以為主權本來屬於國民，國王不過受到委任❷⓵，為國民的代表，而行使行政權。

    這種代表觀念，由法律學的眼光看來，實有檢討的必要。最初反對議會與國民有代表的關係者則為德國學者拉班德 (P. Laband)。他說：

    德意志帝國憲法第六條規定第二院 (Bundesrat) 為各邦的代表，第二九條規定第一院 (Reichstag) 為全體國民 (das gesammte Volk) 的代表 (Vertreter)。第二院代表各邦，所以其議員要受各邦的委任和訓令的拘束，第一院雖然代表國民，而卻不受國民的委任和訓令的拘束，即不但不受每個選舉區選舉人的委任和訓令的拘束，且亦不受國民全體的委任和訓令的拘束。所以第一院議員在法律上不能稱為代表，而與第六條所謂「代表」不同。為什麼呢？各邦是權利主體，因之他們可以派遣代表，以代表他們的意思和權利。德意志國民與德意志帝國不同，沒有獨立的人格，不能成為權利主體，法律上沒有獨立的意思，因之，不能選舉代表，以代表他們的意思和權利。由此可知第一院議員代表全體國民，在法律上不成意義。由法律的意義言之，第一院議

訓令的拘束，則與憲法所謂議會為整個國民的代表一語，性質上發生矛盾。因為凡受別人訓令的拘束的，只可視為給予訓令的人的代表，而不可謂其代表整個國民」。

❷⓿ 參閱一四四頁。

❷⓵ 法國一七九一年憲法第三篇總論第三條 ：「立法權委任 (est delegue) 於議會」，第四條：「行政權委任 (est delegue) 於國王」，第五條：「司法權委任 (est delegue) 於法官」，三條均用「委任」(est delegue)。

員不是任何人的代表，他們的權限不是受自其他權利主體，而是直接依憲法規定而享有的。所謂議員代表國民，僅有政治的意義，即德意志帝國有了第一院，而後帝國人民才得參加國家意思的作成。換句話說，德意志帝國除皇帝與第二院之外，尚有第三機關，每個人民可依選舉法，參加第一院的組織，由此對於帝國的政策，發生了間接影響。國民——選舉人全體——唯對於第一院的組織，才有權限，而此權限又唯於選舉之際，實行一次。選舉既畢，國民便不能參加國家意思的作成，議會在其權限範圍內，完全獨立，而和皇帝一樣。皇帝不是國民的代表，同樣，第一院也不是國民的代表。皇帝與第一院就職之原因不同，皇帝之即位，不受人民意思的支配，反之，議員之就職則基於每個人民之意思行為 (*Das Staatsrecht des deutschen Reichs*, Bd. I, 5 Aufl. 1911, S. 296)。

　　此論一出，學者翕然從之。即據他們之意，議會倘是代表國民的機關，國民對於議員應該可以給予訓令，議員應該遵從國民的訓令，行使立法權，而國民在必要時應該可以罷免議員，然而現今各國的議會制度又和這個法理不符。各國憲法都有「議員不受委任的拘束」，「議員在院內所為之言論和表決對院外不負責任」之條文，這就是說明政治上固然可以說，議會代表國民，而在法律上議會與國民卻沒有代表的關係❷。退一步言，一個機關選舉別個

----

❷ G. Meyer, a. a. O. S. 297. 「憲法以議員為國民的代表，這只有政治上的意義，不是根據法律的原理。由法理言之，議員不是代表國民，而只是國民所選舉的國家機關」。對此，G. Jellinek (*Allgemeine Staatslehre*, 3 Aufl. 1929) 則謂，在國家機關之中，有時兩個機關可以成為代表關係。被代表的機關稱為第一次機關 (primäres Organ)，代表的機關稱為第二次機關 (sekundäres Organ)。第二次機關直接代表第一次機關。第一次機關只能經由第二次機關表示其意思，因之，第二次機關的意思可以直接視為第一次機關的意思 (S. 546)。議會與國民的關係便是這樣。議會是第二次機關，國民是第一次機關。國民選舉議員，不是單單成為一個 Kreationsorgan 而已。國民與議會之間乃有一種繼續的結合關係 (S. 585)。國民有了議會，法律上才組織起來，兩者之間成

機關，如果後者可以視為前者的代表，則議員所代表的，亦必不是國民，換言之，不是全國的選舉人，只是每個選舉區的選舉人。但是各國憲法，例如比利時憲法有「議會兩院議員代表全體國民，不是代表其所選出的地方團體」（一八三一年憲法第三二條），這又如何解釋呢？所以他們又謂國民和議員都是國家機關，各有各的職務，國民的職務為選舉，議會的職務為立法，雙方的職務都是授自憲法。換句話說，選舉並不是選擇代表，委之以權限，而只是指定議員。這和議會之選舉總統，總統之任命法官，完全一樣。議會選舉總統，不過執行自己的職務，不是選舉議會的代表，把行政權委託於總統。總統任命法官，不過執行自己的職務，不是選擇總統的代表，把司法權委託於法官。同樣，國民選舉議員，也不過執行自己的職務，不是選擇國民的代表，把立法權委託於議會。總而言之，在法律上議會與國民並沒有代表的關係。

　　站在實證主義的立場，我們不能不同意 Laband 的見解，現在再依實證主義，就「議會代表整個國民」一語，分析討論如次。

　　國民視為一個統一體，只是一種「擬制」(fiction, Fiktion)。國民因宗教之不同，職業之不同，階級之不同，固未曾統一起來。其在國家生活之下，能夠統一的不過若干行為而已。人類的精神與肉體固不是盡舉而服從國家的統治。國家於人類的行為之中，只能對若干方面加以統治。國家對其能夠統治的方面，發號施令，強制人民服從，人民受了強制而服從國家的統治，這個時候人民的行動才見統一❷，是則人民唯為統治客體之時，才成為統一體

為法律上的統一體 (rechtliche Einheit)。所以議員是代表整個國民，而議會的意思就是國民的意思 (S. 583)。這種立論，由吾人觀之，不過強辯。國民與議會之間果有繼續的結合關係麼？國民除選舉議員之外，其與議會並無任何法律關係。國民對於議員不能給與訓令，而又不能罷免議員，議會於法律上乃獨立於國民之外。事實如斯，而乃謂議會代表國民，確是強辯之語。請參閱 H. Kelsen, *Allgemeine Staatslehre*, 1929, S. 310ff.

(Einheit)。 然民主政治所謂統一體的國民並不是統治客體 ， 而是指統治主體❷。人民以統治主體參加國家意思的作成不但各有各的利害，各有各的觀念，本來不能統一。而且一切人民又不是都有參加國家意思作成的權利。既是這樣，則人民以統治主體的資格，不能成為統一體，甚為明顯❷ 。

　　至於「代表」一語也只是一個擬制。按今日議會是由封建時代的三級會議發展而成。三級會議由各級納稅者的代表組織之，而其所討論的問題也就是各階級之分攤賦稅。所以三級會議所代表的為各階級的利益。反之，今日議會所代表的不是階級的利益，而是整個國民的意思。我們固然不同盧梭一樣， 絕對主張 「意思不能代表」 ❷ 。 然而盧梭所說 ： "The sovereign may indeed say: 'I will now what a certain man wills, or at least what he says that he wills,' but he cannot say: 'what that man wills tomorrow, I shall also will,' since it is absurd that the will should bind itself as regards the future, and since it is not incumbent on any will to consent to anything contrary to the welfare of the being that wills."❷，確有相當理由。議會制度便是選舉人對於目前某幾個問題，意思與議員候選人一致，故乃選舉之。如果因此遂謂此後數年之間，不問那一個問題，選舉人的意思均與議員一致，其不合理，事之至明。現代憲法無不明文規定議員不受選舉人訓令的拘束，議會行使職權，乃獨立於人民之外。有 了 這 種 「議 會 對 於 人 民 的 獨 立 宣 言」 (Unabhängigkeitserklärung des Parlamentes gegenüber dem Volke)，而後現代議會才見成立。這與三級會議須受選舉人訓令的拘束，又須對選舉人負責者，完全不同❷。因此之故，今日

---

❷ 參閱 H. Kelsen, *Allgemeine Staatslehre*, 1925, S. 149.

❷ H. Kelsen, *Vom Wesen und Wert der Demokratie*, 2 Aufl. 1929, S. 15.

❷ H. Kelsen, a. a. O. S. 16f.

❷ F. W. Coker, *Readings in Political Philosophy*, 1938, p. 661.

❷ F. W. Coker, op. cit., p. 642.

❷ H. Kelsen, a. a. O. S. 30.

反對議會主義的，皆謂議會的意思絕不是國民的意思，國民的意思根本無法作成，所以議會也無法表現國民的意思❷。

　　更進一步觀之，今日國家採用比例代表法以選舉議員的為數不少。在比例代表法之下，每個政黨可依得票多寡，選出若干議員，以代表若干選舉人。這樣，所謂「整個國民創造統一體的代表機關」更與事實不符❸。據現今許多憲法規定，議員固然不受選舉人訓令的拘束，而卻須受政黨訓令的拘束。他們一旦脫離其所屬的政黨，或為該政黨所開除，便須喪失代表的資格。此蓋選舉人的投票不過表示贊成某一個政黨的主張，議員候選人所以能夠當選，也是因為他屬於某一個政黨。故他一旦離開該黨，或違反黨的意思，擅自投票，而為該黨所開除者，自應喪失代表的資格❸。由此可知今日議會絕不是代表國民，而只是代表政黨。

　　議會不能代表國民既如上所言矣。然而這個事實又與今人對於民主政治的情感不能相容。於是世人遂要求改造議會，務使人民對於國家意思的作成，能夠予以直接的影響，並令議會隸屬於選舉人，選舉人能夠不斷的控制議會。其方法有下述兩種：

　　㈠**人民的直接立法**　在「命令的委任」，議會的決議有時須由代表報告於原選舉人，待其批准之後，才發生效力。所謂 referendum 就是依此而得名的❸。第一次大戰之後，各國憲法採用複決之制者為數不少。人民投票的結

------

❷ H. Kelsen, a. a. O. S. 32.

❸ H. Kelsen, a. a. O. S. 58.

❸ H. Kelsen, a. a. O. S. 42f.

❸ J. Hatschek, *Allgemeines Staatsrecht*, II, Teil, *Das Recht der modernen Demokratie*, 1909, S. 83.「瑞士的 Wallis 本來是集合十二個自由區 (Zehnten) 而成，每區均派遣代表出席邦議會 (Generalversammlung des Kantons)。但邦議會自己不能制定法律，其所作決議須由代表報告於各該自由區，得其批准之後，發生效力。時人遂依外交團的慣例，用 ad referendum 一語以稱之」。這便是今日 referendum 的起源。

果若和議會的決議相反，即議會所通過的，人民否決之，議會所否決的，人民通過之，這個時候議會若須解散，由人民選舉新的議會（例如 Esthonia 一九二〇年憲法第三二條），則吾人雖然不敢保證議會必能代表人民的意思，然而至少議會的意思亦必不至與人民的意思發生衝突❸。

　　㈡**人民對於議員的罷免**　在「命令的委任」，原選舉人於必要時可以罷免其所派遣的代表，第一次大戰之後，各國憲法採用之者亦有之。其罷免議員的方法分為兩種：一是議員仍視為整個國民的代表，不過國民可以解散議會。普魯士在第一次大戰之後，採用比例代表法以選舉議員（一九二〇年憲法第九條），雖然分區而選，因為有選舉區聯合 (Wahlkreisverband) 之制，全邦又成為一個選舉區❹。其憲法所謂「議員為全體邦民的代表」（同上第九條）並不是毫無意義。議員既然代表全體邦民，所以憲法又許邦民（五分之一公民）提議解散議會，而提交邦民投票表決之（同上第六條）。這種制度可以說是議會隸屬於全國選舉人了。二是議員視為每個選舉區的代表，因之每個選舉區的選舉人可以罷免其所選出的議員，例如蘇聯憲法（一九三六年憲法第一四二條）：「各級蘇維埃的代表須將個人工作及蘇維埃工作，向選舉人報告。原選舉人得依法定程序，經多數選舉人同意之後，隨時罷免其所選舉的代表」❺。吾國法律（國民大會代表選舉罷免法第四一條及第四三條，立法院立法委員選舉罷免法第四〇條及第四三條）亦許原選舉單位選舉人，對於所選的國民代表或立法委員，提議罷免，而提交原選舉人投票決定之。這種制度很明顯的，以議員為每個選舉區的代表，而使代表隸屬於各該選舉區的選舉人。

　　上述兩種制度都是要把自由的委任改造為命令的委任。此蓋今日情況與民主初期完全不同。當初市民階級是以議會為基地，而與君主貴族及官僚所

---

❸ H. Kelsen, a. a. O. S. 39.

❹ 詳本書四七五頁之⑵名單比例代表法。

❺ 參閱 G. Leibholz, *Das Wesen der Repräsentation*, 1929, S. 83.

組織的政府抗爭。他們希望議會的基礎能夠安定，故使議會獨立於國民之外，不受選舉人的干涉。法國革命伊始，便宣告取消「命令的委任」之制，原因實在於此。今日議會的勢力已經達到政府之內，誰能控制議會，誰便能控制政府。過去用議會以牽制政府，現在議會與政府打成一片，凡欲監督政府的，須先監督議會，故乃一反過去作風，許國民直接立法，許國民罷免議員。國民不斷的干涉議會的行動，於是自由的委任又恢復為命令的委任。

二、議會的組織

㈠一院制與兩院制

議會制度有一院制 (unicameral system, Einkammersystem) 與兩院制 (bicameral system, Zweikammersystem) 之別。在一院制之下，人民選舉議員，只組織一個團體，以行使議會的職權。在兩院制之下，議會分做兩個團體，分別開會，雙方的決議能夠一致的時候，才成為議會的決議。由此可知國家雖置兩個立法機關，倘令議案不須經過兩院議決，亦不能視為完全的兩院制（例如吾國的國民大會與立法院，德國威瑪憲法的 Reichstag 與 Reichsrat）。議會分做兩院的時候，其中一院是代表整個國民的，稱為眾議院 (House of Commons) 代議院 (House of Representatives) 第一院 (The First Chamber) 或下議院 (The Lower House)；其他一院是代表特殊人物或地方（聯邦國的邦）的，稱為貴族院 (House of Lords) 參議院 (Senate) 第二院 (The Second Chamber) 或上議院 (The Upper House)。本書為讀者便於記憶起見，其代表整個國民的均稱為第一院，代表特殊人物或地方的均稱為第二院。

兩院制度發祥於英國。歐洲各國在封建時代都有三級會議，為各階級的代表所組織。有的合組一院開會，如蘇格蘭的 magnum concilium 是；有的分為四院開會，如西班牙的 Cortes（教士、大貴族、小貴族、市民的代表分別開會）是。但大多數國家均因為階級有教士、貴族、市民三種，所以其三級會議，也分做三院開會，法國的 Etats Generaux 就是其例。只惟英國在愛德華第二 (Edward II, 1307–1377) 時代，教士之由平民出身者不欲參與俗事，而

於一三三二年脫離巴力門 (Parliament)，單獨組織教士會議 (convocation)，專門討論他們自己所負擔的租稅。自是而後，國會就分為兩院開會。一院稱為 House of Lords，由大主教（今日英國貴族院有 Lords spiritual 二十六名）及貴族組織之；一院稱為 House of Commons，由市民的代表組織之❸。其後各國的三級會議均隨封建制度的崩潰而歸消滅；反之英國的巴力門卻能漸次發達，終而演變為現代的兩院制議會。這種兩院制議會先傳入美洲的英國殖民地，美國獨立，也做各邦之制，設置兩院制議會。法國革命，英國的議會制度又傳至歐洲大陸。固然英國於清教徒革命之後，曾經一度撤廢貴族院，改巴力門為一院制，而法國的一七九一年憲法、一七九三年憲法及一八四八年憲法均設置一院制議會，然皆不久就恢復為兩院制。其他各國大率均採用兩院之制。惟第一次大戰之後，各國議會趨向於一院制者卻不少。

議會制度發祥於英國，而英國議會則採用兩院制，所以各國模倣英國，設置議會的時候，也採用兩院制。但是兩院制能夠流傳於各國，必有相當的理由。其反對兩院制者不外兩種理由，一是理論上的理由，依民主思想，議會代表國民，議會的意思就是國民的意思。兩院之制可以妨害國民意思的統一❸。Abbe Sieyes 說：「法律是國民意思的表現，國民在同一時間，對同一問題，不能同時有兩個不同的意思。所以代表國民的議會只能有一個機構，倘若議會分為兩院，兩院的衝突和分裂是不免的，從而國民的意思必將因為不能統一而致不能活動」❸。因此之故，他又說：「兩院若能一致，第二院沒有必要，兩院不能一致，第二院又復可憎」❸。這便是法國革命之後，第一部憲法乃採用一院制的理由。二是實際上的理由，議案若須經兩院一致通過，

---

❸ W. B. Munro and M. Ayearst, *The Governments of Europe*, 4 ed. 1954, pp. 40–41. F. A. Ogg, *English Government and Politics*, 2 ed. 1936, pp. 23–24.

❸ 參閱 C. Schmitt, *Verfassungslehre*, 1928, S. 294.

❸ 引自 J. W. Garner, *Introduction to Political Science*, 1910, p. 430.

❸ 引自 H. Finer, *The Theory and Practice of Modern Government*, Vol. I, 1932, p. 683.

才得發生效力，則議案發生效力之時，必空費許多不必要的時間。萬一兩院發生衝突，一切立法必因之擱置，而阻礙社會的正當改良。佛蘭克林 (B. Franklin) 說：「議會分為兩院，猶如一輛馬車前後均駕以馬，令其向相反的方向走動」❹。這話固然過激，但亦有相當理由。

其贊成兩院制的也有各種理由，就是：

(1)議會政治是多數決的政治。議員討論議案，往往不能控制感情的衝動，而致做出不合理的決議。在一院制之下，法案的通過只經由一個機關議決，在兩院制之下，法案的通過須經由兩個機關議決。法案經過兩個機關一致議決，才會成立，當然可免草率粗忽之弊。J. Bluntschli 曾言：四個眼睛比之兩個眼睛，必定看得多，又看得好。而一個問題能由各種不同之觀點，加以考慮者，尤見其然❹。J. Bryce 亦說：「當通過法案之際，苟有另一個機關修改先議的議院所未看到的錯誤與遺漏，對於政府當然是有利的。由嶄新的人，於平靜的空氣之下，批評法案，必能糾正許多遺漏和錯誤」❹。

(2)議會為立法機關，由其權限的性質看來，常居於優越的地位。因為議會可用立法權，對於一切事項，加以拘束；又得利用預算議決權，干涉行政機關的活動。它是代表國民的機關，其濫用權力，勢所難免。議會專制比之個人專制尤為危險，因為議會是合議機關，無法令其負責。這種情況於一院制更見其然。兩院制就是為要削弱議會的權力，阻止議會的專制，故為各國所採用。The Federalist 說：「在民主政治，立法權必居於優越的地位。要挽救這種弊端，須將立法機關分為兩個部分」❹。布萊斯 (J. Bryce) 說：「美國人分議會為兩院，用以限制議會之權力，猶如羅馬人用兩人執政官以代替一人之王，用此以限制行政權者焉」❹。C. Schmitt 亦說：「在均衡制度之下，議

---

❹ 引自 J. W. Garner, op. cit., p. 428.

❹ 引自 J. W. Garner, op. cit., p. 432.

❹ J. Bryce, *Modern Democracies*, II, new ed. 1931, p. 408.

❹ *The Federalist*, No. 51 (Modern Library), p. 338.

會不但是均衡之一要素,而議會既是立法機關,所以它的組織也是不統一的。內部分為兩院,依其內部的作用而發生均衡狀態」**⑮**。

(3)議會代表國民,國民不是一個統一體,而常分裂為許多集團。當初英國議會所以分做兩院,實因英國社會有兩個重要階級,一是貴族,一是市民,第二院代表貴族,第一院代表市民,即兩院制度乃反映社會上的勢力關係。其後貴族雖然失去了勢力,但是社會又復分裂為豪富與平民。現今各國的第一院,因為施行普通選舉,幾乎變成代表平民的機關,而第二院則變為豪富抵禦普通人民的機關。兩個階級有了兩個議院,便可以互相牽制,由兩個勢力的消長,漸次改革法制。這個改革固然不是激底的改革,然卻合於社會的實際情形,使社會能夠漸次進化,不致流於激變。關此,孟德斯鳩之言,到了現在,尚可供吾人參考。他說:「一國之內必有許多的人因門閥之不同,財產之不同,榮譽之不同,而與其餘的人有別。他們若和普通人民一樣,只有平等的投票權,不但他們將淪為奴隸,而破壞了普遍自由的原則;並且他們又將因為各種決議有反於他們的利益,而不願意擁護平民的自由。因此之故,他們在議會內的地位必須比照他們在社會上的地位。他們有防遏平民放恣的權,猶如平民有防遏他們侵害的權一樣」**⑯**。

(4)國內若有各種民族而須組織聯邦之時,議會更須設置兩院,一院代表整個國民,以表示國家的統一;一院代表各個民族,原則上應該不拘人口多寡,均得選任同數的議員。因為民族不同,關於各民族利害不同的問題,若於一院制議會之內,依多數決的方法,決定取捨,則多數民族必將壓迫少數民族,而致引起少數民族的反感和分離。美國除代表國民的 House of Representatives 外,尚有代表各邦的 Senate,而合稱為 Congress;瑞士除代表

---

⑭ J. Bryce, *The American Commonwealth* (new ed.), Vol. I, 1926, p. 484.

⑮ C. Schmitt, *Die geistesgeschichtliche Lage des heutigen Parlamentarismus*, 2 Aufl. 1926, S. 51.

⑯ 引自 F. W. Coker, *Readings in Political Philosophy*, 1938, p. 622.

國 民 的 Nationalrat，尚 有 代 表 各 邦 的 Standerat，而 合 稱 為 Bundesversammlung，是其例也❼。

　　總之，各國議會採用兩院制的目的大率都是要用第二院以牽制第一院。但是要用第二院以牽制第一院，必須兩院的構成分子不同。倘令兩院議員在同一時期，依同一方法，由同一人民選舉，則兩院所代表的必是同一分子，從而兩院牽制的效用又未必能夠發生❽。

㈡第二院的組織

　　議會若分兩院，其中一院即第一院大率均由國民依普通平等直接秘密的原則，選舉議員組織之，所以關於第一院的組織，各國漸趨一致，沒有顯著的差別。其他一院即第二院不但各國的名稱不同，而且各國的組織也不一樣。茲述之如次：

　　1.議員由貴族世襲或互選，這種制度只惟君主國有之。第二次大戰以前，日本即採此制（新憲改為民選）。英國第二院（貴族院）議員至今尚是由貴族世襲。此外還有國王任命的常任法律議員 (Lords of Appeal in Ordinary) 九名，任期終身❾。案英王有頒給爵位的權，凡是英國貴族又均是第二院議員，所以英國第二院議員沒有一定名額，現今約有八百名左右。據第二院議事規則，凡有議員三人出席，就可開會。而有三十人出席，就可議決一切法案❺⓿。

---

❼ 參閱本書八六頁以下。

❽ 參閱 J. W. Garner, op. cit., p. 437f.

❾ 除常任法律議員外，尚有宗教議員 (Lords spiritual) 二十六名，其中五名 （大主教二名，主教三名）為當然議員，二十一名依各主教就職先後，順序任命，他們的任期都與其在職期間相同。但宗教議員不甚重要，重要的乃是常任法律議員。案英國第二院乃是最高上訴機關，有審判貴族的犯罪行為的權，從而成為裁判彈劾案的機關。此際其他議員最多只有二三十人出席，他們均能自制，不濫用他們權力，干涉常任法律議員的裁判，而自一八○五年第一院彈劾 Lord Melville，其後幾無彈劾之事。

2.議員由政府任命，例如加拿大的第二院有議員九十六名，均由總督 (Governor General) 用英皇之名義任命之，任期終身（一八六七年公布的現行憲法第二四條、第二九條）。

3.議員由人民間接選舉，其方法有下列數種：

⑴荷蘭的第二院有議員五十名，由省議會選舉之，任期六年，每三年改選一半（一九四七年憲法第八五條、第九四條）❺ 。

⑵挪威的第二院議員，由第一院議員互選。每屆第一院成立之時，在其第一次常會，即就其本院議員中，互選四分之一，組織第二院，而以其餘四分之三留為第一院議員。兩院議員的任期均是四年（一八一四年憲法第五四條、第七三條）。

⑶法國的第二院有議員三二〇名，其中二五三名由國內各級議會議員選舉之。就是各省 (department) 以下列三種議員，集合於各該省省政府所在地，組織選舉會，選舉第二院議員。

　　①該省所選舉的國會第一院議員 (Deputies)。

　　②該省的省議會議員 (General Councillors)。

　　③省內各市鎮議會 (Municipal Council)，就其議員中互選出來的代表 (Delegates)。

其餘由海外殖民地（亦由各種議員，會於各該殖民地政府所在地，組織選舉會選舉之）及海外法國僑民選舉之。議員任期均是六年，每三年改選一半（第四共和憲法第六條及一九四八年九月二十三日第二院議員選舉法第一條第二條、第六條）❺ 。

----

❺ 英國第一院議員有六百餘名（工黨執政後，限定為六二五名），而只設三百六十四個座位，依第一院議事規定，只要有議員四十人出席，就可開會議決一切法案。通常的院會，出席議員寥寥無幾。至重要議案付表決時，議員才湧進會場。

❺ 美國在一九一三年以前，第二院由邦議會各選舉二名議員組織之，任期六年，每二年改選三分之一（憲法第一條第三項第一目第二目）。

　　4.議員由人民直接選舉。第二院議員若均由人民直接選舉，則上下兩院無甚差別。惟徵之各國制度，亦有四點不同。第一、第二院議員人數較少，第一院議員人數較多。第二、第二院議員任期較長，第一院議員任期較短❸。第三、第二院議員資格較嚴，第一院議員資格較寬。第四、第二院議員分期改選，第一院議員全部改選❹。例如美國兩院議員都由人民直接選舉，但是第二院議員僅一百名（每邦二名，美國今日有五十邦），第一院議員則有四百三十五名；第二院議員任期六年，第一院議員任期二年；第二院議員的資格須年在三十歲以上，且為美國公民九年以上，第一院議員的資格須年在二十五歲以上，且為美國公民七年以上；第二院議員每二年改選其三分之一，第一院議員則於任滿之後，全部改選（憲法第一條第二項、第三項及修正條文第一七條）。又如義大利的第二院，除卸任總統為終身議員，而總統又得任命五位公民之對於社會、科學、藝術、文學有特別貢獻者為終身議員外，其餘議員也和第一院一樣，由人民直接選舉。但第一院議員由一切年滿二十一歲的男女選舉人選舉之，被選舉年齡為滿二十五歲，任期五年。第二院議員由一切年滿二十五歲的男女選舉人選舉之，被選舉年齡為滿四十歲，任期六年（一九四八年憲法第四八條、第五五條、第五六條、第五八條、第五九條及第六○條）。

　　5.議員依職業代表的原則選舉之。例如愛爾蘭的第二院有議員六十名，其中十一名由政府任命，六名由大學選舉，四十三名依職業代表之原則選舉

❺ 關於一九四八年九月二十三日第二院議員選舉法，請閱 L. H. Laing, *Source Book in European Governments*, 1950, p. 119ff.

❺ J. Bryce (*Modern Democracies*, II, new ed. 1931, p. 403) 說：第二院若和第一院同時選舉，則兩院往往為同一政黨所控制，因之兩院牽制的作用便減少了。兩院選舉的時期若先後不同，則新選舉的議院可以謂為人民意思的真正代表。

❺ 參閱 J. Hatschek, *Allgemeines Staatsrecht*, II, *Das Recht der modernen Demokratie*, 1909, S. 54f.

之。所謂職業代表之原則是將全國人民分為(1)文化教育團體，(2)農業及漁業團體，(3)勞工團體，(4)工業及商業團體，(5)公務員團體五種。令它們各推薦議員候選人若干名，次由全國選舉人就議員候選人中，選舉四十三名，以作第二院議員。任期與第一院同（一九三七年憲法第一八條）。

不問那一種方式，第二院議員的人數，除英國（第一院議員六百二十五名，第二院議員約八百四十人）外，必比第一院為少；其任期必比第一院為長。此蓋欲令第二院成為穩重的團體，以牽制第一院的輕率。

㈢第二院的權限

議會分為兩院之時，第二院的權限是否和第一院相同，據布萊斯 (J. Bryce) 研究，可大別為三種。一是法律上和實際上兩院的權限平等，為其代表的是美國。二是法律上兩院的權限平等，實際上第二院的權限稍遜於第一院，為其代表的是第三共和時代的法國。三是法律上和實際上兩院的權限不平等，為其代表的是一九一一年以後的英國❺。茲試分別述之。

1.美國之制，法律上，第二院的立法權完全和第一院平等，得提出並議決任何法案。只惟徵收租稅的法案（all bills for raising Revenue，實則減輕或撤廢租稅的法案以及預算案，第一院都有先議權），須先向第一院提出，但第二院仍保留修改和表決的權（憲法第一條第七項第一目）。此外第二院尚有兩種權限而為第一院所無者，一是批准條約，二是承認總統之任用官吏（憲法第二條第二項第二目）。在三權分立之國，除官吏因有違法行為而受第一院彈劾，第二院審判之外，議會不得向政府問責，而第二院竟得干涉條約之締結與官吏之任命，由此可知美國第二院的權限不但不比第一院為小，而且還比第一院為大。按之實際情況，第二院的權限確實比第一院是有過而無不及。此蓋美國是聯邦國家，第二院代表各邦，權力之大，自昔已然。且其議員也

---

❺ J. Bryce, *Modern Democracies*, Vol. II, 1931, p. 401f. 但他關於第三種乃以荷蘭及挪威為例。

是由人民選舉，固不能單指第一院為代表公意的機關。何況議員人數少而任期長。人數少，則人民之選擇嚴；任期長，則議員之經驗豐富。這都是可令第二院更能得到民間的尊敬，使其於政治上有優越的權力❺❻。

　　2.法國第三共和時代之制，法律上，第二院的立法權也是和第一院平等，得提出並議決任何法案，只惟財政法案（les lois de finances，包括預算案租稅案公債案及決算案等）須先向第一院提出而議決之（一八七五年二月二十四日憲法第八條第二項）。但是第二院仍保留修改的權❺❼。此外，法國採用內閣制，「國務員關於政府的一般政策，連帶對議院負責，關其個人的行為，單獨對議院負責」（一八七五年二月二十五日憲法第六條第一項）。條文關於「議院」(les Chambres) 用複數，所以國務員不但對第一院，且又對第二院，負政治上的責任。因之，在理論上第二院遂和第一院一樣，對於內閣，有質詢、審查的權，並作不信任投票，迫令內閣辭職❺❽。惟按之實際情況，第二院很少提出法案，其最大任務乃在於修改第一院提出的法案❺❾。其關於預算案也，也有一種習慣，第二院只能減少第一院所議決的支出，最多不過於政府原案的範圍內，將第一院所減少的金額或所削除的項目，恢復起來，固未曾擅自增加支出，以加重國民的負擔❻⓪。而且在第三共和最初二十年間，內閣未曾受到第二院的攻擊，縱令政府提出的法案否決於第二院，內閣亦無須因之辭職。只惟一八九六年 L. Bourgeois 內閣、一九一三年 A. Briand 內閣、一九二七年 L. Blum 內閣因受第二院的反對與攻擊，不能不引咎辭職。然此乃例外之事，法國人士固深信內閣只對第一院負責❻①。

---

❺❻ 參閱 J. Bryce, *The American Commonwealth* (new ed.), Vol. I, 1926, p. 116ff.

❺❼ W. R. Sharp, *The Government of the French Republic*, 1939, p. 171.

❺❽ E. M. Sait, *Government and Politics of France*, 1920, p. 81.

❺❾ J. Bryce, *Modern Democracies* (New York), Vol. I, 1931, p. 237.

❻⓪ E. M. Sait, op. cit., p. 140. W. R. Sharp, op. cit., p. 172.

❻① E. M. Sait, op. cit., pp. 82–84. W. B. Munro and M. Ayearst, *The Governments of Europe*,

3.英國之制，在一九一一年以前，第二院的立法權是和第一院相同，只惟金錢法案（money bill，包括一切收入法案、支出法案、公債案等）因與人民有直接利害關係，須先向第一院提出。第二院對之沒有修改權，只有否決權❻。但是第二院既有立法權尤其是預算否決權，亦足以反抗內閣，使內閣窮於應付。所以百餘年來，固然只惟第一院才得舉行不信任投票，以推翻內閣，而內閣因為第二院否決政府提出的重要法案而辭職者，亦有其例。於是一九一一年英國議會便制定國會法 (Parliament Act)，限制第二院的權限❻。其要點有二：

⑴關於金錢法案 (money bill)，經第一院通過之後，於國會閉會一個月前，送交第二院，第二院於一個月內，若不照原案通過，第一院得逕以該項法案呈請國王批准，公布之為法律。但第一院另有規定者不在此限。

⑵關於普通的公共法案（public bill，即關於國民全體的法案，而與關於某個人，某團體，某地方的 private bill 不同。但普通的公共法案又不包括金

------

4 ed. 1954, p. 387.

❻ 一三九五年愛德華第三 (Edward III) 時代，國會通過金錢法案，其決議的文字為 by the Commons with the advice and assent of the Lords，即在此時，第一院大率已經有了先議權。一四〇七年，亨利第四 (Henry IV) 時代又正式承認金錢法案須先向第一院提出，經兩院一致通過之後，由第一院議長報告於國王。第二院關於金錢法案雖然沒有先議權，然而尚有修正權及否決權。到了查理第二 (Charles II) 時代，第一院有兩次決議，剝奪第二院的修正權。第一次在一六七一年，其決議云：that in all aids given to the king by the commons, the rate or tax ought not to be altered. 第二次在一六七八年，其決議云：all bills for the granting of any such aids and supplies ought to begin with the commons,... which ought not to be changed or altered by the House of Lords. 這樣，第二院對於金錢法案不但沒有先議權，而且沒有修改權了。參閱 D. J. Medley, *A Student's Manual of English Constitutional History*, 6 ed. 1925, p. 254f., 302f. W. R. Anson, *The Law and Custom of the Constitution*, Vol. I, 5 ed. 1922, p. 281f.

❻ 參閱 F. W. Maitland, *The Constitutional History of England*, 1926, p. 540f.

錢法案及延長國會任期為五年以上的法案兩種），經第一院三個會期 (session)
連續通過（不問是否同一屆議會），於國會閉會一個月前，送交第二院，第二
院若仍予否決（或加修正，而修正之點不能得到第一院同意），這個時候，第
一院得逕以該項法案呈請國王批准，而公布之為法律。但第一院另有規定者
不在此限。

　　自是而後，英國第二院對於金錢法案，就沒有否決權，而對於普通的公
共法案，也只有兩年間的停止權。第二院的權限法律上既然削弱，其地位也
隨之降低。它既明知自己的權力不足以反抗第一院，又何必故意阻礙議會立
法之進行，而致自取侮辱。所以時至今日，第二院實際上只有牽制第一院的
作用，促使第一院對於普通的公共法案，再考慮二年而已。一九四九年十二
月工黨內閣又修改上述「國會法」，普通的公共法案經第一院兩個會期連續通
過，於國會閉會一個月前，移送第二院，第二院仍予否決（或加修正），倘第
一次會期的第二讀會與第二次會期的第三讀會，相隔有一年以上者，第一院
得逕以該項法案呈請國王核准，而公布之為法律。

　　其實，限制第二院的權限並不是由英國的國會法開始。法國共和三年憲
法（一七九五年憲法）只許第一院 (Conseil des cinqcents) 有提案權（第七六
條），第一院通過的法案移送於第二院 (Conseil des anciens) 之時，第二院不
是承認，就須否決，不得修改（第八六條）。這種兩院權限不平等的制度早在
荷蘭一八一五年憲法及挪威一八一四年憲法之中，已經有之。不過英國是憲
政的發祥地，且又是兩院制議會的發祥地，所以它的改革對於各國的影響較
大。茲將各國如何限制第二院的權限，分類說明如次。

　　⑴第二院只有否決權，例如荷蘭，提案權屬於政府及第一院議員，第一
院對於一切法案均有先議權，其所通過的法案，第二院只有同意與否決，不
得修改（一八一五年憲法第一一三條、第一一五條、第一一七條、第一二〇
條、第一二一條）。

　　⑵第二院只有停止的否決權 (suspensive veto power)，上述英國第二院對
於普通的公共法案，只有一年間的停止權，即是其例。

(3)重要的法案無須第二院同意，上述英國第二院對於金錢法案沒有否決權，即其一例。又如日本，預算及條約均由政府提出於第一院，經第一院通過後，提交第二院。第二院所作決議若與第一院不同，則由兩院選舉委員若干人，組織協議會討論之。意見仍不一致，則以第一院之決議作為國會的決議（一九四六年憲法第五九條）。

(4)第一院舉行第二次表決，而仍再予通過，或以特別多數再予通過者，無須第二院同意。如在日本，提案權屬於政府及兩院議員。除預算及條約只要第一院同意（一九四六年憲法第六〇條、第六一條）外，其他法案通過於第二院，而第一院不予同意者，視為已由國會否決（若第一院加以修改，則修正案退回第二院再議，第二院不能同意，亦視為否決於國會）。反之，通過於第一院，而第二院不予同意者，則退回第一院再議。第一院若以出席議員三分之二以上再予通過者，該項法案視為已獲國會通過（憲法第五九條，參閱第七二條、國會法第八三條）**64**。

--------◆--------

64 法國第四共和憲法之規定亦然。提案權屬於政府及兩院議員（第二院議員提出法案之時，由第二院秘書處 (Bureau) 遞交第一院秘書處）。任何法案均在第一院審議（這是第一讀會，參閱本書二六一頁及其註**32**）。凡法案通過於第一院之後，即移送第二院，使第二院表示意見。第二院表示不同的意見，該法案退回第一院再議（這是第二讀會）。再議時第一院所作決議有確定的效力。但第二院表示不同的意見，若曾得到議員總數過半數之支持，則第一院所作決議亦應經議員總數過半數之通過（第四共和憲法第一四條第二〇條）。一九五四年法國修改憲法，第二院的權限稍見增大，即除條約案預算案及財政案外，政府及第二院議員均得向第二院提出法案，此際第二院得先行討論。凡法案經兩院任何一院通過後，即移送另一院審議。第二院接到第一院移送之法案，應於兩個月內表示意見（但第二院審議預算案或財政案所需要的期間不得比第一院所需期間為長）。第二院表示贊同之意見，或於法定期間內不表示意見，政府應將第一院通過的法案公布之為法律。第二院表示不同的意見，則法案由兩院繼續反覆討論，一直至兩院能夠同意時為止。如果兩院不能於一百天內（預算案及財政案為一個月，緊急法案為十五天）獲得協議，則第一院可照自己所議決的最後條文通過，

⑸兩院發生衝突之時，開兩院聯席會議決定之。例如挪威，提案權屬於政府及第一院議員，第一院對於一切法案均有先議權，其所通過的法案，第二院只有承認與否決，不得修改。否決之時，原案退回第一院再議。第一院若仍照原案通過或加以若干修改，該案又移付第二院再議。第二院若仍予以否決，則開兩院聯席會議決定之。若能得到出席議員三分之二之同意，該項法案視為已獲國會通過（一八一四年憲法第七六條）❻❺。

第一次大戰之後，有些國家雖置兩院，事實上實為一院，為其代表的則為德國。德國為聯邦國，置 Reichstag（亦稱之為第一院）以代表國民，置 Reichsrat（亦稱之為第二院）以代表各邦。第二院對於各種法案，都沒有表決權，只有抗議權 (Einspruchsrecht)。即第一院通過的法律不必移送第二院審議。第二院不同意時只得提出抗議。第二院不提出抗議，該項法律視為完全通過於國會。第二院提出抗議時，總統應將該項法律退回第一院再議。第一院若以出席議員三分之二以上再予通過，總統可將該項法律提交公民複決，總統不行使這個權限，應即公布之。第一院若以出席議員三分之二以下再予通過，總統可將該項法律提交公民複決，總統不行使這個權限，該項法律不發生效力（威瑪憲法第七四條）。奧國一九二〇年憲法雖云：「立法權由全國國民所選舉的第一院 (Nationalrat) 及各邦議會所選舉的第二院 (Bundesrat) 行使之（第二四條）」。其實，法律是由第一院單獨議決，第二院只能對於第一院所通過的法律，提出抗議（關於預算等，不得提出抗議）。第二院不提出抗

或接受第二院所提出的修正意見一部分。

第五共和憲法之規定又復不同。提案權屬於國務總理及國會兩院議員，除財政法案須先提出於第一院外，其他法案可先提出於國會任何一院（第三九條）。兩院意見不能一致，國務總理得召開兩院聯席委員會，令其提議一種能夠得到兩院同意的法案。聯席委員會協議失敗，或其所提法案不能通過於兩院，內閣得要求第一院作最後決定（第四五條）。

❻❺ 關於兩院議員人數，請參閱二四八頁。

議，總統應將法律公布之。第二院提出抗議，第一院若以議員總數過半數之
出席（據第三一條規定，普通只要議員總數三分之一出席），出席議員過半數
之同意，再予通過者，總統應公布之（第四二條）。即其制度與德國同，而第
二院的抗議權尚比較德國的為弱。

　　最特殊的莫如奧國一九三四年憲法所規定的制度。第一次大戰之後，奧
國改國體為共和，其一九二〇年憲法所設置的第二院 (Bundesrat) 完全代表各
邦。一九二九年修改憲法，第二院稱為「各邦及職業的會議」 (Länder und
Standerrat)，即分為各邦會議及職業會議兩部分，各邦會議由各邦議會選舉代
表組織之，職業會議由各種職業團體選舉代表組織之。一九三四年奧國又修
改憲法，而將議會分做討論機關 (vorberatendes Organ) 與表決機關
(beschliessendes Organ) 兩部分（第四四條）。討論機關又分四部，第一部稱為
國家參議會 (Staatsrat)，由總統任命委員四十人至五十人組織之，任期十年。
第二部稱為經濟參議會 (Bundeswirtschaftstrat)，由職業團體選舉代表七十人
至八十人組織之，任期六年。第三部稱為文化參議會 (Bundeskulturrat)，由文
化團體選舉代表三十人至四十人組織之，任期亦六年。第四部稱為各邦參議
會 (Landerrat)，由維也納市長及八邦邦長或其財政廳廳長組織之，他們均各
以其本職的任期為任期（第四六條至第四九條及第五五條第一項）。而四種委
員會又各選代表，組織聯邦議會 (Bundestag)，以作表決機關。即國家參議會
互選二十人，經濟參議會互選二十人，文化參議會互選十人，各邦參議會九
名委員全部參加（第五〇條）。凡政府提出法案之時，應按照法案的性質，提
交各參議會，限其於一定期間之內，討論完竣。即經濟參議會可由經濟的立
場，討論經濟性質的法案。文化參議會可由文化的立場，討論文化性質的法
案。國家參議會則討論一切法案是否符合於國家主權及人民幸福的要求。各
邦參議會又討論一切法案是否不妨害各邦的利益（第六一條）。各種參議會在
預定期間之內若不討論，或已討論完畢，則將法案移請聯邦議會表決。此時
各參議會若有反對意見，可另派一人出席說明，而聯邦議會對於法案，非通
過，即否決，絕對不許修改（第六二條）。但法案經聯邦議會否決之後，總統

尚得提交公民複決。公民複決若把法案通過，則政府可用命令處理該項法律
所規定之事件（第六五條）。而總統在必要時尚得解散經濟參議會與文化參議
會，命令人民於百日內舉行新選舉（第五五條）。上述聯邦議會可以視為普通
的立法機關。最重要的國務，如議決宣戰案及選舉總統候選人（總統先由聯
邦大會用投票方法推舉候選人三名，次再召集各鄉鎮長開會於維也納，舉行
決選，以得票比較多數者為當選）二事，則不由聯邦議會為之，而由四種參
議會全部委員合組聯邦大會 (Bundesversammlung) 為之（第五二條）。這種特
殊的制度值得我們注意。

三、議會的職權

㈠立法權

　　議會為制定法律的機關，這是現今民主國的共通制度。所謂法律有兩種
意義，一是實質的意義，法律必為法規 (Rechtssatz)❻❻，就是普遍的規範
(generelle Norm)，有普遍的性質 (generelle Charakter)❻❼，而如 G. Meyer 所
說，法律以一般的或抽象的規定 (allgemeine oder abstrakte Vorschriften) 為內
容，與處分 (Verfügung) 之以解決個別的或具體的事件為目的者不同❻❽。何以
法律須有普遍性？因為法治政治乃對於一切的人，欲依同一的法規，作平等
的統治。盧梭有言："When I say that the object of the laws is always general, I
mean that the law considers subjects collectively, and actions as abstract, never a
man as an individual nor a particular action."❻❾法國革命之後，其一七九三年吉
倫丁憲法草案 (Constitution Girondine de 1793) 第七章第二節第四條云：「法律
的特質在於普遍性 (generalite) 和繼續性 (duree indefinie)」　❼⓪，也是表明此

---

❻❻ J. Hatschek, *Deutsches und preussisches Staatsrecht*, Bd. II, 2 Aufl. 1930, S. 4.

❻❼ C. Schmitt, *Verfassungslehre*, 1928, S. 139, 142.

❻❽ G. Meyer, *Lehrbuch des Deutschen Staatsrechts*, 6 Aufl. 1905, S. 551.

❻❾ F. W. Coker, *Readings in Political Philosophy*, 1938, p. 649.

旨。

二是形式的意義，即法律必由議會——代表人民的議會制定，而有較高的效力❼。因為法律乃規定人民相互之間或人民與國家之間的權利義務關係，所以人民在國家生活之下，有怎樣的地位，乃由法律決定之。換句話說，人民的生活常受法律的支配，法律的內容如何，對於人民，有很大的影響。現在使代表人民的議會制定法律，而議會制定的法律又有最高的效力，政府只能在法律的範圍內，發布命令或作各種處分，這樣，豈但法治政治可以維持，便是民意政治也可以實現了。

法治國所謂法律，在理論上須兼有兩種意義，一方指實質的意義而為普遍的規範，他方又指形式的意義而由議會制定之。但是議會不能對於一切事件，隨時制定普遍性的法規，而常委任行政機關——政府為之。這個時候民主國家單單要求政府發布普遍性的法規，須由議會授權。這種依議會授權、由政府制定的法規，形式上稱為命令，實質上無異法律❼。於是就發生一種問題；今日民主憲法無不明文規定命令不得違反法律。倘令法律只指實質的意義，則命令得依「後法推翻前法」(lex posterior derogat priori) 的原理，變更法律。倘法律必須兼指實質的和形式的兩種意義，亦有問題。像預算之類，它係政府與議會雙方的同意行為，苟因實質不是法規，而不視為法律，則政府將藉詞於其非法律，而用命令變更之。因此之故，今日民主國所謂法律均指形式的意義，凡由議會制定的，不問其內容如何，都稱為法律。例如上述的預算以及大赦、宣戰、媾和、公債的募集、領土的割讓，這些一切實質上雖是行政行為 (Verwaltungsakte)，形式上均以法律的形式為之❼。

---

❼ 引自 C. Schmitt, a. a. O. S. 140f.

❼ G. Meyer, a. a. O. S. 554. J. Hatschek, a. a. O. S. 4. C. Schmitt, a. a. O. S. 143.

❼ J. Hatschek, a. a. O. S. 4.

❼ J. Hatschek, a. a. O. S. 5. 關於此點，德國威瑪憲法規定頗為謹嚴。例如「宣戰媾和以法律 (durch Reichsgesetz) 為之」（第四五條第二項），「大赦需要法律為之」(bedurfen

　　法律雖由議會制定，但在法治國家，立法者本身也要受法律的拘束，因之議會如何制定法律，須依法定程序。其程序可以分為三個階段：提案、審議、公布。茲試分別述之。

1.提　案

　　提案是謂提出法律草案而成為議會討論的對象之意。凡有提案，議會對之有處理的義務，或積極的予以同意，或消極的加以否決。這種強制處理的性質便是提案與總統的咨文 (messages) 及人民的請願 (petition) 不同之點❼❹。

　　法案由誰提出，各國制度極不一致。

　　⑴有專屬於議會之議員者。美國本三權分立之義，以提案權為立法權之一，只惟兩院議員才得提出法案，政府對於某種事項若覺得有立法的必要，須把法案委託政府黨的議員向議院提出之❼❺。英國亦然。最初，提案權屬於國王，國會只能用請願的形式，要求國王起草某種法案，提出於國會。其後漸次演變，到了十五世紀亨利第五 (Henry V) 及亨利第六 (Henry VI) 時代，提案權遂歸屬於兩院議員❼❻。前此國會只能對於國王提出的法案表示承認與不承認，現在國王只能對於國會通過的法律，表示批准與不批准。由於這種歷史關係，時至今日，提案權法律上仍屬於兩院議員❼❼。不過英國與美國不同，國務員必兼為議院的議員，一個內閣常網羅兩院議員為國務員，使第一

---

eines Reichsgesetzes) （第四九條第二項），「國境之變更依法律 (auf Grund eines Reichsgesetzes) 為之」（第七八條第三項），「預算以法律 (durch ein Gesetz) 定之」（第八五條第二項），「募集公債依法律 (auf Grund eines Reichsgesetzes) 為之」（第八七條），就是表示上述各種舉措實質上雖是行政行為，形式上則為法律。

❼❹ J. Hatschek, a. a. O. S. 23.

❼❺ W. B. Munro, *The Government of the United States*, 5 ed. 1946, p. 337.

❼❻ D. J. Medley, *A Student's Manual of English Constitutional History*, 6 ed. 1925, p. 267.

❼❼ J. Hatschek, *Englisches Staatsrecht*, Bd. I, 1905, S. 444.

院議員的國務員提出法案於第一院，第二院議員的國務員提出法案於第二院，這種法案視為政府法案 (government bill)，與議員私人提出的法案 (private member's bill) 比較，常佔許多便宜。因為國會審議法案之時，須先討論政府法案，其通過的機會多，議員私人所提的法案每星期中只惟星期五一天方行討論，其通過的機會少 **❼❽**。

⑵有專屬於政府者，奧國一九三四年憲法只許政府提出法案，議會對於法案，非通過，即否決，不得修改（第六一條、第六二條）。提案權專屬於政府，其結果也，只有政府需要的法案否決於議會，沒有政府反對的法案通過於議會，所以議會只能用消極的方法，禁止政府實行其所欲行的政策，不能用積極的方法，強迫政府實行其所不欲行的政策。這種制度當然可以提高政府的權力。

⑶有屬於政府及議會議員雙方者，這是大多數國家的制度。因為最適宜行使提案權者，固莫如政府。政府負實際政治之責，知道國家需要那一種法律，既知各種法律之性質，又知各種法律之目的，復知各種法律之結果。但是知之者未必就是好之者，故為預防政府之怠慢或惡意，列國憲法多同時承認政府與議會議員均有提案權。比利時制度（憲法第二七條）就是其例。

⑷有除政府與議會議員之外，尚承認其他機關也有提案權者，例如秘魯最高法院關於司法問題有提案權（一九三三年憲法第一二四條）。墨西哥承認各邦議會得向國會提出法案（一九一七年憲法第七一條）。義大利承認五萬公民或五省議會得依間接創制 (indirect initiative) 之法，提出法案於國會（一九四七年憲法第七一條第二項）。

議會議員之有提案權的⑴是否需要多數議員連署？一位議員不得單獨提出，如瑞士是（憲法第九三條第一項），英美亦然。或必須多數人連署，如德國須有議員十五人連署，才得提出法案（一九二二年制定的

---

❼❽ R. K. Gooch, *The Government of England*, 1937, pp. 174–175. W. B. Munro and M. Ayearst, *The Governments of Europe*, 4 ed. 1954, p. 185.

Geschaftsordnung fur den Reichstag 第四九條)。⑵議員所得提案之範圍如何？
這當然是以議會或議院所有的權限為標準，例如議會議決預算，而編制預算
之權屬於政府，議會批准條約，而訂立條約之權屬於政府，所以議會對斯二
者沒有提案權。⑶議員所提法案之形式如何？各國制度均令議員提出完整的
法案，不許議員提出法案的原則。捷克一九二〇年憲法且云：「各院議員所提
之法案應估計施行時必要的經費並計劃經費的來源」（第四一條第二項）。

　　最後尚有一個問題值得討論。那一個機關有提案權，憲法必有明文規定。
憲法特舉議會而無明文規定政府有提案權者，依拉丁法諺所謂「特舉一人或
一物者，應認為排斥其他」（expressio unius personae vel rei est exclusio
alterius），而解釋其無提案權焉。這是列國的通例。議會為立法機關，倘憲法
只云「議決法案」，不云「提出法案」，法理上，議會有沒有提案權呢？關此，
有兩種不同的意見。或謂議決有「通過」，「否決」及「修改」三種，凡承認
議會有議決權者亦必承認議會有修改權。修改無異提案。因之，凡承認議會
有修改權者，又必承認議會有提案權。即議決權包括修改權，修改權又包括
提案權。其承認議會有議決權，而不承認議會有提案權者，憲法須有明文規
定，否則應解釋為議會有提案權。舉例言之，奧國一九三四年憲法只許議會
(Bundestag) 有議決權（第五一條），故乃明文規定提案權專屬於政府（第五
一條第六一條），又明文規定議會對於政府提出的法案，只能通過或否決，不
得修改（第六二條第三項），這是積極的意見。但是修改固然可以視為提案，
而修改必有一定限界，即不能離開原案，而須受原案的拘束。原案要徵收累
進的所得稅，修正案不能把它改為免除人民的兵役義務。這是自明之理，無
庸我輩贅言。真正的提案乃與原案無關，在原案的範圍外，提出獨立的法案。
所以議決權雖然包括修改權，而卻不能包括真正的提案權。考之各國制度，
凡承認議會有提案權的，憲法亦必有明文規定，其例之多真所謂「比比皆
是」。挪威憲法明文規定政府及第一院議員有提案權，而未曾提到第二院（一
八一四年憲法第七六條），於是依拉丁法諺所謂「明示規定其一者，應認為排
斥其他」(expressio unius est exclusio alterius)，「省略規定之事項，應認為有意

省略」(casus omissus pro omisso habendus est)，第二院遂沒有提案權焉。這是
消極的意見。但是普魯士一九二○年憲法（第二九條第一項）只云「議會依
本憲法之規定，議決法律」 (Der Landtag beschliesst uber die Gesetze nach
Massgabe dieser Verfassung)，只有「議決法律」(Gesetz zu beschliessen)，未
曾 提 到 提 出 法 案 (Gesetzesvorlage zu einbringen)，而 其 議 事 規 則
(Geschaftsordnung) 第三二條又云「議員若有十五人連署，得提出法案」。日
本一九四六年憲法也沒有明文規定議會兩院有提案權（但第七二條明文規定
政府有提案權），而其國會法第五六條又云：「一切議員得提出法案」，此又可
以證明消極的意見未必與今日法制相符。

2.審　議

　　審議是指議會討論並表決法案。法律之良窳對於國計民生，影響甚大。
A. Hamilton 有言 ： "In the legislature, promptitude of decision is oftener an evil
than a benefit" ❼❾。所以各國制度關於法案之審議無不鄭重其事，與其失之粗
濫，寧可失之緩慢。議會設置兩院，就是要防止立法之草率疏忽。而在一院
制之國家，例如芬蘭，其議會議事規則且謂，法案在第三讀會，若有議員一
人要求，得延期至下一屆會期審議；在下屆會期，若再有三分之一議員要求，
得延期到下一屆議會表決。新議會對這法案，可視為已經通過二讀會而處理
之。一九二四年議會審議的法案共有一一三件，其中二十二件展期至下屆會
期審議，五件展期至下屆議會表決 ❽⓿。這種手續無非是要預防議員們受了感
情的衝動，任意通過法案，而致害到國計民生。議會縱是採用兩院制，其立
法程序也基於「寧緩勿濫」之意，採用三讀會 (three readings) 的方法。三讀
會之制發祥於英國，乃三次朗讀法案條文，即三次討論法案之意。其後由殖

---

❼❾ The Federalist (Modern Library), No. 70, p. 458.

❽⓿ A. Headlam-Morley, *The New Democratic Constitutions of Europe*, 1929, pp. 150, 151,
　　note 1. 但政府召集臨時國會而討論政府法案之時，不適用這個規則。

民地議會傳至美國，而法德兩國亦受 J. Bentham 所著的 *Political Tactics* 的影響，採用其制❽。茲將英美德（威瑪憲法時代）法（第四共和）❽四國的讀會制度，列表比較如次❽：

國名 讀會	英　國	美　國	德　國	法　國
一讀及其後	一、第一讀會由議院議長呼喚提案人姓名，提案人將法案送至秘書桌上，由秘書朗讀法案標題。	一、第一讀會只登載法案標題於議事日程上。 二、法案交付有關委員會審查，委員會得修改之，或束之高閣。 三、委員會報告審查意見於院會。	一、第一讀會討論法案的原則，表決應否交付審查或保留。 二、通過後，法案交付有關委員會審查。 三、委員會報告審查意見於院會。	一、各種法案由第一院議長，按其性質，交付有關委員會審查。委員會經詳細討論後，得修改之。 二、委員會報告審查意見於院會。 三、院會對法案

❽ 參看 H. Finer, *The Theory and Practice of Modern Government*, Vol. II, 1932, p. 792.

❽ 法國一七九一年憲法不但要求三讀會，並且要求每次讀會須相隔八天。第三共和之後，改為二讀會，每次讀會相隔五天。一九一五年以後，又減少為一讀會，但其審議程序與三讀會很少區別，必要時，得依議院的決議，舉行二讀會。參看 H. Finer, op. cit., p. 799f.

❽ 關於英國，參閱 W. B. Munro and M. Ayearst, *The Governments of Europe*, 4 ed. 1954, pp. 174f., 183ff. R. K. Gooch, *The Government of England*, 1937, pp. 169ff., 176ff. 關於美國，參閱 F. A. Ogg and P. O. Ray, *Essentials of American Government*, 7 ed. 1952, pp. 214, 224f. 委員會的數目及委員人數乃隨時變更。

關於德國，參閱 J. Hatschek, *Deutsches und preussisches Staatsrecht*, Bd. II, 2 Aufl. 1930, S. 55ff. 關於西德制度，參閱立法院譯印《德國聯邦眾議院議事規則》。（民國七十一年元月）關於法國，參閱 R. K. Gooch, The Government and Politics of France (in J. T. Shotwell, *The Governments of Continental Europe*), 1952, pp. 104, 105ff. 關於法國制度，參閱立法院譯印《法國眾議院議事規則》。（民國七十一年元月）

二讀及其後	二、第二讀會討論法案的原則，表決應否交付審查或保留。 三、通過後，法案交付有關委員會審查，委員會予以詳細討論，並得修改之。 四、委員會報告審查意見於院會，院會詳細討論法案。	四、第二讀會就委員會的審查意見逐條討論，並加修改。討論畢，表決應否舉行三讀。	四、第二讀會對法案逐條討論，並得加以修改。討論畢，表決應否舉行三讀。	作廣泛討論，表決應否逐條研究。 四、院會將法案逐條提出討論，並得修改之。 五、院會將法案全案付表決。
三　讀	五、第三讀會將法案全案付表決。此際除文句外，不得修改內容。若要修改，須再提交委員會為之。	五、第三讀會將法案全案付表決。	五、第三讀會對法案再作廣泛討論，此際尚得修改。最後則將法案全案付表決。	
備　考	委員會有全院委員會及常設委員會兩種。有必要時，尚得設置特種委員會。全院委員會以該院全體議員組織之，用以審議金錢法案及特別重要的法案。常設委員會分四組，各由議員三十人至五十人組織之。全院委員會與院會不同之點有二：第一、院會以該院議長為主席，全院委員會另舉一位議員為主席。第二、院會不許同一議員對同一問題發言兩次，全院委員會准許同一議員對	一九四六年以後，第一院有十九個委員會，人數最多的為撥款委員會的五十人，最少的不過九人。第二院有十五個委員會，除撥款委員會為二十一人外，其餘皆十三人。 法案經一院通過之後，須送至別一院。別一院亦用三讀會的程序，加以審議，若有修改，應退回原院再議。倘令兩院意見不能一致，則開兩院協議委員會（Conference Committee），調和雙方的意見。調和	每次讀會至少須隔兩天，必要時，得縮短之。但同一法案要在一日之內完成三讀手續，若有一人反對，就不得為之。 每個委員會由議員二十八人組織之。	逐條討論之後，若有議員一人提議須開二讀，經院會決定後，法案又提交有關委員會審查，待其報告審查意見後，再開院會審議之。 兩院各有十九個委員會，每個委員會在第一院有委員四十四人，在第二院有三十人。 法案經第一院通過之後，須送至第二院，第二院亦依上述程序，加以審議。兩院的意見不

	同一問題，陸續發言。法案通過於一院之後須送至別一院。別一院亦用三讀會之程序，加以審議。若有修改，應退回原院再議。倘令兩院意見不能一致，則法案算做否決於國會。	不能成功，法案算做否決於國會。		能一致，該法案退回第一院再議，再議時，第一院所作決議有確定的效力。

關於議會的立法工作，有數個問題應該特別提出討論。

⑴委員會在整個立法過程之中所佔地位之重要性如何？議會議員人數很多，集合數百人於一堂，以審議法律草案，已經不易。何況現今政治受了經濟上技術革命的影響，也有各種分工，而需要各種專門學識。議員若只有常識，他們對於現代專門化的法案未必有審議之力。議員若是專家，他們對於非其所長的法案也未必能夠別其是非善惡。各種委員會就是為了匡救這種缺點而設置的。但委員會的重要性，各國未必相同。美國之制，委員會的權力甚大，每次會期提案約有數千，而交付委員會審查之後，其能脫穎而出的為數甚微，每個委員會審查法案而肯報告於院會者，平均不過百分之十五至二十，其餘無不束之高閣，不予審查，令其自歸消滅❽④。而法案能否通過，又完全以委員會的審查意見為標準，院會不過照審查意見而作決定。法案的運命取決於委員會的審查，所以委員會乃是「議院的耳目與手，甚且可以稱為議院的腦」❽⑤。反之，英國之制則與此殊。委員會沒有什麼權力。院會的討論極為重要，並且一切比較重要的政府法案尤其是涉及黨爭問題的法案，必提交全院委員會 (Committee of Whole House) 審議之。全院委員會由該院全體

---

❽④ W. B. Munro, *The Government of the United States*, 5 ed. 1946, p. 340f.

❽⑤ H. Finer, op. cit., p. 827f.

議員組織之，與院會無甚區別。所不同者不過主席另舉一人及議員發言次數沒有限制而已。此蓋法案多由政府提出，而重要的政府法案的運命也便是內閣的運命，苟遭否決，內閣必至推翻。所以法案的起草甚見慎重，不但令專家起草，而且於提出議會以前，尚須經內閣會議詳細討論。法案的形式和內容已極整齊，那末委員會的審議當然不甚重要❽。其他各國大率介在英美之間，委員會的審查意見雖然沒有美國那樣重要，而對於法案的運命卻有相當的影響。

　　⑵政府對於議會的立法工作之控制力如何？前曾說過，今日重要的法案多由政府提出，但是審議法律之權既然操於議會，則議會是否遵從政府之意，制定法律？這又視政府控制議會之力大小如何而定。英國政府是一黨內閣，黨的力量常能透過黨員，而及於議會之上。議會每年通過的法案多係政府法案，且照原案通過，若有修改，亦須預先得到政府同意。至於議員私人提出的法案 (private member's bill)，苟其內容比較重要，當其開第二讀會之時，必有國務員一人發表意見，說明政府對這法案的態度是贊成乎，是反對乎，抑是中立乎❽。所以 L. Lowell 說：「在今日，內閣已經成為立法部，議會不過予以助言並表示同意而已」❽。反之，歐洲大陸各國，例如法國，情形與英國殊。法國政府都是聯合內閣，黨的力量不能控制過半數的議員，而議員的黨派關係又復朝秦暮楚，離合無常。因此之故，縱是政府法案 (projet de loi)，一旦提出於議會之後，內閣就無法控制。委員會討論法案，內閣不能指導，其如何處理，一任委員會為之，縱令委員會修改為另一個法案，內閣亦莫如之何。法案提付院會討論之時，負責說明的不是國務員，而是委員會的代表 (Rapporteur)，有時內閣不但不能支持原案，且須勸告院會否決委員會的修正案❽。情況如斯，政府控制力的薄弱可以知道。美國情況似在英法之間，美

❽ J. Bryce, *The American Commonwealth* (new ed.), Vol. I, 1926, p. 168.

❽ J. Bryce, op. cit., p. 170.

❽ L. Lowell, *The Government of England*, Vol. I, 1912, p. 326.

國雖是兩黨對立之國，但總統任期四年，第一院任期二年；第二院任期六年，每二年改選其三分之一。所以總統與兩院的多數黨不能始終屬於同一的黨。而且美國總統又與英國內閣總理不同。在英國，凡人必須先為黨之領袖，而後才能得到內閣總理的地位。在美國，凡人當選為總統之後，黨即承認之為領袖，一旦任期屆滿，就要失去黨的領袖的資格。總統與黨的關係不甚密切，而議院之內又另有黨之領袖，他們雖和總統同黨，苟總統不是雄才大略之人，他們未必願意接受總統的意見。所以多數黨雖然能夠控制議會，而總統卻未必能夠透過多數黨，控制議會。

(3)公意對於議會立法之影響如何？民主政治是公意政治，民意之所在稱為公論 (public opinion)。一個政黨要想於下屆議會或總統改選之時，再握政權，必不敢故意違反公意，而制定人民反對的法律。所以立法權雖然屬於議會，而公論乃不斷的監視議會，議會也不斷的顧慮公論。這是公意間接影響於立法。時至今日，公意不但間接，且又直接對於立法給予以相當的影響。其最顯著的則為人民的直接立法 (direct legislation)。前曾說過，人民有了創制權，不但自己可以制定法律，而且可令議會畏懼人民創制，而即制定人民需要的法律。人民有了複決權，不但自己可以撤銷法律，而且可令議會畏懼人民複決，不敢制定人民反對的法律，關於這個問題，當詳論於後，茲不多贅。現宜特別說明者，則為美國的「聽證會」(public hearing) 之制度。即委員會討論法案，均採公開形式，公告開會的時期，准許人民對該項法案有利害關係的，有特別經驗的，或有專門學識的，列席會議，發表意見，用此測定公意所在，並供委員會的參考❾。其用意不可謂不佳，然而因此竟然發生

---

❽ E. M. Sait, *Government and Politics of France*, 1920, pp. 204f., 211f.

❾ H. Finer, op. cit., p. 829.

現今日本亦採用「聽證會」之制，可參閱其一九四七年國會法第五一條之規定。與此關聯的，尚有眾議院規則第七章第三節（第七六條至第八五條）及參議院規則第七章第二節（第六〇條至第七一條）之規定。

了一種組織，叫做 lobby（院外團）。各種公司為要促使委員會通過某種法律或否決某種法律，乃雇用許多政客，稱為 lobbyist（院外運動員）❾❶。他們的活動若只限於喚起輿論，闡明事實，原亦不可厚非。但是他們急於成功，不惜違反法律，利用鉅金，誘惑議員，使其採納公司的意見，其勢力之大竟使人們誤信，在美國，制定法律的不是議員，而是 lobbyist。甚者且稱 lobby 為第三院 (Third House) ❾❷。lobby 之禍在各邦似比聯邦議會為大。各邦及聯邦固曾制定法律，取締 lobbyist 之不法運動，但其效力並不甚大❾❸。

　　⑷民主政治是公意政治，而代表公意的則為民選的議會。盧梭曾經說過，英國人自認為自由，其實他們的自由只在選舉一瞬間，選舉一了，他們都變成奴隸。此言未免偏激。然而今日民主政治固然有恃於議會的活動，而為行政方便起見，又不欲議會活動的期間太長。英國國會兩院每年於十月底十一月初開會，至聖誕節停會，翌年一月底二月初又開會，至七月底八月初閉會，即每年開會期間約八個月。美國國會兩院均於每年一月三日午時開會（美國憲法修正增補條文第二○條第一項），依一九四六年的立法調整法 (Legislative Reorganization Act)，除非戰時或國家危急時國會另有規定外，國會應在每年七月底以前閉會❾❹。又如比利時憲法（第七○條第二項）規定「國

---

❾❶ 關於 lobby 請閱 C. O. Johnson, *American National Government*, 3 ed. 1954, p. 350ff.

❾❷ 參看 H. Finer, op. cit., p. 767. W. Anderson, *American Government*, 3 ed. 1947, p. 488.

❾❸ W. Anderson, op. cit., p. 489. C. O. Johnson, op. cit., p. 355.

❾❹ 美國國會以兩年為一任期，因為下議院議員任期兩年，上議院議員也是兩年改選其三分之一。一九三三年以前，兩年分兩次開會，第一次稱為長期會 (long session)，於選舉翌年即奇數年十二月第一個星期一日開會（第一條第四項第二目），至翌年七八月間閉會。第二次稱為短期會 (short session)，於選舉之年即偶數年十二月第一個星期一日開會，至遲必於翌年三月四日閉會。但是國會是於十一月改選，議員的任期則於翌年三月四日午時開始，而於二年後三月四日午時終止。所以短期會開始之時，開會者不是新議員，而是舊議員。新議員須遲至十三個月之後，即翌年十二月長期會開始時，才得集合開會。這是不合理的事，所以一九三二年國會修改憲法，規定兩院議員

會兩院每年至少要開會四十天」。法國第五共和憲法（第二八條）規定「國會每年自行集會兩次。第一會期於十月第一個星期二日開始，於十二月第三個星期五日結束。第二會期於四月最後一個星期二日開始，會期不得超過三個月」。即每年兩次開會合計起來，尚不及六個月。凡議會定有會期者，多採用兩個原則，一是「一事不再議」的原則，即在同一會期之內，一種議案否決之時，不得再行提出。二是「會期不繼續」的原則，即一種議案在會期終了之時，尚未決定者，該議案即歸消滅；下屆會期須重新提出，重新由第一讀會開始討論。

3. 公　布

法律經議會通過之後，尚須移送元首公布。公布的程序可分為二，一是簽證 (Ausfertigung)，由元首依法定程序，署名於法律之上，而證明該項法律是依法制定，並證明該項法律與議會所通過的原文完全一致。二是刊告 (Verkundigung)，由元首將簽證的法律，刊行於政府公報之上。法律制定之後，必俟這兩項程序完成，而後才發生效力。

元首對於議會通過的法案，是否必須公布，而無任何阻撓的權力？關此，列國制度未必相同，其不許元首拒絕公布的為數不少。其許元首拒絕公布的，又可以大別為兩種。

⑴**絕對的否決權**　法案經議會通過之後移交元首公布。元首不予公布，

的任期均於選舉翌年一月三日午時開始（修改條文第二○條第一項），除國會另以法律指定開會日期之外，每年均於一月三日午時開會（修改條文第二○條第二項）。這個修正案，於一九三三年得到各邦批准，已經發生效力。自是而後，會期長短沒有限制，苟有必要，可以全年開會，普通大約每年開會五六個月。但根據一九四六年的立法調整法 (Legislative Reorganization Act)，除非戰時或國家危急時國會另有規定外，國會應在每年七月底以前閉會。參閱薩、劉合著《各國憲法及其政府》，五○頁（英國）及一一二頁（美國）。

該項法案便歸消滅，這稱為絕對的否決權 (absolute veto power)。這種制度創始於英國，許多君主國亦採用之❾❺。惟按實際情形，君主國的元首很少行使這個權力。比方英國，學說上英王至今尚有絕對的否決權，但自一七〇七年女王安妮 (Anne) 拒絕公佈 Scotch Militia Bill 之後，迄今將近三百年，卻未有不公布之事❾❻。比利時自一八三一年發布憲法以後，迄至今日，元首不公布議會通過的法案，只有一八四二年及一八八四年兩次。兩次皆不是違反議會之意，拒絕公布，而是因為法案的通過，法律上有些問題，元首知道公布之後，議會亦將制定一個新法律以廢除之❾❼。普魯士在革命以前，元首未有拒絕公布的事。奧國在帝政時代，元首行使否決權，只有一八七六年關於教士的法律一次❾❽。此蓋自責任內閣制發達之後，議會的多數派常與內閣屬於同一政黨。內閣反對的法案固不會通過於議會。倘令議會必欲通過，內閣亦得預先解散議會，藉以防止議會制定該項法律；否則引咎辭職，使通過該項法

---

❾❺ 固然君主國的元首大率都有絕對的否決權，但又未必皆然。挪威憲法制定於一八一四年，當時三權分立之說盛行於世，所以它只認元首有限制的否決權，即國王對於議會通過的法案，只得拒絕批准兩次。凡三屆議會繼續通過同一法案三次，在其第三次通過時，縱令國王不予批准，亦得成立為法律（第七九條）。反之，共和政體的行政首長而有絕對的否決權者，過去也有其例。美洲殖民地脫離英國而獨立之時，South Carolina 一七七六年憲法曾給予邦長以絕對的否決權，二年之後，修改憲法，又一變而不許邦長有任何否決權，及至一八六八年修改憲法，才又給予邦長以限制的否決權 (J. A. Fairlie, "The Veto Power of the State Governor" in the *American Political Science Review* XI, 1917, pp. 475, 477)。

❾❻ D. J. Medley, op. cit., p. 339. W. R. Anson, *The Law and Custom of the Constitution*, Vol. I, 5 ed. 1922, p. 337.

❾❼ P. Errera, *Das Staatsrecht des Konigreichs Belgien*, 1909, S. 53.

❾❽ 美濃部達吉譯，《エリネツク氏憲法變化論》 (G. Jellinek, *Verfassungsänderung und Verfassungswandlung*, 1906)，載在《憲法及憲法史研究》，明治四十一年出版，七二三頁。

案的反對派出來組織內閣。

⑵**限制的否決權** 法案經議會通過之後移送元首公布，元首若不贊同，只得交還議會覆議 (reconsider)，待議會不復維持原案之時，該項法案才歸消滅，而不成為法律。這稱為限制的否決權 (qualified veto power) 或停止的否決權 (suspensive veto power)。這個制度創始於美國各邦❾❾，而當一七八七年美國制定聯邦憲法之時，關於否決權之制，許多人士一方不欲總統和過去英王一樣，有絕對的否決權，他方又不欲議會不受任何牽制，而得自由制定法律，於是就於「絕對否決」與「毫無否決」之間，採用了「限制否決」之制。凡

---

❾❾ 美國各邦在殖民地時代，均置議會，以作立法機關。但議會通過法案，邦長 (Governor) 對之有否決權，而邦長批准之後，英王對之又有否決權。即殖民地議會制定法律，可由兩種機關否決之，一是邦長，二是母國政府。獨立宣言攻擊英王喬治第三 (George III)，謂其 "refused his assent to laws the most wholesome and necessary for the public good"，可知當時英王濫用否決權之甚。到了美洲宣告獨立，十三邦之中，只惟三邦尚承認邦長有否決權，一是 South Carolina 一七七六年憲法，承認邦長有絕對的否決權，二年之後又不許邦長有任何否決權，一直到一八六八年才又給予邦長以限制的否決權。二是 New York 一七七七年憲法，設置一個覆審會議 (Council of revision)，由邦長 (Governor) 大法官 (Chanceller) 及最高法院推事組織之，一切法案經議會通過之後，應移送覆審會議，覆審會議在十日內，得申明理由，交還議會覆議。議會兩院若各以議員總數三分之二維持原案，該項法案便成為法律。一八二一年 New York 修改憲法，又把否決權由覆審會議移屬於邦長。三是 Massachusetts 一七八〇年憲法，凡法案經議會通過之後，應移送邦長批准，邦長在五日內，得申明理由交還議會覆議。覆議時，議會兩院若各以議員總數三分之二維持原案，該項法案便成為法律。即 New York 與 Massachusetts 兩邦制度比之過去殖民地時代，有兩點不同：一是邦長須在一定期間之內行使否決權，二是議會對於邦長所否決的法案，得以三分之二之多數，再通過之。自美國制定聯邦憲法，模倣 Massachusetts 之制，給與總統以限制的否決權之後，各邦亦陸續採用斯制。時至今日，除了 North Carolina 之外，無不承認邦長有限制的否決權 (J. A. Fairlie, op. cit., pp. 474–477)。

議會通過法案,移交總統公布,總統得於十日內,申明理由,交還議會覆議。覆議時,議會兩院非各以出席議員三分之二維持原案,總統無須公布之為法律(美國憲法第一條第七項第二目)⑩。法(第五共和憲法第一〇條,第三共和及第四共和憲法亦有同樣規定)義(一九四七年憲法第七四條)總統也有這個權力。其與美國不同者,總統交還覆議之時,議會兩院若有出席議員過半數維持原案,總統便須公布之為法律。前此議會兩院各以出席議員過半數之同意,通過該項法案,現在何難仍各以出席議員過半數之同意,維持原案。所以法國自第三共和以來,總統未曾行使過這個權力。反之,美國總統卻常常利用否決權,以抵抗議會。據 J. Bryce 說,華盛頓在其任期八年之內不過兩次,其繼任總統行使否決權,直至一八三〇年為止,只有七次。到了傑克遜(A. Jackson,任期 1829–1837)為總統之後,漸次增加。然自建國而至於一八八五年(C. A. Arthur 任期屆滿),九十六年之間亦僅有一三二次(其中尚包括有 pocket veto)。及至克勒夫蘭(G. Cleveland 第一次任期為 1885–1889,第二次任期為 1893–1897)就職,在其第一次任期之內就有三〇一次。大部分是參加南北戰爭的北方軍人要求年金的法案。當其提出於議會之時,幾乎無異議的通過,而交還覆議之後,議會兩院能以出席議員三分之二之同意,再予通過者,不過兩次⑪。由美法兩國總統行使否決權之情形,而即主

---

⑩ 美國之制,議會通過的法案移送總統公布之時,總統有四種方法,處置該項法案。第一總統贊同該項法案,可署名公布之,使其發生法律之效力。第二總統反對該項法案,得於十天之內,申明理由,交還議會覆議,議會兩院非各以出席議員三分之二以上維持原案,原案不能成為法律。第三總統不願意署名,而退還覆議,又將引起糾紛者,可置之不理,經過十天之後,該項法案無須總統署名公布,就可發生法律之效力。第四在議會閉會前不及十天之內,總統接到議會移送的法案,可束之高閣,使該項法案自歸消滅,這稱為 Pocket veto (W. B. Munro, *The Government of the United States*, 5 ed. 1946, p. 175f.)。

⑪ J. Bryce, *The American Commonwealth* (new ed.), Vol. I, 1926, pp. 58–59.

張否決權只能存在於總統制的國家，又未免過於武斷。第一次大戰之後，歐洲民主國家一方採用內閣制，同時又承認總統有否決權者，為數不少。過去拉特維亞 (Latvia) 及立陶宛 (Lithuania) 二國總統的否決權，固然是和法國總統一樣，微弱無力。凡法案退還議會（兩國議會皆一院制）覆議之時，在拉特維亞（一九二二年憲法第七一條，總統須於法案送達後七日內），可由出席議員過半數之決議，在立陶宛（一九二二年憲法第五〇條，總統須於法案送達後二十一日內），可由議員總數過半數之決議，使總統的否決權歸於無效。捷克（一九二〇年憲法第四七條、第四八條）總統的否決權較大，法案經議會兩院通過，而移送總統公布之時，總統得於一個月內，申明理由，交還議會覆議。覆議時，兩院若各以議員總數過半數，用記名投票法，維持原案，總統應公布之。倘在兩院不能得到過半數，則再舉行記名投票一次，第一院若有議員總數五分之三維持原案，總統亦應公布之。芬蘭（一九一九年憲法第一九條，參閱第二〇條）總統的否決權更大，凡法案經議會（一院制）通過，而移送總統批准之時，總統在三個月內，不予批准，該項法案就不能成為法律。但議會改選之後，若將原案，不加變更，再行通過者，該項法案雖未經總統批准，亦得成立為法律。此外，在採用公民複決的國家，例如過去德國（威瑪憲法第七三條第一項、第七五條），凡議會通過的法案，總統在一個月內，得於公布以前，提交公民複決。若有公民總數過半數參加投票，而又有投票總數過半數反對該項法案者，總統無須公布之為法律。這種制度也屬於限制的否決權之一種。此種例子均是第一次大戰以後的制度，今日有否修改，因無資料，不敢下以論斷。

茲宜特別注意者，各國所謂覆議，必限於議會通過的法案，至於議會否決的法案，絕不許提請覆議。何以故呢？覆議的結果，可由少數人的意思，推翻多數人的決議。議會所通過的，用覆議之法，令其否決，這不過依少數人的意思，使原有法律秩序維持現狀。議會所否決的，倘用覆議之法，令其通過，那便是依少數人之意思，使原有法律秩序發生變化。今日民主政治固然不但遵從多數人的意思，且又保護少數人的權利。剛性憲法可由少數人之

反對而不能修改，法院之審查法律有否違憲，得以數名之法官，拒絕適用議會制定的法律，這種制度皆出於保護少數人權利之意。但是我們須知各國之保護少數人權利，也均只令少數人的意思發生消極的效果，絕不令少數人的意思發生積極的效果。換言之，國家只能給與少數人以消極的阻止力，使少數人既得的權利及少數人所擁護的現有制度不至變更，絕沒有給與少數人以積極的建設力，使他們未得的權利能夠得到，他們認為有利而未存在的制度能夠建立起來。君主國的元首雖有絕對的否決權，而對於多數人的決議，也只有阻止的作用，並沒有強迫議會通過少數人所贊成的法案。捷克總統得將議會通過的法案，交還議會覆議（一九二〇年憲法第四七條、第四八條），至於議會否決的法案，則只能提交公民複決（第四六條），這不是以少數壓倒多數，而是要用更大的人民多數壓倒議會多數。由此可知議會通過某一種法案，政府若不贊同，只能照原案交還覆議；不得修改之後，交還覆議。同樣，政府提出某一種法案，經議會修改之後，政府交還覆議，議會若不能維持修正案，此際修正案固然消滅，而政府提出的原案，並不會因之發生效力。

關於覆議，有數個問題應加討論。

⑴政府交還覆議，是否應在一定期間內為之。今日民主憲法為了預防政府把議會通過的法案，束之高閣，常用明文規定政府公布的期限。因此之故，政府自應在這個期限之內，交還覆議。例如美國以十日（由法案送達總統時起算，星期日不在內）為期限，過此期限之後，法案雖未經總統公布，亦成立為法律（美國憲法第一條第七項第二目）。法國以十五日（第五共和憲法第一〇條。第三共和憲法以一個月為限，但國會申明緊急者，得縮短為三日。第四共和憲法以十日為期限，但國會申明緊急者，得縮短為五日）為期限。我們以為期限太短，政府將無暇詳細考慮，而致無需覆議者交還覆議，不宜公布者反而公布。巴拿馬一九四六年憲法關於此點，規定比較精細，凡條文在五十條以下者，總統應於六日內；五十條以上二百條以下者，應於十日內；超過二百條以上者，應於十五日內，退還國會（一院制）覆議（第一二九條第一項）。過此期限之後，由國會議長公布之（第一三二條）。

(2)議會要推翻政府的否決權，須有多少票數維持原案。前已說過，美國以每院出席議員之三分之二（憲法第一條第七項第二目），法國以每院出席議員之過半數（第五共和憲法第一○條第三共和憲法及第四共和憲法亦然，但第五共和時代，國會的權力大見削弱，總統的覆議及議院當若干議員維持原案已不甚重要）❿。覆議時法定人數定得太低，將使政府的否決權成為具文，定得太高，政府又將濫用否決權，以掣肘議會的立法工作。然此也要看提案權屬於那一方面。法案多由議員提出，而政府又缺乏控制議會之力者，法定人數無妨提高，否則政府將無法反抗議會強迫政府為其不欲為之事。反之，政府若有控制議會之力，而重要的法案又由政府提出者，政府的否決權本來沒有什麼用處，法定人數雖然定得很低，也是無害於事。

(3)政府交還覆議之時，議會可否修改原案，而表決之。依美國憲法（第一條第七項第二目）規定，此際國會兩院議員只能對原案，表示「是」與「否」(But in all such Cases the votes of both Houses shall be determined by yeas and nays)，菲律賓憲法（一九三五年制定一九四七年修改的憲法第二○條第一項）亦有同樣文字的規定 (In all such Cases of each house shall be determined by yeas and nays)。其他各國雖然憲法上沒有明文規定，其實乃是當然的事。覆議之意不在於變更原案，而在於打消原案，即其目的不在於積極的創立一個新制度，而在於消極的使新制度無從創立。G. Jellinek 有言，在一個議院之內，少數人的投票比之多數人的投票，若有更大的價值，這是上下顛倒。但國家無妨給予少數人以消極的阻止力，使少數人能夠保存他們既得的權利，並擁護他們認為有利而已存在的制度。否決權 Veto 是少數人的唯一武器。但使用之時，只宜許其發生消極的效果❿。因此之故，覆議之時若有建設性的

---

❿ 巴拿馬之制，覆議時，若有出席議員三分之二贊同原案，總統應予批准而公佈之（第一三○條第二項）。但總統認為法案違憲而持異議，而國會仍以出席議員三分之二之多數維持原案者，則原案移送最高法院判定（第一三一條）。

❿ G. Jellinek, *Das Recht der Minoritäten*, 1898, S. 39.

修正，試問表決之法是否仍用覆議時表決之法？何況修正案通過之後，政府是否還可以交還覆議，亦不失為一個問題，故在學理上，議會對於交還覆議的法案，只得表示「是」與「否」，不宜加以修改。

　　(4)政府可否只對法案的一部 (item) 交還覆議。美國憲法沒有明文規定，依慣例，這是絕對禁止的，總統必須批准全案或否決全案，不能作部分否決 (item veto)。因此之故，美國總統常常遇到一種困難：在支出法案 (appropriation bill) 之中縱有一項或數項跡近浪費，不能令人滿意，總統亦須批准全案，即如 W. B. Munro 所言："The President must take the chaff with the wheat"，否則不能得到資金，而致其他政策也將無法執行❿。按政府對於支出法案有部分否決之權，乃開始於美國南北分立之際，一八六一年南方各邦所制定的 Constitution of the Confederate States (1861–1865)。而自從一八六五年 Georgia 及 Texas 兩邦採用之後，各邦皆相率修改憲法，承認邦長對於支出法案有部分否決的權。時至今日，採用斯制者，共有三十六邦。而 Washington 於一八八九年，South Carolina 於一八九五年修改憲法，承認邦長對於一切法案，均有部分否決的權❺。菲律賓現行憲法（一九三五年制定，一九四七年修正）第二〇條第一項承認總統對於一切法案有交還覆議的權，第二項承認總統對於支出法案 (appropriation bill)，有部分否決的權（否決之項目對於其他項目不能有任何影響，否則總統須否決一切有關項目），第三項承認總統對於收入法案或關稅法案 (revenue or tariff bill)，有部分否決的權。即其部分否決權亦只限於預算案及賦稅案。此蓋預算案與其他法案不同，其他法案無妨暫緩施行。預算案乃國家開支的根據，刻不容緩。倘因反對其中一部，而即否決全案，則國家行政必因之延誤。反之其中一部不甚合理，只因欲得資金，不能不批准全部，又將有害於健全的財務行政，延而引起社會

❿ W. B. Munro, *The Government of the United States*, 1946, p. 179. W. B. Munro, "Veto," in *Encyclopaedia of the Social Sciences*, 1951, Vol. XV, p. 248.

❺ J. A. Fairlie, op. cit., p. 483f.（書名見本書三〇一頁❾）

之不滿。美國各邦及菲律賓准許政府對此作部分否決，不能謂無理由。然而必須憲法上有明文根據，才得為之。巴拿馬一九四六年憲法（第一三〇條第一項）明文承認總統有部分否決之權，而又不限於財政法案。凡總統否決法案全部 (vetoed in its entirely) 之時，國會以三讀會覆議之；否決法案一部 (vetoed only in part) 之時，交二讀會重行討論之。總之部分否決之制固有其存在的理由，不過否決之項目對於其他項目，不宜有任何影響，否則否決一部者，似宜否決其有關各部，上述菲律賓憲法（第二〇條第二項）之規定，即其一例。法國第五共和憲法亦承認總統於公布期間（十五日）之內，得對任何法案之全部或一部，行使限制的否決權（第一〇條），此固欲加強總統的權力，然而國會覆議之時，不需要特別多數的贊成人數，所以總統的否決權亦不甚大❿。

㈡預算議決權

　　研究英國政治史，便可知道議會制度與人民納稅問題有密切的關係。市民階級反抗國王之重賦繁斂而欲保護自己財產的安全，這是現代議會產生的原因。議會對於國王所需要的金錢，得表示贊成或反對之意，這是議會擴大其權力的唯一武器。H. Hallam 說：「我們英國人的自由權利與其說是我們祖宗用血得之，不如說是我們祖宗用錢買之」❿。政府有各種權力，人民有金錢之力，金錢固然需要權力保護，而權力也需要金錢維持。權力不能保護金錢，人民必鋌而走險。金錢之力堪與權力對抗，這樣，便發生了立法權與行政權的制衡，而為民主政治成立的條件。

　　自民主政治成立以來，預算須得議會同意，乃是各國的共通制度。法國

---

❿ 但據第三八條規定，內閣得要求國會授權，於一定期間之內，用命令規定法律所規定的事項。

❿ 引自 D. J. Medley, *A Student's Manual of English Constitutional History*, 6 ed. 1925, p. 261.

人權宣言第一四條說：「一切公民得由自己或由代表，決定租稅是否必要而自由承認之；又有檢查其用途，並確定其性質、徵收、繳納及有效的繼續期間」。此不但因為國家的財政行為與人民有直接利害關係，亦因為議會可由預算議決權，以監督政府的行政，而使政府服從議會的意思。我們知道政府每年行政須有經費，而每年行政經費則一一規定於預算之中，所以預算表面上是規定行政經費，事實上是規定施政方針。預算有政綱的性質，而如 E. A. Fitzpatrick 所言："The budget is the intelligent basis of the declaration of public policy. It is, therefor, peculiarly the legislature's business." ❿ 人們由於預算可以觀察政府一年的整個活動。議會有議決預算的權，便是議會有議決施政方針的權。議會修改或否決政府的預算案，便是議會修改或反對政府的施政方針。因此之故，預算案不能通過，內閣必須辭職，且亦不能不辭職，財源斷絕，何能戀棧。法國的五月事變 (Seize Mai)，第一院就是利用預算議決權，以強迫總統 MacMahon (Marechal de MacMahon) 接受第一院的意見的。一八七七年五月十六日總統 MacMahon 罷免內閣總理 Simon (J. F. Simon) 之職，而令王黨 Broglie (Duc de Broglie) 組織內閣。當時第一院多數議員均擁護 Simon 而反對 Broglie，七月二十五日總統依憲法規定（一八七五年二月二十五日公權組織法第五條），經第二院同意，下令解散第一院。但是選舉結果，反對派仍占多數。Broglie 雖然辭職，而總統仍不顧第一院之意思，令軍人 de Rochebouet 組織內閣。議會為擁護憲法，就拒絕通過預算案，Rochebouet 內閣又至崩潰，終則總統不能不任命民黨的 J. Dufaure 為內閣總理 ❿。一八九六年法國第二院反對 Bourgeois (Leon Bourgeois) 內閣，甚形激烈，自二月十一日至四月二十一日，通過不信任案五次。Bourgeois 因有第一院的擁護，不肯辭職。到了最後，第二院展期表決 Madagascar 遠征軍的經費，迫到

---

❿ E. A. Fitzpatrick, *Budget Making in a Democracy*, 1918, p. 115.

❿ E. M. Sait, *Government and Politics of France*, 1920, p. 274ff. R. Stourm, *The Budget* (translated by T. Plazinski), 1917, p. 387f.

Bourgeois 勢非辭職不可 ❿。由這事實，更可以證明預算議決權乃是議會控制政府的最有力的武器。

預算實質上雖係行政行為，形式上亦為法律。德國威瑪憲法將預算規定於行政之章，同時又說，預算以法律定之（第八五條），可以說知預算之本質矣。預算形式上雖是法律，但預算案比之普通法案，又有四點不同。

⑴普通法案可由政府提出，也可由議會議員提出，預算案必由政府提出。這種制度濫觴於英國。在英國，提出普通法案的權，屬於兩院議員；而關於預算案，更切實的說，關於一切金錢法案，自一七○六年以後，必以國王之名義提出 ⓫。在美國，編制預算的權本來屬於議會，而自一九二一年議會制定「預算及會計法」(Budget and Accounting Act) 之後，編制預算的權亦歸屬於總統 ⓬。至於其他各國，提出預算案的權可以說是無一不屬於政府。此蓋

--------◆--------------------------◆--------

❿ E. M. Sait, op. cit., p. 82f.

⓫ 英國自一七○六年以來，第一院的議事規則 (Standing Orders) 有下列一條：

This House shall not accept any petition for any sum of money relating to the public service, nor shall it pass upon a motion which would bring about a vote on a subsidy or on a charge against public revenues... unless upon recommendation of the Crown.

一八六六年三月二十日這個規定又修正如次：

The House shall not admit any proposition tending to obtain any appropriation whatsoever, nor shall it take action on any motion which would involve an expenditure to be charged against the revenues of the State, other than the requisitions formulated by the Crown. （引自 R. Stourm, op. cit., p. 55.）

總之，在英國，國王苟不提出金錢法案，國會是無權提議的。所以 E. May 才說："The Crown demands money, the Commons grant it, and the Lords assent to the grant; but the Commons do not vote money unless it be required by the Crown; nor impose or augment taxes, unless such taxation be necessary for the public service as declared by the Crown through its constitutional advisers." （引自 W. R. Anson, *The Law and Custom of the Constitution*, Vol. I, 5 ed. (by M. L. Gwyer), 1922, p. 285.）

政府負行政之責，比之別個機關，更能知道每年應辦的事，事之緩急如何，每事需要經費多少，經費的來源是否有著⓭。何況前已說過，預算有政綱的性質，表示政府一年的施政方針。政府由這方針，就對議會——人民負責。預算若由議會編制，便是政府的施政方針由議會決定。這樣，一方議會因為不負行政之責，將編制不合實際需要的預算；他方政府因為預算非由自己編制，對於施政的結果如何，又將有辭卸責⓮。基此理由，所以提出預算案的權無不屬於政府。

　⑵議會若有兩院制，普通法案可先向兩院中任何一院提出，預算案則各國一律的應先提出於第一院。這種制度也是開始於英國⓯。此蓋預算有政綱的性質，表示政府一年的施政方針，民主政治又為公意政治，而代表公意的則為第一院，所以第一院對於規定施政方針的預算案，比之第二院應有優越的權力。兼以預算是劃定一個時期（大率以一年為期，稱為會計年度），估計收入多少，支出多少，而謀收支的均衡。在收入方面，常用賦稅公債的方式，奪取一部分人民的財產。在支出方面，常表現為人事費與物件費，增加一部分人民的財產。就是不問收入或支出，對於人民都有利害關係，財政行為既與人民有利害關係，當然非徵求人民同意不可。而在兩院制之下，第一院是

⓬ 參看 W. B. Munro, *The Government of the United States*, 5 ed. 1946, p. 386f.

⓭ 參看 R. Stourm, op. cit., pp. 53–54. 同頁❷所引 be Garnier 於一八二一年七月二十八日在第二院所作的報告亦值得參考。

⓮ 參看 R. Stourm, op. cit., p. 54 所引 de Chateaubriand 之言，他說："It is the general rule that: the budget should be prepared by the ministry and not by the Chamber of Deputies which has to pass on that budget. If the latter were preparing the budget it could not demand an account of its own work and the ministry would refuse to be responsible for the most important function of the administration. Thus the elements of the Constitution would be shifted."

⓯ 參看本書二八四頁❷。比利時可以視為一個例外，其憲法（第二七條第二項）本來規定第一院對於預算案有先議權，一九二一年修改憲法條文，又削除這個規定。

代表國民的，故依各國制度，預算案必先向第一院提出。這種制度有兩種不同的意義，一是表示第一院關於財政立法，權力比第二院大，第一院通過之後，第二院不得修改，只得對整個預算案表示贊成或反對。一九一一年以前的英國就是其例。二是表示立法程序，即不過表示財政法案須先提出於第一院。這個時候第二院倘有修改之權，則先議與後議似無區別，美國（憲法第一條第七項第一目）及第三共和時代的法國（一八七五年二月二十四日第二院組織法第八條第二項）就是其例❶❻。不過預算須於一定日期以前成立，第一院若故意延長討論時期，待會計年度將次開始之時，才將預算移送於第二院，則第二院勢難詳細審議。苟要詳細審議，則日期一到，須負預算不成立的責任，所以事實上只有照第一院所通過的，原樣通過。法國在第三共和初期，第一院固常利用此法，以掣肘第二院之審議預算❶❼。是則第一院的先議

---

❶❻ 關於美國，請參看 J. M. Mathews, *The American Constitutional System*, 1932, p. 118. W. B. Munro, op. cit., p. 301f. 關於法國，請參閱 W. R. Sharp, *The Government of the French Republic*, 1939, p. 171. H. Finer, *The Theory and Practice of Modern Government*, Vol. I, 1932, p. 702. 法國第四共和憲法所規定的制度與第三共和時代不同。第一院通過預算案之後，固然是和普通法案一樣，移送第二院審查（第四共和憲法第二〇條第一項及第二項）。第二院在一定日期之內若不表示意見，則照第一院所通過者公布之。第二院苟有不同的意見，則預算案退回第一院再議。再議時，第一院所作決議有確定的效力。但第二院表示不同的意見，若曾得到議員總數過半數之支持，則第一院所作決議亦應經議員總數過半數之通過（第三項）。關於第五共和憲法所規定的制度，請閱本書二八〇頁。

❶❼ 據 R. Stourm, op. cit., pp. 317, 318 註，一八九五年十二月十八日第一院將預算案移送於第二院，距離新會計年度開始，只有十二天。一九〇七年十二月二十三日第一院將預算案移送於第二院，距離新會計年度開始，只有八天。當一九〇七年第二院開始討論預算案之時，第一發言人說："Gentlemen, I have to point out to you the really strange conditions─although not new by any means─under which we are entering this laborious discussion. This is December 23. In seven days form now we shall be compelled either to

權用之得法，固不能謂其毫無效用。

　　(3)議會修改普通法案，得更改其字句，增加其條文，或刪除其條文。預算與普通法律不同，法律用文字，預算用數字。預算的修改乃是數字的變更，惟其變更須受一種限制，只得減少數字，不得增加數字。這種制度也是開始於英國⓲，時至今日差不多成為各國共通的制度⓳。原議會所以有預算議決權，目的乃在於監督財政，尤在於節省經費，以減少人民的負擔。最初租稅以地租等直接稅為主，而議員又盡是納稅者本人或其代表。他們為自己利益打算，當然希望國家經費的節省。到了選舉權擴張之後，情形則不同了。議員雖是人民的代表，而卻不是直接納稅的人。國家經費的膨脹，對於他們沒有直接利害關係。因之，議會對於預算案的態度就與過去不同，過去希望節省經費，現在不惜增加支出。喜歡浪費的不是政府，而是議會；希望節省的不是議會，而是政府，於是各國遂禁止議會增加預算案上的支出。一八九七年 Michael Hicks-Beach 已經說過："But I am sorry to have to say that of all the disbursing departments the House of Commons is the worst"⓴ 。 W. Bagehot 亦說："If you want to raise a certain cheer in the House of Commons make a general panegyric on economy; if you want to invite a sure defeat, propose a

----

vote definitely the fiscal law or to vote the douziemes provisoires." 果然在十二月三十一日之夜，第二院通過了一九〇八年的預算，而公布於世。

⓲ 參看 W. R. Anson, op. cit., p. 288.

⓳ 美國至今尚無這種限制 ， 見 F. A. Ogg, *English Government and Politics*, 2 ed. 1936, p. 439. 法國在第三共和時代議會修改預算案亦不受任何限制。 第四共和憲法 （第一七條）已有明文禁止。即「第一院議員（據第一三條規定，第一院乃議決法律之唯一機關。第一六條又規定，預算應提交第一院）討論預算案時，不得為增加既定支出或創設任何新支出之提議」。第五共和憲法（第四〇條）亦云：「國會議員所提法案及修正案若可減少國家收入，新設或增加國家支出者，不得接受之」。

⓴ R. Stourm, op. cit., p. 57.

particular saving" ⓛ。此英國之情況也，法國亦然。只看一八八三年四月五日 Childers 在第一院所說的話，就可知道。他說：「過去議會負監督開支之責，以後乃不甚關心收入多寡。在最近三年中，關於開支的增加和減少，有五百七十六件提案。其中關於減少的只有二十件，其餘五百五十六件皆關於增加」ⓛ。美國議員往往不惜每年耗費國家的帑幣，謀其鄉土的利益，以便下屆選舉之時能夠得到鄉人擁護。這種立法，美國人稱之為 pork barrel，蓋過去南部地主對其奴隸，常常分配豬肉；議員對其選舉人，亦宜給與利益，故云ⓛ。議員作此提案之時，須與作同一提案的其他議員協力，使提案能夠通過。這種協力美國人稱之為 log-rolling，蓋搬運木材，需要鄰人相助，議員要通過這種提案，亦宜互相協力，故云ⓛ。議員爭相濫費，預算上的收支失去均衡，這就是各國禁止議會增加支出的理由。

⑷最後尚須說明的，普通法案不能通過，不過表示政治改革尚未達到成熟時期，社會人士不願改絃更張，而只許維持現狀。反之，預算不能通過，情形就不同了。像法國那樣，預算一旦否決，租稅不得徵收，而固定的經費例如官吏的薪俸、公債的利息、軍隊的給養均不得開支，問題更見嚴重。國家活動一切停止，其結果也，等於革命ⓛ。於是預算可否否決，就成為學者

ⓛ W. Bagehot, *The English Constitution*, new ed. 1900, pp. 136–137.

ⓛ R. Stourm, op. cit., p. 56.

ⓛ J. Bryce, *Modern Democracies*, Vol. II, new ed. 1931, p. 63.

ⓛ J. Bryce, *The American Commonwealth*, Vol. II, new ed. 1924, p. 160.

ⓛ 參看 R. Stourm, op. cit., pp. 381–382. 按法國的預算制度與英國不同。英國分收入與支出為永久性和一時性兩種。永久性的收入和支出不須每年徵求國會同意；一時性的收入和支出才須每年由國會議決一次。預算不能通過，政府固然可用永久性的收入以充永久性的支出。但所得稅及茶稅乃視為一時性的收入，陸軍海軍空軍的經費以及文官的薪俸又視為一時性的支出。這數者都要每年徵求國會同意。所以預算不能通過，稅收減少了，而國防無法維持，官吏得不到薪俸，不能不說是嚴重的問題。參看 W. R. Anson, op. cit., pp. 291, 294. 而法國的情況更見嚴重。法國關於收入與支出，沒有區別

討論的問題。

　　法國在路易十八 (1814–1824) 時代，一八一六年 M. de Bonald 曾說：「議會沒有否決預算的權利，猶如個人沒有自殺的權利一樣」。一八一七年 Viscount de Saint Chamans 亦說：「預算的否決乃是政局動盪和社會紊亂的徵兆。第一院沒有煽動這種災難的權利」[126]。及入第三共和時代，一八七七年亦有人說：「當議會拒絕通過預算之時，吾人就回歸到自然世界之中」[127]。一八八八年又有人說：「諸君能夠知道否決預算的意義麼？這是革命」[128]。蓋如一八八八年十二月十日第一院議員 M. Rouvier 所說：「預算不能通過，國家債務無法償還，而一月一日（會計年度開始）以後，官吏沒有薪俸，學校也要關門，各種神父無報酬可拿，而國防的陸軍和海軍也將不能得到薪資」[129]。在法國那種預算制度之下，人們反對否決預算，不是沒有理由的。

　　但是否決預算固然可以引起政治上的危機，而等於國家自殺。「不過議會對於國家的收支既有同意的權，那末，當然對於國家的收支亦有否決的權。同意權沒有否決權，不能發生效力。換言之，有其一而無其他，同意權將失去價值與意義」[130]。按預算否決權乃是議會強迫內閣辭職的工具。 H. B.

永久性或一時性。一切收支都須每年由議會議決一次。所以預算不能通過，任何經費皆不得開支，任何租稅皆不得徵收。國家財務行政完全停止，於是走私暢行無阻，而國債的利息、官吏的薪俸、學校的經費、軍隊的給養皆要停止支付。參看 R. Stourm, op. cit., p. 381f. 第五共和憲法對於預算問題，大加修改。即「國會在七十日內，對於財政法案尚無決定，政府得公布條例而實施之」（第四七條第三項）。「有關會計年度之財政法案，如因提出過遲，在該會計年度開始前，未及公布時，政府得緊急要求國會授權，徵收租稅，並以命令舉辦貸款，以便應付一切必要的開支」（第四七條第四項）。

[126] R. Stourm, op. cit., p. 382.

[127] R. Stourm, op. cit., p. 382, n. 1.

[128] R. Stourm, op. cit., p. 382.

[129] R. Stourm, op. cit., p. 382, n. 2.

Constant 有言：「像我們目前那樣，人民曝於暴政之前，不能沒有挽救之法。憲法給予我們以最可怖的武器──預算的否決。我們在必要時，實有應用的義務」 ⑬ 。總之，在內閣制的國家，議會否決預算乃與不信任投票一樣，可以發生倒閣的效力。英國於光榮革命以後，只有一次於一七八四年企圖實行，當時反對黨領袖 C. J. Fox 在第一院有下列的話⑬ ：

> It cannot be contested that the Constitution gives to the House the right to refuse the funds; but this is a weapon which the House must use with caution and only when the public cause imperatively demands such action. I shall always uphold this right... This is a struggle between the prerogatives of the Crown and the prerogatives of [representatives of] the people. The Chamber should use all the means within its powers to defend these privileges; this is a duty which Constitution imposes upon the House. To withhold the demanded funds is the most powerful of all weapons, and must, I admit, be used in the last resort. If the ministers should persist in their obstinacy and push things to the extreme, it would be perfectly proper to use this right which makes the distinction between a free people and the slaves of an absolute monarchy. (Session of the House of Commons, of February 20, 1784.)

自是而後，英國未曾應用這種武器，而如 E. May 所說："This weapon is rusting in the arsenal of the Constitutional laws." ⑬

法國於第三共和時代，也於一八七七年實行過一次，當時第一院預算委

----

⑬ R. Stourm, op. cit., p. 383.

⑬ 引自 G. Jeze, *Le Budget*, 1910, p. 134.

⑬ R. Stourm, op. cit., p. 385. 當時組織內閣的為小彼得 (W. Pitt, the Younger)，結果議會解散，改選後，政府黨得到勝利。

⑬ 引自 R. Stourm, op. cit., p. 386.

員會發言人 M. Jules Ferry 有下列報告⑬ ：

We shall not abandon what constitutes the last resort, the last guarantee of free nations. We will not vote the four direct taxes, except to a real parliamentary ministry.(Report of the commission on budget by M. Jules Ferry, December 4, 1877.)

　　總之，預算的否決可以發生嚴重的結果，採用之時，應如 C. J. Fox 所說：“With caution and only when the public cause imperatively demands such action.” 議會能夠如斯採用，以壓迫政府，使政府服從人民——議會的意思，法律上固不違法，政治上亦有必要。

*一七○一年英國威廉第三 (William III, 1689–1702) 時代，第一院利用第二院不能修改金錢法案之制，把無關於金錢法案之事，記入於金錢法案之中，使第二院無法修改，不是通過，就是否決。而否決之時又令國家財政陷入窮匱之境，所以結果只有通過之一途。一個法案處理兩事，這稱為 tacking，而係濫用權限，有背於憲政的大道。故在威廉第三以後就無此例。參閱 F. W. Maitland, *The Constitutional History of England*, 1926, pp. 310–311, 399. 各國憲法明文禁止 tacking 的，有澳洲聯邦憲法（制定於一九○○年）第五五條：「租稅法只得規定租稅，倘其中規定與租稅無關之事，一切無效」。德國威瑪憲法第八五條第三項亦謂「預算不得記載那些無關收支或其管理的規定」。德國稱這禁止為 Bepackungs verbot，參閱 J. Hatschek, *Deutsches und Preussisches Staatsrecht*, Bd. II, 2 Aufl. 1930, S. 262ff. 法國在一九一三年以前，預算案內常附有與收支無直接關係的 Riders，卒致議會因為反對 Riders 而拒絕通過經費。如一八八六年因封禁加特力的神學院，一八八八年因反對

---

⑬ 引自 R. Stourm, op. cit., p. 387. 這就是所謂「五月事變」，結果內閣辭職。一八九六年第二院對於內閣也以延期表決經費，壓迫內閣辭職。

高等教育的督學制度，而致整個經費不能通過，是其例也。一九〇三年及一九〇六年，第一院議員欲廢除郡長 (sous-prefet) 之制，把其插入預算之內，亦為政府及第二院所反對，終則第一院只有讓步。按通過經費之事，嚴格言之，不是立法行為，固不宜藉此以改變現行法律，故在一九一三年，國會就通過一個法律，禁止 Riders。第四共和憲法第一六條第二項云：「預算案所得規定的，以嚴格與財政有關者為限」，此即禁止 Riders 之意。參閱 E. M. Sait, op. cit., pp. 230–231. W. B. Munro and M. Ayearst, *The Governments of Europe*, 4 ed. 1954, p. 433.

㈢監督權

議會有了立法權與預算議決權，固然可以保障公意政治與法治政治的實現。但是政府的行為蔑視公意或違反法律，倘議會沒有方法，使政府當局負責，則公意政治與法治政治亦難實現，由是又有了議會的監督權。議會監督政府之法有審查，質詢，不信任投票及彈劾四種。現在試分別述之如次。

⑴**審　查**　審查乃議會於特殊事件發生之時，為要監督政府，又欲獨立於政府之外，不受政府的矇蔽，故乃設置委員會，用以調查事實的真相。這個制度發祥於英國，開始於一六八九年威廉第三時代❸。此後歐洲各國多採用之，或明文規定於憲法之上，比利時憲法（第四〇條）即其例也。或又以為議會之有審查權，乃議會的天賦權利❸，無須憲法明文規定。法國在第三

---

❸ 當時第一院以英愛戰爭之時，負責當局處置乖謬，乃設置特種委員會 (select committee)──英國沒有審查委員會 (committee of inquiry) 的名稱，而只視為特種委員會之一──令其審查真相。結果發見 Londonderry 總督 Lundy 負有責任，遂要求英王將其召還英國審判 。W. R. Anson, *The Law and Custom of the Constitution*, Vol. I, 5 ed. (by M. L. Gwyer), 1922, p. 397.

❸ 參閱 A. Esmein, *Elements de Droit Constitutionnel*, T. II, 7 ed. 1921, p. 468. 這裏是引自齋藤秀夫，《國會卜司法權ノ獨立》，昭和二十六年初版，八四頁。

共和時代，憲法、法律、甚至議會的議事規則均未規定審查之制，而事實上
議會卻常常行使審查之權❸，即其例也。美國嚴守三權分立，而在獨立以前，
殖民地議會已繼承英國之制，常常行使審查權。獨立之後，聯邦憲法雖然沒
有明文規定，然國會兩院設置審查委員會之事，乃屢見不鮮。在第一院，開
始於一七九二年審查 St. Clair 將軍之失敗，在第二院，開始於一八一二年審
查 Florida 的 Seminole War❸。自是而後，國會審查之事乃比任何國家都多。
此蓋立法部與行政部既然完全分立，同時立法部又欲監督行政部，則捨利用
審查權之外，似無良法。

　　審查委員會之設置，有須依院會決定者，如法國是❸，有只依院內少數
派的要求者，如德國是❹。前者是議會監督政府，即議會多數派對於政府而
作監督，後者是議會內少數派監督多數派，即議會內少數派對於多數派所組
織的政府而作監督❹。然而難保少數派不會因此而不常常要求審查，而致阻
礙了國政的進行。

　　茲將列國議會的審查制度，簡單說明如次。

　　①**審查的對象及其限界**　凡議會對其有權管轄的事項均得設置審查委員
會以審查之。其中最重要的約有四種：一是彈劾審查，即審查高級官吏有否
違法行為，以備提出彈劾案。二是選舉審查，即審查選舉之時，政府有否干
涉或其他不正當的行為。三是行政審查，即審查某項行政，研究其利弊所在，
以便此後改革。四是立法審查，即在制定某項法律之先，審查該項法律所關

---

❸ G. B. Galloway, "Investigations, Governmental," in *Encyclopaedia of the Social Sciences*,
　　Vol. VIII, 1951, p. 258.

❸ G. B. Galloway, op. cit., p. 254.

❸ L. Duguit, *Traite de Droit Constitutionnel*, IV, 2 ed. 1924, p. 396.

❹ 德國威瑪憲法第三四條第一項規定，五分之一議員得要求設置審查委員會。西德一九
　　四九年憲法第四四條第一項規定，四分之一議員得要求設置審查委員會。

❹ G. Anschütz, *Die Verfassung des Deutschen Reichs*, 14 Aufl. 1933, S. 216.

聯的政治經濟以及社會的情況，以作立法的準備❶❷。

　　審查委員會所得審查的事件，自應限於議會有權管轄的事。羅馬法有一個原則：「任誰都不得將比自己所有更多的權利給與別人」(nemo plus juris ad alium transferre potest, quam ipse habet)，所以議會不能將自己沒有的權限委任於審查委員會。但是議會所有的權限又不是審查委員會必定有之。審查委員會所有的權限乃限於議會所委任的範圍內❶❸。唯在分權制度之下，三權互不干涉，所以審查委員會只得調查事實的真相，不得對於該項事件，決定處理的方法。因為議會乃立法機關，以制定普遍的，抽象的規範為任務，其設置審查委員會，目的也是要藉以監督有關公共利益問題，並不是對於個別的事件，設計具體的辦法❶❹。不然，立法之於行政（甚至於司法）將由監督變為干涉，而有害分權主義。

　　②**議會的審查權與法院的審判權**　民主國的憲法皆保障司法權的獨立，所以議會能否審查法院的審判案件，就成為問題。在英國，不但審判中的案件，就是將來確實要提交法院審判的案件，國會也不得審查❶❺。蓋恐法官受到國會意思的影響，而不能公平審判之故。因此之故，一種事件雖在國會審查之中，倘法院也開始審判，國會的審查就要停止❶❻。至於法院已下判決的

----

❶❷ 參閱 J. Hatschek, *Deutsches und Preussisches Staatsrecht*, Bd. I, 2 Aufl. 1930, S. 695.

❶❸ 參閱 G. Anschütz, a. a. O. S. 218.

❶❹ 參 閱 J. Hatschek, a. a. O. S. 693. 據 H. H. Lammers, "Parlamentarische Untersuchungsausschüsse," in *Handbuch des Deutschen Staatsrechts*, §94, 1931, S. 466, Anm. 88 所言，Bayern 憲法第五二條第二項，Baden 憲法第三八條，Oldenburg 憲法第四六條第二項，Anhalt 憲法第八條第二項，Lippe 憲法第九條第二項，Schaumburg-Lippe 憲法第九條第二項，均明文規定只得調查「事實」(Tatsachen)。

❶❺ H. B. Gerland, *Die Beziehungen zwischen dem Parlament und den Gerichten in England*, 1928, S. 71.

❶❻ H. B. Gerland, a. a. O. S. 107.

案件，國會可否審查？這也不失為一個問題。因為國會若須受法院判決的拘束，對該案件不能作任何判斷，則審查毫無意義。反之，國會由其審查所得的結果，意見若與法院的判決不同，又有害法院的尊嚴。故在英國，除最例外的案件 (cases of the most extraordinary nature) 之外，大率不許國會再作審查。一八五八年國會對於 W. H. Barber 事件，雖於法院已下判決之後，再設置審查委員會以審查之。然其並不是審查法院的判決，而是審查 Barber 流放於海島之時，是否曾受該地官警的特別侮辱，而應該給予賠償。審查的結果，委員會認為 Barber 所言全係事實，遂勸告政府給予五千鎊的賠償金❿。由此可知英國雖謂主權屬於國會，而第二院且是最高司法機關，然國會的審查權並未曾隨便干涉司法。

法國之制，據其學者所言，案件縱在法院審判之中，國會亦得設置審查委員會以審查之。即他們以為同一案件得同時由議會審查，並由法院審判。像英國那樣，「審判未了，議會應停止審查」的原則，在法國是沒有的❿。固然法國學者又謂，議會審查之後，倘若取消或變更法院的判決，那就是干涉司法，苟其目的只在於改革法制，或向當局問責，則議會並不越權❿。唯由我們看來，案件未下判決，議會即行審查，議會的意思對於法院的審判，不能謂為毫無影響。不過法國尚有正式質詢 (interpellation) 之制，其控制政府之力大過審查，所以法國議會行使審查權之事並不多觀❿。

德國之制，一般學者皆謂，審查委員會只得審查法院已下判決的案件，

---

❿ H. B. Gerland, a. a. O. S. 78. 一八四三年 Barber 以偽造文書罪，流放於海上孤島，曾受當地官警的特別侮辱。其後證明無罪，釋放回國。Barber 遂向第一院請願，要求賠償。一八五八年六月第一院設置審查委員會，審查其事。

❿ E. Pierre, *Trait de droit, politique, electoral et parlementaire*, 1893, p. 589. 此處是引自齋藤秀夫，前揭書，八五頁。

❿ A. Esmein, op. cit., p. 469. 此處是引自齋藤秀夫，前揭書，八五頁。

❿ G. B. Galloway, op. cit., p. 258.

藉以探討司法機關是否盡職；至於法院未下判決的案件，審查委員會固無過
問的權 ❺。但是憲法既無明文禁止，所以國會設置委員會以審查法院尚在審
判中的案件，乃屢見不鮮。一九二五年的 Barmat 審查委員會及 Höfle 審查委
員會即其最顯著的例子 ❺。這曾引起各方面的反對，甚至有人提議修改憲法。
例如一九二六年普魯士議會有許多議員提出憲法修正案，欲於普魯士憲法（一
九二〇年憲法）第二五條，新加一項：審判若未完結，應待審判終了之時，
才得設置審查委員會，審查該項案件。同年聯邦議會也有許多議員提出憲法
修正案，欲於威瑪憲法第三四條，新加一項：審判尚未終了的案件以及將來
應歸法院審判的案件，在法院未下判決以前，國會不得設置審查委員會以審
查之。固然兩案均遭多數議員反對，而至否決 ❺。然而吾人由此亦可知道議
會的審查權對於法院所審判的案件，應有一定的限界 ❺。

　　③**審查的方法**　審查乃調查事實的真相，而要調查真相，必須搜集證據，
所以傳喚證人，調取文書物件，實屬必要。舉證之責若囑託於公署，公署固
須提出有關文書，而官吏亦有到場作證的義務。但是公署是否有提出文書之
絕對的義務，抑或公署認為文書之發表有害於國家利益者，可以拒絕提出。
關此，德國學者意見不一，或謂可以拒絕，或謂公署若得拒絕，則議會的審
查權將等於零 ❺。在英國，凡官吏認為有害於公共利益者，可以拒絕提出證
據 ❺。美國亦然，總統固常藉口於有害公共利益，而拒絕提出文件 ❺。在法

---

❺ J. Hatschek, a. a. O. S. 692f. Bd. II, S. 617.

❺ H. B. Gerland, a. a. O. S. 21, Anm. 3, S. 23, Anm. 2. 這裏是引自齋藤秀夫，前揭書，四
四頁以下。

❺ H. B. Gerland, a. a. O. S. 24, 25. 這裏是引自齋藤秀夫，前揭書，四七頁以下。

❺ Danzig 憲法第一九條第三項云：「審判中的訴訟案件或懲戒案件，審查委員會不得審
查之」，見齋藤秀夫，前揭書，五〇頁。

❺ 參閱 J. Hatschek, a. a. O. Bd. I, S. 698f. G. Anschütz, a. a. O. S. 221f.

❺ W. R. Anson, *The Law and Custom of the Constitution*, Vol. II, Part II, 4 ed. (by A. B.

國，我們只能知道一八八一年七月二十九日法律規定，凡案件在法院審判中者，當法院尚未發表以前，不得公開之。所以檢察署常常援用這個條文，而拒絕提出正在審判中的有關文件 ❺ 。

　　舉證若須傳喚證人（官吏或平民），此際審查委員會對於證人有那一種權力？英國設置審查委員會開始於一六八九年。最初審查委員會雖得傳喚證人，而 Lord Coleridge 於一八四五年的 Howard v. Gosset 一案，且說，「第一院認為有關公共利益的問題，都得加以審查。凡有審查權的，就得傳喚證人到場，必要時且得逮捕之」 ❺ 。至令證人宣誓一事，乃遲至一八七一年才制定法律 (Parliamentary Witnesses Oaths Act)，准許審查委員會行使這個權力。證人若作偽證，則視為「法院侮辱罪」(contempt of court)，須受刑法上的制裁 ❻ 。但英國尚有保護證人之制，據一八九二年的法律 (Witnesses Protection Act)，證人作證，苟別人加以迫害，得科以罰金或監禁之刑 ❻ 。

　　這種強制方法，即強制證人到場作證，強制證人提出有關文件，處罰證人反抗命令，也為美國所採用，而聯邦最高法院且承認之為合憲。一八二一年聯邦最高法院於 Anderson v. Dunn (6 Wheaton 204) 一案，已經承認國會對於證人之不肯到場作證者，得逮捕而處罰之 ❻ 。一八五七年國會又通過一個法律，以增強國會的審查權，凡證人不肯到場或拒絕作答，得科以罰金或監禁之刑。 這個法律於一八九七年， 聯邦最高法院於 in Re Chapman (166 U. S.

Keith), 1935, p. 339.

❺ W. Anderson, *American Government*, 3 ed. 1947, p. 480.

❺ L. Duguit, op. cit., p. 395.

❺ G. B. Galloway, op. cit., p. 253. W. R. Anson, Vol. I, p. 161.

❻ W. R. Anson, op. cit., pp. 397–398. 參閱 J. Hatschek, *Englisches Staatsrecht*, Bd. I, 1905, p. 414.

❻ 齋藤秀夫，前揭書，一八頁。

❻ C. K. Burdick, *The Law of the American Constitution*, 1929, p. 170.

661) 亦認為合憲❿。到了一九二七年，聯邦最高法院於 McGrain v. Daugherty (273 U.S. 135)，更明確的主張：立法機關對其所欲立法的對象，苟無充分知識，必不能制定賢明而有效的法律。立法機關自己沒有這種知識，自應求助於別人。據經驗所示，單單求助於別人，很難成功。而別人供給的知識又未必都是正確而盡善的。因此，國會為取得所需要的知識，而採用強制手段，確有必要❿。不過美國憲法（修正條文第五條）禁止強迫犯人自證其罪，所以國會進行審查之時，也不得強迫證人對他本身不利之事，提出證據❿。

　　法國遲至二十世紀，由於一九一四年三月二十三日的法律，才有強制證人到場作證之事。它分審查委員會為兩種：一是普通的，此際審查委員會固得傳喚官吏就其職務有關的事件作證。官吏不肯到場，審查委員會不得強制之。但是官吏有官吏的義務，官吏抗不到場或拒絕作證，那就是違反官吏的義務，而須受到懲戒法上的處分。至於一般平民，因為審查委員會不是司法機關，所以不但不能令其宣誓，而他們不肯到場作證，或宣誓之後，尚作偽證，亦不得加以法律上的制裁❿。二是特別授權的，即依議院的決議，授予審查委員會以特別權力。此際不問官吏或平民，一經傳喚，均有到場作證的義務。他們不肯到場，得科以罰金之刑。在必要時，尚得請求檢察官發出拘票，執行拘提。證人到場之後，拒絕宣誓，亦受罰金的制裁。若作不實的證言，則構成為偽證罪，須受刑法上的制裁❿。

　　德國之制，依其憲法（威瑪憲法第三四條第二項、西德憲法第四四條第

------

❿ G. B. Galloway, op. cit., pp. 254–255. C. K. Burdick, op. cit., p. 172.

❿ G. B. Galloway, op. cit., p. 255. J. M. Mathews, *The American Constitutional System*, 1932, pp. 105, 106.

❿ G. B. Galloway, op. cit., p. 252. W. Anderson, op. cit., p. 480. J. M. Mathews, op. cit., pp. 106, 346ff.

❿ L. Duguit, op. cit., p. 396.

❿ L. Duguit, op. cit., p. 400.

三項）規定，審查委員會進行審查工作之時，法院及行政機關均有協助的義務。此際調取公署的文件，傳喚官吏作證，當然是可以的。前述 Barmat 及 Höfle 兩個審查委員會且有傳喚檢察官作證之事❶。照德國學者解釋，國會固然有權設置審查委員會以審查各種國政，至於審查之時採用強制手段，則不是國會固有的權限，故須憲法上有明文的根據❶。威瑪憲法（第三四條第三項）及西德憲法（第四四條第二項）均規定，審查委員會得準用刑事訴訟法的條文，職此之故。但是既云「準用」(sinngemäss anzuwenden)，當然可以傳喚證人，令其宣誓，而訊問之。他們拒絕作證，亦得加以強制❶。至於拘提、羈押、搜索、扣押是否可行，學者之間頗有爭論❶。若據 J. Hatschek 所言，凡欲舉證有效，上述方法，恐難避免❶。

　　④**英國的審查制度的改革**　審查乃調查事實的真相，而在今日政黨政治之下，議會受了政黨的控制，政黨由於感情的作用，令其調查事件，而希望其公平無私，事所難能。所以審查之制雖由英國創始，而自十九世紀以後，國會竟然逐漸的自動放棄審查權，茲試述其要點如次：

　　選舉審查　政府干涉選舉，發生爭議，英國本來是由國會審查並裁判之。但是國會受了政黨的控制，往往不能公平無私。一七七〇年的 Grenville Act 改用抽籤之法選舉委員，組織審查委員會，目的就是要減少政黨的壓力。然而單用抽籤之法，尚不能完全擺脫政黨的控制。所以十九世紀中葉以後，就由一八六八年的法律 (Parliamentary Elections Act) 及一八七九年的法律 (Parliamentary Elections and Corrupt Practices Act)，將審查選舉的權移屬於 High Court of Justice❶。這樣，選舉審查權就由國會改隸於司法機關。

------

❶ 齋藤秀夫，前揭書，四五頁。

❶ 參閱 H. H. Lammers, a. a. O. S. 459.

❶ G. Anschütz, a. a. O. S. 222.

❶ 參閱 G. Anschütz, a. a. O. S. 222.

❶ J. Hatschek, *Deutsches und Preussisches Staatsrecht*, Bd. I, 2 Aufl. 1930, S. 697.

行政審查　調查某項行政固然是謀將來的改革，然亦不免有干涉行政之嫌。一八五五年英國第一院決議設置委員會，審查 Sebastopol 的英軍情況，並審查主管官署對於軍需品的供給有否缺乏。當時 Aberdeen (G. H. G. Earl of) 內閣認為這是一種不信任投票，即引咎辭職。其繼任的內閣總理 Palmerston (H. J. T. Viscount) 以為國會作此決議，不但表示不信任前任內閣，且欲調查過去和現在的 Crimea 戰爭狀況。他接受了國會設置審查委員會的決議，而又引起三位國務員 (J. Graham, S. Herbert, W. E. Gladstone) 的反對❼。總之，國會調查行政，由於政黨關係，很難得到公平的結論，所以一九二一年國會就制定一個法律 (Tribunals of Inquiry Act)。其要點有二：一是審查委員會唯於事件係 urgent public importance 之時，才得設置。二是這個委員會稱為「審查法院」(Tribunals of Inquiry)，依國會之決議，由國王或內閣設置之。這樣，行政審查也離開議會而歸屬於獨立的半司法機關 (indepent and semi-judicial body)❼ 了。

立法審查　社會需要何種法律，現行法律要不要修改，在英國本來也是由國會設置委員會以審查之。唯自一八三二年以後，凡遇立法上的需要，而須審查各種情況之時，常由內閣設置「敕任審查委員會」(Royal Commissions of Inquiry)。敕任審查委員會雖有兩院議員參加，但委員都是由政府任命，不是由國會選舉。所以該委員會對於所審查的問題，得離開政黨關係，而參加以專門學者，共同研究。同時其審查工作又與國會所設置的審查委員會不同，不受會期的限制，而得繼續活動。敕任審查委員會的聲譽日隆，國會的審查委員會便隨之失去效用。十九世紀英國許多偉大改革都是以敕任審查委員會的審查為根據❼。於是立法審查也由議會而移屬於行政機關了。

---

❼ W. R. Anson, op. cit., pp. 180–181.

❼ W. R. Anson, op. cit., pp. 398–399.

❼ W. R. Anson, op. cit., p. 400.

❼ G. B. Galloway, op. cit., p. 253. 參閱 H. Finer, *The Theory and Practice of Modern*

(2)**質　詢**　質詢之制也是開始於英國。據紀錄，一七二一年第二院曾向當時國務總理 Earl of Sunderland 提出質詢；而在小彼得 (W. Pitt, the Younger) 秉政時代，第一院對於國務員提出質詢，更是常見的事❼。質詢是議會對於內閣所應負責之事，用書面或口頭提出詢問，要求當局答覆。美國嚴守三權分立主義，政府官吏不能出席議會發言，議會與政府各自分立，議會沒有質詢的權，可以說是當然的事。反之，在內閣制的國家，因為政黨政治的發達，第一院內多數黨的領袖必為國務總理，其他國務員亦由多數黨的有力黨員任之。其結果也，第一院內多數黨常受內閣的控制，而對於內閣決定的政策，即對於內閣提出的議案，只有通過，而無否決。第一院的權限移歸於內閣，於是內閣遂掌握了行政立法兩權。此際少數黨——反對黨對於政府提出的議案，縱欲反對，亦因票數關係，不能制勝。但是內閣的政策到底如何，苟令民間不聞反對之聲，政治將永遠不能進步。基於這種理由，就產生了議會的質詢制度，即質詢不是要求目前發生效力，而是希望人民對於政府的行為能夠加以注意。

質詢制度本來是議會監督政府的工具，到了今日，又變為少數黨監督多數黨的工具。民主政治是多數決的政治，同時又須保護少數人的權利。今日各國關於質詢制度，大率依下述三個原則決定之。

①保護少數黨，使其能夠利用質詢權，批評政府的行政，而不受多數黨的壓制。這便是各國准許議員單獨或少數人連署提出質詢的理由。

②保護多數黨，使其能夠繼續立法工作，不致因為少數黨的質詢，而致妨害議事的進行。這便是各國限制口頭質詢或舉行討論的理由。

③保護政府，使其不致受了質詢，而對於有關國家利害的問題，隨便作答。這便是各國准許政府不必作答或另期作答的理由❽。

Government, Vol. II, 1932, p. 754ff.

❼ J. Hatschek, *Englisches Staatsrecht*, Bd. I, 1905, S. 395.

❽ J. Hatschek, *Deutsches und preussisches Staatsrecht*, Bd. I, 2 Aufl. 1930, S. 739.

茲將各國的質詢制度分析說明如後。

質詢的種類　歐洲大陸各國常把質詢分為兩種，一是普通質詢，如法
國的 question，德國的 kleine Anfrage 等是。另一種是正式質詢，如法國的
interpellation，德國的 grosse Anfrage（亦稱為 Interpellation）等是。兩者的區
別為：普通質詢只是質詢人與負責當局之間，一問一答，不能成為全院的議
題，提出大家討論。正式質詢則與此殊，負責當局答辯之後，得開院會討論。
英國的質詢固然只有 question 一種，但問題重大，而當局的答辯又欠完妥者，
反對黨得作「休會的動議」(motion for to adjourn for the purpose of discussing
a definite matter of urgent public importance)。所謂「休會的動議」謂變更議事
日程，暫時休會，而把質詢案展期到當天晚上提交院會討論。所以形式上亦
可以視為正式質詢。但是對於那一種問題可以提出正式質詢，對於那一種問
題只得提出普通質詢呢？依荷蘭西班牙之制，要提出正式質詢，須經議院同
意。依英國比利時義大利之制，凡問題之特別重大者，得提出正式質詢，問
題之屬於局部的或細則的者，只得提出普通質詢。至於問題是否特別重大，
多由議長決定。比方英國，要作休會的動議，必須問題屬於 urgent public
importance，而由議長 (Speaker) 判定之❿。至於法國，正式質詢既不須院會
表決，而問題的性質亦無任何限制❾。

質詢的提出　議員提出質詢案是否需要多數議員簽署？關此有三種不
同的制度，一是法國第三共和時代之制，議員可單獨提出 question，亦得單
獨提出 interpellation，比利時義大利西班牙皆屬之。二是德國（威瑪憲法時

❿ J. Hatschek, a. a. O. S. 739f. W. R. Anson, *The Law and Custom of the Constitution*, Vol.
I, 5 ed. 1922, p. 269. 按英國第一院議長選出之後，其人必須脫離政黨，成為中立的人，
以表示其公平無私。倘遇國會解散，其人可以無競爭的當選為議員；若願再為議長，
院內各黨必共同選舉之。議長與黨派無關，所以令其決定問題是否 urgent public
importance，少數黨不致因此受到多數黨的壓迫。

❾ H. Finer, *The Theory and Practice of Modern Government*, Vol. II, 1932, p. 869.

代）之制，議員要作 kleine Anfrage，須有十五名連署，要作 grosse Anfrage (Interpellation)，須有三十名連署。在英國，議員固然可以單獨提出 question，而要改作「休會的動議」，則需要四十人起立表示贊成。起立人數在十人以上四十人以下，議長應將動議付與表決。三是荷蘭之制，議員得單獨作普通質詢，而要作正式質詢，須經院會同意，丹麥瑞典挪威的制度亦然⓲。綜觀各國制度除法國等外，皆欲一方保障少數黨的權利，他方又預防少數黨妨害議事的進行，故乃略加限制。

　　質詢的形式　法國關於普通質詢允許議員用口頭說明。依法國議院的議事規則，每月中亦只有一個整天供議員作口頭質詢之用。這個規定固然至今尚未實行，而慣例上，口頭質詢常於星期五舉行，以十件為限，每件不得超過五分鐘⓲。其他各國不問那一種質詢，均只許議員用書面的方式，簡單寫明質詢的趣旨，經議院向負責當局提出。此蓋手續簡單，可防時間的浪費。倘用口頭質詢，勢將供為反對黨妨礙議事進行的工具。並且質詢用書面提出，負責當局容易瞭解質詢的要點，不致答非所問，引起雙方的誤會⓲。

　　質詢的答覆　依列國之制，凡是有關國家利益而不便發表者，負責當局得拒絕作答。在英國，負責當局得謂問題有關國家利益，應守秘密⓲。縱在法國，負責當局亦得以國家利益為辭，拒絕作答⓲。負責當局不但不必每

⓲ 參閱 J. Hatschek, a. a. O. S. 741f. W. R. Anson, op. cit., p. 269.

⓲ W. B. Munro and M. Ayearst, *The Governments of Europe*, 4 ed. 1954, p. 435. R. K. Gooch, The Government and Politics of France (in J. T. Shotwell, *Governments of Continental Europe*), 1952, p. 113f. 其正式質詢亦必用書面的形式提出。參閱 W. B. Munro and M. Ayearst, op. cit., p. 436.

⓲ 參閱美濃部達吉，《議會ノ質問權ニ關スル列國制度ノ比較》（國家學會雜誌第三十一卷第一號），四一頁。

⓲ W. B. Munro and M. Ayearst, op. cit., p. 172. J. Hatschek, *Englisches Staatsrecht*, Bd. I, 1905, S. 396. 是書關於英國的質詢制度，寫得很詳細，可參閱 S. 395ff., 402f.。

事皆答，而對於作答，又有一定考慮期間。即議員提出質詢之後，常有一定期間，供負責當局準備材料並決定答覆與否。別國固不必說，以法國而言，且有一個月期限 (Monatsfrist) 之制，自提出質詢之日起算，負責當局可於一個月內作答 ❶❽❻。至於作答的形式，也和提出的形式一樣，為了節省時間，以便立法工作的進行，而均以書面為之。故在法國，凡欲作口頭質詢而要求口頭答覆者，須預先徵求負責當局同意 ❶❽❼。

討論的限制　正式質詢於負責當局答辯之後尚有繼之以討論之事。這種討論的舉行有否限制，考之各國制度，可分兩種，一是不加限制，如法國是。法國之制，每個議員提出正式質詢之後，均得單獨要求討論 ❶❽❽。二是加以限制，例如德國，正式質詢由議員三十人簽署提出，倘政府當局答辯之後，再有議員五十人提議，得提交院會討論之 ❶❽❾。又如義大利，固然每個議員均得單獨提出正式質詢，但政府當局答辯之後，而欲提交院會討論者，須得院會之同意 ❶❾⓪。即在德國，若有一定人數之提議，就可舉行討論，在義大利，須有出席議員過半數之同意，才得舉行討論。此外，比利時亦許議員單獨提出正式質詢，其把質詢案提交院會討論，固然不需要一定人數的提議或全院會議的決議。但討論人數及討論時間都有限制，即討論人數除質詢人外，以三人為限，討論時間縱有四人發言，也不得超過十五分鐘 ❶❾❶。

---

❶❽❺ W. B. Munro and M. Ayearst, op. cit., p. 435. W. R. Sharp, *The Government of the French Republic*, 1939, p. 298.

❶❽❻ J. Hatschek, *Deutsches und preussisches Staatsrecht*, Bd. I, 2 Aufl. 1930, S. 743. W. B. Munro and M. Ayearst, op. cit., p. 435.

❶❽❼ W. R. Sharp, op. cit., p. 298.

❶❽❽ 美濃部達吉，前揭論文（國家學會雜誌第三十一卷第四號），五九七頁。

❶❽❾ J. Hatschek, a. a. O. S. 749.

❶❾⓪ 美濃部達吉，前揭論文，五九七頁至五九八頁。

❶❾❶ 美濃部達吉，前揭論文，五九八頁。

討論的結果　正式質詢常繼之以討論，討論後結果如何？列國制度可分兩種：一是討論之後，不作任何決議，例如帝政時代的德奧兩國均於議院議事規則之上，明文禁止議院於討論後提出任何決議案。即討論完畢，質詢即告結束，議院不得對於政府當局的答辯表示贊成或反對[192]。二是討論之後，尚有決議，用以表示政府的答覆是否令人滿意，這是大多數國家共同的制度[193]，而尤以法國為甚。法國之制，正式質詢經討論之後，常有表決。這個表決稱為「恢復日程的表決」(le vote d'un ordre du jour)，即結束質詢，恢復議事日程之意。恢復日程分為兩種，一種叫做「無意見的恢復日程」(order du jour pure et simple)，另一種叫做「有意見的恢復日程」(order du jour motive)。在前者，決議案對於政府的辯明，不表示任何意見，而只云：「本院聽聆了國務員的說明，茲恢復議事日程」。在後者，決議案不但恢復議事日程，且對於政府的辯明，又表示贊成或反對之意，無異於信任或不信任投票[194]。法國議院固常濫用正式質詢，以推翻內閣。在第三共和最初二十年中，內閣更迭共二十九次，其中二十一次均由議院投票推翻之，而在二十一次之中，十次且由於議員的質詢[195]。質詢可以引起政變，法國政局不能安定，質詢實為一個原因。第五共和憲法第四八條第三項規定：「每一會期中，應保留一個星期，以作國會議員質詢及政府答覆之用」，此蓋出於限制質詢之意。英國雖有休會的動議，而質詢案提交院會討論之後，多不作任何影響內閣進退的決議。數十年來，休會的動議單單通過兩次，一次是一八八一年關於 Dillon 的逮捕，一次是一八八七年關於 Miss Cass 的逮捕，兩次均未曾引起政變[196]。

---

[192] 美濃部達吉，前揭論文，六〇〇頁。

[193] J. Hatschek, a. a. O. S. 744.

[194] W. B. Munro and M. Ayearst, op. cit., p. 436. E. M. Sait, *Government and Politics of France*, 1920, p. 237.

[195] L. Lowell, *Governments and Parties in Continental Europe*, Vol. I, 1896, p. 122.

　　(3)**不信任投票**　不信任投票也是創始於英國，在一八三二年 Reform Act 尚未制定以前，選舉既然腐化，政黨亦不健全。「一位國務員若能得到國王的信任，就可利用國王的眷顧，以取得或保持國會內多數議員的擁護」❶❾❼。一八三二年以後，選舉改善，議會刷新，政黨的組織日益健全，於是不信任投票就漸次建立起來。其最初發現於歷史之上的，則為一八四一年 Robert Peel 反對輝格黨（Whigs，即自由黨）內閣，而表示不信任之意❶❾❽。自是而後，議院得作不信任投票，就成為確定的制度。

　　不信任投票乃是議會反對政府的政策，以為政策有反於公意，乃依議院的決議，勸告政府辭職。按議會表示不信任有下列各種方法：

　　①**暗示的不信任**　否決政府提出的重要法案尤其是預算案。議會否決政府提出的重要法案，政府當然無從實行其重要政策，因之，這個否決可以表示議會反對政府的施政方針，而含有不信任政府之意。或是通過政府反對的重要法案或修改政府提出的重要法案。議會修改政府提出的重要法案，政府當然須變更其重要政策，因之，這個修改同議會通過政府反對的重要法案，均是強迫政府實行政府所不同意的政策，所以結果與否決政府提出的重要法案相同，含有不信任政府之意。

　　②**明示的不信任**　批評政府或某一位國務員的某一種行為，這在英國稱為 vote of censure，這個時候，或是整個政府連帶負責，或是該國務員單獨負責❶❾❾。另外，通過一個議案，反對政府的一般政策，而要求內閣總辭職，這

---

❶❾❻ 美濃部達吉，《議會制度論》，昭和五年，三五二頁。

❶❾❼ D. J. Medley, *A Student's Manual of English Constitutional History*, 6 ed. 1925, p. 130.

❶❾❽ J. Hatschek, *Englisches Staatsrecht*, Bd. II, 1906, S. 81. Robert Peel 揚言："His Majesty's ministers do not sufficiently possess the confidence of the House of Commons to enable them to carry through the House measures which they deem of essential importance to the public welfare; and that their continuance in office under such circumstances is at variance with the spirit of the constitution."

在英國稱為 vote of want of confidence（不信任投票），而為議會不信任政府最明顯的方法❷⓿⓿。

　　由此可知議會表示不信任有種種方法，不信任投票不過其中一種而已。所以議會若有立法權，實可利用「通過」或「否決」，強迫內閣辭職，原不必依靠於不信任投票。換句話說，議會若有立法權，縱令沒有不信任投票權，也可以強迫內閣就範，其結果與有不信任投票權相差無幾。不信任投票與彈劾不同，彈劾是關於法律問題，為了實現法治政治，而監察官吏違犯法律的行為，在原則上，只惟違法的官吏才負其責。不信任投票則關於政策問題，為了實現公意政治，而監察政府違反公意的行為，在原則上，政府須連帶負責。由此可知不信任投票有四種特質：

　　⑴不信任投票乃是議會用以監察政府的政策有否違反民意。然在總統制的國家，政府關於政策問題本來不對議會負責；在委員制的國家，政府又須

---

❶⓿⓿ 近世紀中發生過數次國務員個人辭職的事例。「一九三五年保守黨的外交部部長西門 (J. A. Simon) 因 Hoare-Laval affaire 事件辭職。一九六三年保守黨的陸軍部部長 Profumo 因桃色案及洩漏國防機密而辭職。閣員及國務員，多數管理一部，其主管業務發生問題時，小則引起平民院的質詢，大則發生個人的去留問題。而個人發生有虧官箴的事件，尤其洩漏國家機密，原為國務大臣誓言中明白禁止的行為，自然會發生個人責任的問題，在上述事例中，Hoare-Laval affaire 事件似有問題。外交為外交部主管的業務，西門部長應負責任，自無問題。惟外交政策的決定，在英國傳統中，乃是內閣之事，最少要得到首相的默許，而後外相始能採取行動。英法聯合對義大利妥協以謀共同防止希特勒對歐洲均勢的破壞，這個政策如此重要，首相不應毫無所聞。內閣諉為一人個別的責任，未免有犧牲個人以保全內閣之嫌。在此一事例中，可以看到個別責任與團體責任的界限不易劃分，許多內閣應負團體責任的事項，未嘗不能以諉過一人的方式了之」。參閱鄒文海著，《比較憲法》，三民版，一二三頁至一二四頁。

❷⓿⓿ F. A. Ogg, *English Government and Politics*, 2 ed. 1936, p. 147. J. Hatschek, a. a. O. S. 81–82. W. E. Hearn, *The Government of England*, p. 218. W. B. Munro and M. Ayearst, *The Governments of Europe*, 4 ed. 1954, p. 95.

絕對服從議會的命令，不得擅自決定政策。只惟內閣制的國家，一方政策由內閣決定，同時內閣關於政策問題，須對議會負責，所以不信任投票不存在於總統制及委員制的國家，而只存在於內閣制的國家。

(2)不信任投票既然關於政策問題，而在內閣制的國家，一切政策均由內閣決定，總統不負行政責任，所以原則上不信任投票只能適用於內閣，而不能適用於總統。最近憲法均有不信任議會之心，而欲提高總統的權限，以壓制議會的專橫。但是議會固然不能絕對信任，而總統亦何能保其毫無錯誤，倘有錯誤，總統當然亦須負責。所以在總統有相當權力的國家，例如德國（威瑪憲法第四三條）、奧國（一九二九年憲法第六〇條）、西班牙（一九三一年憲法第八二條）均令議會提議罷免總統，而提交公民或選舉會投票決定之❷01。這個提議有似於不信任投票。

(3)不信任投票的目的在於實現公意政治，而直接代表公意的，在兩院制的國家，乃是第一院，所以原則上應該只惟第一院才有不信任投票權。倘令兩院均有不信任投票權，則內閣將無法維持其生存。因為兩院議員的選舉時期和選舉方法大率不同，第二院比較保守，第一院比較急進，內閣何能同時得到保守者與急進者雙方的信任。

(4)不信任投票乃是議會以政府的政策有反於公意，而勸告內閣辭職。但是議會只是代議機關，不是古代的民會。議會的意思未必就是人民的意思，議會的見解是否妥善而無錯誤，誰都不敢保證。所以內閣若有自信力，深信人民之能贊成自己的政策，無妨奏請元首下令解散議會。反之內閣沒有自信力，不敢保證人民之能贊成自己的政策，則宜引咎辭職，讓反對黨上臺。於此，我們又可以知道，不信任投票可以引起內閣的更迭，而發生政策的變更。所以最好國內只有兩個勢力相去無幾的政黨，而此兩個大政黨又須有特殊的政見，而後不信任投票才會發生良好的效果。倘令內閣辭職之後，繼之組織新內閣的政黨，其政見與組織舊內閣的政黨相差不遠，那末，內閣的更迭只

---

❷01 參閱本書五六三頁的表。

是大臣的更迭，不是政策的變更。換句話說，議會之作不信任投票不過是想奪取政權，不是要變更政策。在這種政局之下，國家政治將為野心家所操縱，民主政治必將無法實現。

不信任投票只存在於內閣制的國家，一方有英國式的健全的內閣制，他方有法國第三共和時代的不健全的內閣制，介在兩者之間則有德國威瑪憲法時代的內閣制。現在試述英法德三國的不信任投票如次。

英國之制，議會兩院本來有平等的權力。英國內閣因為第二院之表示不信任而辭職者，歷史上頗有其例。第二院表示不信任之時，第一院可作信任投票 (vote of confidence)，使第二院之不信任失去效力。這個時候當然可以引起兩院的衝突，所以內閣可解散第一院，直接探求公意之所在❷。但是這種情事到了後來，很少發生。因為人們無不承認第一院的意思有最高的權力，第二院不得反抗❸。而自一九一一年國會法公布之後，第二院縱表示暗示的不信任，亦不能發揮效力。因為前曾說過，英國第二院對於金錢法案沒有否決權，對於其他公共法案，亦只有一年間的停止權。第二院沒有控制內閣的工具，其表示不信任，當然不生效力。第一院表示不信任之時，內閣不是辭職，就須解散第一院。因為第一院不信任內閣，內閣若即辭職，則第一院將濫用不信任投票權，壓迫內閣，內閣無時不在風雨飄搖之中，行政效率必將減低。所以內閣若認第一院不能代表民意，可以奏請英王解散第一院，另行選舉。選舉結果，政府黨獲勝，這可以證明國民仍贊成內閣的政策，因之內閣無妨留任。反對黨獲勝，可以證明國民已經反對內閣的政策，因之內閣必須辭職❹。即內閣關於同一問題，對於第一院之不信任投票，只得行使解散權一次。

---

❷ J. Hatschek, *Englisches Staatsrecht*, Bd. II, 1906, S. 81, 84. 參閱 W. E. Hearn, *The Government of England*, p. 216.

❸ J. Hatschek, a. a. O. S. 84.

❹ J. Hatschek, a. a. O. S. 84. W. B. Munro and M. Ayearst, op. cit., p. 95.

　　法國在第三共和時代，內閣須對議會兩院負責（一八七五年二月二十五日公權組織法第六條）。其實，最初二十年中，第二院固未曾直接攻擊內閣，而內閣提出的法案若遭第二院否決，內閣亦不必辭職。到了一八九六年，第二院的態度忽然變更，曾向 Bourgeois 內閣表示不信任五次，最後又藉不肯通過 Madagascar 的軍事費，迫到 Bourgeois 內閣勢非辭職不可❷⓪❺。自是而後，如一九一三年的 Briand 內閣，一九二五年的 Herriot 內閣，一九三〇年的 Tardieu 內閣，都是因為第二院不予信任而辭職的。議會任何一院表示不信任之時，內閣固然可以請求總統解散第一院，使國民判斷是非。但是總統要解散第一院，又須徵求第二院同意（一八七五年二月二十五日公權組織法第五條）。這樣一來，第一院的解散便只能存在於兩院衝突的時候了。即只惟第二院與內閣站在同一戰線，反對第一院，而後內閣才能得到第二院同意，以解散第一院。倘令第二院反對內閣，那末不論第二院和第一院有無衝突，第二院必將拒絕同意，迫到內閣勢非辭職不可。何況第三共和成立以來，總統解散第一院，只有一次，而其結果，竟發生了五月事變 (Seize Mai)，而使總統 MacMahon 不能不掛冠下野❷⓪❻。自是而後，任何總統均不敢行使解散權。而第一院不能解散，遂成為法國的不成文憲法。原來政府的解散權乃所以抵抗國會的不信任投票權，國會既然可用不信任投票，強迫內閣辭職，那末，內閣為了預防國會濫用這個權力，當然不能沒有抵抗的方法，其方法就是解散。這樣，一方內閣固然不敢蔑視國會的意思，同時國會也不敢無故反對內閣，雙方權力平衡，乃所以使雙方不敢輕舉妄動。現在法國既使內閣對國會負責，同時內閣卻不能解散國會，這安能維持雙方權力的平衡，宜乎演成國會的專橫，而致內閣時時推翻了。所以第四共和憲法對這不健全的制度，就加以一番改革：即內閣只對第一院負責（第四八條），第一院對於內閣要否決信任案或通過不信任案，須用點名投票 (roll call) 的方式，並經議員總數過半數之同

❷⓪❺ E. M. Sait, *Government and Politics of France*, 1920, pp. 82–83.

❷⓪❻ E. M. Sait, op. cit., pp. 274–276.

意（第四九條第五○條）。十八個月之內，內閣若因第一院否決信任案或通過不信任案而發生兩次閣潮，內閣得經第一院議長同意之後，奏請總統下令解散第一院（第五一條）。但第一院解散之後，國務總理及內政部部長亦須去職。其餘國務員皆留任辦理例行公事。此際總統應指派第一院議長為國務總理，國務總理則另任一位內政部部長，於解散後二十日至三十日內舉行第一院之選舉（第五二條）。由此可知第四共和憲法的改革亦不澈底。第五共和憲法也規定內閣只對第一院負責 （第二○條第三項， 參閱第四九條及第五○條），第一院要提出不信任案，至少須有該院議員十分之一之簽署，於四十八小時之後，經議員總數過半數之同意，才獲通過（第四九條第二項）。第一院積極的通過不信任案，或消極的否決內閣所提信任案，或對內閣所提之施政方針或某項法案不予通過時，內閣均應辭職（第五○條，參閱第四九條第一項及第三項）。 但是此際總統得解散第一院， 訴於國民 （第一二條第一項）❷⁰⁷。

德國在威瑪憲法時代，代表各邦的第二院 (Reichsrat) 在立法方面沒有提案權，而只能委託政府，將其法案當做政府的法案，提出於第一院（威瑪憲法第六九條第二項）；沒有議決權，而只能對於第一院通過的法律，提出抗議，由總統將該項法律退回第一院覆議（第七四條）。在這種制度之下，第二院當然沒有不信任政府的權。 不信任政府的權屬於代表國民的第一院 (Reichstag)。 第一院用明示的決議 (ausdrückliches Beschluss)，表示不信任，內閣必須辭職（第五四條），不能同英國一樣，解散第一院，舉行大選，以探求國民的意思。第一院若否決內閣提出的重要法案或通過內閣反對的重要法案，這個行為事實上雖然也可以暗示第一院不信任內閣，而在憲法上卻不看做不信任，因之內閣不必辭職。又者內閣提出信任案，而為第一院所否決，這只是第一院消極的拒絕表示信任，並不是第一院積極的表示不信任，所以內閣也不必辭職❷⁰⁸。而在必要之時，總統且得解散第一院。第一院解散之後，

---

❷⁰⁷ 參閱本書三四八頁。

總統須於六十日內，下令舉行大選，大選之後，第一院須於三十日內自動集
會。總統固然有解散第一院的權，而卻不能以同一原因解散第一院兩次（第
二五條）。西德之制，第二院 (Bundesrat) 的地位與威瑪憲法時代相差無幾 ❷。
內閣只對第一院 (Bundestag) 負責（第六五條），第一院要對內閣積極的表示
不信任或消極的拒絕表示信任，必須第一院能以議員過半數之同意，選出繼
任國務總理，否則總統得解散第一院（第六七條及第六八條）❷。

(4)**彈　劾**　彈劾制度猶如其他民主制度一樣，創始於英國。一三七六年
貴族 Latimer（時在皇宮任職）及平民 Lyons（時為包稅人）等關於徵收租
稅，有營私舞弊的行為，遂由第一院告發，第二院審判，認為有罪，各處以
刑事上的制裁。這是彈劾制度的開始 ❷。

　　官吏違法，應負責任，這是法治政治所要求。官吏的行為分做兩種：一
是官吏以私人資格而作的行為，二是官吏以官吏資格而作的行為，因之官吏
違法也分兩種：一是官吏以私人資格而作的行為違法，二是官吏以官吏資格
而作的行為違法。官吏私人違法，固和一般人民一樣，應負民法上及刑法上
的責任。官吏行使職權，本來有遵守法令的義務，官吏玩忽法令，在法治政
治之下，也須負法律上的責任。其所負的責任可以分別為三種：一是民事責
任，二是刑事責任，三是懲戒處分。

　　①**民事責任**　官吏職務上的違法行為若屬於民法上的侵權行為，應依民
法規定，負損害賠償責任（吾國民法第一八六條）。例如土地登記人員因重大
過失，致土地所有權人之權利受損害者，該登記人員應負損害賠償責任（吾
國土地法第七〇條第二項，參閱第六八條）。

　　②**刑事責任**　官吏職務上的違法行為若屬於刑法上的犯罪行為，應依刑

---

❷ G. Anschütz, *Die Verfassung des deutschen Reichs*, 14 Aufl. 1933, S. 320.

❷ 參閱本書三九七頁。

❷ 參閱本書三九七頁。

❷ T. P. Taswell-Langmead, *English Constitutional History*, 8 ed. 1919, pp. 260–261, note.

法規定,受刑罰處分。其中可大別為兩種:一是官吏犯罪與其執行職務有關,例如警察濫用職權逮捕無罪之人,處一年以上七年以下有期徒刑(吾國刑法第一二五條)。又如法官收受賄賂,為枉法之裁判,處三年以上十年以下有期徒刑(吾國刑法第一二二條、第一二四條)。二是官吏犯罪與其執行職務雖無直接關係,惟因其地位特殊,便於觸犯這種罪狀,故刑罰加重。例如人民侵占他人之物,處五年以下有期徒刑(吾國刑法第三三五條),官吏侵占公家之物,處一年以上七年以下有期徒刑(吾國刑法第三三六條)。

③**懲戒處分**　官吏有官吏之義務。官吏違反官吏之義務,應受懲戒處分,如申誡,減俸,停職,褫職等是。依各國之制,懲戒處分大率由主管長官為之。因為懲戒權乃是主管長官藉以監督屬僚的工具。唯關於停職褫職,或由主管長官提議,經普通法院、行政法院或行政官與司法官共同組織的懲戒委員會,依對審程序 (kontradiktorische Verfahren),用判決的形式為之[212]。或由主管長官處理,處理不當,被懲戒人得要求法院、懲戒委員會、或其他有關機關審查。例如日本,法律固然規定:「懲戒處分由有任命權的人為之」(國家公務員法第八條)。但被懲戒人若以處分不當,得要求人事院審查。必要時,被懲戒人與任命權人尚得為口頭辯論,雙方可聘請律師,並提出人證物證(第九一條)。審查的結果,人事院或承認其處分,或取消其處分(第九二條)。茲宜特別注意者,懲戒與彈劾不同,懲戒乃上級官廳對其屬僚為之。議會對於官吏不是上級官廳,而懲戒的原因又比彈劾的原因,範圍較大。例如官吏執行職務,不依服務規程;或對該項官職不甚適合,均得加以懲戒處分,而卻不能提出彈劾[213]。

懲戒乃處罰官吏之失職,而維持官紀;刑罰乃處罰犯罪,而維持社會秩序;損害賠償則為救濟被害者,使其權利能夠恢復原狀。三者原因不同,目的不同,而其所根據的法規亦異。三種制裁有時可以併科,例如官吏侵吞公

---

[212] 參閱 G. Meyer, *Lehrbuch des deutschen Staatsrechts*, 6 Aufl. 1905, S. 520–521, 542.

[213] 參閱 G. Meyer, a. a. O. S. 688.

款,既負民法上的賠償責任,又犯刑法上的侵占罪,復須受懲戒法所規定的處分。

由此可知官吏的行動是處處要受法律拘束的。但是法律固足以拘束小吏,卻未必能夠拘束大官。於是各國為了實現法治政治,就給予民意機關以一個重要的武器,這個重要武器就是彈劾權。所以彈劾制度乃拘束大官而補法律之不完備。

關於彈劾制度,我們應該研究者,有數個問題。

那一個機關提出彈劾 彈劾手續分為兩種:一是提出彈劾案,二是審理彈劾案,前者可以稱為起訴,後者可以稱為裁判。依各國之制,起訴權無不屬於議會,議會之採獨院制者,固無問題,議會之採兩院制的,依各國之制,起訴權多屬於第一院。其許議會兩院各自獨立提出彈劾案的有之,西德(一九四九年憲法第六一條第一項)就是其例。其須議會兩院一致決議,才得提出彈劾案者亦有之,法國第五共和憲法第六八條之規定是。

固然有人以為議會若有彈劾權,必將利用彈劾權,以壓制政府,使政府一舉一動,都不自由,所謂動輒得咎。其實各國議會(尤其是第一院)壓制政府,並不是利用彈劾,而是利用不信任之表示。議會表示不信任,有兩種方法:一是明示的不信任,即舉行不信任投票,要求政府辭職。二是暗示的不信任,即否決政府提出的重要法案,或通過政府反對的重要法案,使政府不能實行其認為妥善的政策。由此可知政府動輒得咎,固然因為受了議會的壓制,而議會能夠壓制政府,乃是因為議會有立法權。所以議會若有立法權,縱把彈劾權歸屬於別一個機關,政府亦將受到議會的壓制,而致動輒得咎。只看法國吧!法國在第三共和時代,第一院提出彈劾案只有兩次,一次是一九一八年以內政部部長 Louis J. Malvy 有通敵嫌疑而彈劾之。另一次是一九三一年以卸任財政部部長 M. R. Peret 對於 Oustric Bank 之倒閉負有責任而彈劾之❷,然內閣乃時時崩潰,平均壽命不過八個月❷。何以致此?因為議會

❷ W. R. Sharp, *The Government of the French Republic*, 1939, p. 296, note 15.

可用各種方法，表示不信任，使內閣勢非辭職不可。

　　按各國所以把提出彈劾案的權屬於第一院，固然是模倣英國制度。其實，一種制度能夠傳播於各國，而為各國的共通制度者必有原因，固不是單單模倣而已。國家有許多法律拘束公務員，大官違法，所以必由民意機關的議會（第一院）提出彈劾案者，乃是因為議會與政府是對立的，議會有許多權力，足以控制政府，使政府就範。議會彈劾大官，政府置之不理，議會可以拒絕表決預算，使政府一籌莫展。所以彈劾權屬於議會，不是因為議會是民意機關，而是因為議會有控制政府之力，可使彈劾發生作用。

　　第一院提出彈劾案的程序如何？對此列國憲法多無特別規定，所以議員的出席人數和同意人數是和普通立法相同❷⑯。這也許可以給予第一院以濫用彈劾權的機會。但是第一院只能起訴，起訴之後，尚須裁判，裁判可以牽制起訴。美國自發布憲法以來，第一院彈劾者十三人，而第二院裁判，宣告有罪者只四人❷⑰。實際情形如斯，而最近列國憲法為了防微杜漸，對於彈劾案的提出，乃不惜提高其出席人數與同意人數。德國在威瑪憲法時代，第一院要提出彈劾案，須有議員百人以上之連署，並經全體議員三分之二出席，出席議員三分之二之同意（威瑪憲法第五九條）。今日法國，國會要提出彈劾案，必須國會兩院各有議員絕對多數之同意（第五共和憲法第六八條）。在西德，第一院要提出彈劾案，須有全體議員四分之一之提議，三分之二之同意；第二院要提出彈劾案，須有全體表決權四分之一之提議，三分之二之同意（一九四九年憲法第六一條第一項）。提高議會的議事能力，自可減少彈劾權的濫用。

-----------------------------------◆-----------------------------------

❷⑮ W. R. Sharp, op. cit., p. 77. 據 W. B. Munro and M. Ayearst, *The Governments of Europe*, 4 ed. 1954, p. 435，由一八七五年至一九四〇年，法國內閣更迭不下九十次。

❷⑯ 例如美國憲法第一條第二項第五目只云 "The House of Representatives shall have the sole power of impeachment."

❷⑰ W. Anderson, *American Government*, 3 ed. 1947, p. 544.

　　那一個機關審理彈劾案　今日各國關於這個問題，制度極不一致。大別之，可分為三種。

　　⑴裁判權屬於第二院，這個制度濫觴於英國。英國第二院本來有司法機關 (High Court of Parliament) 的職權，審判貴族的犯罪行為❷⓲，置法律議員 (Lords of Appeal)，內分三種，一是大法官（Lord Chancellor，即第二院議長）；二是第二院議員之曾為高等法官 (high judicial officer) 者；三是常任法律議員 (Lords of Appeal in Ordinary)，人數九名。由於這種關係，第二院對於彈劾案件，就取得了裁判權。其訴訟與判決最少在上述三種法律議員之中，須有三名出席（英制，第二院若有議員三名出席，就得開會），且依刑事訴訟手續為之，有訊問，有辯答，有人證，有律師，程序既畢，而後才作判決。此際第二院議員本來都得出席參加表決，但一般議員大率放棄這種權利❷⓳。按英國第二院審判彈劾案，甚為慎重，例如一七八六年審判哈斯丁其 (W. Hastings)，費時七載，一八〇五年審判麥維爾 (Lord Melville)，亦費時六年。手續複雜，卒至未下判決，而即免除追究，並不是單單依出席議員舉手多少，而下判決。英國的彈劾制度開始於一三七六年愛德華第三時代，然自一八〇五年第一院彈劾麥維爾 (Lord Melville) 之後，迄今將近二百年，卻未曾行使過一次。蓋自責任內閣制樹立之後，國會對於大臣的違法行為，已由懲罰變為預防。國會在事前已有各種方法控制大臣，萬不得已，又可利用譴責投票 (vote of censure)，迫令該大臣辭職，不必再於事後懲罰之。美國制定憲法之際，關於裁判機關，曾有一番論爭。有的主張裁判權應屬於第二院，有的主

---

❷⓲ W. R. Anson, *The Law and Custom of the Constitution*, Vol. I, 5 ed. 1922, p. 245，審判貴族的 treason, felony 或 misprison。

❷⓳ W. R. Anson, op. cit., p. 239. F. W. Maitland, *The Constitutional History of England*, 1926, p. 473. D. J. Medley, *A Student's Manual of English Constitutional History*, 6 ed. 1925, p. 171. 常務法律議員人數九名是根據 W. B. Munro and M. Ayearst, op. cit., p. 122. 參閱本書二九六頁②明示的不信任之⑴。

張屬於最高法院，有的主張屬於最高法院與第二院的聯席會議。但最高法院法官既由總統任命，倘令第一院彈劾總統，那便是總統任命的法官裁判總統，公平兩字實難達到。所以結果就學英國之制，以裁判權屬於第二院，非有出席議員三分之二之同意，不得作有罪的宣告（美國憲法第一條第三項第六目）。茲宜注意者，美國第二院裁判彈劾案件，也和英國一樣，成為一個法院。議員必須宣誓，而舉證則為必不可缺的要件。被彈劾的人得到場聽審，他可召喚證人，並得聘請法律顧問 ❷。總之，美國第二院的審判，也是依刑事訴訟手續，並不是單依立法程序，表決有罪與無罪。法國第三共和憲法制定於共和派與復辟派鬥爭之際，國基未固，無遑遠慮，遂完全模倣英制，不但裁判彈劾案的權委於第二院（一八七五年二月二十四日第二院組織法第九條，及一八七五年七月十六日公權關係法第一二條第二項），而總統經內閣會議決定之後，尚得命令第二院，組織法庭，以裁判任何國事犯（公權關係法第一二條第三項），不須經過第一院彈劾。一八八九年前任陸軍部部長 G. E. J. M. Boulanger 以內亂罪，一九一五年前任國務總理 J. Caillaux 以外患罪，均由總統命令第二院組織法庭，以裁判之，並不是由於第一院彈劾 ❷。法國第二院既和英國一樣，可以成為一個法庭，其裁判程序亦和英國大同小異。

⑵裁判權屬於最高法院。這個制度創始於美國獨立時代 Virginia 及 Maryland 兩邦 ❷。其後各國採用之者為數不少。舉一例說，比利時憲法（一八三一年憲法，即現行憲法）就是以最高法院 (Court of Cassation) 為審判彈

----

❷ W. B. Munro, *The Government of the United States*, 5 ed. 1946, pp. 296, 299. 按美國在制憲之時，各邦的彈劾權固然均屬於第一院，而審判權之歸屬則有三種制度：一是 Virginia 及 Maryland 之制，屬於法院，二是 New York 及 South Carolina 之制，屬於第二院與法官合組的特殊法院，三是其他各邦之制，屬於第二院。見 C. Warren, *The Making of the Constitution*, 1937, p. 659.

❷ W. R. Sharp, op. cit., p. 297.

❷ C. Warren, op. cit., p. 659.

劾案的機關。

　　⑶裁判權屬於特別設置的法院。瑞典、挪威、丹麥都有一個彈劾法院，裁判彈劾案件。丹麥的彈劾法院 (Rigsret)，由最高法院法官及第二院互選的同數議員組織之 （一九一五年憲法第六六條第一項）。挪威的彈劾法院 (Rigsret) 由最高法院法官及第二院議員合同組織之 （一八一四年憲法第八六條第三項）。瑞典的彈劾法院 (Riksratt)，組織至為複雜，有最高法院的推事，有最高行政法院的評事，又有駐紮首都的陸海軍司令官等（一八〇九年憲法第一〇二條）。二十世紀以後的憲法設置特殊法院以裁判彈劾案件者尤多❷❷❸。例如法國，其裁判權本來屬於第二院，第四共和憲法特設一個 Haute Cour de

---

❷❷❸ 德國 （威瑪憲法第五九條及一九二一年七月九日的國務法院法第三條） 置國務法院 (Staatsgerichtshof) 裁判彈劾案件。國務法院以最高法院院長為主席，由普魯士高等行政法院推事一人，Bayern, Hamburg, Bremen, Lubeck 的高等法院推事各一人，德國律師公會代表一人，第一院 (Reichstag) 及第二院 (Reichsrat) 各選舉推事五名組織之。奧國（一九二〇年憲法第一四二條第一四七條及一九二一年七月十三日的憲法法院組織法第一條） 置憲法法院 (Verfassungsgerichtshof) 裁判彈劾案件。憲法法院置院長副院長各一人，推事十二人，候補推事六人。院長副院長及一半的推事候補推事由第一院 (Nationalralat) 選舉之，其餘一半的推事候補推事由第二院 (Bundesrat) 選舉之，他們的任期都是終身。西班牙 （一九三一年憲法第一二一條第一二二條） 置憲法保障法院 (Tribunal des garanties Constitutionnelles)，裁判彈劾案件。憲法保障法院以下列人員組織之。⑴院長一人，由議會選舉之，其人選不以議員為限，⑵國策顧問委員會 (Haut Corps Consultaif de la Republique) 委員長，⑶審計院院長，⑷議員二人，由議會推舉之，⑸各自治領土 (regions autonomes) 代表二人，⑹全國律師公會代表二人，⑺全國法學院教授代表二人。
今日西德置「聯邦憲法法院」以裁判彈劾案件（一九四九年憲法第六一條）。聯邦憲法法院由聯邦法官及其他人員組織之，一半由第一院選舉，一半由第二院選舉，其人選須不屬於第一院及第二院議員，而又非聯邦政府及各邦政府的官吏（第九四條第一項）。

Justice（與最高法院即 Cour de Cassation 不同），以裁判彈劾案件。本法院置院長一人、副院長二人、推事及候補推事各三十人，均由第一院於每屆任期開始時選舉之（第四共和憲法第五七條法律二六——二三八號第一條第二條又第三條）❷。第五共和憲法亦置 Haute Cour de Justice，由第一院及第二院於每屆全部改選或部分改選之後，各就其議員中，選舉同數的議員組織之。院長一人由委員互選（第六七條）。

各國憲法所以多把審理彈劾案的權歸屬於最高法院或特別設置的法院者，乃是因為判斷法律問題，必須根據法理，而需要冷靜的頭腦。議會議員未必都是法學專家，而人數又多，很容易受了群眾心理的支配，流於盲動。英國第二院議員人數雖有數百餘人，但其開會的法定人數不過三人，然一七八六年審理 W. Hastings 的彈劾案，竟然費時七載❷。手續複雜，卒至於未下判決，而即免除訴究。何況議會之內必有黨派關係，其舉行表決，未必能夠公平無私❷。美法（第三共和時代）二國以第二院為裁判機關，所以尚少弊端者，美國第二院議員到了今日，不過一百名，而被選舉年齡又為滿三十歲以上（美國憲法第一條第三項第三目）。法國第二院議員人數雖有三一四名，然其被選舉年齡則為滿四十歲以上（一八七五年二月二十四日第二院組織法第三條）。人少，便於推理；年長，則老成持重。何況如前所言，裁判是依刑事訴訟手續，並不是單單以多數決為標準。裁判不依訴訟手續，而依立法手續，那便是英國過去的 bill of attainder。所謂 bill of attainder 與 impeachment 不同：後者依司法程序；前者為立法行為，不須審問，不須舉證，即不依訴訟程序，由議會通過一種議案，將被告處以刑罰❷。這個制度最初發現於英

---

❷ 參閱 L. H. Laing, *Source Book in European Governments*, 1950, p. 125.

❷ F. W. Maitland, op. cit., p. 477. 但據 W. E. Hearn, *The Government of England*, p. 110 為九年。

❷ W. E. Hearn, op. cit., p. 110. "When Lord Melville was impeached, every good Tory voted a hearty acquittal, while all Whigs joined in an indignant condemnation."

國歷史之上者，乃是一四五九年議會通過 bill of attainder，將 York 一派貴族盡入於罪❷。一六四一年查理第一時代，議會彈劾 Strafford (T. W. Strafford, Earl of)，欲置之死地，而不能加以罪名，乃通過 bill of attainder（第一院受感情的刺激，第二院由於恐怖心理的作用），強迫國王處以死刑❷。最後採用之者則為一六九六年 J. Fenwick 要暗殺威廉第三，議會也通過 bill of attainder，處以死刑❷。一六九六年以後，議會雖然未曾行使這種權限，但明令禁止之者則在一八七〇年女王維多利亞時代❷。原來 bill of attainder 乃是亂世群眾復仇的方法，古代希臘的 Ostracism，法國革命時代的民眾審判都可以視為 bill of attainder，而在民主國家誤認議會有絕對的權力者，尤有發生的危險。所以美國憲法（第一條第九項第三目）特用明文，加以禁止。

被彈劾的人是那一種官吏 | 彈劾之制濫觴於英國，而在英國，議會所彈劾的人多係豪門權貴。中級以下官吏所以不受彈劾，乃是因為彈劾制度本來是用以監察大官而以救法律之窮。中級以下官吏沒有特殊的權力，苟有違法行為，法院自能制裁，長官自能懲戒，不須議會越俎代庖。但是小官甚至於平民犯罪，苟有權貴為其護符，則議會亦得彈劾。一六二一年第一院彈劾專賣商人 G. Mompesson 與 F. Mitchell，第二院判決為有罪，處以拘役及罰金之刑，即其一例❷。總之，英國原則上只惟大官巨吏才受彈劾的。美國與英國不同，總統副總統及其他一切文官 (all civil officers of the U.S.) 均可成為彈劾的對象（美國憲法第二條第四目）。但是美國自制定憲法以來，受彈劾者十

---

❷ T. P. Taswell-Langmead, op. cit., p. 360. F. W. Maitland, op. cit., pp. 215–216.

❷ F. W. Maitland, op. cit., p. 215.

❷ D. J. Medley, op. cit., p. 167. T. P. Taswell-Langmead, op. cit., pp. 632–633.

❷ F. W. Maitland, op. cit., p. 319.

❷ T. P. Taswell-Langmead, op. cit., p. 382.

❷ F. W. Maitland, op. cit., p. 246. D. J. Medley, op. cit., p. 167. 參閱 W. R. Anson, op. cit., p. 386 及 F. W. Maitland, op. cit., p. 317 所舉 Case of Fitzharris。

三人，一人為第二院議員 W. Blount（一七九八年第一院提出彈劾案，第二院因其不是文官拒絕受理，而用院議，開除其議員資格），一人為總統 A. Johnson（一八六八年第一院提出彈劾案，是時第二院議員共五十四名，全體出席，須有三十六票同意，才能判決為有罪，贊成者三十五票，反對者十九票，幸告無罪），一人為陸軍部部長 W. W. Belknap（一八七六年第一院提出彈劾案，他已辭職，第二院審判時，以證據不完全，宣告無罪），其餘十人都是法官（在這十人之中，第二院判決為有罪者只四人）[233]。由此可知憲法固然規定議會有彈劾一切文官的權，其實，一般文官若有違法行為，常起訴於普通法院，固不需要第一院彈劾與第二院審判。所以實際上受到議會彈劾者，亦限於總統副總統國務員與法官而已。除了美國之外，其他各國憲法無不明文規定，被彈劾人限於總統（君主法律上不負責任，故不得彈劾）及國務員。比利時（一八三一年憲法第九〇條）如是，法國（一八七五年二月二十五日公權組織法第六條第二項、及一八七五年七月十六日公權關係法第一二條第二項，第四共和憲法第四二條第五六條第五七條，第五共和憲法第六八條），德國（威瑪憲法第五九條）等一切國家亦皆如此，而今日西德且又限於總統（一九四九年憲法第六一條）。按現今官吏處處要受法律的拘束，官吏違法，法律自能制裁，只惟總統及國務員地位特殊，也許他們利用特殊之地位，避免法律的制裁，故用彈劾制度，以救其窮。為政之道，最怕察察為明，毫無層序。察察為明，天下未有不亂者。巴西憲法（一八九一年憲法第八二條第一項）說：「官吏執行職務，若有違法或過失，應負責任。對其部下的行為，若未盡監督之責者，亦應負責任」。這個條文值得吾人注意。

---

[233] W. Anderson, op. cit., p. 544，參閱 W. B. Munro, op. cit., pp. 299f. 美國法官之被彈劾所以比其他文官為多者，乃是因為美國憲法特別保障法官地位，只要法官操行端正 (good behavior)，皆得永保其位。至於那一種行為可以視為欠缺操行端正，而操行是否欠缺端正，又由誰決定，憲法沒有明文規定，因此之故，法官違法失職，只能依彈劾之法令使其去職。

被彈劾的行為是那一種行為　彈劾創始於英國，最初實行之者為一三七六年議會彈劾 Lord Latimer 及 R. Lyons 營私舞弊❷，最後實行之者為一八〇五年議會彈劾 Lord Melville 挪用公款❷。在一三七六年至一八〇五年這個期間之內，英國憲政尚未達到完成之域，因之，被彈劾的行為沒有限制，私人犯罪縱與職務無關，苟司法權束手無策，議會亦得彈劾之，一六二一年 G. Mompesson 因普通犯罪 (ordinary misdemeanour) 而被彈劾❷，即其一例。豈但如此，十七世紀之時彈劾乃是驅除政敵的主要工具❷。當時彈劾與不信任沒有區別，政府的政策苟不能令人滿意，議會亦得舉行彈劾以罷免之。十九世紀以後，彈劾與不信任完全分開，前者監督違法，後者監督失策，前者為法律問題，後者為政治問題。有了這種區別，而又兼以司法制度甚見完備，法律平等主義澈底實行，於是一八〇五年以後，議會就不再使用彈劾權❷。

　　美國憲法制定於一七八七年，當時憲法學尚未發達，其中條文不合於現代憲法原理者不少。僥倖條文簡單，可以隨時解釋，以適應時代的需要，所以施行至今，尚少弊端。憲法（第二條第四項）規定，總統副總統及其他一切文官若有叛逆收賄或其他重罪惡行 (treason, bribery, or other high crimes and misdemeanors)，議會都得彈劾之。何謂叛逆，憲法（第三條第三項）有明文規定。何謂收賄，其意義亦甚明瞭。何謂重罪惡行，苟有重罪惡行，是否議會都得彈劾。美國過去彈劾案件共有十三件，或為職務上的犯罪，或與職務無關。凡行為不正 (misconduct) 可以妨害國家的利益，或足以證明其人不宜於執行公務者，議會都得彈劾，固不問不正行為是否發生於執行職務之時❷。即憲法對於重罪惡行，沒有明白的定義，故凡議會認為可以彈劾的，

---

❷ D. J. Medley, op. cit., p. 165.

❷ D. J. Medley, op. cit., p. 169.

❷ W. E. Hearn, op. cit., p. 109.

❷ D. J. Medley, op. cit., p. 167.

❷ 參閱 A. V. Dicey, *The Law of the Constitution*, 2 ed. 1886, p. 383.

不問私人違法或職務上違法，議會均得彈劾之❷❹❶。

　　除了美國之外，其他各國憲法對於被彈劾的行為，大率均用明文限定其種類。例如法國（第五共和憲法第六八條，參閱一八七五年二月二十五日公權組織法第六條第二項及一八七五年七月十六日公權關係法第一二條第二項，第四共和憲法第四二條及第五六條），總統之受彈劾限於叛逆行為；國務總理及國務員之受彈劾，限於執行職務而有觸犯刑法，或危害國家安全之行為。又如德國（威瑪憲法第五九條），總統國務總理及國務員若因故意或過失，破壞憲法或法律，議會均得彈劾之。所謂破壞憲法或法律，據德國學者解釋，亦限於職務上違憲或違法❷❹❶。總之，依列國之制，被彈劾的行為多限於職務上違法行為，至於私人違法，皆由普通法院檢舉，依刑事訴訟手續審判之，原不必麻煩司法以外的機關出來彈劾。然此乃就法治國家言之，至於政治尚未納上軌道，豪門權貴可以隨意破壞法律者，似應和英美一樣，不但職務上違法，縱是私人違法而與國家利益有關者，亦無妨利用彈劾制度，以救司法之窮。

　　裁判之後，認為有罪者，其處分如何　關於這個問題有兩種制度：一是英國制度，前曾說過，英國第二院有司法機關的職權，所以第二院若判決被彈劾人為有罪，不但得免其官職，尚得加以各種刑罰，如罰金、監禁、死刑等是。例如一六二一年大法官 F. Bacon 因受賄而遭彈劾，既受免職處分，

---

❷❸❾ J. M. Mathews, *The American Constitutional System*, 1932, p. 113.

❷❹❶ 提出彈劾案的權固然屬於第一院，其實任何文官之被彈劾，除第一院議員告發外，尚可依總統的咨文，各邦議會以及其他利害關係人的申訴，向第一院告發之。見 C. O. Johnson, *American Government*, 3 ed. 1954, p. 358.

❷❹❶ A. Finger, *Das Staatsrecht des deutschen Reichs*, 1923, S. 69. 參閱西德憲法第六一條第一項，其英譯云：The Bundestag or Bundesrat may impeach the Federal President before the Federal Constitutional Court on account of wilful violation of the Basic Law or any other federal law.

又處監禁並科四萬鎊罰金,復褫奪其就公職的權❷。二是美國制度,美國採三權分立之制,第二院不是司法機關,所以第二院判決被彈劾人為有罪,只得處以免職處分,最多不過褫奪其服公職的權。但尚得提起公訴於普通法院,由普通法院訊問判決並處罰之(美國憲法第一條第三項第七目)。其他各國或採用英國制度,例如法國,依第三共和憲法(一八七五年七月十六日公權關係法第一二條第三項)規定,第二院得組織法庭,審判任何政治犯,所以第二院若判決被彈劾人為有罪,除免職外,尚得依刑法規定,加以各種刑罰。一九一八年第一院以內政部部長 L. J. Malvy 有通敵嫌疑,提出彈劾案,第二院判決為有罪,宣告流放五年❸。第五共和憲法亦然。依其第六八條第二項規定,彈劾法院裁判總理或國務員為有罪時,應依其犯罪罪名及犯罪時之現行刑法所規定之刑罰處理之。或採用美國制度,例如德國在威瑪憲法時代,除戰時及軍艦之內得設置軍法庭(威瑪憲法第一○六條)之外,禁止設置特別法院,而保障人民有受法律所規定的法官審判的權利(第一○五條),所以國務法院若以被彈劾人為有罪,只得免其官職,而不得加以刑罰❹。

四、議會的議事公開及議會的解散

㈠議會的議事公開

民主政治為責任政治,政府須直接的或間接的對人民負責。要令政府對人民負責,須令人民能夠明瞭政府的施政,以便決定下屆選舉那一個政黨組織政府。因此之故,民主政治必以政治公開為前提。在今日民主國,國家政策均以法律的形式,經議會通過之後,而實行之。金錢問題尤須徵求議會同意。而在內閣制的國家,議會對於政府的施政,尚有質詢的權。議會之議決法律,議會之通過預算,議會之提出質詢,又依「議事公開」的原則,將一

---

❷ T. P. Taswell-Langmead, op. cit., p. 505.

❸ W. R. Sharp, op. cit., p. 296, note 15.

❹ A. Finger, a. a. O. S. 70.

切情況公告於民，人民由這公告，自能瞭解國家施政的實際情況。

議事公開有兩種意義，一是准許傍聞，二是發表紀錄❷。關此列國制度可分兩種。一是英國制度，議事公開與否視為議會的特權，議會得自由決定之❷。所以議會得禁止來賓傍聞，又得拒絕發表會議紀錄。這種制度，據一般學者研究，最初乃有兩個理由。一因表決議案而採用分列 (division) 之法，苟有來賓在場，不易計算。二因英國議會最初是反抗王權的，議員在院內所為的言論及表決又無法律保障其自由，議會恐國王派人偵察，故不准外人傍聞❷。然自十八世紀以來，議會兩院開會漸次公開，既許來賓傍聞，而會議紀錄以及投票名單亦許公開發表❷。不過苟有一位議員請議長注意場內生人，議長就須令其退場，習慣固然如斯，而實際上不論院會或委員會無不公開舉行。一八七五年第一院且有一個決議，凡議員提議來賓退場者，議長應徵詢出席議員的意見，此際不須經過討論，而逕付表決。這個決議現在已成為第一院 Standing Orders 第九〇條，自是而後，議員個人對於改開秘密會一事，就沒有主張的權利了❷。總之，英國之制，議事是否公開固由議院自由決定，但在第一院法律上須經院會表決，事實上各院開秘密會之事並不多覯。

二是法國制度，以為議事公開乃所以保護國民，故除憲法特許之外，不得改開秘密會❷。這種觀念濫觴於革命時代，一七八九年七月二十三日國王

---

❷ G. Meyer, *Lehrbuch des deutschen Staatsrechts*, 6 Aufl. 1905, S. 334. H. Kelsen, *Allgemeine Staatslehre*, 1925, S. 354.

❷ J. Hatschek, *Deutsches und preussisches Staatsrecht*, 2 Aufl. 1930, S. 564. 參閱 derselbe, *Englisches Staatsrecht*, Bd. I, 1905, S. 418f.

❷ W. R. Anson, *The Law and Custom of the Constitution*, Vol. I, 5 ed. 1922, pp. 170, n. 4, 170–171. D. J. Medley, *A Student's Manual of English Constitutional History*, 6 ed. 1925, p. 290.

❷ J. Hatschek, *Deutsches und preussisches Staatsrecht*, 2 Aufl. 1930, S. 564.

❷ W. R. Anson, op. cit., p. 171. D. J. Medley, op. cit., pp. 290–291.

發布宣言，禁止議事公開。國民會議 (Assemblée Nationale) 提出抗議，經種種鬥爭之後，遂於一七九一年憲法之中，揭櫫了議事公開的原則，即會議許人傍聞，而紀錄必須發表（憲法第三篇第三章第二節第一條）。固然憲法尚許立法機關隨時依議員五十人之提議，改開秘密委員會（第三篇第三章第二節第二條）。但是我們須知此際所開的不是院會，而是委員會。委員會只能討論議案，不能表決議案，苟有投票表決之必要，必須公開為之，投票之後苟有說明，亦必須公開為之 ㉕。此種議事會公開的原則，法國歷次憲法均有規定。即以第三共和憲法為例，其一八七五年七月十六日公權關係法第五條云：「兩院之會議公開之，各院得用議事規則規定，依一定人數議員之要求，改開秘密委員會 (form itself into a secret Committee)」。其實，「自一八七五年至一九一六年，國會兩院均未曾開過秘密委員會。只惟一九一六年大戰方酣，國會討論軍事及外交問題，才有改開秘密委員會之例」 ㉕。「此蓋議事公開乃是代議制度的本質，且為代議制度不可缺少的原則。議會代表人民，其討論議案是為人民的利益。國民不但須知道議會所作的決定（即表決的結果），而對於議會所討論的問題，尚須知道其內容如何，討論情形如何，表決經過如何，通過或否決之理由何在」 ㉕ 。「公開可令議會與公意之間不斷的發生交流作用，這是議會活動的本質」 ㉕ 。

　　此後各國受了法國一七九一年憲法的影響，多於憲法之上明文保障議會的議事公開，茲試比較說明如次：

　　⑴憲法保障議會的議事公開，而未曾提到秘密會者，例如德國一八七一

㉕ J. Hatschek, a. a. O. S. 564.

㉕ J. Hatschek, a. a. O. S. 564f. L. Duguit, *Traite de Droit Constitutionnel*, Tome 4, 2 ed. 1924, p. 341.

㉕ L. Duguit, op. cit., pp. 340–341.

㉕ L. Duguit, op. cit., p. 337.

㉕ P. Laband, *Das Staatsrecht des deutschen Reiches*, Bd. I, 5 Aufl. 1911, S. 345.

年憲法第二二條云：「聯邦議會之議事公開之」，此際，照法理說，議會不得改開秘密會。然而德國議會的議事規則第三六條乃云「議長或議員十名得提議改開秘密會」❷❺❺。關此，德國學者固然謂其違憲，而主張秘密會所決定的應一切無效。而按之實際情況，秘密會所決定的移送政府，政府無不批准而公布之。此蓋德國沒有一個機關審查法律的效力，所以議事規則竟然改變了憲法❷❺❻。

(2)大多數國家的憲法大率一方保障議事公開，同時又於一定條件之下，許改開秘密會。現在試比較研究之。

①**誰得提議改開秘密會**　據各國憲法規定，提議的權皆屬於議員，其承認議長可以提議的亦有之，比利時憲法除議員十名外，尚許議長有提議權（第三三條第二項）。至於承認政府有提議權的，可以西德為例，即議員人數十分之一或聯邦政府均有提議權（一九四九年憲法第四二條第一項）❷❺❼。

②**提議之後是否需要院會表決**　除極少數國家之外，均須經院會表決，而且表決之時尚有需要較多的贊成人數者。例如，日本一九四六年憲法第五七條第一項云：「兩院之會議公開之。但經出席議員三分之二以上之同意，得開秘密會」❷❺❽。義國一九四七年憲法第六四條第二項云：「兩院之會議公開之，但各院或兩院之聯席會議得依決議，改開秘密會」。西德一九四九年憲法

---

❷❺❺ J. Hatschek, a. a. O. S. 568.

❷❺❻ 參閱 G. Jellinek, *Verfassungsänderung und Verfassungswandlung*, 1906. 引自美濃部達吉譯，〈エリネツク憲法變化論〉，見同氏著《憲法及憲法史研究》，明治四十一年出版，七〇四頁至七〇五頁。

❷❺❼ 據余所知，承認政府有提議權的，為數並不甚多。日本舊憲法第四八條云：「兩院的會議公開之，但得依政府之要求或該院之決議，改為秘密會」。據其舊議院法第三七條規定，議長或議員十名有提議時，須經議院表決，政府有要求時，可不經議院表決，而即改為秘密會。

❷❺❽ 依日本現行國會法第六二條規定，秘密會是由議長或議員十名以上提議改開的。

第四二條第一項云：「議會之議事公開之，但議員人數十分之一或聯邦政府有動議時，得經出席議員三分之二之同意，改開秘密會」。

③**秘密會是否得表決議案**　在大多數的國家，議會依其決議改開秘密會之時，不但得討論議案，且得表決議案。但各國憲法亦有依法國一七九一年憲法之規定，秘密會只得以委員會之名義舉行者。此際只得討論議案，不得表決議案，換言之，討論儘管秘密，而表決必須公開。例如比利時憲法云：「兩院之議事公開之，但各院得依議長或議員十名之提議，改開秘密委員會 (may resolve itself into a secret committee)」（第三三條第一項及第二項）。法國第四共和憲法云：「兩院之議事公開之，會議的詳細紀錄以及議會的文件應發表於政府公報 (*Journal Officiel*) 之上。兩院得各自集合為秘密委員會 (may convene as a secret committee)」（第一〇條）。

總之，依今日各國制度，政府請開秘密會之事固然有之，但除過去日本之外，未有不經院會同意者。凡秘密會非依院會議決，只依少數人之要求而開者，只得用秘密委員會之名義，討論議案，不得表決議案，苟有表決，必須公開為之。此蓋政府對議會負責，而議會本身亦對人民負責，議事若不公開，人民何從知道立法行政兩權的活動，從亦無法直接向議會問責，間接向政府問責了。

㈡議會的解散

解散是謂議會（或其中一院）的全部議員喪失議員資格，從而議會暫時消滅之意。議院任期屆滿，自應解散，而另行選舉❷❺❾。列國議院的任期極不

---

❷❺❾ 第二院不是代表人民，而是牽制第一院的機關，所以其議員大率是分期改選，例如美國第二院議員每二年改選三分之一（美國憲法第一條第三項第二目）。但亦有例外，比利時在一九二一年以前，第一院議員任期四年，每二年改選二分之一，第二院議員任期八年，每四年改選二分之一。一九二一年修改憲法之後，議會兩院任期都是四年，也都是全部改選（比利時憲法第五一條第五五條）。

一致,大率第一院總比第二院短。因為第一院代表人民,人民的意思時時變更,第一院若不時時改選,則其所代表的將不是現在的公意,而只是過去的公意。美國第一院議員任期二年,第二院議員任期六年(憲法第一條第二項第一目,同條第三項第一目),義國第一院任期五年,第二院任期六年(共和憲法第六〇條),即其例也。

茲欲討論者乃是議會任期未滿而中途解散之事,此種解散有下列四種:

⑴有因某種事實之發生,議會在任期未滿以前而當然解散者。如在瑞士,國會兩院關於憲法的全部修改,意見不能一致;或公民五萬關於憲法的全部修改,提出議案,政府應令公民作先決投票。苟能得到投票總數過半數同意,則國會兩院當然解散,由新國會起草憲法條文,提交公民及各邦投票表決之(憲法第一二〇條),比利時也有這種制度,第一、王位虛懸之時,先由議會兩院開聯席會議,推舉攝政。攝政舉出之後,兩院便當然解散,而後再使新議會開聯席會議,確定接替王位的人(憲法第八五條)。第二、議會兩院提議修正憲法之時,便當然解散,而後再使新議會議決所提議修正之點(憲法第一三一條)。

⑵有由議會自己議決,任期未滿而宣告解散者。過去普魯士及波蘭均有這種制度,在普魯士,議會(一院制)任期未滿,得由議會議員總數過半數之同意,自行宣告解散(一九二〇年憲法第一四條第一項)。在波蘭,第一院任期未滿,得由出席議員三分之二同意,自行宣告解散(一九二一年憲法第二六條第一項)。

⑶有由公民提議,議會於任期未滿以前而解散者。德國在威瑪憲法時代,各邦採用這個制度的為數不少。今試以普魯士為例言之。公民總數五分之一得提議解散議會,由議會表決之。議會通過,議會便自行解散,議會不通過,則將解散案提交公民表決,若能得到公民總數過半數之同意,議會便即解散(一九二〇年憲法第六條第二項及第六項)❷⓿。

----

❷⓿ 參閱 J. Hatschek, *Deutsches und preussisches Staatsrecht*, Bd. I, 2 Aufl. 1930, S. 488.

　　⑷最重要的乃是議會任期未滿，由政府下令解散。這種解散有兩個目的，一是內閣對抗議會。因為議會可以解散，則政黨畏懼改選之時，費用浩大，議員畏懼改選之後，未必當選，也許他們不敢興風作浪，隨便反對政府。所以健全的內閣制未有不許總統解散議會者。法國在第三共和時代，內閣何以短命？因為自一八七七年的「五月事變」(Seize Mai) 以來，總統事實上不能解散議會。英國內閣何以強有力？因為英王有自由解散議會的權。強有力的政府須有強有力的武器。這個武器可以備而不用，而不能完全不備。不然，內閣將受議會的壓制，而致鞏固的政權不能樹立了。二是探求民意，在英國，凡遇重大問題發生之時，須解散國會。在新國會尚未成立以前，絕不作任何決定。這種習慣無異於公民投票，即公民得依投票方法，透過國會，而表示他們對這重大問題的意見。所可惜者，英國國會未曾確實遵守這個習慣。例如一九一八年的婦女參政乃決定於一九一〇年所選舉的國會。一九二二年愛爾蘭自由國的獨立，也未曾徵求民意，而由國會遽作決定❷。

　　關於上述第四種解散，應該注意的有下列四點。

　　⑴照原則說，解散只存在於內閣制的國家，而不存在於委員制及總統制的國家。因為在委員制之下，行政部須絕對聽受立法部的命令，那末行政部當然不能解散立法部。而在總統制之下，行政權與立法權又復各自獨立而不相犯，一方立法部沒有不信任投票權，強迫行政部辭職，那末，他方行政部當然也沒有解散權，以壓迫立法部。反之在內閣制的國家，內閣的進退一惟議會的意思是視，議會既然可用不信任投票權，迫使內閣辭職，則內閣為了預防議會濫用這個權限，便不能沒有對抗的方法，其方法則為解散。所以解散與不信任投票猶如車之兩輪，有其一，必須有其他，二者之中僅有其一，政治均難納上軌道。

　　⑵政府解散議會，乃是因為議會與政府不能協調，而欲訴諸國民 (appeal to the people)，探求公意之所在。所以議會解散之後，政府須舉辦選舉。例如

---

❷ F. A. Ogg, *English Government and Politics*, 2 ed. 1936, p. 72f.

比利時限定解散後四十日內舉行選舉， 二個月內召集新議會 （憲法第七一條）。法國限定解散後，二十日至四十日內舉行選舉，選舉後第二個星期四日自行集會 （第五共和憲法第一二條第二項及第三項）。依各國法例，選舉之後，新議會若仍反對內閣，內閣必須辭職。法國第五共和憲法無此規定，其實第五共和時代的第一院，權限並不甚大 （參閱本書三四七頁之 *註）。就一般說，在內閣制之下，政府解散議會亦有兩種限制，第一解散之後，就須舉行選舉，第二同一內閣不能因同一問題，解散議會兩次❷❷。

　　⑶解散的目的不在於懲戒議會，而在於探求公意。但是直接代表公意者乃是第一院，所以政府只惟對於第一院才有解散權。不過在兩院制之下，議會雖分做兩院，而兩院卻須視為一體，其開會與閉會在原則上均須同時舉行。現在第一院既被解散，第二院當然不能單獨開會，而須暫時停會。這種政府只得解散第一院的原則也有例外，如比利時（憲法第七一條），元首可同時解散議會兩院，又得解散兩院中任何一院。

　　⑷解散乃是政府抵抗議會的一個手段，所以就原則說，政府宜有完全的解散權。但是有些國家卻不許政府自由行使解散權。法國在第三共和時代，總統要解散第一院，須徵求第二院同意 （一八七五年二月二十五日關於公權組織的憲法第五條）。這樣，便是第一院的解散只能存在於兩院衝突之時。即只惟內閣與第一院衝突，第二院也和第一院衝突，而後內閣才能得到第二院同意，以解散第一院。到了第四共和時代，總統解散第一院，固然無須第二院同意，但又受四種限制：一是第一院的任期已滿十八個月；二是十八個月之內，由於第一院表示不信任，而引起閣潮兩次；三是解散之事須徵求第一院議長同意；四是國務總理及內政部部長須於解散後辭職（第四共和憲法第五一條及第五二條第一項） ❷❸。內閣要解散第一院，而須徵求第一院議長同

❷❷ 關此，德國威瑪憲法第二五條有明文規定，參閱 C. Schmitt, *Verfassungslehre*, 1928, S. 353–354. A. Finger, *Das Staatsrecht des deutschen Reichs*, 1923, S. 268.

❷❸ 此際總統任命第一院議長為臨時國務總理， 並由臨時國務總理徵得第一院秘書處

意,同時國務總理又須辭職,這種條件當然減少解散權的作用。第五共和憲法又加強總統的解散權,總統於諮詢國務總理及國會兩院議長後,得解散第一院(第一二條第一項)。但解散無須國務總理副署(第一九條),所以諮詢不是要得到他們三人同意。第一院因解散而改選後,不得於一年內再行解散(第一二條第四項)。

第三節　行政機關──政府

一、行政組織的原理

　　民主主義者常有一種觀念,權力不宜委託於一人行使,因之他們又復主張行政機關的頂端,最好不由一人,而由數人組織,以為如此而後人民的自由才有保障。這就是所謂合議制 (Kollegialsystem)。合議制與首長制 (monokratisches System) 不同,在前者,機關的頂端由數人組織,一切議決均採用投票定之,而以多數人之意思為標準。在後者,機關的頂端由一人組織,一切議決均由首長為之,其他人員不過副佐而已❷❻❹。在歐洲歷史之上不乏合議制政府之例,雅典置 Archon 九人,斯巴達置 Rex 二人,羅馬置 Consul 兩人,即其明證。加爾文 (J. Calvin) 的學說建立了現代民主政治的基礎。他所理想的政制乃是「多數秉權的人集合為一個團體,互相協助,互相監視,其中一人若過分抬頭,其餘便譴責他,並抑制他」❷❻❺。這個原理曾採用為革新的教會制度。而在清教徒革命思想之中,也有這個觀念。克倫威爾 (O.

(secretariat) 同意後,任命內政部部長(憲法第五二條第二項)。這個私書處是議院每年初次集會時,由各政黨依比例代表方法選出來的(憲法第一一條)。

❷❻❹ 參閱 G. Meyer, *Lehrbuch des deutschen Staatsrechts*, 6 Aufl. 1905, S. 343.

❷❻❺ 引自 J. Hatschek, Allgemeines Staatsrecht, II, Das Recht der modernen Demokratie, 1909, S. 95.

Cromwell) 說：「依吾人經驗，國民之中置一國王……集中一切權力於一人之手，沒有必要，而且煩累，而對於人民的自由及公共福利，又有危險……一人有此大權，往往必然的為他個人利益，而侵害人民的自由，並使他的意思和權力駕在法律之上，終至犧牲整個國家，以滿足他個人的淫慾」❷❻❻。法國革命，改建共和，在拿破崙稱帝以前，歷次憲法皆設置合議制的政府。一七九三年憲法置行政委員會 (conseil executif)，由委員二十四名組織之（第六二條），共和三年憲法置政務委員會 (directoire)，由委員五名組織之（第一三二條）。共和八年憲法置執政府 (consulat)，由執政官 (consul) 三名組織之（第三九條）。這種合議制的政府於法國軍隊侵入瑞士，而建設赫爾維特共和國 (die Helvetische Republik, 1798–1803) 之時，又傳到瑞士。當時瑞士政府 (Direktorium) 是由委員五名組織之。此後瑞士一八四八年憲法及一八七四年憲法關於最高行政機關，皆採用合議制焉。

但是最高行政機關而採用合議制的，只能實行於地小民寡的國家或太平無事的時代。羅馬置執政官二人，而在非常時期，不能不選任一位為獨裁官。清教徒的革命思想雖然反對王政，而克倫威爾卻獨攬大權。法國革命之後，雖然設置合議制的政府，例如共和八年憲法雖置執政官三人，其實，權力乃集中於第一執政官，第二與第三執政官不過備員而已❷❻❼。St. Girons 說：「合議制是一個悲慘的制度，它常逡巡於軟弱無能 (feebleness) 與暴虐無道 (violence) 之間。行政權軟弱無能，於是喧囂不已的 (turbulent) 與不負責任的 (irresponsible) 會議便隨之設置起來。這種行政組織往往鼓勵人民愛好獨裁政治」❷❻❽。

美國制定憲法之時，關於最高行政機關的組織，曾有一番論爭，一方有 Roger Sherman 等主張合議制，他方有 James Wilson 等主張首長制❷❻❾。最後，

---

❷❻❻ 引自 J. Hatschek, a. a. O. S. 95f.

❷❻❼ J. W. Garner, *Introduction to Political Science*, 1910, p. 520.

❷❻❽ 引自 J. W. Garner, op. cit., p. 520, note 2.

美國憲法採用了首長制，將行政權歸屬於總統一人（美國憲法第二條第一項第一目）。請看 J. Wilson 之言：「三人權力平等，必將發生無法制止的、繼續不斷的、極其劇烈的怨恨。這不但可以阻礙行政，且其害毒又將散布於各種部門、散布於整個國家、最後且散布於全體國民之間」。他又說：「要監督立法權，須分裂之（即分為兩院之意）。要監督行政權，須結合之。一人比之三人更能負責。三人必生爭端，爭到他們之中有一人焉，成為同僚的長官，才肯罷休」 ❷❻⓪ 。

按行政機關與立法機關不同。C. Schmitt 說：「立法是審議 (deliberare)，行政是行為 (agere)」 ❷❼❶ 。審議不厭其詳，而宜博採眾議，所以議員人數在一定限度之內，無妨眾多。反之，行動則不然了。決定要敏捷，目標要單純，動作要迅速，有時處理事務尚宜嚴守秘密。這不是多數人地位平等職權相同者能夠做到。拿破崙大帝說 "One bad general is better than two good ones." ❷❼❷ 所以行政首長務求其少，少到權力集中於一人。例如美國的行政權集中於總統，英國內閣雖然由許多國務員組織之，但其中亦有一人（國務總理）統制其他諸人。民主政治固然不要求某一人單憑自己的意志，決定國家的政策，但論政之際，是非群起，莫知所從，亦須有一人焉，能夠在最後關頭，作最後的決定。A. Hamilton 謂：「軟弱無力的政府就是政府行政的軟弱無力。軟弱無力的行政也就是惡劣的行政。行政惡劣，不問學理上如何，而在事實上，只是惡劣的政府」。隨著，他舉了首長制的優點及合議制的劣點。「單一 (unity) 有助於活動力 (energy)，這是無須辯爭的事。一人處理事件比之多數人共同處理，很明顯的更能發揮果斷 (decision) 活潑 (activity) 秘密 (secrecy)

❷❻⓪ H. Finer, *The Theory and Practice of Modern Government*, Vol. II, 1932, p. 998.

❷❼⓪ 引自 H. Finer, op. cit., p. 1004.

❷❼❶ C. Schmitt, *Die geistesgeschichtliche Lage des heutigen Parlamentarismus*, 2 Aufl. 1926, S. 56.

❷❼❷ J. W. Garner, op. cit., p. 519.

迅速 (dispatch) 的優點。人數愈多，這種優點必隨之愈益減少」。「兩人以上共同管理一個事業，往往發生意見不同之事。倘若他們執行國家的職務，而乃享有同一的地位與同一的權力，則由他們的爭勝與怨恨，更可以引起特別的危機。爭勝與怨恨有一於此，已足引起傾軋，二者都有，更不堪設想了。這個時候，威信將因之減少，權力將因之降低，而他們意見不同，又可使一切計劃與一切工作隨之破壞」 ❷❼❸。總而言之，合議制有 delays, division, and dissensions 之弊，首長制有 energy, dispatch, and secrecy 之利❷❼❹，所以現今政府採用合議制的，為數不多。

　　瑞士的委員制是合議制，這是沒有問題的，美國的總統制是首長制，這也是沒有問題的。內閣制呢？內閣制的元首不是實際上的行政機關 (the real or actual executive)，而只是名義上的行政機關 (the nominal or titular executive)❷❼❺。行政方面負實際責任的乃是內閣，而國務總理則為內閣的領袖。這個國務總理可以視為行政上的首長麼？我們以為這不是法律問題，而是政治上的實際問題。英國是一黨內閣，國王必須任命第一院內多數黨的領袖為國務總理，其他國務員則由國務總理提請國王任命之。國務總理對其同僚有很大的權力。一般國務員須對國務總理負責，而使內閣成為國務總理的內閣 (the Prime Minister's Cabinet)。國務總理在必要時，尚得推翻內閣會議的決議，而使同僚接受自己的意見❷❼❻。所以英國的內閣制可以說是首長制。反之，法國與英國不同，法國是聯合內閣，國務總理控制同僚，比之英國，瞠乎其後❷❼❼。即國務總理最多只能控制同黨的國務員，絕無權力控制友黨的國務員。友黨國務員之得參與朝政，不是由於國務總理的推薦，所以他們不必

---

❷❼❸ The Federalist, No. 70 (Modern Library, 1937), pp. 455, 457.

❷❼❹ H. Finer, op. cit., p. 1004.

❷❼❺ J. W. Garner, op. cit., p. 518.

❷❼❻ H. Finer, op. cit., pp. 973–974.

❷❼❼ W. R. Sharp, *The Government of the French Republic*, 1939, p. 147.

服從國務總理的命令，而國務總理為要博取友黨的歡心，對於友黨的國務員也不敢行使長官的權力。內閣開會之時，一切國務員都是平等的，議事以多數人之同意決之。國務總理沒有任何特別的權力，他只是 primus inter pares 而已❷⑦⑧。所以法國的內閣制可以說是合議制。

孟德斯鳩主張三權分立，欲用權力以限制權力，俾人民的自由能夠得到保障，而對於最能妨害人民自由的行政權卻欲委託於一人。他說：「行政貴迅速，與其委託於多數人，不如委託於一人。立法必須熟思遠慮，與其委託於一人，不如委託於多數人」❷⑦⑨。此蓋討論行政組織之時，不能不注意兩個問題，即效率問題與責任問題。合議制政出多門，臨事常互相推諉，有過又互相卸責，就效率言，不如首長制那樣果斷，就責任言，不如首長制那樣顯明。H. Kelsen 說：「獨裁的內閣制比之民主的委員制，更適宜於執行國家的權力。合議機關可以減少各人的責任觀念，而各人亦往往不肯負起責任」❷⑧⓪。東漢廢丞相而置三公，仲長統說：「夫任一人則政專，任數人則相倚。政專則和諧，相倚則違戾。和諧則太平之所興也，違戾則荒亂之所起也……或曰政在一人，權甚重也。曰人實難得，何重之嫌」❷⑧①。觀乎此，又可判別首長制與合議制的優劣矣。

二、政府的組織

㈠元　首

元首依國體之不同而可分為兩種：君主國的元首或稱王，或稱帝；共和國的元首或稱主席，或稱總統。中世紀曾有一種觀念：君主只是國民的代表❷⑧②。現代初期由於中央集權的國家之成立，學者遂謂君主只對上帝負責，

❷⑦⑧ 參閱 A. Headlam-Morley, *The New Democratic Constitutions of Europe*, 1929, p. 222.

❷⑦⑨ F. W. Coker, *Readings in Political Philosophy*, 1938, p. 623.

❷⑧⓪ H. Kelsen, *Vom Wesen und Wert der Demokratie*, 2 Aufl. 1929, S. 71.

❷⑧① 後漢書卷七十九仲長統傳法誡篇。

不對人民負責,即君主乃是上帝的代表,不是人民的代表,君主的權力是最高的,不受限制❷。到了民主思想勃興之後,君主專制演進為君主立憲,君主所有的權力不是無限的,而是有一定的範圍。在這範圍之內,君主又不負責,即不自行使權力;行使權力的乃是內閣。所以今日君主與總統的區別不在於權力的大小,而在於特權的有無,尤其君位的繼承是否不經選舉,而就傳給同一血統的人。關此,本書已有論述❷,不再贅言,現今國家經兩次大戰之後,多改為共和國,因之各國元首大率都是總統,現在只述總統如次。

⑴**總統的類型及內閣制總統在政治上之作用**

總統代表國家,為國家統一的象徵。義大利憲法(一九四七年憲法第八七條第一項) 云:「總統為國家元首,表示國民的統一 (The President of the Republic is the Head of the State and represents the unity of nation)」,即其例也。總統對內常為行使行政權的機關。行政權法律上有專屬於總統一人者,有不屬於總統一人,而屬於總統與其他委員共同組織之委員會者。前者稱為首長制的總統,後者稱為合議制的總統。

首先論合議制之總統。合議制的特質不但在於最高行政機關組織為一個委員會,且又在於總統與一般國務員完全一樣,沒有區別❷。以瑞士為例言之,最高行政權屬於行政委員會 (Bundesrat),委員七名,其中一人為總統,一人為副總統(憲法第九五條及第九八條第一項)。但總統不過對內和對外代表國家❷,除此之外,一切權限完全和各委員相同,即他也兼為一部部長(副總統亦然)。行政委員會開會之時,又和各委員一樣投票,只惟可否同數,總統所投的票算為二票❷。總之,合議制的總統在法律上和事實上均不獨攬行

---

❷ O. G. Fischbach, *Allgemeines Staatsrecht*, I, 1923, S. 27. 參閱本書一五九頁以下。

❷ 參閱本書四九頁以下。

❷ 參閱本書一四七頁以下。

❷ J. Hatschek, *Deutsches und preussisches Staatsrecht*, Bd. I, 2 Aufl. S. 610.

❷ F. Fleiner, *Schweizerisches Bundesstaatsrecht*, 1923, S. 194.

政權。一切行政事項均由行政委員會決定，用行政委員會的名義執行之，其分部辦事也不過求事務之審查與處理容易進行而已（憲法第一〇三條）。

首長制之總統法律上獨攬行政權，或名副其實的有之，或僅名義上有之，前者稱為總統制，後者稱為內閣制。茲試分別述之如次。

①**總統制之總統**　總統制之總統可以美國為例，其特徵為：(1)總統由人民選舉，對人民負責❷❽❽，而考之實際情況，不但議會除依彈劾之外，不能使總統去職，就是人民在總統四年任期未滿以前，也沒有方法罷免總統。所以人們才號，總統只有義務 (duties)，而無責任 (responsibility)，其地位是很安定的❷❽❾。(2)總統不但法律上有許多行政權，並且實際上尚得自由行使行政權，政策由他決定，國務員由他任免，所以總統又是行政機關的首長。(3)總統與議會成為對立之勢，議會固然可用立法權牽制總統的行政，而總統對於議會通過的議案，亦得退還覆議，以牽制議會的立法。而自政黨發達之後，總統又常以政黨領袖的資格，支配同黨議員，藉以控制議會，所以總統在立法方面，有時且居於領導的地位。

②**內閣制之總統**　內閣制之總統有法國式（第三共和時代，第四共和相去無幾）與德國式（威瑪憲法時代）兩種。德國學者 R. Redslob 分別內閣制為真正的和虛偽的兩種。真正的內閣制必須總統與議會均由人民選舉，行政權與立法權保持勢力的均衡，而有互相牽制的作用。像法國那樣，總統由議會選舉，受議會的壓制，行政權隸屬於立法權之下，國內沒有一個機關足與議會抗衡，議會萬能，政府甘拜下風，這就是虛偽的內閣制❷❾〇。威瑪憲法頗受 Redslob 的影響，我們只看起草人 H. Preuss 之言，就可知道。他說：「法

---

❷❽❼ F. Fleiner, a. a. O. S. 195.

❷❽❽ J. Hatschek, a. a. O. S. 609.

❷❽❾ H. Finer, *The Theory and Practice of Modern Government*, Vol. II, 1932, p. 1036.

❷❾〇 R. Redslob, *die parlamentarische Regierung in ihrer wahren und in ihrer unechten Form*, 1918, S. 27ff.

國式的內閣制就是虛偽的內閣制。何以說呢？法國總統須得議會的信任，所以法國事實上只是議會的獨裁政治。我們以為總統與議會雙方權力平等，而又能互相牽制，這才是優良的且又係必要的制度」❷。他又說：「真正的內閣制須有兩個平等的最高機關。這不是二元主義 (Dualismus)，因為兩個機關並不是毫無聯繫，各自獨立，反而有一個內閣站在兩者之間，成為『轉動的鏈環』(bewegliche Bindeglied)。在內閣制的君主國，君主站在議會之傍。在內閣制的共和國，一切權力出自國民。倘令總統不由議會選舉，而由人民選舉，則他可與國民直接選舉的議會保持平等的地位。一方總統的選舉獨立於議會之外，不受議會的牽制，他方總統執行政府的職權又須有國務員的協助，而這批國務員雖由總統選任，同時又須得到議會的信任」❷。威瑪憲法既然反對法國制度，故其總統與法國總統不同。茲試分別述之。

法國式的總統　法國在第三共和時代，總統有下列三點特質：⑴總統由議會選舉（一八七五年二月二十五日公權組織法第二條），對議會負責，在七年任期未滿以前，議會得強迫其辭職，如一八七九年的 Marechal de MacMahon，一八八七年的 J. Grévy，一八九五年的 J. Casimir-Perier，一九二四年的 A. Millerand 都是不能忍受議會的壓迫而辭職的❷，所以總統的地位不甚安定。⑵憲法固然列舉了總統的許多權限（一八七五年二月二十五日公權組織法第三條第五條，一八七五年七月十六日公權關係法第二條及第六條至第九條），但是政策由內閣決定，而總統任命國務員，又須以議會的信任為標準，總統行使權限復須有國務員副署，國務員由這副署，則對議會負責（一八七五年二月二十五日公權組織法第三條第六項及第六條第一項），所以總統

❷ H. Preuss, Begründung des Entwurfs einer Verfassung für das deutsche Reich, 1919 (in *Staat, Recht und Freiheit*, 1926, S. 417).

❷ H. Preuss, Denkschrift zum Entwurf des allgemeinen Teils der Reichsverfassung vom 3. Januar 1919 (in *Staat, Recht und Freiheit*, 1926, S. 387).

❷ C. Schmitt, *Verfassungslehre*, 1928, S. 329.

的權限實等於零。J. Casimir-Perier 曾經說過：「總統能夠自由行使的權限，除辭職外，只有主持國家的典禮（參閱一八七五年二月二十五日公權組織法第三條第五項）而已」❷❾❹。G. Clemenceau 亦說：「世上沒有用處的有兩件東西，就是 prostate gland 及法國的總統」❷❾❺。觀兩人所言，可知法國總統於行政方面權力之小。⑶然則法國總統能否如 G. Morris 所說：「對於議會的暴政，成為國民的監護人」❷❾❻呢？照 A. Tardieu 說：「自一八七七年以來，總統未曾向第二院提議解散第一院。總統未曾將議會通過的法案退回議會再議。總統除慶祝之外，又未曾向議會送過咨文」❷❾❼。總之，法國總統完全受了議會的控制，毫無對抗之力。所以 A. Tardieu 又說：「在路易斐立布 (Louis-Philippe, 1830–1848) 時代，人們均謂國王君臨 (reign) 而不統治 (govern)。今日呢？議會既君臨矣，又復統治。這是法國的災禍，也是共和國的災禍」❷❾❽。

　　*第四共和時代，總統的地位和權力與第三共和時代相去無幾。第五共和憲法
　　則加強總統的地位和權力。依第六條規定，總統不由國會選舉，而由「總統
　　選舉團」選舉。總統選舉團由國會議員、省議會議員、海外屬地議會議員、
　　及各區議會 (Conseils municipaux) 依人口多寡所選出之代表組織之。全體人
　　數有數萬人之多，國會議員在選舉團中不發生決定性的作用。依第一九條規
　　定，總統的行為固然須經國務總理或國務總理及有關部部長之副署。但任免
　　國務總理、提請人民複決法律或條約、解散第一院、採取急速措施以應付緊
　　急危難、提請憲法委員會審查法律或條約有否違憲等等，則不須副署。由此
　　可知總統不但有對抗國會的權力，且又有獨立行使的權力。

❷❾❹ E. M. Sait, *Government and Politics of France*, 1920, pp. 61–62.

❷❾❺ W. R. Sharp, *The Government of the French Republic*, 1939, p. 81.

❷❾❻ J. Elliot, *Debates*, Vol. V, 1937, p. 334.

❷❾❼ W. R. Sharp, op. cit., p. 86.

❷❾❽ W. R. Sharp, op. cit., p. 322.

德國式的總統　德國在威瑪憲法時代，總統有下列三種特質：⑴總統由人民選舉（威瑪憲法第四一條），對人民負責。在七年任期未滿以前，要令總統去職，須先由第一院提議，次再由人民投票表決之（第四三條）。所以總統的地位雖然不如美國總統那樣安定，也不像法國總統那樣不安定。⑵總統於行政方面，權力與法國總統相似。政策由內閣決定（第五六條）。總統任命國務員，須以議會有無信任為標準（第五三條、第五四條）。而總統行使權限，又須有國務員副署，國務員由於副署，則對議會負責（第五〇條，參閱第五六條）。在這幾點上，德國總統法律上雖有許多權限（第四五條至第四九條，又第七〇條），其實，這許多權限乃歸屬於內閣。⑶總統對於議會有解散的權（第二五條），而對於議會通過的法律，又有提請人民複決的權（第七三條）。此蓋欲增強總統的權力，以抑制議會的專橫。即如 C. Schmitt 所言，一方總統可利用「訴諸國民」(Appell an das Volk) 的方法，直接與國民保持聯繫，同時國民對於議會與內閣，則成為較高的第三者，有最後決定的權[299]。凡內閣與議會衝突之時，總統是服從議會的主張，改造內閣麼？抑是接受內閣的意見，解散議會或將法律提請人民複決麼？則有一種獨立決定的權。固然如斯，而威瑪憲法對這問題，規定尚有曖昧之點。何以說呢？總統行使職權，須有國務總理副署（第五〇條），而憲法又未曾區別那幾種職權是總統可以獨立行使的，那幾種職權是需要國務總理副署，而後才得行使的。這樣，總統雖欲解散議會或改造內閣，亦將因為國務總理不肯副署，而致不能實行自己之所信了[300]。

*今日西德制度與威瑪憲法時代又有不同之點。依西德憲法第五四條規定，總

---

[299] C. Schmitt, a. a. O. S. 350.

[300] 參閱 A. Headlam-Morley, *The New Democratic Constitutions of Europe*, 1929, pp. 197, 213–214. 當國民會議 (Nationalversammlung) 討論憲法之時，代表 Anschütz 已經看到此點，故他提議：解散內閣與任命國務總理，無須國務員副署 (Ibid. p. 198)。

統不由人民直接選舉，每屆選舉之年，先令各邦議會選舉代表，其代表人數
與各該邦所選舉的國會第一院議員人數相等，次由這批代表與國會第一院議
員合同開會，選舉總統。依第五八條規定，總統的行為固然須經國務總理或
有關部部長之副署，但任免國務總理及解散第一院之命令不在此限。

　　內閣制是於政府之內，分別兩種機關，一是元首，二是內閣。元首徒擁
虛位，內閣擔任實際政治。擁虛位者有固定的任期，擔任實際政治者可以隨
時更換❸❶。內閣怎樣更換呢？總統隨時觀察議會──國民的意見，由議會大
多數所擁護的人，即國民大多數所擁護的人，以施行國民大多數所要求的政
治。但是內閣的更換所以須以議會的意見為標準者，乃是因為議會為代表公
意的機關，所以議會不能代表公意，內閣須有對抗的方法，其方法則為解散。
換句話說，議會能夠代表公意，固然可以利用不信任投票權，更換內閣，議
會不能代表公意，內閣也可以請求總統解散議會，以探求國民的真意。這樣
一來，議會與內閣的權力便能平衡，而雙方都不敢輕舉妄動了。一方議會對
於內閣有不信任投票權，他方內閣對於議會有解散權，而站在兩者之間，謀
勢力之均衡者，則為總統❸❷。在這個意義之下，德國式的總統比之法國式的
總統，當然略勝一籌。

　　更進一步觀之，現今國家的目的已與過去不同，在十九世紀初期，國家
的目的只限於維持法律秩序，使人民的生命財產和自由能夠安全。換句話說，
這個時代國家的目的不在於積極的增加人民的福利，乃在於消極的排除人民

---

❸❶ 參閱 H. Finer, op. cit., p. 950. 他說：ﾞNow the same tendencies which moulded the
Executive in its modern form also caused the growth of a distinction between the Chief of
State and the body of Ministers or the Cabinet, giving the former a principally decorative
and symbolic position, which is combined with independence and permanence of tenure,
while the Cabinet has been made and is politically operative, reprochable and removable,
acting in fairly strict dependence on the elected legislature."

❸❷ 參閱 C. Schmitt, a. a. O. S. 304f.

福利的障礙，一方縮小國家權力到最小限度，他方伸張個人自由到最大限度。但是到了最近，國家目的已經不是消極的保護人民的生命財產和自由的安全，而是積極的給予人民以各種肉體上和精神上的幸福。於是十九世紀初期的憲法，在限制政府活動之時，固然適當，一旦政府管理到經濟問題，產業問題，而需要專門學識者，又感覺不合時宜了。十九世紀的憲法只注意人民既得的權利如何保護，二十世紀的憲法又注意人民未得的福利如何使其獲得，並注意人民獲得福利之時，應盡那一種義務❸❸ 。

　　國家的目的既由消極變為積極，首先受到影響者則為政治制度。積極的政策需要強有力的政府來實行，而強有力的政府又需要強有力的元首來撐持。這便是現今憲法一方採用內閣制，他方又歡迎美國式總統的原因。更確實的說，法國的內閣制他們是不滿意的，美國式的總統他們又不放心。無已，只有把兩者結合起來，於內閣制的基礎之上，設置美國式的總統，以作對抗議會的工具。但是要令總統對抗議會，須有對抗的權力。其權力就是任免內閣與解散議會的權。總統行使這種權力，不宜再令國務員副署。倘須副署，則總統將不能自由行使之。康士丹 (H. B. Constant) 於三權之外，另外設置一個第四種權，而稱之為元首權 (pouvoir royal)。元首權與行政權不同，它站在中立的地位，而謀三權的調和，故可稱為中立權 (pouvoir neutre)。元首權──中立權於政治上沒有任何積極的作用，而只預防三權之越出軌道。立法權錯誤，元首解散議會；行政權錯誤，元首罷免內閣；司法權錯誤，元首宣告赦宥。議會之解散，內閣之罷免，赦宥之宣告均由元首獨立為之，大臣不得干與。三權本來各有各的職掌，各在各的崗位，向同一目標，協力工作。倘令三權發生糾紛，而互相阻礙，那末，就需要一個中立權出來說話，使三權能夠恢復其原有的狀態❸❹ 。 康士丹之書 (*Reflexions sur les constitution et les garanties*) 出版於一八一八年，喜新之士也許以為不值一顧，但其中原理不能

---

❸❸ 參閱 *A. Headlam-Morley*, op. cit., pp. 35–36.

❸❹ J. Hatschek, a. a. O. S. 657. 參閱 C. Schmitt, *Der Hüter der Verfassung*, 1931, S. 132ff.

全部抹殺。巴西及葡萄牙憲法曾有一次於立法權行政權及司法權之外，又創設一個調節權 (pouvoir moderateur)。巴西一八二四年憲法第九八條云：「調節權乃政治組織的樞紐，只惟國家元首及國民的最高代表的君主才得享有之。君主有這權力，才能夠不斷的使其他權力維持獨立，並使它們保持均衡與調和」。葡萄牙一八二六年憲法第七一條云：「調節權乃政治組織的樞紐，專屬於國家的元首，元首須監視各權力之獨立均衡及調和」❸。所謂調節權就是元首權，也就是中立權。元首行使中立權，不宜再有副署之事，倘要副署，則元首將不能自由行使之。拉特維亞 (Latvia) 一九二二年憲法第五三條規定：「總統的一切命令應經國務總理或國務員一人副署……但解散議會與改造內閣的命令不在此限」。西德憲法一九四九年（第五八條）：「總統的一切命令及訓令須經國務總理或有關部部長之副署，但任免國務總理及解散議會之命令不在此限」。最近法國第五共和憲法（第一九條）亦有類似的規定：「總統的行為須經國務總理副署；必要時，尚須經有關部部長副署。但憲法第八條第一項（任免國務總理）第一一條（將法案提請人民複決）第一二條（解散第一院）……規定之事項不在此限」。這種規定我們認為甚有意義。總統為國家元首，應站在政爭之外，凡議會與內閣衝突之時，議會能夠代表公意，則罷免內閣；內閣能夠獲得民心，則解散議會，而最後決定仍以公意為標準。Ad. Thiers 說：「元首君臨，內閣統治，議會批評」(le roi regne, les ministres gouvernent, les chambres jugent)❸。內閣之統治如何，議會之批評如何，尚須有人先作初步判斷，而後再交國民作最後的決定。這個判斷的人則為元首。元首地位之應獨立，元首任免內閣與解散議會不應令人副署，職此之故。

　　但是元首的判斷又未必件件合理，倘不合理，元首應負其責。這個責任不是法律上的責任，而是政治上的責任。換句話說，不是彈劾 (Impeachment) 問題，而是罷免 (recall) 問題。所以在總統有相當權力的國家，

---

❸ C. Schmitt, a. a. O. S. 133, Anm. 1.

❸ 引自 J. Hatschek, a. a. O. S. 658.

例如德國（威瑪憲法第四三條）奧國（一九二九年憲法第六〇條）及西班牙（一九三一年憲法第八二條）均令議會提議罷免總統，而提交公民或總統選舉會投票決定之。萬一公民或總統選舉會反對議會的提議，議會則須解散。H. Preuss 說：「總統有解散議會之權……對此，議會亦宜有提議罷免總統的權……我們以為這兩種權力……乃互相補充，缺其一，則其他不能維持」❸⓪⓿。現今政治一方需要強有力的總統，他方又需要強有力的議會。雙方都由國民選舉，倘令一方不肯履行其應盡的義務，他方宜有匡救之力。雙方發生紛爭，而沒有和解的希望，自宜去其一而留其他，孰去孰留，則由國民決定。這便是總統有抑制議會之權，議會亦宜有抑制總統之權的原因。

⑵**總統的選舉及連任問題**

①**選　舉**　共和國的總統都是由人民直接或間接選舉，而有一定的任期，並且一切公民都有被選舉權，只惟年齡稍有限制。例如美國須年滿三十五歲以上（美國憲法第二條第一項第五目），西德須年滿四十歲以上（一九四九年憲法第五四條第一項），義國須年滿五十歲以上（一九四七年憲法第八四條第一項）。其關於年齡不設限制者，亦有之，如法國是。總統資格的限制除了年齡之外，許多國家尚有因為特別的國情，而加以特別限制者。美國本來是個移民國，它恐怕移民當選為總統之後，有不利於美國的行動，所以必須「出生為美國公民 (a natural-born citizen)……且住在美國滿十四年以上的」，才有被選舉權（美國憲法第二條第一項第五目）。又如法國，本來是個君主國，並且革命以後，國體時時變更，它恐怕舊日皇室後裔當選為總統之後，實行復辟，所以剝奪皇室後裔當選為總統的權（一八七五年二月二十五日公權組織法第八條第六項，第四共和憲法第四四條）。葡萄牙亦然，凡與舊日王室有親族關係而在六等親以內者，皆不得當選為總統（一九三五年憲法第七四條）。

各國選舉總統的方法極不一致，而可大別為人民直接選舉與人民間接選

---

❸⓪⓿ H. Preuss, Begründung des Entwurfs einer Verfassung für das deutsche Reich, 1919 (in *Staat, Recht und Freiheit*, 1926, S. 417).

舉兩種。

人民直接選舉　德國在威瑪憲法時代總統由人民直接選舉，以得票過半數者為當選，無人得到過半數，則舉行第二次投票，以得票最多者為當選，得票相同，由選舉委員長 (Reichswahlleiter) 抽籤定之（威瑪憲法第四一條及一九二〇年五月四日總統選舉法第二條第四項）。今日中南美諸國總統都是由人民直接選舉。例如 Ecuador 總統由人民直接選舉，以得票最多者為當選。票數相同，由國會兩院開聯席會議，舉行決選。票數仍相同，抽籤定之（一九四六年憲法第八四條第一項、第二項）。Bolivia 總統由人民直接選舉，以得票過半數者為當選。無人得到過半數，由國會兩院開聯席會議，就得票最多者三人舉行決選，以得票過半數者為當選。無人得到過半數，則舉行第二次投票，就得票最多者兩人，舉行決選。兩人得票相同，一直投票至得到結果為止（一九四五年憲法第八四條、第八八條）。秘魯總統由人民直接選舉，凡得票最多，而其所得票數又能達到有效投票三分之一，就當選為總統。無人當選，由國會兩院開聯席會議，就得票最多者二人，舉行決選，以得票最多者為當選（一九三三年憲法第一三五條、第一三八條）。

人民間接選舉　人民間接選舉總統的方法，最重要的有下列三種：

⑴使人民選舉「總統候選人」以選舉總統。美國就是採用這個方法以選舉總統及副總統。每屆改選之年各邦公民先選舉「總統選舉人」(Presidential Electors)，其人數各與該邦的國會兩院議員人數相等。次再由總統選舉人投票選舉總統及副總統，凡能得到投票總數過半數者就當選為總統，無人能得到過半數，則由第一院擇其得票最多者三人，舉行決選。但是每邦只得各投一票，其投票給誰人，由該邦的國會第一院議員多數人之意見定之。而最少須有諸邦全體三分之二參加投票。凡能得到投票總數過半數者就當選為總統。總統不能舉出，則以副總統補之。總統選舉人選舉副總統，亦以得票過半數者為當選，無人得到過半數，則由第二院於副總統候選人中，擇其得票最多者二人，舉行決選。但是最少須有議員總數三分之二以上參加投票。凡能得到議員總數過半數投票者，就當選為副總統（憲法修正第一二條）。副總統補

為總統之時，副總統視為缺位（美國副總統必兼為第二院議長，所以副總統缺位之時，第二院另舉一人為臨時議長）。芬蘭總統也是由於人民間接選舉，就是人民依照選舉議會議員的方法，選出「總統選舉人」三百人，次由「總統選舉人」投票選舉總統，以得票過半數者為當選。無人得到過半數，則舉行第二次選舉，若仍無人得到過半數，則就第二次投票時得票最多者二人，舉行決選，票數相同，以抽籤定之（一九一九年憲法第二三條）。

(2)由議會選舉總統。法國在第三及第四共和時代，總統由國會兩院在維賽爾 (Versailles) 開聯席會議選舉之，以能得到投票總數過半數者為當選。無人得到過半數，則舉行第二次投票，一直至得到結果為止（第四共和憲法第二九條，參閱一八七五年二月二十五日公權組織法第二條）。過去法國總統之由人民直接選舉者，無不藉口於直接對人民負責，不肯接受國會監督，終至發生問題。一八〇二年拿破崙第一由人民直接選舉為終身執政官，一八〇四年遂由人民投票，改稱皇帝。一八四八年拿破崙第三由人民直接選舉為總統，一八五二年也由人民投票，改為帝制。第三共和有鑒於此，故總統不由人民選舉，而由國會選舉。此蓋欲使總統對國會負責，即欲使國會有監督總統的權，以預防總統破壞憲法，帝制自為。然而因此，總統遂受國會的牽制，而無對抗之力。所以第五共和憲法（第六條）就改為：總統由國會兩院議員、省議會議員、海外屬地議會議員、及各區議會 (conseils municipaux) 所選出之代表共同組織「總統選舉團」選舉之。在第一次投票，以能得到有效票之絕對多數者為當選。無人得到此項多數，則舉行第二次投票。第二次投票時參加競選的候選人，以第一次投票時獲得最多數票二人為限，以得票比較多數者為當選。總統選舉團人數常達數萬人，與兩院聯席會議之僅有數百人者不同 ❸。選舉團的分子以區議會選出的代表為絕大多數，而鄉區代表更佔壓倒優勢。例如巴黎人口佔全國人口八分之一，而在選舉團中，其市區代表只有百分之七。市區代表比較急進，鄉區代表甚為保守。所以由選舉團選舉總統，

---

❸ 參閱本書三六六頁法國式的總統。

保守的總統候選人較多獲勝的希望。一九六二年，這個選舉法旋被修正，戴高樂以為上述選舉團只能選出庸才，庸才不足以行使第五共和總統的任務❸。他堅決主張總統應由人民直接選舉，以得票過半數者為當選，無人得到過半數的票，則舉行第二次投票，以得票較多者為當選。他為避免國會的反對，逕以此案提請人民複決。複決的結果，修正案通過了，所以第五共和第二任總統是由直接民選的方式產生❸。

⑶由議會議員及總統選舉人會同選舉總統。義大利在選舉總統之年，先令全國省議會 (Regional Council) 各選舉代表三人，次由國會兩院議員與省議會所選舉的代表合同開會，選舉總統，以能得到全體投票三分之二以上者為當選，三次投票，無人得到三分之二，則以得票過半數者為當選（一九四七年憲法第八三條）。西德也採用這個方法，每屆選舉總統之年，先令各邦議會選舉代表，其代表人數與各該邦所選舉的國會第一院議員人數相同。次由這批代表與第一院議員合同開會，選舉總統，以能得到投票總數過半數者為當選。兩次投票，無人得到過半數，則舉行第三次投票，以得票最多者為當選（一九四九年憲法第五四條第一項、第三項、第六項及一九四九年五月十日選舉法第二四條第一項）。德國是多黨的國家，在威瑪憲法時代，總統是由直接民選，其地位甚為重要。及至興登堡為總統，他經常調停於國會及內閣之間，更成為政治上的主角。西德憲法起草人不欲總統享有興登堡那樣的權力，故除解散第一院及任命內閣總理之外，凡公布法律、發布命令，均須內閣總理或有關部部長副署（憲法第五八條）。於是就改直接民選而為上述那種選舉。

以上數種方法各有優劣。除上述直接民選可造成總統不受民意機關的控制，議會選舉又可使總統屈伏於議會勢力之下，不能行使其得行使的職權。除此之外，政治道德若未達到相當水準，選舉之時不免發生收買之事，選舉人愈少，收買愈易，選舉人愈多，收買愈難，這是人民直接選舉比較其他選

---

❸ 參閱本書三六七頁之 *註。
❸ 參閱鄒文海著，《比較憲法》，三民版，一八四頁至一八五頁。

舉方法為優的地方。但是人民直接選舉亦有弊端。倘總統任期不長，每隔數年，就須舉行大選一次，勞民傷財猶在其次。而舉國若狂，苟因選舉而發生騷亂，則未免得不償失矣。在其他選舉方法之中，人民間接選舉，據美國經驗所示，實和人民直接選舉相同。因為美國自政黨組織完固以後，總統的選舉完全決之於初選。「總統選舉人」於其競選為「總統選舉人」之時，俱已向政黨及各選舉人明白約束投票選舉何人為總統。及至他們正式選舉總統，均不過履行原來的約束，所以美國雖然採用人民間接選舉，實際上乃等於人民直接選舉。既然與人民直接選舉無異，則何必多費一番手續。如果要令少數高明的人選舉總統，則議會選舉之法尤為簡單。不過議會選舉也有缺點，因為總統候選人若用種種報酬如官職賄賂等收買議員，則議會將至腐化，喪失其為立法者的威嚴。固然人民間接選舉，也有收買的事，但是他們選舉總統之後，就被解散，所以雖然同是收買，而其影響於政治，卻不及議會選舉那樣的大。由我們看來，一切制度都沒有絕對的價值，當以國情為標準。倘使一般人民都有相當的教育，則人民直接選舉不但合於民主政治的理想，且可鼓勵人民的政治興趣，增加人民的政治知識。要是人民知識幼稚，而國家領土又復遼闊，則還是採用議會選舉為良。若怕議會賄選，則於議會議員之外，再增加以其他分子，如義大利、西德之制，亦無不可。

②**總統的連任問題**　各國總統的任期不甚一致。瑞士採用委員制，總統不過委員會的主席，委員任期四年，總統任期一年（瑞士憲法第九六條第一項及第九八條第二項）。瑞士之外，各國總統的任期最短的也有四年，最長的不過七年。其規定為四年者有美國（憲法第二條第一項第一款）等。規定為五年者有西德（一九四九年憲法第五四條第二項）等。規定為六年者有墨西哥（一九一七年憲法第八三條）等，規定為七年者有法國（第四共和憲法第二九條）義大利（一九四七年憲法第八五條第一項）等。主張短期的都以為任期愈短，則權力無從濫用；任期愈長，則個人的野心愈大。因為總統居位既久，不免受了誘惑，其結果難保其不會應用違憲手段 (Coup d'Etat)，改共和為君主。但是近來共和思想已經深入人心，而社會輿論亦足以預防總統的

野心；並且任期過短，不但中樞機關不能鞏固，而選舉頻繁，更可引起紛擾。至於總統才得相當的經驗，而任期已屆，勢當去職，尤可使人們不敢積極的有所作為，只求消極的可以無過，這是短期制度的弊害。所以近來各國憲法關於總統的任期，最短的也有四年。

總統可否連任，各國制度殊不一致，而可分類如次。

憲法沒有明文規定　過去美國及法國現行第五共和憲法均沒有明文規定總統可否連任。其可否連任，當然只得依據習慣。例如美國，華盛頓連任一次，在其任滿八年之後拒絕再選，傑佛遜 (T. Jefferson)、傑克遜 (A. Jackson) 亦然。自是而後，總統只得連任一次，就成為憲法上的習慣。一八八○年格蘭特 (U. S. Grant)，一九一二年羅斯福 (T. Roosevelt) 均希望三次當選，而均受社會反對，不能成功。一九四○年大戰之後，羅斯福 (F. D. Roosevelt) 打破舊例，四次當選為總統，這固然只是非常時代的非常辦法，而美國有識之士尚為之擔心。一九四七年三月國會修改憲法，任誰都不得兩期以上當選為總統（即只得當選為總統兩次）。倘令中途死亡或辭職者，則由副總統繼任為總統。其繼任的殘餘任期若在二年以上，則視為一期。即不許有人為總統十年以上。這個憲法修正案於一九五一年三月得到全國諸邦四分之三以上的同意，而發生效力。

憲法有明文規定　憲法明文規定總統可否連任者，有下列各種制度：

⑴**憲法明文規定不得連任**　又有兩種制度：一、絕對不許連任，如墨西哥（一九一七年憲法第八三條）是。二、不許下屆連任，但經過一屆或兩屆任期之後，許其再行當選，例如智利總統任期六年，任滿之後，不得立即繼續當選為總統（一九二五年憲法第六二條）。又如巴拿馬總統任期四年，任滿之後，非經過兩屆總統任期，不得當選為總統（一九四六年憲法第一三九條）。

⑵**憲法明文規定可得連任**　又有三種制度：一、沒有明文限制連任若干次，如過去德國（威瑪憲法第四三條第一項）及第三共和時代的法國（一八七五年公權組織法第二條第二項）是。但法國自第三共和成立以後，二次當

選為總統者只有第三代總統格累微 (Jules Grévy)（一八八六年）一人，而連任不及一載，又因其婿販賣勛章，被迫辭職（一八八七年）。格累微之後，卡諾 (Sadi Carnot, 1887–1894) 被人暗殺，卡息米爾佩累 (Jean Casimir-Perier, 1894–1895) 就職六個月，就行辭職，福爾 (Felix Faure, 1895–1899) 死於任內，由於這種偶然的事實，就成立了總統不連任的習慣（一九三九年第十四代總統 Albert Lebrun 二次當選為總統，可謂是一個例外）。二、只許連任一次，如第四共和時代的法國（第四共和憲法第二九條第二項，第五共和憲法改為總統任期七年，連任無限制）及西德（一九四九年憲法第五四條第二項）是。三、只許連任一次，但經過一屆任期之後，又許其再行當選，如過去捷克總統任期七年，只得連任一次。在其第二次任滿之後，非經過七年，不得當選為總統（一九二〇年憲法第五八條第二項及第四項）。現在此種制度，擬余所知，似無其例。因為總統任期七年，連任一次，有十四年之久，再經過七年，為時二十一年，此時該前任總統年齡將近耄耋，何能再任七年總統。

　　總之各國憲法關於總統的連任問題，規定極不一致，其不許總統連任者，均以為總統若得連任，則現任總統將利用政治上的勢力，於改選總統之時，做出種種不正當的選舉競爭。這在國基未固，民智幼稚的國家，確有考慮的必要。所以總統不得連任的問題，在拉丁美洲諸國，曾成為國際運動。它們諸國總統或任期未滿，因革命而遜位，或任期已滿，用違憲手段而再握政權。於是 Ecuador 的卸任國務員 Tobar 便提出總統不得連任的主張，甚博世人同情，稱之為「托巴爾主義」(doctrine Tobar)。一九二三年二月七日，中美諸國代表在華盛頓開會，訂立條約。其第二條規定互不承認革命政府，凡本人自己，或藉其血親姻親，用革命或 Coup d'Etat 的方法，取得政權而組織政府者締約國不得承認之❸。第五條規定總統副總統不得連任，即締約國應於憲

---

❸先是秘魯一九一九年憲法第一三條　（即一九三三年憲法第一九條）　規定：Acts of Persons who usurp public functions and posts conferred without the requisites laid down by the constitution and the laws are null and void. 繼著智利一九二五年憲法第四條亦

法之上保障不連任主義之實現，倘憲法已經規定可以連任的，應於條約批准後下一次議會會期中，修改憲法❸⓵²。這個條約完全出於拉丁美洲政治環境的需要。拉丁美洲諸國依托巴爾主義，修改憲法，禁止總統連任者為數不少❸⓵³。其最特色的且禁止現任總統的親族當選為總統。例如 Ecuador 一九二六年憲法（第七六條）尚許總統於卸任後，經過兩屆任期再行當選。一九二九年憲法（第七二條）則絕對禁止其再選❸⓵⁴。一九四六年憲法（第八三條及第八五

云：No magistracy, or person, or assembly of persons, not even under the protext of extraordinary circumstances, is empowered to assume any other authority or rights than those that may have been expressly confered upon them by the laws. Every act in contravention of this article is void. 委內瑞拉一九三一年憲法第四三條（一九四七年憲法第八七條）也說：All usurped authority shall be ineffective and acts done under it shall be null. All decisions taken through direct or indirect use of forde or through assembly of the people in subversive attitude shall be equally null. 這都是反對暴力革命的。 參看 B. Mirkine-Guetzevitch, Droit Constitutionnel International, 1933, pp. 67–68.（宮澤俊義譯，國際憲法，一九五二年出版，五四頁至五五頁。）其現行憲法英譯條文則根據 A. J. Peaslee, *Constitutions of Nations*, 1950, Vol. II, p. 767, I, p. 412, III, p. 482.

❸⓵² B. Mirkine-Guetzevitch, op. cit., pp. 42–45.（前揭日譯本，三四頁至三六頁。）

❸⓵³ 中南美各國現行憲法，除阿根廷（一九四九年憲法第七八條）及 Paraguay（一九四〇年憲法第四七條）外，無不禁止總統連任。請參閱 Bolivia 一九四五年憲法第八五條，Brazil 一九四六年憲法第一三九條第一款之 a，Chile 一九二五年憲法第六二條，Colombia 一九四五年憲法第一二九條，Costa Rica 一八七一年憲法第一〇四條，Ecuador 一九四六年憲法第八三條，Pl Salvador 一八八六年憲法第八二條，Guatemala 一九四五年憲法第一三二條，Honduras 一九三六年憲法第一一八條第一款，Mexico 一九一七年憲法第八三條，Nicaragua 一九四八年憲法第一七一條，Panama 一九四六年憲法第一三九條，Peru 一九三三年憲法第一四二條，Uruguay 一九三四年憲法第一四九條第一項，Venezula 一九四七年憲法第一九三條。

❸⓵⁴ B. Mirkine-Guetzevitch, op. cit., p. 45 及同頁註 1（前揭日譯本，三六頁及六三頁註一二）。

條）又許總統於卸任後，經過四年（即一屆任期），再行當選。但同時又禁止下列人員當選為總統：(1)總統的四等血親及二等姻親。(2)副總統。(3)選舉總統時執行總統職權的人，或選舉總統前六個月內曾經執行總統職權的人以及他們的四等血親和二等姻親。(4)選舉總統時身為國務員的人以及他們的二等血親和一等姻親。(5)選舉總統前六個月內身為國務員的人❸⓵⑤。

㈡國務員

在現代民主國，國務員的地位，一依其與元首的關係，二依其與議會的關係，而可以分別為三種。

⑴**委員制的國務員**　以瑞士為例言之，委員制是於行政機關的頂端，設置一個委員會。委員會由總統及國務員組織之。委員制不欲於行政機關之內有一人焉，掌握大權，他的意思能夠影響別人，所以一切問題均開會決定。開會時，總統為主席，一切議事以出席人過半數之同意決之。此際總統得和國務員一樣投票。即總統除為主席之外，其地位和權限乃與國務員相同。國務員絕不是總統的屬僚，而受總統的指揮。他們（總統及國務員）均由議會選舉，其與議會的關係，委員會法律上雖是最高執行機關（例如瑞士憲法第九五條），其實不過議會的代理人 (agent)，而須遵從議會的訓令。固然委員會須對議會負責，即議會有質詢的權，委員會有報告情況的義務。但是委員會所作的決定縱為議會所推翻，或其提出的議案而為議會所否決，各委員也

---

❸⓵⑤ 中南美諸國憲法禁止總統的血親及姻親當選為總統的，其例亦不少。請閱 Bolivia 一九四五年憲法第八七條第三款，Brazil 一九四六年憲法第一四〇條第一款，Costa Rica 一八七一年憲法第一〇三條第二款，Ecuador 一九四六年憲法第八五條，Guatemala 一九四五年憲法第一三一條第四款，Honduras 一九三六年憲法第一一八條第三款，Nicaragua 一九四八年憲法第一七一條第一項，Panama 一九四六年憲法第一五三條第二款，Peru 一九三三年憲法第一三七條第三款，Venezula 一九四七年憲法第一九三條。

不必辭職❸❶❻。此蓋委員會不是政黨內閣，而有一定的政黨綱領。國家政策乃由議會決定，委員會不過討論其實施細則，而各委員之獲當選又非由於政黨關係，而是由於個人的行政能力❸❶❼。他們有似於議會的事務官，事事須聽命於議會，所以委員不但有一定的任期，而其任期又與議會第一院的任期相同❸❶❽。

　　⑵**總統制的國務員**　以美國為例言之，總統制是於行政機關的頂端，置一獨攬行政權的總統。總統不能以一人之力綜理萬般政務，所以又有許多國務員，輔佐總統，辦理國務。國務員由總統自由任免，他們只是總統的屬官，而須服從總統的命令。他們乃個別的隸屬於總統，並個別的對總統負責❸❶❾。固然總統任命國務員之時，尚須徵求第二院同意（憲法第二條第二項第二目），但其目的非令國務員對第二院負責，而是預防總統任用廝濫。所以總統提出人選之時，除了聲名狼藉而為輿論所不容者外，第二院幾無拒絕同意之事❸❷⓿。總統固常常召集國務員開會，開會之時，總統為主席。不過國家的政策既由總統決定，則其國務會議當然不甚重要，只備總統的諮詢，或對總統貢獻意見，國務員不能依自己的見解，而作任何獨立的決議，縱令有此決議，也沒有拘束總統的效力，其採用與否，總統可以自由選擇❸❷❶。林肯 (A. Lincoln) 曾有一次召集部長開會，雖然全部部長無不反對林肯的主張，而林肯竟說：「七人反對，一人贊成。贊成者居多數」 (Seven nays, one aye, the

---

❸❶❻ J. Hatschek, *Deutsches und preussisches Staatsrecht*, Bd. I, 2 Aufl. 1930, S. 610. 參閱 J. Bryce, *Modern Democracies*, I (new ed.), 1931, p. 354.

❸❶❼ J. Hatschek, a. a. O. S. 611. 參閱 J. Bryce, op. cit., p. 353.

❸❶❽ 例如瑞士，每次第一院改選之後，委員會亦必改選。

❸❶❾ J. Bryce, *The American Commonwealth* (new ed.), Vol. I, 1926, pp. 90, 91. W. B. Munro, *The Government of the United States*, 5 ed. 1946, pp. 201, 209.

❸❷⓿ H. Finer, *The Theory and Practice of Modern Government*, Vol. II. 1932, p. 1044.

❸❷❶ W. B. Munro, op. cit., p. 208f. J. Bryce, op. cit., p. 94.

ayes have it.)，而通過之❷。由此故事可知國務員不過總統的幕僚，而無獨立
自由的權。總統制嚴格區別行政權與立法權，兩種權力活動之時，絕不受他
方權力直接或間接的影響。 J. Madison 說 ： "that none of them （指三權）
ought to possess, directly or indirectly, an overruling influence over the others, in
the administration of their respective powers."❷，所以國務員不得為議會議員，
亦不得出席議會發言，而議會亦不能控制他們，即對於他們不得質詢，更不
得作不信任投票，強迫他們辭職。

　　(3)**內閣制的國務員**　內閣制是於行政機關的頂端置一徒擁虛位的元首，
而負行政責任的則為內閣。內閣由國務總理及國務員組織之。國務總理由元
首任命，其他國務員依國務總理推薦，由元首任命。但是他們在職之時，須
能得到議會的信任。元首的任命權與國務總理的推薦權是大是小，乃依政黨
的情形而異。一國之內只有兩黨對立，元首的任命權很受限制，而國務總理
的推薦權，比較自由。例如英國政黨辭職之後，繼之組織內閣的必是反對黨
的領袖❷。政黨的領袖受命組閣，除受黨內派別掣肘之外，可以自由選擇人
才，提請元首任命之為國務員❷。一國之內若是小黨分立，元首的任命權比
較自由，而國務總理的推薦權須受限制。因為各個政黨往往不能聯合起來，
控制議會過半數的議席。比方法德兩國，每次內閣辭職之時，各黨均不能作
大聯合，而只能作小聯合，以待組閣命令之降臨。因之總統選擇那一個聯合，
便有相當的自由❷。例如德國，一九二三年十一月 Stresemann 內閣倒後，反

---

❷ F. A. Ogg and P. O. Ray, *Essentials of American Government*, 7 ed. 1952, p. 291.

❷ *The Federalist*, No. 48 (Modern Library), p. 321.

❷ 參閱 D. J. Medley, *A Student's Manual of English Constitutional History*, 6 ed. 1925, p.
　 129. F. A. Ogg, *English Government and Politics*, 2 ed. 1936, p. 131f. W. B. Munro and
　 M. Ayearst, *The Governments of Europe*, 4 ed. 1954, p. 75f.

❷ F. A. Ogg, op. cit., p. 133f. W. B. Munro and M. Ayearst, op. cit., p. 78.

❷ H. Finer, op. cit., pp. 1052, 1137. W. B. Munro and M. Ayearst, op. cit., p. 379f.

對黨中，國民黨 (Deutsche Volkspartei) 議席最多，雖然要求政權，而總統厄伯特 (F. Ebert) 竟然任命中央黨 (Zentrum) 的馬克思 (W. Marx) 為國務總理。一九二四年五月國會改選，國民黨成為國會內第一黨，又出來要求政權，總統厄伯特仍令馬克思組織內閣❸。由此可知在小黨分立之國，總統的任免權是很大的。至於國務總理的推薦權卻受了很大的限制，因為內閣既由各黨聯合組織之，則國務總理須與各黨協商，使各黨均有代表一人或數人加入內閣。因此之故，國務總理不能不顧慮各黨的意見，而不能自由選擇人才，提請元首任命之為國務員❸。內閣須得議會的信任，所以國務總理及國務員乃隸屬於議會的多數黨，依議會多數黨的意思，由元首任免他們。他們常兼為議會議員，議會開會之時，他們得出席發表意見。議會對於他們，得提出質詢，又得通過不信任決議案，強迫他們辭職。由此可知國務總理及國務員不是元首的幕僚，他們進退完全以議會的意思為標準。

(三)**內 閣**

⑴**內閣會議** 委員制的國務員常集合開會，議決各種問題。總統制的元首亦常召集國務員開會，使他們貢獻意見。內閣制的國務員亦有會議，世人稱之為內閣會議。其組織依國而殊，現在只述其最有特徵者三種如次：

①**英 國** 內閣會議由國務總理及一部分國務員組織之。其參加內閣會議的國務員特稱為閣員 (cabinet minister)。閣員必是國務員，國務員未必都是閣員❸。國務員有六十餘名，而閣員最多不過二十名❸。戰爭之際，閣員更

---

❸ H. Finer, op. cit., p. 1098.

❸ 參閱 A. Headlam-Morley, *The New Democratic Constitutions of Europe*, 1929, Chap. XIV.

❸ F. A. Ogg, *English Government and Politics*, 2 ed. 1936, p. 124. H. Finer, *The Theory and Practice of Modern Government*, Vol. II, 1932, p. 953 及其小註 2。

❸ W. B. Munro and M. Ayearst, *The Governments of Europe*, 4 ed. 1954, p. 74.

少，第一次大戰，閣員五名，後增加為六名，第二次大戰，閣員亦五名，後增加為八名。當時閣員大率不管部務，蓋欲他們能夠集中精力，商談國家政策❸❸❶。至於誰人得為閣員，而參加內閣會議，則由國務總理決定之 ❸❸❷。內閣會議開會之時，國務總理為主席，照慣例，英王不得參加❸❸❸。國家重要問題均由內閣會議決定。而內閣會議的決定不用投票方式，而採交談之法，求其滿場一致 ❸❸❹。據實際情況，意見分歧之事卻不多覯。因為國務總理乃是政黨的領袖，可以政黨領袖的資格，控制其他閣員，使他們接受國務總理的意見。萬一閣員關於某種問題，意見不能一致，國務總理又可使反對者辭職，以維持內閣之統一 ❸❸❺。

②法　國　法國的國務會議分為兩種：一種稱為國務員會議 (conseil des ministres)，由總統國務總理及一般國務員組織之，以總統為主席 ❸❸❻。另一種稱為內閣會議 (conseil du cabinet)，由國務總理及一般國務員組織之，以國務總理為主席。前者是憲法明文承認的 ❸❸❼，為行政性質的機關，後者不是憲法明文承認的，為政治性質的機關 ❸❸❽。在第三共和及第四共和時代，凡百問題

---

❸❶ W. B. Munro and M. Ayearst, op. cit., pp. 73–74.

❸❷ F. A. Ogg. op. cit., p. 125. W. B. Munro and M. Ayearst, op. cit., p. 75.

❸❸ F. W. Maitland, *The Constitutional History of England*, 1926, p. 395. 參閱 W. R. Anson, *The Law and Custom of the Constitution*, Vol. II, P. I, 4 ed. (by A. B. Keith), 1935, p. 108.

❸❹ F. A. Ogg, op. cit., pp. 154–155.

❸❺ H. Finer, op. cit., pp. 973–974. W. B. Munro and M. Ayearst, op. cit., p. 92.

❸❻ 第四共和憲法第三二條及第五共和憲法第九條且有明文規定總統為主席。但總統不是國務員，所以沒有投票權，參閱 R. K. Gooch, The Government and Politics of France (in J. T. Shotwell, *Governments of Continental Europe*, 1952), p. 129.

❸❼ 一八七五年二月二十五日公權組織法第四條及第七條第二項，第四共和憲法第三二條，第五共和憲法第九條。

❸❽ 參閱 F. A. Ogg, *The Governments of Europe*, 1919, p. 312. H. Finer, op. cit., pp. 1063, 1138. J. Bryce, *Modern Democracies*, new ed. Vol. I, 1931, p. 228.

均由內閣會議決定，國務員會議開會之時，不過將內閣會議所決定者報告於總統，而付諸實施而已。固然此際總統可以發表意見，但是內閣並沒有遵從的義務，因為憲法未曾給與總統以任何責任❸❸❾。總之，法國為內閣制，權力自應屬於內閣會議。然其內閣會議又與英國的稍有不同之點。英國是一黨內閣，其國務總理有控制內閣會議之力。法國乃聯合許多政黨組織內閣，每個國務員的背景不同，國務總理若強迫他們接受自己的主張，內閣立即瓦解。因此之故，國務總理在內閣會議每缺乏控制能力❸❹❶。第五共和憲法與第三及第四共和憲法不同。內閣會議已不重要，重要的乃是國務員會議。國務員會議由總統主持，內閣總理只能依總統之明示授權，為某特定議案，代理總統主持國務員會議❸❹❶。

　　③**德　　國**　威瑪憲法時代，內閣會議由國務總理及國務員組織之（威瑪憲法第五二條）。開會時國務總理為主席（第五五條）。總統能否出席參加，法律沒有明文規定，縱能參加，亦無投票的權❸❹❷。凡有議事，均以過半數之同意決之，可否同數，取決於國務總理（第五八條）。在這一點上，德國的內閣會議實屬於合議制的範疇，但是同時又與合議制稍有不同。因為施政方針不由內閣會議決定，而由國務總理單獨決定。國務總理所決定的施政方針又得拘束一般國務員，國務員須在施政方針之內，執行其主管事務（第五六條）。此外，內閣會議對於預算，亦不能依多數決之法決定一切。凡欲增加開支而不為財政部部長所贊成者，預算應退還內閣會議覆議。覆議時，非有全體國務員過半數之同意，而國務總理又復贊成之者，不生效力（一九二二年十二月三十一日預算法第二一條），是則國務總理對於預算亦有消極的否決

❸❸❾ H. Finer, op. cit., p. 1138.

❸❹❶ F. A. Ogg, op. cit., p. 313. W. R. Sharp, *The Government of the French Republic*, 1939, p. 147.

❸❹❶ 參閱鄒文海著，《比較憲法》，三民版，二○二頁至二○三頁。

❸❹❷ J. Hatschek, a. a. O. S. 642.

權。固然如斯，但吾人稍肯考慮德國小黨分立，勢不能不組織聯合內閣，又可知道國務總理受命組閣之時，須與別黨商量施政方針，既已組閣之後，遇有問題發生，又須提出內閣會議，決定新的方針。所謂預算不外施政方針之具體表現。所以國務總理法律上雖有特別的權力，事實上他的權力並不甚大❸。

(2)**內閣制的類型**　內閣制發祥於英國，到了今日，幾成為歐洲國家共同的制度。但是各國的內閣制並不是完全相同。吾人應特別注意的有下列六點。

①內閣是否由議員組織之，

②內閣是否由一個政黨組織之，

③內閣是否受國務總理的控制，

④內閣是否連帶負責，

⑤內閣是否對議會內一院負責，

⑥內閣對於議會有否對抗之力。

關於③⑥兩點，本書已有說明。茲只就其餘四點，比較英法德三國制度如次：

英　國

(1)英國的內閣只由一部分國務員組織之❹。國務員必須兼任為國會議員❺，所以內閣亦必由議員組織之。每次內閣更迭之際，先由英王依現任國

----

❸ J. Hatschek, a. a. O. S. 641ff. H. Finer, op. cit., pp. 1091, 1096.

西德制度與威瑪憲法大同小異，請閱西德憲法第六二條、第六五條以及第五五條第一項。

❹ H. Finer, *The Theory and Practice of Modern Government*, Vol. II, 1932, p. 953. 其附註2曾引 Peel 及 Granville 之言，說明閣員人數不宜太多。參看 F. W. Maitland, *The Constitutional History of England*, 1926, p. 403.

❺ H. Finer, op. cit., p. 960，照他說，第一次大戰之時曾發生過一次例外，即一九一七年 J. C. Smuts 不是國會議員而為閣員。F. W. Maitland, op. cit., p. 403.

務總理之推薦，任命繼任國務總理，而其人選須係政黨的領袖，而又能控制第一院內多數議員者；次由國務總理選擇國務員及閣員，提請英王任命❸。英國的國務總理及國務員所以必由議員兼任者，不但要令內閣容易得到國會的信任，並且因為提出法案的權屬於國會議員❸，而第一院議員不得出席第二院發言，第二院議員不得出席第一院發言❸。故為提案及出席說明起見，不能不使國務員——閣員兼為議員。即各部於兩院中須各有一人代表，例如外交部部長若係第二院議員，其政務次長必須為第一院議員❸。

　　(2)英國自十八世紀以來，政黨組織日漸鞏固，而英國自有政黨以來，最初又只有保守黨與自由黨兩黨。一國之內只有兩個政黨，則必有一個政黨在第一院內有過半數的議席。這個時候多數黨的領袖受命組閣，當然於同黨議員之中，選擇國務員及閣員。所以英國內閣常表現為一黨內閣。一八八五年以後，英國又產生了愛爾蘭國民黨 (Irish Nationalists)，其後愛爾蘭國民黨雖然沒落，而工黨又復繼起，於是一黨內閣遂由三黨的鼎峙，發生破綻。但是英國乃認聯合內閣為變態的現象，故除戰時組織聯合內閣之外，原則上內閣均由一黨組織之❸。即第一院內議席最多的政黨可於友黨的協助之下，單獨組織內閣。但是這樣成立的內閣常常不能徹底實行自己的政見。在一九二三年及一九二九年，工黨均於自由黨的後援之下，組織內閣❸，然其一舉一動極不自由，故英人批評工黨為主政而不當權 (in office, but not in power)。

　　(3)內閣，更確實言之，不但閣員，就是其他國務員也須對國會負責，而

---

❸ H. Finer, op. cit., p. 963, n. 2. F. W. Maitland, op. cit., p. 398. W. B. Munro and M. Ayearst, *The Governments of Europe*, 4 ed. 1954, pp. 75f., 78.

❸ J. Hatschek, *Englisches Staatsrecht*, Bd. I, 1905, p. 444.

❸ W. R. Sharp, *The Government of the French Republic*, 1939, p. 77, n. 9.

❸ F. W. Maitland, op. cit., p. 403.

❸ C. Schmitt, *Verfassungslehre*, 1928, S. 325.

❸ W. B. Munro and M. Ayearst, op. cit., p. 96f.

其所負的責任又是聯帶的。所謂聯帶負責就是共同辭職之意。即「每個國務員不但對其自己部門的工作要負責任；同時一切國務員又視為一體，對於任何部門的工作以及一般政策，也要負責任」❸❺❷，即如 W. R. Anson 所言："We can insist that the action of the Cabinet is the action of each member, and that for the action of each member the Cabinet is responsible as a whole"❸❺❸。此蓋國務員既屬於同一政黨，而內閣又為政黨領袖所組織，則國會對於國務員當然視為一體，而以他們為政黨的代表。因之一位國務員的失敗就視為整個政黨的失敗❸❺❹。這種制度是令內閣在一定期間之內，能夠決定一個政策，用以拘束國務員，而使國務員對於當前問題，有同一的態度，不致彼此之間互相衝突，互相矛盾❸❺❺。並且在政黨政治之下，政府黨與反對黨各有各的任務，政府黨的任務為治理國政，反對黨的任務為監督政府。英國過去只有兩個政黨，倘令內閣更迭之際，國務員不必聯帶負責，那便是反對黨可以加入內閣。國會之內沒有反對黨，試問監督政府之責由誰負之。這也是英國反對聯合內閣的理由。

　⑷過去英國內閣須對國會兩院負責，而兩院的權限又復相同，所以兩個政黨在兩院內互占多數之時，內閣實難應付。所幸者英國內閣有解散第一院的權，而第二院議員又無一定名額，凡是英國貴族，同時必兼為第二院議員。所以兩院衝突之時，內閣得解散第一院，訴諸國民，改選之後，政府黨仍占多數，第二院理應讓步❸❺❻。第二院不肯讓步，內閣尚得奏請英王，封本黨黨員為貴族，以壓迫第二院內反對黨。這種製造貴族議員的方法曾實行於一七一二年，當時保守黨政府恐第二院不肯通過 Utrecht 條約，乃任命十二名貴族

------

❸❺❷ H. Finer, op. cit., p. 974.

❸❺❸ 引自 H. Finer, op. cit., p. 974, n. 2.

❸❺❹ F. W. Maitland, op. cit., p. 396.

❸❺❺ F. W. Maitland, op. cit., p. 404.

❸❺❻ W. R. Anson, *The Law and Custom of the Constitution*, Vol. I, 5 ed. 1922, p. 300.

議員。此後尚有兩次企謀應用，一次在一八三二年，自由黨內閣欲用以通過「選舉改革法案」(the Reform Bill)，另一次在一九一一年，自由黨內閣欲用以通過「國會法案」(the Parliament Bill)。兩次均已得到國王同意，其所封貴族人數甚多，足令政府黨在第二院內控制多數。然而洪水般的貴族 (swamping of the Peers) 可以破壞英國貴族及第二院的性質，所以保守黨只有讓步，而通過上述兩種法案❸。自國會法制定之後，第二院的權限大見削減，而使英國內閣於法律上和事實上只對第一院負責。

法 國 (第三共和及第四共和時代)

⑴法國內閣由全體國務員組織之，有時也和英國一樣，置有不管部務的國務員❸。每次內閣更迭之際，總統常與兩院議長交換意見，選擇國務總理，次由國務總理選擇一般國務員❸。內閣名單擇定之後，由總統咨送第一院，請其投票表示信任。第一院表示信任之後，總統才得正式任命❸。法國憲法未曾要求國務員兼任議員，也未曾禁止其兼任。一八七七年 Rochebouet 以軍人身分而組織內閣，一九三六年 Doumergue 以卸任總統，已經退隱之身分而組織內閣。而在內閣之中，有時尚有陸軍或海軍的高級將官而為陸軍部或海軍部的部長者。一九二〇年的 A. E. Millerand 內閣及一九三六年的 Leon

---

❸ W. R. Anson, op. cit., p. 300ff. D. J. Medley, *A Student's Manual of English Constitutional History*, 6 ed. 1925, p. 305. W. E. Hearn, *The Government of England*, p. 168.

❸ W. R. Sharp, op. cit., p. 92. W. B. Munro and M. Ayearst, op. cit., p. 381.

❸ W. B. Munro and M. Ayearst, op. cit., p. 379. J. Bryce, *Modern Democracies*, Vol. I, new ed. 1931, p. 227. 照 Bryce 說，兩院議長最能知道誰人能夠得到國會的支持。第四共和憲法第四五條且明文規定：「總統經習慣上的商議後 (after the customary consultations)，指定國務總理」(第一項)，又規定國務總理須將施政方針向第一院報告，經其同意後，再著手組織內閣 (第二項)。

❸ 在第三共和時代，這不過一種習慣，第四共和憲法第四五條第一項則用明文規定之。

Blum 內閣均有三位國務員於國會內沒有議席 ❸❶。此蓋法國與英國不同，凡是國務員，不問其有無兼任議員，均得出席兩院發言（一八七五年七月十六日公權關係法第六條第二項、第四共和憲法第五三條），而內閣於第三共和時代尚得以總統之名義（一八七五年二月二十五日公權組織法第三條第一項），於第四共和時代又得由國務總理（第四共和憲法第一四條第一項），提出法案。既是這樣，則國務員兼為議員實無必要。不過國務員須對國會負責（一八七五年二月二十五日公權組織法第六條第一項，第四共和憲法第四五條），則總統於國會中選擇強有力的議員，令其組織內閣，當然方便。由此可知法國內閣之由議員兼任，不是由於制度上的需要，而是由於策略上的要求。第五共和憲法大大改正，內閣總理及國務員得列席國會兩院發言（第三一條），內閣總理又得提出法案，復為組閣方便起見，使組閣不受國會的脅制，而禁止國務總理及國務員兼任議員 （第二三條第一項）。這都是與一般內閣制不同之點。

⑵法國小黨分立，任何政黨在國會內都不能控制過半數的議席，因之一黨內閣無從成立，而須組織聯合內閣。即受命組閣的人須與別黨協商，使聯合各黨均有代表一人或數人加入內閣，藉此以控制多數。所以人們才說，法國內閣之成立不是因為其能代表多數，而是因為其能創造多數 ❸❷。但是政黨的聯合又非容易的事，它們合縱連橫，形成為許多 bloc，而致政權有時且落在小黨手上。因為小黨人數雖少，而對於勢力的均衡，常握有決定的權。僥倖內閣組織成功，而問題仍未解決。每個政黨主張不同，利害互異，它們同床異夢，本難合作到底。往往二三國務員就能決定內閣的運命，縱令他們無力推翻內閣，亦得掀動風波，使內閣不能不改變其預定計劃 ❸❸。法國內閣不

---

❸❶ E. M. Sait, *Government and Politics of France*, 1920, p. 72, n. 2. W. R. Sharp, op. cit., p. 74, n. 6.

❸❷ E. M. Sait, op. cit., p. 172.

❸❸ H. Finer, op. cit., p. 1051.

是一個統一體，而只是國務員的集合，所以內閣的第一任務不在於如何統治，而在於如何生存❸❹。內閣救死不暇，那裏能夠改革國政，這是聯合內閣的缺點。這都是指第三及第四共和時代言之，第五共和時代已有改變（參閱本書三四七頁之 *註），以下所述均指第三及第四共和憲法之規定。

⑶國務員對於內閣的一般政策，連帶對國會負責，關其個人的行為，單獨對國會負責（一八七五年二月二十五日公權組織法第六條第一項，第四共和憲法第四八條第一項），這是法國憲法明文規定的。即憲法同時承認連帶負責與個別負責。但是法國內閣乃是聯合內閣，內閣更迭之際，固然國務員均向總統辭職。不過辭職之後，卸任的國務員加入新內閣的常有一半以上或至四分之三❸❺，甚者前任國務總理亦得加入新內閣，或繼任為新內閣的國務總理。唯其如是，所以新舊內閣的政策並沒有劇烈的改變，有時現任內閣且繼續實行前任內閣的政策。內閣的變更不是政策的變更，所以人們才說，法國所謂新內閣與英國所謂新的不同，不過把舊的加以調動而已❸❻。學者主張法國憲法之中雖有連帶負責一語，事實上可以刪去❸❼，職此之故。

⑷在第三共和時代，內閣須對兩院負責（一八七五年二月二十五日公權組織法第六條第一項），憲法條文關於「議院」(les Chambres) 一語用複數，所以內閣不但對第一院，且又對第二院負責。固然第二院對於內閣之作不信任投票，乃開始於一八九六年❸❽。而內閣因受第二院的反對而辭職者前後不過三次❸❾。但是兩院權限相同，第二院一旦否決第一院通過的法案尤其是預

---

❸❹ H. Finer, op. cit., p. 1054，參閱 p. 1055, n. 2 所引 Jules Roche 之言。

❸❺ H. Finer, op. cit., p. 1059.

❸❻ W. B. Munro and M. Ayearst, op. cit., p. 387.

❸❼ H. Finer, op. cit., p. 1050.

❸❽ E. M. Sait, op. cit., p. 82.

❸❾ H. Finer, op. cit., p. 1061. 所謂三次，照 p. 1062，是在一八九六年、一九一三年、一九〇三年。但據 W. B. Munro and M. Ayearst, op. cit., p. 387，最後一次是在一九二七年

算案，內閣亦將受到巨大的打擊。在英國，此際內閣可解散第一院，訴諸國民，而在法國，內閣要解散第一院，須徵求第二院同意（一八七五年二月二十五日公權組織法第五條）。第二院既與內閣衝突，何肯同意第一院之解散，弄到自己進退維谷。內閣同時服從兩位主人，而此兩位主人的意思又常常發生衝突，這是一種惡劣的制度。所以第四共和憲法不但明文規定國務員只對第一院負責（第四八條第一項），且又明文規定不對第二院負責（第四八條第二項）。而第一院通過的法案，第二院表示不同的意見之時，該項法案須退回第一院再議。再議時，第一院所作決議有確定的效力。但第二院表示不同的意見，若曾得到議員總數過半數之支持，則第一院所作決議亦應經議員總數過半數之同意（第二〇條第四項）。這樣，法國內閣便實質的只對第一院負責了。

*法國第五共和憲法為穩定內閣的地位起見，有下述各種改進：(1)內閣由國務總理及國務員組織之。國務總理由總統任命（第八條第一項），無須徵求第一院同意，亦無須事前向第一院報告施政方針。國務總理任命之後，其他國務員依國務總理推薦，由總統任命之（第八條第二項）。(2)國務總理及國務員不得兼任國會議員（第二三條第一項）。這不是說，國務總理不得於議員中物色國務員，而是說議員被任命為國務員時，應立即辭去議員之職。法國小黨分立，這當然是謀國務總理組閣的方便，無須屈伏於各政黨拒絕入閣的脅制。但他們均得列席國會發言（第三一條），而國務總理又得提出法案於國會（第三九條）。(3)內閣對第一院負責（第二〇條第三項），得就一般政策或某項法案，向第一院提出信任案，倘二十四小時內無不信任案的動議，即視為通過（第四九條第一項及第三項）。(4)議會如不表贊同，至少須有議員總數十分之一連署，於二十四小時內提出不信任案，且須經議員總數過半數之同意，才獲通過（第四九條第二項）。當然此際總統尚得解散第一院（第

Leon Blum 內閣之時。

一二條）。在此種政制之下，凡政府認為重要的政策，即可提出信任案強迫議院接受。信任案的反對相當困難，因為留給議院考慮的時間太短，二十四小時內議院如無行動，該政策或該法案已視為通過了。⑸議決法律的權屬於國會兩院，倘兩院意見不同，國務總理可召開兩院聯席委員會，由他自己提出折衷案，非經他同意，議員們不得再提出修正案。聯席委員會協調失敗，或他所提折衷案不能通過於兩院，國務總理得要求第一院作最後決定（第四五條）。不寧唯是，憲法又不承認國會有無限制的立法權；關於那幾種事項，國會得制定法律；關於那幾種事項，國會只得規定基本原則，憲法均有明文規定（第三四條）。除此之外，其他事項皆由內閣以命令定之（第三七條）。而且屬於法律範疇以內的事項，內閣尚得要求國會授權，於一定期間之內，以命令定之（第三八條）。

法國國務大臣　（包括內閣總理）　本來有兩種會議：一種叫做國務會議 (Conseil des Ministres)。由總統內閣總理及其他國務大臣組織之，以總統為主席。一種叫做內閣會議 (Conseil du Cabinet)，由內閣總理及其他國務大臣組織之，以內閣總理為主席。一切行政均由內閣會議決定；國務會議所討論者不過外交國防及人事問題三者而已。國務會議是憲法明文承認的，為行政性質的機關；內閣會議不是憲法明文承認的，為政治性質的機關。前者有似於美國的國務會議，美國總統有決定政策的權，其國務會議只備總統的諮詢；法國總統毫無實權，一切政策均由內閣會議決定，則其國務會議當然也不甚重要，只是一種報告政情於總統的機關。後者有似於英國內閣會議，但是其中又有不同之處，英國的內閣總理有控制內閣會議之力，法國乃聯合許多政黨組織內閣，每個國務大臣之背景不同，內閣總理若強迫他們接受自己的主張，內閣立即瓦解，因此之故，內閣總理在內閣會議，每缺乏控制之力。這是第三共和及第四共和時代的制度。據鄒文海研究，「第五共和憲法未曾提到內閣的集體作用。第二十一條規定：總理得以其部分權力授權國務員（即各部部長）行使；第二十二條規定：總理之行為，如有必要，須由負責執行之部長副署。除這兩條之外，憲法甚至不提閣員個別的職能。國務員

的權力既出諸總理的授權，就原則言，政府權力皆為總理所有，他若不作授權，旁的部長即無權力可言。閣員之於總理，實如僚屬之於長官，這是一般內閣制國家所沒有的現象」。「現在法國的行政組織，有內閣總理內閣閣員而無內閣。習慣上總理及其閣員仍有會議，但這個會議是不為憲法所承認的（這個會議即第三第四共和時代的 Conseil du Cabinet）。憲法承認的政府決策機構為國務會議（即第三第四共和時代的 Conseil des Ministres），那是由總統主持的，總理只有在總統特別授權的方式之下主持這個會議。就理論言，總統為國家元首，超然於政府之外，何以要由他來主持這個政府的決策會議？國務會議的組成分子為總統及國務委員，而所謂國務委員，又不過總理及其閣員。內閣總理及其閣員不能開會決策，而必須總統主持後才能開會決策，這是第五共和憲法的一種特別安排，在此安排之下，總理代表政府而運用的權力，又在此會議中奉獻給總統。也因為這個關係，總統雖超然於政府之外，卻又能指揮行政。」「以上說明內閣與議會的關係，內閣已佔上風，內閣的地位是安全而鞏固了。第五共和的內閣已失去獨立的地位，它幾乎成為總統的幕僚機構。憲法以行政權賦諸內閣，故向議會負責者為內閣。惟憲法把主持國務會議的權力交給總統，如是，總統與內閣的關係究竟如何，成為很大的疑問」（鄒文海著，《比較憲法》，三民版，二○二頁至二○三頁）。

德 國 （威瑪憲法時代）

⑴德國內閣由國務總理及國務員組織之（威瑪憲法第五二條）。國務員未必皆管部務，其不管部務的亦常隨時設置❸⓿。國務總理由總統任免，國務員依國務總理推薦，由總統任免（第五三條）。但他們在職之時，須能得到國會的信任（第五四條）。德國和法國一樣，國務總理及國務員不必皆由議員兼任。H. Preuss 說：「總統選擇國務總理及國務員，人選固不以議員為限。因為國家的領導人物必由議員兼任，並不是內閣制的要件。內閣制的本質在於

---

❸⓿ A. Finger, *Das Staatsrecht des deutschen Reichs*, 1923, S. 422.

他們管理國政須與議會多數人的意思一致。而議會多數人一旦不予信任，他們必須辭職」❸71。故在德國，凡人能夠積極的得到議會的信任，或消極的不為議會所反對，縱非議員，亦得組織內閣❸72。此蓋德國與法國相同，國務總理及國務員不問其在議會之內有無議席，均得出席議會發言（第三三條），而內閣又得提出法案於議會（第六八條第一項）。既是這樣，國務總理及國務員實無兼任議員的必要。

　　⑵德國小黨分立，所以也同法國一樣，只能組織聯合內閣。凡內閣更迭之際，議會之內就成立了許多 bloc，希望組閣命令之降臨。但是每個 bloc 又不能控制過半數的議席，因之總統常令能與左右雙方自由合作的中央派少數黨組織內閣。這個中央派少數黨又常選擇人才於無黨籍的人之中。這樣，德國內閣就由政黨內閣變為中間內閣 (Regierung der Mitte)，其甚者且變為超然內閣 (überparteiliche Regierung)，如一九二二年的 Cuno，一九二五年的 Luther 都是以無黨籍的人而組織內閣的。超然內閣是乘左右兩翼勢力均衡之際，坐收漁人之利。左右兩翼既不能聯合過半數以組閣，所以也不能聯合過半數以倒閣。但是這種情況不能永久維持，超然內閣既無真正的後盾，同時又須對議會負責，則其不能長期生存，可以說是勢之必然❸73。

　　⑶國務總理關於施政方針，對議會負責，國務員在這施政方針之內，獨立執行其專管職務，各對議會負責（威瑪憲法第五六條）。即他們不是聯帶負責，而是個別負責。此蓋出於憲法起草人 H. Preuss 的苦心。德國小黨分立，

---

❸71 H. Preuss, Denkschrift zum Entwurf des allgemeinen Teils der Reichsverfassung vom 3. Januar 1919 (in *Staat, Recht und Freiheit*, 1926, S. 387).

❸72 例如 F. Ebert 時代的國務總理 W. Cuno，興登堡時代的國務總理 F. v. Papen 及 K. v. Schleicher 都不是國會議員，見 K. Loewenstein, The Government and Politics of Germany (in J. T. Shotwell, *Governments of Continental Europe*, rev. ed. 1952), p. 427, n. 5.

❸73 參閱 H. Finer, op. cit., p. 1099f.

組閣不易，苟令一位國務員受到議會譴責，而即引起內閣的更迭，未免因小失大❸。但是個別負責之制不易實行。何以故呢？在施政方針與各部業務之間固難劃一界線，而現今行政又甚複雜，往往各部之間互有關係，所以單單犧牲一位國務員以保存內閣本身的生命，乃是不可能的事。何況小黨分立，國務總理既不能擅自決定施政方針，而須與各黨會商，同時關於各部業務又應提出內閣會議討論，則內閣何能不聯帶負責。縱令議會關於施政方針，只對國務總理個人表示不信任，國務員亦難袖手旁觀。所以事實上國務總理辭職之時，內閣亦必全體辭職。不過德國既係小黨分立，則內閣更迭之時，當然要和法國一樣，常有許多國務員加入新內閣，而致聯帶負責不能徹底實行。

　　⑷德國內閣只對第一院負責，即惟第一院才有不信任投票權（威瑪憲法第五四條及第五六條）。而於立法方面，兩院的職權亦不平等。第二院沒有議決法律的權（參閱第六八條第二項），而只能對於第一院通過的法律提出抗議。提出抗議之時，總統應將該項法律退回第一院再議。第一院若以出席議員過半數再行通過，總統得將該項法律提請公民複決，總統不行使這個權限，該項法律不生效力。反之第一院若以出席議員三分之二以上再行通過，總統應將該項法律公布。總統不肯公布，應將該項法律提請公民複決（第七四條）。由此可知第二院的抗議不能使法律根本不發生效力，只能使法律不容易發生效力，所以第二院亦不能利用立法權以掣肘內閣。

　　*西德制度與威瑪憲法相差無多。⑴內閣由國務總理及國務員組織之（第六二條）。國務總理由總統提名，交第一院投票決定之。凡能得到議員總數過半數之票數者，總統應任命之為國務總理。無人得到過半數，第一院應舉行第二次投票，自行選舉國務總理，亦以得票過半數者為當選。無人得到過半數，第一院應舉行第三次投票，以得票較多者為當選。此際被選人所得票數若在過半數以上，總統應任命之為國務總理；若在過半數以下，總統或任命

❸ 參閱 H. Finer, op. cit., p. 1104.

之為國務總理，或則解散第一院（第六三條）。國務總理任命之後，其他國務員由國務總理提請總統任免之（第六四條第一項）。(2)憲法未曾要求國務總理及國務員兼任國會議員，亦未曾禁止其兼任。但不問兼任與否，均得出席國會兩院發言（第四三條第一項及第五三條），又得以內閣的名義，提出法案於第一院（第七六條第一項）。(3)國務總理決定施政方針，對第一院負責。國務員在施政方針之內，獨立處理其專管業務，各對第一院負責（第六五條），即承認個別負責。(4)第一院要對國務總理，積極的表示不信任（即通過不信任案），或消極的拒絕表示信任（即不通過信任案），必須第一院能以過半數之同意，選出繼任國務總理，否則總統得解散第一院（第六七條第六八條）。(5)制定法律的權屬於第一院（第七七條第一項），第二院只得經由內閣提出法案於第一院（第七六條第三項）。其對於第一院通過的法律而欲修改之者，須推舉代表與第一院的代表共同組織委員會，作公開討論，經委員會同意後，交第一院議決之（第七七條第二項）。第二院否決第一院通過的法律之時，該項法律退回第一院再議。此際，第二院若以投票權總數過半數否決之者，第一院得以議員總數過半數之同意，再通過之為法律。第二院若以投票權總數三分之二否決之者，第一院得以議員總數三分之二同意，再通過之為法律（第七七條第三項第四項）。即第二院所有的否決權亦不甚大。又者，第一院拒絕信任內閣，而總統又不解散第一院，此時倘有緊急需要的法案而為第一院所否決，內閣尚得申請總統，於第二院同意之後，宣布立法緊急狀態 (Gesetzgebunotstand)，將立法權暫時移歸第二院行使（第八一條）。

　　⑶**內閣與議會的關係**　依洛克 (J. Locke) 的人民主權之說，議會應站在政府──內閣之上，依孟德斯鳩的三權分立之說，政府──內閣與議會應站在平等的地位。吾人綜觀各國政制，政府──內閣與議會的關係大率可分別為下列三種：

　　第一是政府在議會之下❸。人民選舉議會以作國民全體的代表，同時元首亦視為國民的第二代表❸，而與議會相對立。法國一七九一年憲法第三篇

序文第二條：「國民為權力之唯一淵源，依委任 (délégation) 之制，行使權力。
法國採代表制度，國民的代表為議會與國王」，就是表示這個觀念。同時又依
民主主義的理想，希望元首所領導的政府站在議會之下，這就是所謂議會內
閣制。民主主義與議會主義視為同一的物，而在國民與專制政府鬥爭之時，
就把政府放在國民代表之下，於是就發生了兩重的上位與下位的關係 (ein
doppeltes über-und Unterordnungsverhältnis)，即國民（選舉人）在議會之上，
議會在政府之上。整個機構成為委員制，議會為國民的委員會，政府為議會
的委員會。即委員制分為三個階段：國民、議會、內閣❸。

第二是政府在議會之上❸。英國的內閣制到了現在，已與第一種相反，
多數黨的領袖組織內閣，而又領導議會。由於領導與指揮，上述政府與議會
的關係便見消滅，代之而發生的則為國務總理事實上成為內閣的長官，同時
議會多數黨又復隸屬於其下，每次議會選舉之後，同時就決定內閣的運命。
內閣直接由公意支持，議會不過協助內閣，證明內閣的行政行為能夠合法而
已。內閣在議會之上是顯而易見的❸。

第三是政府與議會平等。政府與議會任何一方均不在他方之下，亦不在
他方之上。這種政制唯在政府與議會直接依選舉人的意思而得隨時改造之時，
才有可能。德國威瑪憲法即由起草人 H. Preuss 依這個概念而設計的。照他
說，真正的內閣制須有兩個平等的最高機關。在共和國，一切權力出自國民，
總統由人民直接選舉（威瑪憲法第四一條），則他可與人民直接選舉的議會
（第二二條）保持平等的地位❸。同時又置一個須得議會信任的內閣（第五

---

❸ 例如法國第三共和及第四共和憲法。

❸ 例如西班牙一九三一年憲法第六七條：「總統為國家元首，代表國民」。義大利共和憲
法第八七條：「總統為國家元首，為國民統一之象徵」。

❸ C. Schmitt, *Verfassungslehre*, 1928, S. 265–266.

❸ 例如法國第五共和憲法，參閱本書三九二頁之 *註。

❸ C. Schmitt, a. a. O. S. 267.

四條），而聯繫民選總統與議會內閣的，一方是總統的任免權（第五三條），他方是內閣的副署制度（第五〇條）。議會對於內閣得舉行不信任投票（第五四條），又得提議罷免總統，提交人民投票決定之（第四三條）。總統對於議會得行使解散之權（第二五條），又得將其通過的法案提交人民複決（第七三條）。總統與議會雙方均有對抗他方的權力，而國民對於兩種權力，則成為最高第三者，藉以維持兩種平等權力的均衡[381]。

三、政府的職權

今日民主國均將國家權力分為立法行政司法三種。立法權是制定法律的，司法權是審判民刑案件的。行政權呢？據一般學者之言，行政權只能消極的下以定義，即在國家權力之中，除去立法司法兩權，其餘權力都可以說是行政權[382]。但是今日立法機關──議會所有的職權並不限於制定法律，而司法機關──法院所有的職權也不限於審判民刑案件。所以吾人要對行政權下以定義，不但須從消極方面著想，同時尚須從形式方面著想。在分權制度之下，處理行政事務的乃另有一個機關；這個機關則為政府。而政府不但管理實質意義的行政，且又管理實質意義的立法（例如發布命令）與司法（例如宣告特赦），其範圍頗見廣泛。這個範圍的行政稱為形式的意義的行政。由此可知在形式意義之下，國家權力除去議會與法院的職權之外，其餘權力都可以說是政府的職權，即所謂行政權[383]。行政權既然這樣解釋，所以它的範圍又是相對的。即議會與法院的職權增加之時，政府的職權便隨之減少；議會與法院的職權減少之時，政府的職權便隨之增加。

綜觀各國制度，政府的職權可分類為下列五種：

------------------------------◆------------------------------◆------------

[380] 參閱本書三六八頁以下。

[381] C. Schmitt, a. a. O. S. 267f., 304f., 350.

[382] Otto Mayer, *Deutsches Verwaltungsrecht*, Bd. I, 3 Aufl. 1924, S. 7.

[383] 參閱 G. Meyer, *Lehrbuch des deutschen Staatsrechts*, 6 Aufl. 1905, S. 641.

⑴外交上的職權　如交換使節，締結條約等是。

⑵軍事上的職權　如統率軍隊，宣戰戒嚴等是。

⑶行政上的職權　如任免官吏，發布命令，授與榮典等是。

⑷立法上的職權　如召集議會，解散議會，提出法案，公布法律等是。

⑸司法上的職權　如行使大赦，特赦，減刑，復權之權等是。

*照 H. Nawiasky 說，政府的活動可區別為兩大類，一是對外，與別國的關係，這稱為外政。二是對內，與國民的關係，這稱為內政。外政方面有許多工作必須保守秘密，所以人民代表參加的範圍較狹，最多只能監視其結果。例如條約，依列國制度，固然須經議會批准，但在訂約過程之中，一切交涉均由政府單獨為之。內政方面種類甚多，不但執行法律，且尚有創造性的行政 (schöfferische Verwaltung)，而許多個別工作復須出於政府的自由裁量，人民代表對此只能加以監督，並參加施政方針的決定。至其細目似非議會所宜干與。見他所著 *Die Stellung der Regierung im modernes Staat*, 1925, S. 8–10.

現在只擇其中可以成為問題而為本書所未討論者，說明如次。

㈠締結條約

在法國革命以前，世人皆以外交為宮廷的事。當時締結條約乃視為君主的特權，故以盧梭那樣主張直接民主，而對於締結條約，且說：「締結條約是行政的事，不是立法的事，所以應以之為政府的職權」❸❹。但是條約的實行固然有恃於政府的努力，而政府的活動卻須依照憲法規定。而在立憲國家，凡是有關於財政者及有關於人民之權利義務者，非經議會同意，不得實行。因此之故，條約雖然是對外的，同時對內也有不少影響。法國革命之後，世

---

❸❹ B. Mirkine-Guetzevitch, *Droit constitutionnel international*, 1933, pp. 98–99. 這裏是引自宮澤俊義譯，《國際憲法》，一九五二年第一刷，九〇頁。

人才會認識條約與外交政策對於國民，有切身的利害關係。因之，法國一七九一年憲法（第三篇第四章第三節第三條）、一七九三年憲法（第五五條）、共和三年憲法（第三三三條）、共和八年憲法（第五〇條第五一條）無不規定條約須經議會批准❸。

一八三一年比利時憲法對於歐洲憲法的發展，影響甚大，其關於條約也，第六八條規定如次：

通商條約及與國家有重大關係或與國民有直接關係之條約，非經議會批准，不生效力。領土之割讓交換或合併，非依法律，不得為之。凡條約之秘密條款不問在任何情況之下，不得與明文條款相牴觸。

即比利時憲法分條約為兩種：一是行政權單獨可以締結的，二是行政權經立法權同意，才得締結的。自是而後，宮廷外交漸次變為國民外交，議會有參加締結條約的權。時至今日，列國制度可分類為下列五種。

⑴**政府得單獨與外國締結條約**　過去英國與外國締結條約，視為英王的大權，不須提請議會批准。但是條約的內容若涉及議會立法權以內事項，如增加國民財政負擔或變更現行法律之類，苟非預先得到議會批准，議會不難利用消極的方法，如不肯通過執行條約的法律之類，使條約無從實行。至於條約的內容不需要增加國民財政負擔或變更現行法律者，政府自可自由締結。不過議會對於政府尚得表示信任與不信任，藉此以監督政府之締結條約。所以縱在英國，條約亦常於未發生效力以前，提請議會批准，或於條約中加入一條，聲明條約之生效以得議會批准為條件。一九二四年工黨內閣曾作一種聲明：此後締結條約，必提出於議會，且決不締結秘密條約❸。

⑵**政府與外國締結特別重要的條約須提請議會批准**　這種制度創始於比利時，各國採用之者為數不少。法國第三共和憲法（一八七五年七月十六日公權組織法第八條）第四共和憲法（第二七條第一項）均其例也。第五共和

❸ 參閱 B. Mirkine-Guetzevitch, op. cit., p. 100ff. 上揭日譯本，九一頁以下。

❸ B. Mirkine-Guetzevitch, op. cit., pp. 112–113. 上揭日譯本，一〇〇頁至一〇一頁。

憲法（第五三條）云：「凡條約有關於媾和及通商者，有關於國際組織者，影響國家財政者，變更本國法律者，以及有關於個人的權利義務或領土的割讓交換或合併者，非依立法程序，經議會批准，不得為之」，亦其例也。

　　⑶**政府與外國締結任何條約，均須提請第二院批准**　美國與外國締結條約，須提請第二院批准，非經第二院出席議員三分之二同意，不生效力（憲法第二條第二項第二目）。但是美國憲法規定：「法律與條約同為國內的最高法律」（第六條第二項），何以條約只要提請第二院批准？條約有需要經費才能履行者，而第一院對於財政法案有先議權（第一條第七項第一目），又有需要法律才得履行者，而第一院對於法律亦有議決權（第一條第一項）。一八六七年美國與俄國訂立條約，以七百萬美金購買阿拉斯加，一八九八年美國與西班牙訂立條約，以二千萬美金讓受菲律賓群島，倘令當時第一院不肯通過這項預算，則將如何？這在一八〇三年美國購買法國屬地的 Louisiana 之時，已經成為問題。所幸者第一院頗識大體，從來未曾故意拒絕政府的請求，使政府在國際上失去信用❸❽❼。

　　⑷**政府與外國締結任何條約，均須提請議會兩院批准**　議會兩院若有平等的立法權，則條約自應提請議會兩院批准，以便通過法律，使該項條約容易履行。拉丁美洲各國多採用這個制度。例如阿根廷一九四九年憲法第六八條第一四款云：「議會（兩院）有批准或拒絕政府與外國締結條約的權，又有

---

❸❽❼ 美國憲法只規定條約 (treaty) 須經第二院批准，而何謂條約，憲法又無明文解釋，所以總統常避開「條約」的名稱，而與外國訂立協定 (Executive agreement)，使第二院無法阻撓。一九〇五年總統羅斯福 (T. Roosevelt) 與聖多明谷 (Santo Domingo) 訂定協定，然其內容乃與一八七〇年總統格蘭特 (U. S. Grant) 與聖多明谷所訂的條約相同。然而後者乃為第二院所否決。這種避重就輕的舉措，實有反於憲法的精神。然而何謂條約，何謂協定，既無一定界說，則總統由其自由裁量，以條約為協定，法律上固不能加以違憲之名。　參閱 W. B. Munro, *The Government of the United States*, 5 ed. 1946, p. 505f.

批准或拒絕政府與羅馬法皇宮締結協定的權」。Bolivia 一九四五年憲法第九四條第二款云：「總統經議會（兩院）同意之時，得與外國交涉並締結條約，或變更之」。第五九條第一三款云：「議會（兩院）有批准或拒絕任何條約及協定之權」。

⑸**政府與外國締結條約，經議會批准後，公民得要求複決**　瑞士政府與外國締結條約，須提請議會兩院批准（憲法第八五條第五款）。一九二一年瑞士因鑒秘密外交之弊，又於憲法（第八九條第三項）之上，明文規定：凡條約不規定期限，或其期限在十五年以上者，得由三萬公民或八邦之要求，提交公民複決之。條約准許公民複決，是以瑞士為嚆矢。其他各國，例如 Esthonia 一九二〇年憲法（第三四條），西班牙一九三一年憲法（第六六條第一項）均禁止公民複決條約。

茲宜特別討論者則為條約對內之效力如何[388]。美國憲法（第六條第二項）早已宣布：「法律與條約同為國內的最高法律」。隨著瑞士憲法（第一一三條第三項）亦謂：「聯邦法院須遵守聯邦議會所批准的條約」。但其影響不大，大多數國家仍認條約為國際法之一種，它只能拘束國家，不能拘束人民，必須政府依立法程序，把它變為國內法之後，對於人民才有拘束力。即條約的效力是和法律不平等的。降至第一次大戰之後，德國威瑪憲法第四條云：「一般承認的國際法規為國法的一部，而有國法的效力」。奧國一九二〇年憲法第九條，愛沙尼亞一九二〇年憲法第四條亦有類似的規定。而最明晰的則為西班牙，西班牙一九三一年憲法第七條云：「西班牙應尊重國際公法的一般原則，將其編入於本國法律之中」。第六五條又云：「一切國際條約經本國批准，並經國際聯盟備案而有國際法之性質者，應視為本國法律的基本部分」（第一項）。「國際條約對於國內法律秩序有所影響者，一經批准，政府應將履行該項條約所必要的法律草案，於最短期間之內，提出於議會」（第二項）。「前項條約非經法定程序廢棄者，任何法律不得牴觸之」（第三項）。「凡提議廢棄條

---

[388] 對此問題 B. Mirkine-Guetzevitch, op. cit., Chap. V. 上揭日譯本，第五章有詳細解釋。

約，須經議會同意」（第四項）。第二次大戰結束後，新成立的國家多本國際和平主義，於其憲法之上，明文宣布遵守國際公法，尊重國際條約。法國第四共和憲法之弁言云：「法國依其傳統精神，願遵守國際公法」。第二六條云：「凡合法批准而公布的條約縱與法國法律牴觸，亦有法律的效力」。第二八條又云：「凡條約依法批准而公布者，其效力在法律之上，非經外交程序正式通知對方國後，不得廢棄修改或停止之」。第五共和憲法已無此類條文，惟云，「國際條約之任何條款，苟憲法委員會依總統、內閣總理或國會任何一院議長諮請審查，而宣布其與憲法牴觸，在憲法尚未修改以前，不得予以批准或認可（第五四條）。國際條約或協定經正式批准或認可而公布者，苟此項條約或協定已由簽約對方國予以適用時，其效力在國內法之上（第五五條）」。日本一九四六年憲法第九八條第二項云：「日本應誠實遵守本國所締結的條約及業經確立的國際法規」。義大利一九四七年憲法第一〇條第一項云：「本國法律應遵從公認的國際公法的原則」。西德一九四九年憲法第四六條云：「國際公法為國法的一部，得拘束國家及國民」。此外，德國各邦憲法，如 Bayern一九四六年憲法第八八條（一般公認的國際法規為本邦法律的一部），Hessen一九四六年憲法第六七條（國際法規縱未改變為國內法，亦有本邦法律的效力），Württemberg-Baden 一九四六年憲法第四六條（一般公認的國際法規為邦法的一部，得拘束邦及國民）亦有類似的規定。我為什麼列舉各國憲法的條文呢？不但欲藉以說明各國維護條約之意，且欲藉以說明各國對於條約的觀念已與過去不同。過去只認條約為國際法之一種，必須再依立法程序，個別的把它改變為國內法，而後才有本國法律的效力。現在呢？有了憲法的明文規定，凡條約之依法批准並公佈者，不須再依任何程序，就有本國法律的效力❸❽❾。但是條約和法律有同等的效力，亦有問題。「後法推翻前法」乃是法

---

❸❽❾ 拉丁美洲各國憲法承認條約為法律之一種者，為數不少。一九一七年美洲國際法協會 (l'Institut américain de Droit international) 開會時，曾提出國際法根本原則草案，其第三條云：「國際法應為各國法律的一部」，可參閱 B. Mirkine-Guetzevitch, op. cit., p.

律上的公理。法律制定在前，條約締結在後，條約可以改變法律，這種情況尚可依「條約須經議會批准」的制度以補救之。條約締結在前，法律制定在後，用本國的法律，以推翻國際條約，這對於國家的信用，甚有損害。我們以為法國第四共和憲法第二八條所謂「條約之效力在法律之上，非經外交程序正式通知對方國後，不得廢棄修改或停止之」，西班牙一九三一年憲法第六五條第三項所謂「條約非經法定程序廢棄者，任何法律不得牴觸之」，均值得吾人參考。即在法西兩國，條約未依法廢棄以前，法律與條約牴觸者無效。而廢棄條約之事，依西班牙之制，又須經議會同意（第六五條第四項）。這樣，既可解決法律與條約的衝突，又可保持國家對外的信用。

茲宜附帶說明者有秘密條約問題。今日民主憲法漸次禁止政府與外國締結秘密條約。其禁止方法可分兩種：一是絕對禁止，例如西班牙一九三一年憲法（第七六條第四項），「秘密的條約及協定，或條約及協定中任何秘密條款，均不能用以拘束國民」。二是相對禁止，例如比利時憲法第六八條第三項云：「凡條約之秘密條款，不問在任何情況之下，均不得與明文條款相牴觸」。一九二四年議會國際協會 (l'Union Interparlementaire) 第二十二次會議，對於秘密條約，有一種決議，其要點如次：

⑴各國憲法應依國際聯盟憲章第一八條之規定，明文禁止秘密的條約及協定，或條約及協定中任何秘密條款。

⑵依憲法條文或憲法習慣，條約雖不需要議會批准，但務須報告於議會❸⓪。

此蓋他們以為秘密條約有害國際和平，所以希望各國禁止之。

㈡宣　戰

宣戰是謂對外宣布戰爭。法國革命，關於對外戰爭，定下了兩個原則：

---

146. 上揭日譯本，一三六頁。

❸⓪ B. Mirkine-Guetzevitch, op. cit., p. 173. 上揭日譯本，一五五頁。

一是戰爭應正式宣布，二是宣戰應得議會同意。一七九一年憲法（第三篇第三章第一節第二條）、一七九三年憲法（第五四條）、共和三年憲法（第三二六條第三二七條第三三四條）、共和八年憲法（第五〇條）無不規定政府須正式提出宣戰案，經議會同意後，才得開戰❸❾❶。十九世紀以後，列國憲法關於宣戰權的行使，規定有下列三種方式。

(1)**宣戰權屬於政府**　英國政府得單獨對外宣戰，無須徵求議會同意。一九一四年八月四日阿葵士 (H. H. Asquith) 內閣宣布對德戰爭，翌日上午才報告議會❸❾❷，即其一例。但是議會既有議決金錢法案的權，當然可以拒絕通過戰費，以牽制政府的行動❸❾❸。然而戰爭既已開始，議會的牽制不但無補於事，且復有害國家，與其事後牽制，何如事前監督，所以還是預先徵求議會同意為妥。

(2)**宣戰權屬於政府，但事前須徵求議會同意**　法國政府非事前得到議會同意，不得宣戰（一八七五年七月十六日公權關係法第九條，第四共和憲法第七條，第五共和憲法第三五條）。有些國家，議會之議決宣戰案，其程序乃比較普通立法程序艱難。例如過去捷克一九二〇年憲法第六四條云：「總統於議會同意後，宣告戰爭」，第三三條又云：「議決宣戰案須兩院各以議員總數五分之三之同意為之」。

(3)**宣戰權屬於議會**　美國之制，宣戰權不屬於政府，而屬於議會（憲法第一條第八項第一〇款）。但是政府可以利用外交手腕，造成一種戰爭狀態，迫使議會勢非宣戰不可。一八四六年美國總統 Polk 調遣軍隊，開入墨西哥邊境，墨西哥起來反抗，遂行開礮，因之，美國議會就對墨西哥宣戰。一八九八年總統 Mckinley 命軍艦 Maine 號駛入 Havana 港，西班牙政府認為侮辱，

---

❸❾❶ B. Mirkine-Guetzevitch, *Droit Constitutionnel International*, 1933, pp. 205–206. 宮澤俊義譯，《國際憲法》，一九五二年第一刷，一九四頁至一九七頁。

❸❾❷ B. Mirkine-Guetzevitch, op. cit., p. 210. 上揭日譯本，一九八頁。

❸❾❸ F. W. Maitland, *The Constitutional History of England*, 1926, p. 423.

未幾 Maine 號被炸，美國議會就因之對西班牙宣戰❸❾❹。由此可知宣戰權雖屬議會，而開戰權則為政府所操縱。

宣戰權的行使雖有三種方式，而以第二方式最為普遍。但是戰爭有攻擊與防禦兩種：本國攻擊別國，固無妨事前徵求議會同意。外國攻擊本國，事機急迫，何能坐待議會承認，所以各國均許政府逕自動員抵禦。德國在帝政時代，皇帝非得第二院同意，不能宣戰，但領土或沿岸之受外寇攻擊者不在此限（一八七一年憲法第一一條第二項），可以視為一例。

准許人民複決宣戰案之事，法國革命時代已開其端，一七九三年憲法以宣戰為立法行為（第五四條）。但一切法律案提出之後，須經過四十日，在過半數的省 (departement)，其公民會議 (Assemblée primaire) 十分之一以上未曾提出異議時，才得表決之為法律（第五九條）。若有異議，議會應召集各省的公民會議，令其表決（第六○條）。宣戰視為立法行為，則提案之後四十日內將不得開始戰爭。這種戰爭的 moratorium 必須別國憲法一致採用，而後才會發生效力。否則採用的國家於軍事上將處於不利的地位❸❾❺。德國在威瑪憲法時代，也和法國一七九三年憲法一樣，「宣戰以法律 (durch Reichsgesetz) 為之」（第四五條第二項），法律得提交人民複決（第七三條第七四條），所以宣戰案也可成為人民複決的對象。但議會若宣布該項法律為緊急的 (dringlich)，則可免去人民複決之厄（第七二條），宣戰案亦然。

茲宜特別說明者，歷來各國均以戰爭為國家的緊急避難權或正當防衛權之一種。第二次大戰之後，各國乃有放棄交戰權之事。固然交戰權的放棄可以回溯到一七九一年的法國憲法，其第六章說明「法國與外國的關係」云：「法國放棄侵略的戰爭，對於任何國家，決不使用武力」。其一八四八年憲法的緒言第五項亦云：「法國希望別國尊重法國民族。法國也尊重別國民族。法國決不為侵略的戰爭，對任何民族，使用武力」。巴西一八九一年憲法第三四

---

❸❾❹ J. M. Mathews, *The American Constitutional System*, 1932, p. 283.

❸❾❺ B. Mirkine-Guetzevitch, op. cit., pp. 214–215. 前揭日譯本，二○一頁至二○二頁。

條第一一款云：「議會於調停不可能或調停不成功時，才得給予政府以宣戰權」。第八八條又云：「巴西決不直接或間接，親自或與別國同盟，參加侵略的戰爭」❸⁹⁶。但是只有憲法禁止戰爭，而無刑法制裁煽動戰爭與發動戰爭的人，亦無補於事。所以一九二八年 Sa Pereira 所起草的巴西刑法草案第二四章就規定有「破壞國際和平罪」(crime Contra la paix internationale)，條文如次。

第五○八條　挑撥戰爭──凡人於公共集會，或用出版、言論、文書的方法，挑撥巴西從事侵略的戰爭者，處三年以下之禁錮 (détention)，再犯時處懲役 (emprisonnement)。

第五○九條　強迫政府開戰──國際紛爭已循外交途徑，求其和平解決，此際苟煽動民眾，壓迫政府開戰者，處三月以上九月以下之禁錮，或併科罰金。

第五一○條　妨害國際友好關係──凡偽造錯誤的文書或捏造虛偽的事實，用可怖的方法，鼓動民眾妨害巴西與外國之友好關係者，處懲役並科罰金❸⁹⁷。

其在歐洲，葡萄牙一九一一年憲法第二六條第一四款及第七三條、荷蘭一九二二年憲法第五七條皆規定：除依仲裁裁判或其他和平方法而不能解決國際紛爭，並事前徵得議會之同意外，不得宣戰❸⁹⁸。而羅馬尼亞刑法草案第二二九條（凡宣傳侵略的戰爭者，處十個月之禁錮或五千元以上二萬元以下之罰金），波蘭刑法草案第一一一條（凡公開挑撥侵略的戰爭者，處五年以下

---

❸⁹⁶ B. Mirkine-Guetzevitch, op. cit., pp. 231–232. 前揭日譯本，二一九頁至二二〇頁。

❸⁹⁷ B. Mirkine-Guetzevitch, op. cit., pp. 253–254. 前揭日譯本，二四二頁。懲役與禁錮的區別在前者須服定役，後者不須服定役。有些國家懲役又依拘禁之長短，分為輕重兩種。

❸⁹⁸ 參閱 B. Mirkine-Guetzevitch, op. cit., pp. 232–233. 前揭日譯本，二二〇頁。

懲役），皆曾禁止人民鼓吹侵略的戰爭。但兩國均附有一種條件：即必須對方國的刑法也有此項制裁，而後才提起公訴❸❾❾。最急進的莫如西班牙，其一九三一年憲法第六條云：「西班牙不承認戰爭為推行國策的工具」。第七七條第一項云：「總統非依國際聯盟約章所規定的司法程序，先作調停或仲裁裁判之後，不得署名於宣戰書之上」。刑法第一二九條又補充云：

　　總統違反憲法第七七條之規定，而署名下列命令者，處重懲役。

　　⑴不依國際聯盟約章所規定的程序，預作避免戰爭的防禦處置，或不依西班牙所訂國際條約所規定的程序，而即宣告戰爭者。

　　⑵法律上沒有宣戰的權限而乃宣告戰爭者。

　　副署國務員亦處同一刑罰❹❾❾。

　　到了第二次大戰之後，各國憲法禁止戰爭者為數不少。法國第四共和憲法之弁言云：「法國不作侵略的戰爭，亦決不使用武力以侵害任何民族的自由」。但其憲法本文第七條只云：「非經第一院決議，並徵詢第二院之意見，不得宣戰」。就是雖然規定了宣戰程序，而對於宣戰權卻未曾加以限制。惟弁言既禁止侵略的戰爭，則第七條所謂戰爭當然以國際公法所承認者為限。第五共和憲法已將此項條文刪去，但依第一六條第一項之規定，「在……國家獨立領土完整……遭受嚴重且危急之威脅時，總統經正式諮詢內閣總理，國會兩院議長及憲法委員會後，得採取應付情勢所必需的措施。總統應以公文將此措施布告全國」。所謂「應付情勢所必需的措施」當包括宣戰在內。日本一九四六年憲法第九條云：「日本為國際和平，永久放棄戰爭，不承認國家的交戰權」。西德一九四九年憲法第二六條云：「凡準備戰爭者視為違憲」。此外，德國各邦憲法，例如 Bayern 一九四六年憲法第七九條（準備戰爭之一切行為違憲），Württemberg-Baden 一九四六年憲法第四六條（凡行為可以阻礙國際

---

❸❾❾ B. Mirkine-Guetzevitch, op. cit., pp. 248, 252f. 前揭日譯本，三三八頁，二四一頁至二四二頁。

❹❾❾ 前揭日譯本，附錄：アタラシイ諸憲法ノ國際的傾向，二八八頁至二八九頁。

和平合作，尤其是準備戰爭，均為違憲）之規定，文句雖殊，而大意不差。

*議會國際協會 (l'Union Interparlementaire) 第二十二次會議曾有一個決議，希望各國修改憲法，加入下述條文：「凡國際爭議發生之時，須用和解、仲裁等各種方法以解決之，不得訴諸戰爭。」但只有憲法禁止戰爭，而無刑法制裁煽動戰爭與發動戰爭之人，亦必無補於事。所以第二十八次會議又有一種決議，希望各國刑法處罰下列的人：⑴與別國訂立條約而協助其侵略者，不用和平方法以解決國際爭議者。⑵用文字、言語及其他各種方法，鼓吹戰爭者，散布虛偽的文書，利用欺騙的手段，擾亂國際和平關係，使各國發生緊張情緒者。參閱 B. Mirkine-Guetzevitch, op. cit.

⊜戒　嚴

　　戒嚴 (Etat de siege) 是謂國家在戰爭狀態或遇非常災變，為維持國境治安，乃於全國或特定地區，施以兵力戒備。宣告戒嚴之時，可以發生兩種結果：一是民政機關的職權移歸於軍政機關行使，二是人民的自由權利須受相當限制。這種制度創始於法國，而可回溯到英國喬治第一 (George I, 1714–1724) 時代（一七一五年）的 Riot Act，據該法規定，凡聚集十二人以上擾亂社會秩序，經治安法官 (magistrate) 諭令解散，經過一小時，仍不解散者，得逮捕之。在解散他們、逮捕他們之時，他們抗不受命，而致有殺傷之事者，治安法官及執行命令的人無罪 **401**。法國一七八九年十月二十一日法律 (contre les attroupements ou loi martiale) 就是模倣英國的 Riot Act 而發布的 **402**。到了

----

401 F. W. Maitland, *The Constitutional History of England*, 1926, p. 489. A. V. Dicey, *The Law of the Constitution*, 2 ed. 1886, p. 299. W. R. Anson, *The Law and Custom of the Constitution*, Vol. II, part I, 4 ed. (by A. B. Keith), 1935, pp. 308–309.

402 C. Schmitt, *Die Diktatur*, 2 Aufl. 1928, S. 180. 關於法國戒嚴制度的歷史，該書有詳細敘述。

一八四九年八月九日，法國才正式制定戒嚴法 (Loi sur l'etat de siege du 9 aout 1849)❹，而為歐洲各國戒嚴法的模範。綜觀列國戒嚴制度，可以分為兩種：

　　⑴**法國制度**　議會預先制定一種戒嚴法，規定戒嚴的條件、宣告戒嚴的機關以及戒嚴的效果。凡戰爭或叛亂發生而須用兵力戒備之時，由議會宣布戒嚴。議會閉會，總統得依內閣會議的決議，宣布戒嚴。此際議會須於戒嚴宣布後二日集合開會，決定戒嚴是否必要。議會反對或兩院意見不能一致，戒嚴應即停止。倘遇議會解散，總統於選舉尚未完畢以前，不得宣布戒嚴。但與外國交戰，某一地區猝受敵人威脅，總統得依內閣會議的決議，對於該地區宣布戒嚴，唯須於最短期間之內舉行選舉，而召集議會開會。議會反對或兩院意見不能一致，戒嚴應即停止。凡宣告戒嚴，必須明白規定戒嚴的地區和戒嚴的期限，期限屆滿，除議會再用法律將其延長之外，應自動停止❹。

　　宣布戒嚴之後，中央政府的權力沒有變動，仍有調遣軍隊之權。但軍事機關與民政機關的關係卻有很大的變化。在平時，軍事機關須受命於民政機關，非有民政機關的要求，不能隨意活動。戒嚴之時，軍事機關取得獨立的地位，而有決定一切的權。反之民政機關則隸屬於軍事機關之下；關於維持社會治安，非有軍事機關的要求，且在軍事機關所規定的條件之下，民政機關不得為之。例如警察權本來屬於民政機關，戒嚴時則移歸於軍事機關管轄，由軍事機關負責，自由行使❹。

　　此時也，人民的自由當然須受相當的限制。即軍事機關不論晝夜，皆得搜索人民住宅；人民之形跡可疑者，得令其退出戒嚴地區之外；私有武器亦

---

❹ 一八七八年四月三日法律又加修改，而稱為 Loi relative a l'etat de siege du 3 avril 1878。

❹ L. Duguit, *Traite de Droit Constitutionnel*, IV, 2 ed. 1924, pp. 413–414. 第五共和憲法第三六條規定：「戒嚴由國務員會議宣布之。戒嚴期間超過十二日者，須經國會核准」，是則戒嚴期間若在十二日以內，無須徵求國會同意。

❹ L. Duguit, op. cit., IV, pp. 613–614.

得搜索並沒收之；至於出版與集會之足妨害治安者，尚得禁止之❹。而人民犯罪，苟其有害國家安全或社會秩序的，不問犯人之身分如何，均由軍事法庭審判之❹。茲宜注意者，軍事機關雖然權力甚大，而仍受法律的限制。行使權力越出法律範圍之外，即為權力的濫用，而須受處分❹。

　　(2)**英國制度**　英國有 martial law❹之制。所謂 martial law 不是一部成文法典，而是國家需要軍事控制之時隨時公布的條例❹。在英國，「政府的行動只能局限於法律範圍之內，政府要越出法律之外，必須冒險為之」❹。故凡國家遇到危難，不問危難來自國外或發生於國內，苟普通行政不能維持治安，而公共安全需要特別措施者，就由國會通過法律，授予政府以應變的權，例如一九一四年的 the Defence of the Realm Act， 一九三九年的 the Emergency Powers (Defence) Act 等是。martial law 只是隨時制定的，其效力限於一定期間之內，但必要時得由國會決議延長❹。危難終止，martial law 立即失去效力，此後苟有需要，又須國會制定，這便是英國的 martial law 與法國的戒嚴法不同之點。

　　martial law 必須議會臨時通過，萬一緊急危難發生倉卒，不能坐待國會通過法律，又復如何？在英國，協助戡亂乃是一切人民的義務，而於行政官吏尤見其然❹。行政官吏有防止叛亂的義務，能防止而不防止，須受法院的

---

❹ L. Duguit, op. cit., IV, p. 615.

❹ L. Duguit, op. cit., V, 1925, p. 78.

❹ L. Duguit, op. cit., V, pp. 78–79.

❹ martial law 與 military law 不同，後者適用於軍人，不問平時或戰時。見 T. Arnold, Martial law (in *Encyclopaedia of the Social Sciences*, 1951, Vol. X), p. 163.

❹ W. B. Munro, *The Government of the United States*, 5 ed. 1946, p. 499.

❹ D. J. Medley, *A Student's Manual of English Constitutional History*, 6 ed. 1925, p. 272.

❹ B. Schwartz, *Law and the Executive in Britain*, 1949, p. 324.

❹ A. V. Dicey, *The Law of the Constitution*, 2 ed. 1886, pp. 297–298. F. W. Maitland, *The*

裁判❹。因此之故，在上述場合，政府得採取法外手段，以維持社會秩序，同時必須照會國會。國會閉會，須於五日內召集開會，由國會表決 martial law 是否有效❹。

宣布 martial law 之後，其效果如何？第一、在危難之間，普通法 (common law) 停止施行，使即決裁判得以實現❹。質言之，非常時代平民違反法令，也由軍法庭 (Court-Martial)，依軍法 (military law) 裁判，而不由普通法院依普通法裁判❹。學者以 martial law 為軍人所執行的即決裁判❹，職此之故。固然在英國，"every man... is subject to the ordinary law of the realm and amenable to the jurisdiction of the ordinary tribunals."❹ 但據英國學者所言，「權利請願書」(Petition of Right) 雖曾禁止「平時」(in time of peace) 施行 martial law，而在「平時」一語之中，似可暗示「戰時」(in time of war) 得依 martial law 以處罰任何人民❹。此蓋「政府可用暴力以鎮壓暴力」(The government may put down force by force)❹，危難臨頭，用軍法以維持社會秩序，政治上確有必要。

第二、人民的許多自由須受限制。例如政府得廢止人民受審判的權，得逮捕形跡可疑的人，得沒收刊物之煽動暴行者，得禁止集會之有害公共安寧者❹。茲宜特別說明者，身體自由，非依法律不得逮捕拘禁，這是英國法律

Constitutional History of England, 1926, p. 491.

❹ A. V. Dicey, op. cit., p. 298. F. W. Maitland, op. cit., p. 490.

❹ T. Arnold, op. cit., p. 164.

❹ D. J. Medley, op. cit., p. 509.

❹ F. W. Maitland, op. cit., pp. 490, 491.

❹ F. W. Maitland, op. cit., p. 267.

❹ A. V. Dicey, op. cit., pp. 179–180.

❹ F. W. Maitland, op. cit., p. 491.

❹ F. W. Maitland, op. cit., p. 267.

所保障的（例如大憲章第三九條、權利請願書第三條），依一六七九年的「人身保護法」(Habeas Corpus Act)，人民犯罪而受監禁者，得向法院要求頒發「人身保護令狀」(Writ of Habeas Corpus)，使獄吏將囚犯移交法院審判。法官不發令狀或獄吏不肯移交，均須受其應受的制裁❷。但在緊急危難之時，國會可通過「人身保護令狀停止法」(Habeas Corpus Suspension Act)。此際政府得長期拘禁嫌疑的人，不必移送法院審判。這種措施在政府方面，固然是出於維持社會秩序的必要，而由被拘禁人看來，也許是無辜受罰，反而發令拘禁及執行拘禁的官吏卻違犯了法律。所以危難終止而恢復平時狀態之時，被拘禁人得向加害的官吏提起訴訟，要求賠償。但官吏拘禁人民，固然未必合法，而於政治上卻有必要，倘事後加以制裁，則國會通過停止法的目的必難達到。因此之故，國會又得通過「赦免法」(Act of Indemnity)，解除官吏的責任❷。例如一九一四年公布 the Defence of the Realm Act 之後，對於有通敵嫌疑的人曾加以拘禁，所以戰後又於一九二〇年通過赦免法，解除政府的責任❷。在停止法有效期間之內，官吏得依其自由裁量，拘束人身自由。而國會是否通過赦免法，又誰都不敢保證。萬一不肯通過，官吏就要負責。他們存有戒心，故亦不敢任意壓制人民。

　　總之，英國的 martial law，就宣布的原因言，就宣布的機關言，尤其就宣布的效果言，到了今日，已經接近於歐洲大陸制度❷。

---

❷ A. V. Dicey, op. cit., p. 246. 而在兩次大戰之時，政府限制人民自由，尤為嚴厲，參閱 B. Schwartz, op. cit., p. 320ff.

❷ F. W. Maitland, op. cit., pp. 314–315. D. J. Medley, op. cit., p. 470.

❷ A. V. Dicey, op. cit., p. 247ff.

❷ W. R. Anson, *The Law and Custom of the Constitution*, Vol. II, P. I, 4 ed. (by A. B. Keith), 1935, pp. 300–301. 臺大法學院圖書館所藏的這部名著，每冊版本不同，故此處引用第四版，前此所引第一冊則為 M. L. Gwyer 編纂的第五版。

❷ T. Arnold, op. cit., p. 166.

美國制度與英國同。凡戰爭或叛亂發生，普通法律不能保護公共安寧之時，國會得對任何地區，宣告施行 martial law。倘形勢緊急，不能坐待國會宣布，總統得宣布之。宣布之後，人民不受普通法律的管轄，而須服從軍事當局的命令；苟有違反命令，亦不由普通法院審判，而由軍事當局「即決」處罰之 ❷ 。但是軍事當局也同普通文官一樣，須受憲法的拘束。憲法保障身體自由，人身保護令狀惟遇內亂與外患，在公共安寧上有必要時，才得停止之（憲法第一條第九項第二目）。停止之時，囚犯可不經審問，而即加以羈押 ❷ 。惟由誰宣告停止，憲法沒有明文規定。南北戰爭之際，總統林肯固曾宣告停止，而當時最高法院院長 R. B. Taney 則謂總統無此權限，此種權限應屬於國會。一八六三年國會通過一個法律，追認總統的宣告為有效。時至今日眾皆同意 Taney 的見解，以為宣告停止的權屬於國會，不過國會得委任總統行使 ❷ 。憲法又保障言論出版的自由（憲法修改條文第一條），縱令國會也不得制定法律以限制之。惟危難時期不逞之徒若利用言論出版之自由，擾亂社會秩序，則宣布施行 martial law 之目的不能達到。因此之故，人民的言論出版自由是否絕對不受限制，在美國就成為問題。第一次世界大戰之時國會於一九一七年通過 Espionage Act，禁止出版品登載不正確的記事，企圖結束戰爭，阻礙募兵，以及煽動軍隊的不軌行動。這個法律經聯邦最高法院於 Schenck v. United States (249 U.S. 47)(1919) 中，認為合憲 ❸ 。一九一八年國會又制定 Sedition Act，凡言論刊物有侮辱或煽動人們輕蔑美國政體美國憲法美國國旗美國陸海軍者，應受嚴厲的制裁。這個法律雖有反於美國憲法的精神，而聯邦最高法院於 Debs v. United States (249 U.S. 211)(1919) 及 Abrams v. United States (250 U.S. 616)(1919) 亦認為合憲 ❸ 。至於其他自由在兩次大

---

❷ W. B. Munro, op. cit., p. 498f.

❷ W. B. Munro, op. cit., p. 499.

❷ W. B. Munro, op. cit., p. 565.

❸ J. M. Mathews, *The American Constitutional System*, 1932, p. 365f.

戰之時，均受嚴重的限制❷，這是眾所共知的事，故不多贅。總之，美國的 martial law 之制，也和法國的戒嚴相去無幾。

㈣任免官吏

在今日民主國，人民於法律上一律平等，均平等有就官職的權。但是官職需要專門的學識，所以平等乃以能力平等為前提。不過決定能力而需要甄別之時，不能因階級之不同，而有歧異。古來任用官吏有下述三種方法：

⑴**抽　籤**　在雅典，職官之任命多依抽籤之法。當時行政簡單，職官不需要特殊學識，而自由民的能力又相差不遠，故可用抽籤之法決定誰人登庸。固然亞里斯多德稱之為民主的方法，而據 F. de Coulanges (La cite antique) 研究，抽籤不是由於民主思想，而是基於宗教觀念❸。在今日，除選舉時兩人得票相同，不得不用抽籤決定誰人當選之外，絕無用以任用官吏者。

⑵**選　舉**　盧梭有言：「掌握行政權的人不是人民的主人，而是人民的公僕，應依人民的意思，隨時任用，隨時罷免之」❹。但是官吏由人民選舉，人民將奔命於政治活動，延而害及各種業務的進行，所以今日除議員外，職官罕有由人民選舉的。官吏由議會選舉，則政黨鬥爭將波及於文官制度之上，全國職官分黨立派，既有害於國務的進行，而議會若不健全，必因賄選之故，失去立法的尊嚴。所以今日除最高行政機關（例如瑞士的行政委員會）外，職官由議會選舉的並不多覯。

⑶**任　命**　現今國家多將任用職官的權界諸高級機關。高級機關既有任用職官的權，難免引用私人濫竽充數。倘若高級機關是由選舉而登庸（例如美國總統），則他將以官職為餌，運動大選；而政黨關係又可令高級機關黨同

❸ J. M. Mathews, op. cit., p. 366f.

❷ B. Schwartz, op. cit., 353ff.

❸ 參閱 C. Schmitt, *Verfassungslehre*, 1928, S. 237.

❹ 引自 J. Hatschek, *Allgemeines Staatsrecht, modernen Demokratie*, 1909, S. 109.

伐異。每次大選便有一大批人彈冠相慶，一大批人離職高蹈，俄而此庸矣，俄而又黜矣，俄而此退矣，俄而又進矣，過去美國的分贓制度 (spoils system) 就是其例 ❹❸❺。但是高級機關有指揮監督其屬僚的權。高級機關要指揮監督其屬僚，非有任免權不可。因為對於屬僚有任免權，而後才得行使指揮權和監督權。所以任命制度雖有弊端，而仍為各國所採用。惟各國為減少弊端起見，政府任命高級行政官，須受議會的牽制，如義國總統任命國務總理國務員，須以議會信任為條件（共和憲法第九四條），美國總統任命國務員，須徵求第二院同意（憲法第二條第二項第二目）❹❸❻，就是其例。政府任命中級以下的官吏雖然不受議會的牽制，但亦有兩種限制：一是任用須經考試，即只惟考試合格的人，才得任命之為官吏。二是任命之後，非有失職或違法，經法院審判或懲戒程序之後，不得罷免。德國威瑪憲法將任命官吏之權畀諸總統（第四六條），同時又於第一二九條說：「一切職官除法律有特別規定外，均為終身職」。因為這樣，而後才能達到第一三〇條所謂：「職官乃社會的公僕，不是政黨的傭役」的目的。

　　茲宜特別提出討論者有二，第一、政府經議會同意後任命的官吏，是否尚須徵求議會同意，而後才得罷免之。今試取例於美國，一八六七年國會通過 Tenure of Office Act，凡官吏由總統經第二院同意後而任命者，總統不得自由罷免之。總統 A. Johnson 認為違憲，交還覆議。國會兩院仍各以出席議員三分之二之多數維持原案，Johnson 仍認為違憲，置諸不顧。這便是 Johnson 受到國會彈劾的原因之一。該法律雖於一八六九年修改，一八八七年廢除❹❸❼；而一八七六年關於郵政局局長的同樣法律（一二三等郵政局局長由總統經第二院同意後任命並罷免之）仍未撤銷。因為未曾發生訴訟案件，

---

❹❸❺ W. B. Munro, *The Government of the United States*, 5 ed. 1946, p. 255f.

❹❸❻ 美國總統任命官吏，須徵求第二院同意，有兩種目的：一是預防總統任用廝濫，如任命部長等是，二是保障該職官地位的獨立，如任命法官等是。

❹❸❼ J. M. Mathews, *The American Constitutional System*, 1932, p. 161.

所以聯邦最高法院對這法律是否違憲，不能作有權的解釋。到了一九二○年，總統 W. Wilson 未曾徵求第二院同意，而即罷免一等郵政局局長 F. S. Myers，一九二四年 Myers 起訴於法院 (Court of Claims)，以為議會規定郵政局局長任期四年，任期未滿，總統無權罷免，而要求賠償薪俸。最後於一九二六年歸聯邦最高法院審理，聯邦最高法院以為免職權乃是總統藉以監督屬官忠實執行法律的工具，議會不宜限制總統行使這個權限，遂宣告該法律違憲，不承認其效力 (Myers v. United States, 272 U.S. 52, 1926)❹。越數年又發生一個案件。先是一九三一年總統羅斯福 (F. D. Roosevelt) 任命 W. E. Humphrey 為聯邦貿易委員會 (Federal Trade Commission) 委員，任期七年。任期未滿之時，總統以政見不同，罷免其職。一九三五年這個案件歸聯邦最高法院審理。聯邦最高法院以為聯邦貿易委員會的職務不是政治的，也不是行政的，而類似於立法與司法 (quasi-legislative and quasi-judicial)，總統對於這種職官不得隨意罷免，而須受國會所制定的法律的拘束 (Humphrey's Executor (Rathbun) v. United States, 295 U.S. 602, 1935)❹。由此可知美國總統對其屬僚並不得自由行使免職權，凡職官的職務帶有立法或司法的性質者，其如何罷免，應受法律的限制。第二、官吏經議會同意而由總統任命之後，議會可否撤回同意，而要求免職？一九三一年美國曾發生過這個問題。一九三○年總統 H. C. Hoover 經第二院同意後，任命 G. O. Smith 為聯邦動力委員會 (Federal Power Commission) 委員長。翌年第二院不以該委員會之政策為然，重新考慮同意，而要求總統罷免 Smith。總統不肯接受，第二院乃通過一個決議案，將 Smith 是否可以繼續任職之事歸司法決定。這個問題最後於一九三二年由聯邦最高法院審理。聯邦最高法院以為第二院既已同意，且已正式通知總統，則第二

---

❹ J. M. Mathews, op. cit., p. 162f. H. Finer, *The Theory and Practice of Modern Government*, 1932, p. 1028f. W. B. Munro, op. cit., pp. 188, 194.

❹ W. Anderson, *American Government*, 3 ed. 1947, p. 503. 依法律規定，各委員任期七年，除不稱職、瀆職、違法外，不得罷免之。

院的行為已了，不得重新考慮同意，而排斥該官吏❹⓿。

　　以上是就官吏的任命言之，至於官吏的免職尚宜補充說明。與免職有關者為懲戒，懲戒與彈劾不同，彈劾是憲法上的制度，關於違法問題而維持法紀。懲戒是行政法上的問題，關於失職問題而維持官紀。惟在吾國，彈劾與懲戒乃視為同一制度，在外國，彈劾的對象常限於總統法官及政務官，且限於他們職務上違憲或違法的行為。裁判機關多屬於普通法院或特殊法院。此種法院若認被彈劾人確實違憲或違法，必加以免職處分。至於失職問題，最高政務官例如內閣總理或各部會首長如有失職行為，議會自有方法，迫其辭職，而由政治道德觀之，此輩亦宜自動的辭職。中下級官吏的失職，懲戒處分多由主管長官為之，主管長官知部屬之失職，而乃視若無睹，是為主管長官的失職。按懲戒權乃是主管長官藉以指揮並監督其部屬的工具。故美國有許多官吏雖然由總統經參議院同意後任命之，且有一定的任期。苟其人有失職之行為，總統亦得隨時罷免之。那有名的一等郵政局局長麥爾 (F. S. Myers) 的案件 (Myers v. United States, 272 U.S. 52, 1926) 即其一例❹❹❶。有的國家關於撤職、休職特別慎重，主管長官雖有提議的權，但須經普通法院、行政法院、或行政官與司法官共同組織的懲戒委員會，依對審程序，用判決的形式為之。或專由主管長官處分，處分不當，被懲戒人得要求法院、懲戒委員會、或其他有關機關審查。例如日本，法律固然規定：「懲戒處分由有任命權的人為之」（國家公務員法第八四條第一項），但被懲戒人若以處分不當，得申訴於人事院，要求審查（同上八九條第三項，參閱第九〇條），審查的結果，人事院或承認其處分，或修改其處分，或撤銷其處分（同上第九二條）❹❹❷。西德分懲戒為對於法官的懲戒及對於一般公務員的懲戒兩種：法官

---

❹⓿ J. M. Mathews, op. cit., p. 155.

❹❹❶ 見本書四一七頁。

❹❹❷ 日本人事院的組織及其職權，參閱拙著《中國憲法新論》，二八六頁以下，二九一頁以下。

的懲戒由聯邦職務法庭 (Dienstgericht des Bundes) 審理❹❹❸。一般公務員的懲戒
由聯邦懲戒法院 (Bundesdisziplinargericht) 審理。聯邦懲戒法院採二級制，初
級的稱為聯邦懲戒庭 (Bundesdisziplinarkammer)，設置於十四大都市。每一懲
戒庭由庭長一人，副庭長一人及陪審官數人組織之。高級的稱為聯邦懲戒院
(Bundesdisziplinarhof)，設置於柏林，由院長一人、庭長數人及多數的聯邦法
官及陪審官組織之。院長、庭長、法官及半數陪審官應具德國法官法
(Deutsches Richtergesetz) 所規定的法官任用資格。懲戒庭每次開庭，由庭長
（或副庭長）及陪審官二人以合議制行之。聯邦懲戒院亦分為許多審判庭，
每次開庭，由庭長及法官二人陪審官二人以合議制行之。懲戒庭及審判庭開
庭時，在陪審官二人之中，一人應有法官任用資格，一人須與被付懲戒人職
位相稱，最好是屬於被付懲戒人同一機關的公務員。主管長官對於部屬的工
作，有指揮監督的義務，故他對其部屬的輕微失職，得依公務員懲戒法
(Bundesdisziplinar) 之規定，為申誡、記過、或罰鍰之處分。被懲戒人如不服
其懲戒處分，得向其主管長官提起訴願 (Beschwerde)，而由其上級長官決定；
不服該訴願決定，得向其再上一級長官，提起再訴願，不服再訴願決定，又
得申訴於聯邦懲戒庭。但不服最高行政長官之懲戒處分，得逕向聯邦懲戒院
申訴。以上只就輕微失職行為的懲戒程序言之。主管長官對其部屬的嚴重失
職，若認為非其權限所得懲罰，則將部屬之失職行為通知聯邦懲戒檢察官
(Bundesdisziplinaranwalt)，經其偵查後，作成譴責書 (Anschuldigungsschrift)，
移送所在地聯邦懲戒庭審理。聯邦懲戒庭應令被付懲戒人提出申辯書，並定
期召集被付懲戒人、證人、鑑定人、辯護人、檢察官等到場辯論。辯論後，
作成判決，或付懲戒，或不付懲戒。懲戒處分除申誡、記過、罰鍰外，尚有
減俸、禁止加俸、降級、撤職等種。被懲戒人不服聯邦懲戒庭之判決，得向
聯邦懲戒院提起抗告或上訴。聯邦懲戒院的判決有確定力。但在一定法定條
件之下，被懲戒人對於確定的判決，尚得請求再審❹❹❹。

---

❹❹❸ 參閱拙著上揭書，二八三頁以下。

㈤**發布命令**

　　命令 (Verordnung) 與處分 (Verfügung) 不同，處分是對特定的事件而作具體的解決。命令則與法律相似，以普遍的、抽象的規程為內容❹❹❺。命令分為兩種：一是行政命令 (Verwaltungsverordnung)，即上級行政官署對於下級官署所發布的規程，其效力限於行政機關之內，只能拘束行政機關，而不能直接拘束人民。二是法規命令 (Rechtsverordnung)，規定人民的法律關係，有拘束人民之力❹❹❻。按制定法規乃是立法機關之事，行政機關要發布法規，必須憲法上或法律上有所根據。憲法或法律所以委託行政機關制定法規，乃有兩種理由：一因行政機關管理日常事務，熟悉當前情況，令其對於具體的情況，制定個別的規程，比之立法機關必更適當。二因制定命令的程序比之制定法律的程序簡單，具體的情況時時變化，今由行政機關制定個別的規程，必能隨時修改，以適應時代的需要❹❹❼。

　　法規命令可大別為兩種：一種補充法律的，另一種是暫時代替法律的。前者稱為補充命令 (Ergänzungsverordnung)，後者便是緊急命令 (Notverordnung)，茲試分別述之。

　　⑴**補充命令**　補充命令有下列兩種：

　　①**執行命令**　執行命令 (Ausführungsverordnung) 乃是政府基於憲法的規

---

❹❹❹ 參閱翁岳生教授著，〈西德聯邦公務員懲戒制度之研究〉，載在《思與言》第五卷第五期。

❹❹❺ G. Meyer, *Lehrbuch des deutschen Staatsrechts*, 6 Aufl. 1905, S. 551, 570. F. Fleiner, *Institutionen des Deutschen Verwaltungsrechts*, 8 Aufl. 1925, p. 70. derselbe, *Schweizerisches Bundesstaatsrecht*, 1923, p. 411.

❹❹❻ G. Meyer, a. a. O. S. 571–573. J. Hatschek, *Deutsches und Preussisches Staatsrecht*, 2 Aufl. Bd. II, 1930, S. 120–121. 可參閱 F. Fleiner, *Schweizerisches Bundesstaatsrecht*, 1923, S. 412f.

❹❹❼ F. Fleiner, a. a. O. S. 414.

定，於法律制定之後，公布命令，以便執行法律。比利時憲法第六七條云：「國王發布執行法律所必要的命令及規程」，即其例也。其內容在於補充法律的闕漏，不但不得牴觸法律，且亦不得規定該項法律所未規定的事項，尤其該項法律所未規定的人民的權利或義務。換言之，執行命令只得對於法律已經規定的事項，作補充的規定。

執行命令既為執行法律而發布，所以不能離開原法律而單獨存在。即該項法律消滅之時，執行命令亦歸消滅。例如選舉法消滅之時，選舉施行細則當然隨之失去效力。

按法律只宜規定大綱，不能網羅一切細則，當其實際施行之時，使執行法律的政府，依當前的需要，規定細則，以補充法律未及明白詳盡之點，這由立法技術看來，不失為良好的辦法。但在分權制度之下，政府要用命令以補充法律，於法當有根據。執行命令不是基於法律的委任而發布，所以憲法上須有明文規定。憲法明文承認政府有發布執行命令的權似可回溯於法國一八一四年憲法（第一四條）及一八三〇年憲法（第四五條）❹❹，此後歐洲大陸各國多倣效之，舉其要者，如比利時一八三一年憲法（即現行憲法，第六七條）、義大利一八四八年憲法（第六條）❹❹、普魯士一八五〇年憲法（第四五條）及一九二〇年憲法（第五一條）、奧大利一八六七年憲法（關於皇帝行使特權及行政權的憲法第一一條第一項）及一九二〇年憲法（第一一條第二項）、德國一八七一年憲法（第七條第二項）及威瑪憲法（第七七條）、西德現行憲法（第八六條），無不明文規定政府得發布執行法律所必要的命令。法國第三共和憲法（一八七五年二月二十五日公權組織法第三條第一項）及第

---

❹❹ 參閱 C. Bornhak, *Preussisches Staatsrecht*, Bd. I, 2 Aufl. 1911, S. 475. 法國兩部憲法之原文為：Le Roi... fait les reglements et ordonnances necessaires pour l'execution des lois，見 L. Duguit et H. Monnier, *Les Constitutions et les Principales Lois Politiques de la France*, 5 ed. 1932, pp. 185f., 214.

❹❹ 義大利一九四七年憲法第七六條及第七七條第一項似只承認委任命令。

四共和憲法（第四七條第一項）只規定政府「應保證法律的執行」。第五共和憲法亦有同樣的規定，即國務總理「保證法律的執行」，所謂「保證法律的執行」(en assure l' execution) 就是承認政府得發布執行法律的命令❹。英國由於過去習慣❺，美國由於憲法沒有授權，故除法律有明文委任之外，概不許政府逕以命令補充法律。關此，A. V. Dicey 曾說❺：

在外國，議會只規定法律的大綱，而許政府用命令規定其細則。這個方法是很妥善的。英國的成文法律無不失之冗長，此蓋議會不能不規定細則之故。近來議會關於法律的細則固然委任政府，法院或其他機關定之，然此不過承認弊端，而謀減少弊端而已。倘如法國一樣，准許政府於施行法律之際，規定細則，則法律的形式和實質都會改善。我們祖先不欲王權過大而設置的限制，到了今日，對於政府，竟變為不必要的拘束。

②**委任命令**　委任命令 (übertragene Verordnung) 乃是政府基於法律的授權而發布的命令，即法律條文之中，特別對於某些事項，委任政府以命令定之。

委任命令是由法律明文委任而發布，其內容不得超過該項法律所委任的範圍外。換言之，委任命令只能規定該項法律所指定的事項。但該項法律廢止之時，委任命令並不是當然的隨之消滅。凡委任命令附屬於原法律而存在者，原法律廢止之時，委任命令亦隨之消滅。反之，委任命令制定之後，苟有其獨立的存在，則原法律雖然廢止，而委任命令仍然有效。例如議會制定了地方自治法，而將邊疆的地方行政規程委任政府規定，則地方自治法雖然全部修正，而邊疆的地方行政規程仍為有效。

但是法律所得委任的事項並不是漫無限制，凡議會不對某特定事項，而乃廣汎的將一般立法權委任政府行使者，實有反於分權主義，而為違憲的事。

---

❹ 美濃部達吉，《議會制度論》，昭和五年，一九二至一九三頁。

❺ R. K. Gooch, *The Government of England*, 1937, p. 105.

❺ A. V. Dicey, *The Law of the Constitution*, 2 ed. 1886, pp. 48–49.

豈但如此，凡憲法明文規定某些事項以法律定之，而法律乃委任政府以命令定之，例如吾國憲法第二○條：「人民有依法律服兵役的義務」，即人民的兵役義務必用法律定之，倘法律將規定兵役義務的權委任於行政機關，則為違憲的事。因為憲法不但拘束行政機關，且亦拘束立法機關。立法機關固不得將憲法所指定為自己的權限委任於行政機關。同樣，法律明文委任行政院制定某種命令了，行政院不得再委任於內政部。

委任命令乃基於法律的委任而發布。這種委任是否違憲？據余所知，凡憲法明文承認委任命令的❹❺❸，固不必說。縱令憲法沒有明文規定，而在歐洲大陸各國，不但學者承認委任命令之合法❹❺❹，政府發布委任命令之事亦屢見不鮮。在英國，洛克 (J. Locke) 固然主張：「立法機關不能將制定法律的權委任於其他機關，因為這個權力是受之於國民，固不能再轉讓於別人」❹❺❺。其實，英國議會不受憲法的拘束，它得自由將其立法工作委任於其他機關❹❺❻。英國政府所發布的命令 (Order in Council) 屬於委任命令的為數不少。而自第

----

❹❺❸ 例如義大利一九四七年憲法第七六條：「立法權之行使，除非規定原則與準繩，且限一定期間與目的外，不得委任於政府」。西德憲法第八○條：「法律得授權聯邦內閣或部長發布法規命令。此際法律應規定授權之內容目的及範圍」。至於法國第五共和憲法第三八條第一項所說，「政府為執行其施政計劃，得要求國會於一定期間之內，委任政府，用命令之方式，規定原屬於法律範疇以內之事項」。這種命令不是補充法律，而是代替法律，然又不是發布於時期緊急之時，故不但不能視為補充命令，且亦不能視為緊急命令。依吾人看法，似是政府依國會的授權而實行的一種獨裁。

❹❺❹ 歐洲大陸學者以委任命令為違憲的，亦有之。A. Esmein 即一例也。他在所著 *Elements de Droit Constitutionnel*, T. 11, 7 ed. 1921, p. 81 說道：「議會在法律上不得將其立法權及憲法所授予的其他權力委任於行政機關行使。因為上述權力並非議會固有的權力，乃是憲法要求議會行使的一種職務。所以議會不得隨意處分這種權限，委託別人行使；而須依憲法的規定，自己行使之」。

❹❺❺ F. W. Coker, *Readings in Political Philosophy*, 1938, p. 565.

❹❺❻ C. K. Burdick, *The Law of the American Constitution*, 1929, p. 150, n. 1.

一次大戰之後，尤見其多。舉例言之，一九一九年國會通過的法律一〇二件，其中六十件授權政府發布命令以補充之。一九二七年國會通過的法律四十三件，其中二十六件授權政府發布命令以補充之。在一九二七年，國會所通過的固然不過四十三件，而政府所發布的命令竟然不下一三四九件❹。此蓋如 B. Schwartz 所言，政治的性質由消極變為積極，即由自由放任 (Laissez-faire) 變為公共服務的國家 (Public-Service State)，那末，當然需要增加政府的權力，而其方法則為立法的委任，使政府能夠隨時制定必要的法規，以應付時局的需要❹。這便是最近數十年來英國委任命令增加的原因。

　　豈但英國，美國亦然。依美國憲法（第一條第一項）規定，「憲法所承認的一切立法權屬於國會」。憲法授予國會以一切立法權，國會是否可以委任於總統或各部會行使，不失為一個問題。一九〇六年的「邦際通商法」(*the Interstate Commerce Act*)❹關於稅金只規定一個原則，即須公平而合理 (just and reasonable)。至於稅金多少才算是「公平而合理」，則委任「邦際通商委員會」(Interstate Commerce Commission) 規定之。這個法律於一九一〇年 Interstate-Commerce Commission v. Illinois Central R. R. Co. (215 U.S. 542) 一案中，受到聯邦最高法院的支持❹。當然這種權力委任於總統行使者，其例更多。一九三四年國會制定「相互貿易協定法」(*Reciprocal Trade Agreement Act*)，凡總統與外國締結貿易協定之時，得變更關稅稅率至百分之五十為止。關稅稅率的規定，歷來皆視為立法的事，而乃委任總統以命令定之❹。平時

---

❹ F. A. Ogg, *English Government and Politics*, 2 ed. 1936, p. 201f.

❹ B. Schwartz, *Law and the Executive in Britain*, 1949, p. 24f.

❹ 本法律制定於一八八七年，後來經國會修改數次，均附以特別名稱。一九〇六年所修改者稱為 Hepburn Act，見 F. A. Ogg and P. O. Ray, *Introduction to American Government*, 10 ed. 1951, p. 563.

❹ J. M. Mathews, *The American Constitutional System*, 1932, p. 116.

❹ F. A. Ogg and P. O. Ray, *Essentials of American Government*, 7 ed. 1952, p. 235.

既有委任，戰時委任更多。兩次大戰之時，總統威爾遜及羅斯福由於法律授權，常常發布命令，這是眾人共知的事 **❷**。但國會將制定法規的權委任於總統行使，亦有一定限界。早在一八九二年聯邦最高法院於 Field v. Clark (143 U.S. 649) 一案中，定下了一個原則：凡法律決定一般政策者不得委任政府制定，至於補充法律，而使法律便於施行者，則可委任政府以命令定之 **❸**。此蓋社會情況頗見複雜，而又變化無常，法律不但不能推測將來的變化，且亦不能網羅目前的情況，將其一一規定於法律之中。這樣，法律規定大綱，委任政府細則，政府自易隨時修改命令，以順應時代的需要。這比之規定於法律之上，當然方便多了。

(2)**緊急命令**　緊急命令是政府猝然遇到緊急事變，欲作急速處分，乃發布命令以代替法律。此蓋國家也和個人一樣，必須生存。國家用合法的方法不能維持生存，而陷入緊急狀態之中，此際國家無妨利用國家緊急權 (Staatsnotrecht)，違反法律秩序而侵害個人的自由權利 **❹**。這就是緊急命令存在的理由。緊急命令可以代替法律。即其效力與法律相等，可以變更法律，所以必須憲法上有明文的根據，才得發布。茲試參考列國制度，分析緊急命令的性質如次。

①**發布的時期**　發布緊急命令須在議會閉會期間，而時機緊急，又不能坐待召集議會開會講求解決之法。所謂閉會乃包括會期 (session, Sitzungsperiode) 終了而閉會，及任期 (Parliament, Legislaturpriodee) 已滿或未滿而解散。倘令議會尚在開會，縱令緊急萬狀，亦須提出法案，由議會表決之。至於暫時休會 (adjournment, Vertagung)，則召集匪難，自不能趁此機會，發布緊急命令 **❺**。此蓋緊急命令乃是立法的例外，議會既得隨時活動，政府

---

❷ F. A. Ogg and P. O. Ray, op. cit., p. 236.

❸ F. A. Ogg and P. O. Ray, op. cit., p. 236. B. F. Wright, *The Growth of American Constitutional Law*, 1942, p. 192.

❹ 參閱 H. Kelsen, *Allgemeine Staatslehre*, 1925, S. 157.

何能置諸度外，發布緊急命令以代替法律。

②**事變的性質**　緊急命令乃所以應付緊急事變。即由事變的性質看來，必須該項事項發生倉卒，不是常人所能預料；復須急速處分，既非現行法律所能解決，而又無遑坐待議會制定新法律者。即緊急之含義有二，一指事變突然發生，不能預料；二是措置必須急速，不能坐待議會制定新法律，而現行法律又不能解決之者❹⑥⑥。故凡某種狀態發生已久，例如通貨膨脹、財政支絀，政府負行政責任，必不至不知其中情形。政府當局認為有處分之必要，理應趁早講求政策，提出議會，博採眾議。不此之務，必待議會閉會期間發布緊急命令，這是故意擱延，而須負憲法上的責任。

③**命令的內容及其限界**　緊急命令可以代替法律。在此意義之下，緊急命令當然不得違反憲法，而只得規定法律所得規定的事項。但其間亦有一定限界，政府發布緊急命令之目的在於急速處分緊急危難，而使社會秩序恢復平時狀態。即緊急命令的發布只是消極的排除危難，不是積極的增進福利。換言之，緊急命令只以維持社會秩序為目的，非以改造社會秩序為目的。故凡欲謀業的發達、教育的改進、以及其他積極的施設者，皆不得以緊急命令為之❹⑥⑦，而尤以政治制度為然。今日各國憲法無不分為兩部：一部規定政治

---

❹⑥⑤ 參閱 J. Hatschek, *Deutsches und Preussisches Staatsrecht*, Bd. II, 2 Aufl. 1930, S. 201. Peters, Das Notverordnungsrecht nach Art. 55 der preussischen Verfassung, in *Verwaltungsarchiv*, Bd. 31, Heft 4, S. 394.

❹⑥⑥ 參閱 E. Leoning, *Die Verfassung des Landes Thüringen*, 1925, S. 56. C. Bornhak, *Preussisches Staatsrecht*, Bd. I, 2 Aufl. 1911, S. 539.

❹⑥⑦ 按各國憲法所規定的緊急命令，由其內容觀之，可分別為兩種：一是防衛主義 (Prohibitiv- oder Abwehrsystem)，二是福利主義 (Utilitäts- oder Nützlichkeitssystem)。前者是消極的防衛社會的安寧，後者是積極的利用緊急命令以增進公共的福利。各國憲法所規定的緊急命令皆屬於防衛主義。其屬於福利主義者為數極少，如第一次大戰以前 Sachsen 一八三一年憲法第八八條、Anhalt 一八五九年憲法第二〇條、第二次大戰以前，Baden 一九一九年憲法第五六條、Sachsen 一九二〇年憲法第四〇條是也。

組織，一部規定人民權利。社會秩序就是憲法秩序，而以政治組織為中核。
為了維持社會秩序——政治組織，而發布緊急命令，緊急命令又復破壞政治
組織，這在邏輯上是矛盾的。而在事實上，對於避免緊急危難，又不是必要
的措置。所以緊急命令不但不能改民主為獨裁，改內閣制為總統制，縱令提
出任何積極的改造，都是違憲的。惟人民之自由權利本來只有消極的意義，
消極的限制國家活動的範圍，對於憲法秩序——政治組織，沒有積極的意義。
故凡為了維持政治組織，國家有進一步活動之必要者，自可暫時停止之。不
過緊急命令之發布既然要使社會秩序恢復原狀，則人民的自由權利亦不能永
久停止，且停止又不得超過必要的範圍外。這便是德國威瑪憲法（第四八條）
明文限定那幾種自由可以停止的原因。

④**命令的效力** 緊急命令可以代替法律，效力雖與法律相同，但其目的
既然在於急速處分緊急危難，則緊急危難消滅之時，緊急命令自應失效。即
緊急命令的效力是暫時的，不是永久的。因此之故，緊急命令雖有變更法律
之力，然其變更不是永久的廢止法律，而是暫時的停止法律的施行。即法律
由於緊急命令的發布，不是死滅，而是麻木 (nicht töte sondern nur betäube)，
所以緊急命令一旦失效，原法律就可恢復其效力。否則緊急命令提交議會追
認之時，萬一議會不予追認，此際苟非議會再依立法程序通過原法律，原法
律將永久不得更生，這是與各國制度相反的❹68。

⑤**議會的追認** 政府發布緊急命令之後，須於議會下屆會期或即行召集
議會臨時會，提請追認。此蓋如 J. Hatschek 所言：「緊急命令不是法律，也
不是預先借用的法律 (antizipiertes Gesetz)，而只是一個命令。它未曾得到議
會同意，而乃變更現行法律，本質上是違法的。這個違法依憲法規定，可由
議會的追認以救濟之」 ❹69。按追認有兩種目的，一是承認發布之合理合法，

見市村光惠，《日本憲法論》，昭和二年十三版，七九九頁。《法學論叢》，第三十三卷
第五號（昭和十年十一月出版）。大西芳雄著，《緊急命令論》，七八五頁。

❹68 參閱市村光惠，前揭書，七九三頁以下。大西芳雄，前揭論文，八〇〇頁。

以解除政府的責任。所以議會開會之時，緊急命令縱已廢止，亦有提請追認的必要，猶如預算外臨時支出必須提請追認者焉。此際議會可檢查發布的目的是否在於解決緊急危難；緊急危難是否需要急速處分；議會是否在閉會期間之內；緊急命令所規定者是否未曾違反憲法。二是同意命令之繼續有效。緊急命令不過暫時應急之方，暫時之急若未消滅，而緊急命令尚須繼續有效者，自應徵求議會同意。暫時之急已經消滅，倘緊急命令尚有存在的價值者，更須議會依立法程序，改之為法律而後可❹。凡政府不提請追認，或議會不予追認，緊急命令立即失效。但其失效並不溯及既往，即前此依緊急命令而作的處分仍然有效❹。不過政府對於發布要負責任而已。

　　緊急命令有似戒嚴，但戒嚴是 「軍事的非常狀態」 (militarischer Ausnahmezustand)，須宣告於戰事有發生之虞，而須用兵力戒備之時。緊急命令比之戒嚴，包括更廣，不限於戰事，亦不限於使用兵力，縱在「非軍事的非常狀態」(ziviler Ausnahmezustand) 亦得發布之❹。前者基於法律（戒嚴法）規定（政府不過於一定狀態發生之時，宣告戒嚴法之適用），後者由於憲法授權。但是各國憲法均不用「緊急命令」這個名稱，而直接說出緊急命令的含義。蓋恐解釋不同，而致條文發生問題。前已說過，緊急命令乃所以代替法律，而有法律同等的效力，所以各國憲法或用「代替法律的命令」，如日

------

❹ J. Hatschek, a. a. O. S. 206.

❹ 義大利一九四七年憲法第七七條第二項云：「在必要而緊急的特殊場合，政府得以其責任，採取有法律效力的臨時措置 (provisional measures with the force of law)。政府應即日提出於國會，改之為法律 (for conversion into law)。國會閉會，須於五日內召集開會」，即其例也。

❹ 義大利一九四七年憲法第七七條第二項的規定可以視為一個例外。該條文云：「這個命令於公布後六十日內，若不改為法律，應回溯到公布之日始，失去效力。但該項命令所引起之法的關係 (judicial relation)，兩院得用法律以調整之」。

❹ 參閱淺井清，《獨逸憲法原論》，昭和四年出版，一七六頁「註一」。

本（舊憲法第八條）是也。或用「有法律效力的命令」，如普魯士（一八五〇年憲法第六三條及一九二〇年憲法第五五條）是也。不過緊急命令固然可以代替法律，然亦只有暫時的效力，所以各國憲法又有更明確的，用「暫時適用的法律」，如丹麥（一九一五年憲法第二五條）是也，或用「暫時有法律效力的命令」，如奧國（一八六七年關於代議制度的憲法第一四條）是也。又者，緊急命令乃用以對付緊急危難，緊急危難之種類甚多，固不能一一列舉。所以各國憲法均只作概括的規定：或云「特殊緊急」，如丹麥（一九一五年憲法第二五條）是也，或云「發生緊急事變」，如奧國（一八六七年關於代議制度的憲法第一四條）是也。或云「維持公共安寧或避免非常災害，而有緊急之必要時」，如普魯士（一八五〇年憲法第六三條及一九二〇年憲法第五五條）及日本（舊憲法第八條）是也。即政府發布緊急命令，固不限於某幾種事項，要皆以「時機緊急」，須作「急速處分」為前提。

　　這種緊急命令乃是日耳曼法系國家特有的制度，而不存在於英法兩國。法國在第一次大戰之時，尤其在戰爭初期，總統由於緊急需要，固曾發布許多命令，以變更法律或停止法律的施行。但因其在憲法上沒有根據，而又不是由於議會授權，所以是否有效，就成為問題。行政法院 (Conseil d'Etat) 的判決雖然承認其有效，而普通法院的判決則主張其無效❹。最近三十年來，法國在緊急危難之際，國會往往授權政府，於一定期間之內，對一定事項，發布命令以代替法律。這種命令有改變現行法律之力，而其本身則不受普通法院及行政法院的審查。一九二四年三月政府由議會授權，以命令減少預算十億法郎，並增加租稅百分之二十，即其例也❹。第四共和憲法第一三條固

---

❹ A. Esmein, op. cit., p. 95 et s. 行政法院的判決以為：戰時，普通立法程序若難遵守，總統固得採取一切必要的措置，即得以命令變更次要的法律，以便執行較重要的法律 (p. 98 et s)。但普通法院的判決則謂：戰爭不得作為政府擴大權力的理由。凡命令與法律抵觸者無效，固不得藉口於執行較重要的法律，而以命令變更其他法律 (p. 100)。

❹ W. R. Sharp, *The Government of the French Republic*, 1939, p. 134.

云：「第一院為表決法律的唯一機關。第一院不得將此權力委任於其他機關」。即依本條規定，國會縱在緊急危難之際，亦不得授權政府發布命令，以代替法律。其實，第一院認為特殊緊急之際，往往不受這個條文的拘束。一九四八年 P. Reynaud 為財政經濟部部長，曾提出一個議案，要求第一院關於某種經濟問題，授權政府發布命令，以代替法律。雖然第一院認為違憲，而卒以三八六對二〇一票，接受其原則；經修改後，又以三二五對二一五票，通過之 ❹ 。這種命令，法國學者稱之為 decrets-lois (decree-laws)。固然是由議會授權而制定，然又與委任命令不同。委任命令只得補充法律，這種命令又得變更法律。同時又與緊急命令有別，緊急命令基於憲法規定，不待議會授權，即可發布。這種命令不是根據憲法，而是議會在緊急危難之際，授權政府制定之。所以議會若不授權，縱令危急萬狀，現行法律束手無策，政府亦不得發布。第五共和憲法第一六條云：「在共和制度、國家獨立、領土完整、或國際義務之履行遭受嚴重且危急之威脅，而憲法上公權力之正當行使受到阻礙時，總統經正式諮詢內閣總理、國會兩院議長、及憲法委員會後，得採取應付情勢所必需之措施」（第一項），此則有似緊急命令矣。「但此措施應以保證憲法上公權機關能在最短期間內達成其任務為目的」（第三項）。

　　英國於光榮革命以後，依一六八九年的權利典章 (*Bill of Rights*) 規定，國王非經國會同意，不得發布命令以變更法律。但一七六六年卻有一次例外，當時國內發生饑饉，而議會又在休會期間，苟待議會開會，制定法律，則饑饉之禍將蔓延於全國，而至於不可收拾。英王乃接受 Chatham 內閣的請求，未得議會同意，即用命令 (Order in Council) 禁止糧食出口。這個措置很明顯的有反於當時法律之准許穀物自由貿易。於是國會一方認為違憲，同時又通過赦罪法 (Act of Indemnity)，以解除內閣的責任 ❹ 。這種危難臨頭，急速處

❹ W. B. Munro and M. Ayearst, *The Governments of Europe*, 4 ed. 1954, p. 418f. 419, n. 12.

❹ D. J. Medley, *A Student's Manual of English Constitutional History*, 6 ed. 1925, p. 272f.

　W. R. Anson, *The Law and Custom of the Constitution*, Vol. I, 5 ed. (by M. L. Gwyer),

置，雖有似於緊急命令，而又與緊急命令不同。緊急命令可否發布，由政府自由裁量，政府認為可以發布而發布之者，縱令認識錯誤，法律上也非違憲之事。所以議會不予追認，亦只對未來，喪失效力，政府僅負政治的責任。反之，英國的應急措置，縱令政府認識不錯，法律上仍是違憲，所以議會必須通過赦罪法，而後政府責任才會解除。倘令議會不肯通過赦罪法，則應急措置自始失效，當局須負法律上的責任❼。兩者之有區別，固甚明瞭。第一次大戰之後，英國工人時時罷工，引起了經濟恐慌。一九二〇年國會制定緊急權法 (Emergency Powers Act)，授予政府以臨機措置的權。凡同盟罷工之際，糧食水電或其他生活必需品之供給及運輸若有破壞之虞，英王得以命令制定條例，使政府採取必要的措置。但須迅速通知議會，議會閉會，應於五日內召集之，倘議會不予同意，該項命令七日後失去效力❽。這個緊急權法一方與一七六六年的應急措置不同，英王發布命令，由於法律授權，所以事後不須議會通過赦罪法。他方又與緊急命令不同，緊急命令基於憲法而發布，那一種場合可以發布，完全聽政府決定。反之，緊急權的行使則根據國會臨時制定的法律（緊急權法），唯於法律所指定的緊急場合，才得行使。兩者有明瞭的區別，固不能混為一談。

　　*奧國一九三四年憲法將緊急命令分為兩種：第一種規定於第一四七條，由聯
　　　邦內閣發布。凡政府為維持公共安寧秩序，或為保護國民的經濟利益或聯邦
　　　的財政利益，苟其措置須經聯邦議會的議決，而聯邦議會不作議決時，內閣
　　　得發布緊急命令，以變更法律，但不得變更憲法，亦不得將聯邦議會所否決

1922, p. 344f.

❼ 美濃部達吉，《議會制度論》，昭和五年出版，一九八頁至一九九頁。

❽ F. A. Ogg, *English Government and Politics*, 2 ed. 1936, p. 203, n. 1. W. R. Anson, op. cit., Vol. II, P. I, 4 ed. (by A. B. Keith), 1935, p. 314. （關於此書，臺大法學院圖書館所藏的，各冊版本不同。）

的法律案使之生效。內閣發布命令之後，應立即通知聯邦議會，倘有過半數議員之出席，出席議員三分之二以上之同意，要求廢止，該項命令即見失效。無此要求時，該項命令於二年後，自歸消滅。

第二種規定於第一四八條，由總統發布，其權力比第一種更大，而可以分為四個場合。(1)國家發生直接的緊急危難，聯邦議會不作任何決議，而內閣發布緊急命令，又不能解決之者，總統得依內閣之申請，發布緊急命令（總統及內閣對此均須負責）。此項命令得變更憲法之規定，但不得修改憲法全部，變更政體，或干涉聯邦法院審查法令之權（參閱本書四二四頁以下）。此項命令之善後處置與第一種緊急命令同。(2)各種代議機關之改選或改聘（參閱本書二五四頁）苟可擾亂安寧秩序或經濟生活之時，總統得依內閣之申請，發布緊急命令，宣布延期改選或改聘，而延長議員之任期（總統及內閣對此均須負責）。(3)聯邦議會在內閣所指定的期間之內，不能議決某項法律案，總統得依內閣之申請，發布緊急命令以代替之（總統及內閣對此均須負責）。(4)各邦會計發生紊亂，而該邦議會對此又不講求適當之措施者，總統得依內閣之申請，由其副署，發布緊急命令，為必要之處置（對此只由內閣負責）。

㈥宣布赦免

政府對於議會制定的法律有一種否決權（退回覆議），對於法院所下的判決，也有一種赦免權。赦免權是謂政府有否認或修改法院關於刑事案件所作的判決的權，即謂政府對於刑事犯有宥其罪刑的權。前者乃以矯立法權之失，後者則以濟司法之窮。但是兩者又有不同之點，在前者，國會對於政府的否決，得以特別多數再行通過議案。在後者，政府行使赦免之後，法院便無法推翻[479]。赦免有下列四種：

(1)**大　赦**　大赦乃同時赦免某時期某事件的全體罪犯，不問其人是否已受罪刑的宣告。凡已受罪刑的宣告者，其宣告失效；未受罪刑的宣告者，訴

---

[479] J. M. Mathews, *The American Constitutional System*, 1932, p. 167.

權消滅。即大赦可以完全消毀犯罪人的犯罪行為，猶如未曾犯罪者焉。因此之故，被赦免者不但免除刑罰，而再犯之時也不以累犯論。但該人因受罪刑宣告而致喪失官職或財產者，縱遇大赦，其官職或財產並不恢復。

(2)**特赦** 特赦乃赦免某特定的罪犯，即對於某特定已受罪刑宣告的人，免除刑之執行。特赦只宥其刑罰，而不消滅其犯罪行為，所以再犯時，以累犯論。有時特赦也和大赦一樣，得消滅罪刑宣告的效力，但此須以特赦令有明文規定者為限[480]。

(3)**減刑** 減刑有一般的減刑與個別的減刑兩種：前者與大赦相同，對於某時期某事件的全體罪犯，減輕其刑[481]。但不能對於未受罪刑宣告的人為之，只得對於已受罪刑宣告的人為之。後者有似於特赦，即對於某特定已受罪刑宣告的人，減輕其刑，其與特赦不同者，特赦乃完全免除刑之執行。減刑不過縮短刑期，減少罰金，或變更刑之種類（例如死刑改為無期徒刑，無期徒刑改為有期徒刑之類）而已。

(4)**復權** 復權乃對於已受罪刑宣告而喪失公權的人，恢復其公權之意，復權亦有一般的與個別的兩種，前者是對一般人為之，後者是對特定人為之。茲宜注意者，復權之權乃是赦免權之一種，只得行使於刑事犯之被剝奪公權者。至於破產法上所謂復權，應依破產法之規定為之（例如吾國破產法第一五〇條），行政機關不得干與。

以上四種都是不依刑事訴訟法的規定，而即免除刑法上的罪刑。古代專制君主固常用之以市恩；今日民主國家猶復採用之者，蓋赦免可以濟法律之窮，而正法院之誤，使犯人有改過遷善的機會。然而一旦濫用，又可妨害司法的尊嚴。所以近來國家，關於大赦多以獲得議會同意為條件（例如德國威

---

[480] 特赦只能行於法院宣告判決之後。但在美國，又得行於法院宣告判決之前。因此之故，被赦免者的犯罪行為完全消毀，猶如未曾犯罪者焉。見 J. M. Mathews, op. cit., p. 168.

[481] 例如民國三十六年一月一日之「罪犯赦免減刑令」丙項所謂減刑即一般的減刑。

瑪憲法第四九條、法國第四共和憲法第一九條、義大利共和憲法第七九條）❹❷。關於特赦，凡官吏之受彈劾處分者，常禁止赦免。禁止的方法可分兩種：一是絕對禁止，即官吏因受議會的彈劾而被判決為有罪者，絕對不得赦免，如英❹❸美（憲法第二條第二項第一目）是。二是相對禁止，即官吏受議會彈劾而被判決為有罪者，惟經議會許可之後，才得赦免，如比利時（憲法第九一條）是。這兩種禁止皆所以維持司法的獨立，而預防元首之庇護屬僚，俾貪墨之徒朋比為奸，毫無忌憚，朝免職而夕赦免。

第四節　司法機關——法院

一、司法制度與民主主義

司法也和立法、行政一樣，有實質的和形式的兩種意義。而實質的意義又有廣狹二種：就廣義說，司法乃適用法律，以維持法的秩序❹❹。在這意義之下，司法與行政有兩種不同之點。其一、行政固然也適用法律，但司法必以法律為根據，對於具體的事實，解釋法律而適用之。反之，行政只要不與法律牴觸，縱令法律上沒有根據，亦得便宜行事。即司法方面羈束裁量

---

❹❷ 美國似無這種限制。總統 A. Lincoln 及 A. Johnson 均曾宣布過大赦，而未徵求議會同意。但議會本身亦得通過大赦案，最高法院於 Brown v. Walker (1896)(161 U.S. 591) 中，且認之為合憲。見 J. M. Mathews, op. cit., p. 168f. C. K. Burdick, *The Law of the American Constitution*, 1929, p. 69.

❹❸ 王位繼承法 (Act of Settlement, 1700) 第三條第八款。參閱 F. W. Maitland, *The Constitutional History of England*, 1926, p. 480. W. R. Anson, *The Law and Custom of the Constitution*, Vol. I, 5 ed. (by M. L. Gwyer), 1922, p. 387.

❹❹ 參閱 G. Meyer, *Lehrbuch des Deutschen Staatsrechts*, 6 Aufl. 1905, S. 27. G. Anschütz, *Die Verfassung des Deutschen Reichs*, 14 Aufl. 1933, S. 473.

(gebundenes Ermessen) 的成分多；行政方面自由裁量 (freies Ermessen) 的成分多❹。其二、行政固然也維持法律秩序，但司法的主要任務是於法的秩序受到擾亂或受到侵害之時，設法維持或恢復之。反之，行政的任務不但維持或恢復法的秩序而已，最重要的還是講求政策，以增加公共福利。即司法的任務是消極的，行政的任務是積極的❹。這種意義的司法，範圍較廣，例如國際法上的司法、憲法上的司法、行政法上的司法、民法上及刑法上的司法均屬之❹，其中民法及刑法上的司法，即民刑訴訟的審判則為狹義的司法❹。不過今日法院除審判民刑訴訟之外，尚得管轄其他事件，所謂「非訟事件」，例如失蹤、破產、禁治產的宣告、種類繁多，不勝枚舉。這種法院所得管轄的一切事件，即一方不包括全部司法，他方又包括不屬於司法觀念的其他職務，則為形式意義的司法❹。

所謂法治政治、所謂權力分立都是以保護人民的基本權利為其目的的。但是今日民主政治常表現為政黨政治，議會為政黨所盤踞，政府由政黨組織之。即不問立法或行政，事實上皆不能脫離政黨關係。只惟司法由其組織特殊，能夠離開政黨而保持獨立的地位❹。政黨的主張儘管光明正大，但既有黨派關係矣，自難保證其無偏頗之弊。這個時候，不偏不黨，站在公正的立場，對於立法與行政的黨派心理，而保護人民的權利者則為法院。法院既負此種任務，其如何行使職權，對於人民當然有利害關係。依各國之制，司法

---

❹ 參閱 G. Meyer, a. a. O. S. 27. F. Fleiner, *Institutionen des Deutschen Verwaltungsrechts*, 8 Aufl. 1928, S. 6.

❹ 參閱 G. Meyer, a. a. O. S. 26. F. Fleiner, a. a. O. S. 7.

❹ G. Meyer, a. a. O. S. 618.

❹ 參閱 J. Hatschek, *Deutsches und Preussisches Staatsrecht*, Bd. II, 2 Aufl. 1930, S. 646. O. Mayer, *Deutsches Verwaltungsrecht*, Bd. I, 3 Aufl. 1924, S. 5.

❹ G. Meyer, a. a. O. S. 619.

❹ 吾國憲法第八〇條明文規定：「法官須超出黨派以外」。

權之行使大率基於下列三個原則。

　　㈠**慎重原則**　國家設置司法，目的是在保護人民的權利；但司法本身又常侵害人民的權利。對於司法，要保護人民的權利，務須聽訟定讞能夠慎重從事。今日民主國為達到司法慎重的目的，就採用兩種制度：

　　⑴**合議制**　法人有言："to act is the function of one, while to judge requires the deliberation of several heads."❹❾❶司法的性質屬於判斷，而其所判斷的又係有關人民的生命財產及自由的事，故和立法一樣，與其委託於一人，不如委託於多數人共同判斷，更可得到合理的結論。這就是各國多採用合議審判的理由❹❾❷。歐洲大陸各國除治安法官 (justice of peace) 及職權微小的簡易法院採獨任審判❹❾❸之外，其他法院皆採合議審判，其判定罪刑以多數法官的意見為標準❹❾❹。就在美國，其聯邦法院除地方法院 (District Court) 採獨任審判外，上訴法院 (Circuit Court of Appeals) 置法官三名至七名，其審判案件，須有法官三名參加；最高法院 (Supreme Court) 置法官九名，其審判案件至少須有法官六名參加❹❾❺，即亦以合議審判為原則。此蓋法院的判決，小可以剝奪個人的權利，大可以剝奪個人的生命，不能不慎重為之。一或不慎，勢將引起人民反感，延而害及社會的安寧。

---

❹❾❶ W. R. Sharp, *The Government of the French Republic*, 1939, p. 198.

❹❾❷ 其與立法不同者，立法權之行使可依常識判斷，司法權之行使必須根據法理。所以列國制度關於議員，不要求任何學識；關於法官，則要求其有法律知識。

❹❾❸ 例如法國的 jude de paix，義國的 pretor，其性質有似於英美的 justice of peace，皆為獨任審判，參閱 W. B. Munro and M. Ayearst, *The Governments of Europe*, 4 ed. 1954, pp. 480f., 616.
　　德國的 Amtsgericht 可以視為簡易法院。其於民事方面，固然採取獨任審判，而於刑事方面，除法官一人外，尚有陪審員二名，參閱 O. Meissner, *Das Staatsrecht des Reichs und seiner Länder*, 2 Aufl. 1923, S. 232.

❹❾❹ 關於法、義、德三國，可閱二六二頁❿所列之參考書，頁數亦同。

❹❾❺ W. Anderson, *American Government*, 3 ed. 1947, p. 571f.

⑵**審級制**　議會討論法案無不鄭重其事。三讀會及兩院制都是預防立法之草率疏忽的。司法機關雖然沒有三讀會，也沒有同列關係 (co-ordinate) 的院制，而卻有上下關係 (hierarchical) 的審級❹。但其上下關係又與行政機關的不同。在行政機關，中央政府有指揮地方政府的權。在司法機關，各級法院行使司法權完全獨立。一方下級法院不受上級法院的指揮，他方上級法院不能自動的糾正下級法院的審判。唯於當事人不服下級法院的判決，而上訴於上級法院之時，上級法院才得再予審判，或維持原判決，或變更原判決。即人民關於訴訟案件，得依上訴之法，向不同的法院要求再審，而案件之重大者，尚得層層上訴，最後歸最高法院審判。此蓋如前所云：法院的判決對於人民的權利，有直接的利害關係，故不欲一審之後，即有決定性的效力，寧可鄭重其事，許人民要求再審甚至於三審。

㈡**平等原則**　在民主國，人民於法律上一律平等。所謂法律上一律平等，不但說，人民依法所應享的權利與依法所應負的義務一律平等，且謂人民有違法行為之時，亦平等的得受普通法院的審判。這個審判的平等有積極的和消極的兩種意義。積極方面是請求普通法院審判，消極方面是不受特殊法院審判。所謂特殊法院是於最高法院以及同一系統的下級法院，即所謂普通法院之外，對於特殊人物或特殊事件，另設其他法院以行使審判權。按審判平

---

❹ 西德司法制度至為奇特，憲法雖以聯邦憲法法院 (Bundesverfassungsgericht)、聯邦高級法院 (Obere Bundesgericht) 及聯邦懲戒法院 (Bundesdienststrafgericht) 規定於司法之章（憲法第九章），但三者均是獨立的。而所謂聯邦高級法院共有五種之多，五者所屬不同（指司法行政上的隸屬），一是聯邦高級普通法院，屬於聯邦司法部，二是聯邦高級行政法院，屬於聯邦內政部，三是聯邦高級財務法院，屬於聯邦財政部，四是聯邦高級勞工法院，五是聯邦高級社會法院，均屬於聯邦勞工部。系統複雜，近來有不少人士倡議設置審判部 (Rechtsprechungsministerium)，統一行使一切法院的司法行政權，但亦有不少人士強烈的反對。見翁岳生著，〈論西德司法制度〉，原文載在《思與言》第六卷第六期。

等乃濫觴於英國大憲章（第三四條），其後一六二八年的權利請願書（第七條）及一六八九年的權利典章（第一條第四項第三款）又承認之。法國革命，其一七九一年憲法（第三篇第五章第四條）亦保障人民有受法定法官審判的權。比利時一八三一年憲法（即現行憲法）更進一步，一方保障人民有受法律所規定的法官❹⁹⁷審判的權（第八條），他方又明文禁止設置特殊法院（第九四條）。此蓋審判不平等，則法律上的平等不易實現，而特殊法院的設置又可剝奪人民平等受審判的權。過去封建時代，人民每因身分之不同，而異其受審判的法院。專制時代，政府常因政治上的理由，設置特殊法院以審判政治犯。反之在法治國家，人民於法律上一律平等，均受普通法院的審判。義國一八四八年憲法第七一條、普魯士一八五〇年憲法第七條、瑞士一八七四年憲法第五八條、德國威瑪憲法第一〇五條、西德憲法第一〇一條第一項、義國共和憲法第二五條第一項及第一〇二條第二項，都是一方宣布人民有受法律所規定的法官審判的權，同時又禁止設置特殊法院，以審判人民的違法行為。但是特殊法院並不是絕對不得設置。不過憲法若有明文禁止，則其設置必須憲法上有所根據。西德憲法第一〇一條第二項云：「對於特殊事件，唯依法律，才得設置特殊法院」，即憲法概括的授權議會用法律設置特殊法院。義國共和憲法則個別的承認特殊法院的設置：一是行政法院，即行政官署的命令或處分若有違反法律之處，由行政法院審判之（第一〇三號第一項，參閱威瑪憲法第一〇七條）。二是軍事法庭 (Military tribunal)，即軍人違反軍法，縱在平時，也由軍事法庭審判之（第一〇三條第三項，參閱威瑪憲法第一〇五條及第一〇六條）。三是憲法法院 (Constitutional Court)，凡法律的違憲問題、各種機關的權限爭議、以及總統國務員的彈劾案，均由憲法法院審判之

---

❹⁹⁷ 按各國憲法多用「法律所規定的法官」一語，此蓋不但法院，並且組織法院的法官也須有法律所規定的資格，而對於該項案件，法律上又有權審判。故凡法官依法律規定，對案件有迴避之義務者（例如吾國民事訴訟法第三二條第三三條、刑事訴訟法第一七條第一八條之規定），均不得參加審判。

（第一三四條，參閱威瑪憲法第一五條第三項、第一八條第七項、第一九條、第九〇條，以及第五九條所規定的國務法院 (Staatsgerichtshof für das Deutsche Reich) 的權限）。

　　㈢**公開原則**　　人民的權利受到損傷，在民主國，最後是由法院保護的。法院的審判若不公平，則憲法所保障的人民權利等於具文。要謀審判的公平，必須人民有直接監視審判之權。這就是審判公開的理由。但是審判公開對於當事人，可揭發其陰私，而毀傷其名譽，未必有利，所以近來學者主張刑事審判不公開的，頗有其人❹。而在民事訴訟，法律亦有承認當事人為保全自己名譽計，得要求停止公開者。德國法院法第一七〇條對於婚姻事件，即承認當事人有要求停止公開之權❺。

　　茲依各國憲法規定，說明審判公開如次：

　　⑴憲法單單規定審判公開，而未規定停止公開的條件，美國憲法（修正條文第六條）即其例也。但是美國憲法所以保障審判公開，目的在於保護被告，使被告的親友律師能夠有所協助，並不是要令一般人士對於該項案件沒有直接關係的，也得監視法院的審判。所以案件之有反於善良風俗者，法院得令那些沒有利害關係的人退庭❺。

　　⑵憲法一方保障審判公開，同時又規定停止公開的條件，比利時憲法即其例也。其第九六條第一項云：「法院之審判公開之。但法院依其判斷而宣告為有害公共秩序或善良風俗者，不在此限」。第二項又云：「關於政治犯，出版犯，非有法院滿場一致之決議，不得宣告停止公開」。即法院得於有害公共秩序或善良風俗的理由之下，對一般犯罪，依法院過半數之決議，停止公開；對政治犯及出版犯，依法院滿場一致之決議，停止公開。日本新憲法也於審判公開的原則之下，承認法院若以公開有害於公共秩序或善良風俗者，得依

---

❹ 參看松本烝治，〈刑事裁判不公開論〉（私法論文集二一頁以下）。

❺ 法學協會，《註解日本國憲法》，昭和三十九年初版，一二四四頁「註一」。

❺ 法學協會，《註解日本國憲法》，一二三八頁以下。

滿場一致的決議，宣告停止。但同時又進一步而謂：政治犯，出版犯以及憲法所保障的國民權利受到侵害的案件，必須公開之（第八二條）。

⑶憲法雖然保障審判公開，但停止公開的條件乃委任法律規定之。奧國一九二○年憲法即其例也。其第九○條云：「法院的民事訴訟及刑事訴訟為言詞辯論，並公開之。其例外以法律定之」。即憲法關於停止公開的條件，不作任何規定，而完全委任法律定之❺❶。

⑷憲法沒有審判公開的規定，因之也不規定停止公開的條件。德國威瑪憲法、西德憲法、法國第三共和第四共和及第五共和的憲法、義國共和憲法均屬之。

二、司法的獨立

司法的獨立是謂法官依據法律，獨立審判，不受任何干涉，所以司法的對立就是法官的獨立，也就是法院的獨立。普魯士一八五○年憲法第八六條規定法院的獨立，德國威瑪憲法第一○二條規定法官的獨立，其實一也。司法的獨立可大別為對外與對內兩種：

㈠**對外獨立** 司法的對外獨立是謂法院（法官）行使職權，不受政府及議會的干涉。就政府說，今日各國多於政府之內設置司法（行政）部，管理司法行政❺❷。舉凡司法官之養成、司法區之劃分、法院之設置、司法經費之

---

❺❶ 波蘭一九二一年憲法第八二條云：「關於民事案件及刑事案件，法院內所作辯論除法律另有規定外，應公開之」，亦此例也。參閱普魯士一八五○年憲法第九三條：「民事法院及刑事法院的審判公開之。但公開有害於公共秩序或善良風俗者，法院得以決議，停止之」（第一項）。「其他場合非依法律不得停止公開」（第二項）。又荷蘭一九四七年憲法第一六八條：「除法律有例外之規定，法庭應公開之」（第三項）。「法官得以有害公共秩序或善良風俗之理由，停止公開」（第四項）。

❺❷ 案法院屬於司法 （行政） 部者，該部甚易侵犯法官審判的獨立。德國法官法 das dentsche Krchuurgeserz，對此有所補救。法官法第二六條特別明文規定，法官惟於不

籌措，皆由政府為之。但政府對於審判案件，絕對不得容嘴。就議會說，法院審判案件固然是依據法律，而法律又由議會制定。但是法律係普遍的，抽象的規範，其適用於個別的、具體的事件，應得何種結論，則為法院的事，議會不得干涉。因此之故，議會所設置的審查委員會不得干涉未下判決的案件；而人民關於法院的判決，苟向議會請願，議會不能有所裁決❸。而法官違法是否可由議會彈劾，亦成為問題。蓋恐議會由黨派心理，利用彈劾權，而侵害司法權的獨立。舉例言之，美國建國之初十餘年間都是 Federalist（即今日的共和黨）掌握政權。到了一八○一年 T. Jefferson 當選為總統，政權才

妨害其獨立審判的限度內，接受職務上的監督。所謂職務上的監督是謂制止法官違法執行職務，並督促法官依法迅速執行職務。法官若認職務監督之命令侵害審判的獨立，得請求職務法庭 (Dienstgericht) 裁判。參閱翁岳生著〈西德行政法院之組織及其裁判權之研究〉，載在臺大法學院刊行之《社會科學論叢》第二十二輯二八八頁。關於「職務法庭」，所謂職務法庭設置於聯邦高級普通法院（聯邦普通法院只有此一種，故可視為聯邦最高法院）內，專為聯邦法官而設，由審判長一人，常任陪席法官 (standige Beisitzer) 及非常任陪席法官 (nichtstandige Beisitzer) 二人組織之。審判長及常任陪席法官均為聯邦高級普通法院之法官，非常任陪席法官則為任職於被告所屬同一系統法院之終身職法官。至於掌有部分司法行政權之院長副院長則不得擔任職務法庭之法官，以免其一方為懲戒案件之原告，同時又為該案件之審判官。職務法庭之審判權限頗為廣汎，不僅限於懲戒案件之審理，他如法官之轉調、任命、免職、命令退休、借調、派任兼職，以及上級機關之命令違反審判獨立的原則等發生爭議，皆由其裁判。職務法庭的審理程序分為兩種：審理懲戒案件（如免職、停職、及命令退休）時，視為刑事庭，準用公務員懲戒法所規定之程序；審理其他案件（如轉調、借調、派遣兼職、及上級機關之命令違反審判獨立之原則）時，視為民事庭，準用行政訴訟法所規定之程序。參閱翁岳生著，〈西德法官之任用資格、任用方式及身分保障〉，載在《法律評論》第三十九卷第十期，三頁以下。

❸ J. Hatschek, *Deutsches und preussisches Staatsrecht*, Bd. II, 2 Aufl. 1930, S. 617. 參看 Bd. I, S. 308, 692.

歸屬於 Republican （即今日的民主黨）。兩黨主張不同，而最高法院法官 Samuel Chase 竟於法庭之上攻擊 Republican，於是引起 Republican 的反感，終而有彈劾之事。固然 Chase 有其取禍的理由，而第二院尚能主持公道，於表決彈劾案之時，未能得到法定人數的贊成，而宣告無罪。然而此次彈劾完全由於黨派的仇視，乃是不可否認的事實❺❹。近來列國憲法關於法官的罷免，多不用彈劾之法；彈劾的審判又多由法院掌之，理由實在於此。

　　㈡**對內獨立**　司法的對內獨立是謂法院開庭審判案件，每個法官都是獨立的，單單依據法律，即以法律條文為大前提，具體事實為小前提，依此求出結論的判決。不但行政機關與立法機關不得干涉，就是上級法院也不得有所指示。換言之，每個法庭的審判都是獨立的，上級法院對於下級法院的審判，只能於其宣布判決之後，依上訴程序，變更其判決。在審判時絕對不得干涉。

　　上述司法的獨立可以說是法官行使職權的獨立。而要保障法官行使職權的獨立，又須保障法官地位的獨立。茲先說明法官的任用方法，而後再述法官地位的獨立如何保障。因為法官的地位是否安定，乃與法官的任用方法有連帶關係。

　　㈠**法官的任用程序**　今日民主國都有一種傾向：各種官署甚至於法院也由人民選舉。即要求人民所信任的人組織官署，且又要求官署任期短。因為任期愈短，則人民對於他們的影響亦愈大。但是這個傾向又與現代國家所要求於法官的兩個條件：法學精通及地位獨立矛盾。法官需要精通法律，則不能不限制人民的選擇，法官必須地位獨立，則不能無故免職。以今日生活關係及法律關係之複雜，法官需要高深的法律知識，固不待言。而今日民主政治不但對行政機關，且應落實於擁有主權的人民，更需要法官地位保持獨立，否則法治政治無法維持，而民主政治將淪落為暴民政治❺❺。所以今日各國採

---

❺❹ 參看 C. Warren, *Congress, the Constitution and the Supreme Court*, 1935, p. 260. F. A. Ogg and P. O. Ray, *Introduction to American Government*, 8 ed. 1945, p. 471.

用法官民選之制的，除美國各邦及瑞士各邦外，罕有其例。而在美國，各邦已經痛感法官民選之弊，而思有所改革。一九三七年美國律師協會 (The American Bar Association) 曾建議各邦政府於一定條件之下，法官由政府任命。唯經過一定期間之後，得由國民投票表決其可否繼續在職，Missouri 依這建議，就於一九四〇年採用斯制，一九四五年修改憲法，又規定於第五條第二九項之中❺❻。

民選法官既不能滿足司法的需要，於是各國就採用下列三種方法以任用法官。

⑴**由議會選舉**　瑞士聯邦法院 (Bundesgericht) 的法官是由國會兩院開聯席會議選舉之（瑞士憲法第八五條第四款、第九二條）。這種制度可令法院隸屬於議會，終則政爭表現於司法之上，大有害於司法的獨立❺❼。

⑵**由政府任命**　法官由政府任命乃是多數國家採用的制度。這個制度固然可使政府利用任命權，干涉司法的獨立。但今日各國為減少這個弊端，一方限定法官所應有的資格，例如普魯士一八五〇年憲法（第九〇條）：「凡非有法律所規定的資格者，不得任命為法官」。所謂資格當然是指精通法學。至於甄別資格之優劣則用考試，義國共和憲法（第一〇二條第一項）云：「法官之任命，依考試之法行之」，即其例也。他方又於各種條件之下，減少政府的任命權，其法如次。

①法官由總統經議會同意後任命之，例如美國總統任命聯邦法院法官，須徵求參議院同意（美國憲法第二條第二項第二目）。

------

❺❺ J. Hatschek, a. a. O. S. 607. derselbe, *Allgemeines Staatsrecht*, II, *Das Recht der modernen Demokratie*, 1909, S. 118f.

❺❻ 法學協會，《註解日本國憲法》，昭和二十九年初版，一一八一頁及一一九二頁「註五」。

❺❼ 瑞士非採三權分立之制，行政權既隸屬於立法權之下矣，而依憲法第八五條第一一款之規定，司法權也同行政權一樣，須受議會的監督。

②法官之任命，上級法院有參與的權。蓋下級法院法官之學識如何，能力如何，上級法院於審閱上訴案卷時，必知之甚詳，故令其提出人選。今試舉下述數國之制。⑴智利之制，最高法院法官有缺額時，由最高法院提出候補人五名，由總統選任之。高等法院法官有缺額時，由最高法院提出候補人三名，由總統選任之（一九二五年憲法第八三條第二項、第三項，地方法院法官當逕由總統任命之）。⑵秘魯之制，地方法院法官有缺額時，由高等法院提出名單兩份，候補人各三名，由總統選任之。高等法院法官有缺額時，由最高法院提出名單兩份，候補人各三名，由總統選任之。最高法院法官有缺額時，由總統提出候選人十名，交國會選舉之（一九三三年憲法第二二二條、第二二三條）。⑶比利時之制，地方法院法官有缺額時，雖由國王直接任命，而高等法院法官有缺額時，由高等法院及省議會各提出名單一份，由國王選任之。最高法院法官有缺額時，由最高法院及國會參議院各提出名單一份，由國王選任之（憲法第九九條）。

③法官之任命，由特殊組織的委員會提名，請總統任命之。例如法國第五共和憲法置司法最高會議 (Conseil superieur de la magistrature)，以總統為主席，司法部部長為副主席，委員九人，由總統依法任命之。最高法院法官及高等法院院長之任命，由它提出人選，請總統任命之。其他各級法院法官之任命，它對於司法部部長之提名，得表示意見（憲法第六五條）。西德之制，聯邦高級法院 (Obere Bundesgericht) 法官有缺額時， 由司法部部長及法官選拔委員會 (Richterwahlausschuss) 共同決定選任人選。法官選拔委員會由各邦司法廳廳長與聯邦眾議院所選出的同數委員組織之（憲法第九五條第三項）。現今西德有十一邦，故其法官選拔委員會共有二十二名委員，聯邦司法部部長與選拔委員皆得提出聯邦法官之候選人名單。選舉時，以聯邦司法部部長為主席，主席無投票權。聯邦司法部部長同意選拔委員會多數通過之候選人為聯邦法官時，即呈報總統予以任命[508]。

[508] 參閱翁岳生教授著，〈西德法官之任用資格、任用方式及身分保障〉，載在《法律評

㈡**法官地位保障** A. Hamilton 說：「法官操行端正，得永保職位。這是近代政治最有價值的改革。在君主國，這可以阻遏君主的專制。在共和國，這可以預防議會的越權和暴虐， 且可以保障司法的安定 (steady)、 嚴正 (upright) 和公平無私 (impartial)」⑨。最初法律明文保障法官的職位的乃是英國一七〇〇年的王位繼承法（第三條第七款），此後美國憲法（第三條第一項）及法國一七九一年憲法（第三篇第五章第二條）亦有類似的規定。比利時一八三一年憲法（第一〇〇條第一項）更進一步明文規定法官為終身職。以最近憲法言之，法國第五共和憲法第六四條第四項規定「法官為終身職」，義國共和憲法第一〇七條第一項規定「法官不得免職」，西德憲法第九七條第二項規定「法官非受法院之判決，且依法定理由與程序，不得……免職」均其例也。即在今日，凡法官之由任命的，大率均為終身職⑩。

但是所謂任期終身並不是說法官的地位絕對穩固，除了死亡之外。今日各國憲法有兩種制度以調和法官任期之制。

⑴**退　休**　法官任期終身，亦有弊端。舊者不退，新者無法登進。法界無新陳代謝，司法將不能隨時代之發展而進步。因此，各國又有退休之制，法官達到一定年齡，必須自動辭職。

①憲法規定法官的退休年齡，例如巴西一九四六年憲法（第九五條）以七十歲為退休年齡，即其例也。

②憲法將法官的退休年齡委任法律規定之。例如德國威瑪憲法（第一〇四條第一項）、西德憲法（第九七條第二項）均謂法律規定法官的退休年齡。

③憲法規定法官為終身職，而又未曾規定、或委任法律規定法官的退休

論》第三十九卷第十期，三頁。

⑨ *The Federalist*, No. 78 (Modern Library, p. 503).

⑩ 韓國憲法（第七九條）規定法官任期十年。日本新憲法關於最高法院法官，沒有規定任期，但每隔十年，人民於選舉第一院議員之時，得用投票之法以罷免之（第七九條第二項及第三項）。關於下級法院法官的任期，則規定為十年（第八〇條第一項）。

年齡者（例如美國憲法第三條第一項），此際法律縱設置退休之制，亦不過許其自動的退休，他們不願退休，國家不得強制之。

*依美國之制，凡任聯邦法官十年，年滿七十歲以上，或任聯邦法官十五年，年滿六十五歲以上，均得自動退休，退休時食全俸。見 C. O. Johnson, *American Government*, 2 ed. 1955, p. 372. 美國憲法規定，法官的薪俸在其任職時，不得減少。這樣，法官是否須負擔所得稅，就成為問題。一九二○年聯邦最高法院以為法官無須繳納所得稅 (Evans v. Gore, 253 U.S. 245)。一九二五年聯邦最高法院又進一步，主張法官縱任命於所得稅實行之後，亦得免稅 (Miles v. Graham, 268 U.S. 501)。到了一九三九年，聯邦最高法院才改變過去的判決，以為所得稅法公布之後，新任命的法官有納稅的義務 (O'Malley, Collector of Internal Revenue v. Woodrough, 307 U.S. 277)。參閱 E. S. Corwin, *The Constitution of the United States of American*, 1953, p. 530.

⑵**免　職**　法官違法失職，自非免職不可。但其免職不得單依政府之意為之，而須受其他機關的牽制。

①要罷免法官須依議會的建議，這種制度可以英國為例。依王位繼承法（第三條第七款）規定，法官操行端正，得永保職位。非有國會兩院的建議 (address)，國王不得罷免之。即法官是否繼續任職，不懸於國王的愛憎，而懸於他們自己的操行。至於他們的操行如何，則由國會批評之❺⑪。

②要罷免法官須經彈劾程序。例如美國憲法（第三條第一項）規定，法官操行端正 (good behavior) 得永保其職。至於那一種行為可視為欠缺操行端正，而操行是否欠缺端正，又由誰決定，憲法沒有明文規定。但法官乃是文官 (civil officers) 之一。關於文官，眾議院有彈劾之權，參議院有審判之權

---

❺⑪ 參閱 D. J. Medley, *A Student's Manual of English Constitutional History*, 6 ed. 1925, p. 337. W. R. Anson, *The Law and Custom of the Constitution*, Vol. I, 5 ed. (by M. L. Gwyer), 1922, p. 401f.

（第二條第四項，參閱第一條第三項第六目）。文官若有重罪惡行 (high crimes and misdemeanors)，國會可用彈劾以罷免之。故凡法官有重罪惡行即視為欠缺操行端正，也可依彈劾程序，令其去職❺❶❷。

　　③要罷免法官須經最高法院或特殊法院的判決。例如比利時憲法（第一〇〇條）規定：法官為終身職，非依判決，不得將其免職或停職。即法官的免職或停職，須由眾議院彈劾，經最高法院審判後，才得為之。又如西德憲法（第九七條第二項）規定：法官非依法院之判決，不得將其免職停職或轉調，據翁岳生教授研究，西德將彈劾與懲戒分開，關於法官的彈劾，依憲法第九八條之規定，聯邦法官於職務上或職務外違背憲法之基本原則或各邦之憲法秩序時，得由聯邦眾議院提起彈劾，由憲法法院以三分之二之同意，判令該法官調職或退休，如其違反出於故意者，得予撤職。關於法官的懲戒，法官違法或失職，由司法部部長或法院院長提出懲戒案，懲戒案本來也由公務員懲戒法院審理，一九六一年制定德國法官法 (Das deutsche Richtergesetz)，於聯邦高級普通法院（聯邦普通法院只有此一種，故可視為聯邦最高法院）內，專為聯邦法官，設置聯邦法官職務法庭 (Dienstgericht des Bundes)，由審判長一人，常任陪席法官 (ständige Beisitzer) 二人及非常任陪席法官 (nichtstandige Beisitzer) 二人組織之。審判長及常任陪席法官均為聯邦高級普通法院之法官，非常任陪席法官則為任職於被告所屬同一系統法院之終身職法官。至於掌有部分司法行政權之院長副院長則不得擔任職務法庭之法官，以免其一方為懲戒案件之原告，同時又為該案件之審判官。職務法庭之審判權限頗為廣汎，不僅限於懲戒案件之審理，他如法官之轉調、任命、免職、命令退休、借調、派任兼職，以及上級機關之命令違反審判獨立的原則等發

----

❺❶❷ 參閱 J. M. Mathews, *The American Constitutional System*, 1932, p. 178. 同頁「註二」云：「固然依法律規定，關稅法院 (Customs Court) 的法官玩忽職務，而有不稱職或不法行為之時，總統得罷免之。但此法院乃國會所設置，與憲法（第三條第一項）所謂下級法院 (inferior courts) 不同」。

生爭議，皆由其裁判。職務法庭的審理程序分為兩種：審理懲戒案件（如免職、停職、及命令退休）時，視為刑事庭，準用公務員懲戒法所規定之程序；審理其他案件（如轉調、借調、派遣兼職、及上級機關之命令違反審判獨立之原則）時，視為民事庭，準用行政訴訟法所規定之程序❸。

④要罷免法官須經特設司法會議之決議。據義國共和憲法（第一〇七條第一項）規定，「法官不得免職，非依最高司法會議 (Superior Council of the Magistrature) 之決議，而此決議又根據司法組織法所規定之理由，並許本人有辯答的機會，或經本人之同意者，不得將其免職停職或轉調」。所謂最高司法會議依憲法（第一〇四條）規定，以總統為主席，最高法院院長及檢察長為當然委員。此外，其他委員中三分之二由各級法院法官互選之。三分之一由國會兩院聯席會議就大學法律學教授及有十五年經驗的律師中選舉之。任期四年，不得繼續連任。

三、法院與行政訴訟

行政機關行使職權，應受法律的拘束，這是法治政治所要求的。其實，行政機關「事實上」不能行使職權，須由代理人——官吏行使職權。官吏行使行政機關的職權，「法律上」就是行政機關行使職權。但是官吏乃是人類，「人孰無過」，所以他們行使職權，有時難免錯誤、疏忽、或違法，或越權，而侵害人民的權利。此際人民得控訴國家，要求國家賠償乎，抑只得控訴官吏私人，要求官吏私人賠償乎？其控訴也，得依普通法律，向普通法院提出乎，抑須依特別法規（行政法規），向特別法院（行政法院）提出乎。依各國制度，可大別為英美制與大陸制兩種。

㈠**英美制** 以英國為例言之， A. V. Dicey 有言 ： 英國所謂法治 (rule of

---

❸ 依翁著，〈西德法官之任用資格、任用方式及身分保障〉，載在《法律評論》第三十九卷第十期，三頁以下。參閱翁著，西德聯邦公務員懲戒制度之研究，載在思與言雜誌第五卷第五期。

law) 不但說，沒有一人能在法律之上，且又說，每個人都須遵從普通法律，而受普通法院的管轄 (every man is subject to the ordinary law of the realm and amenable to the jurisdiction of the ordinary tribunals)⑭。即人民在法律上一律平等。縱令官吏，上自丞相，下至游徼，當其執行職權而侵害人民的權利之時，人民亦得起訴於普通法院，依普通法律，向加害者私人要求賠償，不得以國家為控訴的對象。換言之，在英國，官吏行使職權，侵害人民的權利，無異於私人侵害私人的權利。官吏與人民的訴訟無異於人民相互間的訴訟，只有一個法律與一個法院管轄他們，並不分歧異於其間⑮。蓋依英國人的觀念，凡是官吏，不問地位之高低，職權之大小，他們的行為都要受法律的拘束。他們違反法律，只可視為他們個人違反法律，固不得藉詞於執行公務，而免除責任⑯。

　　㈡**大陸制**　大陸制可以分為行政性的行政訴訟及司法性的行政訴訟。前者可以法國為例，後者可以德國現行制度為例。茲先說明法國之制。法國與英國不同，官吏以其私人資格而作的行為若違法侵害人民的權利，這只是私人過失 (fait personnel)，而構成為普通訴訟，由普通法院依普通法律審判之。苟須賠償損害，亦由該官吏私人負其責任。官吏行使職權，若違法侵害人民的權利，這是職務上的過失 (faite du service)，應構成為行政訴訟，由行政法院依行政法規審判之。如須賠償損害，則由國家負其責任⑰。法國所以採用這種制度，乃有兩種原因：一是歷史上的原因，法國在革命以前，其最高法院 (Parlement de Paris) 除審判民刑案件之外，尚得審查政府發布的命令。審查的結果，若以政府發布的命令有反於國家根本法 (lois fondamentales)，得否

---

⑭ A . V. Dicey, *The Law of the Constitution*, 2 ed. 1886, p. 179f.

⑮ A. V. Dicey, op. cit., p. 180ff. W. B. Munro and M. Ayearst, *The Governments of Europe*, 4 ed. 1954, pp. 268, 494.

⑯ 參閱 W. B. Munro and M. Ayearst, op. cit., p. 493.

⑰ 參閱 A. V. Dicey, op. cit., pp. 181, 185ff.，尤其 p. 186f. 所舉之例。

認其效力。革命前後，最高法院常利用這個權力，阻撓政治改革。革命黨人有鑒於此，乃採用行政法院之制，使行政機關完全脫離司法機關而獨立❺❶❽。二是理論上的根據，行政法院之制頗受孟德斯鳩三權分立主義的影響。據革命黨人之意，一方普通法官的地位安定，而獨立於政府之外，他方政府及其官吏（當其行使職權之時）也應該不受普通法院的管轄。普通法院只得管轄私人間的普通訴訟，不得干涉行政權的自由活動。故凡人民與官署之間或官署相互之間發生訴訟，即所謂行政訴訟應由行政機關自己處理❺❶❾。革命之後，這種觀念最初表現於法令之上者則為一七九〇年八月十二至二十四日的司法組織法。該法一方禁止行政權干涉司法權，他方又禁止法院妨害政府的活動，而求行政權的獨立。所謂行政權的獨立就是行政上的法律關係由行政機關裁決，不歸普通法院審判。普通法院所得審判者限於民刑訴訟。隨著一七九一年憲法（第三篇第五章第三條）又明文規定，法院不得干涉行政權的活動，亦不得審判官吏職務上的行為。不過這個時候行政與行政訴訟尚無區別。直至一七九九年十一月二十八日拿破崙的行政組織法發布之後，行政與行政訴訟才截然分開。地方置 Conseil de Prefecture（試譯之為地方行政法院），中央置 Conseil d'Etat（試譯之為中央行政法院），以審判行政訴訟。凡不服地方行政法院的判決者，由元首查詢中央行政法院的意見之後，予以裁決。即在此時，行政訴訟尚視為行政的一部而未獨立。一八四九年三月三日的法律才把行政訴訟完全劃歸中央行政法院審判，元首不得參與。一八七二年五月二十四日的法律又以中央行政法院為行政訴訟的終審機關❺❷〇。自是而後，行政法院就分地方與中央兩級。

---

❺❶❽ 參閱 H. Finer, *The Theory and Practice of Modern Government*, Vol. I, 1932, p. 158. H. Cunow, *Die Marxsche Geschichts-, Gesellschafts- und Staatstheorie*, Bd. I, 4 Aufl. 1923, S. 94f.

❺❶❾ 參閱 A. V. Dicey, op. cit., p. 187f.

❺❷〇 G. Meyer, *Lehrbuch des Deutschen Staatsrechts*, 6 Aufl. 1905, S. 657f., 668f.

第四共和憲法關於行政法院沒有任何規定。但第三〇條既云，總統任命評事 (conseillers d'Etat)，則其繼承舊制，置有行政法院，自不待言。第五共和憲法亦無專條規定行政法院，但第一三條第三項既云：「總統經國務員會議之同意，任命中央行政法院評事」。第三七條第二項又云，「凡法規有關於命令性質之事項者，於徵求中央行政法院之意見後，得以命令修改之」，觀此條文，可知第五共和時代亦有行政法院。至於今日法國行政法院之組織如何，職權如何？地方行政法院設於各省 (Departement)，全國有八十九所。現在則數省合設一院，全國共有二十二所。每院置院長一人，以所在地之省長 (Prefet) 兼之，副院長一人，評事 (Conseiller) 四人，由內政部部長呈請總統任命之❺㉑。中央行政法院置院長一人，以司法部部長兼之，副院長一人由總統經內閣會議同意後任命之。評事若干人，分為兩種，一種是政治的 (political)，稱為特務評事 (conseillers en service extraordinaire)，共十二名，由中央各部高級官吏如司長處長等兼之，他們代表政府各部，以資保護政府各部的利益，他們離開各部，即失去評事的資格。另一種是非政治的 (nonpolitical)，稱為常務評事 (conseillers en service ordinaire)，共四十六名，由總統經內閣會議同意後任命之，但其人須有高深的法學造詣、而又負公平無私、愛護人權的盛譽。凡審判案件，特務評事只能陳述意見，不得決定判決。真正的法官乃是常務評事❺㉒。中央行政法院有下列三種職權。

(1)**勸告的職權** 內閣要發布命令或提出法律案於國會，須先提請中央行政法院審查，此際中央行政法院不是依政治的觀點審查兩者的內容，而是審查兩者與現行法律有否牴觸，兩者所用的語法是否正確。不過中央行政法院的意見只有勸告的性質，而缺乏拘束內閣之力。縱令雙方意見完全相反，內閣亦得發布命令或提出法律案於國會❺㉓。

---

❺㉑ W. B. Munro and M. Ayearst, op. cit., p. 495.

❺㉒ 參閱 W. B. Munro and M. Ayearst, op. cit., pp. 394, 496.

❺㉓ 法國分命令為兩種：一種稱為 actes de gouvernement，例如總統任命某甲為國務總理

⑵**取消的職權** 行政機關的命令或處分有越權 (exces de pouvoir) 或濫用職權 (detournement de pouvoir) 的情弊❷，而致侵害人民的權利，中央行政法院得依受害人之控訴，取消該項命令或該項處分。取消命令之時，受害人往往不能得到損害賠償。取消處分之時，國家對於受害人應負損害賠償責任。不過我們須知取消命令之事並不常有。因為政府在發布命令以前，固已提請中央行政法院審查了❷。

⑶**審判的職權** 中央行政法院一方為終審法庭，審判來自地方行政法院的案件，他方又為初審及終審法庭，審判許多原始案件。凡官吏行使職權，違法侵害人民的權利，受害人得直接起訴、或間接上訴於中央行政法院，要求國家賠償損害❷。

總之，法國與英國不同，除普通法律與普通法院之外，尚有行政法規與行政法院。前者審判私人與私人之間的爭訟，後者審判人民與政府之間的爭訟❷。由英法制度之不同，遂發生一種重要的不同結果。在英國，人民只得向加害者私人要求賠償；在法國，人民得向國家要求賠償❷。此蓋英國過去

的命令，這是政治上的命令，不得審查。另一種稱為 reglements d'administration，例如總統發布戶口調查的施行辦法，這是行政上的命令，可以審查。見 W. B. Munro and M. Ayearst, op. cit., p. 498.

❷ 所謂越權，例如官署對於某種事項，根本沒有權限去執行，或有權限去執行，而執行之時，乃不依法定程序或竟破壞法令。所謂濫用職權，例如工廠不合衛生，有關公署固得令其暫時停業。但公署若因別種不正當的原因，命令工廠停業，而証之為不講衛生，就是濫用職權。

❷ 參閱 W. B. Munro and M. Ayearst, op. cit., pp. 395, 497f.

❷ 參閱 W. B. Munro and M. Ayearst, op. cit., pp. 395, 496. 其實⑵⑶兩項職權常合併行使。

❷ W. B. Munro and M. Ayearst, op. cit., p. 491.

❷ 依各國制度，受害人不但得對國家，又得對加害的官吏，要求損害賠償。德國威瑪憲法第一三一條：「官吏行使職權，苟違反其對第三者應盡之職務上義務，原則上由雇

有 "the king can do no wrong" 之言，由於這個格言，法律上又發生一種擬制：
"a sovereign state can do no wrong." 換言之，國家不會傷害 (Wrong) 其人民，
官吏違法只可視為他私人違法。所以人民受了損害，只得控訴該官吏私人，
國家不負損害賠償責任❺㉙。反之法國以為國家之於官吏，猶如東家之於雇員
一樣，在其職務的範圍內，雇員若因故意或過失，侵害別人的權利，東家須
負賠償的責任。同樣，人民受到官吏的違法處分而致權利受到損害者，亦得
向國家要求賠償❺㉚。

法國一方有最高法院 (Cour de Cassation)，為普通訴訟的終審機關，他方
又有中央行政法院，對於行政訴訟，有最高裁決權。各在自己職權的範圍內，
有最高的權力，誰都不比他方高。倘令一種案件，應歸那一方審判，發生爭
議，或雙方積極的皆謂屬於自己管轄，或雙方消極的皆謂不屬自己管轄，則
由權限法院 (Tribunal des Conflits) 裁決之。權限法院以司法部部長為院長，
共有法官八名，四名由最高法院派遣，四名由中央行政法院派遣。這八名法
官又推舉一名為副院長。司法部部長很少出席，所以副院長乃是實際上的院
長❺㉛。

次就德國制度言之。在說明德國制度之前，對於瑞士制度似有一述的必
要。瑞士制度實開行政法院的司法化之先聲。瑞士依一九二八年六月十一日
的法律，才設置行政法院，但其行政法院不是獨立的機關，而是聯邦法院
(Bundesgericht)——聯邦只有這個法院，故可視為瑞士的最高法院，其餘中下
級法院均由各邦設置之——的一部。聯邦法院本來設置三部，一部為憲法部
(Staatsrechtliche Abteilung)，兩部為私法部 (Zivilrechtliche Abteilung)。設置行

用該官吏之國、邦或其他公共團體負損害賠償責任。但第三者對於該官吏的求償權並
不因此消滅。關於本條所規定的賠償尚得起訴於普通法院」，即其例也。

❺㉙ W. B. Munro and M. Ayearst, op. cit., pp. 492, 497.

❺㉚ W. B. Munro and M. Ayearst, op. cit., p. 496.

❺㉛ W. B. Munro and M. Ayearst, op. cit., p. 499.

政法院之後，憲法部就改為憲法及行政法部 (Staats- und verwaltungsrechtliche Abteilung)。故在瑞士，行政法院乃分離於行政權之外，而為行政法院的司法化 ❺❸❷。

　　德國法學界受了法國的影響，亦主張設置行政法院 ❺❸❸。其意見可分為南北兩派。北派以 R. V. Gneist 為代表。其見解傾向於法國主義，以為行政訴訟乃行政作用之一種，故行政法院應隸屬行政系統之內。如是，方能保障行政權的獨立，提高行政效率，不受司法權的干涉。南派以 Otto Bähr 為代表，意謂行政法院若置在行政系統之內，便是行政官署審理行政事件。訴訟當事人自己成為法官，裁判安得公平。國家所以於普通法院之外，另置行政法院者，不是為維護行政權的獨立，以免受到司法權的干涉，而是行政事件負有專門性與技術性，非普通法官所能勝任。十九世紀中葉以後，南北各邦次第成立行政法院，除南部少數邦依 Bähr 之學說，設置司法性的行政法院之外，北部各邦均依 Gneist 之學說，設置行政性的行政法院。尤以普魯士的行政法院為然。普魯士的行政法院雖有三級三審之制，但初級及中級均由行政官員及榮譽職陪審員組成之。最高級之行政法院才由專任職法官組織之，但亦只唯一半法官應具有普通法院法官之資格，另一半則就高級行政官中任命之。即其組織與法國的中央行政法院相似。德國為聯邦國，自帝政經威瑪憲法而至第二次大戰為止，中央並未設置行政法院，而各邦行政法院的組織亦不一致。第二次大戰之後，行政法院的組織才見統一，依一九六〇年一月二十一日的行政法院法 (Verwaltungsgerichtsordnung) 第一條規定，行政裁判權由獨立而

---

❺❸❷ 參閱國家學會雜誌第四十五卷第七號第八號及第九號，田中二郎著，《瑞西聯邦行政裁判制度二就テ》，尤其一〇八五頁。並參閱 F. Fleiner, *Schweizerisches Bundesstaatsrecht*, 1923, S. 229.

❺❸❸ 本段所述乃摘要翁岳生教授著，〈西德行政法院之組織及其裁判權之研究〉，載在臺大法學院刊行之《社會科學論叢》第二十二輯，並參考翁著，〈論西德司法制度〉，載在《思與言雜誌》第六卷第六期，抽印本五頁。

與行政官署分離之法院行使之。自此時始，德國行政法院已與法國行政法院不同，依 Bähr 之說，而求行政法院之司法化。行政法院採三級三審制，初級為 地 方 行 政 法 院 (Verwaltungsgericht)，中 級 為 高 等 行 政 法 院 (Oberverwaltungsgericht)，最上級為聯邦行政法院 (Bundesverwaltungsgericht)，前二種為各邦的行政法院，後一種為中央的行政法院，設於柏林。各級行政法院均分設審判庭（在地方行政法院，稱為 Kammern，在高等行政法院及聯邦行政法院，又稱為 Senate）。各級行政法院均置院長、庭長及法官。法官分為 兩 種 ： 一 種 為 職 業 法 官 ， 另 一 種 為 榮 譽 職 法 官 (ehrenamtliche Verwaltungsrichter)。職業法官須具有法官法所規定的法官資格，除院長及庭長外，或專任，或兼任。榮譽職法官則就一般德高望重的公民中，由選舉委員會❸選任之，其職權有似於陪審員。每次開庭，均採合議制。在地方行政法院，由職業法官三人及榮譽職法官二人之合議行之。在高等行政法院，各邦制度不甚一致，而可分為三種：其一以職業法官三人之合議行之，如 Bremen 是；其二以職業法官五人之合議行之，如 Bayern 是；其三以職業法官三人及榮譽職法官二人之合議行之，如柏林是。在聯邦行政法院，只有專任之職業法官從事裁判工作。但不問職業法官或榮譽職法官均依法律獨立裁判，不受外界的干涉，而且兩種法官的地位均受法律的保障。凡人民權利受到公權力之侵害，或認行政裁量行為有越權之處，均得向地方行政法院提起訴訟，如有不服，得上訴於高等行政法院，而高等行政法院又得依人民之聲請，裁判各該邦政府所發布的法規命令之效力。凡不服高等行政法院之判決，

---

❸ 選舉委員會以地方行政法院院長為主席，委員八人，一人由邦政府指定行政官員充任之，七人由邦議會就議員以外的人選舉之。每四年各縣市應提出榮譽職行政法官之候選人名單，其人數為法定榮譽職法官名額之二倍。名單上候選人應先經各縣市民意代表之同意，而後再由選舉委員會就名單上所列之候選人，以三分之二之多數，選出法定名額之榮譽職法官。榮譽職法官任期四年，連選得連任一次。見翁著，《西德行政法院之組織及其裁判權之研究》，抽印本二九頁。

而其爭議又屬於聯邦法者，得上訴於聯邦行政法院。關於各級行政法院的監督，地方行政法院由高等行政法院監督，高等行政法院由誰監督，各邦制度頗不一致，大多數邦由首席廳長或內政廳廳長監督。聯邦行政法院的監督機關則為聯邦內政部。當然，所謂監督乃限於法官法第二六條之規定，只得制止法官違法執行職務，並督促法官依法迅速執行職務，而不得妨害其審判的獨立。

觀上所述，可知現今各國行政法院——行政訴訟已與過去不同，「行政性」的色彩甚淡，「司法性」的色彩比較濃厚。

四、法院與法令審查

國家的法規可分別為三種，一是憲法，二是法律，三是命令。三者的效力各不相同，憲法最高，法律次之，命令又次之，這叫做法規的位階性(Stufenbau des Rechts)。法規既有上下位階之別，則法律不得牴觸憲法，命令不得牴觸法律，乃是邏輯上必然的結論。法律既然不得違憲，命令既然不得違法，則法律有否違憲，命令有否違法，倘或發生疑義，當然須有一個機關負審查之責❺❸❺。

法規之成為審查的對象者有法律與命令兩種，而其審查的原因又可分別為形式違憲或違法及實質違憲或違法。所謂形式違憲或違法是指法規不依一定程序制定。如在吾國，法律之制定須經三種程序：(1)立法院通過，(2)總統公布，(3)行政院院長副署或行政院院長及有關部會首長副署（吾國憲法第一七〇條，參閱第三七條）。三種要件欠缺其一，這種法律形式上都是違憲的。所謂實質違憲或違法是指法規內容與其上位法規牴觸，例如吾國憲法（第一

---

❺❸❺ 參閱 H. Kelsen, *Wesen und Entwicklung der Staatsgerichtsbarkeit* (Veröffentlichungen der Vereinigung der Deutschen Staatsrechtslehrer, Heft 5, S. 30ff.) L. Duguit 亦由法規的位階 (hierarchie des lois)，說明法院有審查法律之權。見他所著 *Traité de Droit Constitutionnel*, t. III, 3 ed. 1930, p. 690 et s.

三〇條）規定，國民年滿二十歲者有選舉權，倘立法委員選舉法改之為十八歲或滿二十一歲，皆為違憲。由此可知法規之違憲或違法共有四種。

$$
法規\begin{cases}
法律\begin{cases}形式違憲 \\ 實質違憲\end{cases} \\
命令\begin{cases}形式違法或違憲 \\ 實質違法或違憲\end{cases}
\end{cases}
$$

茲試分別討論之。

㈠形式上的違法或違憲

　　命令的形式有否違法，法律的形式有否違憲，審查的權無不屬於普通法院，這是自明之理，固無須憲法明文規定。何以言之？普通法院審判民刑案件之時，必須適用法規。但是法官所適用者乃是有效的法規，並不是無效的法規。因此法官適用法規之時，須先審查該項法規是否有效。法規的形式欠缺一定條件，例如憲法規定為應經議會通過的事項（如吾國憲法第一九條之納稅義務及第二〇條之兵役義務），政府乃以命令定之，未經議會通過；或議會通過了[536]，未經總統公布；或總統公布了，未經行政院院長副署，縱令這項法規的內容是合理的，是合法的，亦只可視為無效，法官沒有適用的義務[537]。舉例言之，昔者，捷克置憲法法院 (Tribunal Constitutionnel)，以審查法律的實質（一九二〇年憲法施行法第一條第二條第三條，這個施行法載在憲法條文之前，成為憲法的一部），而憲法（第一〇二條）又云：「法官審判訴訟案件之際，關於政府發布的命令，有審查其效力的權；關於法律，只得審查其是否正當公布」。依此條文，可知捷克的普通法院有審查法律形式的

---

[536] 至於議會通過法律是否曾經三讀會之程序，每次開會的出席議員是否合於法定人數，法院似無審查的權。因為議會有改開祕密會的，此際開會情況如何，外人固無從知道。參閱 G. Meyer, *Lehrbuch des Deutschen Staatsrechts*, 6 Aufl. 1905, S. 633.

[537] 參閱 G. Meyer, a. a. O. S. 633.

權。法律如此，命令更不必言。奧國也置憲法法院 (Verfassungsgerichtshof)，以審查法律與命令的實質（一九二〇年憲法第一三九條第一四〇條），而憲法（第八九條第一項）又云，「凡法律正當公布者，法院無審查其效力的權」。正當公布的法律，法院不得審查其效力，則法律是否正當公布，法院當然不能不審查了。即奧國的普通法院亦得審查法律的形式，法律如此，命令尤見其然。

㈡實質上的違法或違憲

關於這個問題，應分別命令與法律兩者討論之。

⑴**命　令**　各國大率承認普通法院對於命令有審查其實質的權，這或由於憲法明文規定，或由於解釋憲法而得的結論。依各國之制：

①憲法明文規定普通法院有審查命令內容的權。奧國一八六七年憲法（關於司法權之憲法第七條）云：「法院適用命令之時，得審查其效力」，即一例。

②憲法規定命令與法律牴觸者，普通法院不必適用之。普通法院既然不須適用違法的命令，則命令是否違法，當然有審查的必要。比利時憲法（第一〇七條）云：「凡中央及地方發布之條例及規程而與法律牴觸者，法院不必適用之」，即其例也。

③憲法固然沒有明文規定普通法院可以審查命令或拒絕適用違法的命令，但是各國憲法基於司法獨立的觀念，常有「法官依據法律獨立審判」之文字。憲法既然指定法律為法官審判案件之根據，而未曾提到命令，則法規之能絕對的拘束法官者，當然限於法律了。換句話說，對於法官，法律有絕對的拘束力，命令沒有絕對的拘束力。命令之合法者，法官固應適用。命令的內容苟有反於其上位法規的憲法或法律，法官實無適用的義務。因此之故，法官在適用命令之時，自應審查命令的實質。凡認為違憲或違法者，得拒絕適用之[538]。

---

[538] 參閱野村淳治，《司法裁判官ノ法令審查權》（美濃部教授還曆紀念，公法學ノ諸問

　　總之，各國憲法無不明示或暗示普通法院有審查命令實質的權。其不承認普通法院有審查命令實質之權者，憲法必有明文規定。普魯士一八五〇年憲法（第一〇六條第二項）：「凡命令之適當 (gehörig) 公布者，審查其效力的權不屬於官署 (Behörden)，而屬於國會兩院」。照德國學者解釋，所謂官署乃包括普通法院在內，即普通法院只能審查命令的形式，不得審查命令的實質❺❸❾。奧國一九二〇年憲法（第八九條第二項），「法院適用命令，而疑其牴觸法律時，應停止審判，而請求憲法法院取消該項命令」，亦其例也。

　　(2)**法　律**　關於法律的實質有否違憲，在柔性憲法的國家，不會成為問題。例如英國的憲法是不成文的，憲法與法律本來沒有區別，所以國會制定了一種法律，縱令該項法律與憲法發生牴觸，而英人亦視為這是國會代表人民表示一種新的意思，其效力應在舊的意思之上，而使憲法因之發生變更❺❹⓿。又如義國，其一八四八年憲法固然是成文憲法，但因憲法沒有規定修改程序，遂亦變成柔性憲法，憲法條文可由國會制定矛盾的法律而發生變化。義國憲法第八條云，「國皇行使特赦減刑之權」，刑事訴訟法第八三〇條云，「國皇宣告大赦」。憲法只許國皇行使特赦減刑之權，法律又容許國皇宣告大赦。法律明明違憲，而仍為有效，就是因為義國憲法是柔性憲法之故。反之，在剛性

題，第一卷，昭和九年初版，四五〇頁）。

❺❸❾ 參閱 G. Meyer, a. a. O. S. 635.

❺❹⓿ Edward Coke (1552–1634) 固然主張 "that in many case, the common law will control Acts of Parliament, and sometimes adjudge them to be utterly void; for when an Act of Parliament is against common right and reason, or repugnant, or impossible to be performed, the common law will control it, and adjudge such Act to be void"，見 W. Anderson, *American Government*, 3 ed. 1947, p. 23. 但這只是他個人的主張，並不是英國真有這個制度。英國國會還是如 de Lolme 所言："Parliament can do everything but make a woman a man, and a man a woman." 引自 A. V. Dicey, *The Law of the Constitution*, 2 ed. 1886, p. 39.

憲法的國家，憲法的效力比法律高，憲法的修改比法律難。法規既有上下位階之別，則法律當然不應牴觸憲法。倘令有無牴觸發生疑義，由那一個機關審查呢？依各國之制，有三種制度。

①**由議會審查**　審查法律必須解釋法律與憲法的意義，以明雙方有無牴觸。比利時一八三一年憲法（第二八條）云：「解釋法律為立法權的事」，義大利一八四八年憲法（第七三條）云：「對於全體國民，有權解釋法律的，只惟立法權」❺❹❶，即議會審查法律之例也。議會為制定法律的機關。制定法律的機關同時又是審查法律的機關，這就是說，法律一經議會通過，均解釋為不與憲法牴觸而有絕對的效力。這樣，審查何異於不審查。但是法律有無牴觸憲法，既由議會決定，則除議會自己謹慎之外，實難保證法律絕無牴觸憲法之事。萬一議會不自謹慎，制定一個違憲的法律，事實上雖是違憲，法律上還是有效。這種制度不是傳自英國，而是發生於法國。英國憲法是不成文的，是柔性的。憲法與法律形式上沒有區別，根本不會發生法律違憲的問題。法國在革命以前，君主雖然專制，而巴黎法院 (Parlement de Paris) 乃有一種特別的權力足以對抗君主。君主發布的命令須在巴黎法院登記。巴黎法院若以命令有反於國法的基本原則，可以拒絕登記，使其不能發生效力❺❹❷。這個巴黎法院最初雖是抵抗王權的堡壘，革命時代又變為一切革新的障礙。國王的許多改革計劃均受巴黎法院的反對，而致不能實施❺❹❸。然而我們須知它所

---

❺❹❶ 兩國憲法均云「立法權」，不云「議會」，蓋依兩國憲法規定，立法權是由國王及議會兩院共同行使之（比利時憲法第二六條、義大利憲法第三條）。國王若以議會通過的法律違反憲法，自可拒絕公布，使其不發生效力（比利時憲法第六九條、義大利憲法第七條）。

❺❹❷ H. Finer, *The Theory and Practice of Modern Government*, Vol. 1, 1932, p. 158. H. Cunow, *Die Marxsche Geschichts-, Gesellschafts-und Staatstheorie*, Bd. I, 4 Aufl. 1923, S. 94f.

❺❹❸ 參閱 A. Esmein, *Cours elementaire d'histoire du droit francais*, 14 ed. 1921, p. 505 et s. ，

以反對改革，乃是要維持貴族階級的特權呵！國民會議 (Assemblée Nationale) 有鑒於此，就通過法律，禁此法院干涉立法。一七九〇年八月十六－二十四日的法律（第二章第一一條第一二條）略謂，「法院不得直接的或間接的參加立法權之行使。凡法律經立法機關通過，由國王公布者，法院不得妨害或停止其施行。苟有此類行為，以瀆職罪論。法院只得登記法律，於八日內公布之」❺❹❹。一七九一年憲法一方規定立法機關不得行使司法權（第三篇第五章第一條），他方又規定法院不得干涉立法權之行使，或停止法律的施行（第三篇第五章第三條），這樣，法院不得審查法律的內容而拒絕適用的原則就發生了❺❹❺。由此可知法國不許法院審查法律的實質，不是根據某種原理，而是由於過去經驗，恐法官濫用職權，以阻礙政治的革新。一八三三年法國曾發生一樁訴訟案件，新聞紙 le National 以一八三〇年十月八日的法律有反於一八三〇年憲法之規定，而上訴於最高法院，最高法院以為「法律既依憲法規定，審議了，公布了，就得拘束法院，法院不得以違憲理由，加以批評」❺❹❻。自是而後，國會通過任何法律，世人皆不討論其有無牴觸憲法，而法院也沒有宣布法律違憲之事❺❹❼。

尤其 p. 524 et s.

❺❹❹ 引自宮澤俊義，《佛國裁判所ノ法律審查權》（國家學會雜誌，第三十九卷第二號，大正十四年出版，三四六頁）。參閱 R. Redslob, *Die Staatstheorien der Französischen Nationalversammlung von 1789*, 1912, S. 331ff.

❺❹❺ 照 J. Barthelemy 說，所謂 「干涉立法權的行使」 是謂發布有法律效力的 arrets de reglement，所謂停止法律的執行是謂拒絕登記法律，又以法律之未登記而拒絕適用。見宮澤俊義，《佛國裁判所ノ法律審查權二就テ》（國家學會雜誌，第四十卷第七號，大正十五年出版，一一一七頁）。他是根據 J. Batheny, *Les limites du pouvoir legislatif* (Rev. polit. et parlement, Dec. 1925, t. CXXV, pp. 335–369)，而簡單介紹 Barthelemy 的見解。

❺❹❻ R. G. Neumann, *European and Comparative Government*, 2 ed. 1955, p. 281.

❺❹❼ 參閱 W. B. Munro and M. Ayearst, *The Governments of Europe*, 4 ed. 1954, pp. 475, 476.

　　近來法國學者主張法院應有審查法律內容之權者不乏其人，而以 L. Duguit 與 M. Hauriou 兩人最為積極。照 Duguit 說，立法權在任何國家，必受憲法的拘束。這不但剛性憲法如此，柔性憲法也是一樣；不過剛性憲法更能夠保障法律不致牴觸憲法而已。要保障法律不致牴觸憲法，必須國內尚有一個獨立機關能夠審查法律，凡認法律為違憲者，可以拒絕適用。這個審查機關以普通法院最為適當。法官適用法規，而又受法規的拘束。法律固然可以拘束法官，而成文的或不成文的上級的法 (lois superieures) 更可以拘束法官，尤其人權宣言及憲法法典更見其然。國家的法規若有上下位階之別，則下位的法與上位的法發生衝突，法官自應適用後者而排斥前者。今日國家無不採用分權制度，立法權與司法權在憲法之下是平等的。立法權的行使違反憲法，司法權沒有遵從的義務。司法權在其權限範圍內，完全獨立，得依自己獨立的解釋以審查立法行為❺❹❽。照 Hauriou 說，要維持成文憲法，需要兩個條件：一是憲法的修改程序，二是法院的法律審查權，二者缺少其一，成文憲法徒有其名。法官的任務本來是解釋各種法規而適用之。命令與法律牴觸，法官應捨命令而適用法律；新舊兩法衝突，法官應捨舊法而適用新法。然則法律牴觸憲法，又何以不許法官有審查法律之權乎？法律違憲與命令違法，其性質是一樣的，法官可以否認違法命令的效力，何以不能否認違憲法律的效力乎？豈僅如是，即憲法本身也不能放在法官審查之外。憲法有其基本原則 (legitimite constitutionnelle)。這個基本原則乃站在憲法之上。憲法違反基本原則，也須受法官的審查❺❹❾。總之，他們兩人均認法院有審查法律內容的權，且謂憲法之外，尚有一種不成文的基本原則可以拘束憲法。對此 G. Jeze 則謂，法國憲法條文（指第三共和憲法）太過簡單，而無保障人民權利的規定，

---

❺❹❽ L. Duguit, *Traite de droit constitutionnel*, t. III, 3 ed. 1930, p. 790 et s. 這裏是根據宮澤俊義，前揭論文，三三八頁以下。

❺❹❾ M. Hauriou, *Precis du droit constitutionnel*, 1923, p. 302 et s. 這裏是根據宮澤俊義，前揭論文，三四一頁以下。

固不能藉以鑑別法律有無牴觸憲法。若謂法律有否違憲，可依不成文的基本原則以決定之，則其危險甚大。不成文的基本原則可由各人觀念之不同，任意選擇。這種曖昧不明的原則若視為憲法，則法官對於任何法律，只要其與自己的見解不合，都得謂其牴觸憲法，而拒絕適用了。議會由人民選舉，以人民為後盾，法院與議會衝突，未有不失敗者，過去 Parlement de Paris 之例即其明證。所以法院若得審查法律，最多亦須以成文憲法為標準❺⓪。

固然法國多數學者均主張法院有審查法律內容的權❺⓹，而在事實上，不但普通法院無此權力，而普通法院之外，也沒有任何機關負審查之責。第四共和憲法與第三共和憲法不同，設有審查之制。每屆國會成立之初，即設置憲法委員會 (constitutional committee)，以審查法律有無牴觸憲法。憲法委員會以總統為主席，國會兩院議長為當然委員。此外，委員七名由第一院選舉，三名由第二院選舉，此十名委員須係兩院議員以外的人，而能比例各政黨議席多寡。憲法委員會得依總統與第二院議長的聯合請求，於法律尚未公布以前，審查其有無牴觸憲法。審查的結果，認為違憲之時，該項法律退回第一院再議。第一院若仍維持原決議，除修改那成為問題的憲法條文之外，總統不得公布該項法律❺⓾。第五共和憲法不承認國會有無限制的立法權，除第三四條所列舉的事項之外，其他事項均由內閣以命令定之（第三七條）。不寧唯是，凡屬於法律範疇的事項，內閣亦得要求國會授權，於一定期間之內，以命令定之（第三八條）。倘國會所制定者不屬於法律範疇以內的事項，或與授權的事項牴觸，那便是違憲（第四一條）。所以第五共和憲法亦設置憲法委員

---

❺⓪ G. Jeze, Le controle juridictionnel des lois (*Revue du droit public*, 1924, p. 399 et s.)，這裏是根據宮澤俊義，前揭論文，三四六頁以下。

❺⓹ 參閱宮澤俊義，《佛國裁判所ノ法律審查權二就テ》（國家學會雜誌，第四十卷第七號，大正十五年出版，一一〇三頁以下）。

❺⓾ 第四共和憲法第九一條，參閱 R. G. Neumann, op. cit., p. 282f. W. B. Munro and M. Ayearst, op. cit., p. 476.

會，委員九名，三名由總統選任，三名由第一院議長選任，三名由第二院議長選任，任期九年，不得連任，每三年改選其三分之一（第五六條第一項）。九名委員之外，前任總統則為當然委員，任期終身（第五六條第二項）。憲法委員會之主席由總統任命，在贊否同數之時，主席有決定權（第五六條第三項）。憲法委員會依總統、國務總理、國會任何一院議長之申請，於法律未公布以前，審查其有無牴觸憲法（第六一條）。凡宣告為違憲之法律，不得公布施行（第六二條）。

②**由普通法院審查** 議會制定的法律，普通法院得審查其內容；審查的結果，若認為違憲，可否認其效力而拒絕適用。這個制度創始於美國，美洲各國及英領自治殖民地多採用之。美國所以有這制度，並不是憲法明文規定，而是基於下述各種原因：

傳統制度 美國在獨立革命以前，有的殖民地是由英王那裏得到特許狀 (charter)，特許狀准許殖民地設置議會而給予以某幾種立法權，惟其制定的法律不得與英國的 Statutes 及 Common Law 牴觸。所以殖民地議會的立法權是有限的，一方須受特許狀的限制，他方須受母國法律的拘束。殖民地議會制定的法律倘若牴觸兩者之一，殖民地法院有審查的權，最後由英國樞密院司法委員會 (Judicial Committee of Privy Council) 裁決之🔵。一七二八年 Connecticut 改長子繼承為諸子均分，樞密院司法委員會於 Winthrop v. Lechmere 一案，以其違反 Statutes 及 Common Law，宣告無效，這便是司法機關審查法律內容的一例🔵。到了美國獨立，制定憲法，由其過去習慣，議會的權力也認為有限的，即限於憲法明認議會管轄的事項。憲法為國家最高法律，其效力猶如過去的 Statutes 及 Common Law 一樣，在一般法律之上。

🔵 J. Bryce, *The American Commonwealth*, Vol. I, new ed. 1926, p. 249. 參閱 F. A. Ogg, *English Government and Politics*, 2 ed. 1939, p. 78, n. 2.

🔵 Winthrop v. Lechmere, 1728. 見 E. S. Corwin, "Judicial Review," in *Encyclopaedia of Social Sciences*, Vol. VIII, 1951, p. 457f.

所以議會未經憲法授權，而即對於某種事項，制定法律，或其所制定的法律牴觸憲法條文，這種法律也依過去慣例，由普通法院審查其效力，而最高法院 (Supreme court) 則代替了英國樞密院，有最後決定的權❺❺❺。

　　三權分立　　美國嚴守三權分立，司法權和立法權在憲法之下是平等的，均得獨立解釋憲法。司法權之得解釋憲法，一方是使司法權不受立法權的侵害，而能維持司法權的獨立。他方又使司法權防止立法權之僭越，而能維護憲法的尊嚴。故凡承認立法權是優越的，無不否認法院有審查法律的權。英國以主權在於國會 (parliamentary sovereignty)❺❺❻，固無論矣。法國有成文憲法，且係剛性憲法，而 C. de Malbery 乃說，法國自革命以來，議會不但為三權機關之一，且又係行使主權的機關。對於憲法而有最高解釋權的，本是制定憲法的國民；而在法國，國民的意思則由議會制定的法律表示之。所以議會制定的法律，任何機關都須遵從，不得審查❺❺❼。法國由於議會的優越，否認法院審查法律之制，則美國嚴守三權分立，其不認議會有優越權，從亦不認法律有決定性的效力；並為維護憲法，而給予法院以審查法律的權，可以說是邏輯上的當然結果。

　　民權保障　　三權分立的目的在於保障人民的自由，而人民的自由則列舉於憲法之中。列舉的目的或只對行政權保障人民的自由，或又對立法權保障人民的自由。在前者，單單限制行政權的活動；在後者，又復限制立法權的活動。憲法為要拘束立法權的活動，又採取兩種方法：一是禁止 (Verbot)，即對於某幾種人民自由，禁止議會制定法律以限制之。二是命令 (Gebot)，即對於某幾種人民自由，規定一個原則，命令議會依此原則，制定有關人民自

---

❺❺❺ J. Bryce, op. cit., p. 249f.

❺❺❻ 參閱 A. V. Dicey, *The Law of the Constitution*, 2 ed. 1886, p. 36ff.

❺❺❼ C. de Malbery, La sanction juridictionnelle des principes constitutionnels (*Annuaire de l'Institut International de Droit public*, 1929), p. 148 et s. 這裏是引自法學協會，《註解日本國憲法》，下卷，一二二五頁之「註七」。

由的法律❸。斯二者皆所以拘束立法權，使立法權的活動有一定的範圍。議
會的立法超過這個範圍，而致法律牴觸禁止條項或命令條項者，那便是違憲
的法律。綜觀各國憲法，大率只云：「人民有××之自由，非依法律不得限制
之」，即人民自由不是絕對的不受限制，而是非依法律不得限制。換句話說，
法律固得限制人民的自由。美國憲法與此不同，或如修正條文第一條，禁止
法律限制人民的信教言論出版集會的自由❸，或如修正條文第五條，保障人
民的生命自由和財產，非依「正當法律手續」(due process of law)，不致喪
失。而所謂「正當法律手續」不但用以限制政府與法院，且又用以限制議會
的立法行為❸。憲法如斯保障人民自由，則法律有否牴觸憲法，當然有審查
的必要。

　聯邦制度　美國憲法列舉聯邦的立法權（第一條第八項），其未列舉者
均視為屬於各邦或國民。即聯邦的權限是有限的──聯邦的權限一方對於國
民而為有限，他方對於地方又為有限（修正條文第一○條）──限於憲法所
列舉的範圍內。於是就發生一種問題：聯邦違反憲法，對憲法所未指定為自
己的權限行使起來，則聯邦制必將破壞，終而變成單一國。反之各邦違反憲
法，將憲法所指定為聯邦的權限竟敢行使，則聯邦制必將受到影響，終而至
於瓦解。因此之故，在聯邦或各邦行使權限之時，須有一個機關，一方防止
聯邦侵害各邦的權限，他方防止各邦侵害聯邦的權限。這個機關在美國就是

❸ 參閱 G. Jellinek, *System der Subjektiven Öffentlichen Rechte*, 2 Aufl. 1919, S. 96f.

❸ 憲法固然如此規定，其實，宗教之有害公共秩序與善良風俗者，國家固得禁止。而言
論出版集會的自由，在戰亂之際，國家亦得限制。參閱 W. Anderson, *American
Government*, 3 ed. 1947, p. 273ff. J. M. Mathews, *The American Constitutional System*,
1932, p. 360ff.

❸ 在 Murray's Lesses v. Hoboken Land and Improvement Co. (18 How. 272)(1855)，最高法
院曾謂：「本條不但拘束行政權與司法權，且又拘束立法權。吾人固不宜解釋為國會
得任意制定 due process of law」。見 J. M. Mathews, op. cit., p. 385.

普通法院。所以普通法院乃是聯邦與各邦的公正人 (arbiter)，在聯邦權力與各邦權力的境界，成為巡警，而有阻止互相侵犯的權力 ❺❻❶。這種制度固然不是美國才有。唯在歐洲大陸各國，例如瑞士德國，聯邦法院只得審查聯邦命令有否違反聯邦法律，不得審查聯邦法律有否違反聯邦憲法；而「聯邦法推翻各邦法」(Reichsrecht bricht Landesrecht) 又是聯邦國法律上的原則❺❻❷。所以兩法發生牴觸，不問聯邦法有否違反聯邦憲法，邦法必歸無效。只惟有無牴觸，雙方的意見不能一致，才由聯邦最高法院裁判之（瑞士憲法第一一〇條第一項第一款、德國威瑪憲法第一三條）。這和美國法院尚得審查聯邦法律，而防止聯邦侵害各邦應有的權限❺❻❸者，當然不同。

　　美國聯邦憲法雖然未曾規定法院有審查法律的權，各邦憲法也是如此。而在事實上，自一七七七年至一七八七年，邦法院宣告邦法律違反邦憲法而無效的，約有七件之多。這七個案件乃發生於七個的邦，而七個的邦則散布於 Connecticut 及 North Carolina 之間❺❻❹。由此可知法院審查法律之制在制憲以前，已經很普遍了❺❻❺。聯邦憲法制定之後，聯邦法院審查法律之事亦屢見

---

❺❻❶ W. Anderson, op. cit., p. 165f.

❺❻❷ 參閱 F. Fleiner, *Schweizerisches Bundesstaatsrecht*, 1923, S. 421ff. J. Bryce, *The American Commonwealth*, Vol. I, new ed. 1926, p. 260. J. Hatschek, *Deutsches und Preussisches Staatsrecht*, Bd. I, 2 Aufl. 1930, S. 40ff.

❺❻❸ 這種訴訟往往不是由各邦提起，而是由個人或公司提起，其目的則為保護他們的財產權。聯邦法院若認聯邦法律侵害各邦的權限，得判決其無效。見 W. Anderson, op. cit., p. 166.

❺❻❹ B. F. Wright, *The Growth of American Constitutional Law*, 1942, p. 14.

❺❻❺ 這對於當時人士當然有很大的影響。A. Hamilton 說：「凡行為明明違反憲法的意旨者，法院應宣告其無效，這是法院的義務。否則人民所保留的權利將成為具文」。「法官以憲法為根本法，亦應視之為根本法。所以法官不但要稽考議會所作各種行為的意義，且須稽考憲法本身的意義。兩者的意義若不相同，其有較高的效力和拘束力的，自應優先採用。換句話說，憲法應優先於法律。此蓋國民表示的意思比之國民代表所

不鮮。一七九六年聯邦最高法院於 Hylton v. United States (3 Dallas 171) 中，審查聯邦法律有無牴觸聯邦憲法，一七九八年聯邦最高法院於 Calder v. Bull (3 Dallas 386) 中，審查各邦法律有無牴觸聯邦憲法❺❺，即其例也。但是法院審查法律❺❼，能夠確實成為美國憲法之一重要制度，則不能不歸功於一八○三年聯邦最高法院院長 J. Marshall 於 Marbury v. Madison (1 Cranch 137) 一案所作的判決。茲試述其要旨，以供讀者參考。

J. Marshall 在 Marbury v. Madison 一案，對於法院何以有審查法律的權，

---------------◆-------------◆----------------

表示的意思，有優先的權力之故」。見 *The Federalist*, No. 78 (Modern Library), pp. 505–506. 觀此可以知道當時人士已有司法審查的觀念。

❺❺ C. K. Burdick, *The Law of the American Constitution*, 1929, pp. 120, 121.

❺❼ 按美國的法規，依其效力言之，乃如 J. Bryce (op. cit., p. 248) 所言，有下列四種：

(1)聯邦憲法

(2)聯邦法律

(3)各邦憲法

(4)各邦法律

而審查法律的程序，則如 E. S. Corwin (op. cit., p. 457) 所言，有下列三種：

(1)聯邦法院或各邦法院審查聯邦法律有無牴觸聯邦憲法，Corwin 稱之為 "national" judicial review。

(2)聯邦法院或各邦法院審查各邦憲法或各邦法律，察其有無牴觸聯邦憲法，Corwin 稱之為 "federal" judicial review。

(3)各邦法院審查該邦法律有無牴觸該邦憲法，Corwin 稱之為 "state" judicial review。在上述三種審查之中，第三種不會發生問題，因為 J. Marshall 於 Elemendorf v. Taylor (10 Wheaton 152, 159) 一案中，曾定了一個原則：「聯邦法院關於邦法律有無牴觸邦憲法，應遵從該邦最高法院的解釋」。即各邦最高法院的解釋有絕對的拘束力，縱令聯邦最高法院亦須受其拘束。第一種和第二種都可以發生問題，對於同一的聯邦憲法，而有兩種法院予以解釋，倘令解釋不同，則將如何？簡單言之，凡案件有關聯邦憲法而向邦法院起訴者，經邦最高法院判決後，尚得不經由聯邦下級法院，而逕上訴於聯邦最高法院。聯邦最高法院的解釋有最高拘束力，可以拘束邦法院。

曾有詳細的說明。他先說明美國議會的立法權是有限的。

人民組織政府，給與各種機關以各種權限，不許各種機關有越權的事，議會也不能例外，其行使立法權，須限於一定範圍以內。欲使人們不會忘記權力之有限制，欲使限制範圍不致發生錯誤，故將「限制」寫在憲法之上。倘令國家機關受了限制，而又可以破壞其限制，則限制之目的何在？寫在成文憲法之上，又有什麼意義？倘令這種限制不能拘束國家機關，國家機關的行為不問憲法是禁止之乎，抑允許之乎，均為有效，則立法與專制又有什麼區別？要之，議會不能用普通立法程序以變更憲法，乃是自明之理。

次說明憲法是國家的最高法律。

憲法是國家的最高法律，不能用一般立法程序以變更之乎？抑與一般法律居於平等地位，議會得隨意變更之乎？二者必有一於是。前者為是，則違憲的法律不是法律，後者為是，則一切成文憲法的修改程序何必特殊艱難乎。我們以為起草憲法的人必以憲法為國家最高法律，因之在成文憲法之下，法律違憲者無效，乃是當然之理。

又次說明法院何以有審查違憲法律之權。

闡明「法」之意義，乃是法院的職權，法官適用法規，以審判訴訟案件，更有解釋法規之必要。兩種法規互相牴觸，法院必須決定適用那一種法規。所以法律若和憲法牴觸，而法律與憲法又都可以適用以審判某種案件者，法院捨法律而適用憲法乎，抑捨憲法而適用法律乎，二者必有一於是。如果法院尊重憲法，以為憲法的效力在法律之上，則宜捨法律而適用憲法。否則一切成文憲法將沒有存在的必要了。一方限制議會的權限，他方給與議會以萬能的權力，一方限制，他方許其踰越，這在邏輯上是矛盾的。

最後，他由美國憲法條文，說明法律不可不審查之理由。

聯邦司法權管轄聯邦憲法之下所發生的一切案件 (cases and controversies)，這是聯邦憲法明文規定的。有了這種條文，法院能夠不參考憲法而亂下判決乎。今試舉例言之，憲法禁止各邦對其輸出的貨物，徵收直接稅或間接稅（憲法第一條第九項第五款），倘若某邦法律蔑視這個條文，而

致發生訴訟，法院能夠不察憲法，唯依據法律乎。又如聯邦憲法禁止議會制定 bill of attainder 或 ex post facto law（憲法第一條第九項第三款），倘令議會制定了一個法律與這條文相反，而致發生訴訟，法院能夠不察憲法，而置犯人於死地乎。制憲的人不但欲用憲法以拘束議會，且欲用憲法以拘束法院，觀此例證，思過半矣❺❻❽。

美國法院有審查法律內容的權，不是由於憲法明文規定，而是基於各種原因，漸次確立起來，既如上所言矣。但吾人對於美國制度必須注意者有三點。

(1)據憲法 （第三條第二項） 規定， 法院只得管轄訴訟案件 (cases and controversies)，所以法院不能自動的審查法律，只能於原告與被告關於法律的合憲性 (constitutionality) 發生爭議而提起訴訟之時， 才得審查那成為問題的法律❺❻❾。因此之故，一個法律縱令明白的違憲，倘若沒有訴訟案件，也不會遭受違憲的判決， 而得繼續有效。 例如一八五七年的 Dred Scott Decision (Dred Scott v. Sandford, 19 How. 393)(1857) 以一八二○年的 Missouri Compromise Act 違憲，而拒絕適用。即該項法律在三十七年之中，因為沒有訴訟案件，而得繼續有效。三十七年之後，忽然發生訴訟案件，遂遭違憲的宣告，而至喪失效力❺❼⓪。法律的效力不懸於法律本身，而懸於偶然的案件，固然有害法律的安全，然而由此卻可以減少司法干涉立法之弊。

(2)判決只能拘束訴訟當事人，對於其他的人，沒有任何拘束力。所以美

---

❺❻❽ 原文見 C. A. Beard, *Readings in American Government and Politics*, new ed. 1927, pp. 247–278. 這裏不過述其要點。

❺❻❾ 參閱 J. M. Mathews, op. cit., p. 214. 例如原告以為：依法律規定，對於被告，應取得某種權利。而被告則謂該項法律違反憲法，原告不能享此權利。或被告引用某項法律，以作辯論的根據。原告則謂該項法律違反憲法，應歸無效。此際法院只得裁決那一方主張合理，而審查法律是否與憲法牴觸。

❺❼⓪ J. M. Mathews, op. cit., p. 226.

國法院審查法律，若認為違憲，亦只能否認 (ignore) 該項法律對於該項案件的效力，拒絕適用，不能取消 (annul) 該項法律，使其根本消滅❺。在這種制度之下，很可能發生一種結果，即對於同一法律，前後可以產生兩種不同的判決❺，例如一八六二年的 Legal tender act，曾於前後不及一年之中發生兩次訴訟案件 (legal tender cases)。在第一案件 (Hepburn v. Griswold, 8 Wall 603)(1869)，最高法院判決其違憲，不久在第二案件 (Knox v. Lee, 12 Wall 457)(1870)，最高法院又判決其合憲❺。一年之間，出爾反爾，這固然有害法律的威信，然而因此法院卻能隨時觀察公意，而變更其態度，使無效的法律得以更生，不待議會再行制定。

(3)一切普通法院，上自最高，下至最低，不問其為聯邦的或各邦的，苟它認為聯邦法律牴觸聯邦憲法，均得宣告無效，而拒絕適用❺，但當事人得上訴於聯邦最高法院，由聯邦最高法院作最後的決定❺。在案件未曾上訴到聯邦最高法院以前，各法院的判決只能拘束其自己的下級法院，不能拘束同級法院及其下級法院。舉例言之，甲區 (circuit) 的聯邦上訴法院 (Circuit Court of Appeals) 的判決只能拘束甲區的地方法院 (District Court)，不能拘束乙區的聯邦上訴法院及其地方法院。甲邦的最高法院的判決只能拘束甲邦的下級法院，不能拘束乙邦的最高法院及其下級法院。所以一種案件未曾上訴於聯邦最高法院以前，甲區聯邦法院認為違憲的法律，也許乙區聯邦法院認為不違憲。或甲邦法院認為違憲的法律，也許乙邦法院認為不違憲。對於同一法律，乃有兩種不同的看法，而有兩種不同的判決，這固然可以破壞法律的劃一性，然而一種法律是否違憲，須經再審，甚至三審之後，才由聯邦最

---

❺ J. M. Mathews, op. cit., p. 216.

❺ J. M. Mathews, op. cit., p. 217.

❺ J. M. Mathews, op. cit., pp. 245–246.

❺ J. M. Mathews, op. cit., p. 208.

❺ J. M. Mathews, op. cit., p. 186.

高法院予以最後的決定。慎重從事,亦足以減少司法隨便宣告法律違憲之弊。

　　自羅斯福總統施行新政,竟遭聯邦最高法院宣告違憲之後,美國人士反對美國之制者不乏其人。蓋法院的判決實有害政治的革新。憲法為國家的根本法,一經制定不易修改。而美國憲法又制定於一七八七年,其中法理乃根據十八世紀末期的社會環境。社會不斷的進步,法律須適應各時代的社會環境,隨時改變其方針。過去,美國有許多革新,均遭法院宣告違憲,而致中途發生挫折。如一八五七年的 Dred Scott Decision 承認奴隸制度❺❼❻。如一九三四──一九三六年的 New Deal Decisions 阻礙總統羅斯福 (F. D. Roosevelt) 的經濟復興計劃❺❼❼,這許多判決很明顯的都是不合時代的需要。所以羅斯福以為法院乃生活於四輪馬車的時代❺❼❽(living in "horse-and-buggy" day)。 其實最高法院解釋憲法,固亦隨時改變。在 J. Marshall 為聯邦最高法院院長的時代 (1801–1835),國家主義的思想頗見流行,因之聯邦最高法院解釋憲法乃傾向於中央集權❺❼❾。到了 R. B. Taney 為聯邦最高法院院長時代 (1835–1864),地方主義的思想 (localism) 忽然抬頭, 因之聯邦最高法院解釋憲法又傾向於地方分權❺❽⓪。南北戰爭之後,美國人士因鑒內亂之禍,而主張「聯邦的均勢」(federal equilibrium) 之說, 同時自由放任主義 (laissez-faire) 成為時代思潮,因之聯邦最高法院解釋憲法,往往因為擁護個人自由,而反對社會政策的立法。然自一九三六年 New Deal Decisions 受到世人攻擊之後,聯邦最高法院的態度又復改變,對於社會政策的法律,不再反對❺❽①。同是一個憲法,可以

---

❺❼❻ Dred Scott v. Sandford, 19 How. 393 (1857). 參閱 W. B. Munro, *The Government of the United States*, 5 ed. 1946, p. 579.

❺❼❼ 參閱 B. F. Wright, op. cit., p. 181f.

❺❼❽ F. A. Ogg and P. O. Ray, *Essentials of American Government*, 7 ed. 1952, p. 354.

❺❼❾ J. Marshall 是主張建立強有力的中央政府的人,見 W. B. Munro, op. cit., p. 577.

❺❽⓪ R. B. Taney 反對聯邦國的中央集權,見 W. B. Munro, op. cit., p. 579.

❺❽① 參閱高柳賢三,《司法權ノ優位》,昭和二十三年初版,一八九頁至一九〇頁。

解釋為中央集權，可以解釋為地方分權，可以解釋為自由放任主義，也可以解釋為統制干涉政策。由此可知法院解釋憲法並沒有客觀的標準，不過依照法官個人主觀的見解，任意解釋。所以 C. E. Hughes 才說：“We are under a constitution, but the constitution is what the judges say it is.”❸既是這樣，則法律本身與法院的解釋，孰和憲法上的原理牴觸，孰合於時代的需要，不失為一個問題。

民主政治的本質在於「全體討論，多數決定」。固然「多數決定」未必件件合理。對於不合理的 majority rule 須有抵制之法，總統的否決權及法院的違憲法律審查權，就是為此而設的。但是總統的否決權並不能一舉而即消滅議會的法律，不過退回議會覆議而已。總統失敗，則四年任滿之後，人民可以改選別人。議會失敗，則在下屆改選之際，關於決定的政策，對於人民，也要負政治的責任。反之，法院的法官則不然了，任期終身。輿論之力可以變更議會及政府人員，而不能變更法院的法官。然此法官對於議會及政府的行為，乃有絕對的否決權。法律一經他們宣布違憲，便等於取消，他們苟不自動的改變態度，則除法院因法官死亡而改組之外，縱是人民也沒有方法挽救。議會通過了，總統公布了，多數人所決定者，少數法官竟然否認其效力，這是有反於民主政治的。何況法官也是人類，縱令他們精通法學而操行公正，然亦和其他人類一樣，容易犯了錯誤。“They declare what they think the laws is, but where no signs point a clear path they naturally say the law ‘is’ what they think it ‘should be.’ ”❸美國學者稱美國制度為 「司法的寡頭政治」 (judicial oligarchy)❸，法國學者稱之為「法官政治」(gouvernement des juges)，且謂法官有此權力，便變成第三院，比之其他兩院，權力更大 ❸。

---

❸ C. E. Hughes, *Addresses*, 1908, p. 139.

❸ W. Anderson, op. cit., p. 80.

❸ W. Anderson, op. cit., p. 149.

❸ B. Mirkine-Guetzevitch, *Droit Constitutionnel International*, 1933, p. 156. 這裏是引自宮

　　後來美國對於司法審查之制，亦謀有所改善。其改革方案可歸納為下列三種。

　　⑴法院審查法律，須以法官絕對多數（六對三，或七對二）之意見為標準。

　　⑵國會若再通過該項被判決為違憲的法律，就可發生效力。

　　⑶法院宣布法律違憲的判決應提交人民投票表決。人民若反對法院的判決，該項法律可以發生效力❺❽❻。

　　③**由特殊機關審查**　審查法律有無牴觸憲法，由其性質觀之，實如 R. Redslob 所言，不是制定法律——立法，也不是適用法律——司法，而是一種介在兩者之間的「中間權力」(Zwischengewalt)❺❽❼。法律審查權的性質既然如斯，所以美國獨立之初，各邦之中就有於三權之外，另置一個機關，以司審查法律的。Pennsylvania 一七七六年憲法所設置的「監察會議」(Council of Censors)❺❽❽，New York 一七七七年憲法所設置的「覆審會議」(Council of Revision)❺❽❾，即其例也。然皆實行不久，即見廢除，而審查法律的權遂歸屬

澤俊義譯，《國際憲法》，一九五二年初版，一四三頁。

❺❽❻ 參閱 W. Anderson, op. cit., pp. 168, 171. J. M. Mathews, op. cit., p. 219ff. 按第一種方法在各邦中已有實行之者，例如 Ohio，其最高法院法官七名，必須六人意見一致，才得判決法律違憲。North Dakota 於法官五名中，要求四人意見一致。Nebraska 於法官七名中，要求五人一致 (Anderson, op. cit., p. 171)。關於第三種方法，Colorado 固曾修改憲法，凡法律經議會通過，邦長公布，而竟為法院判決違憲者，人民對之得要求提交人民複決。但這個修改條文本身竟為該邦最高法院於 People v. Western Union Telegraph Co., 198 Pac. 146 (1921) 一案中，宣告違憲 (Anderson, op. cit., p. 171)。參閱 A. N. Holcombe, *State Government in the United States*, 2 ed. 1926, p. 450.

❺❽❼ R. Redslob, *Die Staatstheorien der Französischen Nationalversammlung von 1789*, 1912, p. 334.

❺❽❽ A. N. Holcombe, op. cit., pp. 59, 77.

❺❽❾ A. N. Holcombe, op. cit., pp. 53–54. 參閱 B. F. Wright, op. cit., pp. 14–15.

於普通法院。歐洲大陸各國本來不許任何機關審查法律的實質 ⑲。唯第一次大戰之後，例如捷克 ⑪ 奧大利及西班牙 ⑫，第二次大戰之後，例如西德 ⑬ 及

---

⑲ 挪威是唯一例外，其一八一四年憲法第八三條云：「法律有疑義時，議會得請求最高法院解釋之」。

⑪ 捷克之制，據其一九二○年憲法規定，命令有否違法，由普通法院審查之，即普通法院對於命令有審查其形式與實質的權（第一○二條）。至於法律違憲，則分為形式違憲與實質違憲兩種。形式違憲由普通法院審查之（第一○二條）。實質違憲，另置一個憲法法院 (Tribunal Constitutionnel)，負審查之責（憲法施行法第二條）。憲法法院置院長一人，由總統任命之，法官六人，二人由最高行政法院法官互選之，二人由最高法院法官互選之，二人由總統任命之（憲法施行法第三條）。

⑫ 西班牙之制，據其一九三一年憲法規定，法律違憲，由憲法保障法院 (Tribunal des garanties Constitutionnelles) 審查之，憲法保障法院以下列人員組織之，⑴院長一人，由議會選舉之，其人選不以議員為限，⑵國務顧問委員長 (Haut corps Consultatif de la Republigue)，⑶審計院院長，⑷議員二人，由議會推舉之，⑸各自治領土 (regions autonomes) 代表一人，⑹全國律師公會代表二人，⑺全國法學院教授代表二人（憲法第一二一條及第一二二條）。

⑬ 西德之制，據其一九四九年憲法規定⑴聯邦法律有無牴觸聯邦憲法，以及各邦法律有無牴觸聯邦憲法或聯邦法律，發生歧見或疑義時，依聯邦政府、各邦政府或國會第一院議員三分之一之請求，由聯邦憲法法院 (Bundesverfassungsgericht) 解釋之（第九三條第一項第二款）。⑵普通法院審判案件，若以其所適用的聯邦法律違反聯邦憲法，或各邦法律違反聯邦憲法或聯邦法律，須停止審判，由聯邦憲法法院審查之（第一○○條第一項）。聯邦憲法法院法官二十四名，一半由第一院選舉，一半由第二院選舉，其中八名選自聯邦最高法院法官，任期終身，其餘十六名則就法律學教授及高級行政官中選舉之，任期八年，連選得連任（第九四條第一項）。聯邦憲法法院能夠審查聯邦法律，所以西德憲法（第三一條）雖和威瑪憲法（第一三條第一項）一樣，規定「聯邦法推翻各邦法」，其實兩者發生衝突，尚須審查那一個法律違反聯邦憲法，而取消那違憲的法律，參閱 K. Loewenstein, The Government and Politics of Germany, in J. T. Shotwell, *Governments of Continental Europe*, rev. ed. 1952, p. 586ff.

義大利⑲均設置一個特殊機關，以審查法律有否違憲，法國亦然⑳。這種審查與美國的司法審查根本不同。它們是以法律本身的效力為審查的對象，並不是於具體的訴訟案件提起之時，才行審查。換言之，其審查不是解決當事人權利之爭，而是以保障法律的合憲性為其直接目的。

　　茲因資料缺乏，只述奧國制度㉖，以供讀者參考。

---

⑲ 義大利之制，據其一九四七年憲法規定，國家或地方所制定的法律以及有法律效力的命令有無抵觸憲法，發生爭訟之時，由憲法法院 (Corte Constituzionale) 裁定之（第一三四條）。憲法判決該法律或命令為違憲時，該法律或命令自判決次日始失效（第一三六條）。憲法法院由法官十五名組織之，其中五名由總統任命，五名由國會兩院聯席會議選舉，三名由最高法院選舉，一名由中央行政法院選舉，一名由審計院選舉（第一三五條第一項）。但其人選限於現任的或退職的最高法院推事及中央行政法院評事、大學法律學教授、以及有二十年經驗的律師（第二項）。憲法法院置院長一人，由憲法法院法官互選之（第三項）。法官任期十二年，每數年依法律規定，更換一部分，但不得於任滿後，立即連任（第四項）。參閱 A. J. Zurcher, Government and Politics of Italy, in J. T. Shotwell, *Governments of Continental Europe*, rev. ed. 1952, p. 295ff.

⑳ 法國第五共和之制，據其憲法第五六條規定，中央設憲法委員會（英譯為 Constitutional Council），由委員九人組織之，任期九年，不得連任。每三年改任二分之一。委員中，三人由總統任命，三人由第一院議長任命，三人由第二院議長任命（第一項）。除上述委員九人外，前任總統為當然委員，任期終身（第二項）。憲法委員會主席由總統任命之，在贊否同數時，主席有決定權。憲法委員會委員不得兼任內閣閣員及國會議員（第五七條）。憲法委員會監督總統之選舉，審查選舉紛爭，並宣布選舉結果（第五八條）。憲法委員會裁決國會兩院議員選舉之爭議（第五九條）。憲法委員會監督公民複決，並宣布其結果（第六〇條）。法律未公布前，得由總統、內閣總理、或國會任何一院議長，提請憲法委員會審查，憲法委員會應於一個月內裁決之。苟情形緊急，經政府要求時，此期限縮短為八日（第六一條）。凡宣告為違憲之法規不得公布或付諸實施（第六二條第一項）。

㉖ 關於奧國憲法法院之制，規定於一九二〇年憲法第一三七條以下，下文所述完全根據

　　奧國置憲法法院 (Verfassungsgerichtshof)，以審查法律與命令。憲法法院置院長 (Präsident) 副院長 (Vizepräsident) 各一人，法官 (Mitgliedern) 十二名，候補法官 (Ersatzmitgliedern) 六名 。 憲法法院對於第一院 (Nationalrat) 的立法❺❾❼，有監督權，而對於各邦的立法，亦有監督權，所以一半的法官（六名）與候補法官（三名）由第一院選舉，其餘一半的法官（六名）與候補法官（三名）由代表各邦的第二院 (Bundesrat) 選舉。不過第一院比之第二院應有優越的權力，所以院長副院長均由第一院選舉。法官總數共二十名，他們的任期都是終身 （一九二〇年憲法第一四七條）。 此蓋希望憲法法院保持獨立的地位，不受議會——政黨的影響之故。

　　憲法法院有各種權限，其中最重要的就是法令審查權：對於法律，審查其有無牴觸憲法；對於命令，審查其有無牴觸法律。其開始審查限於下述四種場合。

　　⑴聯邦政府若以各邦命令違反聯邦法律，或以各邦法律違反聯邦憲法，得申請憲法法院審查之（第一三九條第一項及第一四〇條第一項）。

　　⑵各邦政府若以聯邦命令違反聯邦法律，或以聯邦法律違反聯邦憲法，得申請憲法法院審查之（第一三九條第一項及第一四〇條第一項）。

　　⑶憲法法院審判案件，若發見其所適用的命令違法，或其所適用的法律違憲，得依自己的職權，審查該項命令或法律（第一三九條第一項及第一四〇條第一項） ❺❾❽ 。

　　美濃部達吉，〈オストリアの憲法裁判所〉，收在他所著《憲法卜政黨》內，昭和九年初版，一八六頁以下。並參考 H. Kelsen, *österreichisches Staatsrecht*, 1923, S. 211ff.

❺❾❼ 依奧國一九二〇年憲法第四一條第四二條規定 ， 提出法案與議決法案的權屬於第一院。第二院只得經由聯邦政府向第一院提出法案，並對於第一院通過的法案，提出抗議。第二院不提出抗議，聯邦政府應將該項法案公佈之為法律。第二院提出抗議，該項法案退回第一院再議。 第一院若以議員總數過半數之出席，出席議員過半數之同意，維持原決議，聯邦政府應公佈之。

(4)法院（普通法院、行政法院）審判案件，若以其所適用的命令違法，得申請憲法法院審查之。即不問聯邦命令或各邦命令，法院均得申請審查（第一三九條第一項，參閱第八九條第二項）。但有一個條件，即唯於發生訴訟而適用該項命令之時，才得申請審查。沒有訴訟案件，縱令命令違法至為顯明，法院亦無申請審查之權。

觀上所言，我們可以知道奧國制度有三種特質。

(1)有權申請審查法律的：對於聯邦法律，限於各邦政府；對於各邦法律，限於聯邦政府。換言之，對於聯邦法律，聯邦政府不得申請審查；對於各邦法律，各邦政府不得申請審查。此蓋奧國設置法律審查之制，目的不在於保護個人權利；而奧國既是一個聯邦國，憲法劃分聯邦權限與各邦權限（第一〇條第一一條及第一二條），使二者各守自己的畛域，不相侵犯，則當一方侵犯他方權限之時，自應有匡救之法，故乃給予雙方以申請審查之權。

(2)個人不得直接向憲法法院提起法律或命令無效的訴訟，這是與美國制度不同之點。但個人因違法的行政處分而致損害其權利，得向行政法院（第一二九條第一項）或憲法法院（第一四四條，此乃特種行政訴訟）提起行政訴訟。此際當事人若認行政處分所根據的命令是違法的，或所根據的法律是違憲的，憲法法院可依行政法院的申請，或依自己的職權，審查該項命令或法律，所以結果個人也間接的有了申請審查之權。

(3)普通法院只得申請審查命令，不得申請審查法律。即奧國是和歐洲大陸各國一樣，普通法院應絕對遵從法律，縱明知法律之違憲，亦不得申請審查。然既設置憲法法院，以審查法律矣。苟無聯邦政府或各邦政府之申請，違憲的法律還是有效。這不能不說是奧國制度的一個缺點。

憲法法院得判決法律或命令全部違憲或違法而取消之，又得判決其一部

---

❻❾❽ 例如憲法法院審判權限爭議（憲法第一三八條）選舉訴訟（第一四一條）彈劾案件（第一四二條）或特種行政訴訟（第一四四條），而適用某項法律或命令，同時乃發見其所適用的法律或命令本身有違憲或違法之疑義。

違憲或違法而取消之。其取消法律或命令之一部者，必須這個部分雖然取消，而其他部分尚得獨立存在。不然，凡取消其一部者，就應取消其全部。憲法法院所作判決有確定的效力，不許再審。故凡一種法律或命令既已判決為合憲或合法了，任誰都不得以同一理由，再申請審查。

憲法法院判決為違法的命令，於公布之日始，失去效力（第一三九條第二項）。憲法法院判決為違憲的法律，固然原則上也於公布之日始，失去效力。但憲法法院尚得規定該項法律於六個月內繼續有效（第一四〇條第三項）。何以命令與法律乃有如斯區別？因為命令取消之後，主管官署尚得隨時制定合法的命令，以代替違法的命令。而法律取消之後，政府欲制定合憲的法律，以代替違憲的法律，必須提出議會，要求審議。議會審議法律，需要長久時期。倘令法律違憲，立即失去效力，則在青黃不接之際，法律秩序將至發生動搖。總之，命令與法律雖然因為違法或違憲而取消，而取消的效果卻不溯及既往，即過去認為有效者，還是有效。因此之故，一個新命令新法律固然可以推翻舊命令舊法律，但是新命令新法律若因違法或違憲，宣告取消，而舊命令舊法律卻不能因此更生。同樣，命令或法律雖然失去效力，而前此根據該項命令或法律所作的行政處分，卻是仍然有效。不過對這不溯既往的原則，亦有例外。比方行政處分根據某項命令而侵害人民的權利，人民起訴於行政法院。行政法院對於該項命令的合法性，發生疑義，而申請憲法法院審查。倘若憲法法院宣告該項命令違法，則行政法院就要受其拘束，而撤銷原行政處分。不然，申請審查便失去意義了。

一九三四年奧國修改憲法，合併舊制之行政法院 (Verwaltungsgerichtshof) 與憲法法院，改稱為聯邦法院 (Bundesgerichtshof)⑲，掌行政訴訟（憲法第一六四條）權限爭議（第一六八條）⑳選舉訴訟（第一

---

⑲ 此與憲法第五章第二節所規定之最高法院 (Oberste Gegerichtshof) 及各級普通法院 (ordentliches bürgerliches Gericht) 不同。

⑳ 又據憲法第一七一條規定，聯邦法院得依聯邦內閣或各邦政府之申請，解釋某種事項

七二條）彈劾案件（第一七三條）之裁判及命令法律之審查（第一六九條及第一七○條），置院長 (Präsident) 副院長 (Vizepräsident) 各一人，組長 (Senatspräsident) 及委員 (Rat) 若干人（第一七七條第一項），依聯邦內閣之推薦，由總統任命之（第一七七條第二項）。他們須係學習法律學及國家學的人，而且最少必須畢業十年以上，其中三分之一須有法官的資格，四分之一須在各邦曾經擔任過行政職務（第一七七條第三項）。他們除達到法定退休年齡之外，不得免職，其執行職權是和法官一樣的獨立（第一七七條第四項，參閱第一○一條及第一○二條第四項）。

聯邦法院置全院會議 (Vollversammlung) 及各組會議 (Senat)，各組會議均有組長一人委員若干人。一切裁判除法律另有規定外，均由各組會議為之（第一七八條第一項）。各組會議之中，組織特殊的則為審查法令之憲法組會議 (Verfassungssenat)，增置委員及候補委員 (Ersatzmann) 各四名，其中一半依國家參議會 (Staatsrat) 之推薦，另一半依各邦參議會 (Landerrat)❻之推薦，由總統任命之。他們的資格及保障是與其他委員相同（第一七九條第二項）。

聯邦法院（實即憲法組會議）審查命令有下列三種場合。

⑴關於各邦命令，依聯邦內閣之申請，關於聯邦命令，依各邦政府之申請，由聯邦法院審查之。

⑵普通法院審判案件，若以其所適用的命令違法，得申請聯邦法院審查之。

⑶聯邦法院裁判案件，若以其所適用的命令違法，依自己的職權，審查之（第一六九條第一項）。

申請時，可對命令全部或其一部，要求聯邦法院宣告違法而取消之（第一六九條第二項）。凡聯邦法院宣告為違法者，關於聯邦命令，由聯邦主管部

之立法權或行政權應屬於聯邦與各邦那一方。即不待爭議發生，即由聯邦法院裁決之。

❻ 參閱本書二八八頁。

部長以聯邦公報公告之。關於各邦命令，由各該邦邦長以各該邦公報公告之（第一六九條第三項）。違法的命令在原則上於公告之日始，失去效力，但聯邦法院尚得規定該項命令於三個月內繼續有效（第一六九條第四項）。

聯邦法院審查法律，有下列三種場合。

⑴關於各邦法律，依聯邦內閣之申請，關於聯邦法律，依各邦政府之申請，由聯邦法院審查之。

⑵聯邦最高法院審判案件，若以其所適用的法律違憲，得申請聯邦法院審查之。由此可知法律與命令不同，命令違法，各級法院均得申請審查。法律違憲，只唯最高法院才得申請審查。

⑶聯邦法院裁判案件，若以其所適用的法律違憲，依其自己的職權，審查之（第一七〇條第一項）。

申請時，可對法律全部或其一部，要求聯邦法院宣告違憲而取消之（第一七〇條第一項）。但聯邦法院要宣告法律或法律之一部違憲，須經該組委員三分之二之同意（第一七九條第三項）。這是與聯邦法院宣告命令違法不同之點。凡聯邦法院宣告為違憲者，關於聯邦法律，由聯邦國務總理以聯邦公報公告之；關於各邦法律，由各該邦邦長以各該邦公報公告之（第一七〇條第三項）。違憲的法律在原則上於公告之日始，失去效力，但聯邦法院尚得規定該項法律於六個月內繼續有效（第一七〇條第四項）。

第4章 人民怎樣參加統治權的行使——參政權論

第一節 選 舉

一、選舉權及被選舉權

㈠選舉權之性質及其條件

現代民主政治均採取代議政治的形式，由人民選舉議員，組織議會，以間接參加國家統治權的行使。所以選舉在民主政治之下，乃是一個很重要的問題。

關於選舉的性質，學者之間有三種不同的見解：

⑴**權利說** 選舉為人類的天賦權利，這是自然法學派的主張，而以人類平等為立論的根據。洛克 (John Locke) 盧梭 (J. J. Rousseau) 即其代表。法國革命，其國民會議 (Assemblée Nationale) 頗受盧梭學說的影響。一七八九年九月五日 Pé tion de Villeneuve 說：「任何個人都有參加制定法律的權利。這個權利是神聖的，不可讓與的」❶。十月二十二日 Robespierre 亦說：「每個人民都有參加制定法律——這是拘束他們自己的法律——的權利。同樣，也有參加管理公共事務——這就是他們自己的事務——的權利。否則一切人民都是公民的平等權利便不能實現了」❷。Condorcet (A. N. Marquis de) 說：

---

❶ 引自 H. Cunow, *Die Marxsche Geschichts-, Gesellschafts- und Staatstheorie*, Bd. I, 4 Aufl. 1923, S. 139.

「人性都是秉之於自然，而有類似的氣質」，由平等觀念，支持 Robespierre 的主張❸。其實，這個思想縱在法國革命時代亦未曾徹底實行。到了後來，更為世人所遺棄。唯在今日，尚有不少學者懷抱同一見解。A. Esmein 即其一例。他說：「選舉乃個人的權利，應屬於個人所有。選舉之行使或不行使，應完全聽各人自由。此與各人享有別種權利時，並無二致」❹。但是選舉權果係人類的天賦權利，則任何個人都應該有選舉權，而不得加以限制。而選舉人行使選舉權，亦宜完全自由，縱令拋棄選舉權，或委託別人行使選舉權，亦無不可❺。然而這種觀念又和今日各國制度未必相符。所以選舉權視為權利之說，雖可滿足現代人的民主感情，而在法理上似有問題。

(2)**公務說** 選舉權不是權利而是公務，即個人為全體利益而執行的職務。這種觀念在法國制憲時代已經有了。一七九一年八月十一日 Barnave (A. P. J. M.) 說：「選舉不是權利，而是國民所委託的公務。社會應依一般利益，決定這個公務應由誰人執行」❻。這種思想到了現在，尚有勢力。P. Laband 即其一例。照他說，選舉權不是權利，即不是以個人利益為基礎的權利，而只是個人執行其協助國家設置機關的公務❼。更明顯的言之，選舉乃是人民以選舉人的資格，組織一個選舉會，選舉議會議員，其性質無異於法國的兩院議員，組織一個選舉會，選舉總統。兩院議員組織選舉會，選舉總統，這是議員的職務，不是議員的權利。猶如總統任命文武官吏，不是實行總統個人的

------

❷ 引自 H. Cunow, a. a. O. S. 140. 參閱 R. Redslob, *Die Staatstheorien der Französischen Nation Alversammlung von 1789*, 1912, S. 135.

❸ 引自 K. Braunias, *Das parlamentarische Wahlrecht*, Bd. II, 1932, S. 4.

❹ 引自 K. Braunias, a. a. O. S. 5.

❺ 參閱 K. Braunias, a. a. O. S. 4.

❻ 引自 H. Cunow, a. a. O. S. 141. 參閱 R. Redslob, a. a. O. S. 143f.

❼ 參閱 P. Laband, *Das Staatsrecht des deutschen Reiches*, Bd. I, 5 Aufl. 1911, S. 331. C. Schmitt, *Verfassungslehre*, 1928, S. 254 亦有同樣的主張。

權利，而是執行國家機關的職務者焉。同樣，人民在選舉之時，構成為選舉團，選舉議會議員，也是執行選舉人的職務，不是實行人民個人的權利❽。公務之說固然持之有故，言之成理，而常為極左或極右的人士所利用。因為選舉既係公務，則選舉權給與誰人，當然須視當時社會的需要。蘇聯革命之後，不以選舉權為個人的權利，且謂選舉權應適合於革命的目的，而給與無產階級，即其例也❾。

⑶**權利兼公務說**　選舉由個人觀之，乃選舉代表，將自己意思間接表現於政治之上，以謀自己的利益。由團體觀之，又是設置國家的機關，而責令個人負起協助的義務。所以 L. Duguit 才說：「選舉一方是權利，同時又是義務」，而 M. Hauriou 亦說：「投票是個人的權利，同時又是社會的公務」❿。此法國學者之言也。其在德國，亦有不少學者主張之。例如 G. Jellinek 謂，個人執行國家的職務，則成為國家的機關。其成為國家機關也，沒有獨立的權利，而只有國家的權限。人民選舉議員，不是以個人資格而為之，而是以國家機關而為之。他們是執行國家的職務，猶如法官在審判會議所作的投票一樣，只是執行職務，不是行使權利。但是選舉雖係公務，同時對於個人亦有利益。不然，在限制選舉的國家，那沒有選舉權的人民何必奮然而起，作

---

❽ 他們以為選舉的性質與任命無甚差別，由一人任命的，直稱為任命，由多數人任命的，則稱為選舉。人民選舉議員，議會選舉總統，總統任命文武官吏，其性質是一樣的。所以法國第三共和憲法關於人民選舉第一院議員用 nommer（任命）之語（一八七五年二月二十五日公權組織法第一條第二項：La chambre des deputes est nommee par le suffrage universel），關於議會兩院組織國民會議 (Assemblée nationale) 選舉總統，也用 nommer 之語 （同上第二條：Le President de la Republique est elu... Il est nomme pour sept ans），關於總統之任命文武官吏，又用 nommer 之語（同上第三條第四項：Il nomme a tous les emplois civils et militaires）。

❾ K. Braunias, a. a. O. S. 7.

❿ 引自 K. Braunias, a. a. O. S. 9.

激烈的運動呢❶？因為選舉是權利，故凡有選舉資格的人均得主張自己是選舉人，而實行投票。因為選舉是公務，所以國家又得禁止選舉人放棄權利，而強迫他們投票。在必要時，且得限制某幾種人有投票權。

我們以為政治問題乃是生活問題。怎樣解決生活問題，對於吾人有很大的利害關係。然以今日國家領土之大，人口之眾，要令人人對於政治問題，都有發表意思的機會，事實上又辦不到。於是就令人民選舉議員，代表他們的意思，而謀他們的利益。在這一點上選舉權確是一種權利。選舉權雖是權利，但是這個權利又和普通權利不同。普通權利只關係權利者一身的利害，而選舉權則關係全國的利害。選舉人能夠選出公正的議員，則議會可以反映民意，而實現民主政治的理想。選舉人不能選出公正的議員，則不但民主政治無從實現，並且一切政治上的腐化現象亦將因之發生。就選舉權是一種權利看來，當然須把選舉權給與多數人；就選舉權是一種特別的權利看來，又不得不限制選舉人的人數。所以縱在實行普通選舉的國家，對於選舉權也有許多限制。

現今民主國絕對沒有把選舉權給與一切人民。凡人須有兩種條件，才有選舉權：一是取得選舉權時必須具有的條件，二是取得選舉權時不宜具有的條件，前者稱為積極的條件，後者稱為消極的條件。

積極的條件有三種：

⑴國　籍　國民有選舉權，滯留國內的外國人沒有選舉權，這是各國的共通制度。俄國革命後，外國人住在蘇俄領土，從事勞動，而屬於無產階級的，得享有選舉權。此可以視為一個異例❷。過去美國有許多邦，其憲法規定選舉權給與「居民」(inhabitants or residents)，而不用「國民」(citizens) 一語。當時移民自由，故凡外國人入居美國，而有住所和財產，苟他們宣布歸化，在未歸化以前，亦有選舉權。第一次大戰之後，各邦均撤銷這類條文，

---

❶ G. Jellinek, *System der subjektiven öffentlichen Rechte*, 2 Aufl. 1919, S. 138, 139, 140.

❷ K. Braunias, a. a. O. S. 95.

現在外國人已經沒有選舉權了❸。

　　⑵**年　　齡**　國民達到一定年齡之後才得行使選舉權，此亦各國共通的制度。蓋年齡太幼，雖自己的運命亦不能決定，何可令其決定國家的運命。至於選舉年齡應規定為多少歲，列國之制均不相同。據 K. Braunias 於一九三二年出版的書所言，最低的為蘇聯的滿十八歲（一九三六年憲法第一三五條第一項亦規定選舉年齡為滿十八歲），最高的為丹麥（一九一五年憲法第三○條）、荷蘭（一九四七年憲法第八三條第一項只云：選舉年齡不得小於二十三歲。按二十三歲為其民法上的成年）的滿二十五歲。而以滿二十一歲為最多。法國（第四共和憲法第六條只云：以法律定之；第五共和憲法第三條第四項則云：凡法國男女國民已達成年）、義國（共和憲法第四八條第一項只云：達到成年）、英國比利時（憲法第四七條第一項）亦採斯制❹。選舉年齡與民法上的成年似無因果關係。有一致者，例如英國，選舉年齡及民法上的成年均為滿二十一歲。有選舉年齡比民法上的成年為高者，例如荷蘭，選舉年齡為滿二十五歲，民法上的成年為滿二十三歲。又有選舉年齡比民法上的成年為低者，德國在威瑪憲法時代，選舉年齡為滿二十歲（威瑪憲法第二二條第一項），民法上的成年則為滿二十一歲❺。

　　⑶**居　　住**　選舉人須在選舉區之內居住一定時期以上，才有投票權，這也是各國共通的制度。此蓋有兩種原因，一是政治上的原因，即希望選舉人

-------◆------------------◆-------

❸ W. Anderson, *American Government*, 3 ed. 1947, pp. 310, 312f. K. Braunias, a. a. O. S. 96.

❹ K. Braunias, a. a. O. S. 96. 有些國家，人民選舉第一院議員與其選舉第二院議員時所需要的年齡，又有差別。據義國共和憲法規定，凡成年的男女固然都有選舉第一院議員的權（第四八條第一項），而選舉第二院議員的權則唯年滿二十五歲以上的選舉人有之（第五八條第一項）。

❺ 西德憲法（第三八條第二項）對於選舉年齡，已改為滿二十一歲，即與民法上的成年相同。

是安居樂業的人。二是技術上的原因，即有住所的人容易記載於選舉人名冊之上。至於居住期間長短如何，則依國而殊。英國為三個月（軍人為一個月），法國比利時為六個月❶。美國制度頗見複雜。選舉人須連續住在某邦，該邦內某縣，該縣內某選舉區若干期間，例如住在某邦一年，住在該邦內某縣六個月，住在該縣內某選舉區三十天。至於期間長短，各邦法制極不一致。住在邦內，短者六個月，長者二年，而以一年最為普遍。住在縣內，短者三十天，長者一年，而以三個月至六個月最為普遍。住在選舉區內，長者一年，而以十天至三十天最為普遍❶。

消極的條件有四種：

⑴**能力上的原因**　因心神喪失或精神耗弱而被法院依法宣告禁治產者。

⑵**道德上的原因**　因為犯罪行為而被法院依法褫奪公權者。

⑶**政治上的原因**　各國亦有依過去政治上的經歷而褫奪某種人的選舉權的。蘇俄革命之後，凡皇族及帝政時代曾做過警察憲兵特務的人皆不許其行使選舉權（蘇俄一九一八年憲法第六五條第五款）。今日義國亦褫奪 Savoy 一族及其後裔的選舉權（共和憲法附則第一三條），均其例也。

⑷**職務上的原因**　現役軍人不得行使選舉權，乃多數國家的制度。荷蘭一九四七年憲法第八三條第二項之規定即其例也。但是我們須知現役軍人不是喪失選舉權，而是停止選舉權之行使。永久喪失與暫時停止固有很大的區別。英國貴族不得選舉第一院議員，此永久喪失也。現役軍人不過暫時停止，他們一旦退役，就恢復了行使選舉權的自由❶。按現役軍人所以不得行使選舉權，乃因軍人須絕對服從命令，倘若政府利用軍事上的命令權，訓令軍人對誰人投票，則選舉不能公正，而將造成各種腐化現象。唯在政治已上軌道，而一般民眾又有相當學識的國家，這種禁止似無必要。如在英國，依一九一

❶ K. Braunias, a. a. O. S. 98.

❶ W. Anderson, op. cit., p. 314.

❶ K. Braunias, a. a. O. S. 100.

八年的法律 (The Representation of the People Act) 規定，軍人不但有選舉權，而其選舉年齡又降低為滿十九歲（普通人為滿二十一歲），居住期間復減少為一個月（普通人為六個月），且得作通訊投票或委任投票 ❶⑨。

㈡被選舉權之性質及其條件

被選舉權的性質與選舉權不同。在選舉權，凡有一定資格的人，都可以根據法律，積極的主張自己是選舉人，參加投票。在被選舉權，人們不能因為自己有被選舉權，要求別人必須選舉自己為議員。不過別人選舉自己之時，國家不得干涉，自己依法當選之後，國家不得禁止自己為議員。其狀無異於凡在文官考試合格的人，雖然都有任命為官吏的可能，而卻不能要求國家必須任命自己為官吏。所以被選舉權的性質，一方與選舉權不同，他方又和任官權相似。而如 G. Meyer 所言，被選舉權不是權利 (Recht)，而只是一種資格 (Fähigkeit) ⑳。然則應該那一種人有這資格呢？

關於這個問題，我們不能不述議員的任務。議會為立法機關，即制定法律的機關。而在今日各國，一切重要法案均由政府提出，議員不過表示同意或不同意而已。議員根據什麼判斷法案可否同意呢？當然是以公意為標準，依常識判斷法案是否為公意所接受。在這意義之下，凡為議員的，第一須能代表公意，第二須有豐富常識，至於專門學識似無必要。此蓋政治問題乃生活問題，不是學術問題。討論學術問題，須有專門學識，討論生活問題，只需要豐富常識。換言之，議員討論一種議案，不能單由議案本身，判斷其價值，而應從一切有關方面，加以考察。例如建築一條鐵路，不能單就鐵路立言，而須從文化方面，經濟方面，國防方面，財政方面，研究其可否建築。

---

❶⑨ 該法第五條第一項及第四項、第六條第二項、第二三條第四項。參閱 W. R. Anson, *The Law and Custom of the Constitution*, Vol. I, 5 ed. (by M. L. Gwyer), 1922, pp. 126, 145.

⑳ G. Meyer, *Lehrbuch des Deutschen Staatsrechts*, 6 Aufl. 1905, S. 311–312.

我記得 H. J. Laski 曾經說過，專家若用專才的眼光，判斷政治問題，難免顧此而失彼。專家若用通才的眼光，判斷政治問題，則他已經放棄了專家的立場，那又何貴乎專家㉑。常識豐富，而又能代表公意，這是議員應有的資格，也就是被選舉權應有的條件。

倘謂今日分工發達，議員需要專門學識，則議會制度應加改造。今日各國議會無不包羅萬象，議員有研究法學的，有研究哲學的，有研究醫學的，有研究軍事的。一種議案提交議會審議，非依議案的性質，由對該項議案有專門學識的議員討論並決定之，而是開全院會議，不問議案屬於那一種性質，任何範疇的議員均得發表意見，並依他們多數人的意思，作最後的決定。情形如斯，則專家在議會中，已經失去效用。H. Kelsen 曾提議 「分科議會」(Fachparlament) 之制。這個分科議會，不是依全體人民選舉，由固定的議員組織，對任何問題，甚至性質相反的問題，都有審議的權；而是依法案的性質，隨時由政黨依其所得票數，選派各種不同的專家討論並決定之㉒。其實，這種設計並不高明。Kelsen 自己也說，經濟事件常有政治的意義，政治事件又常有經濟的意義，對於問題，單從政治觀點或經濟觀點，予以區別，事實上未必可能㉓。何況如前所言，政治問題乃生活問題。我又記得 A. V. Dicey 曾經說過，英國工業家當保護貿易有利於他們的時候，無不崇奉保護貿易主義，一旦知道自由貿易可以增加自己的利益，又復變成主張自由貿易主義的人㉔。是則各人對於政治問題如何判斷，其實只是各人希望這個問題如何解決，而後最有利於自己。既是這樣，則吾人對於被選舉人的資格，何必求之過高，只要他們常識豐富，而又能服從公意，那就不愧為國民的代表。過去

㉑ 似是出在他所著 *A Grammar of Politics* (1925) 之中。

㉒ H. Kelsen, *Vom Wesen und Wert der Demokratie*, 2 Aufl. 1929, S. 44, 45.

㉓ H. Kelsen, a. a. O. S. 46.

㉔ 似是出在他所著 *Lectures on the Relation between Law and Public Opinion in England during the 19th Century* (1905, 3 ed. 1920) 之中。

各國限制被選舉權往往比其限制選舉權，尤為嚴厲。例如法國一八三〇年七月革命之後，其一八三一年的選舉法還是規定：有選舉權的限於男子年滿二十五歲以上，每年繳納二百法郎以上的直接稅。而有被選舉權的限於男子年滿三十歲以上，每年繳納五百法郎以上的直接稅❷⑤。但是同年比利時的選舉法卻放棄這種古老主義，而改用進步方式，選舉人雖須納稅，而被選舉權則不以納稅為條件❷⑥。自是而後，各國漸次模倣比利時之制，以為被選舉權本身已經含有「限制」之意。因為某人要想當選，須能得到多數人的投票，這不是普通人能夠做到的。所以縱在施行限制選舉之國，選舉權以納稅或財產為條件，而被選舉權亦不需要這個條件。至於採用普通選舉的國家更不必說了。

　　但是被選舉權又不是絕對不受限制的，固然各國憲法多規定，一切選舉人均有被選舉權，其實，關於國籍年齡兩項，被選舉權所要求的條件常比選舉權嚴格。茲述被選舉權的積極和消極兩種條件如次。

　　取得被選舉權之積極的條件如次：

　　⑴**國　籍**　關於國籍條件，被選舉權常比選舉權為嚴厲。如西德，對於選舉人只要求其於選舉日有德國國籍；而對於被選舉人則要求歸化人取得德國國籍一年（一九四九年三月十日選舉法第一條及第五條第一項 B 款）❷⑦。其他各國法律亦有同樣規定。美國對於第一院議員，要求其為美國國民滿七年以上，對於第二院議員，要求其為美國國民滿九年以上（美國憲法第一條第二項第二目及第三項第三目），即其例也。而日本法律且禁止歸化人及歸化人之子當選為國會議員（國籍法第一六條第七款）。

　　⑵**年　齡**　關於年齡條件，有三種限制方法：一是被選舉年齡比之選舉年齡為大，如西德，選舉年齡為滿二十一歲，被選舉年齡為滿二十五歲（憲

---

❷⑤ K. Braunias, *Das Parlamentarische Wahlrecht*, Bd. I, 1932, S. 160.

❷⑥ 森口繁治，《選舉制度論》，昭和六年初版，一六〇頁。

❷⑦ L. H. Laing, *Source Book in European Governments*, 1950, pp. 422, 423.

法第三八條第二項）。又如義國，第一院議員由一切成年男女選舉之，其被選舉年齡為滿二十五歲，第二院議員由年滿二十五歲的選舉人選舉之，其被選舉年齡為滿四十歲 （共和憲法第四八條第一項、 第五六條第二項、 第五八條）。二是被選舉年齡與選舉年齡相同，如英國均為滿二十一歲，瑞士均為滿二十歲（憲法第七四條第一項及第七五條）。三是被選舉年齡反比選舉年齡為小。例如丹麥，在一九一五年以前，年滿三十歲的有第一院議員的選舉權，年滿二十五歲的有被選舉權。一九一五年以後，選舉年齡及被選舉年齡均為滿二十五歲（一九一五年憲法第三〇條第三一條） ❷ 。

　　⑶**居　住**　關於被選舉人的居住條件有兩個主義。一是英國主義，英國不以議員為代表地方利益，而以議員為代表全國利益，所以候選人不以本區住民為限，誰都得選擇全國任何區域競選。二是美國主義，不以議員為代表全國利益，而以議員為代表地方利益，所以候選人限於各該邦的住民❷。其結果也，美國常有若干最優秀的政治家因受住居之限制，而不得當選為國會的議員。而如 J. Bryce 所說，有些地方不產政治家，從而庸碌無能之輩亦得夤緣當選；有些地方因為政治家過剩，而致出類拔萃的後進青年，也失去進入國會的路徑❸。

　　取得被選舉權之消極的條件如次：

　　⑴**能力上的原因**　因心神喪失或精神耗弱而被法院依法宣告禁治產者。

　　⑵**道德上的原因**　因為犯罪行為而被法院依法褫奪公權者。

　　⑶**政治上的原因**　因過去政治上的經歷而致喪失公權者。蘇俄革命之後，凡皇族以及帝政時代曾做過警察憲兵特務的人皆無被選舉權（蘇俄一九一八

---

❷ 參閱 K. Braunias, a. a. O. S. 44, 52, 69. 其第二院議員，在一九一五年以前，選舉年齡為滿三十歲，被選舉年齡為滿四十歲，一九一五年以後，均為滿三十五歲（一九一五年憲法第三四條及第三五條）。

❷ K. Braunias, Bd. II, S. 111. 參閱美國憲法第一條第二項第二目及第三項第三目。

❸ J. Bryce, *The American Commonwealth*, Vol. I, new ed. 1926, p. 195.

年憲法第六五條第五款)。今日義國亦不許 Savoy 一族及其後裔當選為兩院議員（共和憲法附則第一三條）**31** 。

⑷**職務上的原因**　因職務關係而不得為議員的可分兩種：一是當選無效 (Unwählbarkeit)，二是兼職禁止 (Unvereinbarkeit)。前者是該人因職務關係，根本沒有被選舉權。所以該人不得參加競選；參加而當選，亦為無效。後者是該人因職務關係，不得兼任議員。所以該人得參加競選；惟當選之後，須於職官及議員兩職之中，選擇其一**32** 。至於那一種職務屬於當選無效，那一種職務屬於兼職禁止，則各國法律規定未必相同。茲只擇其最一般的說明如次。

①議會之採兩院制的，任誰都不得同時為兩院議員，此各國共通之制也。遠者如比利時憲法第三五條，近者如義大利共和憲法第六五條之規定，均其例也。此際，甲院議員若未辭職，而乃參加乙院議員之選舉，縱令當選，亦為無效。這是「當選無效」之例。但國會議員可否兼為地方議會議員，各國法制又不相同。在法國，國會議員兼為地方議會議員，乃是常有的事**33** 。但多數國家皆禁止之，巴西一九四六年憲法第四八條第二款之 c 之規定即其例也。

②現役軍人可否為議員，各國制度殊不一致。其禁止競選的，固然不少。秘魯一九三三年憲法第九九條第四款之規定即其例也。荷蘭憲法（一九四七年憲法第九九條第四項）不是採取當選無效，而是採取兼職禁止的主義。所以現役軍人參加競選，當選之後，在其執行議員的職務之時，法律上就視為退役。一旦不為議員，又恢復其現役軍人之職。德國威瑪憲法（第三九條）更進一步，現役軍人參加競選，國家須給與以必要的假期。當選之後，他們執行議員的職務，無須告假。

------

31 因這一類理由而致喪失被選舉權的，其例甚多，請參閱 K. Braunias, a. a. O. S. 121.

32 參閱 K. Braunias, a. a. O. S. 113.

33 參閱 W. R. Sharp, *The Government of the French Republic*, 1939, p. 70.

③法官不得當選為議員，此亦各國共通的制度，秘魯一九三三年憲法第九九條第二款之規定，其一例也。蓋三權分立，法官更應保持中立的地位。而在今日民主政治之下，議員不免與政黨發生關係，故為保全法官地位的獨立，希望他們不受政黨勢力的影響，當他們尚未辭職以前，絕對不得參加議員的競選❸。

④一般文官可否為議員，依各國之制，大率是「兼職禁止」，而不是「當選無效」。換言之，他們得參加競選，但當選之後，要執行議員之職務，必須辭去官職。最多，亦不過禁止他們在其執行職務的區域內，參加競選。波蘭一九二〇年憲法（第一五條）云：「行政官、財政官及司法官在其執行職務的區域內，不得當選為議員。但中央政府的官吏不在此限」，即其例也。南美諸國，政治未上軌道，高官巨吏往往利用政治上的勢力，以作選舉運動，甚者且協助其家人子弟出來競選。所以 Nicaragua 一九四八年憲法（第一二四條第一款及第三款）不但禁止一般官吏當選為兩院議員，而總統的二等血親及姻親亦在禁止之列。巴西一九四六年憲法（第一三九條第四款，第一四〇條第一款之 c 及第二款之 b）更見嚴厲。中央的總統部長，地方的邦長廳長非於離職三個月後，不得競選為兩院議員。總統的二等血親及姻親，當總統在職時，除非其人已為議員者外，不得參加兩院議員之競選。邦長之二等血親及姻親，當邦長在職時，除非其人已為議員者外，不得參加兩院議員之競選。此「當選無效」之例也。但多數國家對於文官，均採用「兼職禁止」之制。因為官吏有服從命令的義務。這種義務與議員的地位不能兩立。官吏兼為議員，倘他們服從政府之命令，則不能盡議員之責。反之，他們欲盡議員之職，則屬於反對黨的人又得乘機擾亂官紀。德國不認官吏與議員兩者地位不能相容，所以威瑪憲法（第三九條）規定：官吏參加競選，國家須給予以必要的假期，當選之後，執行議員的職務，無須告假。而普魯士一九二〇年憲法（第

---

❸ 參閱 K. Braunias, a. a. O. S. 119. 審計官亦不得當選為議員，參閱 Ecuador 一九四六年憲法第三六條之規定。

一一條）且謂：薪俸應繼續給與❸❺。

二、民主國的選舉原則

普通平等直接秘密為現今民主國的選舉原則，茲試分別述之如次。

㈠普通選舉

與普通選舉相反的為限制選舉。兩者的區別非在於選舉權有沒有限制，而在於限制條件除上述消極和積極兩個條件外，是否還需要納稅條件。取得選舉權不再需要納稅條件者稱為普通選舉 (universal suffrage, allgemeines Wahlrecht)。取得選舉權尚需要納稅條件者稱為限制選舉 (limited suffrage, beschränktes Wahlrecht)。固然納稅條件之外，尚有教育、性別的條件。唯據一般觀念，這兩種條件與普通選舉不相矛盾。故在第二次大戰以前，法國婦女沒有選舉權，而法國亦號稱施行普通選舉。時至今日，美國各邦之中，尚有以教育為選舉權的條件者，然世人亦謂美國施行普通選舉。

按議會制度是由中世的三級會議發達而成，而三級會議則為封建時代的特權階級，即教士貴族市民為討論納稅問題而組織的團體。到了封建社會崩壞，資本主義社會成立之時，資產階級希望獨攬政權，又沿用舊制，以納稅為人民取得選舉權的條件。有了這個要求，就產生各種辯護的言論。法國革

---

❸❺ 關於文官可否為議員之事，請參閱 K. Braunias, a. a. O. S. 116ff.

波蘭一九二一年憲法第一六條：「中央及地方的官吏當選為議員之時，應向原機關告假。但此規定不適用於國務員及大學教授」。第一七條：「凡議員任命為國家之有俸官職者，即失去議員之職。但此規定不適用於國務員及大學教授」。法國第五共和憲法第二三條第一項且禁止國會兩院議員兼任國務總理及國務員之職。

Ecuador 一九四六年憲法第三六條第一項列舉許多官員，謂其不得當選為兩院議員。同時又謂第一七九條所舉的人員例外。據第一七九條規定，任誰不得同時兼兩個以上的公職，但大學教授不在此限。他們得保有兩個職務，而支領 corresponding salaries。

命，發布人權宣言，其第六條固然主張：「一切人民均有由自己或由代表，參加制定法律的權利」，而在國民會議 (Assemblée Nationale) 討論選舉制度之時，一七八九年八月十一日 Barnave 竟謂，「選舉人需要三個條件，一是見解，凡有一定財產、納一定租稅的，大率受有教育，其見解高明，不能否認。二是選舉人對於公共事務須有利害關係，這個利害關係是隨個人需要保護的資產份量而增加的。三是個人沒有衣食之愁，而後才不會為了金錢而出賣其投票權」❸❻。十月二十二日 Dupont de Nemours 亦說：「國家的行政和立法無一不是有關於財產問題。故唯資產階級對之才有利害關係」❸❼。其結果也，選舉法不但採用間接選舉，且又採用限制選舉，即唯年滿二十五歲以上，住在選舉區一年以上，年納普通一天工資三倍以上的直接稅，而又未曾受雇於私人者，才有選舉權❸❽。然在世界中，以國家言，首先採用普通選舉的，還是法國。一七九三年的雅各賓憲法就已採用普通選舉了，時值社會動盪，憲法並未施行。到了一八四八年二月革命之後，才確實採用普通選舉之制，凡是國民，年滿二十一歲以上，繼續住在同一區域六個月者，就有選舉權❸❾。自是而後，歐洲大陸各國皆漸次模倣法國制度，而撤銷納稅條件焉。其在英國，選舉權的擴張也和其他改革一樣漸次進行。十九世紀以前，全國選舉人少得可憐，只限於自由地主 (freeholder)。十九世紀以後，經一八三二年一八六七年一八八四年三次改革，選舉人大見增加。二十世紀以後，一九一八年的選舉法 (The Representation of the People Act)，對於男子，撤銷過去一切限

---

❸❻ 引自 H. Cunow, *Die Marxsche Geschichts-, Gesellschafts- und Staatstheorie*, Bd. I, 4 Aufl. 1923, S. 140. R. Redslob, *Die Staatstheorien der Französischen Nationalversammlung von 1789*, 1912, S. 139f.

❸❼ 引自 H. Cunow, a. a. O. S. 140.

❸❽ H. Cunow, a. a. O. S. 141. 參閱 R. Redslob, a. a. O. S. 141f. K. Braunias, *Das parlamentarische Wahlrecht*, Bd. I, 1932, S. 154.

❸❾ K. Braunias, a. a. O. S. 154, 160.

制的條件，而實行普通選舉；對於婦女，則於相當條件之下（年齡滿三十歲，不動產收入每年在五鎊以上）承認其有選舉權。一九二八年的選舉法 (The Equal Franchise Act) 又撤廢婦女的限制條件，而承認男女平等。其在美國，選舉法乃放任各邦自由制定。各邦最初也以納稅或財產為取得選舉權的條件。一八○○年 Vermont 及 Kentucky 兩邦首先改限制選舉為普通選舉，其後各邦陸續傚之，最後採用普通選舉的則為一八八八年的 Rhode Island ❹。不過我們須知美國到了最近，南部各邦尚有以繳納人頭稅 (poll tax) 為行使選舉權的條件者。但稅額極低，一年不過美金一元，個人不能繳納，政黨代為繳納，故此限制實際上不甚重要 ❹。總之，二十世紀以後，因為教育的普及、人民經濟的改善、民主思想的流行，兼以普選運動又如火如荼，不可撲滅，所以時至今日，各國無不施行普通選舉。

　　除納稅條件外，各國尚有以教育及性別為人民取得選舉權的條件者，茲試簡單述之如次。

　　先就教育條件言之，選舉有公務的性質。人民執行公務，須有比較高明的見解，這是自明之理，任誰都不能反對。現今各國無不施行義務教育制度，一切人民均曾受到初等教育，而能讀書寫字。所以各國選舉法多撤廢教育條件，而假定一般人民皆有相當學識。但是各國至今以教育為人民取得選舉權之條件者亦有之。智利一九二五年憲法（第七條第一項），Bolivia 一九四五年憲法（第四四條）以能讀能寫為選舉權條件之一，即其例也。美國各邦也有此種「識字考試」(literacy test)，或只要求能讀憲法條文，或只要求能寫自己姓名，或又要求能讀而又能寫憲法條文。其甚者，例如 Mississippi 且要求選舉人對於憲法條文，能作恰好的解釋 (a reasonable interpretation)。這種規定

---

❹ A. N. Holcombe, *State Government in the United States*, 2 ed. 1926, p. 82. K. Braunias, Bd. II, 1932, S. 93–94. J. Bryce, *The American Commonwealth*, Vol. I, new ed. 1926, p. 488.

❹ W. Anderson, *American Government*, 3 ed. 1947, p. 316. J. Bryce, op. cit., p. 488.

固然目的在於排擠黑人，但表面上既無人種的區別，所以聯邦最高法院於 Williams v. Mississippi (170 U.S. 213)(1898) 一案，乃謂其不違憲❷。

　　次就性別——婦女選舉權言之，最初承認婦女有參政權的乃是美國各邦。一八九〇年 Wyoming 先啟其端❸。嗣後，Colorado 於一八九三年，Utah 於一八九五年，Idaho 於一八九六年次第承認婦女有參政的權。一九二〇年美國修改憲法，禁止聯邦或各邦因性別關係，剝奪或減少人民的投票權（修正條文第一九條），於是男女平權選舉就成為全國普遍的制度。其在英國，婦女參政運動固然發生甚早。然在第一次大戰以前，英國殖民地例如 New Zealand 於一八九三年，South Australia 於一八九四年，West Australia 於一八九九年，澳洲聯邦於一九〇二年，採用了男女平權的選舉法。至於英國本身則遲至一九一八年國會才通過 The Representation of the People Act，承認婦女有參政權。然於年齡（滿三十歲）及財產（不動產收入每年價值在五鎊以上）兩方面尚加以限制。一九二八年又通過 The Equal Franchise Act，撤廢婦女選舉權的條件，而承認男女平權。自是而後，其海外殖民地，如加拿大及北部愛爾蘭於一九二〇年，愛爾蘭自由國於一九二二年，Newfoundland 於一九二五年，南非聯邦於一九三〇年，或用法律，或用憲法，承認了婦女參政權。其在歐洲大陸，第一次歐戰以前，各國承認婦女參政權者，只惟芬蘭（一九〇六年）挪威（一九〇七年）及丹麥（一九一五年）三國而已。歐戰之後，例如荷蘭於一九一七年，德國瑞典於一九一九年，奧國於一九二〇年……逐漸承認婦女參政權❹。只惟拉丁民族不同，比利時於一九一九年修改憲法，不過給與陣亡烈士及抗敵烈士之妻或母以選舉權❺。今日有否修正，因缺乏參

---

❷ W. Anderson, op. cit., p. 315. J. M. Mathews, *The American Constitutional System*, 1932, p. 330.

❸ Wyoming 於一八六九年，於地方選舉，已經承認婦女有投票權。見 A. N. Holcombe, op. cit., p. 89.

❹ 森口繁治，《選舉制度論》，昭和六年初版，一四六頁以下。

考資料，姑當作闕文，西班牙遲至一九三一年，法國遲至一九四六年，義國遲至一九四七年❹，才施行男女平等的選舉制。瑞士至今婦女似還沒有選舉權。

㈡平等選舉

與平等選舉相反的為不平等選舉。凡有選舉權的人，任誰都只投一票 (one man one vote)，而每票之價值又復相同 (one vote one value) 者稱為平等選舉 (equal suffrage, gleiches Wahlrecht)。反之，普通選舉人只投一票，特殊資格的選舉人可投兩票以上，或一切選舉人雖然俱投一票，但是每票的價值又隨選舉人所屬的等級而有差異者，稱為不平等選舉 (unequal suffrage, ungleiches Wahlrecht)。由此可知不平等選舉共有兩種，一是每個選舉人所投的票不平等，這稱為複數投票制度 (plural vote system, Mehrstimmrecht)。二是每票的價值不平等，這稱為等級投票制度 (class vote system, Klassenwahlrecht)。按普通選舉乃以人類平等為基礎，而人力不同，各人對於公共福利的關係亦不同，這是一個事實。不平等選舉乃以補普通選舉之窮❹。茲試舉例說明不平等選舉的制度如次。

先就複數投票制度言之，例如一八九三年比利時憲法雖然採用普通選舉之制，凡年滿二十五歲以上的男子，於某區域內居住一年以上，都有一投票權。但是⑴年滿三十五歲，有子女，每年納稅五法郎；以及年滿二十五歲，不動產價值在二千法郎以上，或其公債、儲金年利在一百法郎以上，都有二投票權。⑵年滿二十五歲，已經畢業於高等學校，或在公私機關服務而能證明其有高等學校之同等學力者，有三投票權（憲法第四十七條）❹。英國的

---

❹ 參閱 A. J. Peaslee, *Constitutions of Nations*, Vol. I, 1950, p. 131, n. 2.

❹ 義國在墨索里尼時代，凡婦女之有特殊資格者，亦有參政權。

❹ 參閱 K. Braunias, *Das parlamentarische Wahlrecht*, Bd. II, 1932, S. 91.

❹ K. Braunias, Bd. I, S. 10f.

選舉法本來也可以視為複數投票的變形。因為英國雖然採用普通選舉制度，全國男女年齡滿二十一歲，在編製選舉人名冊以前，繼續三個月以上住在同一選舉區者，均有選舉權。但是選舉人在其選舉區以外，若以營業目的，占有每年租金十鎊以上的土地或房屋者，可再投一票。而大學畢業生在大學選舉區，亦得再投一票。這樣，便是同一的人在三個選舉區可投三票了。不過英國也有一種限制，就是每人最多只能投兩票。普通選舉人各投一票，而有特別財產或特別教育者，可投兩票，這種制度當然可以視為複數投票❹。工黨秉政，以其有反於平等觀念，遂於一九四八年廢止之❺。所以複數投票制度今日已經絕跡。

次就等級投票制度言之，這可以一九一八年以前普魯士的三級選舉制度 (Dreiklassensystem) 為例。據普魯士一八五〇年憲法（第七一條）規定，每區人民乃照人口每二百五十人選舉一人之比例，選舉「選舉人」。但是每區人民須製成總表，表中次序即以人民所納直接稅的多寡為標準。次將表中人民分做三級，每級人民所納的直接稅為全區直接稅總額的三分之一。即取表中前列數名（即納稅最多的人民），而其所納的直接稅共占全區直接稅總額之三分之一者，併為第一級；取其次人民（即納稅比較次多的選舉人），而其所納的直接稅亦占全區直接稅總額的三分之一者，併為第二級；更取其餘的人民併為第三級，其所納的直接稅，當然亦占全區直接稅總額的三分之一。用此法合併之後，各級人民的人數當然不同。但是各級人民一方俱只有一個投票權，同時又各成為一個選舉團體，選出人數相等的選舉人，令其選舉議員。這樣一來，納稅較多的人的投票權比之納稅較少的人的投票權，當然有較大的價值❺。

---

❹ W. R. Anson, *The Law and Custom of the Constitution*, Vol. I, 5 ed. (by M. L. Gwyer) 1922, p. 127f.

❺ W. B. Munro and M. Ayearst, *The Governments of Europe*, 4 ed. 1954, p. 146.

❺ K. Braunias, Bd. I, S. 110.

㈢直接選舉

　　與直接選舉相反的為間接選舉。一般選舉人的投票能夠直接使候選人當選的，稱為直接選舉 (direct election, unmittelbare Wahl)。一般選舉人的投票不能直接使候選人當選；候選人的當選須由一般選舉人所選出的選舉人投票決定的，稱為間接選舉 (indirect election, mittelbare Wahl)。在間接選舉，最初選舉人稱為「第一級選舉人」(Wähler des ersten Grades)；第一級選舉人所選出的選舉人稱為「第二級選舉人」(Wähler des zweiten Grades)。第二級選舉人或為地方議會議員，例如荷蘭第二院議員就是由各省議會議員選舉之（一九四七年憲法第八五條）；或為人民特別選出的選舉人，例如法國一七九一年憲法所採用的間接選舉，先由納稅者以第一級選舉人之資格選舉第二級選舉人，次由第二級選舉人投票選舉議員❷是也。

　　今日各國除對第二院議員尚有採用間接選舉之外，至於第一院議員則無一不由人民直接選舉。此蓋第二院議員若由人民直接選舉，則第二院與第一院本質上沒有區別，那又何必多此一個機關。而時至今日，人民關心政治，已比過去為甚。他們絕對不肯放任第二選舉人自由選舉議員。第二選舉人於其競選為第二選舉人之時，常向人民明白約束投票何人為議員。及至他們正式選舉議員，不過履行原來的約束。這樣，間接選舉已與直接選舉無別。我們只看美國總統的選舉，就可知道。何況今日選舉又為政黨所包辦，人民選舉議員，常以其人所屬政黨的政策為標準。縱在間接選舉，人民選擇第二選舉人，亦唯其人所屬政黨是視。情況如斯，則像法國一七九一年憲法所規定的那一種選舉方法當然自歸消滅❸。

---

❷ 參閱 R. Redslob, *Die Staatstheorien der Französischen Nationalversammlung von 1789*, 1912, S. 141.

❸ 關於間接選舉，請參閱 K. Braunias, *Das parlamentarische Wahlrecht*, Bd. II, 1932, S. 71ff.

㈣秘密選舉

與秘密選舉相反的為公開選舉。選舉人行使選舉權，一般人能夠知道其投票給誰人者，稱為公開選舉 (open voting, öffentliches Wahl)。公開選舉有四種方法：一是喝彩投票 (acclamation)，選舉管理員向全場逐一唱呼候選人姓名，選舉人若報以歡呼之聲，就視為當選。二是口頭投票 (viva-voce)，選舉人高聲說出被選舉人姓名。由選舉管理員登記於帳簿之上，計算多寡，而決定誰人當選。三是舉手投票 (handshow)，就是選舉管理員向全場逐一提出候選人姓名，視舉手人數多寡，決定誰人當選。四是雙記名投票，就是選舉人於投票紙之上，不但填寫被選舉人姓名，且須填寫選舉人自己的姓名。在公開選舉之下，選舉人若為威屈，或為利誘，就失去選舉的自由，所以現今國家均不採用公開選舉。

選舉人行使選舉權，一般人無從知道其投票給誰人者，稱為秘密選舉 (secret voting, geheimes Wahl)。最普通的秘密選舉為單記名投票，就是選舉人只填寫被選舉人的姓名於選舉票之上，而不必填寫選舉人自己的姓名。但是要保全投票的秘密，只用這個方法，尚不完善，因為選舉票之上既然留有選舉人的筆跡，則別人當然可由筆跡，而認知選舉人之為何人。因此，為了確保投票的秘密，又產生一種制度，就是每區選舉事務所列舉各該區候選人姓名，印刷於選舉票之上，選舉人投票之時，不必填寫被選舉人姓名，只於自己所願意選舉的候選人姓名之上作一符號。這樣，別人當然不能由筆跡認知這一票是誰所投，故其秘密程度更勝一籌[54]。

三、選舉人與選舉權之行使

㈠自由投票與強制投票

選舉權若係個人的權利，則每個選舉人自得隨意行使，從而國家不能強制他們投票。選舉權若係公務，則選舉人自有執行職務的義務，他們廢弛職

---

[54] 參閱 K. Braunias, *Das parlamentarische Wahlrecht*, Bd. II, 1932, S. 168ff.

權，國家當然得加以制裁❺。凡選舉人行使不行使選舉權，完全自由，國家不得干涉的，稱為自由投票 (free voting)。選舉人無故放棄選舉權，國家可加以制裁的，稱為強制投票 (compulsory voting)。在民主政治剛剛成立之初，各國均採用自由投票。近來放棄自由投票而採用強制投票的，漸次增加。在第一次大戰以前，就有瑞士、比利時、奧大利、西班牙諸國，或規定於憲法之上，或規定於選舉法之上❺。人民有選舉義務，而乃放棄義務者，應受制裁。不設制裁的只惟瑞士的 Bern, Luzern, Glarus 等邦❺。制裁有三種方法：一是道德上的制裁，如申誡及公告棄權者的姓名是也。二是金錢上的制裁，如罰金或令棄權者負擔補缺選舉之經費❺是也。三是政治上的制裁，即褫奪棄權者的公權若干年是也❺。今試以比利時為例言之，凡人無故放棄選舉權的，第一次罰金一至三法郎；第二次於六年之內復犯之者，罰金三至二十五法郎；第三次於十年內又犯之者，除科以同一罰金外，又公布其人姓名於市鎮公所門前；第四次於十五年內更犯之者，除科以同一罰金外，又褫奪公權十年❻。

㈡出席投票與缺席投票

選舉人必須親到投票場投票，或親自參加選舉會的，稱為出席投票 (present voting, personliche Abstimmung)。選舉人因故不能出席，得用其他方

---

❺ K. Braunias, *Das parlamentarische Wahlrecht*, Bd. II, 1932, S. 34f.

❺ K. Braunias, a. a. O. S. 39. 瑞士讓各邦定之，比利時於一八九三年規定於憲法第四八條。奧大利於一九〇七年一月二十六日以法律定之，西班牙於一九〇七年八月八日以法律定之。

❺ K. Braunias, a. a. O. S. 41.

❺ 德國的 Bayern 於一八八一年以後曾採用之，現在已經沒有這種制裁，見 Braunias, a. a. O. S. 42.

❺ 關於這三種制裁，請參閱 K. Braunias, a. a. O. S. 41ff.

❻ K. Braunias, Bd. I, S. 23.

法行使投票權的，稱為缺席投票 (absent voting, nichtpersönliche Abstimmung)❻❶。美國在南北戰爭之時，各邦常許戰士「投票於野」(vote in the field)，這可以視為缺席投票的濫觴。最初制定法律，許非戰人民作缺席投票的乃是一八九六年的 Vermont。自是而後，缺席投票漸次普遍於美國各邦❻❷，終而歐洲各國亦採用之。

缺席投票有下列三種方法：

⑴**委任投票** 委任投票 (vote by proxy, Wahl durch Stellvertretung) 是謂選舉人因故不能親到投票場投票，可委託別人行使投票權。其原因頗多。①在瑞士的 Bern，選舉人年踰六十歲者；在 Zürich 及 Graubünden，②選舉人因病或殘廢者，③選舉人所居離投票場踰五公里者；④在荷蘭，選舉人因公務離開選舉區者；⑤在英國，選舉人在軍隊或軍艦上服務者；⑥在瑞典，夫妻一方不能離開家庭者，皆可作委任投票❻❸。

⑵**通訊投票** 通訊投票 (vote by post, briefliche Stimmzettelein-sendung) 是謂選舉人因故不能親到投票場投票，乃由選舉事務所預先將選舉票寄與該人，該人填寫之後，再由郵局寄回。在英國，過去曾於大學選舉區內採用此法。因為大學畢業生散居各地，他們不能回到母校投票。今日只惟選舉人在軍隊或軍艦上服務的，才得利用之。在瑞典，選舉人在軍隊、鐵路或國外使館服務者，皆得作通訊投票。在冰島，選舉人因病，或主婦因為料理家計，而不能親到投票場者，皆可用通訊之法投票❻❹。

⑶**選舉證的交付** 選舉人預計選舉日因事不在選舉區，可向選舉事務所

---

❻❶ K. Braunias, *Das parlamentarische Wahlrecht*, Bd. II, 1932, S. 174f.

❻❷ A. N. Holcombe, *State Government in the United States*, 2 ed. 1926, p. 90, n. 1.

❻❸ K. Braunias, a. a. O. S. 175. 關於瑞典制度可參看 Bd. I, S. 487.

❻❹ K. Braunias, Bd. II, S. 175. 在英國，受任人限於委任人的夫妻，父母，兄弟，姊妹，而其人又係該選舉區的選舉人。受任人所作委任投票以二票為限，參看 W. R. Anson, *The Law and Custom of the Constitution*, Vol. I, 5 ed. (by M. L. Gwyer), 1922, p. 145.

領取選舉證 (Wahlschein)，此後便以選舉證為證據，向任何投票場投票。這個方法曾為德國所採用。但採用這個方法，必須全國成為單一選舉區，而後才不會發生流弊。否則政黨若以自己選舉人在甲區過多，乙區稍少，必將利用此法，將甲區的選舉人移至乙區，而使乙區的本黨候選人亦能得到多數投票而當選**⑥**。

四、選舉區的劃分

㈠以地為基礎的選舉區與以人為基礎的選舉區

選舉區有以地為基礎的，又有以人為基礎的。其以地為基礎者乃包括住在一定地域之上的選舉人，這稱為地的選舉區 (örtliche Wahlkreis)。其以人為基礎者則包括屬於某種性質的選舉人，而不顧他們住在何地，這稱為人的選舉區 (persö nliche Wahlkreis)**⑥**。歷史告訴我們，代表之制最初都是以地為基礎，如一省一縣一市之類。學者稱此為地域代表制 (geographical representation)。在地域經濟時代，同一地方的人常有一種連帶關係，他們的鄉土觀念頗見強烈，他們每為自己鄉土的利益犧牲一切，則在這個時候，以地域為一個選舉團體，使各地人民選出代表，絕不是無意義的事。但是今日各國經濟，已由地域經濟發展為國民經濟，甚至形成為世界經濟。在國民經濟時代，交通發達，人民遷徙無定。人民的利害已經離開地域關係，而以職業為標準。上海的農民與上海的地主，利害未必一致。反而上海的農民乃與南京的農民有同一的利害關係。既是這樣，則令人民依他們偶然同住於一地之故，選舉議員，以代表他們的利益或意思，當然是不可能的事。因此之故，近來學者反對地的選舉區而贊成人的選舉區者，漸次增加。人的選舉區可以過去英國大學選舉區為例**⑥**。唯在今日，學者所主張、各國所採用的乃是職

---

⑥ K. Braunias, Bd. II, S. 175f. 參閱 J. Hatschek, *Deutsches und preussisches Staatsrecht*, Bd. I, 2 Aufl. 1930, S. 394.

⑥ K. Braunias, Bd. II, S. 131.

業代表制 (professional representation, berufsständische Vertretung)。

職業代表制有各種方式，K. Braunias 分之為七類❸。唯其中有性質相似者，吾人試分為五類，並舉例說明如次。

⑴議會純粹為代表職業階級的機關，蘇聯及過去義大利的議會即其例也。今據義國一九二八年五月十七日的第一院議員選舉法規定❹，選舉權雖然接近於普通選舉，但議員候選人是由職業團體及文化團體推薦之。議員四百名。議員候選人一千名，其中八百名由下列職業團體推薦。

資　方			勞　方		
農業業主聯合會	12%	96 人	農業勞工聯合會	12%	96 人
工業業主聯合會	10	80	工業勞工聯合會	10	80
商業業主聯合會	6	48	商業勞工聯合會	6	48
海空運輸業主聯合會	5	40	海空運輸勞工聯合會	5	40
陸上運輸業主聯合會	4	32	陸上運輸勞工聯合會	4	32
銀行業主聯合會	3	24	銀行勞工聯合會	3	24
藝術家及自由職業者聯合會　20%　160 人					

二百名由十五組文化團體推薦❼。兩種推薦名單均交法西斯黨大會議 (Gran Consiglio del Fascismo) 審定。法西斯黨大會議可從名單之中，自由圈定二百名，又可以選擇名單中所未列舉的人為議員候選人，湊成二百名之數，登在政府公報之上，而使選舉人用投票方法，表示贊否。投票的結果，若有過半數同意，則該二百名候選人就全部當選；不得過半數同意，則該名單作廢，而舉行第二次選舉。在第二次選舉，凡經政府正式承認的團體若有會員

---

❻ K. Braunias, a. a. O. S. 131.

❽ K. Braunias, a. a. O. S. 63ff.

❾ K. Braunias, Bd. II, S. 63; Bd. I, S. 306ff.，尤其 S. 311。參閱 H. Heller, *Europe und der Fascismus*, 2 Aufl. 1931, S. 80f.

❼ 十五組文化團體之名稱，見 K. Braunias, Bd. I, S. 312. 參閱 H. Heller, a. a. O. S. 81.

五千人以上，均得提出議員候選人名單。但是每個名單的候選人人數不得超過議員總數四分之三。各團體提出的名單均交選舉人投票，得票最多的名單，其所列舉的候選人全部當選，其餘名單則照得票多寡，依配分比例之法，取得相當額數的議席。

⑵設置兩種議會：一是政治議會，審議政治問題，二是經濟議會，審議經濟問題。英國衛布 (S. J. Webb) 夫婦即主張這種制度。而義國 G. D'Annunzio 占領 Fiume 之時，一九二○年九月八日所發布的憲法 (Carta della Liberta di Carnaro) 也是以勞動力為經濟的基礎，將全國生產者分為十組，每組各選代表，組織經濟議會 (Consiglio dei Provisori)，對經濟問題立法。又置政治議會 (Consiglio degli Ottimi)，由全國選舉人依平等原則選舉之，對政治問題立法。兩個議會又合組為大評議會 (Gran Consiglio)，討論外交財政及憲法修改等問題❼。

⑶議會分為兩院，其中一院——第二院依職業代表的原則選舉議員組織之。奧國於第一次大戰之後，改國體為共和，其一九二○年憲法所設置的第二院 (Bundesrat) 完全代表各邦。一九二九年修改憲法，第二院改稱為「各邦及職業的會議」(Lander- und Ständerat)，即第二院分為各邦會議及職業會議兩部分。各邦會議由各邦議會選舉代表組織之，職業會議由各種職業團體選舉代表組織之❼。Ecuador 一九四六年憲法（第四二條）所規定的第二院亦由兩種代表組織之。即

①各地代表

內地各省各一人；沿海各省各一人；東部各省各一人；Galapagos 島一人。

②職業代表

---

❼ K. Braunias, Bd. II, S. 63f. 請參閱原田鋼著，《法治國家論》，昭和十四年出版，三五○頁。

❼ K. Braunias, Bd. II, S. 64.

公立教育機關代表一人；私立教育機關代表一人；出版界、大學院、科學團體、文學團體合舉一人；沿海各省的農業、商業、勞工及工業的代表各一人；內地各省的農業、商業、勞工及工業的代表各一人；軍隊代表一人❼。

　　就是 Ecuador 的第二院也是一部分代表各地，一部分代表職業。第二院與第一院不同，任務不在於立法，而在於牽制第一院，故其分子無須根據同一原則選舉之。

　　⑷議會之外，另置一個經濟會議，由各種職業代表組織之。它雖然不是第二院，而卻有半立法性質的權限。例如德國在威瑪憲法時代，除代表國民的 Reichstag 及代表各邦的 Reichsrat 之外，又置一個中央經濟委員會 (Reichswirtschaftsrat)，以作職業團體的代表。據一九二〇年五月四日暫行中央經濟委員會條例第二條規定，中央經濟委員會由下列各種代表組織之。

代表來源	人數（人）
⑴農業及森林業的代表	68
⑵園藝業及漁業的代表	6
⑶工業的代表	68
⑷商業銀行及保險業的代表	44
⑸交通及公共企業的代表	34
⑹手工業的代表	36
以上勞資雙方的代表人數各占一半	
⑺消費者的代表	30
⑻官吏及自由職業者的代表	16
⑼第一院選任的代表	12
⑽政府任命的代表	12
合計	326

　　中央經濟委員會有三種權限：一、政府要提出有關社會政策或經濟政策的法案於國會，須諮詢中央經濟委員會的意見。二、中央經濟委員會得經由

---

❼ A. J. Peaslee, *Constitutions of Nations*, Vol. I, 1950, p. 685.

政府，向國會提出有關社會政策或經濟政策的法案，政府若不同意，可將政府的意見告知國會。三、中央經濟委員會提出法案之時，得派委員一人於國會，以作該會的代表（威瑪憲法第一六五條）**❼**。

　　⑸政府之內設置一個經濟會議，以作政府的諮詢機關，法國一九二五年一月十六日的命令所設置的國民經濟會議 (Conseil National Economique) 即其例也。依該法規定，國民經濟會議隸屬於國務總理，依政府之請求，調查國內經濟問題，草擬解決的方案，而建議於政府。即其權限不是立法的，而是諮詢的。它雖然也由職業團體選舉代表組織之，但那一種職業團體有選舉權，則由政府指定；各職業團體所選舉的代表人數多寡，亦由政府決定**❼**。所以法國的國民經濟會議與德國的中央經濟委員會有三點不同。一是前者為政府的附屬機關，後者獨立於政府之外；二是前者不過一種「專家顧問團」(Fachmännerbeirä te)**❼**，後者則代表各種職業團體的利益；三是前者只有受詢性質的權限，後者則有半立法性質的權限。

　　總之，職業代表制不是站在個人平等的立場，而是以勞資兩個階級勢力平等為根據（蘇聯例外）。而在同一階級之中，分配議席，也不是完全根據各職業頭數多寡，而是參考各職業勢力大小**❼**。這是與地域代表不同之點。

------------------------------◆------------------------------

❼ J. Hatschek, *Deutsches und preussisches Staatsrecht*, Bd. I, 2 Aufl. 1930, S. 170ff.

❼ 蠟山政道，〈各國二於ケル經濟會議ノ比較制度的研究〉，載在《笕教授還曆祝賀論文集》，昭和九年出版，二七五至二七六頁。按法國第四共和憲法第二五條所規定的經濟會議 (Conseil economique)，其性質似與上述國民經濟會議相差不遠。參閱 W. B. Munro and M. Ayearst, *The Governments of Europe*, 4 ed. 1954, pp. 392–393, n. 16. L. H. Laing, *Source Book in European Governments*, 1950, pp. 123–124. 第五共和憲法設置「經濟及社會委員會」(Conseil economique et social) 以作政府的諮詢機關，凡法案苟其有關於經濟及社會問題者，不問其由政府提出或由國會兩院議員提出，均應提交「經濟及社會委員會」，徵詢意見。關於此類的計劃及命令亦然（憲法第六九條及第七〇條）。

❼ K. Braunias, Bd. II, S. 65.

㈡單數選舉區與複數選舉區

選舉區以地為基礎的,固然可將全國編為單一選舉區,但各國皆因領土過大,不能不分全國為許多選舉區。這個時候每一選舉區只能選舉議員一名者,稱為單數選舉區 (Single-member district) 或小選舉區 (small electoral district)。每一選舉區可以選舉議員兩名以上者,稱為複數選舉區 (multi-member district) 或大選舉區 (large electoral district)。在單數選舉區,選舉區的範圍小,選舉人容易認識議員候選人之人格如何,才智如何。但是選舉人人數太少,因之賄賂恫嚇各種情弊容易發生。反之,在複數選舉區,選舉區的範圍大,選舉人不容易認識議員候選人之人格與才智如何。但是選舉人人數既多,則賄賂恫嚇各種情弊也不容易發生。兩者各有利弊,惟由政黨政治的立場看來,單數選舉區之制常發生選舉不公平的現象。關於此,當詳論於後,茲不多贅。

㈢選舉區法定主義

劃分選舉區若令政府以命令定之,則政府不難任意劃分,使其有利於政府黨。舉例言之,某國有選舉人一〇〇〇,其中贊成政府黨者四〇〇,贊成反對黨者六〇〇,該國分為十區,每區議員一名,各由選舉人一〇〇選舉之。倘令政府設法在四個選舉區內,使反對黨有選舉人九〇,政府黨有選舉人一〇,又在六個選舉區內,使反對黨有選舉人四〇,政府黨有選舉人六〇,則反對黨雖然共得六〇〇票,只能選出議員四名,政府黨雖然只得四〇〇票,

---

❼ K. Braunias, Bd. I, S. 66f. 職業代表制所以不能代替議會制度,而只能與議會並立,惟於議會制定法律之時,發表意見,以供議會之參考者,蓋職業上的利益不能包括一切利益。人們或為農民,或為律師,他們不是單單對於職業上的問題,感覺興趣;而政治問題又復多端,未必均與職業有關。當作成國家意思之際,人們往往離開職業關係,而從別的方面,判斷問題之利害如何。參閱 H. Kelsen, *Vom Wesen und Wert der Demokratie*, 2 Aufl. 1929, S. 47f., 50f.

而卻可以選出議員六名。這個方法乃一八一二年美國 Massachusetts 邦長 Elbridge Gerry（Republican，即今日之民主黨）所創，其所劃分之選舉區，形狀有似蠑螈 (salamander)，所以世人又戲呼之為 Gerrymandering。翌年（一八一三年）選舉議員之時，Republican 在 Massachusetts，果然能以五〇、一六四票，選出二九名，Federalists（即今日之共和黨）雖得五一、七六六票，而只選出一一名❼⓼。

　　最初各國均不理解選舉區劃分的重要，而許政府以命令定之。普魯士一八五〇年憲法第六九條云：「第一院的選舉區以法律定之」，選舉區法定主義當以此為嚆矢。但其實行乃遲至一八六〇年六月二十七日法律發布之後❼⓽。德國聯邦一八六九年的選舉法受了普國的影響，其第六條亦云：「選舉區之劃分以聯邦法律定之」❽⓿。法國的代議制度固為歐洲大陸各國的先驅，然其一八五二年的選舉法關於選舉區的劃分，仍令政府以命令定之。一八七五年的選舉法才採用選舉區法定主義。其第一四條云：「選舉區之劃分以法律定之，非依法律，不得改變之」❽①。自是而後，選舉區法定主義遂漸次普及於各國。

---

❼⓼ 參閱 C. G. Hoag and G. H. Hallett, *Proportional Representation*, 1926, p. 30f. W. B. Munro, *The Government of the United States*, 5 ed. 1946, p. 310f.

❼⓽ 參閱 G. Meyer, *Lehrbuch des deutschen Staatsrechts*, 6 Aufl. 1905, S. 317, und Anm. 1.

❽⓿ 森口繁治，《選舉制度論》，昭和六年出版，二〇九至二一〇頁。

❽① 森口繁治，上揭書，二〇六頁，二〇七至二〇八頁。

五、選舉與政黨

㈠多數代表法

選舉議員之際，一個政黨在一個選舉區之內，比之其他政黨能夠多得一票，就可以壟斷該區的議員名額全部者，叫做多數代表法 (representation of majorities)，多數代表法有下列兩種。

⑴單記多數代表法（單數選舉區制）

在單數選舉區，議員只有一名，所以只能採用單記投票法 (single vote)，以得票比較多數或絕對多數者為當選，因之當選的人必屬於得票最多的政黨。這種選舉法往往發生不公平的結果。何以故呢？就一區說，固然是多數者當選，若綜合全國觀之，每個政黨的當選人數往往不能與其所得票數，成為正比例，有時得票最多的政黨反遭敗北之禍。今試用表證明如次。

第一表

選舉區	甲黨得票	當選數	乙黨得票	當選數
A 區	3,005	1	1,995	0
B 區	2,645	1	2,355	0
C 區	3,238	1	1,765	0
D 區	2,509	1	2,491	0
E 區	2,603	1	2,394	0
合　計	14,000	5	11,000	0
依比例代表法各黨當選人數	3			2

第二表

選舉區	甲黨得票	當選數	乙黨得票	當選數
A 區	2,378	0	2,622	1
B 區	2,352	0	2,648	1
C 區	2,428	0	2,573	1
D 區	2,271	0	2,729	1
E 區	4,571	1	428	0
合　　計	14,000	1	11,000	4
依比例代表法各黨當選人數	3		2	

在第一表，全部議員均屬甲黨，在第二表，甲黨得票雖多，而其選出的議員反比較乙黨為少，其不公平，是很顯明的❷，但是單數選舉區制即小選區制乃有利於大黨。英國為維持兩黨制度，至今關於第一院議員的選舉，還是採用小選舉區制，請閱下表❸。

年　　代	黨　　名	得　　票	當選人數
一九二四	保守黨	8,112,811	414
	工　黨	5,470,685	150
	自由黨	2,909,122	39
一九二九	保守黨	8,669,469	260
	工　黨	8,416,557	287
	自由黨	5,260,050	59
一九四五	保守黨	8,693,858	189
	工　黨	11,985,733	396
	自由黨	2,253,197	25
一九五〇	保守黨	11,518,360	298
	工　黨	13,295,736	315
	自由黨	2,621,489	9

---

❷ 以上內容乃引自森口繁治，《比例代表法ノ研究》，大正十四年出版，五九至六〇頁。據云，其數字係 Rosin 所創，Rosin 著有 *Minoritätenvertretung und Proportionalwahlen*, 1892.

❸ 此表是取自薩孟武、劉慶瑞合著，《各國憲法及其政府》，四八頁以下。

我們只看自由黨的得票及當選人數，就可知道小選舉區制對於小黨極為不利。一九二四年及一九二九年自由黨的得票均在工黨得票一半以上，而兩黨當選人數相差極巨，小選舉區制不利於小黨，由此可知。

(2)連記多數代表法（複數選舉區連記投票法）

複數選舉區採用連記投票法 (block vote) 之時，得票較多的政黨，可以一票之差，壟斷該選舉區所應選出的全部議員人數。舉例言之，某選舉區議員名額五人，選舉人三〇〇一人，每人可以連記五人。其中一五〇一人投票給甲黨候選人，一五〇〇人投票給乙黨候選人，則甲黨候選人每人均得一五〇一票，乙黨候選人每人均得一五〇〇票，因之該區議員遂盡屬於甲黨。今日美國選舉總統，尚令各邦成為一個選舉區，邦內選舉人用連記投票法，選出該邦全部「總統選舉人」。這比之單記多數代表法，尤不公平。因為當選為總統的人雖然得到「總統選舉人」過半數的票，而卻未必能夠得到全體選舉人多數的票。例如一八七六年，共和黨的 R. B. Hayes 當選為總統，然其所得選舉人票數乃比其政敵民主黨的 S. J. Tilden，尚少二五二、〇〇〇票。一八八八年共和黨 B. Harrison 當選為總統，其所得選舉人票數亦比其政敵民主黨 G. Cleveland 少九五、五三四票❽。何以故呢？在連記多數代表法之下，就一邦說，固然是得票較多者當選，就全國說，當選與落選又往往與得票多寡不能相符，這便是多數代表法最大的缺點。

(3)第二次投票與選擇投票

多數代表法有比較多數法與絕對多數法兩種。絕對多數法是以得票過半數者為當選，倘令無人得到過半數，則將如何處置，於是又有下列兩種方法，以資補救。

①第二次投票 (Second ballot)　第一次投票無人得到過半數，則須舉行第二次投票，有三種方法：

⑴選舉人可以任意投票，仍以過半數者為當選。法國國會兩院開聯席會

---

❽ J. Bryce, *The American Commonwealth*, Vol. I, new ed. 1926, pp. 43f., 44, n. 1.

議 （第三共和時代稱之為 Assemblée nationale，第四共和時代稱之為 Parlement）選舉總統，就是採用這個方法（一八七五年二月二十五日公權組織法第二條，第四共和憲法第二九條）。但是選舉人若有成見，不肯改選別人，則第二次投票的結果必與第一次投票的結果相同，仍然無人可以當選，而須舉行第三次第四次……投票。

⑵選舉人可以任意投票，而以得票比較多數者為當選。從前德國選舉總統（一九二○年五月四日的總統選舉法第四條）就是採用這個方法。其第一次採用絕對多數法，第二次採用相對多數法，實有重要的理由。第一次投票之時，任何政黨均不能知道彼此勢力如何。到了勢力判明，而舉行第二次投票，則政見相似的人必將互相妥協，推舉中間派以打倒反對黨。由多數人之意見，推舉中和之人，以實行中庸的政策，這便是民主政治的價值。

⑶選舉人只能就第一次投票之中，擇其得票最多者二人，舉行決選。德國在一九一八年以前，曾用這個方法，選舉第一院議員。但是每區常有數個政黨競爭，倘令各黨所得票數相差無幾，而乃選擇兩人，令人民對其投票，也許多數人最後所需要的人將被遺棄，而不能參加第二次競選。例如某區議員一名，有 A（左派）B（右派）C（中間派）三人競選，A 得五票，B 得四票，C 得三票。C 得票最少，不能參加第二次競選。其實，C 若競選，也許左右兩派都願意投票給 C。現在 C 被遺棄，則調和左右兩派者無人，政治鬥爭將更激烈，人民不能舉出中和的人以實行中庸的政策❽❺。

②**選擇投票**　選擇投票有三種方法：

⑴第一種為美國教授 W. R. Ware 所創，故稱為 Ware system，澳洲稱之為 preferential ballot，英國及加拿大又稱之為 alternative vote，其法是令每區選舉人將其所欲推舉的人，按序連記數名。開票之時先計算第一位的票數，若使有人得到過半數，當然沒有問題。否則先處分得票最少的人的票，加入

---

❽❺ 參閱森口繁治，前揭書，七五至七七頁。C. G. Hoag and G. H. Hallett, *Proportional Representation*, 1926, pp. 481–483.

各該票上所指定的第二位的人得票之中，以得票過半數者為當選。若再沒有人得到過半數，再處分得票次少的人的票，加入各該票上所指定的第二位的人得票之中，以得票過半數者為當選。這樣進行下去，倘令只餘二人，而尚無人得到過半數，則以得票最多者為當選 ⑧⑥。但是前曾說過，在左中右三派競選之時，得票最少的人，也許便是多數人由於妥協而願推舉之人。何況選舉人所注意的，乃是他們所指定的第一位候選人，第二位以下往往不加思索，隨便指定。現在乃給予兩者以同一價值，合計兩者的票，決定誰人當選，當選人不能代表民意，更是意料中的事。

(2)第二種為美國人 J. W. Bucklin 所創，而實行於 Grand Junction 之地，故稱為 Bucklin system，又稱為 Grand Junction system，美國亦稱之為 preferential vote，其實，與澳洲的 preferential vote 不同。其法是令每區選舉人將其所欲推舉的人，按序連記數名。例如：

候選人姓名	第一次序	第二次序	其他次序
甲			×
乙	×		
丙		×	
丁			
戊			
己			

（註）第三次序以下，用「其他次序」一語包括之

開票之時，先計算各人第一次序的票數，若使有人得到過半數，當然該人當選；否則再計算第二次序的票數，加入各人原有票數之中，以得票過半數者為當選（倘有兩人得票過半數，則以得票最多者為當選）。若再無人得到過半數，則再計算其他次序的票數，加入上述各人得票之中，以得票最多者

⑧⑥ C. G. Hoag and G. H. Hallett, op. cit., pp. 483–484. 坂千秋，《比例代表ノ概念トソノ技術》，昭和七年出版，五六至五七頁。

為當選。這個方法最大的缺點是在於選舉人對於第一位候選人的投票，可由第二位候選人的指定，減少其效力。對於第二位候選人的投票，可由第三位候選人的指定，減少其效力。例如某區選舉人三〇〇名，候選人六名，投票的結果如次：

候選人姓名	第一次序	第二次序	其他次序	合　計
甲	50	100	40	190
乙	100	50	39	189
丙	60	60	30	150
丁	20	40	40	100
戊	50	30	50	130
己	20	15	28	63
合計	300	295	227	822

　　投票總數三〇〇，過半數為一五一，計算各人第一次序的得票，無人得到過半數，乃計算第二次序的得票，加入各人第一次序得票之中，而仍無人得到過半數，又計算其他次序的票數，加入上述各人得票之中，以得票最多者為當選。甲得票最多（一九〇票），遂膺當選之榮。其實，選舉之時，倘有兩人以上列形式投票（乙1，丙2，甲3），則他們由於第三候選人（甲）之指定，勢必減少其對於第一候選人（乙）投票的效力。何以故呢？他們於「其他次序」項下若不投票給甲，則甲只有一八八票，而乙便可以一八九票而當選。有了這種關係，所以選舉人往往只投第一次序的票。例如 San Francisco 初次採用這個選舉法之時，第二次序的投票只有第一次序的投票百分之三，合第三次序的投票，亦不及第一次序的投票百分之四。情形如斯，所以結果與普通的比較多數法無甚區別[87]。

　　(3)第三種為澳洲教授 E. J. Nanson 所創，故稱為 Nanson system。其法是令每區選舉人，對該區候選人，填寫「一」「二」「三」……等數字，以表示

[87] C. G. Hoag and G. H. Hallett, op. cit., pp. 485–491. 坂千秋，前揭書，五七至六二頁。

其選擇的次序。例如：

候選人	選擇次序
A	二
B	三
C	
D	一
E	

即 D 為第一所欲推舉的人，A 為第二所欲推舉的人，B 為第三所欲推舉的人。每個選舉區須預備一種投票簿 (poll-book)，其形式如次：

候選人 ＼ 投票紙號碼	I	II	III	IV	V		
A	2						
B	3						
C	$(4\frac{1}{2})$						
D	1						
E	$(4\frac{1}{2})$						

開票之時，選舉事務所將每個投票紙對於每位候選人所作選擇的數字（第一所欲推舉的人用 1，第二所欲推舉的人用 2，其他準此）填寫於投票簿之內。其未選擇者，例如 C，E 兩人，則用下列之數。

$$\frac{（候選人人數）+（選舉人在投票紙上最後填寫的數字 + 1）}{2}$$

比方候選人五名，選舉人只選擇三名，則其未選擇者，應給予以 $\frac{5+(3+1)}{2}$ $=4\frac{1}{2}$，選舉人只選擇四名，則其未選擇者，應給予以 $\frac{5+(4+1)}{2}=5$，而後再計算每位候選人所得的數字。全部候選人所得的數字總和起來，再以候選

人人數除之，其商為每個候選人的平均數。候選人所得的數若與平均數相等，或比較平均數為大，則落選。其殘留的候選人若在三名以上，須再用同一方法，計算他們的平均數。候選人所得的數若與這個平均數相等，或比較這個平均數為大，亦落選。這樣進行下去，若僅殘留一名，這人當然當選。若尚殘留二名，則檢查投票簿，誰選擇數最多，誰便當選。今試舉例言之，某區議員一名，候選人五名，選舉人十五名，依投票的結果，而作投票簿如次（投票簿中，括弧的數字，乃選舉人未予選擇，選舉事務所依上述方法計算，而給予之）。

	I	II	III	IV	V	VI	VII	VIII	IX	X	XI	XII	XIII	XIV	XV	
A	2	3	2	2	(5)	2	(5)	(4)	2	2	1	(4)	2	2	(4)	= 42
B	3	(5)	1	1	3	4	3	(4)	(5)	3	2	1	(5)	3	(4)	= 47
C	$(4\frac{1}{2})$	4	(5)	4	1	(5)	2	1	3	4	4	(4)	4	1	1	$= 47\frac{1}{2}$
D	1	2	4	3	4	3	4	2	1	1	3	2	3	(5)	2	= 40
E	$(4\frac{1}{2})$	1	3	(5)	2	1	1	(4)	4	(5)	(5)	(4)	1	4	(4)	$= 48\frac{1}{2}$
平均數																$5 \overline{)225}$ ／ 45

　　B、C、E 三人所得的數均較平均數為大，故均落選，而殘留 A、D 二人。若檢查投票簿，又可知道：先選擇 A 次選擇 D 者共六票，先選擇 D 次選擇 A 者共九票，D 選擇數大，故 D 當選❸❸。

---

❸❸ 山崎又次郎，《比例代表法卜多數本位代表法》，昭和五年出版，二二八頁以下。C. G. Hoag and G. H. Hallett, op. cit., pp. 491–494.

㈡少數代表法

少數代表法 (Representation of minorities) 是使少數黨亦得選出少數議員的方法。這個方法只能實行於複數選舉區之內，有下列數種。

⑴有限投票 (limited vote)

有限投票是令選舉人在複數選舉區內，不對議員名額全部作連記投票，只對其中一部作連記投票，而使少數黨能夠選出少數議員。這個選舉法乃法國革命時代康多塞 (A. N. Marquis de Condorcet) 所創。但實行之時，一須各黨能夠正確估計敵我雙方所得票數多少，二須各黨能夠推薦適當人數的議員候選人，三須各黨對其所得票數，能作適當的分配（即每位選舉人應投票給誰與誰）。否則結果很難公平。今試假定某區議員三名，選舉人八十四人，每人連記二名，其中五十一人投票給甲黨，三十三人投票給乙黨。投票結果如次。

甲　黨	
A 及 B	17 票
B 及 C	17 票
C 及 A	17 票
乙　黨	
L 及 M	33 票

即甲黨 A、B、C 三人均得三十四票，乙黨的 L 及 M 均得三十三票，因之，議員三名遂全屬於甲黨，少數代表的目的亦不能達到。茲將三種可能發生的現象，用表說明如次（議員五名，每一選舉人連記二名）。

第一表

	投票人數	得票總數	候選人人數	每人平均得票	當選人數
甲　黨	1,000	2,000	2 人	1,000	2 人
乙　黨	900	1,800	2 人	900	2 人
丙　黨	400	800	2 人	400	1 人

第二表

甲	黨	1,000	2,000	4 人	500	4 人
乙	黨	900	1,800	4 人	450	1 人

第三表

甲	黨	1,000	2,000	5 人	400	1 人
乙	黨	900	1,800	4 人	450	4 人

　　在第一表，各黨的當選人數依比例代表法的看法，甚為公平。在第二表，甲黨所得的票比之乙黨，僅為一〇與九之比，而其當選人數竟為四與一之比。在第三表，甲黨得票雖多，而其當選人數反比較乙黨為少，其不公平是很顯明的❽❾。

⑵**累積投票** (cumulative vote)

　　累積投票是令選舉人在複數選舉區內，對議員名額全部，作連記投票，同時又許選舉人連記不同的人，如 ABC 之類，或合記同一的人，如 AAB，AAA 之類。這個時候，少數黨可把自己所得的票集中於少數人，而使少數人當選。這個方法乃一八五三年 J. G. Marshall 所創，然實行之時，亦須各黨能夠知道敵我雙方的勢力，而將自己所得票數作適當的分配，否則很難得到公平的結果。今試假定某區議員三名，選舉人七百，每人連記三名，其中四百人投票給甲黨，三百人投票給乙黨。在這種情況之下，亦可發生三種不同的結果：

第一表

		投票人數	得票總數	候選人人數	每人平均得票	當選人數
甲	黨	400	1,200	3	400	2
乙	黨	300	900	1	900	1

❽❾ 森口繁治，《比例代表法ノ研究》，大正十四年出版，九一至九六頁。坂千秋，《比例代表ノ概念トソノ技術》，昭和七年出版，四五至四六頁之註三。

第二表

甲　黨	400	1,200	3	400	3
乙　黨	300	900	3	300	0

第三表

甲　黨	400	1,200	3	400	1
乙　黨	300	900	2	450	2

　　在第一表，甲黨當選二人，乙黨當選一人，這是最公平的結果。在第二表，乙黨全軍覆沒。在第三表，甲黨以多數黨只選出一名。由此可知累積投票並不能確實保證選舉之能公平❾⓿。

⑶**遞減投票** (graduated vote)

　　遞減投票是令選舉人在複數選舉區內，對議員名額全部作連記投票。但其投票的價值又從連記的順序而遞減。採用這個方法，少數代表的目的亦可達到。比方在某選舉區內，議員名額三人，各選舉人可以連記三名，但寫在第一位的候選人一票算一票（即一票的價值等於 1），第二位兩票算一票（即

----

❾⓿ 參閱森口繁治，前揭書，八三至九〇頁。坂千秋，前揭書，四六頁之註四。各黨對其所得票數，苟不能作適當的分配，而乃一人過多，其餘的人過少，亦不能得到良好的結果。一八七〇年美國的 Illinois 曾用累積投票法以選舉該邦第一院議員，共和黨得票固多，而竟失敗，即其一例。

共和黨		民主黨	
Callahan°	11140	Black°	$9793\frac{1}{2}$
Lathrop	9628	Tiptit°	$9699\frac{1}{2}$
	20768		19493

共和黨得票雖多，因為票數集中於 Callahan 一人，未作適當的分配，故至失敗。見 J. R. Commons, *Proportional Representation*, 1907, p. 95. 此處是引自森口繁治，前揭書，八五至八六頁。

一票的價值等於 $\frac{1}{2}$），第三位三票算一票（即一票的價值等於 $\frac{1}{3}$）。今有甲
乙丙三黨，各得一五〇〇，九〇〇，六〇〇票，則其結果如次：

	甲　黨	乙　黨	丙　黨
第一位候選人	$1500 \times 1 = 1500$	$900 \times 1 = 900$	$600 \times 1 = 600$
第二位候選人	$1500 \times \frac{1}{2} = 750$	$900 \times \frac{1}{2} = 450$	$600 \times \frac{1}{2} = 300$
第三位候選人	$1500 \times \frac{1}{3} = 500$	$900 \times \frac{1}{3} = 300$	$600 \times \frac{1}{3} = 200$

　　在上表之中，當然以得票較多者為當選。即甲黨可以選出二名，乙黨可
以選出一名，由是少數代表的目的可以達到了。這個選舉法乃一八六三年，
德國 G. Burnitz 及 G. Varrentrapp 所創，而並未曾實施。其實，要令這個選舉
法得到良好的結果，必須政黨預先制定了一種候選人名單，候選人的姓名及
順序，由政黨決定，選舉人不得隨意變更。如果不然，則其結果，亦將發生
不公平的結果，今試用例說明如次：

　　　甲黨候選人　　　A 1075 票　　　B 850 票　　　C 825 票

　　　A 寫在第一位的共 750 票　　　　$750 \times 1 = 750$

　　　　寫在第二位的共 450 票　　　　$450 \times \frac{1}{2} = 225$

　　　　寫在第三位的共 300 票　　　　$300 \times \frac{1}{3} = 100$
　　　　　　　　　　　　　1500　　　　　　　　　　1075

　　　B 寫在第一位的共 450 票　　　　$450 \times 1 = 450$

　　　　寫在第二位的共 300 票　　　　$300 \times \frac{1}{2} = 150$

　　　　寫在第三位的共 750 票　　　　$750 \times \frac{1}{3} = 250$
　　　　　　　　　　　　　1500　　　　　　　　　　850

　　　C 寫在第一位的共 300 票　　　　$300 \times 1 = 300$

　　　　寫在第二位的共 750 票　　　　$750 \times \frac{1}{2} = 375$

寫在第三位的共 450 票　　　$450 \times \frac{1}{3} = 150$

$$\frac{}{1500} \qquad \frac{}{825}$$

乙黨候選人　　　L 730 票　　　M 440 票　　　N 480 票

L …(1) 600 票　(2) 180 票　(3) 120 票　計算之後共 730 票

M …(1) 180 票　(2) 120 票　(3) 600 票　　　　共 440 票

N …(1) 120 票　(2) 300 票　(3) 180 票　　　　共 480 票

丙黨候選人　　　X 445 票　　　Y 320 票　　　Z 335 票

X …(1) 330 票　(2) 150 票　(3) 120 票　計算之後共 445 票

Y …(1) 150 票　(2) 120 票　(3) 330 票　　　　共 320 票

Z …(1) 120 票　(2) 330 票　(3) 150 票　　　　共 335 票

這樣一來，則甲黨候選人三名得票最多，於是議員名額三名又為甲黨所壟斷了。倘若選舉人投票給甲黨 A、B、C 者還是一五〇〇人，A、B、C 三人所得的票，仍然如舊。

甲黨候選人

A …(1) 750 票　(2) 450 票　(3) 300 票　計算之後實得 1075 票

B …(1) 450　　(2) 300　　(3) 750　　　　　　850 票

C …(1) 300　　(2) 750　　(3) 450　　　　　　825 票

投票給乙黨 L、M、N 者共一三〇〇人，其投票的形式如次：

(1) L，　(2) M，　(3) N……600

(1) M，　(2) L，　(3) N……650

(1) N，　(2) M，　(3) L……50

則 L、M、N 三人所得的票如次：

L……　　寫在第一位的共 600 票		$600 \times 1 = 600$
寫在第二位的共 650 票		$650 \times \dfrac{1}{2} = 325$
寫在第三位的共　50 票		$50 \times \dfrac{1}{3} = 17$
		1042

M……　　寫在第一位的共 650 票　　　　　　　　$650 \times 1 = 650$

寫在第二位的共 $600 + 50 = 650$ 票　　$650 \times \dfrac{1}{2} = 325$

975

N……　　寫在第一位的共 50 票　　　　　　　　$50 \times 1 = 50$

寫在第三位的共 $600 + 650 = 1250$ 票　　$1250 \times \dfrac{1}{3} = 417$

467

　　即甲黨只有 A 一人當選，而乙黨有 L、M 二人當選，多數黨反遭敗北之慘，其不能得到公平的結果由此可以知道❾❶。

⑷複數選舉區單記投票

　　複數選舉區若採用單記投票法，則少數黨亦可設法使自己的候選人當選。例如某選舉區議員名額五人，選舉人只能投票給一人，甲黨候選人四人，乙黨候選人二人，甲黨有八千人投票，乙黨有五千人投票，這個時候，甲乙兩黨每人得票如次。

　　甲黨　$8000 \div 4 = 2000$ 票

　　乙黨　$5000 \div 2 = 2500$ 票

　　即乙黨兩人可以得票最多而當選，而甲黨亦得選出三人。但是採用這個方法，要想得到良好的結果，須有一個前提：各黨都能知道自己所得的票共有多少，而又能夠把自己所得的票妥當分配給各候選人，否則結果一定不良。試看下列兩表。

---

❾❶ 森口繁治，前揭書，九六至一○二頁。坂千秋，前揭書，四六頁至四七頁之註六。

第一表

	甲　黨	乙　黨
第一候選人	2993（當選）	2648
第二候選人	2928（當選）	2622
第三候選人	2778（當選）	2573
第四候選人	2652（當選）	2329
第五候選人	2649（當選）	1828
	14000	12000

第二表

	甲　黨	乙　黨
第一候選人	4772（當選）	2729（當選）
第二候選人	2570	2648（當選）
第三候選人	2428	2622（當選）
第四候選人	2178	2573（當選）
第五候選人	2052	1428
	14000	12000

即在第一表，全部議員均歸甲黨，在第二表，少數黨選出四人，多數黨的甲黨只選出一名，其不公平，可以知道[92]。

㈢比例代表法

比例代表法 (Proportional representation) 是使各政黨能夠比例它們所得票數，多數黨選出多數議員，少數黨選出少數議員。這個方法與上述各種選舉法，比較一下，有兩點不同。

⑴在普通選舉法，何人當選，乃比較各候選人所得票數，凡多得一票者，就可當選，所以其當選票數是不確定的。反之，比例代表法乃先求出當選人應得票數，各政黨則以這個當選票數為標準，依其所得票數，算出它們應該

---

[92] 參閱森口繁治，前揭書，一〇三頁以下。

選出多少議員。這個當選票數稱為當選商數 (electoral quotient)。

⑵在普通選舉法，選舉人投給某候選人的票，就成為該候選人個人所得的票，不問該候選人得票怎樣的多或怎樣的少，總不能轉讓於別人。反之，在比例代表法，因為當選商數已經確定，某候選人所得的票，達到當選商數之後，其餘票 (surplus vote) 就轉讓於其他候選人。又者，某候選人得票太少，距離當選商數過遠，絕對沒有當選的希望，其廢票 (wasted vote) 亦轉讓於其他候選人❽。

上述兩點乃是比例代表法的基礎。而由於第二點，即如何轉讓餘票及廢票，又令比例代表法分為單記比例代表法及名單比例代表法兩種，茲試分別述之如次：

⑴單記比例代表法

單記比例代表法 (Single transferable vote) 乃一八五五年丹麥人 C. C. G. Andrae 所創，一八五七年英人 T. Hare 又著書提倡，中經澳洲人 A. I. Clark 及 J. B. Gregory 改良，漸次成為完美的制度。茲述其要點如次。

①**當選商數如何決定**　有下列兩種計算法。

⒜**嘿爾式**　這是一八五九年英人 Thomas Hare 所創。其法是用各區的議員名額 (M) 來除各該區的投票總數 (V)，所得的商就是當選商數 (Q)❾。

$$Q = \frac{V}{M}$$

舉例言之，某區議員五名，投票總數五千，則：

$$Q = 5000 \div 5 = 1000$$

⒝**德路布式**　這是英人 H. R. Droop 所創。今試假定在投票總數一○○的

---

❽ 參閱森口繁治，《比例代表法ノ研究》，大正十四年出版，一一一至一一四頁。坂千秋，《比例代表ノ概念トソノ技術》，昭和七年出版，一九六頁。

❾ C. G. Hoag and G. H. Hallett, *Proportional Representation*, 1926, p. 378. 森口繁治，前揭書，一二九至一三一頁。

選舉區之內，議員名額若只一人，則不論競爭者人數多少，候選人至少必須得到五一票，而後才能保證自己之必當選。因為若在五一票以下，例如五〇票，則對方亦有得到五〇票的可能，兩方都是五〇票，誰人當選就須付之運命了。議員名額若為二人，則不論競爭者人數多少，候選人至少必須得到三四票，而後才能保證自己之必當選。因為兩個候選人均得三四票，共計六八票，則其他候選人最多只能得到三二票，必因少數而落選。議員名額若為三人，則不論競爭者人數多少，候選人至少必須得到二六票，而後才能保證自己之必當選。因為三個候選人均得二六票，合計共七八票，則其他候選人最多只能得到二二票，必因少數而落選。由此可知在投票總數一〇〇的選舉區之內，議員名額若是一人，候選人須得五一票，而後才能確實當選，因之五一票可以視為當選商數，而 $51 = \dfrac{100}{1+1} + 1$。議員名額若是二人，候選人須得三四票，而後才能確實當選，因之三四票可以視為當選商數，而 $34 = \dfrac{100}{2+1} + 1$。議員名額若是三人，候選人須得二六票，而後才能確實當選，因之，二六票可以視為當選商數，而 $26 = \dfrac{100}{3+1} + 1$。總之，德路布式是用各區的議員名額 (M) 加「一」之數，來除投票總數 (V)，所得的商加「一」就是當選商數 "Q" [95]。

$$Q = \dfrac{V}{M+1} + 1$$

以前例言之，議員名額五人，投票總數五千，則

$$Q = \dfrac{5000}{5+1} + 1 = 834$$

　　②**餘票及廢票如何轉讓**　其法是令選舉人自己決定餘票或廢票轉讓於何人及轉讓的次序。而且轉讓不限於同一政黨的人，選舉人將投給甲黨 A 君的票，轉讓於乙黨 L 君，亦無不可。採用這個選舉法的時候，選舉事務所應將該區一切候選人姓名，從筆畫多少（ABC 次序）或依抽籤方法，製成選舉票如次。

---

[95] C. G. Hoag and G. H. Hallett, op. cit., p. 379f. 森口繁治，前揭書，一三一至一三三頁。

轉讓次序	候選人姓名
	A　君
一	B　君
三	C　君
二	D　君
	E　君
	F　君

　　到了選舉日期，選舉人則到選舉事務所，領取選舉票，於自己所最擁戴的人名上面，填寫「一」字，於自己第二擁戴的人名上面，填寫「二」字──意謂第一人如已當選，或沒有當選的希望，則其票移轉於第二人──以下按序填寫「三」「四」「五」……等字。

　　開票之時，最初只計算填寫「一」字的人所得的票。今試假定在某選舉區內，議員三人，投票總數四千，計算的結果如次：

A 君	1,801 票
B 君	351 票
C 君	300 票
D 君	820 票
E 君	499 票
F 君	229 票

　　如果當選商數用德路布方法計算，則為 $\dfrac{4000}{3+1}+1=1001$，所以 A 先當選，其餘票八〇〇張則須移轉於填寫「二」字的人。這個時候是檢查 A 全部得票一八〇一張麼，抑或單單檢查其餘票八〇〇張。T. Hare 之法是只檢查八〇〇張的。但是單單檢查餘票八〇〇張，而不檢查 A 一切得票，結果必不公平。何以呢？有餘票的當選人，須把其餘票移轉於其他候選人，即移轉於各票填寫「二」字的候選人──試稱之為第二候選人──然而有填寫第二候選人者，並不限於餘票，乃存在於當選人的一切得票之上。所以那一個部分的

投票視為餘票，對於那一位第二候選人可以當選，有很大的關係。今試用例說明：假定填寫 A(1)，B(2)——即以 A 為第一候選人，以 B 為第二候選人——的票共九張，填寫 A(1)，C(2)——即以 A 為第一候選人，以 C 為第二候選人——的票共八張，其當選商數為七，這個場合，如果先開 A(1)，B(2) 的票，則 A 可由最初的七票而當選，其餘票二張，則移讓於 B。其次再開 A(1)，C(2) 的票，則 A 的餘票八張，當盡移轉於 C，由是 C 亦當選。反之，如果先開 A(1)，C(2) 的票，後開 A(1)，B(2) 的票，則 B 可以當選，而 C 反至落選，其結果之不公平，於此就可看出❾❻。

於是澳洲聯邦檢察總長 A. I. Clark 又加以補充。即當選人若有餘票之時，不宜只對餘票，檢查誰是第二候選人，必須對於當選人一切得票，檢查誰是第二候選人，而後再依配分比例的方法，把餘票分配給一切第二候選人。如在前例，A 有餘票八〇〇張，然而檢查誰是第二候選人之時，又不宜只檢查八〇〇張的餘票，必須檢查 A 所有的一八〇一張的票。今再假定檢查的結果如次：

以 B 為第二候選人的 ⋯⋯⋯⋯⋯⋯⋯⋯⋯⋯⋯⋯⋯⋯	1440
以 C 為第二候選人的 ⋯⋯⋯⋯⋯⋯⋯⋯⋯⋯⋯⋯⋯⋯	60
以 D 為第二候選人的 ⋯⋯⋯⋯⋯⋯⋯⋯⋯⋯⋯⋯⋯⋯	30
以 F 為第二候選人的 ⋯⋯⋯⋯⋯⋯⋯⋯⋯⋯⋯⋯⋯⋯	70
	1600
沒有指定第二候選人的 ⋯⋯⋯⋯⋯⋯⋯⋯⋯⋯⋯⋯⋯	201
	1801

在得票之中，沒有指定第二候選人的票當然不能移轉，而須充為 A 自己當選之用。其餘一六〇〇張雖然都填寫有第二候選人的姓名，可以移轉於別人。但是 A 自己尚須用去八〇〇張，其能移轉於第二候選人者，不過八〇〇

張而已。換句話說，移轉的票雖有一六〇〇張，但是一六〇〇張不能算做一六〇〇張，只可算做八〇〇張，即在一六〇〇張之中，每張的價值為 $\dfrac{800}{1600}$，這叫做移轉價值 (transfer value)。所以上述第二候選人所得的實際票數，乃如次：

$$B \quad \frac{800}{1600} \times 1440 = 720$$

$$C \quad \frac{800}{1600} \times 60 = 30$$

$$D \quad \frac{800}{1600} \times 30 = 15$$

$$F \quad \frac{800}{1600} \times 70 = 35$$

現在若將這些轉讓的票，加入他們原有的票之中，則結果如次：

	原有的票	移轉的票	合　計
B	351	720	1071
C	300	30	330
D	820	15	835
E	499	0	499
F	229	35	264

　　B 亦當選，而有餘票七〇張，須轉讓於別人。這個時候，B 自己的票當然不能轉讓，而須充為 B 自己當選之用，其得轉讓者乃 A 轉來的票。不過檢查其轉讓於誰人之時，若只檢查七〇張，或只檢查七二〇張，結果必不公平。何以故呢？A 票轉讓於 B，B 亦當選，而有餘票更須轉讓於別人，即轉讓於每張投票紙上所寫「三」字的候選人——試稱之為第三候選人——然而 A 票之中填寫 B 為第二候選人，又填寫別人為第三候選人的，不限於七〇張，亦不限於七二〇張，乃存在於 A 轉讓於 B 的一四四〇張之中。Hare 只檢查七〇張，Clark 只檢查七二〇張，兩者都不公平❾。

　　於是澳洲人 J. B. Gregory 又加以補充，即 A 將其得票一四四〇張，算做

七二〇張，轉讓於B，B亦當選，而有餘票七〇張，更須轉讓於第三候選人，這個時候，必須檢查一四四〇張，察看誰是第三候選人。今再假定檢查的結果如次：

以C為第三候選人的……………………………… 1,080

以D為第三候選人的……………………………… 360

A將其票一四四〇張，算作七二〇張，轉讓於B，所以在一四四〇張之中，每張的價值為 $\frac{720}{1440}$，B將其得票七二〇張，算做七〇張，轉讓於第三候選人，所以在七二〇張之中，每張的價值為 $\frac{70}{720}$，因之，一四四〇張由A轉讓於B，由B轉讓於第三候選人之時，每張之價值為 $\frac{720}{1440}\times\frac{70}{720}$，從而上述C與D所得的實際票數如次。

$$C \quad 1080\times\frac{720}{1440}\times\frac{70}{720}=52\frac{1}{2}$$

$$D \quad 360\times\frac{720}{1440}\times\frac{70}{720}=17\frac{1}{2}$$

現在若將這個轉讓的票加入他們已有的票之中，結果如次：

	固有的票	由A轉讓的票	由B轉讓的票	合計
C	300 +	30 +	$52\frac{1}{2}$	$=382\frac{1}{2}$
D	820 +	15 +	$17\frac{1}{2}$	$=852\frac{1}{2}$
E	499 +			=499
F	229 +	35 +		=264

就是任誰都不能得到當選商數，所以便當處分票數最少的F的得票，但是在F的得票之中，又可分為二種：一是自己所固有的，一是由A移轉而來

97 森口繁治，前揭書，一三九至一四一頁。

的。所以檢查 F 的得票之時，當分二種手續，第一先檢查 F 固有的得票。若據上面所言，F 固有的得票共計二二九張，這二二九張的票，一票的價值即為一票——因為 F 已經落選，自己未曾保留一票——今試假定檢查的結果如次：

以 C 為第二候選人的 ……………………………………………………　49

以 D 為第二候選人的 ……………………………………………………　150

以 E 為第二候選人的 ……………………………………………………　 30
$$\overline{}\;229$$

（此時在 F 得票之中，若有 A 或 B 為第二候選人的，則用第三候選人頂替，因為 A 及 B 已經當選）

　　次再檢查由 A 轉讓的票——這個時候，當然檢查第三候選人的姓名，因為第二候選人是 F 本人——如上所言，由 A 移轉於 F 的票共計三五張。但是我們如果只對這三五張，檢查誰是第三候選人，其結果亦必不能公平。因為在 A 得票之中，以 F 為第二候選人者，共有七〇張，而七〇張則均有填寫第三候選人的姓名，所以我們對於這種移轉的票，檢查誰是第三候選人的時候，不宜只檢查三五張，必須檢查其全部即七〇張。不過七〇張並沒有七〇張的價值，只有三五張的價值，即在七〇張之中，一票的價值為 $\frac{35}{70}$，現在再假定在七〇張之中：

以 C 為第三候選人的共 18 票　　其實際價值只有 $18 \times \frac{35}{70} = 9$

以 D 為第三候選人的共 50 票　　其實際價值只有 $50 \times \frac{35}{70} = 25$

以 E 為第三候選人的共 2 票　　其實際價值只有 $2 \times \frac{35}{70} = 1$

現在試將上述兩種票數，加入他們已有票數之中，看誰人能夠達到當選商數：

	最初所得的票	由 A 轉來的票	由 B 轉來的票	由 F 轉來的票 直接由 F 轉來的	間接由 A 轉來的	合計
C	300	+ 30	+ $52\frac{1}{2}$	+ 49	+ 9	= $440\frac{1}{2}$
D	820	+ 15	+ $17\frac{1}{2}$	+ 150	+ 25	= $1027\frac{1}{5}$
E	499			+ 30	+ 1	= 530

即 D 亦得到當選商數（一〇〇一）而當選❽。總而言之，在該區議員名額三人之中，ABD 三人當選。

要之，單記比例投票法是由下列四個原則而成，⑴各選舉人雖然可投數票（寫數個人姓名），但只對一個被選人發生效力。⑵各候選人所得的票達到當選商數時，即為當選人。⑶餘票及廢票均轉讓於其他候選人。此時先轉讓最多的餘票，漸次而及於最少的餘票，到了沒有餘票可以轉讓時，則先處分得票最少的候選人的票，漸次而及於得票較多的候選人的票。⑷轉讓於誰人及轉讓的次序，由選舉人自己決定。

⑵名單比例代表法

名單比例代表法 (List-system of proportional representation) 乃一八四二年瑞士人 Ernest Naville 所創，時至今日，約有數十種之多。其法是以政黨為單位，同一政黨的候選人編成為一個名單，或只許選舉人投票給政黨，這稱為名單投票 (Listenstimmen)，或只許選舉人選擇政黨而投票給個人，這稱為個人投票 (Kandidatenstimmen)，或准許選舉人自由選擇名單投票或個人投票而為之。所以在名單比例代表法之下，選舉人第一乃選舉政黨，其次才選舉個人。各政黨先計算其所得全部票數（除名單得票外，該名單上個人得票亦視為該政黨所得的票），次依某種當選商數，算出各政黨應該選出議員多少，最後才從一定標準，決定誰人當選。

①當選商數如何決定

---

❽ 森口繁治，前揭書，一四一至一四六頁。

變動式當選商數法　　變動式當選商數法 (flexible quota system, System des beweglichen Wahlquotienten) 是謂每個選舉區有多少議員，其名額乃預先規定於選舉法之上，例如上海市五名，南京市三名之類；因之當選商數遂隨投票總數之多寡而變動。如何求出變動式當選商數，方法甚多，其中最重要者如次。

(a)嘿爾式　　前已說過，據嘿爾之法，$Q = \dfrac{V}{M}$，但採用這種方法，必須各政黨所得票數恰等於當選商數，或恰為當選商數的倍數，而後議席的分配才能正確。而在實際上，各政黨所得票數絕對不能這樣湊巧。因此一個選舉區若用上述方法，分配議席於各政黨，往往仍有殘餘議席無法處分。舉例言之，某區議員四名，甲、乙、丙三黨提出名單各一份，它們所得票數如次：

甲黨名單 ⋯⋯⋯⋯⋯⋯⋯⋯⋯⋯⋯⋯⋯⋯⋯⋯ 250 票

乙黨名單 ⋯⋯⋯⋯⋯⋯⋯⋯⋯⋯⋯⋯⋯⋯⋯⋯ 150

丙黨名單 ⋯⋯⋯⋯⋯⋯⋯⋯⋯⋯⋯⋯⋯⋯⋯⋯ 100

　　　　　　　　　　　　　　　　共 500 票

議員名額四名，故其當選商數為：

$$Q = \frac{500}{4} = 125$$

從而各政黨所當選的議員人數如次：

甲黨 ⋯⋯⋯⋯⋯⋯⋯⋯⋯⋯ $\dfrac{250}{125} = 2$（餘數 0）

乙黨 ⋯⋯⋯⋯⋯⋯⋯⋯⋯⋯ $\dfrac{150}{125} = 1$（餘數 25）

丙黨 ⋯⋯⋯⋯⋯⋯⋯⋯⋯⋯ $\dfrac{100}{125} = 0$（餘數 100） [99]

議員四名，只能選出三名，尚有一名應該分配給那一個政黨呢？關此，又有下列三種方法。

---

[99] J. Hatschek, *Deutsches und preussisches Staatsrecht*, Bd. I, 2 Aufl. 1930, S. 373.

⑴剩餘議席給予餘票最多的政黨。但是這種辦法未必公平。舉例言之，某區議員三名，甲乙丙三黨各得一四〇票、一〇〇票、六〇票。結果如次：

$$Q = \frac{140 + 100 + 60}{3} = 100$$

甲黨 ························· $140 \div 100 = 1$ （餘票 40）

乙黨 ························· $100 \div 100 = 1$ （餘票 0）

丙黨 ························· $60 \div 100 = 0$ （餘票 60）

丙黨餘票最多，剩餘一個議席應與丙黨。如是，丙黨得票不及甲黨之半，而其所選議員竟和甲黨一樣，同是一名，這是不公平的❿。

⑵剩餘議席給予得票最多的黨。這種處分亦不公平。舉例言之，某區議員五名，甲黨得六〇八票，乙黨得三九二票，結果如次：

$$Q = \frac{608 + 392}{5} = 200$$

甲黨 ························· $608 \div 200 = 3$ （餘數 8）

乙黨 ························· $392 \div 200 = 1$ （餘數 192）

甲黨得票最多，剩餘一個議席應與甲黨。這樣，便是甲黨以六〇八票選出四名，乙黨以三九二票選出一名，其不公平是極顯明的⓫。

⑶某黨得票在總投票中，若占過半數，剩餘議席之一須給予該黨。若尚有剩餘議席，或任何政黨都不能得到過半數的票，則剩餘議席應順序給予餘票最多的政黨。這個方法是折衷上述⑴，⑵兩法而設計的。然結果亦不能公平。舉例言之，某區議員七名，甲乙丙三黨各得一八〇〇票，一三〇〇票，二〇〇票，結果如次：

----

❿ 森口繁治，前揭書，一七五頁，一七六頁「註1」。

⓫ 森口繁治，前揭書，一七五頁，一七七頁。

$$Q = \frac{1800 + 1300 + 200}{7} = 471$$

甲黨 ························· $1800 \div 471 = 3$（餘票 387）

乙黨 ························· $1300 \div 471 = 2$（餘票 358）

丙黨 ························· $200 \div 471 = 0$（餘票 200）

在剩餘議席之中，一個因為甲黨得到投票總數過半數，而須給予甲黨；另一個因為甲黨餘票最多，亦須給予甲黨。如是，甲黨遂以一八〇〇票選出議員五名，而乙黨雖有一三〇〇票，亦只能選出議員二名。其不公平，可一望而知之❿。

⒝哈根巴黑式　這個方法為瑞士人 Hagenbach-Bischoff 所創，其法是用議員名額 (M) 加 「一」 之數來除投票總數 (V)，其商稱為分配基本數 (Verteilungszahl)。

$$分配基本數 = \frac{V}{M + 1} + x$$

（x 須比 1 小，即有分數之時應改為整數）

次用這個分配基本數來除各黨所得票數，而決定各黨應該選出議員多少。倘有剩餘議席尚待分配，則用各政黨所得議席加「一」之數，來除各政黨所得票數，凡有最大商數者，就可多選一名。倘尚有議席未能分配，則仍用上述方法，求出最大商數，至全部名額分配完畢為止。今試舉例言之，某區議員名額十五人，投票的結果，甲黨得四七三二票，乙黨得三一九四票，丙黨得二九六七票，丁黨得一九八六票，此際：

$$分配基本數 = \frac{4732 + 3194 + 2967 + 1986}{15 + 1} = 804\frac{15}{16} = 805$$

分配基本數為八〇五，今若以八〇五來除各政黨所得票數，則結果如次：

---

❿ 森口繁治，前揭書，一七五頁，一七七至一七八頁。

第一次計算之結果

甲黨　4732 ÷ 805 ··· 5

乙黨　3194 ÷ 805 ··· 3

丙黨　2967 ÷ 805 ··· 3

丁黨　1986 ÷ 805 ··· $\dfrac{2}{13}$

尚有二名未及分配，故須用各黨第一次所選議員人數加「一」之數，來除各黨所得票數。即：

第二次計算之結果

甲黨　$4732 ÷ (5 + 1) = 788\dfrac{2}{3}$ ····························· 5 + 0 = 5

乙黨　$3194 ÷ (3 + 1) = 798\dfrac{1}{2}$ ····························· 3 + 1 = 4
　　　　　　　　　　　　　　　　（最大）

丙黨　$2967 ÷ (3 + 1) = 741\dfrac{3}{4}$ ····························· 3 + 0 = 3

丁黨　$1986 ÷ (2 + 1) = 662$ ································· 2 + 0 = $\dfrac{2}{14}$

乙黨的商數最大，所以剩餘議席第一個應歸乙黨。然尚有一名未及分配，故須用各黨第二次所選議員人數加「一」之數，來除各黨所得票數。即：

第三次計算之結果

甲黨　$4732 ÷ (5 + 1) = 788\dfrac{2}{3}$ ····························· 5 + 1 = 6
　　　　　　　　　　　　　　　　（最大）

乙黨　$3194 ÷ (4 + 1) = 638\dfrac{4}{5}$ ····························· 4 + 0 = 4

丙黨　$2967 ÷ (3 + 1) = 741\dfrac{3}{4}$ ····························· 3 + 0 = 3

丁黨　$1986 ÷ (2 + 1) = 662$ ································· 2 + 0 = $\dfrac{2}{15}$

甲黨的商數最大，──這個 $788\frac{2}{3}$ 乃真正的當選商數──所以剩餘議席第二個應歸甲黨。議席都已分配清楚，即甲黨六名，乙黨四名，丙黨三名，丁黨二名❿ 。

　(c)**頓特式**　這個方法為比利時人 Victor D'hondt 所創 。 今試假定某區議員五名，甲黨得八四〇票，乙黨得四一〇票，丙黨得二三〇票。此時須先用 1、2、3、4……等順次除各黨所得票數。即

	甲　黨 840	乙　黨 410	丙　黨 230
以 1 除之	840 (1)	410 (3)	230 (5)
以 2 除之	420 (2)	205	115
以 3 除之	280 (4)	$136\frac{2}{3}$	$76\frac{2}{3}$
以 4 除之	210	$102\frac{2}{4}$	$57\frac{2}{4}$

　　甲黨得票最多，第一議席當然歸甲黨，第二議席若就給與乙黨，便是乙黨以四一〇票選出一人，然而甲黨得票二分之後（四二〇），尚比較乙黨為多，所以第二議席仍須歸於甲黨。第三議席當然給與乙黨，因為若仍給與甲黨，則甲黨可選出三人，每人平均得票為二八〇票，實比乙黨為少。第四議席若與丙黨，則是丙黨以二三〇票選出一人，然而甲黨得票三分之後（二八〇），尚比較丙黨為多，所以第四議席仍歸甲黨。第五議席須給與丙黨，因為若仍給與甲黨，則甲黨選出四人，每人平均得票為二一〇，實比丙黨為少；若給與乙黨，則乙黨選出二人，每人平均得票為二〇五，亦比丙黨為少；所以為了公平起見，只能給與丙黨。這樣，一切議席均已分配清楚，即甲黨選出三人，乙黨選出一人，丙黨選出一人，而丙黨所得的第五席，其代價為二三〇票。這個最後議席的代價二三〇票則為該選舉區的當選商數。

------

❿ J. Hatschek, a. a. O. S. 373ff.，尤其是 S. 376。

　　總之，依據頓特的方法，須先把 1 2 3 4……等順序除各黨所得的票，而後再把除得的商數，依大小排列，至和議員額數相同的個數為止，其排在最末的商數便是當選商數。在前例，可排列如次：

1	2	3	4	5
840	420	410	280	230

　　上面第五個數就是當選商數。再以這個當選商數，來除各政黨所得的票數，就可知道各政黨所應選出的議員人數，即

甲黨　$840 \div 230 = 3\frac{150}{230}$

乙黨　$410 \div 230 = 1\frac{180}{230}$

丙黨　$230 \div 230 = 1$

　　就是甲黨選出議員三名，乙黨選出議員一名，丙黨選出議員一名[104]。

　　按頓特法與哈根巴黑法，結果是相同的。今試將前述哈根巴黑之例，用頓特之法計算，得數如次。

	甲黨	乙黨	丙黨	丁黨
	4732	3196	2967	1986 (5)
以 1 除之	4732 (1)	3196 (2)	2967 (3)	1986 (11)
以 2 除之	2366 (4)	1598 (6)	$1483\frac{1}{2}$(8)	993
以 3 除之	$1577\frac{1}{3}$(7)	$1065\frac{1}{3}$(10)	989 (12)	662
以 4 除之	1183 (9)	799 (14)	$741\frac{3}{4}$	$496\frac{1}{2}$
以 5 除之	$946\frac{2}{5}$(13)	$639\frac{1}{5}$	$593\frac{2}{5}$	$397\frac{1}{5}$
以 6 除之	$788\frac{2}{3}$(15)	$532\frac{2}{3}$	$496\frac{1}{2}$	361

[104] 參閱 J. Hatschek, a. a. O. S. 376ff.

即與哈根巴黑的計算法一樣，當選商數也是 $788\frac{2}{3}$，甲黨選出六名，乙黨四名，丙黨三名，丁黨二名。

固定式當選商數法　固定式當選商數法 (uniform quota system, System des festen Wahlquotienten) 是謂每名議員所需要的當選商數先行決定，而後再以這個當選商數為標準，決定該區的議員人數。最初採用這個方法者為德國的巴登 (Baden)，故又稱為「巴登制」(das badische System)。巴登一九一九年憲法第二四條云：「凡政黨或團體所提出的議員候選人名單得票一萬，可選舉議員一名。各政黨或團體在全邦各選舉區，若有剩餘投票，又得集合計算，亦依一萬票選舉一名之比例，選出議員。其殘票在七千五百以上者，尚得再選一名」 **105**。德國一九二〇年的選舉法，也採用這個制度。依德國選舉法規定，全國當選商數均為六萬票，而議員人數則隨投票總數的增減而生變化。今試假定這屆選舉，全國投票總數為二千萬，則可得議員三三三名；在下屆選舉，全國投票總數若增加為二千二百萬，則可得議員三六六名。採用這個方法，可選擇計算容易的數字，以作當選商數，並且全國的當選商數又復一致，所以很見公平。不過每次舉行總選舉之時，議員人數必有變動，這未始不是美中不足之點 **106**。

　　②**餘票及廢票如何轉讓**　前曾說過採用名單比例代表法之時，或只許選舉人作名單投票；或只許選舉人作個人投票；或又許個人自由選擇名單投票或個人投票而為之。因為投票有三種不同的方式，所以餘票及廢票的轉讓，從而當選人的決定，亦分為下列三種：

　　⑴選舉人要受名單的絕對拘束，餘票或廢票轉讓於何人及轉讓的次序，

---

105 引自坂千秋，《比例代表ノ概念トソノ技術》，昭和七年出版，二四三頁「註三」。參閱 C. G. Hoag and G. H. Hallett, op. cit., p. 412, n. 1.

106 J. Hatschek, a. a. O. S. 384. A. Finger, *Das Staatsrecht des Deutschen Reichs*, 1923, S. 285.

完全由政黨決定。這個時候選舉人只能選擇政黨，作名單投票，不能選擇個人，作個人投票，所以誰人當選，乃以名單上候選人次序為標準❶。採用這個方法的時候，選舉人願意選舉那一個政黨，可於該黨名單上畫一符號，如╳之類。

甲	黨			○
丁某	王某	江某	李某	宋某

乙	黨			⊗
趙某	錢某	孫某	馬某	黃某

丙	黨			○
盧某	鄭某	崔某	謝某	楊某

　(2)選舉人固然要受名單的拘束，將餘票或廢票轉讓於同一政黨的人。但他又得自由選擇名單上任何候選人而對之投票，不受名單所排列的次序的拘束。此際選舉人應作個人投票，不能作名單投票，所以誰人當選乃以候選人得票多寡為標準❶。採用這個方法的時候，選舉人願意投票給那一位候選人，可於該候選人姓名上面，畫一符號，如╳之類。

甲				黨
			╳	
丁某	王某	江某	李某	宋某

乙				黨
趙某	錢某	孫某	馬某	黃某

丙				黨
盧某	鄭某	崔某	謝某	楊某

　(3)選舉人或對名單作名單投票，或對名單上某一候選人作個人投票。換句話說，選舉人承認政黨所排列之候選人次序者，可作名單投票，選舉人欲選擇名單上任何候選人者，可作個人投票。凡作名單投票者，可於黨名處，畫一符號。而作個人投票者，可於人名上畫一符號。至於誰人當選，則依候選人次序，從名單得票之中，取出若干，逐次加入候選人個人得票之中，令其湊足當選商數。倘令議席尚未分配完畢，而其餘候選人均不能達到當選商

---

❶ 森口繁治，前揭書，一五八頁，一九九至二○○頁。
❶ 森口繁治，前揭書，一五八至一五九頁，一九九頁。

數者，則依個人得票多寡，決定誰人當選。

甲　⊗　黨					（名單投票之例）	乙　○　黨					（個人投票之例）	丙　○　黨				
							×									
丁某	王某	江某	李某	宋某		趙某	錢某	孫某	馬某	黃某		盧某	鄭某	崔某	謝某	楊某

今試舉例言之，某區議員名額七人，投票總數一四八〇票，甲黨得八四〇票，乙黨得四一〇票，丙黨得二三〇票，依頓特的計算法，當選商數為二〇五票。甲黨四名，乙黨二名，丙黨一名。而在甲黨八四〇票之中，名單得票與候選人個人得票如次：

甲黨得票總數	840 票
⑴名單得票	300 票
⑵候選人個人得票	540 票
A 君（第一位候選人）	120 票
B 君（第二位候選人）	60 票
C 君（第三位候選人）	10 票
D 君（第四位候選人）	20 票
E 君（第五位候選人）	120 票
F 君（第六位候選人）	210 票

候選人個人得票為該候選人自己的票，不得轉讓。名單得票為該名單上全體候選人共同的票，可依候選人排列次序，逐次轉讓，以各候選人得到當選商數時為止。所以上述的表可變更如次：

	各種得票	由名單讓與的票		最後得票	
名單得票	300	–	300		
個人得票					
A 君	120	+	85	= 205	（當選）
B 君	60	+	145	= 205	（當選）
C 君	10	+	70	= 80	
D 君	20	……		20	
E 君	120	……		120	（當選）
F 君	210	……		210	（當選）
		–	300		
	840	+	300	= 840	

　　A 以名單上第一名，B 以名單上第二名，其自己得票固然不及當選商數，均可由名單得票之中，取出若干，湊足當選商數（二〇五）而當選。F 名次雖然列在最後，然其個人得票乃超過當選商數，故亦當選。尚餘議席一個未及分配，若比較 CDE 三人票數，E 得票最多，所以這個議席應該予 E，即在甲黨候選人之中，當選人為 ABEF 四人❿。

　　⑷採用上述三種方法，各名單必尚有殘餘的票。這個殘餘的票，就一名單言，固然為數不多。而在同區之內，集合各黨的名單言之，或在異區之內，集合同黨的名單言之，其數之大也許可以驚人。今試舉例言之，在某區內議員七名，投票的結果，甲黨得八〇〇票，乙黨得九九票，丙黨得九七票。依頓特之法：

----

❿ 參閱 C. G. Hoag and G. H. Hallett, op. cit., pp. 448–449.

	甲　黨	乙　黨	丙　黨
	800	99	97
以 1 除之	800 (1)	99	97
以 2 除之	400 (2)		
以 3 除之	$266\frac{2}{3}$ (3)		
以 4 除之	200 (4)		
以 5 除之	160 (5)		
以 6 除之	$133\frac{2}{6}$ (6)		
以 7 除之	$114\frac{2}{7}$ (7)		

當選商數為 $114\frac{2}{7}$，乙丙兩黨所得票數共計 $99 + 97 = 196$ 毫無用處。這只就一區言之。倘乙黨在 A 區有殘餘的票九九張，在 B 區有八八張，在 C 區有九七張……則集合全國觀之，所受損失必大。如何挽救這個損失，就有名單聯結 (Listenverbindung) 的制度。

　　名單聯結是謂政黨得票不能達到當選商數之時，兩個以上的名單可以聯結起來，合算各名單所得的票數，依當選商數，再選出相當人數的議員。名單聯結分為兩種：一是同區的名單聯結，二是異區的名單聯結，前者行於異黨之間，後者行於同黨之間，德國學者稱前者為「多黨名單聯結法」(System der mehrparteiischen Listenverbindung)，稱後者為「一黨名單聯結法」(System der einparteiischen Listenverbindung)。

　　同區的名單聯結是令兩個以上的小黨，基於政見之相似，能夠聯合起來，使其候選人亦有當選的機會。凡政黨希望聯結其名單者，須呈報選舉事務所，得其許可之時，所聯結的名單視為一個名單，依其所得的投票總數，選出相當人數的議員，又依各名單所得的票數，再行分配議席於政黨。

　　異區的名單聯結為一九二〇年德國國會議員選舉法所採用，依選舉法規

定，德國分全國為三十五個選舉區 (Wahlkreis)，次再把兩個以上的選舉區聯合起來，而設十六個聯合選舉區 (Wahlkreisverband)，又次更把十六個聯合選舉區合組為全國選舉區 (Reichswahlverband)。每個政黨須提出兩種候選人名單，一向選舉區，提出「選舉區候選人名單」(Kreiswahlvorschlag)，二向全國選舉區，提出「全國候選人名單」(Reichswahlvorschlag)。但是在聯合選舉區之內，又可把各選舉區候選人名單連結起來，自成為一個名單。各選舉人只能在其本區內，對選舉區候選人名單，作名單投票，絕對不許對名單上任何候選人，作個人投票。各政黨在每個選舉區，得到六萬票之時，就可選出議員一人，若能得到兩倍三倍，即可選出兩名三名議員。至於誰人當選，則依據選舉區候選人名單上的候選人次序。但是各政黨所得的票絕對不可能這樣湊巧，成為當選商數的倍數，而常留有殘票。為了處置殘票，所以又把選舉區聯合起來，成為聯合選舉區。各政黨可在聯合選舉區之內，計算各選舉區的殘票，亦按六萬票選出一人的比例，使殘票最多的選舉區更從其選舉區候選人名單中選出一人，或使殘票次多的選舉區更從其選舉區候選人名單中選出一人，殘票相同，則用抽籤定之。但是各選舉區的殘票若均在三萬票以下，則在聯合選舉區之內，縱有六萬票以上的殘票，亦不許再從各選舉區候選人名單之中，選出一人，而把其殘票直接移歸全國候選人名單上去。全國選舉區再把聯合選舉區的殘票及各選舉區直接送來的殘票合計起來，亦按照六萬票選出一人的比例，由全國候選人名單之中，依候選人的順序，選出相當人數的議員。這個時候，殘票在三萬票以上者，可增加一名議員。所以各政黨在全國所犧牲的殘票，只在三萬票以下。現在用例說明如次：

假定全國共分甲乙丙丁戊五個聯合選舉區，又假定甲聯合選舉區有 AB 二選舉區，某政黨在 AB 二選舉區所得的票數假定為：

A 選舉區　　　　　　205,000

B 選舉區　　　　　　160,000

則該政黨在 A 選舉區，可選出議員三名，其殘票為二五〇〇〇 ($205000 \div 60000 = 3 + 25000$)，在 B 選舉區，可選出議員二名，其殘票為四〇〇〇〇

(160000 ÷ 60000 = 2 + 40000)。以上議員當然於 AB 兩區的「選舉區候選人名單」中，擇其次序最先的三人 (A) 及二人 (B) 充任。

其次將 AB 二選舉區的殘票相加，則為六五〇〇〇，所以該政黨在甲聯合選舉區中，尚可選出議員一人，而有殘票五〇〇〇，這個議員則由 B 選舉區候選人名單中選出。因為 B 選舉區的殘票最多。

復次，該政黨在甲聯合選舉區內已有殘票五〇〇〇，今試假定在乙聯合選舉區，亦有殘票三五〇〇〇，在丙有五〇〇〇〇，在丁有四〇〇〇〇，在戊有五五〇〇〇，則五聯合選舉區合計起來，共有殘票一八五〇〇〇，所以該政黨在全國候選人名單上，可擇其次序最先的，選出三人。其犧牲的殘票不過五〇〇〇而已 ❿。

第二節　人民直接立法

人民直接立法是謂人民無須經由代表，得依投票方式，直接參加國家的立法。這種制度本來只實行於瑞士及美國各邦，自經德國威瑪憲法採用之後，又普及於各國。列國採用直接立法，有三種目的。

⑴美國以民主主義為其立國的精神，政治必須遵從公意。但各邦議會乃常有違反公意之事，國民所希望的法律，議會不予制定，國民所反對的法律，議會又予通過。各邦人民對於議會，抱有失望與懷疑之心，故除間接參政之外，又用直接立法，以矯正代議制度之弊 ⓫。

⑵瑞士所以採用人民直接立法，乃欲舉人民參政之實。瑞士人民固然不以議會不能代表公意。但是他們以為人民的福利，人民自己比之議會更能夠正確知道。而一種法律若是直接由人民制定，則在道德上將更有權威，而得

---

❿ 參閱 J. Hatschek, *Deutsches und preussisches Staatsrecht*, Bd. I, 2 Aufl. 1930, S. 381ff. A. Finger, *Das Staatsrecht des Deutschen Reichs*, 1923, S. 285f.

⓫ J. Bryce, *Modern Democracies*, Vol. II, 1931, pp. 141, 418.

要求人民絕對服從。所以除置議會以間接表示公意之外，又用直接立法，以直接表示人民的公意⑫。

⑶議會兩院意見不能一致，各自堅持自己的見解，不肯讓步，而憲法又沒有規定某一院的意思對於別一院有優越的權力者，則為打開僵局，只有訴之於民，由人民投票決定之。澳洲聯邦所實行的直接立法，即其例也。德國威瑪憲法亦然。凡總統與第一院，第一院與第二院，意見不能一致，均得提交人民投票決定之⑬。

列國採用直接立法的理由不過上述三種。茲述各國制度如次。

一、人民創制

人民創制 (popular initiative, Volksbegehren) 是謂選舉人得以一定人數的簽署，提出法案，而議決之為法律。人民創制有似於人民請願，而又與人民請願不同。人民請願是人民向議會提案，不但議案可否通過，一惟議會的意思是視，而且議會對之並沒有處理——積極的同意或消極的否決——的義務。反之，人民創制是人民向人民提案，惟為節省手續起見，故先向議會提出。議會有處理的義務。議會反對，尚須訴之於民，再由人民投票決定⑭。各國的人民創制未必相同，茲將其中可以成為問題的，選擇數點，提出討論。

⑴選舉人要提出法案，須有一定人數簽署。這個簽署人數不宜失之太多，也不宜失之太少。太多，必將因為得不到法定的簽署人數，而致創制權成為具文；太少，又將因為創制太過容易，而致政府及國民虛耗其精力於創制案的處理。在瑞士，創制案須有選舉人五萬簽署（憲法第一二〇條第一項及第一二一條第二項）。當制度初創之時（一八九一年），本來希望簽署人數等於

---

⑫ J. Bryce, op. cit., Vol. I, p. 394.

⑬ J. Bryce, op. cit., Vol. II, p. 418.

⑭ 河村又介，《直接民主政治》，昭和九年，九〇頁。J. Hatschek, *Deutsches und Preussisches Staatsrecht*, Bd. II, 2 Aufl. 1930, S. 23.

選舉人總數八分之一乃至十分之一。而人口增加，到了今日不過二十分之一而已❶。人數確定於憲法之上，不能隨人口之增加而改變，這是一個缺點。所以現今憲法多不規定實數，而只規定百分比。德國威瑪憲法規定創制案須有選舉人十分之一簽署（第七三條第三項），即其例也❶。

(2)那一類法案可以創制，是普通法案乎，是憲法修正案乎？依各國法制。例如瑞士聯邦只許人民提出憲法修正案（憲法第一二〇條第一項及第一二一條第一項），憲法與法律形式上雖有區別，實質上很難劃分。瑞士人民不能提出普通法案，所以常藉修改憲法之名，提出那些屬於普通法律範圍以內的憲法修正案，而致憲法之中竟有許多條文，性質不甚重要，不能視為國家的基本法，第二五條之二（宰殺牲畜，須先行麻醉）就是其例❶。反之，西班牙又只許人民提出普通法案（一九三一年憲法第六六條第二項）。依主權在民的觀念，制定憲法的權，亦即可以說是主權，應該屬於國民，修改憲法無異於制定憲法。西班牙既許人民創制普通法案，而又不許其創制憲法修正案，理由何在，我們不能理解。至於其他國家大率不加區別，人民得提出普通法案，亦得提出憲法修正案。德國威瑪憲法（第七三條第三項及第七六條第一項）即其例也。

(3)人民創制普通法案，其內容有否限制？換句話說，人民是否對於任何內容的法案，都有創制的權？依各國憲法規定，大率預算案租稅案等多禁止人民創制。因為預算是規定國家每年的整個收支，而謀收支雙方的均衡。國家每年有多少收入，應辦那幾種事，每種事應用多少錢，只惟政府知之甚詳。

---

❶ 河村又介，前揭書，一二〇頁。據 J. Bryce 所言，在瑞士，複決須有三萬人簽署，這是一八七四年所規定的。創制須有五萬人簽署，這是一八九一年所規定的。然人口增加，已由二百七十萬增加為三百十萬，又增加為四百萬以上。所以今日要得到法定人數簽署，已太過容易。見他所著 *Modern Democracies*, Vol. II, 1931, p. 429, n. 1.

❶ 義國共和憲法第七一條第二項規定為選舉人五萬人。

❶ J. Bryce, *Modern Democracies*, Vol. I, 1931, p. 378.

今日各國均不許議會提出預算案,則一般人民更不宜有提出預算案的權,乃是當然的事。租稅與人民太有直接的利害關係,人民對於自己所負擔的金錢,常欲設法避免,而轉嫁於別人,甚至發行公債,將負擔轉嫁於次代的人。總之,人類是有利己心的,租稅直接關係人民的財產,所以各國多不許人民創制之。普魯士一九二〇年憲法(第六條第三項)明文禁止人民創制有關財政、賦稅、薪俸的法案。按人民創制常繼之以人民複決,故凡憲法禁止人民複決某幾種法律的,人民對這幾種法律,也就不得創制。Latvia 一九二〇年憲法(第七三條)禁止人民複決預算以及有關公債、租稅、關稅、鐵路運費、兵役義務、宣戰媾和、戒嚴解嚴、動員復員的法律,而對外條約亦在禁止之列,因之人民對這幾種事項,遂亦不得創制⑱。德國威瑪憲法(第七三條第四項)關於預算案、租稅案及薪俸案,只許總統提交人民複決。人民創制的法案,不問總統之意思如何,常須提交人民複決,所以德國學者皆謂這三種法案不得由人民創制⑲。

⑷人民創制的法案,其形式如何?是法案的原則乎,是完整的法案乎?在瑞士聯邦及其各邦,人民得自由選擇兩者之一而為之。唯關於憲法的全部修正,只得提出法案的原則⑳。而在 Zug, beiden Basel 及 Thurgau 等邦,縱關於普通法案,亦只許人民提出法案的原則,由議會編為完整的法案㉑。除瑞士聯邦及其各邦之外,凡承認人民有創制權的,均只許他們提出完整的法案。美國各邦如此㉒,其他各國亦然㉓。此蓋公民提出法案的原則之時,須由議會(瑞士聯邦及其各邦)或政府(德國 Wurtemberg 本來容許公民提出

---

⑱ 河村又介,上揭書,三七二頁,三七三頁。

⑲ J. Hatschek, a. a. O. Bd. I, S. 343.

⑳ F. Fleiner, *Schweizerisches Bundesstaatsrecht*, 1923, S. 296.

㉑ F. Fleiner, a. a. O. S. 296, Anm. 29.

㉒ 河村又介,前揭書,二九一頁,二九二頁。

㉓ 例如德國威瑪憲法第七三條第三項,奧國一九二〇年憲法第四一條第二項。

法案的原則，由政府編為法案，不久又只許公民提出完整的法案）**⑫**，依照原則，編為完整的法案。這由立法的技術看來，固然比之公民自己起草的，可以減少法案內容的粗疏草率。但是政府或議會所編制的法案，有時不免與公民提出的原則相左。例如一八九五年在瑞士的 Basel-Stadt，人民曾創制比例代表法。然議會乃一反提案人的意思，將強制投票與比例代表結合起來。提案人起訴於最高法院，最高法院判決議會的草案無效**⑫**。由這事實，可知法案還是由公民自己起草，尚可以避免許多無意義的麻煩。

⑸人民提出法案之後，其表決之法如何？凡不經過議會表決，而即提交公民投票決定者，稱為直接創制 (direct initiative)，美國各邦多採用之。反之，凡須先交議會表決，議會通過，就可成為法律，議會不通過，才把原案或和議會的修正案一同提交公民投票決定者，稱為間接創制 (indirect initiative)**⑫**。間接創制可以減少人民投票的費用（因為議會若肯通過，就不必舉行公民投票），故為大多數國家所採用**⑫**。美國各邦之中，有的同時採用直接創制與間接創制兩個方法。如在 California，公民總數百分之八提出的法案均直接提交公民投票決定之；公民總數百分之五提出的法案須先提交議會表決，待議會否決或修改之後，才將原案或和議會的修正案提交公民投票決定之。這個時候，縱令提案人贊成議會的修正案，也不能撤回原案，而只有勸告國民否決原案，採用議會的修正案**⑫**。由此可知在間接創制，凡法案經議會否決或修

--------◆--------◆--------

⑫ 河村又介，前揭書，二一八頁。

⑫ F. Fleiner, a. a. O. S. 296, Anm. 30.

⑫ 參閱 A. N. Holcombe, *State Government in the United States*, 2 ed. 1926, pp. 513–514. 按美國各邦之中，採用間接創制者只有 South Dakota, Nevada, Maine, Michigan 四邦，而兼用直接創制與間接創制者亦有 Utah, Ohio, Washington, Massachusetts 四邦，其餘均採用直接創制。

⑫ 例如威瑪憲法第七三條第三項，奧國一九二〇年憲法第四一條第二項。

⑫ A. N. Holcombe, op. cit., p. 513.

改之後，必須提交公民投票決定。惟在德國的 Anhalt，公民提出的法案雖經議會否決或修改，也不必提請公民投票決定（在 Thuringen，議會之修改若不屬於重要部分，不必提請公民投票決定之）⑫ 。西班牙憲法（一九三一年憲法第六六條第三項）沒有明文規定。但是公民只有提案權，而經議會否決或修改之後，又沒有複決權，則公民的創制權不過是有名無實之物。

(6)公民創制的法律，其效力如何？關於這個問題，應分為兩部分討論。一、在間接創制，法案經議會通過之後，就可成為法律，這個時候，政府可以行使否決權（即交還覆議）麼？徵之美國制度，邦長對於議會通過的法案，雖得否決，而關於人民創制的法案一經議會通過，則不得行使否決權⑬ 。政府可以提交人民複決麼？徵之德國制度，聯邦總統對於議會通過的法案，雖得提交人民複決（威瑪憲法第七三條第一項），而人民創制的法案經議會通過之後，總統可否提交人民複決，學說上尚無定論⑬ 。二、法案經人民投票表決而成為法律之後，議會可以改廢它們麼？美國有許多邦雖然規定：凡人民創制而經人民投票決定的法律，除人民表示同意之外，議會不得改廢之⑬ 。而在德國，聯邦憲法及各邦憲法皆無明文規定。最初學者均謂，人民表決的法律與議會議決的法律，位階上沒有高低之別，因之，前者可由議會任意改廢之。其後又有一派學者主張，國民乃一國的主權者，其地位在任何國家機關之上。故凡法律經人民投票決定者，比之議會所制定的法律，應有優越的權力，議會不得改廢之。否則人民直接立法便失去意義了⑬ 。Bremen 之制（一九一九年憲法第八條）似可調和上述兩派的主張。凡法律經人民投票而

---

⑫ 河村又介，前揭書，二二一頁。

⑬ 河村又介，前揭書，二九三至二九四頁。

⑬ 肯定論：例如 J. Hatschek, a. a. O. Bd. I, S. 339, Anm. 3. 否定論：例如 A. Finger, *Das Staatsrecht des Deutschen Reichs*, 1923, S. 376，及同頁「註1」。

⑬ 河村又介，前揭書，二九四頁。

⑬ 河村又介，前揭書，一九二頁以下。

通過者，該屆議會不得改廢之。議會改選之後，新議會不受這個拘束❸。因為改選是人民依其最新的意思，把立法權委託於議會，所以議會有自由議決一切法律的權。

*人民創制須有多數選舉人簽署。如何使多數選舉人簽署，瑞士及美國各邦均以之為發起人私人之事，發起人須印刷簽名紙或簽名簿，雇人訪問各家，請其簽署。

德國之制，雖然簽名簿的印刷，由發起人負擔費用，而簽署人的搜集則視為國家官署之事。今據一九二一年公布一九二三年修正的人民表決法 (Gesetz uber den Volksentscheid) 及一九二四年公布的人民投票條例 (Reichsstimmorddung) 所定，先由選舉人五千人簽名發起，或由擁有會員十萬以上的團體發起（毋須選舉人五千人簽署），向內政部部長請求准許其提案。這叫做准許程序 (Zulassungsverfahren)。經內政部部長准許之後，則於二星期後，再由發起人編製簽名簿 (Eintragungslist)，發給全國市鎮長（其費用歸發起人負擔），而市鎮長則擇定登記的日期與場所，通知人民，於十四日內，使贊成提案的選舉人簽名於簽名簿之上。這叫做簽署程序 (Eintragungsverfahren)。簽署既畢，市鎮長須將簽名簿送各該區（全國有三十五選舉區）的投票委員長 (Abstimmungsleiter)，並報告簽署人總數。經該區的投票委員會 (Abstimmungsausschuss) 審查之後，再報告該區的結果於中央選舉委員長 (Reichswahlleiter)。經中央選舉委員會 (Reichswahlausschuss) 審查之後，再報告全國的結果於內政部部長。倘使簽署人人數達到選舉人總數十分之一以上，則人民創制視為合格，政府須將原案及政府的意見書一同提出國會。這個時候國會若照原案通過，則可成立為法律。但總統尚得提交人民複決之。反之，國會若否決或修正原案，則須將原案或和國會的修正案一同提交人民複決之。複決的結果，若能得到有效投票過半數的贊成，法案

---

❸ 河村又介，前揭書，一九三頁。

便成立為法律，總統須於一個月內公布之。若不能得到有效投票過半數的贊成，則法案不能成立為法律。德國人民創制，已列下頁圖說明之。（參看河村又介，前揭書，一七一頁以下及二一〇頁之表）

二、人民複決

複決一語，內容頗為複雜。由其目的觀之，可分別為人民否決 (popular veto, Referendum als Veto) 與人民表決 (referendum, Volksentscheid) 兩種。

⑴人民否決是謂議會制定的法律已經施行，唯在一定期間之內，倘有人民或其他國家機關表示反對之意，則須將該法律提交人民投票決定之。

⑵人民表決是謂議會通過法案之後，在其尚未施行以前，必須再提交人民投票決定，經人民同意之後，才發生效力❸。

由其方法觀之，可分別為強制的人民表決 (obligatory referendum, obligaorischer Volksentscheid) 與任意的人民表決 (facultative referendum, fakultativer Volksentscheid) 兩種。

⑴強制的人民表決是謂議會通過法案之後，不問人民或其他國家機關有否請求，必須提交人民投票，作最後的決定。上述人民表決就是強制的人民表決。而在間接創制，議會否決創制案之時，尚須提交人民投票決定，故亦可以視為強制的人民表決。

⑵任意的人民表決是謂議會制定法律之後，須有人民或其他國家機關的請求，而後才提交人民投票決定之❸。所以它的作用與人民否決相同❸。

強制的人民表決，依各國法制，固然許多國家曾用作修改憲法的程序（例

---

❸ 參閱 J. Hatschek, *Allgemeines Staatsrecht*, II, *Das Recht der modernen Demokratie*, 1909, S. 87. derselbe, *Deutsches und Preussisches Staatsrecht*, Bd. I, 2 Aufl. 1930, S. 334.

❸ 參閱 J. Hatschek, *Allgemeines Staatsrecht*, II, S. 87. C. Schmitt, *Verfassungslehre*, 1928, S. 260–261.

❸ F. Fleiner, *Schweizerisches Bundesstaatsrecht*, 1923, S. 294.

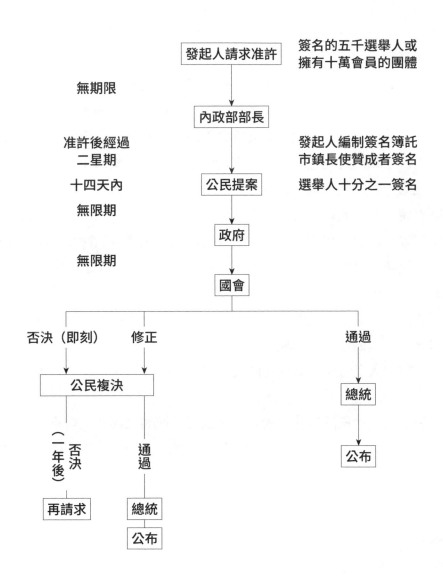

如瑞士聯邦），至用作制定法律的程序的，似只存在於瑞士各邦。即除 Luzern 等七又半邦❸之外，其餘的邦縱關於普通法律的制定，亦採用強制的人民表決。每年立法機關應定期的將一切法律提請人民表決❹。

任意的人民表決本來只對議會通過的法律而為之。第一次大戰之後，各國為了提高政府的權力，凡議會否決的法案，倘政府或人民認為有制定的必要時，亦得請求提交人民投票決定之。捷克及立陶宛 (Lithuania) 曾一度實行過這種制度。捷克（一九二〇年憲法第四六條第一項）本來只許政府有提請人民表決的權。而人民表決又限於議會否決的政府案。即政府提出的法案苟在議會否決，政府可把該項法案提交人民投票決定之❹。在立陶宛（一九二八年憲法第一〇四條及第一〇五條），凡議會否決（或通過）憲法修正案或普通法案之時，可由政府或五萬選舉人之請求，提交人民表決之❹。按議會制度乃所以限制政府的專制，而人民表決又所以限制議會的跋扈。議會所通過者，政府提請人民表決，這不過防止議會強迫政府為其不欲為之事。議會所否決者，政府提請人民表決，這又可以防止議會強迫政府不為其所欲為之事。政府所欲為的及所不欲為的，一一直接聽命於人民，那末，政府當然可以獨立於議會之外，而使政府的權力因之提高。

茲試對於人民複決尤其任意的人民表決，選擇其中最重要的數點，說明如次。

㈠**請求複決的機關**　任意的人民表決皆由於國家機關的請求，請求的機關或為人民，或為政府，或為議員，或為地方（議會）。這不是說，任何國

----

❸ 七又半邦是 Luzern, Zug, Basel-Staat, St. Gallen, Tessin, Neuenburg, Genf, Freiburg。見 F. Fleiner, a. a. O. S. 294, Anm. 21.

❹ F. Fleiner, a. a. O. S. 294.

❹ 參閱 A. Headlam-Morley, *The New Democratic Constitutions of Europe*, 1929, pp. 138–139.

❹ 河村又介，《直接民主政治》，昭和九年出版，三七五頁，三七六頁。

家，凡採用任意的人民表決之制的，上述四種機關都有請求權。徵之列國法制，有只許人民請求的，如西班牙（一九三一年憲法第六六條第一項）是。有只許政府請求的，如捷克（一九二〇年憲法第四六條第一項）是。有只許議會請求的，如奧國（一九二〇年憲法第四三條及第四四條第二項）是。

　　⑴**由人民請求**　人民請求複決也和創制一樣，需要多數選舉人簽署。其簽署人數有比創制所需要的簽署人數為少的，如德國是❷，有比創制所需要的簽署人數為多的，如立陶宛是❸。有兩者相同的，如西班牙是❹。問題所在乃是請求複決所需要的簽署人數如果過少，則人民難免有濫用請求權之弊。他們明知法律之必得人民同意，亦必請求複決，使法律暫緩施行。美國各邦為預防這個弊端，有的依簽署人數多寡，分結果為兩種，一種是法律暫緩施行，另一種是法律不暫緩施行。如在 Montana，前者需要選舉人百分之十五簽署，後者只需要百分之五簽署。又如 New Mexico，前者需要百分之二十五簽署，後者只需要百分之十簽署❺。又者，在大多數的國家，人民請求複決，固然不需要任何條件。而有些國家卻不許人民無條件的請求複決，必須議會內少數派議員先要求延期公布，而後一定人數的公民才得請求複決。如在德國，須先由三分之一議員要求延期公布，次再由二十分之一選舉人請求複決（威瑪憲法第七三條第二項）。在愛斯多尼亞 (Esthonia)，須先由三分之一議員要求延期公布，次再由二萬五千選舉人請求複決（一九二〇年憲法第三〇條），在拉特維亞，須先由三分之一議員要求延期公布，次再由十分之一選舉

---

❷ 據德國威瑪憲法第七三條第三項，創制法案須有選舉人十分之一簽署；據第七三條第二項，請求複決，只要二十分之一簽署。

❸ 據立陶宛一九二八年憲法第二二條，創制法案只要選舉人二萬五千人簽署；據第一〇五條規定，請求複決，須有五萬人簽署。

❹ 據西班牙一九三一年憲法第六六條第一項及第三項，創制法案與請求複決均為選舉人百分之十五簽署。

❺ A. N. Holcombe, *State Government in the United States*, 2 ed. 1926, pp. 195–196.

人請求複決（一九二二年憲法第七二條）等是。

⑵**由政府請求**　議會通過一種法律，政府不能接受而提請人民複決，這是一種否決權，而與解散不同。政府解散議會，可引起整個政局的動搖。政府提請人民複決，不過對個別問題，徵求人民的意思而已。何況議會既已通過法律，政府就有發布的義務。此際縱令解散議會，法律亦不消滅。所以政府提交人民複決之制不能謂無意義。德國在威瑪憲法時代，聯邦議會通過的法律，總統得於一個月內，於該項法律尚未公布以前，提請人民複決之（威瑪憲法第七三條第一項），即其一例也。但在德國各邦之中，有的不許政府無條件的提請人民複決，政府於提請人民複決以前，須將法案退還議會覆議，俟雙方意見仍不能一致之時，才得提請人民複決。舉例言之，在 Anhalt，政府退還覆議，議會若以出席議員三分之二以上維持原案，政府不能再有異議，但得提交人民複決。反之議會若以出席議員三分之二以下維持原案，該項法律視為否決，但議會得以出席議員過半數之決議，提請人民複決❿。在 Bremen，政府退還覆議，議會若以出席議員三分之二以上維持原案，政府有公布的義務。議會若以出席議員過半數同意維持原案，則議會得依議員總數三分之一之提議，提請人民複決⓭。

⑶**由議會請求**　議會通過的法律再由議會請求，提交人民複決，這個制度只惟奧國（一九二〇年憲法第四三條）有之。即法律經議會通過之後，得依議會的決議或議會議員二分之一之請求，提交人民複決。奧國議會開會，以議員總數三分之一之出席為法定人數（第三一條），此種複決蓋謀事後挽救少數議員任意通過法律。而且議會通過的法律若受輿論攻擊，亦可用這個方法，以緩和激昂的民情⓮。

⑷**由地方議會要求**　中央制定的法律常由地方執行之。法律是否合於實

---

❿ O. Meissner, *Das Staatsrecht des Reichs und seiner Länder*, 2 Aufl. 1923, S. 147.

⓭ O. Meissner, a. a. O. S. 151.

⓮ 河村又介，前揭書，三五三至三五四頁。

際需要，往往是地方比中央更能知道。所以法律由地方議會請求提交人民複決之事，最初不過為聯邦國所採用，例如瑞士（憲法第八九條第二項），聯邦議會通過的法律，除三萬選舉人外，尚可由八邦議會❹請求人民複決。而在今日，單一國也有這個制度。例如義國（共和憲法第七五條第一項），除五十萬選舉人外，五省議會 (regional council) 亦得請求人民複決。

　　㈡**人民複決的限制**　前曾說過人民創制法案有許多限制，同樣，人民複決法律也有許多限制。依各國之制，凡法律有關財政問題者，多禁止人民複決。此蓋人民表決財政法案之時，常依一己的利害而投票，不能平心靜氣判斷法律的價值❺。一八九一年瑞士曾制定一種法律，增加官吏的恩俸，而一般農民均謂公務員的待遇沒有比農民優厚的理由，遂由八萬五千選舉人要求複決，終以三五三、九七七對九一、八五一票之多數否決之❺，可以視為一例。義國共和憲法（第七五條第二項）禁止人民複決租稅、會計、大赦、特赦的法律，以及國際條約。而德國威瑪憲法（第七三條第四項）關於預算法、租稅法、薪俸法，只許總統提交人民複決，其理由是相同的。

　　此外，緊急性質的法律，列國亦常禁止人民複決。例如瑞士，聯邦議會的決議 (Bundesbeschluss) 若有緊急的性質 (dringliche Natur)，不得提交公民複決（憲法第八九條第二項）。但是決議與法律 (Bundesgesetz) 形式上和實質上既無區別，而何者有緊急的性質，又由聯邦議會決定❺，所以聯邦議會往往濫用此權，剝奪人民的複決權❺。在美國各邦，凡是緊急立法 (emergency legislation)，多不許提交人民複決。各邦議會濫用此權，比之瑞士聯邦議會更

---

❹ 憲法只說八邦，並沒有指定邦的那一個機關。據河村又介，前揭書，七五頁，八邦請求人民複決，應以各該邦議會之決議為之。參閱 F. Fleiner, a. a. O. S. 66.

❺ A. Headlam-Morley, op. cit., p. 140.

❺ J. Bryce, *Modern Democracies*, Vol. I, 1931, p. 385. 河村又介，前揭書，一一七頁。

❺ F. Fleiner, a. a. O. S. 403.

❺ F. Fleiner, a. a. O. S. 404.

見厲害。如在 South Dakota，自一八九八年採用任意的人民複決制度之後，最初十二年中，議會通過的法律共一二五一件，而議會宣告緊急者乃有五三七件❿。於是怎樣預防議會濫用此權，便成為問題。在 Utah 等邦，議會要宣告緊急，須有議員總數三分之二之同意❿。在 Oregon，議會宣告為緊急的法律，邦長有否決權❿。而在德國，立法權固然屬於第一院 (Reichstag)，而要宣告法律為緊急的，必須第二院 (Reichsrat) 也作同樣的宣告（威瑪憲法第七二條，參看第六八條第二項）。這也是預防立法機關濫用此權，以剝奪人民的複決權。

㈢**法律的一部可否複決的問題**　法律的一部可否提請人民複決，猶如法律的一部可否退回議會覆議一樣，不失為一個問題。因反對一部，而即複決全部，固然不妥，因需要全部，不能不忍痛接受其中不合理的一部，似亦不當。因此之故，美國各邦例如 Oregon 等，凡議會通過的法律，不但對其全部，即對其一部，亦許人民請求複決。凡請求複決一部者，其餘部分並不停止施行❿。在德國，依威瑪憲法規定，總統得將法律全部提請人民複決（第七三條第一項）。但第二院關於法律，意見與第一院不能一致之時，總統得將其不一致的部分提請人民複決（第七四條第三項）❿。此皆一部複決之例也。

㈣**參加複決的選舉人人數**　舉行複決之時，應有多少選舉人參加。許多國家皆不限定其最低人數，猶如選舉時沒有限定最低人數者焉。然又未必皆

---

❿ A. N. Holcombe, op. cit., p. 493.

❿ A. N. Holcombe, op. cit., p. 495.

❿ A. N. Holcombe, op. cit., p. 494, 116, n. 2.

❿ 河村又介，前揭書，二八三頁，二八六頁。

❿ J. Hatschek, *Deutsches und Preussisches Staatsrecht*, Bd. I, 2 Aufl. 1930, S. 344. 他在同頁內又說，憲法第八五條第四項及第五項規定，關於預算，第一院要增加支出金額或新設款目，須經第二院同意。第二院不予同意，總統得將不同意之部分提請人民複決。

然。在德國，凡憲法修正案提交人民複決之時，須有選舉人總數過半數贊成才得發生效力（威瑪憲法第七六條第一項），而聯邦議會通過的法律，要用人民複決，使其失去效力，須有選舉人總數過半數參加投票（威瑪憲法第七五條）。因此之故，就發生了一種不合理的現象。茲試假定全國選舉人一百，其過半數為五十一人。倘令參加投票的人僅五十人，縱令全體反對議會通過的法律，亦不能使其失效。反之參加投票的人若為五十一人，那末，雖然只有二十六人反對議會通過的法律，也可以使其失效。這樣，反對者與其參加投票，不如棄權，尤可以達到目的。德國各邦限定最低人數的並不少，例如普魯士（一九二〇年憲法第六條第四項）以選舉人總數過半數參加投票為法定人數。Bayern 於憲法及普通法律之間設有區別，關於憲法之表決，需要選舉人五分之二參加投票，關於普通法律之表決，需要選舉人五分之一參加投票❶❺❾。其他各邦多不限定投票者的最低人數。美國各邦多於選舉議員之日，同時舉行人民複決，但人民雖然願意參加選舉，而卻不喜歡參加複決。因此，各邦之中也有限定最低人數的。例如 Washington，參加複決的人至少須有參加選舉的人之三分之一以上。在 New Mexico，凡議會通過的法律提請人民複決，必須反對者的人數占投票總數過半數，且至少須占選舉議員時投票總數之百分之四十以上，而後該項法律才失去效力❶❻⓿。

　　㈤**人民複決的結果**　議會表決的法案提請人民複決，倘令人民複決的結果與議會的意見相反，則當如何處理議會呢？各國對此多不作任何規定。只惟 Esthonia 與眾不同。據其一九二〇年憲法規定，人民創制的法案若為議會所否決，須提請人民複決（第三一條），而人民對於議會通過的法律，也有請求複決的權（第三〇條）。倘議會否決的，人民通過之，或議會通過的，人民否決之，這個時候，議會必須解散而舉行新選舉（第三二條）❶❻❶。又在德國

----

❶❺❾ O. Meissner, a. a. O. S. 149.

❶❻⓿ 河村又介，前揭書，二八八頁。

❶❻❶ M. W. Graham, *New Governments of Eastern Europe*, 1927, pp. 679–680.

的 Meclkenburg-Strelitz，議會通過的法律，由政府提請人民複決之時，人民贊成議會，則政府辭職，人民贊成政府，則議會解散 ❿。此蓋「人民投票乃欲令人民對於國家意思的作成，能夠給與以直接的影響。既是這樣，則人民投票的結果若與議會的決議相反，議會自應解散，由人民選舉新的議會。這個新的議會雖然不能謂其必能代表人民的意思，然而至少亦必不會與人民的意思矛盾」❿。

第三節　人民罷免

人民罷免 (recall, abberufung) 是謂人民對於國家的公務員，於其任期未滿以前，用投票方法，令其去職。人民罷免並不是漫無限制，可以應用於一切公務員。依各國法制，公務員可由人民罷免的有下列數種。

(一)總　統

各國承認人民之得罷免總統者，只有德奧西班牙三國。德國之制（威瑪憲法第四三條），第一院得以出席議員三分之二以上的同意，提議罷免總統，提交人民投票表決之。人民贊成第一院的提議，總統固當辭職，人民反對第一院的提議，則第一院解散，總統再任七年。奧國之制（一九二九年憲法第六〇條），第一院可以議員總數過半數之出席，出席議員三分之二以上的同意，提議罷免總統，經國會兩院聯席會議決定後，提交人民投票表決之。人民贊成國會的提議，總統固當辭職，人民反對國會的提議，則第一院解散，總統再任四年。西班牙之制（一九三一年憲法第八二條），國會（一院制）可以議員總數五分之三的同意提議罷免總統，提交總統選舉會（由國會議員及公民選舉而其人數與議員相等的總統選舉人共同組織之）投票表決之。總統

---

❿ O. Meissner, a. a. O. S. 155.

❿ H. Kelsen, *Vom Wesen und Wert der Demokratie*, 2 Aufl. 1929, S. 39.

選舉會贊成國會的提議，則原任總統辭職，同時總統選舉會另選新總統。總統選舉會反對國會的提議，則國會解散。這裏所為罷免 (recall) 與總統因受彈劾 (impeachment) 而免職，乃是兩種不同的事。茲試以德奧西三國為例，證明兩者的區別。

國名	彈　　劾	罷　　免
德國威瑪憲法	總統若有違憲或違法的行為，第一院得以議員百人以上的連署，經議員總數三分之二出席，出席議員三分之二之同意，提出彈劾案，由國事法院審判之（第五九條）	第一院得以出席議員三分之二以上之同意，提議罷免總統，提交人民投票表決之，人民贊成第一院的提議，總統應即辭職，人民反對第一院的提議，總統再任七年，第一院解散（第四三條）
奧國一九二九年憲法	總統若有違憲行為，國會兩院應開聯席會議，提出彈劾案，由憲法法院審判之（第一四二條）	第一院得以全體議員過半數之出席，出席議員三分之二以上之同意，提議罷免總統，經國會兩院聯席會議決定後，提交人民投票表決之。公民贊成國會的決議，總統應即辭職，公民反對國會的決議，總統再任四年，第一院解散（第六〇條）
西班牙一九三一年憲法	總統若有違憲行為，國會（一院制）以議員總數五分之三之同意，提出彈劾案，由憲法保障法院審判之。憲法保障法院若認總統為有罪，總統應即解職，憲法保障法院若認總統為無罪，國會解散（第八五條）	國會得以議員總數五分之三之同意，提議罷免總統，提交總統選舉會投票表決之。總統選舉會贊成國會的提議，則原任總統辭職，總統選舉會另選總統。總統選舉會反對國會的提議，則國會解散（第八二條）

依上表所示，我們可以知道：外國所謂罷免 (recall) 乃與彈劾 (impeachment) 不同，前者關於政策問題，監察總統違反公意的行為，故其判斷權屬於人民或選舉會。後者關於法律問題，監察總統違憲或違法的行為，故其審判權屬於法院。如在德奧西三國，罷免案的提出屬於議會，罷免案的議決屬於人民或選舉會。彈劾案的提出固然也屬於議會，彈劾案的議決卻屬於特設的法院，如德國的國事法院，奧國的憲法法院，西班牙的憲法保障法院等是。但是總統乃是一國元首，其地位若不安定，勢可引起全國的糾紛，所以縱在德奧西三國，議會若因政策問題，提議罷免總統，尚須提交人民或

選舉會投票表決，萬一人民或選舉會反對議會的提議，議會又須解散。有了
這個限制與制裁，議會當然不敢輕舉妄動。

㈡議　會

　　民主政治為公意政治，而在今日民主國，代表公意的則為議會。怎樣矯
正議會之不能代表公意？一是人民的直接立法，二是人民對於議會議員的罷
免權。但是兩者常成為相尅的物，因為直接立法若已施行，則人民已經能夠
制定自己所需要的法律，因之議會議員的罷免沒有必要。反之，議員若可罷
免，則議會自然能夠代表公意，因之直接立法又無必要。所以截至現在為止，
承認人民有罷免議會議員的權者，只有蘇聯及美瑞德三國而已❶❻❹。

　　關於議會議員的罷免，應該提出討論者，有下述數種問題。

　　⑴每個選舉區罷免每個議員乎，抑是全體人民解散整個議會乎？這要看
各國關於「代表」之觀念如何。美國以議員為選舉區的代表，所以各邦均許
選舉區罷免其所選出的每個議員。德國瑞士以議員為全體人民的代表，所以
各邦只許全體人民解散整個議會❶❻❺。其實，除這原因之外，還要看政黨政治
之形式如何，選舉區之構造如何。今日民主政治均是多黨政治，議員雖由人
民選舉，而人民選舉議員，目標已與過去不同，過去選舉某個人，現在選舉
某政黨。選舉個人者注意個人人物，選舉政黨者注意政黨的政見。政黨對其
本黨議員，常加以許多統制，而關於重要問題，尤不許其本黨議員自由發言
及自由投票。在這個事實之下，試問人民罷免議員，應以什麼為標準呢？從

---

❶❻❹ 據 Latvia 一九二〇年憲法規定，總統不得解散議會，而只得提議解散議會，提請公民
　　投票決定之；不能得到投票總數過半數之同意，總統應即辭職，由議會另選總統，繼
　　任其所餘的任期（第四八條及第五〇條）。條文見 M. W. Graham, *New Governments of
　　Eastern Europe*, 1927, p. 700.

❶❻❺ 參閱河村又介，《直接民主政治》，昭和九年出版，二三〇頁。A. N. Holcombe, *State
　　Government in the United States*, 2 ed. 1926, p. 140.

前根據政黨的政見，選舉議員，現在也只可根據政黨的政見，罷免議員。這不是議員個人的罷免，而是整個議會的改造。因此之故，一切民主國家，除美國外，遂只許人民提議解散議會，由人民投票決定之，即罷免權只能適用於整個議會，不能適用於議員個人。反之，獨裁政治，均是一黨政治，人民在選舉之時，沒有選擇政黨之可能，所以他們選舉議員，只能注意候選人個人人格如何，關於政黨的政見，根本沒有批評的餘地。因此之故，蘇聯遂許每個選舉區的人民罷免其所選出的每個代表。即罷免權只能適用於代表個人，不能適用於整個蘇維埃（蘇聯一九三六年憲法第一四二條）。但是同是多黨政治，倘令選舉區之劃分是和美國一樣，採用小選舉區制，則甲黨議員罷免之後，苟令舉行補缺選舉，其當選的議員自必屬於甲黨；萬一屬於乙黨，也不過表示該區公意已經變更。這由政黨政治看來，固無背於選舉以政見為標準的原則。反之，選舉區之劃分若和德國及瑞士一樣，採用大選舉區制，而又准許人民罷免議員個人，則該區多數黨不難利用罷免權，把反對黨的議員一一罷免，而代以己黨的議員。舉例言之，某區議員三名，選舉人三千，二千選舉甲黨的 A 或 B，一千選舉乙黨的 X，而均得到一千票而當選。但是選舉之後，甲黨可以運動人民對於乙黨之 X，提出罷免案，另選甲黨之 C 代之。這個時候，贊成 X 之罷免者將有二千票，而選舉甲黨之 C 者亦將有二千票，這樣，該區的議員遂為甲黨所壟斷了。總而言之，在獨裁國家，罷免權可以適用於議員個人。在民主國家，於小選舉區，罷免權無妨適用於議員個人，於大選舉區，罷免權只得適用於整個議會。

⑵由那一個機關提議罷免議員個人或解散整個議會乎？凡只許每個選舉區罷免每個議員者，提議罷免的權必屬於各該區的選舉人，蘇聯及美國各邦之制就是其例。依蘇聯憲法規定，每區選舉人對其所選的代表，得依法定程序，舉行人民投票，經多數人民同意之後，隨時罷免之（一九三六年憲法第一四二條）。至於提議人人數多寡，以美國各邦為例言之，大率是以各該選舉區當選時投票總數為基礎，少者規定為百分之十，多者規定為百分之五十五，最普遍的則為百分之二十至二十五❽。凡只許全體人民解散整個議會者，提

議解散的權屬於那一個機關，有三種制度：①專屬於政府，例如德國的 Hamburg，凡議會表示不信任政府之時，政府得將辭職或解散兩事提請人民投票表決之 ❻。②專屬於人民，瑞士各邦無不如此，例如 Bern，凡選舉人一萬二千人有請求時，政府應將解散之事提請人民表決之 ❻。德國各邦之中採用這種制度的亦不少。例如 Baden，選舉人八萬人得請求舉行人民投票以表決議會可否解散 ❻。③屬於政府及人民雙方，此種制度亦為德國各邦所採用。例如 Anhalt，政府或選舉人三分之一均得請求舉行人民投票以解散議會 ❼。

⑶人民提出的解散案，依各國法制，均採取直接創制的方式，不經議會表決，而即提請人民投票表決之。但普魯士的制度與眾不同，解散案也和其他創制案一樣，先送請議會表決，議會若肯通過，議會就自動的解散，議會不肯通過，再把解散案提交人民投票表決之（一九二〇年憲法第六條第五項）。又者德國有許多邦，例如普魯士，其議會尚得依自己提議，議決解散（第一四條）❼，所以人民縱未提出解散案，倘議會見輿情不洽，亦可自己議決解散以緩和人民對於立法機關的反感。

⑷不問罷免議員個人或解散整個議會，各國多不限定投票者的最低人數，猶如選舉時沒有限定投票的最低人數者焉。惟在德國的 Bayern，解散案之通過須有選舉人之半數參加投票，投票總數三分之二同意 ❼，而在普魯士，解散案之通過須有選舉人過半數之同意（一九二〇年憲法第六條第六項）。

⑸公民罷免議員個人及解散整個議會是否受有限制？美國各邦之制，凡

❻ 河村又介，前揭書，三〇二至三〇三頁。

❻ O. Meissner, *Das Staatsrecht des Reichs und seiner Länder*, 2 Aufl. 1923, S. 77.

❻ 河村又介，前揭書，一三五頁。

❻ O. Meissner, a. a. O. S. 74.

❼ O. Meissner, a. a. O. S. 74.

❼ 參閱 J. Hatschek, *Deutsches und Preussisches Staatsrecht*, Bd. I, 2 Aufl. 1930, S. 364f.

❼ O. Meissner, a. a. O. S. 75.

議員就職後，非經過相當時期（三個月、六個月或一年），不得對之提議罷免。罷免案一經否決，對於同一議員，在同一任期內，不得再為罷免的提議。有的許其提議，但簽署人人數比較第一次為多，例如 Colorado，第一次只要選舉人百分之二十五簽署，第二次需要百分之五十簽署，而在 Arizona，第二次簽署人須負擔前次選舉費用全部，將其繳納於政府 **⑱** 。德國各邦之制，例如 Schaumburg-Lippe，人民非於議會第一會期終了之後，或議會召集後經過六個月，不得提議解散 **⑭** 。

㈢其他公務員

瑞士各邦之中，例如 Uri 得由選舉人一百五十人之簽署，Schaffhausen 得由一千人之簽署，Solothurn 得由四千人之簽署，Thurgou 得由五千人之簽署，對於政府的政務委員，提出罷免案，而提交人民投票決定之。但是它們四邦雖有此制，而並未實行 **⑮** 。

德國各邦依威瑪憲法（第一七條第一項）規定，其政府須得議會信任。議會表示不信任時，例如 Hamburg，政府得將辭職或解散之事提請人民投票決定之 **⑯** 。而在 Bremen，政府因受議會反對而欲辭職之時，可由議會議員三分之一的要求，將辭職或解散之事提請人民投票決定之 **⑰** 。即它們兩邦並不使人民直接罷免政府，唯於議會表示不信任之時，使人民表示意思。這種制度確有其優點，在普通內閣制，內閣須藉解散議會之法，以探求公意。萬一公意贊成議會的主張，內閣固然辭職，而議會卻已解散。在它們兩邦，可先探問人民的意思，而後再來決定內閣與議會孰去孰留。這是兩者不同之點。

---

⑱ 河村又介，前揭書，三〇三頁。

⑭ O. Meissner, a. a. O. S. 81.

⑮ 河村又介，前揭書，一三五至一三六頁。

⑯ O. Meissner, a. a. O. S. 77.

⑰ O. Meissner, a. a. O. S. 76.

美國自一九○三年 Los Angeles 市採用人民罷免行政官之制❶之後，行政官得由人民罷免，漸次傳播於各邦。一八二一年 North Dakota 舉行人民投票，以罷免邦長 (L. J. Fragier)、檢察長、農務委員 (commissioner of agriculture) 即其一例❶。但是吾人須知：在美國，人民罷免行政官之制多應用於邦長及市長❶。他們兩者是由人民選舉，人民既有選舉權，選舉錯誤，當然想利用罷免權，收回成命。惟在 Kansas，不但選舉的官吏，便是任命的官吏，人民也可以罷免之❶。因為人民既然放棄選舉權，所以要保留罷免權，以作監督的工具。這個制度是否妥善，頗有問題，故除 Kansas 之外，實行之者尚寡。

> *在美國各邦，民選法官之制，甚見流行。司法獨立，法官應根據法律，審判案件，不宜憑一時民情，判斷曲直，所以最初均不許人民罷免法官。一九一二年 Arizona 修改憲法，而後才有人民罷免法官之制。參看 J. Bryce, *Modern Democracies*, Vol. II, 1931, p. 150, n. 1.
>
> **罷免行政官的手續大率與罷免議員相同。罷免之後，當然要舉行補缺選舉，而在美國，補缺選舉多與罷免投票同時舉行。同時舉行之時，形式上變為現任官與補缺人的競選，誰得票最多，誰便當選。參看河村又介，前揭書，三○三頁 ，J. Bryce, *The American Commonwealth*, Vol. I, new ed. 1924, p. 652.

----

❶ A. N. Holcombe, op. cit., p. 140.

❶ A. N. Holcombe, op. cit., p. 335.

❶ W. Anderson, *American Government*, 3 ed. 1947, p. 546.

❶ A. N. Holcombe, op. cit., p. 140.

第 5 章　統治權活動的動力
——政黨論

第一節　政黨的發生

　　現代民主政治必表現為政黨政治的形式。政黨是民主政治的產物，亦必發生於民權運動之際。英國政黨開始於光榮革命時代，而有 Whigs 與 Tories 的對立 ❶，美國政黨醞釀於制定憲法之時，而有 Federalists 與 Anti-Federalists 的對立，法國政黨發生於一七八九年革命之際，而有 Jacobins 與 Girondins 的對立。現在試來研究民主政治何以會產生政黨。

　　民主政治是公意政治 (government by public opinion)，即政治須以人民的意思為根據。但是現代國家與古代城市國家不同，人口既多，而各人又都有參政的權。倘令他們對於政治問題都有興趣，而又能熱心研究，時時開會，共同討論而決定之，當然是最理想的事。然在事實上乃不可能。今日人民忙於衣食，他們關心政治固不如關心自己生計那樣熱烈。於是在人民之中，即在行使參政權而參加國家意思的作成的大眾之中，便有兩種的人。一種是忙於生計，自己沒有獨立的意見以判斷政治問題，而只受別人影響的多數人，另一種是自己有獨立的見解，依自己的見解，提出一種主張，而求其變作國家意思的少數人 ❷。不過個人孤立，對於國家意思的作成，絕不能發生任何作用。而各人的意見又千差萬別，往往對於同一的事，縱令根本主張相同，

---

❶ 固然在清教徒革命以前，已有 Roundheads 與 Cavalier 的對立。

❷ H. Kelsen, *Vom Wesen und Wert der Demokratie*, 2 Aufl. 1929, S. 18–19.

而如何實現根本主張，各人的見解又未必一致。一方個人孤立，政治上不能發生任何作用，他方各人對於政治問題的主張又復千差萬別。於是怎樣綜合各方意見，作成公論，就成為問題。此時也，各人只有依各種不同的政治觀點，集合有志之士組織團體，彼此犧牲一部分的理想，觀察人民的需要而造成公論，用合群之力，使他們的意思對於國家的意思能夠給與以若干影響。這就是政黨發生的原因❸。H. Kelsen 說：「政黨乃意見相同的人互相結合，而欲對於公共事務，給與以確定的影響」❹。A. L. Lowell 以政黨為政治上的broker❺，亦此之故。

政黨須綜合各方意見，作成公論，而後對於國家意思的作成，才能給與以若干影響。但是沒有意見，何來綜合，沒有綜合，那有公論。意見發表之自由如何，意見綜合之程度如何，這對於政黨都有很大的關係，茲試分別述之。

先就發表意見的自由言之，公論的發生必須人民有發表意見的自由。人民對於抽象的問題固然不能個個都有主張，而對於具體的施設又必個個都有要求。他們龐然成為大眾，而又有投票的權。政黨不能滿足他們的要求，必難得到他們的擁護，從而也難得到政權。但是政府如果禁止人民言論自由，則多數人所要求的是什麼，所反對的是什麼，必將無法知悉。既然無法知悉，當然也無法綜合。古代專制國不許人民有言論的自由，其不能產生政黨，自不待言。當時雖有徒黨 (Cabal) 的組織，但是它們不知民意所在，當然不能代表人民提出一種主張。而提出主張之後，又不能決定人民是否贊成，最多不過依一己的判斷，以為自己所主張者便是人民的公論。甲有甲的公論，乙有乙的公論，公論雜多，是非群起，到底那一個主張是多數人贊成，又沒有一個方法能夠決定，於是決定的權遂歸於帝王。帝王身居九重之內，朝夕所見

---

❸ H. Kelsen, a. a. O. S. 20.

❹ H. Kelsen, a. a. O. S. 19.

❺ 參閱 A. L. Lowell, *Public Opinion and Popular Government*, new ed. 1926, p. 61ff.

不過宮嬪閹宦，他們可用單言片語，移轉人主之意。故凡國事之由帝王決定者，干進之徒往往諂事宮嬪，勾結閹宦❻。政黨媚於民眾，徒黨媚於宮奴，事有必至，理有固然，而最後關鍵卻在於言論有否自由。但是民智進步，人民對於君主專制若有反抗之意，則公開的政黨雖然不能存在，而秘密的政黨也許可以產生。它們不能宣傳自己的主張，以取得人民的同情，又不能利用選舉，攫取政權，以實現自己的主張，於是改革朝政只有訴於暴力革命。而既已利用暴力攫取政權，又很容易變為利用暴力維持政權，這樣，每次改革朝政之先，必須經過一番流血的革命，人民塗炭，而政治亦將永久不能納上軌道。

　　次就綜合意見的程度言之，沒有公論，便沒有民主，但是一國人民每因環境之不同，各有各的利害關係；又因利害關係之不同，各有各的政治主張。所以公論是亂雜無章，沒有組織的，於是又發生了一種危機：即不負責任的社會勢力可以假託民意，偽造公論。有了政黨之後，這個危機稍可減少。因為政黨既能綜合各方意見，造成公論，而其取得政權又依選舉之法。它若不顧民意，偽造公論，人民可於下屆選舉之時，投票別個政黨，所以政黨苟欲久握政權，必須遵從公意，提出政治主張。但是公論並不能完全統一，一國之內，民族相同，宗教相同，人民的經濟生活相同，則人民的政治主張也許相差不遠。倘若人民是和英美民族一樣，重實際而輕空想，又能捨小異而採大同，則大眾的意見不難綜合為正反兩派。因之這種國家很容易發生兩黨對立的現象。反之，人民若和法國民族一樣，知理想而忘現實，而又固執成見，

---

❻ 唐代牛李黨都與閹宦勾結，而後才得入秉朝政。新唐書卷一百八十李德裕傳，「大和三年李宗閔以中人助，先秉政……引牛僧孺協力」。資治通鑑卷二百四十六唐文宗開成五年，「李德裕在淮南，敕召監軍楊欽義，人皆言必知樞密。德裕……一旦獨延欽義，置酒中堂，情禮極厚，陳珍玩數床，罷酒，皆以贈之。欽義大喜過望……其後欽義竟知樞密，德裕柄用，欽義頗有力焉，胡三省註，史言李德裕亦不免由宦官以入相」。

不肯讓步，則兩黨對立已經不易實現。若再加以種族不同、宗教不同、經濟生活不同，則由種族之不同，可以產生許多種族黨 (Stammesparteien)，由宗教之不同，產生許多宗教黨 (religiose Parteien)，由經濟生活之不同，可以產生許多階級黨 (Klassen Parteien)。每個政黨由其特殊利害，提出特殊主張，當然不能得到其他集團的贊成。在這種國家，各方意見是無法綜合起來，統一為二三強有力的公論，因之，小黨分立可以說是無可避免的現象。

總之，我們以為政黨的發生是由於民主政治的要求。就是說，民主政治是公論政治，而為了綜合各方意見，作成公論，不能沒有一個團體，這個團體就是政黨。J. Bryce 說：「美國、法國、英國，人口眾多，倘若沒有政黨，何能喚起公論，作成公論，指導公論，以便達成一定目的」❼。而政黨對於民主政治尚有下述兩種作用，使政黨有其存在的價值。

第一是對於民眾的作用。政黨須有民眾的擁護，選出多數議員，而後才能取得政權。政黨要得民眾的擁護，選出多數議員，又須對於時局問題，提出公正的主張，不作好高鶩遠的言論，以欺騙民眾。這樣，民眾的政治見解就由政黨統一起來。而如 H. Kelsen 所說：民主政治將孤立的個人編入於政黨之中❽。倘令沒有政黨，則民眾所要求的是什麼，所反對的是什麼，絕對沒有方法可以忖度。政黨提出主張之後，又推薦議員候選人，要求民眾對之投票。即如 O. Koellreutter 所言，「政黨於政治上可結合選舉人群眾，而推薦候選人」❾。這個候選人的推薦固然可以限制民眾的意志。但是沒有推薦，則民眾的投票一定分散而不集中，弄到結果，將至沒有一位候選人能夠得到相當票數而當選。由此可知有了政黨，而後民眾的政見方能統一，民眾的投票方有力量，所以政黨對於民主政治乃有很大的作用。

---

❼ J. Bryce, *Modern Democracies*, I, new ed. 1931, p. 119.

❽ H. Kelsen, a. a. O. S. 23. J. Bryce 亦說：「政黨可以整理紛亂的選舉人群眾，使他們有了組織」，見他所著 op. cit., p. 119。

❾ O. Koellreutter, *Die politischen Parteien im modernen Staate*, 1926, S. 63.

第二是對於議會的作用。民主政治是多數決的政治。議案之通過需要多數議員同意。但是議員不是預先對於政治問題，有了共同的見解。必至是非蠭起，莫知所從。政黨就是結合議員的團體。J. Bryce 說：「政黨可以結合同一政見的議員，使他們努力擁護一定主義，而求目的之能達成」⑩。O. Koellreutter 亦說：「沒有政黨，議會必不能作成其意思。換句話說，議會之內必須有了院內黨團 (Fraktionen)，由於它們鬥爭與協力，而後議會的意思才會作成」⑪。政黨表決議案，或贊成，或反對，其贊成與反對，均根據一定原則，而不是由於個人衝動。換句話說，政黨必有政見，凡議案與各該黨的政見相合者，則贊成之，否則反對之。而政見必須政黨外察世界大勢，內顧社會環境，經過長時間的考慮，而後決定。在這個意義之下，政黨對於民主政治又另有一個作用，即有政黨，而後議會的立法程序才得進行無阻，不致議論百出，一事無成。由此可知民主政治固然需要政黨，而又怕議會之內小黨分立，與其議員三三二二各組織不同的政黨，寧可有一個大政黨掌握政權。

第二節　政黨的本質

民主政治必然的產生政黨，而政黨亦須依靠民主政治，才得發揮作用。然則政黨是什麼呢？現在試分析說明如次：

(1)政黨在英語為 political party，在德語為 politische partei，在法語為 partie politique，而 party, Partei, partie 均出於拉丁語的 pars，而為部分之意。部分是對全體而言，全體之中既係一個部分，當然尚有其他部分與其相對立。J. K. Bluntschli 說：「政黨只是部分 (Teil) 而非全體 (Ganze)……任何政黨均不能單獨存在，必須有反對黨與其競爭，而後才能鞏固其組織，發展其勢力」⑫。G. Leibholz 亦說：「政黨如其語原 (pars) 所示，絕非全體 (Ganze)。

---

⑩ J. Bryce, op. cit., p. 115.

⑪ O. Koellreutter, a. a. O. S. 63.

由其本質觀之，必有其他政黨與其相對立。倘令沒有另一個政黨存在，則那存在的政黨便與政黨的觀念不能適合」❸。今日民主憲法無不保障人民有結社的自由。所謂結社自由不但謂人民有組織政黨的自由，且又謂人民有不組織政黨的自由。人民今天入黨，明天可以脫黨，即入黨和脫黨也完全自由。國際人權宣言第二○條第一項云：「凡人都享有和平集會與結社之自由」，此言組織政黨之自由也。第二項又云：「凡人不得被迫加入任何社團」，此言不組織政黨之自由也。所以政黨不是由自然法則而成立，也不是由法律規定而發生，而是人民由其自由意志而結合的團體。政黨既是人民自由結合的團體，則任何政黨均不能強迫人民加入。因之，一個政黨常常不能容納全部國民，而一國之內常有兩個以上的政黨。倘令一個政黨能夠容納全部國民，則黨籍與國籍無異，黨員與國民無異，名為政黨，實則非黨。現在的蘇聯，過去的德國和義大利均只有一個政黨，但是蘇聯的共產黨，德國的國社黨，義大利的法西斯，並未曾容納全部國民為黨員。其反對共產黨、國社黨及法西斯者，亦嘗暗中組織政黨。由此可知一國之內只存在一個政黨，並不是自然的現象。更進一步觀之，一個政黨固然不能容納全部國民，而全部國民也不能個個都是政黨的黨員。政黨是政治團體，只惟有政治興趣的人才願加入。一國人民未必都有政治興趣，其不願加入任何政黨者，為數必定不少。這種不加入政黨的人可以稱為政治上游動分子。這個游動分子的存在，卻是民主政治的前提。何以言之，民主政治是多數決的政治，因為政治的目的固然是謀人民的利益，而什麼是人民的利益，各人的見解未必相同，要從各種見解之中，選擇一個見解，以作公共的主張，捨用多數決，沒有別的方法。這個時候，多數與少數須是變動的，不宜是固定的❹，即人民須有時贊成這一個政黨，有時贊成那一個政黨，這種現象有恃於游動分子者甚大。他們的態度是中立的，

---

❷ 引自 O. Koellreutter, *Die politischen Parteien im modernen Staate*, 1926, S. 23.

❸ G. Leibholz, *Das Wesen der Repräsentation*, 1929, S. 101.

❹ 參閱 G. Jellinek, *Das Recht der Minoritäten*, 1898, S. 27.

未曾把決定一切問題的權，委託於一個政黨。他們常常關於第一問題贊成甲黨的主張，關於第二問題，贊成乙黨的主張，關於第三問題，贊成丙黨的主張，即他們每隨問題的性質，時而左袒，時而右傾。倘令全國人民悉是政黨的黨員，則多數黨將永為多數黨，少數黨將永為少數黨，多數與少數自始就已確定，那末何必表決。

⑵政黨是一部分國民所組織的團體，既如上所言矣。這個團體與其他團體不同之點何在？我們以為一個團體能夠變成政黨，必其目的屬於政治範疇之內，即提出一種主張，對於統治權的行使，欲直接給與以一定影響。學會只注意學術問題，教會只注意信仰問題，只要國家不妨害學術自由信仰自由，它們對於統治權怎樣行使，一定不作任何直接的主張。反之，政黨則不然了。政黨所主張的必屬於統治權怎樣行使的問題。所謂「統治權的行使」絕不是政治上的技術問題，而是根據一定原則，決定國家的施政方針❺。但是政黨既是一部分國民所組織的團體，則其主張照原則說，當然不能代表國民全體，而只能代表國民一部分的意見❻，因之也就往往只能得到一部分國民的贊成。例如美國，自有政黨以來，就有兩黨對立。每個政黨均有其特殊的政見，這種政見雖和階級黨不同，不是代表一階級的利益；和宗教黨不同，不是代表一宗教的利益；和種族黨不同，不是代表一種族的利益。固然它們均以全體利益為前提，且進而證明自己的政見是和全體利益一致，務使自己能夠成為調整部分利益與全體利益的機構。然而什麼是全體利益，怎樣才得實現全體利益，各人的見解未必相同。所以政黨的目標縱令確確實實要謀全體利益，而因方法之不同，亦必不能博得國民全體的贊成。美國民主黨以其自己的政策有助於全體利益，共和黨也以其自己的政策有助於全體利益，而均只有一部分國民贊成。由此可知政黨的主張不能得到全體國民的贊成，可以說是勢之必然。更進一步觀之，一個政黨提出一種主張，其實無庸得到全部國民的

----

❺ 參閱 O. Koellreutter, a. a. O. S. 8–9.

❻ 參閱 G. Leibholz, a. a. O. S. 100f.

贊成。倘令全部國民均贊成某種主張,則在民主政治之下,依多數決的原理,這個主張之實行,已經不成問題,原不必再待政黨出來提倡。要是必待政黨出來提倡,則這個主張必為一部分國民所反對。這個反對的人也許是當時的統治階級。一個主張得到全民贊成,而乃因為統治階級反對,而致不能實行,則政治已經不是民主政治,而是專制政治了。

(3)政黨的主張稱為政見。政黨必有政見,且以實行政見為任務。固然 O. Spengler 以為今日政黨已經變成部曲 (Gefolgschaft),沒有政見,而只有主人,其手段則為組織。他說:「政黨最初固然揭櫫政見,其次則為權力和贓品,而擁護其首領。吾人在各國可以看到無數的人依政黨,即依政黨所給與的官職和職務,而維持其生活。最後,他們便忘記了政見,只惟組織發生作用」❶。此言未免過甚,政黨的實際情況如何,姑且不談,而政黨必有政見,則為世人所共知。政黨的政見分為兩種:一是抽象的主義,二是具體的政綱。主義指示將來的目標,政綱則為解決現實問題的政策。因為任何主義都不是一蹴就可以完全實現。要把現實社會改造為理想社會,其間須經過許多階段,每個階段均有其特殊環境,因之政黨也宜有其特殊政策。政黨有了主義,凡遇問題發生之際,其所決定的政策,才不致前後矛盾,一方對內可以統一黨員的思想,他方對外行動能夠一貫,不然,政策時時矛盾,行動時時齟齬,黨內與黨外將失去信賴,而致政黨的聲望隨之降落,要之,主義重要,政綱同樣重要。政黨不可單單標榜空洞的言辭,如自由民主之類。這只能引起極少數的知識分子的共鳴,對於大眾毫無作用,大眾所關心的,是衣食住行的現實問題。政黨本來是要利用國家統治權,以解決政治問題。政治問題無一不是現實問題。政黨應對現實問題,提出解決的方案,否則政黨將失去其存在的意義。更進一步觀之,政黨只揭櫫抽象的主義,而無具體的政綱,則政黨鬥爭將離開現實問題,而變為理論鬥爭。在其未得政權以前,無妨大吹法螺,描寫一種不易實現的樂園。到了既得政權之後,既因理想之不易實現,則過

❶ O. Koellreutter, a. a. O. S. 37–38.

去所作約束雖和不兌現紙幣一樣，人民亦無法問其責任。歐洲大陸各國政黨大率如斯❶，選舉之時，它們常作不負責任的約束；秉政之後，政黨也不必急急求約束之能兌現，因之人民就不能依現實問題，決定此後投票給那一黨。政治離開現實，政黨只談空論，於是極右的法西斯及極左的共產黨就有猖獗的機會。反之，英美政黨就不然了。它們雖然沒有主義，而每次選舉之時，必對現實問題，提出具體的政綱，不求其多，只求其重要，不求其盡美盡善，只求其能夠兌現。人民對於現實問題，是知道的，是注意的，自然可依自己的見解，判斷各黨的主張，而作投票。政黨秉政之後，既因為有約在先，而這個約束又是對於現實問題作具體的主張，自難束之高閣。於是人民又依政黨實踐其約束之成績如何，決定下一次選舉時投票給那一黨。

⑷政黨要實行其政見，須有實行政見的方法，這個方法就是奪取政權。奪取政權是政黨實行政見的必須條件，也是政黨實行政見的先決條件。沒有這個條件，政黨要實行政見，事實上絕不可能。所以 H. v. Treischke 才說：「組織政黨，目的是要奪取國家的權力」❶。M. Weber 亦說：「政黨的業務在於取得社會的權力。即取得一個權力，對於社會尤其是國家的業務，能夠給與以決定的影響」❷。O. Koellreutter 也說：「政黨不是把握國家的權力，便須對於國家權力的行使，給與以一種影響，使國家的意思能夠與政黨的意思相符合，使國家的職掌能夠與政黨的願望相一致」❸。但是政黨奪取政權的目的果然是為實行政見，而謀一般利益麼？抑或單單實現他們同志的利益？察之實際情況，兩種利益往往混同。美國過去的職祿分贓制 (spoils system) 就

---

❶ 歐洲大陸各國的政黨不是因為對於時事問題，意見不同而組織，而是因為它們之政治的、哲學的、宗教的、種族的、社會的傳統觀念不同，故乃分立。見 A. L. Lowell, *Public Opinion and Popular Government*, new ed. 1926, p. 80.

❶ 引自 O. Koellreutter, a. a. O. S. 40.

❷ 引自 O. Koellreutter, a. a. O. S. 34.

❸ O. Koellreutter, a. a. O. S. 9.

是其例。一個政黨得到勝利，它的黨員無不彈冠相慶，甚至於下級官職亦為該黨所壟斷。而失敗的政黨則皆相率下野，俄而此庸矣，俄而又黜矣，俄而此進矣，俄而又退矣，列國的文官制度便是為解決這個弊端而設置的❷。固然，奪取政權乃是政黨實行政見的條件，惟在民主政治時代，政黨要奪取政權，須用合法的手段。所謂合法的手段就是依法律規定，宣傳政見，以博取民眾同情，使民眾願意選舉本黨的人組織政府。民主政治是多數決的政治，誰的主張最能得到多數人同意，誰便能由於民眾的擁戴，得到政權。縱令最初只是少數黨，倘其主張合理，行為合法，終久亦得成為多數黨。G. Jellinek說，人類判斷政治問題，常以自己環境為前提，而此前提又復隨人而異。所以人類有各種不同的政見，乃是必然的現象。但是政黨為多數黨乎，為少數黨乎，並不是永久不變。今日少數黨也許明日變成多數黨，所以少數黨只有努力，努力使少數變為多數❷。這種轉變絕不是用武力、或用金錢能夠成功的，用武力而得成功，則政治選舉將不能用計算人頭之法以救打碎人頭的紛亂。

綜上所言，我們可以知道政黨是一部分國民要利用統治權以實行一定政見而組織的團體。

第三節　政黨的鬥爭

政黨的目的在於實行政見。所謂政見是指有關於國家統治權行使的意見。一種意見苟有關於統治權的行使，不問其為積極的改革運動或是消極的維持現狀，皆可以視為政見。每個政黨均欲實行其政見，而它們的政見又往往是互相排斥，一方政見的實行便是他方政見的失敗。舉例言之，甲黨主張保護關稅，乙黨主張自由貿易。保護關稅實行之後，自由貿易當然隨之停止。又

---

❷ 參閱 O. Koellreutter, a. a. O. S. 11.
❷ 參閱 G. Jellinek, a. a. O. S. 27.

如甲黨主張產業國有，乙黨主張企業自由。產業國有實行之後，企業自由當然受到限制。所以政黨不想實行政見則已，苟欲實行政見，其互相鬥爭是免不了的。一方政黨必有政見，他方政黨不免鬥爭，所以今日政黨的特質不但是「信仰團體」(Gesinnungs-gemeinschaft)，將其「世界觀」(Weltanschauung) 寫成政綱，而又是「鬥爭團體」(Kampf Gemeinschaft)，利用組織，使其政治上的主張變為事實❷。換言之，政黨的本質表現於政見方面，則為「信仰團體」，表現於組織方面，則為鬥爭團體❷。

　　政黨鬥爭的目的在於實行政見。政黨要實行其政見，不但須在行政機關之內，且須在立法機關之內，得到權力。基於政黨的秉權形式，政黨實行政見的方式就有四種：

　　⑴一個政黨在行政機關與立法機關雖然沒有權力，只因議會之內沒有一個絕對多數的政黨，而政府又是超然內閣，所以該黨有時能夠設法使政府承認自己的政見而實行之。但是政府不肯承認，或承認而不實行，該黨亦莫如之何。不過該黨的政見若能代表大多數人民的意思，政府不肯接受，勢將引起人民的反感，則政府迫不得已，或可採擇一部分而實行之。

　　⑵一個政黨在立法機關雖有權力，而乃未曾組織政府。例如美國所常有的現象那樣，甲黨在國會兩院雖有過半數的議席，而總統卻是乙黨的人。這個時候甲黨可將自己的政見變為議會的決議，而強迫政府實行之❷。其實，這只惟甲黨的政見與法律上應經議會議決之事有關的，才得強迫政府實行。至於甲黨的政見與法律上應經議會議決之事無關的，仍無法強迫政府實行。

　　⑶一個政黨在行政機關雖有權力，而在立法機關乃沒有過半數的議席。

---

❷ O. Koellreutter, *Die politischen Parteien im modernen Staate*, 1926, S. 10.

❷ O. Koellreutter, a. a. O. S. 11.

❷ 美國總統有否決權，故甲黨在議會內非有三分之二以上的議席，也無法強迫政府實行自己的政見。此際由乙黨觀之，則如下述⑶所言，乙黨的政見苟無關於法律上應經議會議決之事，除受預算的拘束之外，皆得實行。

例如歐洲大陸各國，議會之內小黨分立，而政府則由議會內有些黨派組織之。此時也，只惟政府黨的政見無關於法律上應經議會議決之事，才得實行。至於政見有關於法律上應經議會議決之事，必將因為受了反對派的牽制而不得實行。

(4)一個政黨在行政機關與立法機關均有權力。例如英國內閣那樣，議會內兩黨對立，內閣必由議會內多數黨組織之。此時也，政府黨除受公論的牽制之外，任何政見皆得實行❷。

由此可知政黨要實行其政見，必須於行政機關與立法機關之內握有權力。權力的爭奪在於選舉之時，但是投票的權屬於人民。政黨要爭取人民的投票，不能不取得人民的同情，所以政黨的鬥爭不但發生於選舉之時及議會之內，且又發生於平時。政黨或依自己之力，單獨作戰；或與別黨聯盟，共同作戰，茲試說明如次。

(1)平時鬥爭的目的在於培植勢力於民間，因為民主時代，統治乃是多數人的統治，政黨要奪取權力，須先奪取群眾❷，即一方設法增加人民對於本黨的同情，他方挑撥人民對於別黨的反感。但是一黨勢力的增加便是別黨勢力的減少，所以這個時期，每個政黨無不明爭暗鬥。但是培植勢力不是一朝一夕所能成功，其所用武器必須打入人心。所以鬥爭常表現為精神的理論鬥爭，即各自宣傳政見，一方批評別黨政見之誤謬，同時鼓吹本黨政見之合理。至於誰是誰非，則由人民判斷之。茲宜特別注意者，政治乃現實問題，政黨的目的在於解決現實問題。反對黨未得政權，當然沒有解決現實問題的機會。政府黨既已掌握政權，自應利用政權，以解決現實問題。因此之故，反對黨固然可以採用言論宣傳，政府黨必須勿忘行動宣傳，用行動以表示自己政見之合理。倘若言論是一回事，行動又是另一回事，言行不一致，則人民不能信任，終則政權必將歸屬於別黨。

---

❷ 參看佐藤丑次郎，《政治學》，昭和十年出版，三九三至三九五頁。

❷ 參閱 O. Koellreutter, a. a. O. S. 51.

⑵選舉鬥爭的目的在於爭取投票。這個時期單單宣傳抽象的政見，是不夠的；必須對於具體的問題，提出具體的方案。這種方案等於政黨與人民所訂的契約。契約必須實行，所以政黨應察國家的財力如何，人力如何，社會環境如何，國際情況如何，不宜過甚吹噓。拉丁法諺云：「約束愈多，信用愈薄」(Multa fidem promira jevant)，這是大眾在選舉時，對於競選人的言論所應注意的。選舉鬥爭與平時鬥爭不同，作戰技術極其重要。政黨應本「知己知彼」之意，估計敵我的勢力，推薦適當人數的候選人，並對選舉人的投票，作適當的分配。一或不慎，將至全軍覆沒❷。在必要時，尚須與別黨聯盟。今試假定在 AB 兩選舉區內，議員名額各一人，有甲乙丙三黨競選，甲黨勢力最大，三黨的選舉人人數如次。

A 選舉區

甲黨選舉人	800
乙黨選舉人	600
丙黨選舉人	500

B 選舉區

甲黨選舉人	900
乙黨選舉人	400
丙黨選舉人	700

此際乙丙兩黨若能知道自己的勢力，而能聯合作戰，丙黨將其 A 區的票讓給乙黨，乙黨將其 B 區的票讓給丙黨，則乙丙兩黨都得當選一人。倘若單獨作戰，則兩敗俱傷，兩區的當選人均屬甲黨。此不過舉其一例言之，吾人由此亦可知道選舉之時作戰技術是很重要的。

⑶議會開會之時，政黨鬥爭的目的在於通過議案，將政黨的政見變為國家的法律。一國之內只有兩個政黨，則一切問題均決定於選舉之時，誰議員多，誰便能控制議會。議案之討論，議案之表決不過形式而已。一國之內小

----

❷ 參閱本書五一二頁以下及五一九頁以下。

黨分立，則情況完全兩樣。政黨之間合縱連橫，成立許多 bloc，藉以奪取政權。取得政權的 bloc 若係議會內多數派，則其所提議案當然容易通過；若係議會內少數派，則議案能否通過，尚須經過一番鬥爭。但是不論怎樣，議會開會之時，政府黨及反對黨皆欲發表政見。因為議會乃全國人民視聽所繫，政府黨固然權力在握，若其政見高明，更足以羈維人心。反對黨雖然失敗，倘其政見合理，亦可改變社會觀感，使下屆選舉轉敗為勝❸。茲宜注意者，民主政治固然是多數決的政治，但是多數亦須尊重少數的意見。議會之內多數黨恃其多數，任意通過議案，少數黨亦有反抗之法。怒號咆吼，擾亂秩序，固足以妨害議事之進行，然此乃法律所禁，學者稱此為物質的議事妨害 (physische Obstruktion)。至於利用議事規則所規定的各種權利，如作冗長的發言 (Dauereden)、要求採用記名投票表決 (namentliche Abstimmungen)、提出緊急動議 (Dringlichkeitsanträgen)，使議事日程因之變更，皆足以妨害議事之進行。學者稱此為技術的議事妨害 (technische Obstruktion)，因其未曾牴觸法律，所以多數黨乃莫如之何❸。舉例言之，一八三一年 Robert Peel 在英國第一院，於十四日中，發言四十八小時，一八九六年加拿大第一院審議 Manitaba 的學制，繼續討論亘一百八十小時之久，此發言不已，妨害表決議案之例也。一七七一年英國第一院討論議會議事錄出版罰則之時，Edmund Burke 引率少數議員，大事妨害，前後要求特別表決有二十二次之多，遂令是項罰則無法通過。一八四三年英國第一院討論 Irish Arms Bill，少數派不到二十名，因其極力妨害，特別表決竟然舉行四十四次。關此，Lord Palmerston (H. J. T. Viscount) 曾說，反對派人數雖少，然對於議案，每字每句無不詳細討論，而每次討論，又復要求表決，這是可以妨害議案的通過的。此要求特別表決，妨害議案通過之例也 ❸。列國議會為對付這種妨害，就有

---

❸ 參閱佐藤丑次郎，前揭書，四九五至五〇二頁。

❸ H. Kelsen, *Allgemeine Staatslehre*, 1925, S. 354–355.

❸ 參閱佐藤丑次郎，前揭書，五〇五至五〇九頁。

「討論結束」(closure of debat) 之制，討論議案超過一定期間，即予結束❸。然此亦只能制止冗長的發言，倘特別表決須經院議決定，則少數黨便不能利用之以妨害議事的進行。

　　政黨於平時，於選舉時，於議會開會時，皆以發表政見為鬥爭的武器。政府黨要維持政權，反對黨要奪取政權，各將自己的政見公諸人民之前，求人民判斷。即政治的批評與政治的實體合併為一，這種行為可以刺戟人民，興奮人民，教育人民。人類對於沒有結果的言論往往發生厭倦的情緒，至於問題之能引起重大變動者，任誰都會注意。政黨的辯論可以發生政府的更迭，一方面有無數的人因之失望，同時又有無數的人因之歡愉，其結果的重大可以深印人心。所以人民願聽政黨的言論乃比較學者的議義為切，而政黨之能養成人民的政治常識亦比較學者為優。

　　但是吾人須知政黨既是鬥爭團體，而鬥爭與民主未必能夠兩立。鬥爭需要領導，領導者不斷的訓練其黨員從事鬥爭，黨員受了領導的拘束，政黨紀律成為萬能。於是政黨雖採民主制度，結果亦必變成寡頭政治。因為組織對於被組織的群眾，常可發生一種作用，而使政黨分裂為兩個部分。即在黨員之中，少數人領導，多數人服從。領導者的權力是隨組織的嚴密，愈益增加。到了最後，領導者便變為主人，服從者則變為部曲。政黨愈發達，這個特質愈顯明。到處是黨員選舉領袖，到處是被選舉的領袖，權力駕在選舉的黨員之上。這不但獨裁國家如此，便是民主國家亦莫不然❸。這是各國共同的現象，不足為奇。

---

❸ 關於英國，請閱 W. R. Anson, *The Law and Custom of the Constitution*, Vol. I, 5 ed. (by M. L. Gwyer), 1922, p. 275ff. 關於美國，請參看 W. Anderson, *American Government*, 3 ed. 1947, p. 469.

❸ 參閱 O. Koellreutter, a. a. O. S. 51–53.

第四節　政黨與國家法制

一、政黨與選舉制度

今日民主憲法無不規定主權屬於國民。然除少數國家採用 referendum 之外，國民唯於選舉之時行使主權。選舉一了，主權即由議會行使之❸。固然議會主義未必與民主主義一致❸。不過直接民主制既不能實行於今日大國，則議會主義又可以說是民主主義藉以實現的唯一方法。因之，議會主義的形態便是民主主義的形態。在人民選舉議員之時，在議會行使立法權之時，政黨無不成為重要的角色。政黨固然如斯重要，而今日民主憲法關於政黨多不作任何規定。政黨是站在國家統制之外，除非觸犯刑法，國家均取傍觀的態度，不加干涉。

今日議會制度固然以議員為國民全體的代表，不受任何訓令的拘束。法國第五共和憲法第二七條說：「一切命令的委任 (mandat impératif)，均為無效」，即其顯著的例。然其實際情況並不如此。「全體討論，多數決定」(La deliberation a tous, la decision a la majorite) 乃是民主政治的理想。要達到這個理想，需要兩種條件，一是討論自由，二是投票自由。即每個議員能夠胸無成見，自由討論，又能站在自由的地位，不受任何拘束，舉行投票，則由正反意見之中，一定可以產生一種公正的意見。而自政黨發達之後，這兩個條

---

❸ 例如普魯士一九二〇年憲法第二條說：「主權屬於國民全體」，第三條又說：「國民依本憲法及聯邦憲法的規定，直接由人民投票（人民創制、人民複決、人民選舉），間接由憲法所設置的機關，表示其意思」。Esthonia 一九二〇年憲法第二七條說：「主權屬於國民，而由選舉人行使之」。第二九條又說：「國民依 plebiscite，依創制法律，依選舉議會，行使主權」。

❸ 參閱本書二七一頁及二七二頁以下。

件便見失掉。何以說呢?今日議員無不受政黨紀律的束縛,他們在議會之內,沒有發表言論的自由,而對於各種議案,除不甚重要者外,不問良心上贊成或反對,而其投票必須聽受其本黨的指揮。這樣一來,討論已無必要,投票也無必要。J. Bryce 說「議員的獨立自主,由於政黨的嚴格紀律,不免受了損傷」,「政黨組織愈鞏固,議員的自由決定愈減少,他們須服從黨的意思而作投票」 **❸❼** 。H. Kelsen 亦說:「議會作成國家意思之時, 政黨紀律 (Parteidisziplin) 比之國家紀律 (Staatsdisziplin), 更有力量」 **❸❽** 。更進一步觀之,民主政治既然發展為政黨政治,而要建立健全的政黨政治,最好是國內只有兩個政黨交握政權,而國內能夠只有兩個政黨,又須國民正反雙方有共同一致的目標。在民主政治初期,一方進步分子以自由主義為目標,組織一個自由黨,他方保守分子基於傳統觀念,組織一個保守黨。到了後來,一方思想自由,產生了許多主義,他方社會進步,政治日益複雜。主觀上各人的觀念不同,客觀上政治的問題太多,於是前此人民可在兩個目標之下而組織兩個政黨者,現在則發生分化,而使政黨之數日益加多了。現今除英美外,其他各國大率都是小黨分立。英美兩國所以能夠維持兩黨對立的局面,並不是因為沒有小黨,而是因為小黨沒有勢力;而小黨所以沒有勢力,又因為兩國的選舉法有利於大黨,而令小黨沒有方法抬頭。何以說呢?英美兩國均採用小選舉區制。每個選舉區只能選出議員一名。候選人要想當選,非其所得票數能夠多過任何候選人不可。新黨基礎未固,就全黨說,縱令得票不少,就每區說, 就每個候選人說, 所得的票亦常變為廢票 (因為不能轉讓於別人),所以常處於敗北的地位,而令大黨得到絕對的勝利。英美學者及政治家均知小選舉區制之不公平,尤其英國自由黨受害極大,然而不但保守黨及工黨,就是自由黨也不想改制,蓋希望國會內有一個政黨能夠得到過半數的議席。英國政治家能顧到全國利害,而不區區於關心己黨之成敗,這是大陸各

---

❸❼ J. Bryce, *Modern Democracies*, II, new ed. 1931, pp. 338, 339.

❸❽ H. Kelsen, *Vom Wesen und Wert der Demokratie*, 2 Aufl. S. 24.

國政治家所做不到的。按第一次大戰之後，歐洲大陸各國多採用比例代表法，然而，比例代表法可以加甚小黨分立的現象。因為人民的意見千差萬別，要把人民的意見一一代表起來，這是不可能的事。政黨的任務就是把各人相似的意見綜合起來，用一個共同的政綱以代表之。在多數代表法之下，每個政黨必須努力使其候選人在選舉區內能夠得到多數投票。小黨要想當選，在選舉以前，須與別黨聯合，捨小異，採大同，互相妥協，合組為一個大政黨。比例代表法乃保障小黨亦必有人當選，這樣，小黨何肯妥協，何肯聯合，勢只有增加政黨之數❸。德國自威瑪憲法，義國自一九一九年採用比例代表法之後，國會之內小黨分立，而任何政黨均不能控制過半數的議席。捷克於一九二〇年四月舉行選舉，國會議員二百七十六名，而政黨竟有十五，每個政黨的議員，多者七十四名，少者一名，平均僅十八名。Latvia 於一九二五年十月舉行選舉，政黨參加競選者共四十三單位，選舉結果，二十一黨當選，其中數黨只有議員一名。Esthonia 每次選舉均有政黨二十或三十以上參加競選，所以國會議員雖僅百名，而乃分屬於十餘個政黨。一九二六年二月十八日 Esthonia 修改選舉法，凡政黨不能選出議員二名者，不能在國會內再有議席，其所繳納的保證金亦被沒收。有了這種規定，一九二六年五月舉行選舉之時，就只有十四個政黨參加競選❹。由此可知選舉法雖然未必能夠直接創造政黨，而卻能促成政黨的分合，這是吾人應該注意的。

　　議會制度的價值在於作成國民意思的統一，小黨分立，議會要作成統一的意思，不甚容易。議會之內，各黨意見參差，往往不能隨時制定必要的法

---

❸ 參閱 O. Koellreutter, *Die politischen Parteien im modernen Staate*, 1926, S. 68. 反之 H. Kelsen (a. a. O. S. 62) 以為：「人們均謂比例選舉可以促成小黨分立之弊。議會之內任何政黨均不能控制絕對多數，因之，議會議事所必要的多數也無法構成。但吾人細加觀察，又可知道：各黨捨小異採大同、而作聯合之事，可由選舉人團體而移屬於議會之內」。

❹ A. Headlam-Morley, *The New Democratic Constitutions of Europe*, 1929, pp. 116, 292.

律，以適應時局的需要。時機坐失，議會的權威因之降落，從而一黨獨裁的法西斯主義便風行一時。情況如斯，所以各國又擬定一種方法，限制小黨的活動，以摧毀小黨的勢力。議會內一切活動均須有多數議員支持。議案的通過固不必說，議案的提出，質詢的提出也常常需要多數議員連署。前者是積極的發表本黨的主張，後者是消極的攻擊政府黨的主張，兩者均可以引起世人注意，而使該黨在下屆選舉之時博得人民同情，而增加該黨的勢力。凡如法國那樣，議員得單獨提出議案，得單獨提出質詢，以一人之力，亦能奮鬥，勢必阻止議員們之結合。反之若和德國威瑪憲法時代那樣，議員要提出議案，須有十五人連署，要提出普通質詢 (kleine Anfrage)，須有十五人連署，要提出正式質詢 (grosse Anfrage)，須有三十人連署，則政黨所選議員若在十五人以下者，其於議會之內，就一事不能做到。因此之故，德國法律（議會議事規則第七條以下）又規定「院內黨團」(Fraktionen) 之組織至少須有十五名議員參加。換句話說，一個政黨不能選出議員十五名以上者，國家不承認其為院內黨團，因而也不得享受院內黨團的各種權利。此際只有糾合其他小黨或「超然分子」(Einspänner)，湊成十五名之數❹。這種院內黨團所需要的人數愈多，則院內政黨的分立愈少。唯由另一方面觀之，亦有缺點。歷史上一切進步思想常由少數人提倡，經過許多奮鬥，才能得到大眾擁護。新黨倘因所選議員太少，在議會內沒有活動的權利，勢必不能引起社會注意，終至歸於消滅。老大政黨永握政權，不受任何刺激，又將流於腐化。政黨政治發生破綻，民主政治便隨之消滅。

二、政黨與內閣制度

　　民主主義尤其議會主義的勝利更加強了政黨的地位。議會主義是令內閣隸屬於議會，這個隸屬常表現於內閣組織之時，而組織內閣之事又常委託於政黨，所以今日內閣必是政黨內閣。唯各國的政黨內閣又隨政黨情況而不同。

---

❹ O. Koellreutter, a. a. O. S. 63f. 參閱 C. Schmitt, *Verfassungslehre*, 1928, S. 248.

㈠一國之內只有兩個政黨，則組織內閣之事甚見容易。因為兩黨之中必有一黨控制議會過半數的議席，這個控制過半數議席的政黨得單獨組織內閣。這種內閣稱為一黨內閣。內閣總理便是政黨的領袖，內閣的施政方針便是政黨的主義政綱，除了黨內分裂或議會改選，而喪失議席之外，內閣不會顛覆。萬一內閣顛覆，繼之而成立者亦必為反對黨的內閣。這種兩黨交握政權的現象乃是民主政治——政黨政治的正軌。何以說呢？議會的基礎放在民眾上面，民眾的意思是在選舉的時候，表現出來。所以一個政黨若能控制議會過半數的議席，必其政綱合於大多數民眾的需要，從而這個政黨出來組織內閣，內閣的施政方針當能得到大多數民眾的擁護。時過境遷，到了下屆議會改選，萬一政府黨失敗，反對黨獲勝，這又可以表示一般民眾已經不滿意政府黨而歡迎反對黨了，所以政府黨當掛冠下野，讓反對黨組織內閣。由此可知「內閣制要運轉得宜，政府固然需要鞏固的 majority 為後援，然此 majority 亦不可太過強大」❷。太過強大，不問政府之成績如何，將均得保有政權。既無顧忌，施政難免發生問題。健全的政黨政治不但需要強有力的政府黨，且又需要強有力的反對黨；「不但需要強有力的反對黨，且又需要反對黨能夠交握政權」❸。兩黨勢力平衡，可使政界發生新陳代謝，一個政黨不致因為久握權力，流於腐化，而各黨為要爭取民心，當其秉政之時，必能實行人民所歡迎的政策。然此乃就社會秩序及國際關係安定時代言之。要是國內有紛亂的現象，國外有武力侵略的危機，則一黨長期掌握政權，又是有利。

㈡一國之內若有三個以上的政黨，任何政黨在議會內均不能控制過半數的議席，則組織內閣之事甚見困難。這個時候組織內閣有兩種方式。

⑴內閣仍是一黨內閣，英國就是其例。英國歷來都是自由黨與保守黨交握政權。及至工黨興起，一黨內閣遂由三黨鼎峙，發生破綻。不過英人以為聯合內閣乃變態的現象，故除戰爭之時需要舉國一致之外，內閣還是由一黨

---

❷ W. B. Munro and M. Ayearst, *The Governments of Europe*, 4 ed. 1954, p. 97.

❸ A. D. Lindsay, *The Essentials of Democracy*, 1930, p. 47.

組織之。即議席較多的政黨可於友黨的協助之下，單獨組織內閣。一九二三年及一九二九年兩次大選，三黨於第一院內均不能控制過半數的議席，工黨由於自由黨協助，出來組織內閣，即其例也❹。政黨組織內閣，須有別黨協助，結果便和聯合內閣一樣，政策之決定，議案之通過不能完全自由。所幸者工黨日益強盛，自由黨日益沒落，現在又成為工黨與保守黨對立之勢。若進一步觀之，民主政治是多數決的政治，三黨鼎立可以破壞多數決政治的本質，而使民主政治變成少數人操縱政權的政治。何以故呢？議會之內有甲乙丙三黨，甲黨議員一百名，乙黨九十名，丙黨二十名。此時丙黨協助甲黨，甲黨勝利 (100 + 20 = 120, 120 > 90)；協助乙黨，乙黨勝利 (90 + 20 = 110, 110 > 100)。甲乙兩黨雖有多數議席，而政見能否實行，決定的權乃操於議席最少的丙黨。丙黨既有最後決定權，傾左則左勝，傾右則右勝，自必利用這個機會提出各種主張，強迫政府黨接受。這種現象是和民主政治——多數決政治矛盾的。因此，有識之士無不反對聯合政府。

(2)內閣由各黨聯合組織之，這種內閣稱為聯合內閣。聯合內閣必須施政方針能夠得到聯合各黨的同意。聯合內閣若能控制議院過半數的議席，當然不會因為受了反對派的攻擊而瓦解。聯合內閣不能控制議院過半數的議席，也可以苟延生命。何以故呢？反對派既然不能聯合絕對多數以組閣，當然也不容易聯合絕對多數以倒閣。但是不論那一種聯合內閣，其基礎均不鞏固。議會之內既然小黨分立，組織內閣之際，元首不知任命那一黨領袖為內閣總理，內閣總理也不能自由選擇人才，任命之為內閣大臣。內閣怎樣組織，一一由各黨協議。各黨怎樣參加，則以它們議席多寡為標準，倘因人數需要，尚須請求某個政黨參加組閣者，縱令該黨議席少得可憐，也可以分配較多的大臣地位。德國中央黨 (Zentrum) 就其議席說，不過國會中第三黨或第四黨而已。但是左右兩派沒有中央黨合作，便不能形成多數派而組織內閣。因此

---

❹ 參閱 C. Schmitt, *Verfassungslehre*, 1928, S. 325. W. B. Munro and M. Ayearst, op. cit., p. 96.

之故，德國自一九一八年（威瑪憲法發布）至一九三二年（希特勒秉政），每次聯合內閣都有中央黨參加，而中央黨且佔有重要的地位，內閣總理出身於中央黨的有四人（Fehrenbach, Wirth, Marx 及 Bruening）之多❹。內閣組織之後，問題尤見複雜，內閣大臣不屬於同一政黨，每個政黨各有其自己特殊的政見，所以任何法案提交內閣討論之際，往往意見參差，不能一致。但是內閣大臣之得秉執朝政，不是由於內閣總理推薦，因此他們不必服從內閣總理的命令，而內閣總理為了要博取友黨的歡心，對於友黨的內閣大臣，也不敢行使長官的權限。換句話說，內閣大臣各須服從其本黨的訓令，他們不是政府的大臣，而是政黨的代表，所以內閣會議開會之時，往往議論百出，莫知所從。大政方針只有改之又改，變為模稜兩可之物。各部事務則由內閣大臣各依其本黨的政綱，自由管理。萬一他們對於某一重要問題，意見不能一致，內閣立即隨之崩潰❻。立陶宛憲法為解決這種困難，乃有一種奇妙的條文：「政府表決議案之際，少數派的大臣可用文書說明自己的意見，這項文書應和政府提出的議案，一同提交議會表決」（一九二二年憲法第六〇條）。這種規定很明顯的有反於英國內閣制的精神。在英國，內閣須保持統一，政府提出議案，內閣大臣都須擁護，否則只有辭職，絕對不許他們公開反對。像立陶宛那樣，反對派的大臣得提出反對政見於議會，勢只有促成內閣的崩潰而已❼。

內閣的崩潰不是由於外力壓迫，而是由於內部瓦解。這個事實表示什麼呢？表示一切政變均與人民的意思沒有關係。前已說過，英國改選議會有兩個目的，表面目的是選舉議員，實際目的是選舉內閣，人民投票給保守黨，

---

❹ 參閱 A. Headlam-Morley, *The New Democratic Constitutions of Europe*, 1929, pp. 236–237. K. Loewenstein, The Government and Politics of Germany, in *Governments of Continental Europe*, 1952, p. 423.

❻ 參閱 A. Headlam-Morley, op. cit., pp. 235–236, 246.

❼ 參閱 A. Headlam-Morley, op. cit., p. 225.

不但要選舉保守黨某甲為議員，且要選舉邱吉爾為內閣總理。反之，在歐洲大陸各國，內閣怎樣成立，國民不能知道，內閣怎樣崩潰，國民也不知道。大多數國民投票給共和黨，而組織內閣者也許是得票最少的民主黨。內閣的改組與議會的改選毫無關係。選舉本來是使人民表示意見，人民選舉了議員，而對於政治問題中最重要的內閣問題，竟然不會發生作用。這樣，選舉已經失去意義，選舉縱能反映公意，而公意乃不能發揮作用於政治之上，這是議會政治的失敗，而黨派太多應負其責。

三、政黨與議會制度

議會為一院制之時，一個政黨能夠控制議會過半數的議席，不但議案容易通過，而議案通過之後又得付諸實施，不必再經另一院審議。反之，議會若是兩院制，則除同一政黨在兩院皆能控制過半數議席之外，每每發生兩院衝突之事。而據列國制度，兩院選舉法多不相同，因之甲院第一黨在乙院內未必就是第一黨。政黨的政見各不相同，所以兩黨在兩院互占過半數之時，甲院之所是，乙院常以為非，乙院之所是，甲院常以為非。立法工作不能進行，萬般國務亦隨之一籌莫展。

⑴這個時候，倘如英國一樣，元首能夠自由任命第二院議員，則其結果亦與一院制相差無幾。英國在一九一一年以前，國會兩院職權平等，但是第二院議員沒有一定名額，而英王又得製造貴族以作第二院議員。所以國會兩院發生衝突，內閣的法案通過於第一院而不能通過於第二院之時，內閣得奏請英王任命同黨的人為第二院議員，以壓迫反對黨。一八三二年的選舉法 (Reform Bill) 及一九一一年的國會法 (Parliament Bill) 都是自由黨宣布要利用這個方法，以壓迫保守黨，而得通過的❹⑧。

----

❹⑧ W. R. Anson, *The Law and Custom of the Constitution*, Vol. I, 5 ed. (by M. L. Gwyer), 1922, p. 300f. 關此，Erskine May 曾說：「國王於非常時際，製造貴族，猶如憲法規定國王得解散第一院，使第一院能夠變更而革新焉」。他又謂，這個權力只可使用於

　　(2)第二院的議員若有一定名額，元首不能隨意增加，則當兩院發生衝突之時，問題實難解決。這個時候，若如比利時那樣，第二院議員由於民選（憲法第五三條），而元首又得同時解散兩院或分別解散其中一院 （第七一條）者，尚可用解散之法以資補救❹。不過改選之後，第二院若仍不肯改變態度，內閣亦莫如之何。

　　(3)倘如過去日本那樣，兩院職權相同，而元首不能解散第二院（參看舊憲法第八條第一項）者，則當兩院衝突之時，立法工作更難進行。這個時候，內閣不是辭職，就須「訴於國民」，解散第一院，以採求人民的意思。因為第一院直接代表人民，第一院改選之後，政府黨仍占多數，第二院理應讓步❺。但是第二院必欲固執成見，內閣亦莫如之何。以英國為例言之，一八三一年至一八三二年 C. Grey 的自由黨內閣提出 「選舉改革法案」 (the Reform Bill)於國會，因為第二院內保守黨之反對，固曾兩次解散第一院，訴於國民，而獲得國民之支持矣。然最後第二院尚欲加以修改。這種態度實如 W. R. Anson所言，「一八三一年及一八三二年的第二院不但是反對第一院，而且是反對選舉人的願望」 ❺。所以自由黨內閣不能不宣布製造貴族，藉以控制第二院。第二院恐「洪水貴族」(swamping of the Peers) 之禍❺，始照原案通過。由此

---

grave and perilous necessity 之時。因係緊急場合所需要，故不能謂其違憲。見 W. E. Hearn, *The Government of England*, p. 168.

❹ 據義國共和憲法規定，立法權由兩院共同 (collectively) 行使之（第七〇條）。即兩院的職權平等，不但對於普通法案（第七二條第一項），且對於預算案（第八一條第一項），兩院亦有平等的議決權。不過總統得同時解散兩院或分別解散一院（第八八條第一項），故其制度與比利時相同。

❺ 這是英國學者的共同見解。參閱 W. R. Anson, op. cit., p. 300.

❺ W. R. Anson, op. cit., p. 301.

❺ W. E. Hearn, op. cit., p. 168，參閱 F. W. Maitland, *The Constitutional History of England*, 1926, p. 348.

可知兩院意見不能一致，單單解散第一院，有時亦無補於事。

　　(4)至如法國第三共和時代那樣，兩院職權相同，而總統又不能解散第一院者，則當兩院衝突之時，內閣必束手無策。依第三共和憲法規定，總統要解散第一院，須徵求第二院同意（一八七五年二月二十五日公權組織法第五條）。現在第二院既與第一院衝突，何肯同意第一院之解散，使人民有表示意思的機會。何況法國在第三共和時代，自一八七七年「五月事變」(Seize Mai) 發生以後，總統事實上已經沒有解散第一院的權。這樣，兩院一旦發生衝突，當然是萬事俱休❺❸。

　　兩個黨團在議會兩院互占過半數的議席，一切立法工作不易進行，既如上所言矣。所以現今國家多依英國一九一一年的國會法之制，限制第二院的權力，使第二院牽制第一院的草率立法，而又不使第二院掣肘第一院的正當立法❺❹。同時又採用公民投票制，以解決兩院的衝突❺❺。一九一一年英國尚未通過國會法之時，Lord Balfour (1st Earl of Tarprain) 曾提出一種法案於第二院，其內容如次：

　　(1)某項法案通過於第一院，而送付第二院，第二院於四十日內既不通過，又不否決，可由國會任何一院之要求，提交公民投票決定之。

　　(2)某項法案通過於兩院之後，可依第一院議員二百名以上之要求，提交公民投票決定之。

　　公民投票時，贊成票數若比反對票數多百分之二以上，該項法案可呈送

---

❺❸ 兩院衝突之時，英國政府有兩種武器可以應用，一是解散第一院，訴於國民，二是製造貴族，使政府黨在第二院內能夠控制過半數的議席。而在法國，兩種武器都不能應用。參看 W. R. Sharp, *The Government of the French Republic*, 1939, p. 293.

　　美國為總統制，政府不能解散議會，議會也不能改組政府，而兩院的職權又復相同，所以政府黨非在兩院內控制過半數的議席，也很難應付兩院的衝突。

❺❹ 本書二八五頁以下。

❺❺ 本書二〇四頁。

國王批准而公布之。不能得到如此多數，該項法案就歸消滅❺❻。

由此可知 Lord Balfour 所提法案，固以解決兩院衝突為主，然而同時又欲保護第一院少數黨。固然在英國，贊成公民投票制的，以保守黨人士居多，Balfour 的法案甚得保守黨許多領袖，例如 Lord Lansdowne, Lord Selborne, Lord Cromer 的支持。而曲高和寡，終不獲交付第二讀會❺❼。最初採用公民投票制，以解決兩院衝突者乃是德國的威瑪憲法（第七四條及第七六條第二項）❺❽。

第五節　政黨政治的發展

本節大部分是摘要 H. Triepel 的 Die Staatsverfassung und die politischen Parteien, Berlin, 1928。是書為 *Öffentlich=Rechtliche Abhandlungen* 第十冊。全書只有三十一頁。余已節譯並意譯是書，收在《孟武自選文集》中。

黨派之爭自古有之，而現代的政黨則開始於英國光榮革命之後 Tories 與 Whigs 的對立。最初學者多不能瞭解政黨乃代議制度的產物，而代議制度的運用又須以政黨為前提。最初學者對於政黨有所論述，而能認識其本質的，厥為英國的波林布克 (H. S. J. Bolingbroke, 1678–1751)。照他說：在同一社會之內，各人的主張未必相同，要令他們結為一體，事實上乃不可能。倘令同一主張的人結為一體，則其他主張不同的人亦必結合起來。這是黨派分立的原因。黨派的分立若出於政見不同、政策不同，那就是所謂政黨。政黨的分立固然可悲，尤可悲的還是事實上應該分立，而乃禁止其分立，強制他們盲從。這個時代，政黨的分立固然沒有，代之發生的則為朋黨 (faction)。朋黨

---

❺❻ John A. R. Marriott, *The Mechanism of the Modern State*, Vol. I, 1927, p. 459f.

❺❼ John A. R. Marriott, op. cit., p. 466.

❺❽ 本書二〇四頁。

與政黨不同，朋黨只謀私人的利益，政黨因受公論的鞭策，常以國家利益為目標❺❾。英國憲政愈發展，政黨的勢力愈益增加，所以不久又有柏克 (E. Burke, 1729–1797) 關於政黨的定義❻⓿。

> Party is a body of men united, for promoting by their joint endeavors the national interest, upon some particular principle in which they are all agreed.

由這定義，可知英國在十八世紀後期，有識之士已經知道政黨的特質了。惟政黨政治自萌芽而至現在，卻不斷的發生變化，而可以分為四期。

⑴第一期是排斥政黨的時代 (Stadium der Bekä mpfung)。英國的政黨政治發生較早，十八世紀雖有 Bolingbroke 及 Burke 的論著，而在歐洲大陸各國，到了十九世紀之初，一般人士猶不能認識政黨與民主政治有密切的關係。一八三四年卡根 (Heinrich von Gagern, 1799–1880) 在 Hessen 議會，指斥政府當局為政黨的代表，政府認為侮辱，要求議會懲戒❻①。當時的人如何鄙視政黨，觀此故事，可以明瞭。這種排斥政黨的觀念乃是受了盧梭思想的影響。盧梭以為：要作成公意 (volonté générale)，不宜有政黨、社團等的組織，即個人在社會上應各自孤立，否則個人的判斷必將誤認各該團體的利益為全國的福利❻②。一七八九年七月 Abbe Sieyes 在國民會議，說道：「議員雖由選舉區人民選舉，但是他們乃是全體國民的代表，不是單單代表選舉區的人民」。所以議員出席議會，不受任何訓令的拘束，而得暢所欲言。最好是他們於互相討

---

❺❾ 參閱今中次麿，《政黨發生論》，昭和十一年出版，三三至三四頁，按 Bolingbroke 關於政黨，著有 *A Dissertation upon Parties*，於一七三三年至一七三四年，陸續發表於 *Craftsman* 雜誌之上。

❻⓿ 引自 G. H. Sabine, *A History of Political Theory*, 1949, p. 611.

❻① H. Triepel, *Die Staatsverfassung und die politischen Parteien*, 1928, S. 14.

❻② H. Cunow, *Die Marxsche Geschichts-, Gesellschafts- und Staatstheorie*, I, 4 Aufl. 1923, S. 133，參閱 F. W. Coker, *Readings in Political Philosophy*, 1938, p. 644.

論之後，再來決定自己的意思。自由討論可以產生公意。此時也，好的意見與壞的意見完全分離，好的上浮，壞的下沈，終則產生了統一的意見。近代成文憲法無不規定：「議員不是選舉區的代表，而是國民全體的代表」，「議員唯從良心所命而作投票，不受任何訓令的拘束」。選舉區的人民尚不得拘束議員，何況政黨。所以這種條文乃是否認政黨的一切拘束和政黨的一切統制❻❸。觀念如斯，因之議會之內就採用許多方法以減少政黨的勢力，比方布置議席之時，不許同黨的人坐在一處，而用抽籤方法或依報到先後、年齡長幼，決定坐位，即其例也。摩爾 (Robert Mohl, 1799–1875) 說：「坐位的布置決不是小的問題。使政見不同的人交雜而坐，比之使政見相同的人坐在一處，可以減少他們的衝動，使他們能夠憑良心而作行動，不致盲從政黨的決議」。這與今日各國議會依議員黨籍而決定坐位者完全不同。至於院內各種委員會的組織也是用抽籤方法，將議員分為數部，令其審議法案。這種制度創始於法國，其後傳入德國，而為諸邦所採用。當時學說和法制怎樣排斥政黨，觀此可以明瞭❻❹。

(2)第二期是放任政黨的時代 (Stadium der Ignorierung)。民主政治愈發展，政黨勢力愈增加，政黨組織不但能夠左右議會，使議會變成政黨的機關，且又能夠左右選舉，使人民只能對政黨所推薦的候選人投票。議會的表決乃依院內各黨預先決定的意見，院會甚至於委員會之討論，不過形式而已。一個政黨在議會內若能控制過半數的議席，則議會的決議只是該政黨的決議；數個政黨在議會內勢力均衡，則議會的決議也只是政黨的協定。總而言之，議員已經不是國民的代表，而是政黨的代表了。這個時候，言論自由，投票自由似有問題。議員必須服從黨紀，未得本黨許可，在議會內不得發言，而言辭的內容又須預先徵求本黨同意。除了極少例外，議員的投票也須服從本黨指揮❻❺。到了這個時候，政府對於政黨，已經知道無法壓制，而只能採取放

---

❻❸ H. Triepel, a. a. O. S. 15–16.

❻❹ H. Triepel, a. a. O. S. 15–17.

任的政策，或與政黨聯絡，設法使政黨供為自己之用。事實如斯，而在各國憲法及法律之上都沒有政黨這個名稱。縱在議會的議事規則之中，也不承認政黨及院內黨團的存在。英國議會雖然老早就受政黨的控制，一切議事均由政黨、政黨的領袖、政黨的幹事 (whig) 決定。然而第一院的 Standing Orders 及 Sessional Orders 中，竟然沒有一語說到政黨，所以 Sidney Low 說：「政府不過政黨的委員會，在當時，縱是第一院也不承認」。美國到了今日，法律尚不承認院內黨團。法德議會雖然很早就已發生政黨，它們無不要求各種委員會應依各黨勢力的大小，分配委員於各黨，然而到了最近，方才實現。至於院內「各黨幹事會議」(Seniorenkonvent) 雖然發生已久，勢力甚大，而法律尚未承認其地位。各種委員會的選任雖然已由各黨商量決定，而德國法律乃保留「抽籤定之」的條文。由此可知這個時候政黨政治乃是一種事實，不是一種法制，國家對於政黨完全取放任態度，既不反對，亦不承認❻❻。

(3)第三期是法律上承認政黨的時代 (die Periode der Anerkennung und Legalisierung)。如在加拿大及澳洲聯邦，議會內反對黨的領袖所得薪俸乃比普通議員為多，即反對黨的領袖無異於國家的一種職官，而得領取特別的薪俸❻❼。美國有「直接預選」(direct primary) 之制。議員候選人不是由政黨自由提名，而是國家用法律規定其提名方法。每屆選舉之年，凡願為候選人的，經一定人數選舉人的簽署，得向所屬政黨申請登記為候選人。各政黨應將該區內本黨一切候選人報告於主管選舉機關。主管選舉機關則用公款，印刷選舉票。選舉票應列舉該區全體候選人姓名。選舉之日，選舉人可到投票所，領取選舉票，就中圈定一人。投票既畢，各黨分別計算各候選人所得的票。凡得票比較多數或絕對多數的就為該黨正式承認的候選人。這稱為直接預選。直接預選是選舉候選人，候選人選出之後，選舉人再就各黨候選人之中，選

---

❻❺ H. Triepel, a. a. O. S. 18–19.

❻❻ H. Triepel, a. a. O. S. 19–20.

❻❼ H. Triepel, a. a. O. S. 20.

舉一人為議員。所以美國人民在選舉議員之時，有兩次投票。第一次投票選舉候選人，第二次投票選舉議員。而兩次投票的手續均由國家用法律定之。候選人的指定本來只是政黨的私事，政黨有自由決定的權，而在美國，竟用法律規定，變成國家的法制❻❽。此亦國家承認政黨之例也。各國於第一次大戰之後，採用比例代表法以選舉議員的為數不少。比例代表法是使各黨依其得票多寡，選出適當人數的議員。即比例代表法乃以政黨為基礎。其中有所謂名單比例代表法者：議員候選人名單由政黨編制，選舉人只能選擇名單上所列舉的候選人，對之投票。有的連選擇權都沒有，只許投票給名單（政黨），至於誰人當選，完全由政黨決定。德國在威瑪憲法時代，一九二〇年的聯邦選舉法尚不許選舉票載明政黨名稱；一九二二年修改選舉法，准許選舉票名單列舉候選人姓名或一併載明政黨名稱；一九二四年又修改選舉法，選舉票必須載明政黨名稱，至於候選人為誰，只寫次序最先的四名即可❻❾。這樣一來，選舉之時政黨成為萬能，每個選舉人實等於零。政黨事實上已經可以算為公法所承認的團體了。然而憲法尚不願提到政黨，德國威瑪憲法第一三〇條說，「職官乃社會的公僕，不是政黨的傭役」，這種規定不但禁止政府依政黨關係，任免官吏；且亦表示政黨與政府不是同一的物。即政黨在政治上雖有巨大作用，而在憲法上尚不是國家機關❼❶。

⑷第四期是憲法上融化政黨為國家機關的時代 (die Ara der Verfassungsmässigen Inkorporation)。所謂國家機關是謂某個人或某團體的意

---

❻❽ H. Triepel, a. a. O. S. 21–23.

❻❾ H. Triepel, a. a. O. S. 25. 參閱 O. Koellreutter, *Die politischen Parteien im modernen Staate*, 1926, S. 69. 其六七頁又說：「依比例代表法，選舉議員於議會的，不是國民，而是政黨。每個政黨，縱是最小的政黨，亦得依其勢力大小，選出議員。這種方法當然是否認了代議制度。何以故呢？議員已經不是國民的代表，而是政黨的代表。其結果也，議員受了委任的拘束，便束縛於政黨之內」。

❼❶ H. Triepel, a. a. O. S. 28.

思，法律上視為國家的意思。在這個意義之下，今日民主國的政黨均不能視
為國家機關。若必稱之為國家機關，亦不過於選舉時成為一個選舉團，執行
提名候選人的職務而已❼。唯一例外則為奧國，奧國一九一八年革命之後，
各邦除 Vorarberg 外，均於憲法之上，明文規定議會應比例政黨的勢力，選
舉政務委員，共同組織內閣，而稱之為「比例政府」(Proporzregierung)❼。
這種制度實有反於議會政治的本旨。議會政治是使議會監督政府，而自政黨
發達之後，則使反對黨監督政府。現在各黨均得加入內閣，這樣，便是議會
之內沒有政府的反對黨了。但是憲法之上明文承認政黨為國家組織的要素者，
實以奧國為嚆矢，吾人不宜忽視。德國符騰堡 (Wurtemberg) 一九二四年的選
舉法明文規定：議員當選之際若屬於某政黨者，一旦脫離該黨，便失去議員
之職。然其國事法院 (Staatsgerichtshof) 卻不肯依此規定，而即承認政黨開除
議員的黨籍，該議員同時就失掉議員的資格❼。反之，捷克在民主時代，法
院則曾承認政黨對於不服從黨紀的議員，即對於違背黨的決議而任意發言或
任意投票的人，開除黨籍，而取消其議員的資格❼。這種制度很明顯的是說，
議員不是代表國民，而是代表政黨。照 H. Kelsen 說：在拘束的名單
(gebundene Liste)，選舉人不能任意選擇議員。他們的投票不過表示贊成某一
政黨的政見。候選人因為屬於某一政黨，故乃當選為議員。如是，則議員一
旦離開該黨，自應失掉議員的資格❼。這樣，憲法雖有「議員不受任何委任
的拘束」，或「議員的言論和表決對於院外不負責任」之條文，其實，議員不
受委任的拘束，乃是不受人民委任的拘束，不是不受政黨委任的拘束。議員
對於院外不負責任，乃是對於院外人民不負責任，不是對於院外政黨不負責

------

❼ H. Triepel, a. a. O. S. 29.

❼ H. Triepel, a. a. O. S. 27.

❼ H. Triepel, a. a. O. S. 33.

❼ 宮澤俊義，《轉回期的政治》，昭和十一年出版，一五五頁。

❼ H. Kelsen, a. a. O. S. 42f.

任。議會政治是使政府隸屬於議會，議會隸屬於人民。現在政府固然尚隸屬於議會，而議會卻變成隸屬於政黨。政黨不但代替了國民，成為國家機關，且又代替了國民，成為主權機關。而如 F. v. Wieser 所說：「民主國的本質是把國家引渡給政黨。政黨的憲法（按即黨章）乃是國家憲法的構成要素。民主國的憲法乃對於勝利的政黨，授以權力；並對於政黨的憲法，給予指示，使政黨把國家憲法的抽象條文，補充為具體的條文」 ❼❻ ，又如 R. Thoma 所說：「民主國的國家意志，其實只是當時得到統治權的政黨的意志。不過這個政黨的意志須得國民承認而已」 ❼❼ 。

總之，民主政治主張主權在民。人民是散散漫漫的複數 (Vielheit)，既無意思，又不行動，人民要行使其主權，不能不有組織，使複數變為單位 (Einheit)，這個組織便是政黨。政黨於沒有魂魄的人民之中，成為「複數中的單位」 (Einheit in der Vielheit)，負起綜合公意的任務，其最後結果如何，吾人不敢隨便預言 ❼❽ 。

---

❼❻ 引自 H. Triepel, a. a. O. S. 28.

❼❼ 引自 H. Triepel, a. a. O. S. 29.

❼❽ 參閱 H. Triepel, a. a. O. S. 36.

政治學概論：全球化下的政治發展　　　藍玉春／著

　　本書扣緊臺灣時事與全球脈動，兼具議題廣度與論述深度，拋棄傳統政治學冷僻生澀的理論，直接爬梳當代全球化趨勢下的主要政治現象與實務，並對照臺灣相關的政治發展。讀者用心閱讀完後，也能變成政治學專家，成為紛亂時局中政治議題核心意義的掌握者，或至少在當今公共事務皆泛政治化的趨勢中，不再是追隨者、承受者，而像顆大岩石般，是一個頂得住浪潮的堅定清醒者。

政治學概論　　　劉書彬／著

　　亞里斯多德說：「人是政治動物。」從健保費調漲、油價漲跌、中國毛巾進口、ETC 招標弊端、貓空纜車事故等新聞中，不難發現政治離生活不遠。本書嘗試以深入淺出的筆調講解政治學的基本概念原則，並以臺灣遭遇的事件為例，期盼經由本書的出版，協助讀者建立對政治學的興趣及基本的民主法治知識，進而能夠觀察、參與政治，落實自律、自主的民主理想。

國家圖書館出版品預行編目資料

政治學／薩孟武著.－－五版一刷.－－臺北市：三民，
2020
　　面；　公分

ISBN 978-957-14-6705-4 （平裝）
1.政治學

570   108013975

政治學

作　　　者	薩孟武
發　行　人	劉振強
出　版　者	三民書局股份有限公司
地　　　址	臺北市復興北路 386 號 (復北門市)
	臺北市重慶南路一段 61 號 (重南門市)
電　　　話	(02)25006600
網　　　址	三民網路書店 https://www.sanmin.com.tw
出版日期	初版一刷 1983 年 1 月
	五版一刷 2020 年 1 月
書籍編號	S570010
Ｉ Ｓ Ｂ Ｎ	978-957-14-6705-4

三民書局